Business Marketing Management
A Strategic View of Industrial and Organizational Markets
Michael D. Hutt
Thomas W. Speh

産業財マーケティング・マネジメント［理論編］

マイケル・D・ハット＋トーマス・W・スペイ ［著］

笠原英一 ［解説・訳］

東京 白桃書房 神田

Business Marketing Management :

A Strategic View of Industrial and Organizational Markets, 8e

by

Michael D. Hutt, Thomas W. Speh

COPYRIGHT © 2004 by South-Western, a division of Cengage Learning.
ALL RIGHTS RESERVED. No part of this work covered by the copyright hereon may be reproduced or used in any form or by any means—graphic, electronic, or mechanical, including photocopying, recording, taping, Web distribution or information storage and retrieval systems—without the written permission of the publisher.
Printed in the United States of America.

Japanese translation rights arranged with Thomson Learning Inc., through Tuttle-Mori Agency, Inc., Tokyo

献　辞

本書を Michele E. Speh の思い出に捧ぐ.
彼女の精神と勇気，愛が，本当に大切なものを我々に教えてくれた.

訳者まえがき

　本書は，個人や家庭ではなく，営利企業，政府機関，公益機関などの組織顧客のニーズを探索し，それに対するソリューションを提供する企業のマーケティング活動に関する研究書である．マーケター（売り手）から顧客（買い手）に提供される財が，顧客企業の生産プロセスに供されるものであるということから，この領域は伝統的に生産財マーケティングと称されてきたが，近年は，顧客の組織性に着目して「ビジネス・マーケティング（事業者向けマーケティング）」や，売り手と買い手が両方とも事業者という観点から，「ビジネス・トゥ・ビジネス（B to B/B 2 B）マーケティング」と称されることも多い．ちなみに本書の著者である Hutt & Speh は，「Industrial Markets（産業向け用途市場）」という副題付きで「Business Marketing（ビジネス・マーケティング）」という用語を用いている．これらの用語には多少の語感の違いはあるが，企業をはじめとする組織が顧客となるマーケティングという点で共通しており，ニュアンスの違いを細かく議論する特別な意味はないと考える．本書で用いられている Business Marketing を訳出するに際し，日本では，B2Bマーケティングやビジネス・マーケティングという用語には，IT市場を対象としたものという語感が多少残っていることに加えて，かつ，原著が対象市場を，ビジネス（事業者）よりも広い，産業向け用途市場として捉えていることを考慮し，日本語版ではオーソドックスに「産業財マーケティング」と表現することにした．

　訳者は大学院に籍を置くかたわら，総合研究所の研究員兼経営コンサルタントとして，主に産業財の製造業者の競争力強化をテーマに，研究開発，販売，マーケティング，広告，IR，人事管理等の経営機能を統合するかたちで実務に携わってきた．この業務に従事した当初は，市場を細分化し（セグメンテーション），標的顧客を選定して（ターゲティング），提供する効用を顧客の心の中で位置づけ（ポジショニング），そのポジショニングを実現するため，製品（product），価格（price），チャネル（place），販売促進（promotion）の四つの「P」からなる，いわゆるマーケティング・ミックスを構築

して提供するという理論体系をもとに，産業財企業の営業戦略やマーケティング戦略の展開を試みた．しかしながら，上記の体系に基づいて産業財の実務の世界を語るにはどうにも説明のつかないギャップをおぼえたことを今でも鮮明に思い出す．そもそも，原子力発電所向け蒸気タービン事業を展開しようにも，細分化してグループ化できるほど顧客が存在しない？！とい具合である．こうした実務家としての問題意識が，産業財マーケティングの理論研究に深くかかわるようになるそもそものきっかけであった．

　この産業財マーケティングをテーマに，米国およびヨーロッパにおいては，理論および実務の統合的発展を目指して，積極的に研究が進められている．研究者の数も多く，研究者間のネットワークもいっそうの広がりを見せている．産業財マーケティングを実践しているマーケターの側でも，研究成果を実務に生かして業績に結びつけようという意識が高く，研究者と実務家間の相互作用も活性化している．その一方で，国内の実務の世界で産業財マーケティングを実践している企業に目を転じると，営業担当やマーケターは，いまだに個人的な経験と一般論の組み合わせで試行錯誤を繰り返しているケースが多く見られる．自分の経験を分析し，構造化し，理論化する意識や時間，およびデータを持ち合わせているマネージャーもさほど多くはない．日本の企業には，産業財マーケティングのベスト・プラクティスが数多く存在するにもかかわらず，産業財マーケティングにおける理論化が遅れているという実態がある．そのため現場での理論の活用も少ない．こうした状況にはいろいろな要因が作用していると考える．

　まずは，業界ごとの特殊事情や独特の商慣習があり，一般的な理論化がしにくいということも背景にあろう．また，産業財マーケティングの分野では，特に近年米国や欧州で実用的な理論研究が大きく進展しているが，その成果が十分紹介されてこなかったということも影響しているかもしれない．

　さらには，そもそも今まで研究者を中心として行われてきた産業財市場における理論研究のテーマが，ビジネスの最前線で実務を推進しているマーケターやセールス・パーソンの役に立つものなのか，多忙を極める彼らの感覚に直接訴えるものなのかという点も検証すべきであろう．つまり，研究テーマの選択そのものにも，産業財マーケティングが実務的に活用されてこなか

った原因があるのではないかと考えているのである．もっと具体的に表現すると，産業財マーケティングの研究に関しては，マーケターが現場で意思決定する際のよりどころとなるような考え方やツールの開発が強く望まれているが，従来の理論のなかには，いわゆる，So, what？（だから何なのか？）と感じられてしまうような，いわゆる「研究のための研究」が少なくなかった点も指摘されよう．

　欧米では研究の成果として，産業財マーケティングに関する書籍が数多く出版されている．理論書のなかには，シンプルで理解しやすいものの，抽象的なモデルやコンセプトの提言にとどまっていたり，特定の現象を詳細に記述するだけの内容であったり，または，最新理論ではあるものの，脈略なく個別の各論を集めた，いわゆる研究論文集的なものもある．本書の特徴は，実際に実務家が経営の現場でマーケティング活動を展開することを前提に，産業財マーケティングとして今後とも有効に機能しうる各種理論や考え方を厳選し，それらを有機的に統合して体系化した点にある．組織購買，調達活動，サプライチェーン管理，行動科学，戦略的マーケティング等の多岐にわたる領域から最新の関連文献を数多く引用している．その特徴を生かすべく，日本語版でも，原著同様参考文献はすべて表記することにした．文章の肩に小さくつけたナンバーと巻末の参考文献のナンバーを照らし合わせていただければ，どの研究論文を引用したかがわかるようになっている．

　本著の特徴として，繰り返しになるが，産業財のマーケットを，顧客の集合体としての市場，市場における特定顧客との関係性，その顧客の購買センターという三つの次元でとらえつつ，製品，価格，流通，販売促進という伝統的なマーケティングの理論体系にフィットさせてプログラムを構築しているという点を強調させていただきたい．実務家がマーケティング施策を検討する際にも違和感なく参照することができると考える．

　最後に，複雑で，チャレンジングでありながらも，大きな可能性をもった，途方もなく魅力的な産業財マーケティングの世界に導いてくれた数多くのクライアントの皆様に感謝を申し上げたい．また，研究活動やコンサルテ

ィング活動においては柏木重秋先生，嶋口充輝先生，HBS の Dr. K. Rangan，INSEAD の Dr. D. Weinstein，Wharton の Dr. L. Lodish をはじめ，たくさんの先生方から多くのご指導とご助言をいただいている．この場を借りて心よりの謝意を表したい．最後に，白桃書房編集部の平千枝子氏，そしてスタッフの皆様にも厚く御礼を申し上げたい．翻訳作業は，研究活動やコンサルティング業務の合間を縫って，コツコツと個人で進めてきたため，思いのほか時間がかかってしまった．途中大きなプロジェクトでの海外出張も多々あり，幾度となく翻訳作業を中断せざるを得なかった．そんな時にも，平氏から叱咤激励をいただき，細々とでも継続してきたことが，本プロジェクトの完成につながったと思う．あらためてここに御礼申し上げたい．

なお，原著では，最終章として「産業財マーケティングの管理・統制」が含まれていたが，産業財マーケティングにおける戦略性の重要性に鑑み，戦略的要素をもつ 1〜17 章を全訳することにし，最終章は割愛させていただいた．また，訳出はすべて個人で行ったため用語の統一等の問題はなかったものの，膨大な量であることと，個人としての力量もあり，訳書として十分原著の提示している内容や意図を伝えきれない部分もあるかもしれない．しかし，産業財マーケティングの原則も無いなかでコンサルティングの現場で悪戦苦闘した自分自身の過去の経験から，1 日もはやく実務に有益な理論を紹介することを優先した．過去 15 年ほど産業財マーケティングの分野で研究と実務に取り組んできた成果の第一弾として，本書を紹介することにした．マーケティング関係者ばかりではなく，産業界で広く活用されるとすれば，訳者の喜びはこれに勝るものはない．

2009 年 8 月　晩夏の油壺湾にて
笠原　英一

第2刷刊行にあたって

　本書の発行を決意したのは，産業財マーケティングの分野で業務に従事されている実務家やこの分野で調査に取り組まれている研究者の方々に，産業財マーケティングに関する有益な理論を体系的に理解いただきたいという思いからであった．幸いなことに，2009年10月に初版を発行して以来，多くの企業，研究所，大学院，大学などで本書をテキストや参考書として採用いただいた．大変ありがたく思っている．

　本書をテキストにして研究や勉強をされている読者の皆様から，この1年間にたくさんのコメントをいただいた．その一つが，本書の内容としているマーケティング・マネジメントが，経営戦略（企業戦略や事業戦略）とどのように関わってくるのか明確にしてほしいというものである．もう一つが，理論を実際に展開するための比較的新しいケース・スタディが必要というご指摘である．

　マーケティングは，ターゲットとする顧客に対して自社ならではのユニークなソリューションを提供することを主なテーマとしているため，ソリューションを具体的な形にする機能としての研究，開発，設計，生産，物流，販売，サービス，財務，人事等の機能戦略と密接な関係を持っている．また，ユニークなソリューションというテーマは，事業や製品レベルでの問題にとどまらず，企業次元のテーマでもある．企業全体としても成長領域を選択して競争優位を構築・維持していくことが必要不可欠である．単なる機能の一つとして市場と競合を扱っていたマーケティングが，実際に企業レベルでも大きな役割を果たすようになっている．

　こうした背景を踏まえて，第2刷では，訳者解説のコーナーで，"戦略的マーケティングの特徴と構成"というセクションを設け，実際の企業経営において，マーケティングが企業戦略と事業戦略，そして機能戦略とどのように関わってくるかということをフロー・チャートを用いて解説させていただいた．

　また，もう一つのリクエストである，産業財営業やマーケティングに関す

る詳細なケースの紹介であるが，これについては，本書の別冊として『産業財マーケティング・マネジメント：ケース編』を出版させていただくことにした．本書と合わせてご活用いただければ幸いである．

　初版から1年を経て，筆者の活動の環境は大きく変化した．国内でのコンサルティングと研究活動にとどまらず，国内外の大学院での講義，海外の企業における研修の機会が増えている．産業財マーケティングのグローバル性と実務に役立つ理論研究の重要性を以前にもまして強く感じている．引き続き本書が，より多くの皆様の産業財マーケティングへの理解に少しでも役立てば幸いである．

　最後に，本書をテキストとして使用して講義をしてくださった青浩司さん，大谷清二さん，今井英之さん，山川秀之さんからは，表記上の貴重なアドバイスをいただいた．そして，Mr. Charles M. Cohon，戸川清さん，広崎膨太郎さん，花岡清二さん，大泉雅裕さん，Dr. Hellmut Schutte, Dr. Michael A. Witt の皆様からはカンファレンスや研究会，企業研修での討論を通して大変価値のある洞察をいただいた．この場をお借りして心から御礼申し上げたい．

2011年3月
笠原　英一

まえがき

　個人や家庭ではなく企業組織のニーズに応えようとするマーケターは，企業組織特有の課題に対処することが求められる一方で，組織市場ならではの機会を享受することができる．企業組織顧客は，個別の分析に値するほどの大きな収益機会と複雑性を持った市場なのである．米国，カナダ，ヨーロッパでは，組織顧客を対象とする産業財マーケティング，つまりビジネス・マーケティングをカリキュラムに取り入れるビジネス・スクールの数は増加の一途にある．加えて，米国およびヨーロッパにおいては，産業財マーケティングの分野における理論および実践の発展を目指して，積極的に研究に取り組む研究者の数も多く，そのネットワークは一層の広がりを見せている．この分野における研究は，過去10年の間に量と質の両面で大きく進展している．

　この分野の重要性が高まりつつあることが以下の要素によっても示される．第一に，ビジネス・スクール卒業生の半数以上が，産業財市場で競争する企業に入社するという点である．このことから，産業財マーケティング・マネジメントを従来のマーケティングとは別に，包括的に取り上げることはきわめて理にかなっていると考える．産業財マーケティングのコースは，グローバル市場における現実の競争状況，顧客との関係性管理，部門横断的な意思決定プロセス，サプライチェーン・マネジメント，電子商取引（eコマース），その他の関連分野について学生が知識を深める上で，理想的なプラットフォームとなる．このような分野は，企業の採用担当者の共感を呼ぶものであり，ビジネス・スクールの認証機関である American Assembly of Collegiate Schools of Business（AACSB）が定めた主な優先履修内容にも一致する．

　第二に，産業財マーケティング・コースは，ハイテク市場の特徴を検討する際の有効な手段を提供してくれるという点である．ハイテク分野におけるマーケティング・ストラテジストは，当該領域特有の課題に対応しなければならないが，産業財マーケティングでは，ハイテク市場を，通常のマーケテ

ィングとは別のものとして取り扱う．ハイテク市場は，世界経済の中でも成長著しく，変化の激しい分野であり，激しいグローバル競争の舞台となっている．しかしながら，伝統的なマーケティングのカリキュラムにおいては，ごく控えめな関心が向けられてきたにすぎない．電子商取引（eコマース）もまさに産業財市場の範疇に含まれる．実際，企業組織市場における電子商取引の規模は，消費者向けの市場規模の10倍と推定されている．

第三に，ペンシルベニア州立大学のInstitute for the Study of Business Markets（ISBM）が，この分野における研究の活性化に大きな役割を果たしてきたという点である．ISBMは研究者や実務家にとっての主要な情報源であり，現実的な産業財マーケティングの課題に関する研究を促進し，支援する積極的な役割を担っている．

本版の作成にあたっては，次の三つの目的をガイドラインとして設定した．

1. 消費財マーケティングと産業財マーケティングとの類似性に焦点を当てると同時に，違いが生ずる出発点を詳細に検討する．特に，市場分析，組織購買行動，顧客関係性管理，サプライチェーン・マネジメント，そして組織顧客に到達するために用いられるマーケティング戦略要素の調整に留意した．
2. 産業財マーケティングに対しては，現象を記述的に描写するというアプローチではなく，経営的に管理可能なものにすべく取り組む．産業財マーケティングを取り巻く経営環境のダイナミズム性を伝えるため，一定の記述的な資料は必要ではあるが，そもそもどのような資料が適切かということは，マーケティング戦略における意思決定との関連で決まるものである．
3. 数多くの文献を，産業財マーケティングの実際の戦略展開に統合する．本書では，産業財マーケティング戦略の構成要素に関する専門的な研究等をはじめ，組織購買，調達活動，組織行動，サプライチェーン・マネジメント，戦略的経営管理，行動科学などの領域から，適切な関連文献を数多く引用している．

本書における産業財マーケティングの構成は，網羅性かつ適宜性を意識したものになっている．同時に本書は，マーケティングのカリキュラムに含まれる他のコースとの重複を極力避けるべく構成されている．したがって，本書を理解するのに必要な基礎知識は，基本的なマーケティング原論（あるいは適切な実務経験）を参照していただきたい．

第8版における改訂箇所
　旧版における基本的な目的，アプローチ，スタイル等には変更を加えず，その後発表された文献の内容や，産業財マーケティングの実践における新たな傾向等を反映すべくいくつかの変更および追加を行った．特に次のテーマおよび特徴を第8版に盛り込んだ．

* 顧客関係性管理：関係性における優位性を築くための戦略
* 電子商取引とサプライチェーン・マネジメント戦略：戦略の立案と実行に関するベスト・プラクティス
* ビジネス・コンセプトの革新：企業の能力と産業財市場における機会を統合するための新たな戦略立案フレームワーク
* グローバル市場戦略：グローバルな産業財市場を対象とするマーケティング戦略
* 価格競争戦略：競合相手の価格攻勢に対処するためのフレームワーク
* 主要得意先管理：主要顧客管理に関する戦略および統合的マーケティング・コミュニケーション戦略
* 章ごとの事例とインターネット演習：産業財マーケティングにおける課題と実践に関するショート・ケースとインターネット演習

第8版の構成
　本版の制作にあたっては，読者のニーズと関心に焦点をあてた．筆者の目的は，産業財マーケティング・マネジメントの分野で，読者の関心の高い調査・研究内容をタイムリーに，明確に提示することにある．この目的を実現すべく，章ごとに概要を示し，主要コンセプトを浮き彫りにしながら，最近

の産業財マーケティングに関して，選りすぐりの実例を適切にまとめ，示唆に富んだ一連の討論課題なども盛り込んで編集した．さらに，最近の産業財マーケティングにおける戦略と課題を，「産業財マーケティングの内側」と「産業財マーケティングにおける倫理」という2種類の見出しをつけたコラムで説明している．

　本書は，Ⅰ～Ⅳの四つの部から構成されている．各部には，いくつかの章が含まれており，合計17の章で本書は構成されている．第Ⅰ部では，産業財マーケティングを取り巻く環境にスポットを当て，その顕著な特徴を紹介している．主要顧客タイプ，調達機能特性，組織における購買意思決定を導く力について，念入りに検討を加えた．第Ⅱ部のテーマは関係性マネジメントである．顧客関係性管理，電子商取引，サプライチェーン・マネジメントを第Ⅱ部全体で検討した．このセクションでは，核となる内容の説明を一新し，産業財市場における関係性管理に関する戦略をタイムリーかつ包括的に取り扱っている．この重要なバックグランドを確立した上で，第Ⅲ部では市場機会を評価する際に活用可能な手法，たとえば，市場セグメンテーション，売上予測を含む需要分析に焦点を当てる．

　第Ⅳ部で，産業財市場向けの計画立案プロセスおよびマーケティング戦略の設計について議論する．戦略的経営管理および戦略的マーケティングの分野における最新の文献からの引用がこの第Ⅳ部の基礎となっている．本版では，ハイテク業界における戦略立案の課題と魅力的機会についてさらに詳しく述べる．成功しているハイテク企業の特徴を明確にすると同時に，製造，研究開発，カスタマー・サービスなどの他の主要機能部門とマーケティングとの連携を強調している．戦略立案プロセスを分析する際のポイントとなるのが，この機能面での統合という考え方である．本書の中核となっている第Ⅳ部の中に特別に一章設けて，グローバル戦略立案に際しての統合的なアプローチについて説明する．続いて，産業財マーケティングの観点からマーケティング・ミックスの各要素を検討する．この中核的セクションにさらなる深みを与えているのが，産業財市場向けの製品イノベーション管理とサービス管理に関する各章である．

謝　辞

　本テキストの執筆にあたっては，多くの人々から多大なるご尽力を頂いた．まずは，アリゾナ州立大学，マイアミ大学，アラバマ大学，バーモント大学の学生および卒業生諸氏に感謝を述べる．本書の概念および章の内容の一部を最初に講義で試したとき，貴重な意見やフィードバックを頂いた．さらに，これらの大学の同僚諸氏からの支援と助力にも感謝を述べたい．

　次に，第8版の改訂作業にあたって，本書を詳しくレビューし，鋭いコメントや貴重な提案を与えてくれた次の同僚諸氏にも感謝の意を表する：Kenneth Anselmi（東カロライナ大学），Troy Festervand（中部テネシー州立大学），Jonathan Hibbard（ボストン大学），George John（ミネソタ大学），Richard Plank（西ミシガン大学），Constantine Polytechroniou（シンシナティ大学）．

　また，過去の版の作成にあたり重要な提案をしてくれた以下の各氏への変わらぬ感謝の意を表したい：Joseph A. Bellizzi（アリゾナ州立大学西部キャンパス），Paul D. Boughton（セントルイス大学），Michael R. Czinkota（ジョージタウン大学），S. Altan Erdem（ヒューストン大学クリアレイク校），Srinath Gopalakrishna（ミズーリ大学コロンビア校），Paris A. Gunther（シンシナティ大学），Jon M. Hawes（アクロン大学），Jay L. Laughlin（カンザス州立大学），J. David Lichtenthal（ニューヨーク市立大学バルーク校），Gary L. Lilien（ペンシルベニア州立大学），Lidsay N. Meredith（サイモンフレーザー大学），Richard E. Plank（西ミシガン大学），Bernard A. Rausch（イリノイ工科大学），David A. Reid（トレド大学），Paul A. Roobol（西ミシガン大学），Beth A. Walker（アリゾナ州立大学），Elizabeth Wilson（ボストン・カレッジ），James F. Wolter（グランドバレー州立大学），John M. Zerio（アメリカン国際経営学大学院）．

　また，アリゾナ州立大学サービス・リーダーシップ・センター（Center for Services Leadership）のアドバイザー委員会メンバーである Michael Wiley（IBM社），Greg Reid（Yellow Corporation社），Merrill Tutton（AT&T社）

の 3 名には，ひとかたならぬお世話になった．各氏とも，受託研究のシニア・エグゼクティブ・スポンサーとして，多数の組織との橋渡しに尽力いただき，研究への貴重な見識を提供して頂いた．これらの研究により，本書の戦略に関する部分にさらに磨きがかかった．また，IT サービス・マーケティング協会（ITSMA）の創設者兼議長の Richard C. Munn および会長兼 CEO の David C. Munn の両氏にも，ベスト・プラクティスの事例を掲載する許可を頂いたことに御礼を述べたい．1994年の創設以来，ITSMA はハイテク企業における最先端サービスのマーケティングの進歩を牽引するリーダー役として認知されている．

　本書の出版元である South-Western 社の有能なスタッフ諸氏も，本第 8 版の制作に卓越した情熱を注いでくれた．彼らの貢献を特に称えたい．中でも，Steve Hazelwood はこの版の制作に貴重なアドバイスと示唆を与えてくれた．一方，ディベロップメンタル・エディターの Erin Joyner は，我々の作業スケジュールを管理するとともに，作業工程に活力を与えてくれた．Pre-Press Company 社のプロジェクト・マネジャーの Jan Turner は，優れた原稿整理スキルで貢献してくれた．そして Amy Brooks は本書の制作工程に絶えず手を貸してくれた．

　最後に，Mike の妻である Rita にも感謝の意を表したい．20年におよぶ本プロジェクトには，彼女の関与と献身，専門知識が欠かせなかった．そして何よりも，本書を Michele Speh の思い出に捧ぐ．彼女を失ったことは深い悲しみであるが，彼女の人生は今も我々を勇気付けてくれている．

Michael D. Hutt
Thomas W. Speh

●著者紹介

Michael D. Hutt（マイケル・D・ハット），（博士，ミシガン州立大学）

　アリゾナ州立大学のW・P・ケアリー・スクール・オブ・ビジネスのマーケティング教授（Ford Motor Company Professor of Marketing）．マイアミ大学（オハイオ州）およびバーモント大学でも教鞭を執っている．

　Hutt 博士は一貫して産業財マーケティングおよび戦略的マーケティングの分野における研究と教育に携わってきた．現在は，戦略立案においてマーケティング・マネジャーが担う部門横断的役割の研究に力を注いでいる．これまで，*Journal of Marketing*, *Journal of Marketing Research*, *MIT Sloan Management Review*, *Journal of Retailing*, *Journal of the Academy of Marketing Science*，その他の学術誌に論文が掲載されている．Macro Marketing（ジョン・ワイリー・アンド・サンズ）を共同執筆したほか，Marketing： Best Practice（サウスウェスタン）への寄稿も行っている．

　アメリカン・マーケティング協会の各種プログラムにおいて主導的役割を担っており，最近では戦略的マーケティング管理に関する研究者コンソーシアム（Faculty Consortium on Strategic Marketing Management）の共同議長を務めた．また *Journal of Business-to-Business Marketing*, *Journal of Business & Industrial Marketing*, *Journal of Strategic Marketing*, *Journal of Business Research* の各誌の編集審査委員会の委員も務めている．2000年 *MIT Sloan Management Review* に寄稿した論文により，リチャード・ベッカード賞を受賞した．Hutt 博士はマーケティング戦略の問題に関して IBM，モトローラ，ルーセント・テクノロジー，AT&T，アービン・インダストリーズ，ADT，ブラック・クローソン等の企業各社に助言を提供し，また食品業界の UPC コードに関する公共政策小委員会で顧問を務めた経験を持つ．

Thomas W. Speh（トーマス・W・スペイ），（博士，ミシガン州立大学）

　マイアミ大学（オハイオ州）リチャード・T・ファーマー・スクール・オブ・ビジネスのマーケティング教授（James Evans Rees Distinguished Professor）兼教務部副部長（Associate Dean of Academic Affairs）．マイアミ大学の前には，アラバマ大学で教鞭を執っていた．

　Speh 博士はマーケティングおよび物流に関する専門家会議の常連出席者であり，*Journal of Marketing*, *Harvard Business Review*, *Journal of the Academy of Marketing Sciences*, *Journal of Business Logistics*, *Journal of Retailing*, *Journal of Purchasing and Materials Management*, *Industrial Marketing Management* 等，多数の学術誌や専門誌に論文を発表している．またマイアミ大学スクール・オ

ブ・ビジネスでの教育の功績を称え，優れた教員に送られるベータ・ガンマ・シグマ賞を受賞したほか，優秀な教育者に送られるマイアミ大学学友会賞も受賞している．

　Speh 博士は Warehousing Education and Research Council；WERC（倉庫業教育研究協議会）および Council of Logistics Management；（CLM ロジスティックス管理協議会）において積極的に活動しており，WERC の会長を務めたほか，2003年には CLM の会長も務めた．また戦略の問題についてゼロックス，プロクター・アンド・ギャンブル，バーリントン・ノーザン鉄道，サラ・リー，JM スマッカー，ミレニアム・ペトロケミカルズ等の企業に助言を行っている．

訳者解説

　本書は，マーケティング概論をテーマにした他書との内容重複を避けるべく，産業財マーケティングにフォーカスしているため，マーケティングの基礎的な知識は別途補うことを前提に記述されている．そのため，日本語版では，産業財マーケティングのベースとなっているマーケティング・マネジメント，各事業のマーケティング・マネジメントを統合する役割を果たす戦略的マーケティング，さらに，産業財マーケティングに関する独自の理論の発展経緯について簡単な解説を加えさせていただいた．

産業財マーケティング研究の経緯

　産業財マーケティングは，さまざまな理論体系のもとに発展を遂げてきたが，研究に関する基本的なスタンスが，1970年代を境に大きく変化した点に着目する必要がある．1970年代以前は，主に消費財マーケティングの体系をもとに，産業財に特有な視点，例えば，提供する財の特性や，マーケティング活動の対象となる顧客の組織購買行動を考慮して，消費財マーケティングを修正するというアプローチが潮流であった．もっと単純に言うと，以前は，提供する財とそれを購入する顧客という二つの点で異なる産業財市場に対して，消費財マーケティングをどのように修正して適用するかということにポイントが置かれていた．

　産業財市場における製造業のマーケティング活動に関する理論のうち最も基本的なものは，Copeland（1924）の製品類型論にあると考えられている．Copelandは産業財を分類し，その分類に従って製品特性，購買方法，販売促進方法等を明らかにしている．その後，製品，市場，顧客に関する産業財の特性を消費財のそれと比較することに焦点をあてた研究が進んだが，一連の研究は基本的に消費財マーケティングの体系に基づくものであり，その体系を産業財マーケティングにフィットするよう修正したものであった．

　その後，産業財市場におけるマーケティング活動の理論として発展したのが，組織購買行動論である．この理論は産業財マーケティングの中心的な理

論であり，多くの理論研究および実証研究が行われてきた．もともと産業財の取引では，合理的な意思決定プロセスが特徴とされてきたが，組織購買行動論では，組織における決定とはいえ，個人の意思決定がベースにあると考えられている．そのため，情報の処理能力が完璧ではないこと（つまり購買決定者がすべての売り手企業の提供価値を完全に把握できるわけではないという点）や，経済的合理性を超えた要素（つまり儲かるか否かという理由以外の）要素，例えば，社内派閥や組織内力学といった動機などが購買決定に影響することもあると考えるのである．

組織購買行動論では上記のほかにも，購買状況や購買プロセスといった概念が取り込まれており，産業財マーケティングにおける一定の貢献は認められるものの，基本的に買い手企業を受動的な存在として捉え，その買い手企業に対してどのように有効な刺激を与えるのかという考え方にもとづいて理論構築されており，実証研究もこのような視点から行われている．主な理論モデルとしては，Robinson, Fairs, and Wind（1967），Webster and Wind（1972），Sheth（1973, 1980）などがあげられる．しかしながら，売り手企業の一方的な行為によって買い手企業の反応を引き出すという考えのもとでは，産業財市場において実際に展開されている企業間の行動，例えば，新製品開発プロジェクトなどで見られる，買い手企業と売り手企業間の相互作用を伴う共同作業などを十分に説明することができない，という実務家からの指摘も少なくなかった．

提供する財の特性にスポットをあてた理論が製品類型論であり，顧客の購買意思決定における組織性，具体的には，購買部門，開発部門，生産部門などのさまざまな部門の担当者やその管理者，ときには経営トップが購買意思決定に対し，間接的または直接的に関与するという特徴に着目した理論が組織購買行動論である．70年代以前には，上記二つの理論を中心に，消費財マーケティングを援用するかたちで発達してきた産業財マーケティングであるが，1970年代以降になると，多くの批判が展開されるようになる．批判の主な理由は，前述のとおり，従来の理論では，産業財市場における売り手企業と買い手企業との間の比較的長期にわたる相互作用を適切に記述し，分析することができないというものである．これを受けて新しい理論的な枠組み

の必要性が主張された．それによって展開された新たな理論が，関係性マーケティングである．

　組織購買行動論は，上記のように購買意思決定が組織によって行われるという，いわゆる組織性にもとづいて発展してきた理論であるが，基本的には買い手企業に焦点が当てられており，売り手企業と買い手企業の関係が十分に考察されているとは言いがたい．こうした問題意識から，売り手企業と買い手企業との関係を扱うフレームワークとして関係性マーケティングが展開されてきたのである．この関係性マーケティングについては，Arndt (1979) から始まり，Anderson and Weitz (1989)，Heide and John (1990)，Morgan and Hunt (1994)，IMPグループ，そして日本においても，嶋口 (1994, 1997, 2000)，関根 (1996)，和田 (1998)，余田 (2000)，久保田 (2003, 2006) 等の研究によって大きく発展してきた．

　売り手企業と買い手企業の担当者間で頻繁なコミュニケーションといったリレーショナルな行為が行われると，当事者間では，互いに相手に対する信頼感やコミットメント(関係に対する「のめりこみ」，これをMorgan and Hunt (1994) は，「関係に意義を認め，継続を願い，それに向けて努力すること」と定義している) が形成されるようになる．そして信頼性やコミットメントによって売り手と買い手の間に長期志向や協力的行動がもたらされるという展開である．コミュニケーションは現象的側面であるが，信頼感やコミットメントは心理的側面である．協力的行動は関係性の結果であると同時に，取引の相手から見ればリレーショナルな行為，すなわち現象的側面として捉えることもできる（久保田2003）．関係性マーケティングについては，このように心理的状態とさまざま現象が循環しながら，関係性がスパイラルに発展する構造として考えられよう．この理論によって，産業財市場で生じる売り手と買い手間の長期的な相互作用を，的確に記述・分析することが可能になったと考えられる．しかしながら，記述は可能になったとしても，現場では肝心のマーケターが戦略的な意思決定を行う上でのフレームワークや戦略ツールが提供できるようになったわけではない．本書では，そうした問題意識を踏まえて，マーケティング・マネジメントの枠組みと産業財マーケティング独自の理論を統合させることで産業財マーケティングの新たな理論

訳者解説　　xvii

的体系化を図っているのである．

マーケティング・マネジメントの概要

　R. J. Dolan（1997）はマーケティングについてつぎのようにコメントしている．"Marketing is the process via which a firm creates value for its chosen customers. Value is created by meeting customer needs.（マーケティングとは，選んだ顧客に対して，価値を創造するプロセスであり，価値は顧客のニーズを充足させることによって創造される）"．

　そして持続的に価値を創造しつづけるためのプランが，その企業にとってのマーケティング戦略である．つまりマーケティング戦略とは，「顧客の満たされないニーズを見つけ，定義し，それに対してソリューションを提供することにより顧客価値を創造する一連の施策」と考えられる．このマーケティング戦略を策定するプロセスは，二つの活動に分解することができる．

　まずは，市場を同質のグループに細分化し（セグメンテーション），その中で積極的に働きかけるターゲット顧客を選定すると同時にその顧客の仮説的ニーズを定義し（ターゲティング），提供するソリューションとしての効用を顧客の心の中で位置づける（ポジショニング）活動である．これにより，どのような市場のどのようなニーズにどのような効用を提供するかという基本コンセプトを明確にすることができる．

　もうひとつは，上記のコンセプトを実現するための活動である．具体的には，ソリューションを具体化すべく，製品・サービス（Product）を開発・設計し，価格（Price）を設定し，流通／チャネル（Place）を設計・管理し，販売促進（Promotion）を検討するという一連の活動である．この四つの要素から構成されるマーケティング・ミックスを構築するためのプロセスは，「顧客市場におけるニーズを充足するための効用を，具体的な製品・サービスに仕立て上げ（効用形成），その効用を買い手に価格を通して表示し（効用表示），その効用を販売促進によって伝達しながら（効用伝達），効用を実現させる流通政策や営業政策を講ずる（効用実現）過程」と考えることができよう．

　マーケティング・マネジメントの基本的な構成要素を踏まえた上で，マー

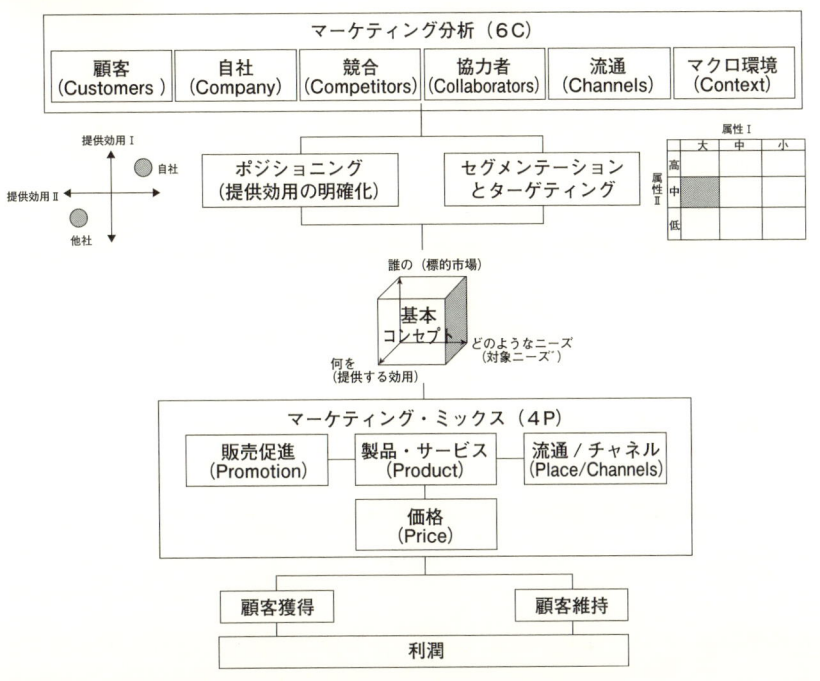

図1 マーケティング・マネジメント概念図

ケティング戦略策定のプロセスを図1で簡単に示す．六つのCで始まる要素の分析から始める．それは，Customers（顧客・市場），Company（自社）Competitors（競合・業界），Collaborators（供給協力者），Channels（流通チャネル），Context（マクロ環境）である．

Customers needs：どのような顧客のどのようなニーズを充足させるのか？
Company：このニーズを充足させる際の，自社ならではの能力とは？
Competitors：このニーズを充足させる際に競合と認識される企業は？
Collaborators：このニーズ充足のための効用形成に際しての協力者は？
Channels：このニーズ充足のための効用実現に活用できる流通は？
Context：このニーズを充足させる際のマクロ環境上の制約要因は？

　上記分析をもとに，標的市場を選定し，その市場において提供する効用の理想的なポジショニングを明確にし，それを具体化したマーケティング・ミ

訳者解説　xix

ックスを構築していくのである．

戦略的マーケティングの特徴

　前述の通り，マーケティング・マネジメントでは，どのような顧客市場に対して，どのような製品を提供したらよいかということがメイン・テーマとして検討される．市場と製品で定義される範囲が事業領域（scope of business）であるが，マーケティング・マネジメントは，基本的に特定の事業，あるいは，製品が考察の単位である．しかしながら，企業が成長し，拡大するにつれて，事業領域も拡大し，特定の製品市場に関するマーケティング・マネジメントに加えて，複数の事業間における資源配分，例えば，製品開発や広告活動に関わる費用の配分が重要な問題になる．そのため，マーケティングの分野においても，事業領域の選択や，選択した領域への経営資源の集中などをテーマとする経営戦略の考え方を導入した，いわゆる戦略的マーケティングが展開されるようになったのである．

　戦略的マーケティングには，一般的に次の3要素が含まれる．製品と市場から定義される事業領域の明確化，複数の事業間の資源配分（ビジネス・ポートフォリオ），当該事業領域における競争対応戦略の三つである．マーケティングを戦略的マーケティングのレベルに昇華させることにより，顧客の満たされないニーズに対するユニークなソリューションの提供という従来のテーマに加えて，魅力的な事業領域の選択と経営資源の集中，選択した事業領域における競争優位性の構築という新たな選択肢が加えられることになり，マーケッターは，持続的な利益成長（sustainable profitable growth）を実現するための戦略オプションをより広い範囲で検討することが可能になるのである．

　マーケティング・マネジメントと戦略的マーケティングに関しては，目的や主要テーマが異なるだけではなく，当然のことながら，分析に際しての視点も違うことが指摘される．6Cという大きな分析の枠組みは変わらないとしても，注力するポイントが異なるのである．一般論として，マーケティング・マネジメントでは，意思決定の与件として特定の市場と製品があらかじめ設定されている．したがって，Customers（顧客・市場）やCompetitors

（競合・業界）の分析を行うが，それは，あくまでも市場の細分化，ターゲティング，ポジショニング，さらには製品差別化などを行うためのものである．それに対して戦略的マーケティングでは，特定の製品・市場で定義される事業領域の選択が重要なテーマとなるため，当該製品市場における現時点での競合他社だけではなく，潜在的新規参入者，代替される可能性のある製品やソリューション，売り手や供給業者，買い手や顧客市場についての今後の動向，つまり，現在から将来にかけてどう変化するかという視点での分析が必要になる．

また，戦略そのものに関する考え方も異なっている．マーケティング・マネジメントでは，製品は原則的に差別化するものと考えられているが，戦略的マーケティングでは，条件次第では，製品は差別化せず，むしろ同質化競争を志向することもあり得る．つまり，どのような市場でもマーケティングのプログラムは共通しており，すべてのケースに適用可能なものという立場は取らないのである．市場の構造や競争地位によっては，差別化ではなく，むしろ同質化競争としてのコスト・リーダーシップ戦略をとることも含めて，戦略の内容を多様に捉えている．

戦略的マーケティングの構成

ここでは，前述のマーケティング・マネジメントの影響要因となる戦略的マーケティングの構成について解説を加える．図2を参照いただきたい．まずは，経営戦略の体系から述べる．経営者は，自身の経営理念，企業の置かれた経営環境（external factors），そして自社の経営資源（internal factors）を基に，企業としての理念（corporate mission）を定義し，それを実現していく大まかな成長方向としての事業領域（domain）と，そこに含まれる戦略立案の単位となる事業（strategic business units＝SBU）を決める．さらに，各SBUの状況を踏まえSBU間での経営資源配分を行う．これがプロダクト・ポートフォリオ・マネジメント（PPM）である．

資源配分を受けてSBUの責任者は，当該事業に関する競争地位を認識した上で6C分析を詳細に行い，企業理念を実現し，目標を達成していくための事業の範囲（scope of business）とそこにおける競争対応戦略（competitive

図2　マーケティングの範囲と構成要素

企業レベルでの成長方向の明確化と事業間の資源配分，および選択した事業領域における競争対応をテーマとするマーケティングが戦略的マーケティングであり，個々のSBUにおける市場への対応をテーマとするマーケティングがマーケティング・マネジメントである．

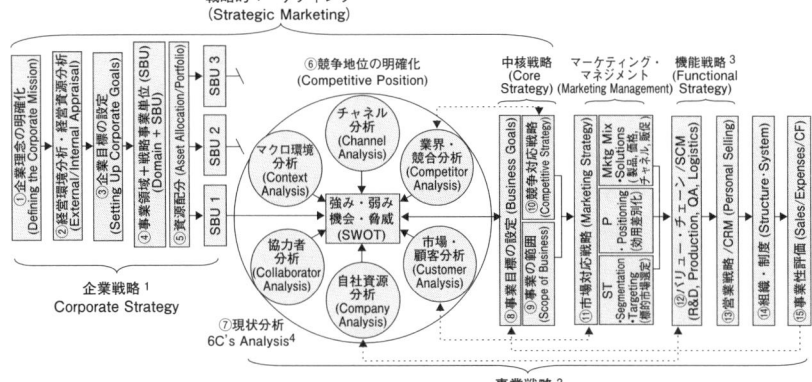

資料：笠原（2009）立教大学ビジネススクール，産業財マーケティングのレクチャーノートより抜粋

1：企業戦略：企業全体としての成長領域の選択と経営資源の集中がテーマ．具体的には，SBU＝Strategic Business Unit（特定の製品と市場から構成される単独のもしくは複数の事業の集合体であり，かつ独自の理念，目標，責任者，競合を有する戦略立案単位）を明確にし，各SUB間での資源配分を行う．

2：事業戦略：配分された資源をベースに，競争対応戦略（競合に対する優位性の構築）と市場対応戦略（対象市場を定義し，価値を創造）を検討する．SBUが基本単位．

3：機能戦略：OBS＝Operational Business Unit（事業運営機能単位）をベースに，SBU横断的に研究開発，製造，物流，財務，情報，人事等の機能を考える．

4：6 C's：　company（自社），customers（顧客），competitors（競合），context（マクロ環境），collaborators（協力者），channels（流通チャネル）の六つのCを把握分析．

strategy）を検討する．競争対応戦略は，特定の製品・市場領域における持続的な競争優位性の構築・維持をテーマにしており，これが基となり，前述のマーケティング・マネジメント，およびそれを実現するための機能戦略（functional strategy）が方向づけられることになる．機能戦略の単位は，事業運営機能単位（OBS＝Operational Business Unit）であり，これをベースにSBUを横断するかたちで研究，開発，生産，物流，財務，情報，人事等の機能が検討されることになる．

戦略的マーケティングは，まず，個々のSBUに対する適切な投資水準を

図3　資源配分（PPM）

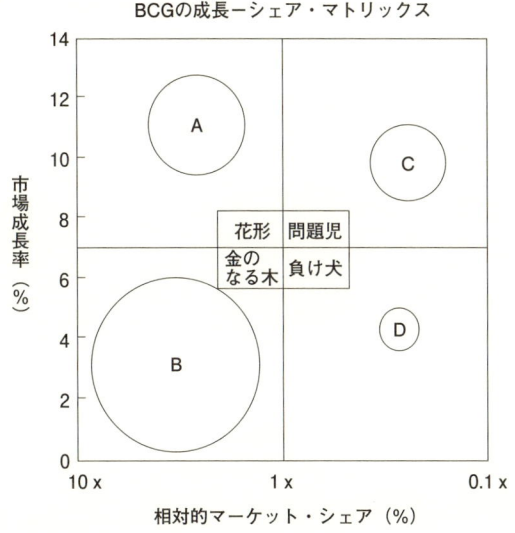

決定することから始まる．どのSBUに経営資源を配分すべきか，どのSBUへの資源供給を抑制すべきか，とのSBUが資源の供給を行うべきかを決定する．この資源配分は企業を単位にする場合はSBU間で，SBUを単位にする際は製品や市場間で，また製品が単位の場合は市場や顧客間で行われることになる．資源配分に使われるツールがポートフォリオ・マネジメント（PPM）である．代表的なものにBCG（ボストン・コンサルティング・グループ）が開発したマトリックスがある．これはY軸で市場の成長率を示し，X軸で事業の相対的シェア（自社のシェア÷最大の競争業者のシェア）を対数目盛りを使って表現し，この2軸の上にSBUをプロットするものである．SBUは以下の四つに分けられる．①問題児(Problem Children/Question Marks)＝相対的シェアを拡大するためにキャッシュの投入が必要となるSBU，②花形（Stars）＝市場シェアが大きい分，キャッシュを生み出す力は大きいが，市場の成長率も高いため，競争のコストもかかるSBU，③金のなる木（Cash Cows）＝市場シェアは高く，市場が成熟化しているため，安定した収益源となる事業，④負け犬（Dogs）＝すでに市場は成熟し，シ

訳者解説　xxiii

| 図4 | ナラヤンダスの顧客効用モデル（2003） |

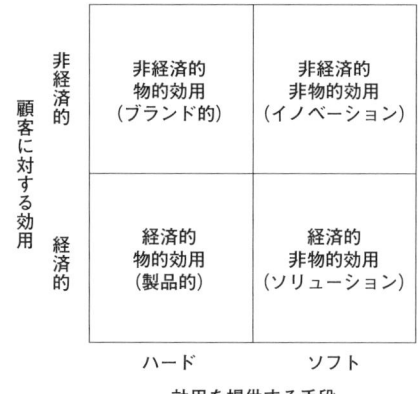

資料：Narayandas, D. (2003), "Customer Management Strategy in Business Markets," HBS資料を基に筆者訳出・修正

ェアも獲得できなかったSBU．このポートフォリオ・モデルは，金のなる木が生み出すキャッシュ，あるいは負け犬を整理して得たキャッシュを，問題児のSBUに投入し花形，さらには金のなる木に成長させるための投資決定を支援するものである．ビジネス・ポートフォリオには，既に述べた定量的なBCGのモデルの他に定性的なGEのモデル等がある．それぞれ長所短所を踏まえて活用することがポイントである．

　最後に，競争対応戦略について考察する．一般的には，マイケル・ポーターによって提示された競争基本戦略（具体的には，コスト・リーダーシップ，差別化，コスト集中，差別化集中の四つの戦略類型）が知られているが，本書では，産業財に関するマーケティング・ミックスや機能戦略を方向づける上で，より直接的でかつ，明示的と考えられる図4のナラヤンダスのモデルをベースに，筆者が担当した事例なども加えて，具体的に解説する．ナラヤンダスのモデルは，顧客に対して提供する効用とその効用を提供する手段の二つの軸によって基本的な方向性を整理している．

　まず，左下の象限は，経済的な効用をハード中心に展開する戦略である．

具体的には，ミドル・クラス向けに，過剰な機能をカットし必要最小限のスペックの製品・サービスを開発して，高いコスト・パフォーマンスが享受できる価格レベルで提供するような戦略を示唆している．ここでのポイントは，「低価格」が必ずしも「低品質」を意味するものではないということである．日本の製造企業がこの領域で成功するためには，「持続的技術進歩は時として，市場がもとめる性能水準を上回り，そのことがロー・エンド向けの技術で機会をうみ，その後の市場の劇的な変化をもたらす」というイノベーションのジレンマ（Chirstensen, 1997）に留意することが必要である．"求められる性能＝実際の性能"を実現するためには，まず，顧客の求める性能水準を把握する必要がある．では，顧客の求める性能水準は，どのような要因によって規定されるのであろうか．池尾（2010）は，性能水準がいかなる意味を持つかをどれだけ見極めることができるのかという顧客の「製品判断力」と，もう一つが，顧客の「関与度」の二つの要因があると指摘したうえで，関与度が高ければ，より高い性能水準が求められるとは必ずしも言えないが，より高い性能水準が求められる用途では，関与度は高くなる傾向があると述べている．EMS（electronics manufacturing service）のような新興地域を基盤とするような製造業者と戦うためには，自社で内製化すべき部分と，提携先に委託すべき部分と，外部のサプライヤーから購入する部分に峻別して戦略的に価格を下げていくことが求められる．このことは，生産機能に限ったことではない．現地の低コスト流通および，販売チャネルの活用，資材，原材料，設備の現地調達，開発の現地化などを含めて，バリュー・チェーン全体の再構築が必要不可欠である．

　次の左上の象限であるが，この領域では，製品や部品を単独で提供するのではなく，システムとして提供すること，つまり部品の寄せ集めではなく，擦り合わせ技術を用いて，部品を組み合わせたときのトータル・システムとしての機能，性能を重視しながら開発して市場に提供することがポイントである．この良い例がCPUのIntelであり，自転車の変速機のシマノである．システム化することで，高付加価値なソリューション提供が可能となり，システムを単位にブランド化することが容易になる．

　次に，右下のソリューションの象限であるが，これも，製品単体ではな

く，製品というハードにサービスやコンサルティングなどのソフトを付加して顧客に提供することで，顧客に対して直接的な問題解決そのものを提供するアプローチである．例えば，基幹システムを提供する際には，コンサルティングを導入してから，業務改善というソフトと一緒にハードウェアやミドルウェアおよびアプリケーションをトータルなソリューション・パッケージとして提供する情報システム企業のアプローチである．さらに，水処理プラントのケースで言えば，調査・開発から MRO（maintenance, repair, and operation）も含めて諸機能を組み合わせて水処理トータル・サービスとして提供する水メジャーのような展開である．プラントを販売して対価を得るのではなく，プラントの稼働そのものを提供して対価を得るという考えである．

最後は，右上のイノベーションの領域である．これは，研究・開発によって創造された最先端のテクノロジーをシステムやサービスと「新結合」させて，革新者的な顧客に提供するというモデルである．これについては，カラーキネティックス社という商業ビル向けのライトニング・システム事業の展開が参考になろう．同社のコア・コンピタンスは，マイクロプロセッサーを使ってさまざまな色を組み合わせ，光度をコントロールするクロマコアと称する技術である．この技術と LED 技術を組み合わせたライトニング・システムをライトニング・デザイナーによるコンサルティングや設計というソフトと結合させて，商業ビル向けの演出照明の分野で革新を巻き起こしている．この象限の戦略を，研究・開発を主体としたイノベーションの追求であると考えるのであれば，技術を競合他社に提供して，その対価をロイヤルティとして回収するようなバイオ・ベンチャーのケースもこの象限に含まれることになる．

本書の構成と留意点

本書の構成は，まず第Ⅰ部で産業財マーケティングの基礎理論の一つである組織購買行動論をレビューし，第Ⅱ部で，もう一つの重要な理論である関係性マーケティングをふまえ，産業財マーケティングに関するベースを形成したうえで，つづく第Ⅲ部では，マーケティング・マネジメントの前半の部

図5　産業財マーケティングの対象市場
〜顧客の需要構造とニーズの異質性水準〜

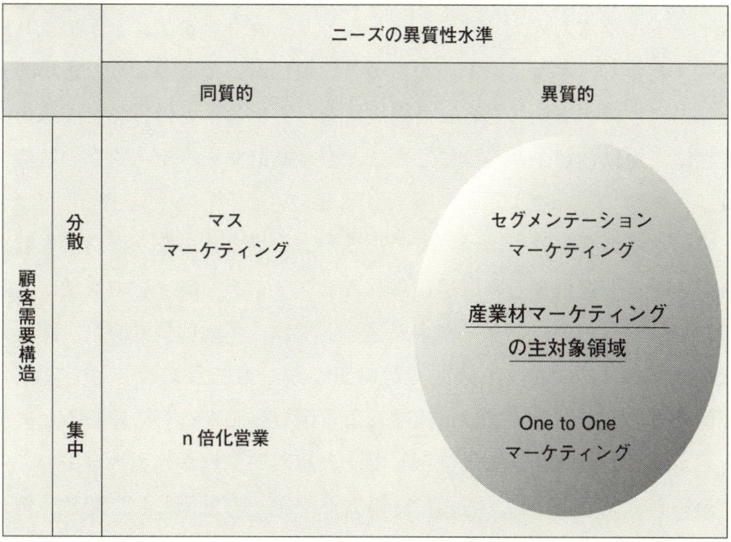

		ニーズの異質性水準	
		同質的	異質的
顧客需要構造	分散	マスマーケティング	セグメンテーションマーケティング
	集中	n倍化営業	One to Oneマーケティング

（右側楕円内：産業材マーケティングの主対象領域）

分，つまり，セグメンテーションやターゲティングといった概念を用いながら市場機会を探索し，最後の第Ⅳ部では，マーケティング・マネジメントの後半であるマーケティング・ミックスに関する理解を深め，マーケティング戦略の展開を考察するというものである．顧客の集合体としての市場，市場における特定顧客との関係性，その顧客の購買センターという三つの次元で市場機会を探索して，ソリューションとしてのマーケティング・ミックスを構築するというプロセスとして考えることもできる．

　留意点の一つとして，本書が想定している市場についてコメントしておきたい．市場を，ニーズの異質性水準（個々の顧客が有するニーズが同質か異質かという要素）と需要の構造（顧客が少数の大企業に集中しているか，多数の中小企業に分散しているかという要素）の2軸によって考察してみよう．図5を参照いただきたい．産業財マーケティングの主対象は，多数の中小企業から構成され個々の顧客が異質なニーズを持っている右上の象限と，少数の大企業から構成され，個々の顧客が異質なニーズを持っている右下の象限から成ると考えられる．右上の領域には，市場全体をセグメントに層化

し，標的となるセグメントを絞り込むマーケティング・マネジメントの理論体系がフィットする．右下の領域では，特定顧客との関係性のマネジメントがポイントになるため，リレーションシップ・マーケティングがアプローチのベースとなる．本著は，上記の二つの領域に対応できるよう，市場の視点と関係の視点のバランスをとった構成になっている．この市場と関係の二つの視点に，組織性がかかわってくることが産業財マーケティングの特徴でもある．

　まず，市場機会の分析についてであるが，市場全体のなかから最も魅力あるセグメントを選択する際に用いられるセグメンテーションの変数がポイントである．マーケティング・マネジメントでは，①人口統計変数，②行動特性変数，③地理的変数④心理的変数の四つが一般的な変数として考慮される．産業財の取引においては，組織による購買行動がベースにあるということを考えると，顧客企業を単位として，上記のいずれかの変数を用いてセグメンテーションした後に，さらに，購買センターを単位とした変数，例えば購買決定基準，購買戦略，購買品の重要度，購買センターの構成，納入業者に対する態度，購買センターを構成するメンバーの個人特性などに基づいた，2段階のセグメンテーションを行うことが提唱されている．企業を単位として行う最初のセグメンテーションがマクロ・セグメンテーションであり，購買センターを単位として2番目に行うセグメンテーションがミクロ・セグメンテーションである．

　次に，顧客企業との関係性を検討する場合にも，組織性がポイントになる．具体的には，組織購買行動論によって研究されてきた売り手企業の販売センターと買い手企業の購買センターという概念である．産業財市場では，営業担当が買い手企業との関係の窓口になるケースが一般的であるが，買い手企業のニーズを満たすために，売り手企業内の技術・設計担当，生産担当，物流担当などのさまざまな専門家が買い手企業とのやりとりに関与する．これが販売センターである．また，買い手企業内でも購買センターが形成され，購買担当，技術・設計担当，生産担当，物流担当などが，売り手企業とさまざまな情報をやりとりしながら，コンセプト開発から，生産，検査，納品，アフター・サービスといった一連の活動を展開している．売り手

企業と買い手企業の間で行われる日々の活動にはさまざまな担当者が関わっており，これらの活動から相手に対する学習・適応が進展している．こうした日々の担当者間での連携活動の蓄積からもたらされる効果が，最終的には売り手企業と買い手企業という事業者間の関係持続性の理由にもなっていると考えられるのである．

　最後に，産業財マーケティングにおける営業活動の重要性について触れておきたい．一般的なマーケティング・マネジメントでは，前述のとおり，マーケティング・ミックスを製品・サービス，価格，流通／チャネル，販売促進の四つの要素で捉える．しかし産業財マーケティングにおいては，人的販売の営業を販売促進や流通・チャネルから独立させ，5番目のPであるPersonal Selling（営業／人的販売）として考える方が，現実にかなっている．産業財市場では，売り手企業の営業は，買い手企業内で非公式に形成される購買センターに働きかける必要があるが，購買センター内で問題が認識され（ニーズ），必要財が把握されて（ウォンツ），必要な財が記述される（スペック）段階から，財の売り手企業の評価選択，事後評価にいたるまでのプロセスを一連のステップとして捉え，各段階で購買センターを構成するメンバーのうち，どの部署の誰がどのように関わるのかを考えることになる．各段階でどんな部署の誰にたいして，どのような情報を提供するか，ということを検討することが営業活動の範疇として考えられる．組織購買行動論では，さらにこの購買センターの購買行動や購買プロセス（例えば，評価・選択基準，情報探索，意思決定スタイル等）は，購買状況（重要性，新規性，複雑性等），買い手企業の組織特性（公式性，複雑性，集権性等）などに影響されると考えられている．例えば新規で，重要かつ複雑であれば，売り手企業は買い手企業と十分な打ち合わせをし，詳細な企画書や仕様書などの資料作成を求められることになる．

　また，上記のような購買状況や買い手企業の組織特性といった外部要因だけではなく，購買行動においては，購買センターの内部，つまり購買センターの参加者数，参加部署数，階層性，集権性などハード面に属する要素と，構成メンバー間のコミュニケーションや個人としての影響力といったソフト面についても十分考慮しなければならないということが指摘されてい

る．購買センターの構成員間コミュニケーションが希薄で，多層的構造をもち，参加者も関与する部署も多いとなると，売り手企業の営業は買い手企業内で広範囲にわたる活動を展開しなければならない．また購買センターの構成員の影響力については，情報源へのアクセス，情報力，所属地位なども考慮して営業活動を行うことがポイントになる．人的販売としての営業が核になるケースが多いのが産業財マーケティングの特徴のひとつと言える．このような理由から本書においても，人的販売の営業を販売促進や流通・チャネルから独立させ，5番目のPであるPersonal Selling（営業／人的販売）として詳細に説明を加えている．

―― 注 ――

Anderson E., W. Chu, and B. Weitz (1987), "Industrial Purchasing An Empirical Exploration of the Buyclass Framework," *Journal of Marketing*, 51 (July), 71–86.

Arndt, J. (1979), "Toward a Concept of Domesticated market," *Journal of Marketing*, Vol. 43 (Fall), 69–75.

Christensen, C.M. (1997), *The Innovator's Dilemma*, Harvard Business Press.

Copeland, M.T. (1924), *Principles of Merchandising*, Chicago ; A.W. Show Company.

Dolan, R. J. (1997), "Note on Marketing Strategy," Harvard Business School（大学での講演における講義ノート）．

Heide, Jan B. and G. John (1990), "Alliances in Industrial Purchasing : The Determinants of Joint Action in Buyer-Supplier Relationships," *Journal of Marketing Research*, 27(2), 24–36.

IMP（Industrial Marketing and Purchasing）1976年にヨーロッパ5カ国の研究者が集まって結成されたグループで，産業財マーケティングと購買活動に関する比較研究調査を目的に設立された．

Morgan, Robert M. and Shelby D. Hunt (1994), "The Commitment-Trust Theory of Relationship Marketing," *Journal of Marketing*, 58(7), 20–23.

Narayandas, D. (1995), "Long-Term Manufacturer-Supplier Relationships : Do They Pay Off for Supplier Firms?" *Journal of Marketing* 59, no. 1.

Narayandas, D. (2003), "Customer Management Strategy in Business Markets," *Harvard Business School Working Paper* #N9-503-060.

Robinson, P.J., C.W. Faris and Y. Wind (1967), *Industrial Buying and Creative Marketing*, Allyn and Bacon.

Sheth, J. N. (1973), "A Model of Industrial Buyer Behavior," *Journal of Marketing*, 37 (10), 50–56.

Sheth, J.N. (1980), "Research in Industrial Buying Behavior-Today's Needs, Tomorrow's Seeds," *Marketing News*.

Webster, Jr. F.E. and Y. Wind (1972), "A General Model for Understanding Organizational Buying Behavior," *Journal of Marketing*, Vol. 36(4), 12-19.

池尾恭一（2010）「マーケティング戦略形成における顧客行動と製品アーキテクチャ」『日本商業学会報告論集』5月28日・29日・30日，119頁．

笠原英一（2005）「米国マニュファクチャラーズ・レップの関係性マネジメント」『マーケティングの革新と課題』柏木編，東海大学出版．

久保田進彦（2003）「リレーションシップ・マーケティング研究の再検討」『流通研究』第6巻第2号，9月，15-33．

久保田進彦（2006）「リレーションシップ・マーケティングのための多次元的コミットメントモデル」『流通研究』第9巻第1号，6月，59-85．

嶋口充輝（1994）『顧客満足型マーケティングの構図』有斐閣．

嶋口充輝（1997）『柔らかいマーケティングの理論』ダイヤモンド社．

嶋口充輝（2000）『マーケティング・パラダイム』有斐閣．

関根孝（1996）「リレーションシップ・マーケティングと小売市場の垂直的構造」『専修商学論集』第62号，10月，43-60．

余田拓郎（2000）『カスタマー・リレーションの戦略理論』白桃書房．

和田充夫（1998）『関係性マーケティングの構図』有斐閣．

目　次

訳者まえがき　　i
第2刷刊行にあたって　　v
まえがき　　vii
謝辞　　xi
著者紹介　　xiii
訳者解説　　xv

●第Ⅰ部　産業財マーケティングを取り巻く環境●

■第1章　産業財マーケティングの視点 ………3

1．産業財マーケティング　4
2．産業財マーケティング・マネジメント　5
3．産業財マーケティングと消費財マーケティングの対比　15
4．サプライチェーン　19
5．産業財市場の顧客　25
6．産業財の分類　27
7．産業財マーケティングの戦略　30
8．本書の概略　34
9．まとめ　35
　事例　39
　討論課題　41
　注　42

■第2章　産業財市場：組織顧客に対する見方 ………45

1．営利企業：その特徴　47

xxxiii

2．政府：その特徴　65
　3．機関市場：その特徴　72
　4．多様性に対処する：市場中心の組織　76
　5．まとめ　77
　　事例　81
　　討論課題　82
　　注　83

■第3章　組織の購買行動　……………………………………87

　1．組織の購買プロセス　89
　2．組織の購買行動を形成する要因　100
　3．組織の購買プロセス：主な要素　118
　4．まとめ　120
　　事例　124
　　討論課題　125
　　注　126

●第Ⅱ部　産業財マーケティングにおける関係性管理●

■第4章　産業財市場向け顧客関係性管理の戦略　……………133

　1．関係性マーケティング　135
　2．売り手と買い手を結び付けるコネクター　138
　3．売り手と買い手の関係性を管理する　143
　4．顧客との関係性管理　147
　5．顧客との関係性による優位性を獲得する　158
　6．まとめ　162
　　事例　166
　　討論課題　167
　　注　168

■第5章　産業財市場のための e コマース戦略……………171

1．e コマースの定義　173
2．e コマースを支える重要な要素　175
3．e コマースの戦略的役割　177
4．e コマース戦略の構築　183
5．インターネット戦略の実行　188
6．まとめ　202
　　事例　206
　　討論課題　207
　　注　208

■第6章　サプライチェーン管理……………………………211

1．サプライチェーン管理とは　213
2．サプライチェーン管理：競争優位性獲得の手段　217
3．サプライチェーン管理手法を効果的に用いる　225
4．サプライチェーン管理の必須要素としてのロジスティックス　226
5．ロジスティックスの戦略的役割　229
6．ロジスティックス・コストの計算法　233
7．企業間ロジスティックス・サービス　234
8．企業間ロジスティックス管理　237
9．まとめ　246
　　事例　249
　　討論課題　249
　　注　250

●第Ⅲ部　市場機会を評価する●

■第7章　産業財市場の細分化……………………………255

1．産業財市場細分化の要件と効用　257
2．産業財市場の細分化基準　262
3．組織間市場の細分化モデル　276
4．細分化戦略の実行　278
5．まとめ　279
　　事例　283
　　討論課題　283
　　注　285

■第8章　組織需要の分析 …………………………………289

1．組織需要の分析　291
2．市場ポテンシャルと売上ポテンシャルの測定　299
3．売上予測の重要な側面　308
4．予測法　310
5．まとめ　321
　　事例　324
　　討論課題　324
　　注　326

●第Ⅳ部　産業財マーケティング戦略を構築する●

■第9章　産業財マーケティングの計画：戦略的視点………331

1．市場指向の組織　333
2．ビジネス・モデルの要素　337
3．マーケティングの戦略的役割　342
4．ハイテク業界における戦略構築　347
5．マーケティングの機能横断的関係　354
6．産業財マーケティング計画：プロセス　360
7．まとめ　361

事例　365
　　　討論課題　366
　　　注　367

■第10章　グローバル市場のための産業財マーケティング戦略 …371

1．グローバル化の推進要因　372
2．国際市場への参入方法　379
3．グローバル戦略の全体的枠組み　394
4．まとめ　399
　　　事例　402
　　　討論課題　403
　　　注　404

■第11章　産業財市場のための製品管理 …407

1．コア・コンピタンス：産業財を生み出す源泉　408
2．製品の品質　414
3．製品政策　417
4．産業財の製品戦略を構築する　425
5．ハイテク市場における製品管理　428
6．まとめ　439
　　　事例　442
　　　討論課題　443
　　　注　444

■第12章　イノベーションの管理および新しい産業財の開発 …447

1．イノベーションの管理　448
2．技術を管理する　455
3．新製品開発プロセス　461
4．新製品パフォーマンスの決定要因とスピードの重要性　472
5．まとめ　476

目次　xxxvii

事例　479
　　　討論課題　480
　　　注　481

■第13章　企業市場向けサービスの管理 …………………485

1．企業向けサービス：その役割と重要性　487
2．サービス品質　496
3．企業向けサービス会社のマーケティング・ミックス　500
4．新しいサービスの開発　512
5．まとめ　517
　　事例　520
　　討論課題　521
　　注　522

■第14章　産業財流通におけるチャネル管理 …………………525

1．産業財の流通チャネル　527
2．産業財流通チャネルの構成員　534
3．チャネル設計　543
4．チャネルの管理　554
5．国際的な産業財流通チャネル　559
6．まとめ　564
　　事例　567
　　討論課題　567
　　注　569

■第15章　産業財市場の価格設定戦略 …………………573

1．産業財市場における価格の意義　575
2．産業財価格設定プロセス　578
3．製品のライフサイクル全体を通じた価格設定　592
4．競合者からの価格攻撃への対応　596

5．競争入札　600
6．まとめ　603
　討論課題　607
　注　608

■第16章　産業財のマーケティング・コミュニケーション：
　　　　　広告と販売促進 …………………………………………611

1．広告の役割　613
2．相互作用型マーケティング・コミュニケーション　615
3．インターネット・マーケティング・コミュニケーションの力　630
4．広告の有効性の測定　633
5．展示会戦略の管理　635
6．まとめ　641
　事例　645
　討論課題　646
　注　647

■第17章　産業財のマーケティング・コミュニケーション：
　　　　　営業機能の管理 ……………………………………………651

1．営業の基礎：組織顧客の重視　654
2．統合されたマルチチャネル・モデル　658
3．営業部門の管理　661
4．産業財の営業部門の管理モデル　675
5．まとめ　681
　事例　684
　討論課題　684
　注　685

参考文献
索　引

第 I 部
産業財マーケティングを取り巻く環境

第1章

産業財マーケティングの視点

産業財市場は，マーケティングを担当するマネジャーに対して大きな機会と同時に特別なチャレンジを突きつける．この章では，産業財マーケティングの環境に特有の複雑な要因について説明する．その目的は，以下の点について理解を深めることにある．

1．産業財マーケティングを取り巻く環境のダイナミックな特性，および消費財マーケティングと産業財マーケティングの基本的な類似点と相違点．
2．産業財の需要に影響する基礎的要因．
3．製品サプライチェーンにおける売り手と買い手の関係の性質．
4．産業財市場における顧客類型．
5．産業財としての製品およびサービスの基本的な特徴．

1. 産業財マーケティング

　産業財のマーケターは，全市場の中で最大の市場を相手にしているのである．産業財市場すなわち企業向け市場での取引額は最終消費市場のそれをはるかに上回り，各顧客の購買活動も膨大な量にのぼるからだ．例えば，ゼネラル・モーターズ（GM）社の購買部門は製品やサービスを年間850億ドル以上調達し，これはアイルランド，ポルトガル，トルコ，ギリシャなどの国内総生産（GDP）をしのぐ額である．GM社が擁する1,350名の購買担当者は，それぞれ年に5,000万ドル余の資金を動かす．さらに，ゼネラル・エレクトリック（GE）社，デュポン社，IBM社なども，それぞれの事業のために毎日6,000万ドル以上を購買に充てている．実際，正式なものであるならば組織はすべて，規模の大小，官民あるいは営利／非営利の別を問わず，企業向け製品およびサービスの取引に参加し，産業財市場を構成している．

　産業財市場とは，「企業，政府組織，各種機関（病院など）が，自社製品への組み込み（原材料，部品など），消費（業務用供給品，コンサルティング・サービスなど），使用（設備，機械など），再販……を目的に，製品やサービスの購買活動を行う国内または国際市場である．この市場と直接の利害関係がないのは，包装食品，家庭用電気製品，消費者金融など，個人的使用や消費を主な目的とする製品やサービスを扱う市場」である．産業財マーケティングと消費財マーケティングの違いは，顧客の性質とその顧客が製品をどのように使用するかという点にある．産業財マーケティングでは，企業，政府，各種機関といった組織が顧客となる．

　産業財企業は産業財を購買し，生産プロセスそのものの基盤を形成したり，プロセスを効率化したり，他の製品やサービスの一部として使用したりする．政府や民間の各種機関は，自らの市場，すなわち一般消費者向けにサービスを維持・提供するために産業財を調達する．産業財マーケティングあるいは企業間マーケティング（この二つの語は同じ意味で用いられる）は，米国，カナダをはじめとする大部分の国の経済活動の半分以上を占める．ビジネススクール卒業生の半数以上が，産業財市場で直接競合する企業

に入社する．ハイテク市場への関心が高まっていること，および産業財市場の規模が大きいことにより，大学や企業のエグゼクティブ向けトレーニング・プログラムにおける産業財マーケティング・マネジメントの比重が増している．

　本書は，産業財市場に特有の機会とチャレンジについて考察するとともに，グローバル経済のこの重要な分野においてマーケティング機能を活用するために新たに何が必要かを考える．この第1章では，消費財マーケティングと産業財マーケティング間の類似点と相違点，産業財市場を構成する顧客の種類，多様な産業財の分類法，産業財市場の需要動向に影響する要因をテーマに検討する．

2．産業財マーケティング・マネジメント

　鋼材，生産設備，コンピュータ用メモリチップなどの製品を生産する大企業の多くは，産業財市場の顧客のみを対象とし，最終消費者と直接接することはない．その一方で，消費財市場と産業財市場の両方に参入している企業もある．ヒューレット・パッカード（HP）社は，レーザープリンタやパソコンの投入を契機に，それまでの企業間市場から消費者市場へと活動の場を移した．逆にソニーは，消費者市場の停滞により，オフィス・オートメーション（OA）製品にも手を広げて産業財市場へと進出した．購買行動は消費者市場と産業財市場で大きく異なるため，両社はマーケティング戦略の再構築を余儀なくされた．

　携帯電話，オフィス家具，パソコン，ソフトウェアといった製品は，消費者市場でも産業財市場でも購買される．産業財マーケティングと消費財マーケティングを区別するものは，ターゲットとする顧客そのものと，その顧客の製品に対する用途の違いにある．製品そのものは同じであっても，組織としての買い手にアプローチするためには根本的に異質なマーケティング手法が求められる．

2－1．産業財市場と消費者市場の対比

　マネジメント層が果たすべき基本的任務は，消費財マーケティングと産業財マーケティングの両方に共通する．両部門を相手にする企業は，組織の計画を市場指向に根ざしたものにすることにより，恩恵に浴すことができる．そのためには顧客を理解し，顧客満足度を高めることに熟達する必要がある．市場重視の企業は，次のような特徴を有する．

- 顧客の利益を最優先する価値観と信念を有する．
- 顧客や競争相手に関する良質な情報を集め，共有し，生産的に利用することができる．
- 諸機能にまたがる資源（研究開発，製造など）の使用を（部門間で）調整する．

■きわ立った能力　市場重視の企業をつぶさに調べてみると，とくに重要な2種類の能力を備えていることがわかる．それは，市場感知能力と顧客結合力である．一つ目の市場感知能力とは，組織が市場の変化を継続的に察知し，マーケティング・プログラムに対するの顧客の反応を予期できるということである．市場重視の企業は，競合相手よりもかなり前に市場変化に気づき，それに対応している（消費財市場におけるコカ・コーラ社，産業財市場における3M社など）．二つ目の顧客結合力とは，緊密な関係を構築し管理するために組織が習得した特定のスキルや能力，プロセスなどである．

　プロクター・アンド・ギャンブル（P&G）社などの消費財メーカーは，ウォルマートのような強力な小売業者との連携でこれらの能力を発揮する．両社の多機能チームが協働し，納品や製品移動情報を共有したり販売促進活動や製品変更の計画を立てる．強力な顧客結合力は，消費財市場におけるメーカーと流通業者の間で顕著に見られるが，緊密な売り手と買い手の関係が広く存在する産業財市場でも不可欠である．

◎産業財マーケティングの内側◎
産業財の売り手企業におけるCEOのキャリアパス：その多くはマーケティングから始まった！

　主要な産業財の売り手企業では，営業やマーケティング分野のベテランがトップの地位に就いている．なぜだろうか．今日の企業では，顧客関係が重視されているからである．「企業は，顧客と長期的パートナーシップを構築する方向に販売戦略を転換している．また，新規顧客を開拓するよりも既存顧客を相手にするほうがはるかに低コストであるという考え方に立ち，収益性の高い事業を構築しつつある」．営業やマーケティング担当の幹部社員は顧客を理解し，業界の勢力図を把握し，自社製品や顧客組織に付加価値をもたらす鋭い眼を持っている．多くの企業で営業やマーケティングの経験者がCEOに任命される理由はそこにある．具体例を三つ紹介する．

- ヒューレット・パッカード社 ── ルーセント・テクノロジー社で営業を担当していたCarly Fiorinaが，その能力を買われてCEOとして迎えられた．
- ゼロックス社 ── 同社での25年に及ぶキャリアの大半を営業分野で過ごしたAnn Mulcahyが，社長兼CEOに任命された．
- GE社 ── GEでの20年間のキャリアで営業およびマーケティング関連のポストを歴任したJeffrey Immeltが，Jack Welchの後任CEOに指名された．

　これらのCEOはいずれも，それぞれの組織において顧客重視の姿勢を強化する策を講じた．例えば，GE社のJeffrey Immeltは，産業財マーケティングに関する自身の経験を活かして優先課題を設定している．具体的には，「納期がつねに厳守されるよう，すべてのプロセスを正しく動かすこと，顧客へのGEの提案が何であれ，その顧客の収益性を向上させること，GE社の営業チームの効率を高めること」などである．

出所：Eilene Zimmerman, "So You Wanna Be a CEO," *Sales & Marketing Management*

(January 2002) : pp.31-35.

■価値向上のためのパートナーシップ　パートナーとして協力する産業財マーケターが，顧客の業務に精通し，その顧客のビジネスに特異な価値を付与することにより，シティグループ，テキサス・インスツルメンツ社，モトローラ社といった主要顧客の指定業者になる．産業財マーケティング・プログラムには，有形の製品，サービス支援，販売前後の継続的情報サービスをカスタマイズしてかつ，ブレンドしたものを含めるケースが増えている．市場指向の企業は，顧客結合力を重視し，製品に関する意思決定のほか，納品，輸送作業，アフター・サービス，その他のサプライチェーン活動を顧客の事業運営と緊密に連携させる．インテル社やボーイング社などの企業が顧客に最大の価値を提供するためには，自身のサプライヤーから最大の価値を受け取らなければならない．例えば，インテル社がグローバル市場で圧倒的なシェアを獲得できたのも，サプライヤーのサポートを受けてコスト，品質，技術力などの面で進歩を遂げたからである．

■価値提案を実現する　産業財マーケティング戦略は，自社，競合相手および顧客に対する分析に基づいて策定されなければならない．戦略が威力を発揮するためには，企業が独自のコンピテンシーを発揮し，顧客に優れた価値を提供できるような機会を発見することが重要になる．だとすれば，マーケティングとは，価値を定義・開発し提供するプロセスであると言える．

　市場指向の企業は自らの資源，スキルおよび能力を，十分に満たされていない特定の顧客ニーズとマッチさせようとする．マーケティング・マネージャーは顧客ニーズを理解することで，顧客の視点に立って価値を定義し，それを顧客満足実現のための具体的な要件に変換することが可能になる．そうした要件をどの程度満たし，競合相手を上回る価値を提供することができるかは，その企業の能力やスキルで決まる．

　多くの戦略手法が存在するが，そもそも価値提案とは，顧客への優れた価値提供方法を提示することにより，方向性を示唆することである．つまり，

価値提案とは，顧客組織が業績目標を推進することができるよう，産業財マーケターが顧客に対して提供する，製品，サービス，アイデア，ソリューションに関するプログラムそのものである．価値提案は，社員全員の意識を顧客の要件に集中させるため，企業内の組織力を強めると同時に，自らの提供物を顧客の心の中に位置づける，いわゆるポジショニングの手段にもなる．

2-2．マーケティングの機能部門横断的関係

　産業財マーケティング・マネージャーが有効に機能するためには，他の機能分野から孤立して業務を遂行するのではなく，統合的な役割を果たす必要がある．つまり，製造，研究開発（R&D），顧客サービスなどの諸部門の能力を理解し，それらの強みを顧客ニーズに即応できるマーケティング戦略の開発に適用することが求められる．ヒューレット・パッカード社や３Ｍ社など，戦略を成功させている企業は，その根底に部門横断的な関係が存在する．組織の合理化や機動性の向上に努め，職能横断チームを重視するにつれ，産業財マーケティング・マネージャーが戦略構築において重要かつチャレンジングな役割を担うことになる．

　産業財マーケティングの成否は，企業のエンジニアリング，R&D，製造，テクニカル・サービスといった機能分野に大きく依存する．したがって，産業財市場において計画を策定する際は，消費財部門の場合に比べ，職能間の相互依存や企業戦略全体との密接な関係がいっそう強く求められる．B. Charles Ames はこう指摘する．「マーケティング戦略の変更は，新たな設備投資，開発活動間でのシフト，従来型のエンジニアリングや製造手法からの変更を伴う場合が多く，これらのいずれもが全社的影響を及ぼすことになる」．製品，価格，販売促進，流通など，産業財マーケティングにおける意思決定はすべて，直接的または間接的に他の機能分野の影響を受ける．逆に，R&D，製造や調達に関する経営判断および企業戦略全般の方針変更は，マーケティングの影響を受ける．産業財マーケティングを計画する際は，R&D，調達，財務，生産などの諸分野の対応する計画作業と調整・同期化を図る必要がある（図１．１参照）．

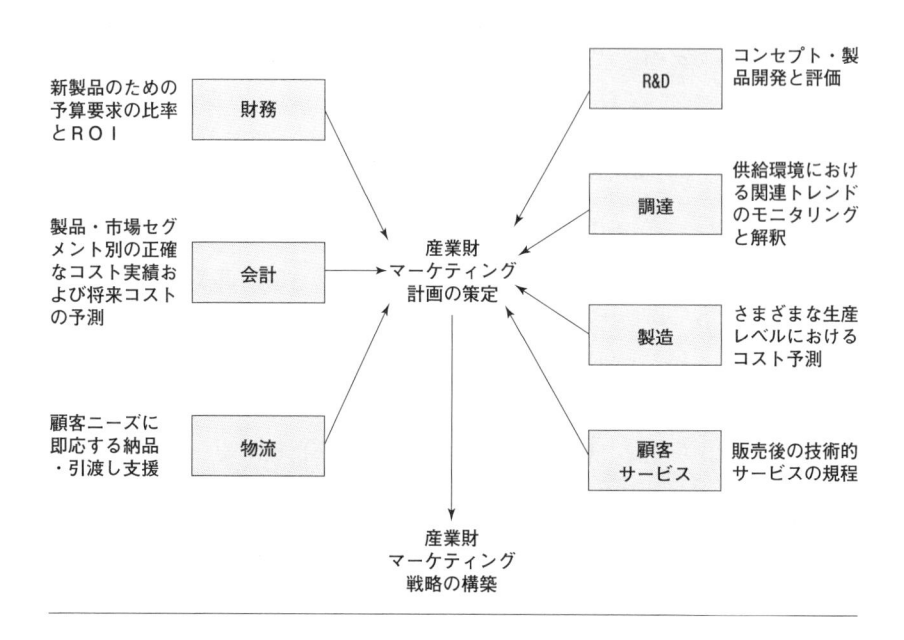

| 図1.1 | 産業財マーケティングの計画策定：機能部門横断的視点 |

インプット例　機能部門　　　　　　　　　　機能部門　インプット例

- 新製品のための予算要求の比率とROI → 財務
- 製品・市場セグメント別の正確なコスト実績および将来コストの予測 → 会計
- 顧客ニーズに即応する納品・引渡し支援 → 物流

→ 産業財マーケティング計画の策定 ←

- R&D ← コンセプト・製品開発と評価
- 調達 ← 供給環境における関連トレンドのモニタリングと解釈
- 製造 ← さまざまな生産レベルにおけるコスト予測
- 顧客サービス ← 販売後の技術的サービスの規程

↓ 産業財マーケティング戦略の構築

■部門横断的な協働的関係　産業財マーケティング・マネージャーの一日は，顧客との関係構築のほか，社内における他部門のマネージャーたちとの1対1の関係を作り出すことが中心となる．部門横断的なつながりを効果的に構築することにより，顧客ニーズの変化に効果的に対応できるようになるからである．有効な部門横断的関係はどのようにして推進されるか，マネージャーたちの発言から読み取ることができる．

●コミュニケーション－マネージャー同士が目標明確化のために行う，アイデアや情報の自由かつオープンな交換．
　市場マネージャー：「私が思うに，効果的な相互作用ができたのは，考えや提言を自由に述べ合ったからだろう．市場機会を評価する適切なトピックがカ

バーされるよう，Fohn［R&Dマネージャー］と私はアジェンダの作成に等しく貢献した」

● 視点移動 – 他の部署，顧客，あるいは会社全体の視点に配慮するマネージャーの意思および能力．

市場マネージャー：「これまでのR&Dマネージャーたちは，自分のスケジュールやグループのことばかり気にしていた．だが，今度のR&Dマネージャーはこう尋ねる．『顧客のニーズは何か．市場は何を求めているか．それをいつ必要とするのか』と．実に素晴らしいと思うよ」

● 即応的行動 – マネージャーが何らかの要求に対処する際に発揮する迅速性，完遂性および率先性．

R&Dマネージャー：「何か問題が起きるとMary［市場マネージャー］がすぐ飛んできて，たちどころに解決してくれた．お陰で，プロジェクトを予定通り進めることができた」

製造マネージャー：「彼女の場合，故障が起きたのを見て，『あーら，故障だわね』と言い，そこから話が全然進まないというようなことはない．彼女は解決策を追求するからね」

● 融和性 – 各部門を代表するマネージャーたちを団結させる共通の土台または目標．

マーケティング・マネージャー：「我々[R&Dとマーケティング]はすんなりと合意できたように思う．技術重視よりも市場中心の手法を強化すべきという基本的な事業方針で，我々は意見の一致を見た．ひとたび同意したら，共同計画や定期的なコミュニケーションを加速させ，この手法を基本的に促進していけることがわかった」

■ **有能と評価されるマネージャー**　各部署のマネージャーたちのニーズや要求，期待に即応できる産業財マーケティング・マネージャーは，有能であると評価される．この種のマネージャーは，公式・非公式のコミュニケーション・チャネルを駆使して緊密なネットワークを構築する．他部門の視点に敏感で，他の事業体の要求に迅速かつ丁寧に対応する．フォーチュン500社のハイテク企業で有能と見なされているマネージャーのプロフィールを以下に

記す．このマネージャーはデンバー勤務だが，ニュージャージーにある本社を頻繁に訪れる．マーケティング部門のある同僚は，こう述べている．

「彼は，一緒に仕事をしたり，問題を解決したりする人脈が実に豊富だ．彼はデンバーにじっとしていない．昨日もここにやって来たが，一緒にホールを歩いていて，彼の顔の広さには驚かされた……彼が仕事ができるのは，個人的に沢山の人と良好な関係を築き，人脈があるからだ．物事を成し遂げるには何をしなければならないか，その仕組みが本当にわかっているのだ」

2－3．産業財市場の特徴

産業財マーケティングと消費財マーケティングは，それぞれ特徴がある．一般的な知識，原則や理論は両方に共通するが，買い手と市場の機能が大きく異なるため，個別のアプローチが必要である．消費財マーケティングと産業財マーケティングでは，市場，市場の需要，買い手の行動，売り手と買い手の関係，環境の影響（経済，政治，法律）および市場戦略に違いがある．産業財市場にうまく浸透できたら，そのメリットは大きい．産業財に関する需要特性は，マーケティング・マネージャーにとってチャレンジでもあり，機会でもある．

■派生需要　派生需要とは，産業財の需要と消費財の需要の間に存在する直接的関係を意味するもので，産業財の需要は消費財の最終需要から生じるということである．ハーレーダビッドソン社のオートバイに使用する原材料や部品を例にして考えてみよう．ハーレー社製の部品も一部使用されるが，全体としては，この会社と直接取引のある200余のサプライヤー，すなわち産業財を供給する企業の努力の結集である．顧客がハーレーダビッドソン社のオートバイを購入することで，タイヤ，電機部品，コイル・スプリング，アルミ鋳物などなど，産業財メーカーが製造する多種多様な製品の需要が刺激されるわけである．

■需要の変動　このように産業財の需要は消費財の需要から派生するため，

産業財マーケターは一般家庭消費市場における需要パターンや購買選好の変化を注意深くモニターする必要があり，これを世界的規模で行わなければならない場合も少なくない．例えば，住宅ローン金利が低下すれば住宅新築着工件数が増加し，それに呼応して家庭用電気器具の売上が伸びる可能性が高い．小売業者は通常，在庫の積み増しによってこれに対応する．この需要に応えるべく，メイタグ社などの家庭用電気器具メーカーは生産速度を上げるため，こうしたメーカーにモーター，タイマー，ペイントなどの産業財を供給する企業の売上が急増することになる．景気の下降は，これと反対の状況を作り出す．産業財の多くで消費財を上回る需要の変動傾向が見られるのはこのためである．

■**需要の刺激** 産業財マーケターの中には，最終消費財市場をチェックするだけでなく，最終消費者まで直接到達するようなマーケティング・プログラムを開発しなければならないところもある．アルミ・メーカーはテレビや雑誌の広告を利用して，アルミ容器が消費者に提供する便利さとリサイクル可能性を訴える．この場合，最終消費者は，プラスチックではなくアルミ製の容器に入ったソフトドリンクを買うことにより，アルミの需要に影響を与えるわけである．因みに飲料容器には，年間50万トン以上のアルミが使用される．またボーイング社は，消費者市場をターゲットとするメディア・キャンペーンで空の旅の利便性を広告し，飛行機の長期需要をにらんだ環境作りに励んでおり，デュポン社は最終消費者への広告を通じて，自社製品を含むカーペット素材の売上を刺激している．

■**価格感受性** 需要の価格弾力性とは，価格の変化に応じて需要量が変化することを意味する．需要量が価格変化の比率以上に変化するとき，「需要は弾力的である」と言う．逆に需要の価格感受性が低い場合，すなわち需要の変化が価格の変化より比率的に小さいとき，需要は非弾力的ということになる．デジタルカメラ・メーカーの刺激を受ける電子部品の需要について考えてみよう．最終消費者がデジタル・カメラを買い続け，価格感受性が全体的に低ければ，電子部品の価格に対するカメラ・メーカーの価格感受性も比較

的低くなる．その逆の状況として，スープその他の缶詰食品を購入する消費者の価格感受性が高ければ，スープ・メーカーも金属缶を仕入れる際の価格感受性が高くなる．つまり，派生需要は金属缶の需要が価格弾力的であることを示す．

　最終消費需要は産業財市場の製品需要に広く影響する．産業財マーケターは，消費者市場のトレンドに敏感であることによって，当面の問題を認識できるだけでなく，成長や多角化の機会をも発見できる場合が多い．

■グローバル市場の視点　Michael E. Porterは，「国際的な市場においては，競争優位を生むイノベーションとは国内および国外のニーズを見越したものである」と述べている．事実，今日では多くの業界で，分析単位としては国内市場よりも世界市場のほうが適切であるように見受けられる．国際市場で産業財需要が加速度的に増加し，西欧，日本，環太平洋地域（韓国，台湾，香港，シンガポールが活発なプレーヤーになりつつある），近隣工業国（とくに中国，インド，ブラジル）との競争が熾烈を極める昨今，競争をグローバルな視点でとらえることが必要になっている．また東欧も将来，重要顧客市場および世界的な産業財供給競争の根源になるものと思われる．

　産業財市場は，米国国境内にとどまらず，もっと広い地域でとらえなければ全体像は見えてこない．多くの産業財やサービスに対する需要は多くの国々で，米国をしのぐペースで拡大している．ドイツ，日本，韓国，ブラジルといった国々は，多くの産業財のマーケターに広大な成長市場を提供する．無数の中小企業や多くの大企業各社—GE，3M，インテル，ボーイング，ダウ・ケミカル，ルーセント・テクノロジー，モトローラなど—が，売上や利益の相当部分を国際市場から得ている．例えば，モトローラ社の投資によって中国は，欧米諸国が何十億ドルも投資して実現してきた工業化の一段階—すべての家庭と企業を電話線で結ぶニーズ—を一気に飛び越えてしまうかもしれない．モトローラ社の携帯電話は，電話網が完備していない地域の顧客に貴重なソリューションをもたらし，同社の中国市場での売上高は目下，全世界の収益の15％を占めるに至っている．

3．産業財マーケティングと消費財マーケティングの対比

　消費財市場で地位を築いている消費財メーカーが，産業財市場に機会を求めて投資する動きが広がっている．こうした傾向は，成熟化しつつある製品ライン，業務多角化したいという思い，R&Dや生産の強みを急成長する産業財市場に適用して利益を出すことのできる戦略的機会などによって拍車がかかることも珍しくない．P&G社は，そのパッケージ消費財の伝統を捨て，石油，油脂，パルプに関するノウハウを駆使して急成長産業へと多角化を進めつつある．

　また，J.M. Smucker 社は，消費財市場と産業財市場の両方で好業績を上げている．同社は消費財（ジャム，砂糖漬け）をベースにしつつ，ヨーグルトやデザートのメーカーが使用するフィリング・ミックスを生産している．イチゴの砂糖漬けを最終消費者に販売するのは，イチゴのフィリングをヨーグルト・メーカーに販売するのとは大きく異なる．主な違いを以下に説明する．

3－1．Smucker 社：消費財マーケターと産業財マーケターの二つの顔を併せ持つ企業

　Smucker 社は，数多くの小売店を通じて製品を消費財市場に送り込んでいる．市場の特定セグメント向けに，新製品が開発され，試験され，ターゲッティングや価格設定，販売促進が綿密に行われる．同社は流通確保のため，卸売および小売両方の顧客を相手にする食品流通業者を雇い，自社の営業部門は，より大口の顧客に的を絞る．一定レベルの市場露出や主要な食品小売店の棚スペースの確保は，消費者向け食品を販売する企業にとって欠かせないことである．この製品ラインの販売促進策として，メディア広告，クーポン，特売，小売業者向けインセンティブ・プランなどを展開している．価格決定にあたっては，需要やコスト，さらに競合相手の動きも勘案する必要がある．要するに，製品，価格，販売促進，流通というマーケティン

グ・ミックスの各要素を管理することが求められることになる．

　産業財市場におけるマーケティング・ミックスは形態が異なる．ターゲットは Smucker 社製品を使用して他の商品を生産する可能性のあるメーカーであり，Smucker 社製品はヨーグルトやケーキ，クッキーなどに混合され，単独の商品としては存在しなくなる．Smucker 社で産業財マーケティングを担当するマネージャーは，大手食品加工会社，パン・メーカー，ヨーグルト・メーカーなど，自社製品の潜在的ユーザーをもれなく列挙した後，利益が得られそうな市場セグメントの発見に努める．そして，それぞれの市場セグメントについてマーケティング戦略を具体的に開発する．

　潜在顧客が特定されると，営業部門がその会社を直接訪問する．営業担当は，いきなりその会社の社長に会うケースもあるが，通常はまず R&D 担当重役か製品開発グループの主任などとの接触に時間をかける．営業担当はこうして，購買に影響力を持つ主要人物，すなわち，購買プロセスに権限を持つと思われる人物を見きわめる．時には Smucker 社の経営幹部がこのプロセスで応援に乗り出すこともある．

　営業担当が製品仕様（求める味，色，カロリー数など）を自社の研究開発部に持ち帰り，サンプル開発が始まる．サンプルの最終承認までに数カ月を要することもある．次の価格設定段階では，営業担当の交渉相手は購買部門へと移る．大量（ボトルではなく，トラック一台とかドラム缶など）の取引になるため，キロ単価のわずかな違いが双方にとって大きな意味を持つ．また，品質やアフター・サービスも非常に重要である．

　成約に至ると，製品は Smucker 社の倉庫からメーカーの工場まで直接輸送される．営業担当は購買担当者や工場マネージャー，その他の経営幹部に対して頻繁にフォローする．製品移動や納品に関するデータがオープンに共有され，Smucker 社のマネージャーたちと顧客側の主要な意思決定者との間に緊密な関係が形成される．Smucker 社はこの顧客から，どの程度の取引量を期待できるだろうか．その答えは，消費財市場における新製品の売れ行きで決まる．何しろ産業財の需要は，すでに述べたように，最終消費者の需要から派生するからである．また，(1)産業財市場の顧客との間に緊密かつ継続的な取引関係を築くこと，(2)ターゲット企業の中で購買意思決定に影響

力を持つ人すべての要件を理解することの重要性も忘れてはならない．

3−2．マーケティング戦略の違い

　以上の点から，産業財マーケティングと消費財マーケティングの戦略の特徴がいくつか浮かび上がる．産業財を供給する企業は潜在顧客に到達する上で，広告（テレビ，新聞）よりも人的販売としての営業を重視する．この種の企業では通常，業界紙やダイレクトメールといった広告に使われるのは販売促進予算のほんの一部にすぎない．ただし，この広告が効果的な営業訪問を行うための基礎になる．産業財を扱う営業担当は，取引先の要件の技術的側面やその要件を充足させる方法，また，購買決定に影響を及ぼすと思われる人物とその理由も十分に認識しておかなければならない．

　産業財マーケターが生み出すものの中には，サービスという重要な要素もある．顧客は製品そのものの品質だけでなく，付随するサービスの品質も評価する．消費者がゆくゆく手にすることになる効用の束全体に注目しているのだ．価格交渉も，産業財の購買／販売プロセスの重要な部分である．特定の品質仕様や設計仕様に基づいて製造された製品は，個別に価格設定を行わなければならない．また，産業財マーケターは大概，大口顧客に対しては直接販売が，売り手と買い手との関係の強化につながることを認識している．一方，小口顧客については，マニュファクチャーラーズ・レプリゼンタティブ（通称レップ）やディストリビューターなどの流通業者を通した販売が有利である．

　Smucker社の例が示すように，産業財のマーケティング戦略の場合，マーケティング・ミックスの特定の要素に対する重視レベルが消費財の場合とは異なる．また，それぞれの市場における買い手の基本的な違いもこの例からうかがうことができる．組織顧客においては，さまざまな人間が購買意思決定に影響を及ぼす．Smucker社の産業財マーケティング・マネージャーは，購買プロセスの関与者の中で重要なのは誰か，その人たちの相対的な重要度は，決定を行う際に各人はどのような判断基準を用いるか，といった重要な疑問を解決しなければならない．つまり，組織が製品を購買する際にたどるプロセスを理解するとともに，組織内のどの人物がこのプロセスに

| 図1.2 | 産業財市場の顧客の特徴 |

特徴	具体例
●産業財市場の顧客は，営利企業，各種機関および政府で構成される．	●デル社の顧客は，ボーイング社，アリゾナ州立大学，数多くの州および地方の政府組織である．
●企業顧客による一回の購買額は，個人消費者のそれをはるかに上回る．	●マイクロソフト社のソフトウェアの場合，個人消費者はそれぞれアップグレード版を一つだけ購入するのに対して，シティグループなどは1万個まとめて購入したりする．
●産業財の需要は消費財の最終需要から派生する．	●新築住宅の購入が，カーペット素材，家庭電気器具，キャビネット，木材，その他数多くの製品に関する需要を刺激する．
●産業財市場における取引関係は，緊密で長続きする傾向が見られる．	●IBM社の一部主要顧客との関係は何十年にも及ぶ．
●企業顧客の購買決定には，一人の意思決定者だけでなく，購買に影響力のある人物が多数関係していることが多い．	●プロクター・アンド・ギャンブル（P&G）社では，部門横断チームが複数のノートパソコンを検討してIBM社を選択している．
●産業財マーケターと消費財マーケターでは違うタイプの顧客を相手にするが，肩書きは共通している．	●マーケティング・マネージャー，製品マネージャー，営業マネージャー，顧客マネージャーなどである．

重要な役割を演じているかを見きわめる必要があるのだ．購買の複雑さに応じて，このプロセスは何週間，さらには何カ月にも及ぶことがあり，組織内の数人が関わる可能性もある．売り手側としては，こうした購買プロセスに初期段階から関与するほうが，成功の確率は増すものと思われる．

3－3．顧客との関係の重視

　産業財市場では顧客との関係が緊密で，しかも長続きするケースが多い．一回の取引ですべて終わりというのではなく，そこから関係が始まるわけである．Smucker社の例では，ゼネラル・フーズ社など大手食品加工会社に自社製品を売り込むことで長期的な取引関係がスタートする．単に売上を実現するだけでなく，Smucker社は顧客を創造しているのだ．こうした関係を維持するためには，顧客の業務を熟知し，その事業に特異な価値を付与し

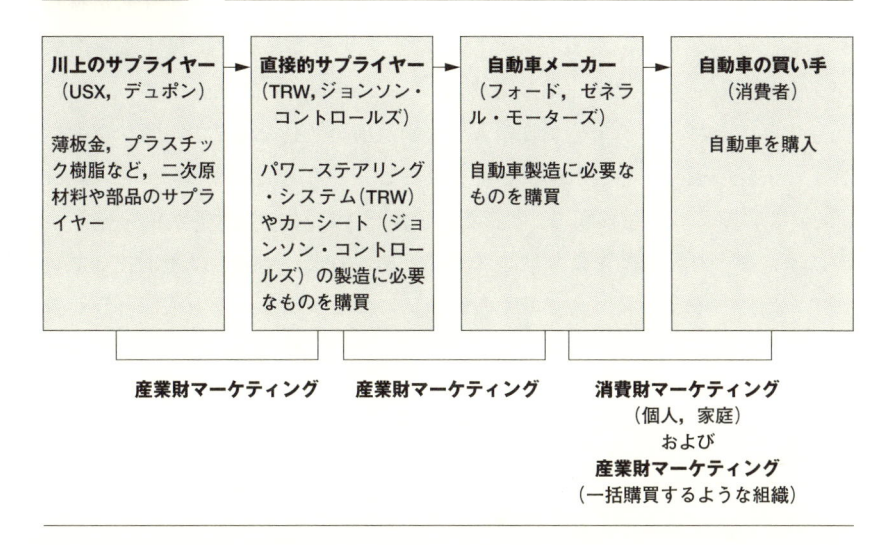

| 図1.3 | サプライチェーン |

| 川上のサプライヤー
(USX, デュポン)

薄板金，プラスチック樹脂など，二次原材料や部品のサプライヤー | 直接的サプライヤー
(TRW, ジョンソン・コントロールズ)

パワーステアリング・システム(TRW)やカーシート(ジョンソン・コントロールズ)の製造に必要なものを購買 | 自動車メーカー
(フォード, ゼネラル・モーターズ)

自動車製造に必要なものを購買 | 自動車の買い手
(消費者)

自動車を購入 |

産業財マーケティング　　産業財マーケティング　　消費財マーケティング
　　　　　　　　　　　　　　　　　　　　　　　　　　　　（個人，家庭）
　　　　　　　　　　　　　　　　　　　　　　　　　　　　および
　　　　　　　　　　　　　　　　　　　　　　　　　　　産業財マーケティング
　　　　　　　　　　　　　　　　　　　　　　　　　　　（一括購買するような組織）

なければならない．関係性マーケティングでは，顧客と有益な関係を形成・維持するためのマーケティング活動すべてが重視される．顧客と1対1の関係を築くことは，産業財マーケティングの中核である．表1.2は，産業財市場における顧客の主な特徴をまとめたものである．

4．サプライチェーン

　図1.3は，自動車生産に関わる一連のサプライヤーを例に，産業財マーケティングにおける顧客関係という視点の重要性を示したものである．ホンダ社とフォード社について考えてみよう．オハイオ州メアリズビルにあるホンダ社の自動車組立工場は，原材料や部品を北米のサプライヤー300社ほどから年間50億ドル以上購入する．購買スタッフ300名によるこうした支出は，同社の年間売上高の80％に相当する．またフォード社は，TRW社やジョンソン・コントロールズ社などから成る巨大なサプライヤー・ネットワークを通じて，一般的なフォード車に使用される1万個以上の部品の半分を調達している．自動車メーカーとそのサプライヤーとのこうした関係は，まさ

に産業財マーケティングの領域である．TRW社のような産業財のマーケターは，サプライチェーンのさらに川上に位置する多数の他企業から原材料や部品，その他を供給されている．このサプライチェーンに属する各組織が，生産，販売プロセス（納品を含む），サポート，アフター・サービスに関与する．それぞれの企業がこのような価値創造活動を通じて，ホンダ社やフォード社の製品の品質水準に影響を及ぼしている．Michael PorterとVictor Millarは次のように指摘する．「企業が競合相手に対して競争優位を確立するには，こうした活動をより低コストで実施するか，もしくは差別化とプレミアム価格（すなわち，より多くの価値）につながるような方法で行うかのどちらかである」

4－1．インターネットとサプライチェーン

インターネットは，企業のサプライチェーン管理法を変えつつある．例えばコビシント（Covisint）は，自動車業界においてオートマチック・トランスミッション以来の最大の発明になる可能性を秘めている．フォード，GM社，ダイムラー・クライスラー社，日産社その他（ホンダ社はコビシント社に参加せず，独自取引を構築する道を選んだ）による合弁事業であるコビシントは，自動車業界のための公的な取引所であり，電子商取引市場である．コビシントのウェブサイトを通じて自動車メーカーが世界中のサプライヤーと接触し，部品の売買，製品設計での協働，サプライチェーン活動の調整などを行うことができる．コビシントの企画者は，将来的には2,500億ドル超に相当する商品やサービスがこの電子市場で取引されることになると見込んでいる．コビシントなどのグローバル電子市場の利点は，次のように要約される．

- GM社などの企業とそのサプライチェーンに属するパートナー企業が，取引や情報共有をリアルタイムで行うことができる．
- 購買プロセスが簡素化され，購買コストが削減される．
- サプライヤーがフォード社などのメーカーと新製品の設計を共同で行うことができる（設計図の共有など）．
- サプライチェーンの購買能力が統合されることで，原材料，製品やサービス

のコストが削減される.

　この取引所を利用する自動車メーカーは1台当たり2,000～3,000ドルの削減を実現できる，とコビシントでは予想しているが，専門家は，そのコンセプトが成果となって現われるまでには数年かかる可能性もあると見ている.
　一部のサプライヤー（産業財マーケター）は，コビシントへの参加をためらっている．なぜだろうか．この取引所は「大手自動車メーカーが部品や原材料の価格を値切るために考え出した新しい手段にすぎない」と懸念するためである．コビシントがその野心的な目標を実現するためには，サプライヤーの技術が保護されるとともに，この取引所によるコスト削減効果がサプライヤー側にも及ぶことを納得させる必要があると専門家は指摘する.

4－2．受注生産方式

　デル・コンピュータ社は，迅速な受注生産方式で卓越している．それは，顧客の注文をオンラインで受け，顧客一人ひとりに合わせて生産を調整し，販売後も顧客との1対1の関係を維持するというものである．自動車業界は，このデル社の創設者である Michael Dell に，自分たちのビジネスに彼の手法を採り入れるにはどうしたらよいかとアドバイスを求めている.
　デル社の成功にヒントを得たフォード社の戦略担当者は，顧客がオンラインで注文し，それを受けて工場で生産を行うことにより，何十億ドルという在庫コスト（大量の自動車の手持在庫など）を排除しようと考えている．ディーラーは，サービス店からリアルタイムで送られてくる保証問題を報告し，工場が組立ラインの問題を直ちに修正できるようにする．またサプライヤーは，ウォルマート社がP&G社などのサプライヤーに棚在庫管理を委託しているのと同じ方法で，フォード社の工場の在庫を細かく管理することを思い描いている．サプライチェーンを統合してコビシントに積極的に参加するフォードは，このビジョンの実現に向けて重要な第一歩を踏み出すことになる.

4－3．調達トレンドとサプライチェーン

　品質向上による業績改善の追及は，ダイムラー・クライスラー社やホンダ

社などの自動車メーカー，さらにはインテル社，シスコ社などの最先端企業の購買方法に大きな変革をもたらしている．産業財マーケターが組織顧客との間に有益な関係を築こうと思えば，こうした変化に対応していく必要がある．多くの業界の企業が，競争入札や，多数のサプライヤーを関連会社として抱えて取引するやり方に代わる，新たな購買手法を導入している．この新たな手法は，次のような特徴を有する．

- 限られた数のサプライヤーとの間に，緊密な関係が長期間にわたって構築される（例えば，モトローラ社，デルタ航空社，ゼロックス社，IBM社が利用しているサプライヤー数は，この10年間で60%以上減少した）．
- 売り手側と買い手側双方で，製造，エンジニアリング，物流，販売や購買など，多数の部門間で相互行為が緊密化する（例えばシスコ社は，サプライヤーとのコンピュータ・ネットワークを通じて仕様や納品スケジュールの変更を処理できる）．
- サプライヤーの近接立地により，ジャスト・イン・タイム納品システムが可能になるとともに，サプライチェーン全体の製品・サービスの品質向上を目的とした関係緊密化が促進される（例えば，自動車の座席シートや内装を製造するジョンソン・コントロールズ社は，フォード社，トヨタ社，GM社など主要顧客の近くで10の工場を稼動させている）．

◎産業財マーケティングの内側◎

キャリア・プロフィール：IBM社顧客にサービス・ソリューションを提供する

　メリーランド大学で経営学の学士号を取得したJohn R. Roop IIIは，IBM社に入社し，フィールド・エンジニアリングの分野でキャリアをスタートさせた．その後，ナショナルセミコンダクター社にてアカウント・カスタマー・エグゼクティブ，ブランチ・マネージャー，顧客満足担当重役など，いくつかの管理職を歴任した．これらのリーダー職を経て，現在はIBM社グローバ

ル・サービス—中西部地域のインテグレーテッド・テクノロジー・サービス（ITS）—担当副社長の地位にある．彼は，この地域の産業財市場の多様な顧客を対象に，営業，サービス提供および顧客満足関連業務を担当している．彼は，営業担当幹部，サービス・サポート・マネージャー，サービス・エグゼクティブに直接レポートする．彼のチームは，この地域におけるIBM社のサービス拡大と顧客ロイヤルティの向上を任務としている．

Johnは，「効果的な顧客関係は，実際の技術的ソリューションを特定の顧客のビジネス・ニーズや要求事項と結びつけることによって生み出される」と述べている．そのため彼のチームは，流通，金融，工業，公共／政府，中小企業という五つの産業部門別に編成されている．「部門リーダーと顧客担当主任たちは各セグメントを注視し，顧客関係の構築，コンサルティング，ITSポートフォリオ全体の継続的販売，そうしたサービス提供を通じた顧客満足の向上という任務を遂行する」

IBM社では，顧客のビジネスをより深く理解するため，業界別に専門化する体制を敷いている．例えば，ある顧客企業を対象とするサプライチェーン・ソリューションは，小売業者向けのソリューションとは異なるのである．業界や顧客についての深い知識は，自社のサービス・ポートフォリオに対する豊富な理解と相まって，アカウント・マネージャーが顧客ソリューションをカスタマイズし，長期的関係を構築するのに役立っている．こうした知識基盤と確かなスキル・セットを構築しつつ，Johnはこう主張する．「自らの技術的ソリューションを駆使して我々の顧客に関する任務と目標を直接推進することによって，顧客の戦略パートナーになります．こうしたサービス・ソリューションを提供する際，我々は顧客側の情報技術のスペシャリストだけでなく，顧客組織の将来像を描いている主要な戦略担当者とも協働しているのです」

ビジネススクールの学生の多くは，IBM社で成功するためには専門技術資格が必要と感じている．ジョンに言わせれば，それは「神話」にすぎないという．IBM社における彼の成功が，彼の主張の正しさを示す何よりの証拠である．

出所：Micheal Czinkota et al., *Marketing Best Practices*, 2nd ed.(Cincinnati : South-Western Publishing, 2003), Chapter 6, John R. Roope Ⅲに対する2002年2月18日のインタビューより．

4－4．サプライチェーンにおける顧客関係の管理

　購買に関する傾向として，産業財マーケターのサプライチェーンに対する管理能力が重視されつつある．IBM社は，購買予算の85％をサプライヤー50社に費やしている．同社にとってとくに重要なのは，サプライヤーから受けるエンジニアリング・サポートの品質である．IBM社では，自社の将来の製品の魅力を高めるような斬新なアイデアや最先端テクノロジーを提供してくれるパートナーを積極的に求めている．

　産業財マーケターがIBM社やホンダ社などの顧客企業と有益な関係を構築・維持するためには，そうした関係を形作る数多くのつながりを慎重に管理する必要がある．Frank V. Cespedesは，マーケティングに関するこうした新たな要件を踏まえ，顧客との接触という点でもっとも重要な製品部門，営業部門，サービス部門の間で連携する「コンカレント・マーケティング」の重要性を強調する．彼の考えでは，最近の市場動向からして，以下の能力が企業に求められるようになっているという．

- ●セグメント別および顧客別にタイムリーな市場知識を創出する能力．
- ●多様な顧客グループのために，製品サービス・パッケージを適応化する能力．
- ●各地域の営業部門やサービス部門が持つ現場の知識を製品戦略にリアルタイムで反映させる能力．

　緊密かつ長期的な関係を構築・助長することは，産業財マーケターが実現すべき一つの重要な事項である．信頼と実績の上にこうした戦略的パートナーシップを構築するためには，売り手および買い手の組織の階層ごとにオープンなコミュニケーション系統が存在しなければならない．顧客と仕入

先の両方との長期にわたる戦略的関係の重要性が高まりつつある今，組織はますます関係管理スキルを重視するようになっている．この種のスキルは，組織構造，役割や任務よりもむしろ人間に宿るものであるため，こうしたスキルを備えるマーケティング担当は組織にとって貴重な財産になると思われる．

5．産業財市場の顧客

産業財市場の顧客は，(1)営利企業，(2)政府組織，(3)各種機関の3種類に大別される．それぞれについては第2章で述べるが，「サプライチェーン」という概念を基に，まず，産業財市場を構成する顧客としての営利企業を紹介する．

5－1．消費者としての営利企業

営利企業をさらに細かく見ていくと，(1)ユーザー，(2)OEM（完成品メーカー），(3)流通業者という三つのカテゴリーが存在する．

■ユーザー 「ユーザー」とは，仕入れた産業財やサービスを用いて他の商品やサービスを生産する企業であり，これらはさらに産業財市場や消費財市場で販売されることになる．ユーザー顧客は，コンピュータ，コピー機，自動生産システムといった製品を購買し，これを製造プロセスの準備や補助に利用する．GE社から工作機械を購入する自動車メーカーは，ユーザーである．この工作機械は自動車の一部を構成するわけではないが，その生産を助ける役目をする．

■OEM（完成品メーカー） 「OEM（Original Equipment Manufacturers）」とは，産業財を調達し，組み込んで産業財市場や最終消費財市場で販売されることになる製品を作る完成品メーカーのことである．例えばインテル社は，デル社などが販売するパソコンの心臓部になるマイクロプロセッサを生産している．このマイクロプロセッサを購入するデル社が，OEMということになる．

| 図表1.4 | 産業財の分類 |

投入財（Entering Goods）

原材料
　―農畜産物（例：小麦）
　―天然産物（例：鉄鉱石，木材）

加工材料および部品
　―構成材料（例：鋼材）
　―構成部品（例：タイヤ，マイクロチップ）

基礎財（Foundation Goods）

主要設備
　―建造物（例：オフィス）
　―固定設備（例：大型コンピュータ，エレベーター）

付帯設備
　―工場軽機械（例：フォークリフト）
　―事務機器（例：デスク，パソコン）

促進財（Facilitating Goods）

供給品
　―業務用供給品（例：潤滑油，紙）
　―保守・修理用品（例：ペイント，ネジ）

業務サービス
　―保守・修理サービス
　　（例：コンピュータ修理）
　―業務支援サービス
　　（例：法務，広告，経営コンサルティング）

出所：Philip Kotler, *Marketing Management : Analysis, Planning, and Control*, 4 th ed.（Englewood Cliffs, N. J. : Prentice-Hall, 1980），p.172より，Prentice-Hall, Inc.の許可を得て引用．

■**流通業者**　「流通業者」は，ユーザーやOEMに（基本的にそのままの形で）再販することを目的に産業財を購入する企業である．この種の企業は，所有権を保有しつつ多様な商品を仕入れ，在庫し，ユーザー企業に販売する．産業財の流通業者は，年間に数十億ドル相当の取引を処理し，大規模化や高度化が進んでいる．産業財市場において流通業者が担う戦略的役割については，第14章で詳しく述べる．

■**カテゴリーの重複**　営利企業の三つのカテゴリーには，重複する部分があ

る．この分類は，顧客に対して製品が果たす目的に基づいてなされている．フォードは，製造工程用の工作機械を購買するときはユーザーであるが，最終消費財に組み込むラジオを購入する場合はOEMとなる．

　マーケターは，産業財市場の多様な顧客企業を十分理解する必要がある．顧客である営利企業を，ユーザー，OEM，流通業者という三つのカテゴリーに適切に分類することは，特定の顧客企業が産業財を評価する際に用いる購買基準を明確に理解するための重要な第一歩となる．

■**購買動機に対する理解**　産業財を購入する企業の違いを，電動式タイマーという特定の製品の例で見てみよう．顧客企業は，製品の購買目的がそれぞれ異なるため，製品に対する見方も違ってくる．

　ピルズベリーなどの食品加工会社は，高速缶詰システムで使用する目的で電気タイマーを調達する．このような顧客の場合は，品質，信頼性，迅速かつ予測可能な納品が重要である．産業財を民生機器に直接組み込んでいるOEMとしてのワールプール社は，タイマーが最終消費財の品質や信頼性にどう影響するかという点に関心がある．この機器メーカーは，タイマーを大量に必要とする関係上，サプライヤーの生産能力や納品の信頼性も気にかける．最後に流通業者は，タイマーの能力が特定地域市場の顧客（ユーザーおよびOEM）のニーズを満たすかどうかに最大の関心を寄せる．

6．産業財の分類

　ここまでは産業財市場を構成する顧客の分類について見てきたが，次は，そうした顧客がどのような種類の製品を必要とし，それぞれがどのように販売されるか考えてみよう．産業財を分類する際は，製品やサービスが製造プロセスにどのような形で投入され，企業のコスト構造にどのように組み入れられるか，という点に注目するとよい．そうすると，組織の購買プロセスに影響力を持つ人物を見きわめやすくなると同時に，効果的な産業財マーケティング戦略をどのように構築したらよいかということも見えてくる．産業財は通常，投入財，基礎財，促進財という3種類に大別される（図1.4参

照).

6－1．投入財（Entering Goods）

投入財とは，完成品の一部を構成するもので，原材料，加工材料および部品から成る．そのコストは，製造プロセスに配賦される費用項目である．

■原材料　図1.4に示したように，原材料には農畜産物と天然産物がある．原材料は，取り扱いや輸送コストを下げる為に必要最小限の加工のみほどこされ，基本的には元の状態のままで顧客企業の生産プロセスに投入される．AT&T社は電話や通信設備の製造に使用する銅，金，銀を大量に購買する．マクドナルド社は年間35万トン以上のポテトを使用し，この部門で従事する多数の農民の命運を担っている．マクドナルド社には，ラズベリー・シャーベットを商品として導入しようとしたが，十分な量のラズベリーが栽培されていないことを知って驚いたという事実がある．

■加工材料と部品　原材料とは異なり，加工材料や部品には最初の段階でより多くの加工処理が施される．繊維や鋼板などの構成材料は，衣類メーカーや自動車メーカーに到達する前に加工されているが，消費者が購入する完成品に組み込まれる際にさらなる加工が必要である．フォード社やGE社は，年間9億ドルを超える鋼材を調達する．一方，構成部品は小型モーター，オートバイのタイヤ，自動車のバッテリーなどで，これらはほとんど，あるいはまったく追加的な加工なしで他の製品にそのまま組み込まれる．例えば，ブラック&デッカー社はプラスチック部品を年間1億ドル，サン・マイクロシステムズ社はディスプレイやモニタを2億ドル以上購買する．

6－2．基礎財（Foundation Goods）

基礎財の特徴は，資本財という点にある．資本財が消耗または磨耗すると，その取得原価の一部が減価償却費として生産プロセスに費用として計上される．具体的には，主要設備と付帯設備がこの分類に含まれる．

■主要設備　主要設備とは，建造物や固定設備のような，製造プロセスの基礎となる主要な長期投資品目である．固定設備の例としては，大型コンピュータや工作機械などが挙げられる．主要設備の需要は経済情勢（金利水準など）で決まるが，その企業の製品に対する市場見通しも影響する．インテル社は，そのマイクロプロセッサの安定した世界的需要を背景に，新工場の建設や既存工場の拡張など，多額の設備投資を行っている．半導体チップ工場の建設費は10億ドルを超えるのが一般的で，その内6億ドルが設備，残りが土地・建物のコストである．

■付帯設備　付帯設備は，主要設備に比べるとコストがかからないものが多いが，耐用年数が短く，固定施設の一部とはみなされない．工場やオフィスで使用され，移動式ドリル，パソコン，ファクス機などがこれに属する．

6−3．促進財（Facilitating Goods）

　促進財とは，組織の業務をサポートする供給品やサービスのことである（図1．4参照）．この種の産業財は，生産プロセスに投入されたり，完成品の一部になったりすることはないため，そのコストは費用項目として扱われる．

■供給品　大概の組織は，プリンタ・カートリッジ，用紙，帳票などの業務用供給品，ペイントや洗浄剤などの保守・修理用品を必要とする．これらの品目は概して企業ユーザーで幅広く利用され，実際のところ，消費者がホームセンターやディスカウント・ストアで購入する類の供給品にきわめて類似している．

■業務サービス　James Brian Quinn 教授は，「サービス部門が米国の雇用の80％を受け入れるまでに成長した今，専門的なサービスを提供する会社は，サービスを自前で持っている総合企業の中のサービス部門に比べて，質量の両面で進歩している」と指摘する．こうしたスペシャリストたちのスキルを取り込むとともに，自分の得意なものに意識を向けるねらいから，サービ

機能を選択的に外部サプライヤーに委託，すなわち「アウトソーシング」する企業が少なくない（図1.5参照）．その結果，コンピュータ・サポート，給与処理，ロジスティックス，飲食業務，設備保守などのサービスを提供する企業は大きな可能性を手にしつつある．このような専門会社は，顧客にメリットをもたらすレベルの専門知識や効率性を保有している．例えばシスコシステムズ社は，サプライチェーンを通して顧客に至る部品の物流の調整をフェデラル・エクスプレス社に委託している．ある顧客に向けての部品輸送を統合して行なえば，求める製品を顧客のところで組み立てられ，シスコの倉庫に眠っている時間を完全に省くことが可能になる．業務サービスには，保守・修理サポート（機械修理など）とアドバイザリー・サポート（経営コンサルティング，情報管理など）が含まれる．サービスは供給品同様，費用項目とみなされる．

さらに，インターネットの爆発的普及により，ウェブサイト設計から商取引サイトの完全ホスティングまで，一連の電子商取引サービスに対する需要が増加した．インターネットはまた，技術的支援，顧客トレーニング，経営幹部研修などを提供するための，新しい強力なチャネルにもなる．さらには，特定の活動や機能を遠隔地から管理することも可能にし，IBM社はユナイテッド・テクノロジーズ社の調達機能をオンラインで管理している．

7．産業財マーケティングの戦略

マーケティングにはいくつかの異なったパターンがあるとなれば，財の分類が重要な意味を持つことになる．財の一つのカテゴリーに適するマーケティング戦略が，別のカテゴリーにはまったく適さないということもあり得るからである．まったく異質な販売促進，価格，流通の戦略が求められることも珍しくない．産業財の物理的性質や，組織顧客が意図するその用途によって，マーケティング・プログラムに求められるものが大きく変わってくる．ここからは，戦略のポイントについて説明する．

| 図表1.5 | アウトソーシングの利点をアピールするADP社の広告 |

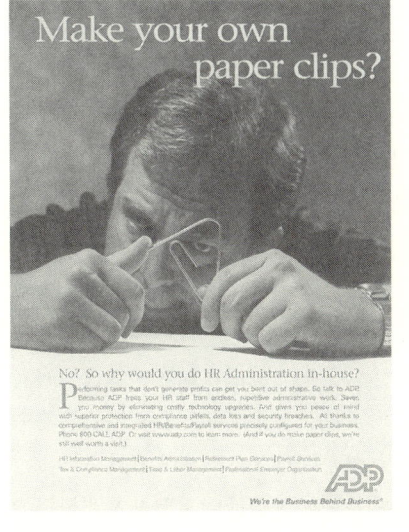

あなたはペーパークリップを自分で作りますか？

作らないでしょう．では，なぜ人事管理を社内で行うのでしょうか？

利益を生まない業務をすることほど，無駄なことはありません．ADPにご連絡ください．ADPはあなたの会社の人事スタッフを，果てしなく繰り返される管理業務から解放します．高価な技術導入の必要がなくなれば，コスト削減にもなるはずです．さらに，あなたの会社をコンプライアンスの罠，データ損失，セキュリティ違反から守り，安心を提供いたします．それを実現するのは，あなたの会社のビジネスに合わせて完璧にカスタマイズされた，包括的で統合的な人事・給与サービスです．800-CALL ADPまでお電話ください．詳しい情報は，当社ウェブサイト（www.adp.com）でもご紹介しております．（「ペーパークリップは自分で作る」という方も，是非一度ご覧ください）

｜HR情報管理｜給付管理｜退職金業務｜給与計算｜税金・コンプライアンス管理｜時間・労務管理｜雇用代行

出所：ADP社の好意により掲載．

7－1．加工材料と部品

　すでに述べたように，加工材料および部品は顧客組織の製品に投入されるものである．部品が規格化（標準化）されたものか，カスタマイズ（適応化）されたものかによって，マーケティング戦略の性格が決まることがよくある．適応化による特注部品の場合は，対面の営業活動がマーケティング戦略で重要な役割を担い，製品が販売を行う際の重要な要素となる．それに対して標準化された規格部品は，契約に基づいて大量購入されるのが普通で，マーケティング戦略では価格競争力，確実な納品，サポート・サービスの提供に重点が置かれる．また，小口顧客への即応配送サービスを実現するねらいから，流通業者が利用されることが多い．

　加工材料と部品の場合，売り手企業が解決すべき問題は，多様な顧客の特

異なニーズを発掘して正確に定義すること，購買に影響力を持つ主要人物を見きわめること，そうした顧客に対応しつつ利益が出るようにマーケティング・プログラムを調整することである．

7－2．主要設備

　主要設備は，買い手の事業規模に影響する固定資産であるということから，すでに基礎財に分類している．製品それ自体がマーケティング戦略の中心的要素となり，メーカーからユーザー直のチャネルが一般的である．低価格で標準化された旋盤などの設備は，流通業者を通じて販売されることもある．

　主要な販売促進策はやはり営業であり，営業担当は潜在顧客の購買担当者と密接に連携する．売買交渉は数カ月にも及ぶことがあり，とくに建造物や特注設備の場合は，買い手企業の経営トップが関与するケースも見られる．顧客の購買決定要因は，経済的要素（固定設備の予想性能など）と非経済的要素（業界リーダー企業であることによる安心感など）が中心となる．投資収益率の見通しが良ければ，買い手が高価な設備の選定に傾くこともあり得る．主要設備に関するマーケティングでは，強力な営業活動，エンジニアリングや製品設計に対する効果的サポート，競合相手を上回る高い投資収益率が実現できるような提案を行うことのできる能力などが焦点になる．イニシャル・コスト，流通，広告はさほど大きな意味を持たない．

7－3．供給品

　最後に，促進財の一つである供給品について説明する．マーケティング・パターンはやはり異なる．供給品の大半は，幅広い業種の組織顧客から成る広範な市場をカバーしている．一部の大口ユーザーはサービスの提供を直接受けるが，さまざまな流通業者がこの広く多様な市場をカバーする必要がある．

　産業財マーケターが目指すのは，顧客の購買部門が作成する選好サプライヤー・リスト，または事前承認サプライヤー・リストに自社の名前を載せてもらうことである．多くの企業が，社員が供給品その他の業務用品を購買す

図表1.6 産業財マーケティング・マネジメントの枠組み

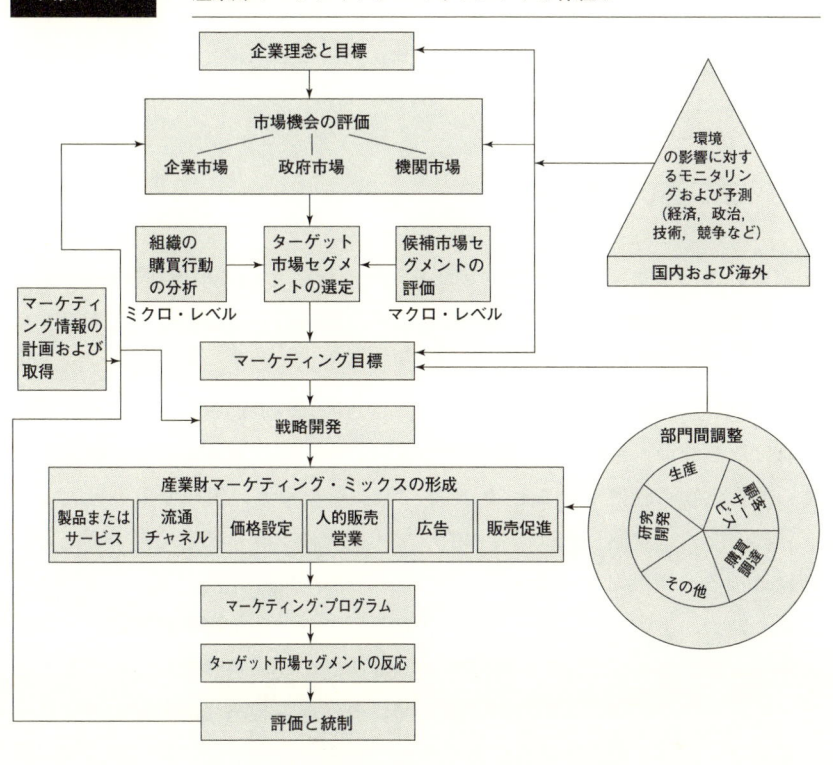

るにあたって踏むプロセスの大幅合理化をねらって，インターネットによる購買システムの導入を進めていることは注目に値する．社員はデスクトップからこのシステムにログオンし，購買部門の事前承認が済んでいるサプライヤーの電子カタログから必要な品目を選び，サプライヤーに直接発注するだけである．

供給品の場合，売り手の販売促進ミックスには，カタログ・リストや広告のほか，それほど一般的ではないが営業も含まれる．広告は，流通業者（ディストリビューター）と最終ユーザーが対象となる．営業活動は主要設備など単価の高い他の財ほど重要ではなく，対象が流通業者や大口ユーザーの場合に限られそうである．供給品は差別化がなされていないものが多いため，

第1章　産業財マーケティングの視点　33

マーケティング戦略では価格が鍵を握ることも考えられる．産業財マーケターは，製品の品揃えを適切にするとともに，タイムリーかつ確実な納品と競争力のある価格を実現すれば，顧客と長期の契約関係を築くことができるだろう．

8．本書の概略

　産業財マーケティングの管理プロセスにおける主要な構成要素を図1．6に示した．産業財マーケティング戦略は，企業理念と目標によって明示された範囲内で立案される．企業が自らの理念を定める際は，そのビジネスと目的を定義し，環境のトレンドを評価し，自身の強みと弱みについて検討しなければならない．eコマース能力を構築し，その能力を優れた顧客価値をもたらす提供物に転換することは，GE社のような一流の組織では不可欠な企業目標となる．企業目標は，具体的なマーケティング目標を策定するための指針となる．産業財マーケティングを計画する際は，R&D（研究・開発），調達，財務，生産，顧客サービスなどの部門における計画業務と調整・同期化させることが必要である．戦略計画は部門間の交渉過程から生まれることは言うまでもない．対立の管理，協力関係の促進，戦略の調整はいずれも，産業財マーケターの機能横断的役割の根幹を成す．

　「産業財マーケティング・マネジメントの枠組み」（図1．6）は，本書を構成する四つのパートの概略を示している．この章は，産業財マーケティングと消費財マーケティングを区別する特徴がテーマであったが，次の第2章では，営利企業，政府組織，各種機関という，産業財市場を構成する主要な顧客について考える．「パートⅠ」最後の第3章では，組織の購買プロセスと，組織の意思決定者に影響を及ぼす数々の要因について述べる．
　「パートⅡ」では顧客関係管理がテーマとなる．まず産業財マーケターが産業財市場において顧客と関係を構築する際に役立つ具体的戦略について検討する．次に，顧客関係の構築やサプライチェーン・パートナーとの活動調整に関して，eコマース戦略がもたらす特別な可能性について述べる．続く「パートⅢ」では，ターゲット・セグメントの選定と，そうしたセグメント

の反応を測定する具体的な手法を紹介する．

さらに「パートIV」では，産業財マーケティング戦略の設計を取り上げる．マーケティング・ミックスの個々の要素を，産業財マーケティングの視点から眺め，とくにサービスのマーケティングに注目する．産業財マーケティング・ミックスの構築（図1.6参照）に際しては，R&Dや生産といった部門との慎重な調整が求められる．

9. まとめ

産業財市場はマーケティング・マネージャーに，大きな機会と同時に特別なチャレンジを突きつける．産業財市場において市場を重視する企業は，顧客を理解し満足させることに優れたスキルを発揮する．そうした企業は，市場感知や顧客関係構築の能力も強力である．消費財マーケティングと産業財マーケティングの両方に共通する知識や理論もある一方で，市場の性質，需要パターン，購買行動，売り手と買い手の関係などの面では両者の間に重要な違いが存在する．

競争の熾烈化が世界的規模で進む中，市場に対してグローバルな視点を持つことが肝要である．産業財市場の顧客は，こうした苛酷な環境において競争優位を確立すべく，インターネットを活用してサプライチェーン全体の効率とリアルタイムなコミュニケーションを促進したり，前例のないほどの品質と迅速性をサプライヤーに求めたりするなどして，これまでよりもサプライヤーの数を限定しながら，限られたサプライヤーとより緊密で協調的な結び付きを生み出そうとしている．調達に関するこうした重要なトレンドを受け，産業財マーケターのサプライチェーン管理能力が注目を集める．産業財マーケティング・プログラムには，有形の製品，サービス支援，販売前後の継続的情報サービスなどを顧客に適応させる形でブレンドしたものが多くなっている．関係管理は産業財マーケティングの中核を成すものである．

産業財市場を構成する多様な組織顧客は，(1)営利企業，(2)政府組織，(3)各種機関の3種類に大別される．こうした組織顧客が行う購買活動は，そこで生み出される商品やサービスと相関するため，産業財市場においては，消費

財からの派生需要が重要であり，かつ時として産業財市場を変動させる要因となる．産業財は，顧客企業のコスト構造および生産プロセスへの組み込まれ方によって，(1)投入財，(2)基礎財，(3)促進財の三つに分けられる．こうした種類に応じて，特殊なマーケティング・プログラムが必要になる場合がある．

9－1．討論課題

1．GM社は，自動車部品を外注せずに内製することが多かったため，フォード社やダイムラー・クライスラー社に比べコスト高になっていることが最近の調査でわかった．こうしたコスト格差にはどのような要因が関係しているか．内製か外注かの判断に際して，自動車メーカーはどのような意思決定ルールを適用しているのか．

2．化学製品や合成繊維などの産業財の大手メーカーであるデュポン社は，年間数百万ドルを費やして自社製品を最終消費者に広告している．例えば，同社の綿ポリ混紡ストレッチ素材を用いたジーンズの快適さを訴えるTVコマーシャル戦略では，100万ドルを超える資金が投入された．ジーンズの製造も，最終消費者への販売もしていないデュポン社が，消費者向け広告にこれほどの支出を行うのはなぜだろうか．

3．消費財マーケティングと産業財マーケティングにはどのような違いがあるか，次の表を使って整理してみよう．

	消費財マーケティング	産業財マーケティング
顧客		
購買行動		
売り手／買い手の関係		
製品		
価格		
販売促進		
チャネル		

4．GE 社などの企業は産業財マーケターによって，「ユーザー」に分類されることもあれば，「OEM」に分類されることもあるのはなぜか．
5．マーケティング・マネージャーの仕事を1日でも体験してみれば，他部門の社員，顧客やサプライヤーの人間との接触を通じて，関係管理スキルの重要性を実感できるだろう．こうした関係には，どのような戦略的意義があるだろうか．
6．自動車業界の経営幹部たちは，デル・コンピュータ社が「受注生産」方式で勝ち取った成功に並々ならぬ関心を寄せている．デル社では，受注後，まさに顧客の仕様に従ってパソコンが製造される．この手法はフォードや GM 社でも可能だろうか．成功するためには，自動車メーカー社のサプライチェーン管理にどのような変革が必要だと思われるか．
7．消費財は，最寄品，買回品，専門品に分類される場合が多い．この分類法は，消費者が特定の製品を購入する方法に基づいているが，産業財マーケティングの環境でも同じように当てはまるだろうか．
8．「新製品の開発，生産，販売・流通など，サプライチェーンにおける企業の時間管理の手法は，新たな競争優位の源泉としてきわめて強力である」という発言をどう評価するか．
9．「主要設備（基礎財）に対する需要は原材料，備品，部品に対する需要よりも，価格変化に敏感でないと思われる」という発言をどう思うか．賛成だろうか，反対だろうか．その根拠は何か．
10．業務機能の一部を外部サプライヤーに委託する企業が増えつつある．例えば，ルーセント・テクノロジー社は最近，情報管理業務を IBM 社に委託した．そうした意思決定を促す要因として，何が考えられるか．ルーセント社などはサプライヤーの選定に際して，どのような基準を重視すると思われるか．

9－2．インターネット運営

1．規模の大小を問わず多くの企業が，給与処理などの主要業務を ADP 社に委託している．同社のウェブサイト（http : //www.adp.com）にアクセスし，この会社の(1)提供サービス，(2)対象とする顧客の種類を調べてみよ

第1章　産業財マーケティングの視点　37

う．

2．自動車部品のオンライン取引所であるコビシントは，自動車産業によるeコマースへの取り組みの中でもっとも野心的なものの一つである．この取引所のウェブサイト（http : //www.covisint.com）にアクセスし，(1)この組織の理念，(2)このオンライン取引所が自動車メーカーおよびサプライヤーのサプライチェーン・コストの削減に寄与する仕組みについて調べてみよう．

◎事例　セグウェイ社：一から始める

　受賞歴豊富な発明家，Dean Kamen の新たな発明品をめぐり，数ヶ月にわたって熱気を帯びた憶測が飛び交い，興味をそそられる観測や予想が津波のように世界中のメディアを席巻してきたが，その彼がようやく発明品を披露した．それは，人間一人が立った姿勢で運転する電動二輪スクーターだった．「Ginger」の暗号名で知られる，「セグウェイ・ヒューマン・トランスポーター」という名のこのスクーターは，路面状態により最高で時速27kmのスピードが出る．速度と進行方向は，乗り手の体重移動と，ハンドルの一つに装備された手動式の方向転換機構でコントロールされる．乗り手がどの方向に進もうとしているかを，精密に調整されたジャイロスコープのバランス機構で感知するというそのシステムは目を見張るものがある．
　Kamen 氏は実演して見せながら，「意識を前方に持っていく」と言い，頭をかすかに傾けると前進した．さらに「意識を後方に持っていく」と言うと，わけもなく後退した．ハンドルに付いている装置をひねると進行方向が変わり，止まろうと思うだけで停止する．「セグウェイ」のこの驚くべき機能は，どのような仕組みから生まれるのだろう．Kamen はこう説明する．

　　セグウェイに乗ると，「ジャイロスコープが乗る人の内耳の働きをし，コンピュータが筋肉，車輪が足の働きをするのです．まるで，突然，魔法のスニーカーを履いたような気分になります……」．チルト・センサーが運転者の重心を毎秒100回以上の頻度でモニターしていて，その信号が電動モーターと車輪に送られ，進行方向と走行スピードが決まるのです．

　大学を中退し，独学で物理や機械工学を学んだ Kamen は，世界初のポータブル透析機，インシュリン・ポンプ，心臓用ステントなどの医療機器の発明によって何百万ドルも稼ぎ出した．セグウェイのアイデアは，階段の昇り降りもできる奇抜な電動車椅子に関する研究から浮かんだという．Kamen は毎日，自分の会社，DEKA リサーチ・アンド・ディベロプメント社で

Kleiner Perkins Caufield & Byers 社の研究開発に余念がない．その服装は，ブルージーンズにブルーの作業シャツ，それにティンバーランド社のブーツというお決まりのスタイルだ．彼はまた，ジョンソン＆ジョンソン社などの企業に使用許諾するという形でも，自分の発明品を世に送り出している．だが，セグウェイに関しては，その並外れた潜在能力を考え，自ら製造・販売する会社を設立することにした．シリコンバレーのベンチャー・キャピタル会社，Kleiner Perkins Caufield & Byers 社のパートナー，John Doerr が，このプロジェクトに3,800万ドルを投資した．この会社の歴史において，一回の投資額としては過去最高額だった．著名な技術者である Doerr がネットスケープ社やアマゾン社（http://www.amazon.com）の筆頭株主でもあるという事実は，なかなか興味深い．Kamen は，さらに他の投資家たちからも立ち上げ資金の提供を受け，セグウェイ社の株式の過半数を保有している．

　1億ドル以上を投じて開発した「セグウェイ」にさまざまな用途を想定している Kamen 氏は，「公園，ディズニーランド，戦場，工場など，いろいろな場所が考えられるが，とくにシアトルから上海まで，街の歩道にはもってこいでしょう」と言う．セグウェイ社は，産業財市場すなわち企業や政府を当面の販売対象と考えているが，2002年末には一般消費者向けモデルを展開する予定である．「セグウェイ」の企業用モデルは重量約36kg，価格は8,000ドルだが，消費者向けモデルは30kg以下で，価格も3,000ドルほどに抑えられる見込みだ．産業財市場でセグウェイ導入の先陣を切ったのは，米郵政公社，アトランタ市，GE 社およびアマゾン社だった．郵政公社では，郵便集配人が一部都市の集配ルートでセグウェイを使用しており，アマゾン社では，顧客の注文を受けて棚の在庫品を集めるスタッフが倉庫内の移動に利用している．さらに国防総省も，その特殊部隊にセグウェイを装備することを考えている．

　産業財市場も確かに魅力だが，消費者市場にこそセグウェイの真の可能性があるというのが Kamen の見方だ．街中の移動手段として，とくに開発途上諸国の都市でセグウェイが移動手段として選好されるのではと彼は期待している．要するに，徒歩の3〜4倍の速度が出るセグウェイによって，歩いて30分の距離が10分ほどに短縮されれば，都市に車は「適さないばかりか，

まったく必要でなくなる」とKamenは主張する.

討論課題
1. 産業財市場での「セグウェイ・ヒューマン・トランスポーター」の可能性を評価せよ．ディズニーランド社やウォルマート社などの組織顧客は，この製品を検討する際，どのような判断基準を用いるだろうか．
2. 「ヒューマン・トランスポーター」は消費者市場で成功するだろうか．また，この会社が市場に深く参入する上で，排除しなければならない大きな障害は何だろうか．

―― 注 ――

1 Anne Millen Porter, "The Top 250 : Big Companies Struggle to Act Their Size," *Purchasing* 131 (November 1, 2001) : pp.25-30.
2 Gregory L. White, "How GM, Ford Think Web Can Make Splash on the Factory Floor," *Wall Street Journal*, 3 December 1999, p. Al.
3 Anne Millen Porter, "Big Spenders : The Top 250," *Purchasing* 127 (November 6, 1997) : pp.40-51.
4 Prospectus for the Institute for the Study of Business Markets, College of Business Administration, the Pennsylvania State University.
5 J. David Lichtenthal, "Business-to-Business Marketing in the 21st Century," *Journal of Business-to-Business Marketing* 12 (1, 2 1998) : pp. 1 - 5 and Michael D. Hutt and Thomas W. Speh, "Business Marketing Education : A Distinctive Role in the Undergraduate Curriculum," *Journal of Business-to-Marketing* 12 (1, 2 1998) : pp.103-126.
6 George S. Day, "The Capabilities of Market-Driven Organizations," *Journal of Marketing* 58 (October 1994) : pp.37-52.
7 Rohit Deshpande, John U. Farley, and Frederick E. Webster Jr., "Corporate Culture, Customer Orientation, and Innovativeness in Japanese Firms : A Quadrad Analysis," *Journal of Marketing* 57 (January 1993) : pp.23-37.
8 Ajay K. Kohli and Bernard J. Jaworski, "Market Orientation : The Construct, Research Propositions, and Managerial Implications," *Journal of Marketing* 54 (April 1990) : pp. 1 -18.
9 John C. Narver and Stanley F. Slater, "The Effect of a Market Orientation on Business Profitability," *Journal of Marketing* 54 (October 1990) : pp.20-35.
10 Day, "Capabilities of Market-Driven Organizations," pp.37-52.
11 Gina Roos, "Intel Corporation : It Takes Quality to be Preferred by World's Biggest Chipmaker," *Purchasing* 131 (November 15, 2001) : pp.21-22.
12 Frederick E. Webster Jr., *Market-Driven Management : Using the New Marketing Concept to Create a Customer-Oriented Company* (New York : John Wiley & Sons, Inc., 1994), p.60.
13 Michael D. Hutt, "Cross-Functional Working Relationships in Marketing," *Journal of the Academy of Marketing Science* 23 (fall 1995) : pp.351-357.
14 B. Charles Ames, "Trappings vs. Substance in Industrial Marketing," *Harvard Business Review* 48 (July/August 1996) : pp.95-96.
15 Edward Bond, Matt Meuter, Beth Walker, and Michael Hutt, "Diagnosing Marketing's Effective and Ineffective Cross-Functional Working Relationships," unpublished working paper, Arizona State University, 1999.

16　Michael E. Porter, "The Competitive Advantage of Nations," *Harvard Business Review* 68 (March/April 1990) : p.74.
17　Joseph Kann, "Made in China, Bought in China," *New York Times*, 5 January 2003, pp. 3−1 and 3−10.
18　Robert M. Morgan and Shelby D. Hunt, "The Commitment-Trust Theory of Relationship Marketing," *Journal of Marketing* 58 (July 1994) : pp.20−38.
19　Kevin R. Fitzgerald, "For Superb Supplier Development : Honda A Wins !"*Purchasing* 125 (September 21, 1995) : pp.32−40.
20　Michael E. Porter and Victor E. Millar, "How Information Gives You Competitive Advantage," *Harvard Business Review* 63 (July/August 1985) : pp.149−160 ; see also Michael E. Porter, *Competitive Advantage* (New York : The Free Press, 1985).
21　This section is based on Rich Taylor, "Digital Transparency," *New York Times* 13 June 2001, p.DD4.
22　"Covisint Shakes Up Operations at Online Auto Parts Venture," *Wall Street Journal*, 1 July 2001, p.B6.
23　Gary McWilliams and Joseph B. White, "Dell to Detroit : Get into Gear Online," *Wall Street Journal*, 1 December 1999, p.B 1 ; see also, Daniel Fisher "Pulled in a New Direction," *Forbes* 11 June 2002, pp.102−112.
24　Gregory L. White, "How GM, Ford Think Web Can Make Splash on the Factory Floor," *Wall Street Journal*, p.A8.
25　Frank V. Cespedes, *Concurrent Marketing : Integrating Products, Sales, and Service* (Boston : Harvard Business School Press, 1995), pp.14−18.
26　James Carbone, "Reinventing Purchasing Wins Medal for Big Blue," *Purchasing* 129 (September 16, 1999) : pp.45−46.
27　Cespedes, *Concurrent Marketing*, chap.2.
28　Frederick E. Webster Jr., "The Changing Role of Marketing in the Corporation," *Journal of Marketing* 56 (October 1992) : p.14. See also Joseph P. Cannon and William D. Perreault, Jr., "Buyer-Seller Relationships in Business Markets," *Journal of Marketing Research* 36 (November 1999) : pp.439−460.
29　Data on the dollar purchases of particular products by selected customers are drawn from Anne Millen Porter and Elena Epatko Murphy, "Hey Big Spender... The 100 Largest Industrial Buyers," *Purchasing* (November 9, 1995) : pp.31−42.
30　James Brian Quinn, *Intelligent Enterprise : A Knowledge and Service Based Paradigm for Industry* (New York : The Free Press, 1992) : p.20.
31　Dean Takahashi, "Makers of Chip Equipment Beginning to Share the Pain," *Wall Street Journal*, 14 August 1996, p.B6.
32　James Brian Quinn, "Strategic Outsourcing : Leveraging Knowledge Capabilities," *Sloan Management Review* 40 (summer 1999) : p.9.

33 Douglas A. Blackman, "Overnight, Everything Changed for FedEx : Can It Reinvent Itself?" *Wall Street Journal*, 4 November 1999, pp.A1, A16.
34 Ira Sager, "Inside IBM : Internet Business Machines," *Business Week E. Biz*, 13 December 1999, pp.ED21–23.
35 Ravi Kalkota and Marcia Robinson, *e-Business : Road Map for Success* (Reading, Mass : Addison-Wesley, 1999), pp.231–251.
36 This case appears in Michael Czinkota et al., *Marketing Best Practices*, 2 d ed. (Cincinnati : South-Western Publishing, 2003), Chapter 6.
37 Amy Harmon, "An Inventor Unveils His Mysterious Personal Transportation Device," *New York Times*, 3 December 2001, pp. C1, C10.
38 John Heilemann, "Reinventing the Wheel," *TIME. com*, 2 December 2001, p.4.
39 Ibid., p.2.
40 Ibid., p.6.

第2章

産業財市場：
組織顧客に対する見方

産業財マーケターは，産業財市場を構成する3部門—営利企業，政府（全レベル），各種機関—の多様な組織顧客のほか，諸外国の幅広い顧客のニーズを理解する必要がある．この章では，以下の項目がテーマとなる．

1．各産業財市場部門の性質および主な特徴．
2．産業財市場を構成する各部門において購買機能がどのように組織化されているか．
3．産業財市場の部門ごとに個別のマーケティング・プログラムを設計する必要性．

シスコシステムズ社は，インターネットのみならず，大半の企業，教育機関，政府のネットワークの基盤となるネットワーク・ソリューションをグローバル規模で提供している．インターネットやコンピュータ・ネットワークは今日，ビジネス，教育，個人的情報交換，娯楽に不可欠なものである．インターネット上を流れるメッセージや取引のほとんどすべてが，シスコ社の機器を経て効率的かつ安全に処理されている．シスコ社は，データや音声や動画を建物やキャンパスの中で，さらには全世界に向けて送信するためのハードウェアやソフトウェアを提供している．

　シスコ社は，個人や一般家庭よりも，営利企業（例えば，一般企業，通信会社など），政府組織，各種機関（例えば，大学，医療機関など）といった組織を対象に製品やサービスを販売する最先端の産業財企業である．同社のマーケティング・マネージャーは複雑なテクノロジー製品やサービスを，顧客の要求事項を満たす具体的ソリューションに転換することにとくに力を注いでいる．例えばP&G社は，その大胆な成長目標を達成するための大規模なインターネット・イニシアチブを立ち上げる際，シスコ社にサポートを求めた．シスコ社の営業チームは，P&G社が社員やサプライヤー，顧客との相互作用を改善する上で，いかに効率的なインターネット戦略が有効に活用されうるかを説明した．P&G社は，シスコ社と協働して新たな試みをいくつか実行した．その中には，ターゲット社などの小売業者がいつでもP&G社とインターネットで接続し，発注や注文管理が行えるようにする「Web受注管理」というオンライン・システムなどがあった．また，画期的なウェブベースの手法を導入して，消費者調査能力の強化も図っている．以前は2カ月間もかかった新製品のコンセプト・テストが，今ではオンラインでわずか2〜3日もあれば完了し，コストも大幅に削減され，それでいて従来と同等，またはそれ以上の信頼性を確保している．P&G社の最高情報責任者（CIO），Steve Davidは次のように述べている．シスコ社と協力する中で，「我々は，重要な競争優位をどこよりも確実に獲得できるよう，最高の人材とタッグを組みたいのです」

　営利企業，各種機関，政府という産業財市場を構成する三つの部門にはそれぞれ特徴があり，産業財のマーケターはこれを理解する必要がある．有効

なマーケティング戦略を構築するための重要な第一歩は，産業財市場の主要部門それぞれに見られる特異な性質を明らかにすることである．各部門の市場ポテンシャルはどの程度か，購買決定を行うのは誰か．こうした点を明確にすることによって，産業財市場の各部門の具体的ニーズや特徴に応じたマーケティング・プログラムの策定が可能になるのである．

1．営利企業：その特徴

営利企業には，製造企業，建設会社，サービス会社（ホテルなど），輸送会社，特殊な専門家（歯科医など），流通業者（業務活動で使用する設備や供給品を購入する卸売業者および小売業者）などが含まれる．これらの中で顧客としてもっとも重要なのは製造企業で，大口取引上位250件の商品やサービス購買額は年間1兆2,000億ドルを超える．

1－1．規模における集中傾向

製造企業を調査してみると，意外にも数はそれほど多くない．あるデータによれば，米国に存在する製造企業は36万社ほどである．その中で，従業員数が100名を超えるのは約36,000社で，全体の10％にすぎないが，これらひと握りの企業が米国内で製造される全製品の75％以上を出荷している．こうした集中傾向により，産業財のマーケターにとっての顧客数は消費財にくらべかなり少ないが，規模でははるかに上回るのが一般的だ．例えば，インテル社はデル社やゲートウェイ社といった少数の大手コンピュータ・メーカーにマイクロプロセッサを販売するが，こうした企業が相手にする潜在顧客は何百万という数にのぼる．産業財マーケターにとっては，このような大口の顧客が非常に重要な存在であることは言うまでもない．大企業はそれぞれがこのように莫大な購買力を持っているため，産業財マーケターは個々の顧客に適応化させたマーケティング戦略を実施することも少なくない．

ただし，小規模な製造企業も，産業財のマーケターにとって重要なセグメントとなる．実際，米国の製造企業の3分の2近くが，従業員数20名未満の小企業である．米国にはこうした小規模な製造企業以外に，従業員数5名以

下の零細企業が500万以上もある．数字で見る限り，零細企業が産業財市場の圧倒的多数を占めるが，これは得てして対応の難しい市場でもある．このような小規模企業のニーズは他と異なり，方向性も違うことが多いため，抜け目なく対応するためには，この市場セグメントの特定ニーズに合わせたマーケティング・プログラムが必要になる．具体例を紹介すると，FedEx（フェデラル・エクスプレス）社は小規模顧客市場のシェア拡大を図ろうとしたが，小規模な企業の荷物を集めるのは採算がとれないことに気づいた．それで，こうした顧客への到達コストを削減しようと，FedEx社は荷物の取次所を便利な場所に設け，そこに顧客が自分で持ち込む方式を導入した．この戦略はこれまでのところ，功を奏している．

１－２．地理的集中

　産業財企業に関しては，規模の集中傾向が見られるが，これが，産業財マーケターにとっての唯一重要な集中形態ではない．地理的な集中傾向も見られ，製造企業の半数以上が，カリフォルニア，ニューヨーク，オハイオ，イリノイ，ミシガン，テキサス，ペンシルベニア，ニュージャージーの8州に集まっている．大都市圏の多くは収益性の高い産業財市場と言える．ただし，産業の地理的集中は，ある特定の地域に大きな取引機会が存在するということを意味するにすぎず，個々の顧客の要求事項にはやはり大きな違いがある．

地理的集中は，マーケティング戦略の構築にいくつかの重要な意味をもつ．第一に，売り手企業は市場ポテンシャルの高い地域にマーケティング活動を集中させ，そうした市場でフルタイムの営業チームを効果的に活用することが可能になる．第二に，需要の多い地域の配送センターでは，顧客の大部分に対して迅速な納品を実現することができる．最後に，大規模な買い手企業では，特定の製品や原材料に関する社内全体の購買機能が一人の人間のもとで一元化されているケースが多いため，売り手企業としては営業担当を特定の地理的エリアに固定するのは難しいかもしれない．例えばウェンディーズ・インターナショナル社は，同社のネットワーク全体——全社および世界に展開するフランチャイズ・レストラン——をサポートしている本社（オハイオ

州コロンバス）で集中購買システムの運営をしている．すべてのレストランの食品類，包装，供給品などの直接原材料の購買を，スタッフがまとめて集中管理するわけである．この会社でサプライチェーン管理を担当しているJudith Hollis バイス・プレジデントは，次のように述べている．

> 我々の仕事は，サプライヤーとのパートナーシップの構築だと考えています．ウェンディーズ社が競争優位を維持するには，それが有効だと思うからです．当社が求めるのは．．．品質，食品，安全性，業務効率の面で技術革新を推進している企業です．

産業財マーケターとしては，潜在顧客の購買部門の構成を把握することによって，購買意思決定に影響力を持つ人物を見きわめ，即応的な戦略を開発することが可能になるのである．

1-3．営利企業の分類

マーケターは，営利企業あるいは企業顧客の種類ごとにニーズや要求事項を認識することにより，戦略に関して貴重なヒントを得ることができる．事業活動を産業セクター別に分類し，類似の生産プロセスを有する産業財企業をグループ化する基準として，北米産業分類システム（NAICS）がある．北米自由貿易協定（NAFTA）の産物の一つで，これによってカナダ，メキシコ，米国の経済データの報告形式が統一されることになった．NAICSの採用により，すべての工場や会社に，その場で生産される主要製品を表すコードが割り振られる．従来産業に新興のテクノロジー産業も組み込んだこの新しい方式は，数十年間使用されてきた標準産業分類（SIC）に取って代わるものである．

図2．1は，この分類システムの構成をまとめたものである．最初の2桁が産業部門を表し，その後ろの文字が細かな分類を示す．例えば，情報伝達手段の構築，普及あるいは提供を行う企業はすべて情報部門に分類され，「NAICSコード51」となる．この分類法には，情報以外に19の産業部門がある．より細かく見ると，通信端末を生産する米国の企業は，「NAICSコー

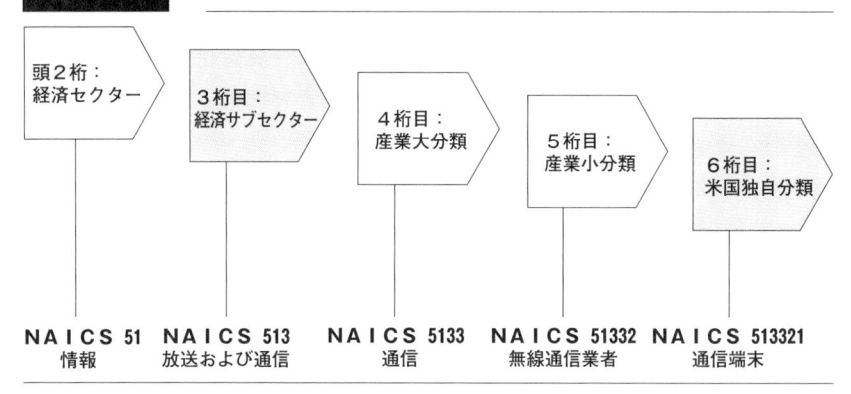

| 図2.1 | 北米産業分類システム（NAICS） |

```
頭2桁：         3桁目：          4桁目：         5桁目：         6桁目：
経済セクター    経済サブセクター  産業大分類      産業小分類      米国独自分類
```

NAICS 51   NAICS 513   NAICS 5133   NAICS 51332   NAICS 513321
情報   放送および通信   通信   無線通信業者   通信端末

出所：K. Douglas Hoffman, et al., *Marketing : Best Practices* (South-Western/Thomson Learning, 2003), p.171より転載．

ド513321」となる．このコードの6桁目は，それぞれの国がその裁量で独自の分類を設定できるが，5桁目までは3カ国の間で統一されている．

■**分類法の利用**　あるカテゴリーに属する企業の一部についてニーズや要求事項を理解すれば，その分類に含まれる他の企業の予想が可能になる．各カテゴリーは，必要とする原材料，使用する構成部品，採用する製造工程が比較的類似しているからである．NAICSはこのように，新規顧客を発掘したり，利益率の高い企業顧客のセグメントにターゲットを絞ったりするためのツールとして威力を発揮する．

1－4．顧客の購買担当部門

　どんな企業も，その組織の特徴がどうであれ，業務の遂行に必要な原材料，供給品，設備，サービスなどを調達しなければならない．平均すると，製品の販売を通じて得た収益の半分以上が，その製品の生産に要する原材料，供給品，サービス，設備のコストである．例えばフォード社は，産業財市場に年間800億ドル近くを支出する．顧客に24,000ドルで販売されるSUV車の場合，その車を製造するためにフォード社が調達する鋼材，ペイント，ガラス，ファブリック，アルミ，電気部品は12,000ドルを超える．製品や

表2.1　購買目標

目標	詳細説明
中断のない原材料の流れ	事業運営に不可欠な原材料，供給品，サービスの流れを中断させない
在庫管理	在庫投資を最小化する
品質改善	製品やサービスの評価や選定を慎重に行うことにより，品質の維持・改善を図る
サプライヤー関係の構築・管理	優秀なサプライヤーを発掘し，サプライチェーン（の構成企業）と生産的な関係を作り出す
総コストの最小化	必要な製品やサービスの購買に伴う総コストをできるだけ低く抑える
管理費の削減	管理費を可能な限り削減しつつ購買目的を達成する
会社の競争地位の向上	サプライチェーン・コストの削減やサプライヤー能力の活用を通じて会社の競争地位を上げる

出所：Michael R Leenders and Harold E. Fearon, *Purchasing and Supply Management*, 11th ed. (Chicago : Irwin, 1997), pp.34–37 and Robert J. Duffy, "Trail Blazing", *Purchasing Today* (April 1999) : pp.45–52より一部変更の上引用．

　サービスの購買方法は，事業の性質，企業規模，調達品目の分量や種類，技術的複雑さによって異なる．ただ，企業内の個々の部署が独自に購買を行うことは稀で，通常は，購買マネージャー，購買担当者，購買ディレクター，調達ディレクターなどの肩書きを有する人間によって管理されている．

　日常的な購買機能はバイヤーによって遂行され，彼らはそれぞれ特定の製品グループを担当する．購買機能をこのように組織化することで，バイヤーたちは少数の品目について高度な技術的ノウハウを習得することが可能になる．製品や原材料が高度化するにつれ，バイヤーたちに求められる，原材料の特徴，製造プロセス，設計仕様に関する知識量も増える．かなり大人数のチームで調査を実施し，原材料の評価やコスト分析を行うことも珍しくない．

1－5．購買機能に関する目的

　あらゆる種類の企業顧客のニーズに対応する為には，マーケターは，買い

手の購買マネージャーが追求する目標と，購買機能が組織全体の目的実現にどう関わるか理解しなければならない（表2.1参照）．顧客の購買決定者は，数種類の目標を同時に追いかけなければならず，しかもそれらは矛盾することもよくある．例えば，どんなに安い構成部品でも，品質基準を満たさないものであれば，あるいは納品が2週間も遅れるようであれば，とても受け入れるわけにはいかない．購買は，企業のコスト構造を保持しながら，品質を改善し，在庫投資を最低限度に抑えるだけでなく，サプライヤーとの関係管理でも中心的役割を担う．つまり購買は，サプライチェーン管理の中核となるわけである．

　サプライチェーン管理とは，製造企業がその事業活動を，すべての戦略的サプライヤーおよび主要な流通業者や顧客のそれと結び付けるための手法に他ならない．そのねらいは，サプライチェーン内の二階層，三階層，あるいは四階層川下にいるサプイラヤー（それぞれ tier 2, tier 3, tier 4 と位置づけられる）が品質，納品，タイムリーな情報交換といった要求事項を満たすことができるように，直接川下の第1階層（tier 1）のサプライヤーと，そのもっと川下のサプライヤーとの関係や事業活動を統合する点にある．サプライチェーン管理を導入している企業では，主要サプライヤーにアイデアの提案を求めたり，新製品の開発プロセスに直接関与させたりといったことも行われる．多くの組織の購買部門が，サプライチェーンのコストを管理したり，サプライヤー能力を製品開発に活用したりして，企業パフォーマンスを向上させている．

◎産業財マーケティングの内側◎
マックナゲットのサプライチェーン

　チキンの調達コスト削減を目指すマクドナルド社の購買マネージャーたちは，高度なモデルの開発に向けてサプライヤーたちと密接に連携してきた．飼料のいろいろな混合方法がニワトリの体重増加に及ぼす影響を明らかにするこのモデルのお陰で，サプライヤーたちは食品価格の変化に応じてニワト

> リの体重を最適化することができる．
> 　マクドナルド社はまた，養鶏場から加工業者，さらにはレストランに至るまで，サプライチェーンの管理と調整を厳格に行っている．「マクドナルドは鶏肉製品の売上予測に基づき，孵化場に孵卵器への入卵を指示する．サプライ基盤を通じて製品移動が見事に調整されているため，マクドナルドが鶏肉をマックナゲットとして販売する予定日の75日前に，孵化業者は確信を持って入卵を行うことができる」
>
> 出所：Timothy M. Laseter et al., *Balanced Sourcing：Cooperation and Competition in Supplier Relationships* (San Francisco：Jossey-Bass Publishers, 1998), p.14.

1－6．戦略的購買

　デル・コンピュータ社，GE社，ホンダ社など最先端を行く組織は，それぞれの業界で利益機会を創出する過程において購買が担うことのできる役割はどのようなものかということを実証している．具体例で見てみると，優れた購買力と高い顧客ロイヤルティで以前から定評のあるホンダ社は，外部調達コストを20％削減することに成功しており，そのメリットが活かされたのが現在のアコードである．これをどう実現したか，ホンダ社の購買担当幹部は次のように説明している．

> 我々がまず取り組んだのは，1998年式アコードのコストを削減できないか徹底的に洗い出すことでした．実はその大半は，サプライヤーの購買やエンジニアリングの作業にありました．我々は案を一つひとつ検討し，成功の確率に従って優先順位を付けた後，その実現に専念したのです．

■総コストの把握　コスト削減や成長の可能性を開くには，企業にとっての製品やサービスの総コストおよび価値を購買機能が深く理解することが不可欠である．そのためには，購買マネージャーは仕入価格だけでなく，以下の

点にも考慮する必要がある．

- ●サプライチェーンにおいて製品やサービスのコストを変化させる要因（輸送など）．
- ●製品やサービスを取得・管理するコスト．
- ●ライフサイクル全体にわたる製品やサービスの品質や信頼性などの特質．
- ●企業およびその顧客にとっての製品やサービスの価値．

　このトータルシステムコストという視点の基礎になるのは，総所有コストという概念である．「総所有コストは，売り手と買い手双方の活動と，製品やサービスのライフサイクル全体を通じたすべてのコストを勘案したものである」．例えば，割高な対価を敢えて支払ってでも高品質な製品を購入する場合，製造上の欠陥が少なく，必要在庫量が少なくてすむこと，そして管理費も少なくてよいことを考えれば，その行為は妥当とみなされるだろう．個々の購買に伴う一連のコストと価値の関係を把握するというのが，総所有コストの考え方である．

■購買の発展段階　マーサー・マネジメント・コンサルティング社のMarthew AndersonとPaul Katzによれば，企業が購買を改善してコスト削減を実現しようとする際，その購買の発展段階はさまざまで，コスト削減と収益拡大に向けて重視する道筋もそれぞれ異なるという（図2．2参照）．そうした手法を発展段階の低いほうから順に並べると，(1)より安く購買する，(2)より上手に購買する，(3)より上手に消費する，(4)より上手に販売するの4段階になる．もっとも高度な手法である「より上手に販売する」では，購買活動を戦略と直接結びつけていることに注目してほしい．この手法では，購買を通してサプライヤー関係を構築し，それがゆくゆくはその組織の成長可能性と市場競争力を強化することになる．

　レベル1—レバレッジド・バイ：購買力をてこに（より安く購買する）：決定権限の一元化を通じて一括購買を実現するとともに，もっとも有利な価格や条件を提示するサプライヤーを選定してコスト削減を図るというもの

で，多くの企業がこの購買方法を実行している．

レベル2―リンクト・バイ：サプライヤーとの連係で（より上手に購買する）：購買組織がサプライチェーンを外側から眺め，サプライヤーとの関係を相互に有益なものに発展させると，購買は次の段階へと進化する．入札プロセスの合理化，納品や情報の流れの最適化，サプライヤーによる効率的生産に対する断固としたコミットメントを通じてコスト削減を実現する．レベル2では，レベル1を5〜25％上回るコスト削減が可能である．

レベル3―バリュー・バイ：価値購買を通して（より上手に消費する）：レベル3のねらいは，製品やサービスのライフサイクル・コストおよび価値の最適化を通じて購買機能のパフォーマンスを高めることにある．価値分析，複雑性の管理，製品設計の初期段階からのサプライヤー関与を手段として活用することにより，買い手と売り手は付加価値を見出すことができる．

- ●「価値分析」とは，製品の改善かコストの削減，またはその両方の実現方法を発見する目的で，原材料，部品，製造工程の価値をその目的，相対的メリットおよびコストの観点から比較する手法である．例えば，フェロー社が開発した新しい塗被工程により，メイタグ社はそれまで3時間も要していた冷蔵庫の塗装作業をわずか10分に短縮することができた．この新工程はメイタグ社に大幅なコスト削減をもたらすこととなった．
- ●「複雑性の管理」とは，製品設計を単純化したり，複数の製品や製品ライン横断的に標準化された構成部品を用いたりすることによってコスト削減を図るということである．例えばフォード社では，内装色を一つ変えるだけで，他の部品50〜60種類（ファブリック，バイザー，コート掛けなど）についても色の調整が必要になった．こうした複雑さを緩和することにより，大幅なコスト削減が可能になる．フォード車の場合，使用するフロア・カーペットの種類を14から5に，トランク・カーペットを11から1に，シガレット・ライターを15から1に減らすことでコスト削減を実現した．生産や組立の作業をサプライチェーン・パートナーにアウトソーシングすることも，複雑性の管理の一つである．フォード社では，マフラーという単一品目ではなく，排気系統全体をシステムとしてサプライヤーから供給してもらうということも

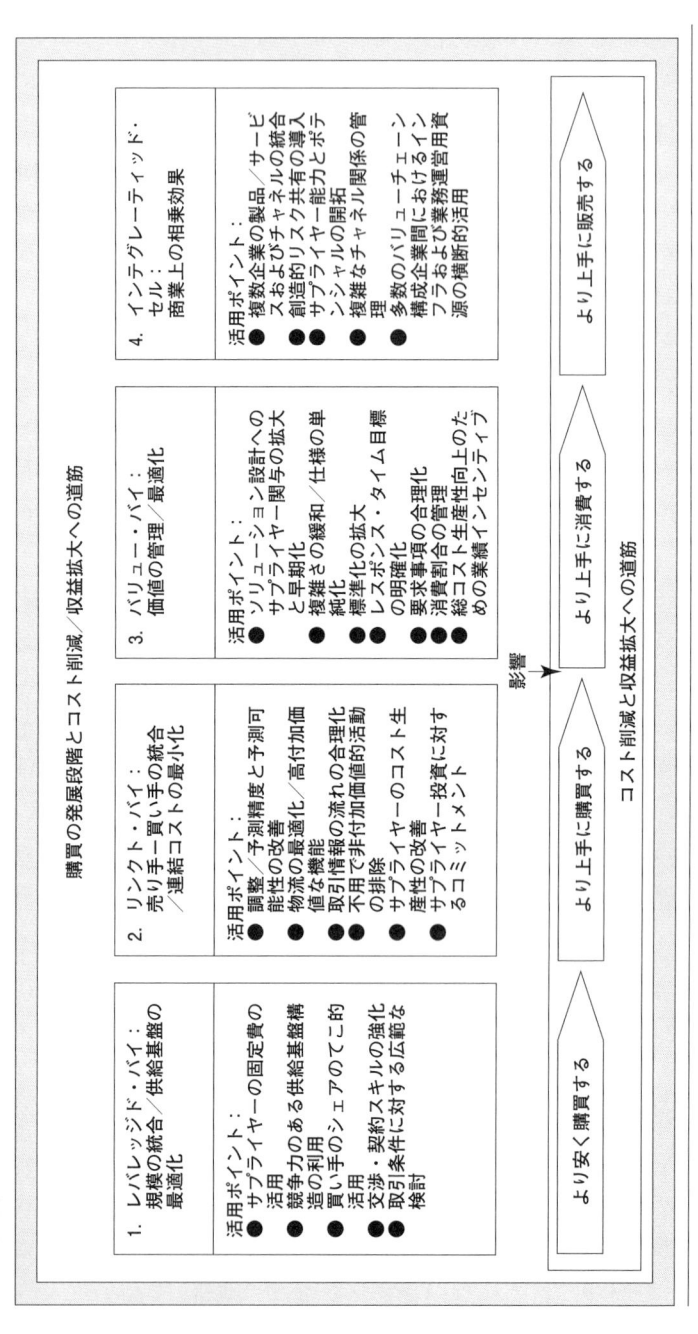

図 2.2　購買の発展段階とコスト削減／収益拡大への道筋

購買の発展段階とコスト削減／収益拡大への道筋

1. レバレッジド・バイ：
規模の統合／供給基盤の最適化

活用ポイント：
- サプライヤーの固定費の活用
- 競争力のある供給基盤構造の利用
- 買い手のシェアのてこ的活用
- 交渉・契約スキルの強化
- 取引条件に対する広範な検討

2. リンクト・バイ：
売り手－買い手の統合／連結コストの最小化

活用ポイント：
- 調整／予測精度と予測可視性の改善
- 能力の最適化／高付加価値な機能
- 物流の合理化
- 取引情報の流れの合理化
- 不用で非付加価値的活動の排除
- サプライヤーのコストの改善
- 生産性の改善
- サプライヤー投資に対する コミットメント

3. バリュー・バイ：
価値の管理／最適化

活用ポイント：
- ソリューション設計への サプライヤー関与の拡大 と早期化
- 複雑さの緩和／仕様の単純化
- 標準化の拡大
- レスポンス・タイム目標 の明確化
- 要求事項の合理化
- 消費割合の管理
- 総コスト生産性向上のた めの業績インセンティブ

4. インテグレーティッド・セル：
商業上の相乗効果

活用ポイント：
- 複数企業の製品／サービ スおよびチャネルの統合
- 創造的リスク共有の導入
- サプライヤー能力とデ ィシプリンの開拓
- 複雑なチャネル関係の管理
- 多数のバリューチェーン 構成企業間におけるイン フラおよび業務運営用資 源の横断的活用

→ より安く購買する
→ より上手に購買する
→ より上手に消費する
→ より上手に販売する

影響 ↓

コスト削減と収益拡大への道筋

出所：Matthew G. Anderson and Paul B. Katz, "Strategic Sourcing," *The International Journal of Logistics Management* 9, no.1 (1998): p. 4, 図3より
許可を得て転載。

考えられる．

● 最先端を行く購買組織は，斬新なアイデアや技術を採り入れ，コスト削減を実現するため，「製品開発の初期段階からのサプライヤー関与」を重視する．ボーイング社，ハーレーダビッドソン社，メイタグ社，ホンダ社などの企業では，設計段階から製品の市場投入に至るまで，主要サプライヤーが新製品開発プロセスに積極的に関わり，何ヶ月間も開発チームと現場で共同作業を行うことも珍しくない．

こうした手法の採用により，レベル3のコスト削減機会は相当なものになり得るが，その程度は製品の性質，サプライヤーの能力，売り手と買い手の関係の強さによって変化する．

レベル4―インテグレーティッド・セル：企業間資源の統合で（より上手に販売する）：レベル4の水準は，買い手が行う特定の製品やサービスの選択が収益に大きな影響を及ぼすとともに，かなりのビジネス・リスクを伴う状況に該当する．例えば，AT&T社などの通信会社がそのインフラを構成するテクノロジー製品に対して行う投資は，その企業の将来を大きく左右すると思われる．こうした状況では，適切な技術を選択し，重要なサプライヤーとリスクを共有することがAT&T社の企業戦略の成功に欠かせない．購買担当者は，高度に熟練し業界に精通しており，会社からは，購買決定を企業の成長戦略に結び付けるような高いレベルにまで調達を高めていくことが求められている．

■ **購買品の細分化**　購買の対象となる製品やサービスは，企業によって異なる．購買部門のリーダーたちは，購買品全体を特色をもったカテゴリーに細分化することに一層注目しており，収益創出に大きな効果を発揮したり，企業業績に最大のリスクをもたらしたりするような購買に焦点をあてるようになっている．図2.3は，購買品が調達活動の複雑さと企業業績に及ぼす影響（すなわち，収益インパクト／ビジネス・リスク）の質に基づいて分類されることを示したものである．

| 図2.3 | 購買品の細分化 |

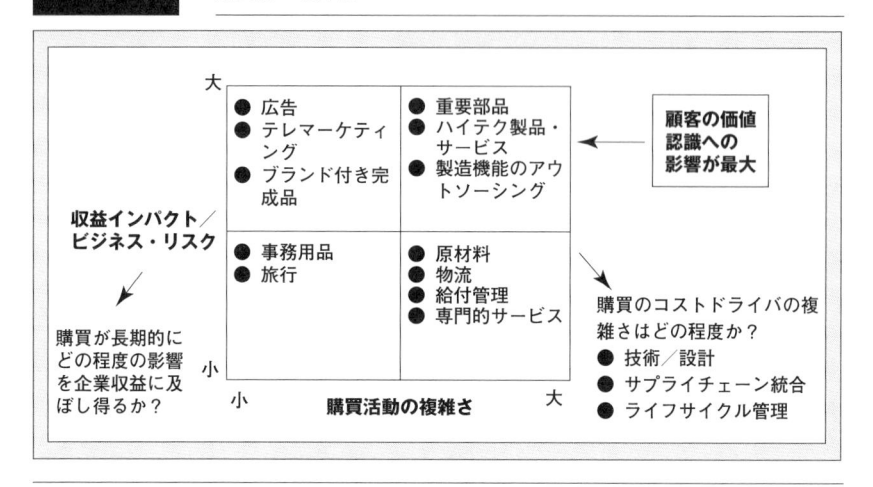

```
          大 ┃
             ┃ ● 広告              ● 重要部品
             ┃ ● テレマーケティ    ● ハイテク製品・    ┌──────────┐
             ┃   ング                サービス          │顧客の価値 │
             ┃ ● ブランド付き完    ● 製造機能のアウ  ←│認識への   │
  収益インパクト/┃   成品                トソーシング      │影響が最大 │
  ビジネス・リスク┃                                        └──────────┘
             ┃ ● 事務用品          ● 原材料
     ↓       ┃ ● 旅行              ● 物流
  購買が長期的に┃                      ● 給付管理          ┌購買のコストドライバの複
  どの程度の影響┃                      ● 専門的サービス    │雑さはどの程度か？
  を企業収益に及┃                                          ● 技術／設計
  ぼし得るか？  ┃                                          ● サプライチェーン統合
          小 ┃                                          ● ライフサイクル管理
             ┗━━━━━━━━━━━━━━━━━━━━━━━━━━━
                小        購買活動の複雑さ        大
```

出所：Matthew G. Anderson and Paul B. Katz,"Strategic Sourcing," *The International Journal of Logistics Management* 9, no.1（1998）：p.7, 図8より許可を得て引用.

■どの購買品が業績に影響するか 「購買活動の複雑さ」は，技術的な複雑さ，サプライチェーンの調整が必要とされる範囲，ライフサイクル・コストが関係する程度などの要因から判断される．「収益インパクト／ビジネス・リスク」は，購買品が顧客の価値認識に影響する程度に注目する．例えばフォード社の購買マネージャーは，部品の中でもハンドルや車輪など，目に触れるものがブランド・イメージに重要と判断している．

　AndersonとKatzは，購買マネージャーは購買品を細分化することで，企業収益に最大の影響を及ぼすカテゴリーの見きわめができるとし，次のように指摘する．

> 例えば，広告サービスの調達は顧客の価値認識に途方もなく大きなリスクを生じさせる可能性があるが，事務用品はコストの問題の域を出ないだろう．またハイテク分野では，新世代の半導体技術の調達は基本的に，企業の将来の命運が賭かることもある．

産業財マーケターは，特定の組織が行う一連の購買ポートフォリオにおいて，自社の提供物がどのような位置付けにあるか見きわめる必要がある．これは企業により，また業種によって異なる．産業財のマーケターにとっての潜在的収益は，その購買を戦略的にとらえている―つまり，その購買が売上と顧客価値の両面で高いインパクトのある―顧客組織ほど大きくなる．その場合，マーケターは顧客組織の戦略に直結した提供物を供給することができる．すなわち，産業財マーケターが顧客のサプライチェーンの中核になれれば，その影響は計り知れない．顧客から組織の延長と見なされるような魅力的，長期的関係になるのである．買い手がさほど戦略的とはみなさないカテゴリーの商品（事務用品など）の場合は，製品の完全な品揃え，競争力のある価格，タイムリーな業務支援，単純化された注文方式などの提供にマーケティング戦略の重点を置くのが望ましい．産業財マーケターは，顧客が購買品をどう分類しているか理解することにより，利益率の高い顧客にターゲットを絞り，それに対して適応化した戦略を開発することが可能になる．

■**電子調達**　一般の消費者がアマゾン社（http://www.amazon.com）で買い物をするのと同様，買い手の購買マネージャーも仕入先を発掘したり，既存の業者と連絡を取ったり，発注を行ったりする際にインターネットを利用する．ボストンコンサルティンググループの見積りによれば，企業間でのインターネットを介した購買額は2004年には4兆8,000億ドル（購買額合計の約40％）に達するという．インターネットを利用する購買では，豊富な情報ベースが提供されるだけでなく非常に効率的でもあり，従来の発注の平均コスト100ドルがインターネット上ではわずか5ドルに削減されると推定される．例えば，IBM社は購買をすべてインターネットに移し，サプライヤーたちを結ぶ「専用の取引ネットワーク」を構築している．IBM社などの企業は，こうした専用ネットワークの活用を通じて，購買の自動化や，特別に要請したサプライヤー・グループとのリアルタイムの連携が可能になる．IBM社は効率的なインターネット購買戦略を駆使し，ほぼすべてのインボイス（月間約40万件）を電子的に処理することで，年に4億ドル近いコストを削減している．

IBM 社の John Patterson 最高購買責任者は，インターネットは主要サプライヤーとの関係緊密化に有効な戦略ツールであるとし，次のように述べている．

インターネットは戦略的関係を築くための基盤になる，と私は考えています．2万キロも離れたサプライヤーと有意義な戦略的関係を構築するのは，大変な労力を必要とします．その点，インターネットなら，自社とサプライヤー双方のエンジニアたちを結んでテレビ会議を開いたり，データや設計図を交換したりすることが可能です．これからのサプライヤー関係は，インターネット抜きでは考えられないでしょう．

また，インターネットを利用してリバース・オークション（逆オークション）を行っている購買マネージャーもいる．リバース・オークションとは，単一の売り手に複数の買い手という図式ではなく，買い手1社が事前審査を経たサプライヤー数社に入札を募るというものである．例えば，フリーマーケッツ社が提供する独自運営の入札サイト（http：//www.FreeMarkets.com）では，工業用の部品，原材料，サービスを求める組織が，ダイナミックなリアルタイム競争入札プロセスを通じてサプライヤーを見つけて選別し，交渉することができる．電動工具や機器の世界的メーカーであるクーパー・インダストリーズ社は最近，このサイトを通じて貨物空輸サービスに関する入札を実施した．この入札ではサプライヤー11社が50回以上の価格提示をし，落札業者はクーパー社に26％ものコスト削減をもたらした．リバース・オークションは，梱包材，ディーゼル燃料，金属部品，トラック運送などの汎用的な品目に適している．

1－7．購買マネージャーによるパフォーマンス評価法

サプライヤーとの取引契約が成立すると，買い手としては実際のパフォーマンスを評価することが必要になる．買い手は，過去の決定の評価や新規納入業者の選定の際，更には，売り手と買い手の関係を有利に展開する為の交渉ツールとしてサプライヤーのパフォーマンスをランク付けする．こうした

評価の結果は，四半期ごとにサプライヤーに伝えられたり，インターネット上に掲載して絶えず更新されたりする．ホンダ社の購買担当幹部は，選定したサプライヤーの中で改善が見られたところや，重要な援助を提供してくれたところに手書きのメモを送ったりしている．評価の具体的な方法や範囲は業種や企業によって異なるが，もっとも一般的なのは加重評価法である．

◎産業財マーケティングの内側◎
世界有数の購買部門を擁するハーレーダビッドソン社

ハーレーダビッドソン社は，米国ホンダ社やIBM社など一部の企業とともに，世界有数の購買部門を有する組織として定評がある．その際立った成果をいくつか紹介する．

- コスト削減—サプライヤーとともにコスト改善5カ年計画を実施し，製品やサービスの購買コストを年間8,600万ドルから5,700万ドルへと削減した．
- 在庫戦略—ジャスト・イン・タイム方式での在庫管理を実践している．
- サプライヤー関係—購買スタッフが関わるサプライヤー数を切り詰め，現在では，コスト削減，品質改善，新製品開発期間の短縮という同社の新たな要求を満たすことのできる主要サプライヤーに購買の80%を集中させている．
- サプライヤーの関与—サプライヤーを新製品の開発現場に招き，中心的役割を担わせている．
- 品質目標—48百万分率（ppm）以上という品質目標を果敢に追求し，品質に難のあるサプライヤーには高度に訓練されたスペシャリストを割り振る．

ハーレーダビッドソン社のJeff Bluestein会長兼CEOは，サプライヤーと有益な関係を構築し，購買について戦略的手法を採用したことが会社の成功につながったと指摘する．「つまり我々は，これらのサプライヤーのそれぞれと真に密接な提携，緊密な関係を築こうとしているのです．そして，それは，我々が長期的な関係を望んでいることを理解してもらうことから始まり

ます」

出所：Brian Milligan, "Medal of Excellence : Harley-Davidson Wins by Getting Suppliers on Board," *Purchasing* 129(September 21, 2000) : pp.52-65. また，Dave Nelson, Patricia E. Moody and Jonathan Stenger, *The Purchasing Machine* (New York : The Free Press,2001), pp.83-100.

■**加重評価法**　加重評価法とは，買い手側の組織が個々の評価要素に，その重要度に応じて重み付けをするというもので，品質40点，サービス30点，価格30点といった具合に配点する．この方式は，特定の組織が用いる評価基準の性質や重要性を産業財マーケターに意識させる効果がある．その結果，売り手側であるマーケターは，自らの提供物が全体として買い手のニーズに適合するよう調整を行うことができる．

　ダイムラー・クライスラー社が電子部品サプライヤーに対して採用している「ランク付け」を図2．4に示した．この方式はサプライヤーを100点満点で評価し，その内40点が品質，25点が価格，同じく25点が納品，残り10点が技術支援という配分になっている．ただし，各要素がいくつかの面から評価される．例えば品質の評価には，以下の項目が含まれる．

- ●サプライヤーの不良率
- ●サプライヤーの製造工場の統計的品質監査（SQA）適合度（購買およびエンジニアリングが製造プロセスや管理状況を検査する）
- ●サプライヤーから提供されるサンプルの実績
- ●品質問題に対するサプライヤーの対応

◇産業財マーケティングにおける倫理◇
ギフトの供与：「このブーツを買ってくれたら，お宅と取引するよ」

ウィスコンシン州フォンジュラックにあるアクション・プリンティング社

図2.4　ダイムラー・クライスラー社のサプライヤー評価法

サプライヤー評価表：

サプライヤー名：＿＿＿＿＿＿＿＿＿　　商品名：＿＿＿＿＿＿＿＿＿

送付先：＿＿＿＿＿＿＿＿＿＿＿＿　　年間販売額：＿＿＿＿＿＿＿

	5 非常に良い	4 良い	3 普通	2 劣る	1 非常に劣る	0 該当せず
品質（40点）						
不良率						
SQAプログラム適合度						
サンプル承認実績						
品質問題への対応能力						
品質の総合評価						
納期・納品（25点）						
納品遅延または過剰納品の回避						
生産能力の拡張						
エンジニアリング・サンプルの提供実績						
変動する供給要請への対応能力						
納品の総合評価						
価格（25点）						
価格競争力						
物価上昇の吸収						
コスト削減計画の提出						
支払条件						
価格の総合評価						
技術（10点）						
最先端の部品技術						
研究開発能力の共有						
回路設計サービスを提供する能力と意思						
エンジニアリング問題への対応能力						
技術の総合評価						

購買担当者名：＿＿＿＿＿＿　日付：＿＿＿＿＿＿

寸評：＿＿＿＿＿＿＿＿＿＿＿＿＿＿＿＿＿＿＿＿＿＿＿＿＿＿＿

出所：ダイムラー・クライスラー社の好意により掲載.

のGreg Davis営業部長は，次のような状況に直面して当惑したという．売り込みをかけていた人物と昼食を共にしたレストランを出て，二人で歩いているときのことだった．近くにあったカントリー・ウエスタンの店の前まで来ると，その人物が足を止め，ショーウインドの中を覗き込んだ．そして，Davis氏のほうを見て，ゆっくりと言った．「こんなブーツが前から欲しかったんだよ」と．

「間違いないですよ．彼は私にブーツをプレゼントして欲しかったのです」と，Davis氏はそのときのことを振り返る．彼は微笑を返しただけで，また歩き始めたという．彼は相手の要求に応じなかった．なぜなら，契約を取るために高価な贈り物をすることは会社の方針で禁止されていたし，彼個人の信条とも相容れなかったからである．その日以降，Davis氏はその人物と顔を合わせるたびに気まずい思いになったことは想像がつくだろう．

セールスの専門家によれば，Davis氏がこのときとった態度は，職務上も，またモラル的にも正しかったという．彼は会社の厳格な規定に従ったのである．また，セールス・コンサルタントのJacques Werthは，彼が歩き去った判断も支持している．「高価な贈り物や接待，特典などの上に成り立っている関係なら，他からもっと高いものが贈られれば，どっちみち崩れ去るからです」

出所：Melinda Ligos, "Gimme Gimme, Gimme, Gimme!" *Sales & Marketing Management* 154 (March 2002) : pp.33-40.

購買部門は，エンジニアリングや生産管理などと連携して，個々のサプライヤーの評価点を計算する．価格面については，ダイムラー・クライスラー社はサプライヤーから提出されるコスト削減計画を重視するようになっている．各サプライヤーの提言数とコスト削減の達成額が詳細に記録される．サプライヤーたちは，継続的改善に努めることで自身の収益性を上げ，ダイムラー・クライスラー社への売上高を増やすことができる．91点以上の評価を得たサプライヤーは，指定業者のリストに名を連ねることになる．ダイムラー・クライスラー社の電子部品サプライヤー1,000社の内，この基準をク

リアしているのはわずか300社だが，これらの業者だけでダイムラー・クライスラー社の電子部品の年間予算3億5,000万ドルの80％以上を受注していることは注目に値する．83～90点のサプライヤーも取引は継続されるが，取引額は指定業者より少なくなる．70～83点のサプライヤーは要改善グループに分類され，ダイムラー・クライスラーの指示を仰ぎながら是正措置を講じないと，サプライヤー・リストから抹消される危険性がある．そして，70点に達しないサプライヤーは，自動的に取引停止となる．

1－8．サプライヤー評価：マーケターにとって意味するもの

　産業財サプライヤーは，買い手側の評価基準，さらにその優先度に注意を払わなければならない．購買担当者の最終決定には，品質，サービス，価格，企業イメージ，能力など，数多くの基準が絡むことが考えられる．また，担当者の知覚も重要で，高度に標準化された製品として知覚されているのであれば，価格がより重要になる．他方，製品が特種なものとして知覚されれば，価格以外の基準が優先されるだろう．製品の価格は，付随する一連のサービスやその他の無形の価値と切り離して考えることはできない．

　産業財の購買決定では経済的な基準が重要視されるケースが多く，中でも製品の調達，保管，使用の際に予想されるコストが問題になる．対照的に，製品の性能面では，その製品がパフォーマンスをどの程度高めそうか，という点が評価される．経済的基準は，構造的に単純で標準的な用途を持つ標準品を調達する際に重視され，性能基準は，複雑な製品や特殊な用途の製品を評価する場合に重要になる．新しい顧客との関係を定着させるためには，マーケターは頻繁な性能テストに合格し，新たな価値の源泉を提供できるようにしなければならない．

　ここまでは，産業財市場の一部門である営利企業，および購買機能が担う役割について見てきた．ここからは，政府市場について考えていく．

2．政府：その特徴

　連邦1，州50，都市87,000の政府組織は，米国のあらゆる顧客グループの

中で最大の購買額を生み出している．これらの組織を全部合計すると，製品やサービスへの支出は年間1兆7,000億ドル以上に達し，その内訳は連邦政府が5,900億ドル，残りが地方政府となる．政府組織が調達する製品・サービスは，事務用品，パソコン，家具，食品，医療，軍用機器などありとあらゆる種類に及ぶ．産業財の売り手企業は規模の大小を問わず，政府市場に製品やサービスを提供している．実際，連邦レベルにおける購買契約の25％は，小規模な企業との取引である．また，テキサス州政府など多くの政府組織が，工夫を凝らしたオンライン（電子政府）サイトを立ち上げて市民サービスに活用していることは興味深い．

2－1．政府購買に及ぶ影響

政府の購買プロセスはさまざまな影響を受ける関係上，いっそう複雑さが増す．連邦や州，大都市の政府による調達では，購買部門は，製品やサービスの指定，法制化，評価，使用などに携わる多数の利害関係者に報告を行うとともに，そうした人々の影響を受けることになる．外部からの影響が発注組織内にとどまらないことは言うまでもない．

2－2．政府契約を理解する

政府購買はまた，コンプライアンス制度，セットアサイド制度，マイノリティ企業向け下請契約発注制度など，さまざまな社会的意味合いを含む目標や政策の影響も受ける．コンプライアンス制度とは，政府契約を受注する企業に対し，少数民族，女性や身体障害者のための積極的差別是正措置の維持を義務付けるもので，これに反した企業は政府契約を打ち切られることになる．セットアサイド制度とは，政府契約の一定比率を中小企業やマイノリティ企業向けに「確保」し，その他の企業によるこの部分への参入を排除するというものである．また，マイノリティ企業向け下請契約発注制度は大手企業に対し，請け負った契約全体の一定比率をマイノリティ企業に下請させることを義務付けている．例えば，オハイオ州の法令では，州政府発注の建設工事を請け負う下請業者の7％をマイノリティ企業に割り振ることが決められている．政府契約の請負を望む業者は，こうした制度やそれが企業に適用

される仕組みを理解しなければならない.

　いかなるレベルの政府でも,その調達の大半は契約指針を定めた法律に基づいている.連邦政府は,連邦の調達規則の一部として一定の一般契約規定を公表している.この規定には,製品検査,決済方法,債務不履行に基づく措置,紛争に関する条項などが盛り込まれている.

　こうした調達法令を明確に理解していない業者は,交渉段階で不利な立場に立たされる.とくに注意を払うべきなのは,2種類の基本的契約形態の長所と短所である.

1. 定額契約：請負契約の締結にあたって金額を定め,製品やサービスが取り決め通りに納品された時点で全額が業者に支払われる.
2. 実費償還契約：契約を履行する過程で生じた実コストが業者に支払われる.コストを上回る一定金額が利益として支給されることもある.

　どちらの契約形態も,コストを管理したり,将来の偶発事象をカバーしたりするためのインセンティブを組み込んでいる.

　一般に,定額契約の方が利益は大きくなる可能性があるが,不測の支出やインフレの急激な進行など,状況に変化があるとリスクも大きい.だが,売り手が契約履行過程でコストを大幅に削減することができれば,契約交渉時点での予想を上回る利益を得ることもある.それに対して実費償還契約は,請負業者に効率のアップを促すインセンティブが弱いため,政府による慎重な管理が行われる.この契約形態は,労力や経費の見積りが困難な開発作業をかなり含む政府事業で採用されることが多い.

　実費償還契約（コスト超過になりやすい）と定額契約（事業コストが不確実なため,業者は入札への参加をためらう可能性がある）両方の効率の悪さを補うねらいから,政府はよくインセンティブ契約を採用する.インセンティブ契約の場合,プロジェクトの実際のコストが目標コストを下回れば企業は報酬を与えられ,上回れば違約金を課せられる.

2－3．売り手に販売法を指導する：役立つ出版物

　政府は一般の顧客と違い，政府との取引の仕方を潜在的業者にまでもわざわざ説明してくれている．例えば連邦政府は，「Doing Business with the General Services Administration（調達局とビジネスをする）」,「Selling to the Military（軍に販売する）」,「Selling to the US Air Force（米空軍に販売する）」といった手引きを公表している．諸官庁も，それぞれが用いる購買手続きを企業に紹介するセミナーを定期的に開催する．そのねらいは，企業に政府事業の請負を促すことにある．

2－4．購買を行う組織とその手続き：政府

　政府による購買と企業による購買は，似かよった組織構成である．ただし，政府の場合は詳細な手続きが法令で定められている関係上，事務機能が重視される傾向がある．連邦政府は単一の産業財購買者として最大の取引額を有するが，責任が重複し合う何千という小規模な独立組織で構成されており，一つの企業というよりは，いくつかの大企業が連合しているような運営になる．連邦政府には15,000余の購買権限（省，局など）が存在し，すべての官庁が，ある程度の購買権限か，購買への影響力を持っている．連邦政府による購買は，国防関連と非国防関連の大きく二つに分けられる．

■国防関連の調達　連邦政府の調達予算の相当部分を消費する国防総省（DOD）の調達業務は，「世界最大の企業」と言われている．かつて減少傾向にあった国防総省の予算は，2001年9月の米国へのテロ攻撃を境に急反転し，国防と国土安全保障が連邦予算の優先項目とされた．

　国防総省の陸・海・空各部門は，それぞれの責任において主要な購買を行う．だが，すべての部門が共通して使用する数十億ドル相当の供給品の購買は国防兵站局（DLA）に任されており，その調達予算は年間100億ドルを超える．国防兵站局の任務は，大量購入によって有利な価格を獲得することと，軍の中での重複購買を減らすことにある．防衛関連品目は，調達局（GSA）など他の官庁によって調達されるものもあり，国防総省は調達局の

最大の顧客と言える．軍は共通役務庁と国防総省による現行契約に基づき，調達局を通して自動車，デスク，事務機，手工具など多数の品目を購買する．また，軍事基地の運営に必要ないろいろな供給品は，現地で購買される．

■非国防関連の調達　非国防関連の購買は，政府各省（厚生省，商務省ほか），委員会（連邦取引委員会ほか），行政府（予算局ほか），連邦機関（連邦航空局ほか），連邦行政局（調達局ほか）など，さまざまな機関によって遂行される．商務省はワシントン・オフィスと各地のオフィスすべての供給品および機器の購買を一元化している．それに対して内務省は，各地の機雷敷設および安全性管理オフィスに対し，鉱山保安装置や衣服を個別に購買するよう指示している．

　調達局は国防兵站局と同様，すべての民生官庁用の多くの汎用品（事務用什器，ペン，電球など）を一括購買する．調達局の連邦供給サービスは，統合的な購買，在庫，流通のネットワークを連邦政府に提供しており，まさに多角化した大企業の購買部門のようである．連邦供給サービスは，事務用品，小型工具，ペイント，用紙，什器，補充品，複写器など，他の官庁が共通に使用する多くの品目を購買する．調達局に連邦政府の購買担当者が機器や供給品を購入しに来ることもあり，そういう場合は小売店のような機能を果たすことになる．調達局の購買力は膨大であり，製品やサービスの購買額は年間180億ドルを超える．

　政府の各省は，連邦供給スケジュール・プログラムに基づき，公認サプライヤーから指定品目を契約価格で購買することができる．このプログラムは，什器，器具，事務機器，実験装置などの製品の購買先を連邦機関に提供するものである．業者が入札し，認可を受ければ，期間1〜3年の不確定な数量の契約が締結され，諸官庁がサプライヤーに直接発注することができる．調達局は民間企業の購買組織と同様，インターネットを活用することで，購買業務の合理化とサプライヤーとの関係強化を図っている（http : //www.gsa.gov 参照）．

2－5．連邦政府の購買

　購買プロセスは，大統領が議会の歳出予算案に署名することで動き出すが，会計検査院の会計士による新しいデスクトップ・パソコンの要求などによって開始されることもある．産業財マーケターが政府購買担当者の最新ニーズを知るには，FedBizOpps（FBO，政府調達ポータルサイト，http：//www.fbodaily.com）を見るとよい．FBO は商務省が運営する情報サイトで，政府の調達案件，下請案件，契約締結，余剰資産の売却などの情報が掲載される．入札に参加する業者は，開札までに30日以上の期間がある．法規定により，金額１万ドル以上の計画的な調達行為は，民生用も軍事用もすべて FBO 上で公表される．

　調達ニーズを文書化し公表したあとは，正式公告（公開入札とも呼ばれる）と随意契約という二つの一般的方式のどちらかで政府は購買を開始する．

■正式公告　「正式公告」とは，政府が適格な業者から入札を募集することであり，通常は最低価格入札者と契約が締結される．この方式は，規格化された製品で仕様が単純明快であるときに採用される．参加を希望する業者は入札者リストに登録する必要がある（FedBizOpps を毎日チェックするという方法もあるが，調達局 Business Service Center から必要書類を入手し，記入して提出するほうが手っ取り早いだろう）．そうすると，政府が特定製品について入札を募集するたびに，業者の元に入札案内が送られてくる．入札案内には，品目と調達量，詳細な技術仕様，納品スケジュール，求められる保証，梱包要求事項など，購買に伴う事項が明記されている．入札を行う場合は，自身のコストと競合他社の価格水準を勘案して入札価格を決める．

　業者の行った入札について，仕様に適合しているかどうかが政府の調達スタッフの手で一つひとつチェックされる．契約は最低価格入札者に与えられるのが普通だが，その業者が契約責任を果たせそうもないことが明らかになり，二番目に低い価格を付けた業者が選ばれるということもある．一例を紹介すれば，内国歳入庁（IRS）はかつて，デスクトップ・パソコン11,000

図2.5　統合攻撃戦闘機：国防総省が選定したロッキード・マーチン社の落札機種

出所：ロッキード・マーチン社の好意により掲載．

台，ノートパソコン16,000台のリバース・オークションを実施した．入札価格は1億3,000万ドルからスタートし，結局6,340万ドルの値を付けた業者が落札した．

■随意契約による購買　「随意契約」は，価格だけでは採否の判断ができない製品やサービス（複雑な科学機器，研究開発プロジェクトなど）を購買するときや，サプライヤー数が少ない場合に利用される．契約部署が業者数社と並行して交渉を行うため，ある程度の競争は存在すると言える．

　こうした交渉は，入札に比べればはるかに柔軟な調達方法であることは明らかで，政府の購買担当者の個人的判断が大きく関わってくる可能性がある．購買の基準には価格も含まれるが，パフォーマンスや品質という，より主観的な要素も関わってくる．政府の調達決定は，大企業のそれとほとんど変わらず，どれがもっとも安価で最高の製品であるか，その製品は性能基準

を満たしているかといった点が問われる．

例えばロッキード・マーチン社は，陸軍，海軍，海兵隊の主力兵器となる俊敏なレーダー回避型戦闘機，「ジョイント・ストライク・ファイター」の製造契約をめぐるボーイング社との5年に及ぶ競争を制した．その過程で，それぞれの企業が自社戦闘機の性能を実演してみせるフライオフ（機種選定飛行）が実施された．ペンタゴンはこの結果をもとに，コストや性能のデータを徹底的に分析し，この高額契約——総額2,000億ドル余にのぼり，向こう40年間で戦闘機3,000機を生産する予定——の元請業者としてロッキード社を選定したのである（図2.5参照）．

2-6．求められる戦略の違い

政府機関を販売対象とするマーケターのマーケティング戦略は，もっぱら民間部門を相手にする企業のマーケティング戦略と焦点の置き所が大きく異なる．政府と取引する売り手は，(1)遵守を義務付けられる複雑な規則や規格を理解する，(2)各機関の購買計画をつねに把握する体制を整備する，(3)政府の製品ニーズへの対応を容易にする製品開発や研究開発のための戦略を構築する，(4)政府機関の基準に対する技術的適合性に焦点をあてたコミュニケーション戦略を開発する，(5)決済，契約終了，製品仕様の変更に伴うコスト超過に関して有利な条件を確保する交渉戦略を考案するといった点を重視する．

3．機関市場：その特徴

産業財市場の三つ目の部門が，機関市場である．この市場もかなりの規模を有し，公立の小中高等学校の支出だけで総額6,400億ドル，国の医療費は1兆3,000億ドルを超える．機関市場の相当部分がこの小中高等学校と医療施設で占められ，その他に大学，図書館，財団，美術館，開業医なども含まれる．機関顧客は，購買プロセスが政治的思惑に縛られたり，法規の適用を受けたりする点で政府顧客と類似するところが多く，実際，学校などのように政府組織によって運営される機関は少なくない．その一方で，私的に運営

され，企業のような管理が実施されている機関もあり，大企業を上回る広範な購買要件を持っているところも存在する．購買における効率の重要性は，営利企業だけでなく，こうした各種機関でも認識されている．

3−1．買い手としての各種機関：購買手続

　機関市場の主な特徴として，多様性が挙げられる．機関市場を相手にするマーケティング・マネージャーは，例えば，市内全部の学校向けに正規の入札手続きを経て一括大量購買を行う購買担当者だけでなく，田舎の小さな病院で薬剤師から抜擢された購買担当者などにも対応できなければならない．

　医療機関は，この市場の多様性を示す好例である．小さな病院では，食品購買業務を主任栄養士に任せているところもある．こうした病院は大概，購買担当者を置いてはいるが，栄養士の承認が得られないと発注ができないからである．それに対して大規模な病院では，事業部長，購買担当者，栄養士および調理士で構成される委員会などで意思決定がなされる．また，地域の病院が集まって購買グループを組織したり，調理業務を外注したりするケースも見られる．大病院では，コスト抑制のねらいからサプライチェーンに注目し，民間部門と同様の高度なサプライヤー評価法を導入する動きも広がっている．このように購買環境が変化する中，うまくいっている企業では，個々の局面に応じたマーケティング活動を遂行するため，専門のマーケティング・マネージャー，スタッフおよび営業チームを置いているところが多い．

　予算が確定している部署がその限度枠をすべて使い切ろうとする傾向は，多くの機関で見られる．つまり，資金が残っているために購買を行う，というケースがあるのだ．産業財マーケターは，機関部門の潜在顧客の予算状況を注意深く検討する必要がある．

　予算上の制約から，業務の一部を専門業者に委託して効率や効果の改善を図っている機関は少なくない．例えば学区は，食品および供給品の購買や給食サービス業務の管理を第三者請負業者に委ねたりする．ロサンゼルス市では，マリオット社が市のチャーター・スクール〔親や教員，地域団体などが州や学区の認可（チャーター）を受けて設ける初等中等学校で，公費によっ

て運営される〕の給食サービス業務を管理し，シカゴでは請負会社3社がそれぞれ10の調理部門を運営している．また，書店運営，飲料契約，学生会館の管理を外部請負業者に外注している大学も多い．産業財マーケターは，機関顧客の機能戦略を慎重に分析し，理解する必要がある．営業やマーケティング活動では，広く第三者請負業者にも注目しなければならない．

■ターゲット戦略　機関市場では，購買が複数の人物の影響を受けるというコンセプト（第1章参照）も変わってくる．多くの機関が医師や教授，研究者などの専門スタッフを抱えると同時に，規模にもよるが，大半が購買担当者を雇用している．大きなところでは相当規模の，かつ熟練した購買部門や原材料管理部門を設置している．その結果，このような購買担当者と，彼らが購買する製品を使用する専門スタッフの間で衝突が起きる可能性が増えるのである．したがって，売り手企業の営業担当としては，購買部門が納得するような納品予定，保守契約，価格表を用意しつつ，製品の効用やサービスに関して，専門スタッフを注意深く啓発していかなければならない．また，一流の産業財マーケターは，インターネットを活用して顧客に付加価値を提供するということも行っている．例えば，GEメディカル・システムズ社はインターネットをマーケティング戦略の目玉と位置付け，商品カタログや日替わりインターネット特売品など，多様なサービスを顧客である全世界の病院や医療施設の購買マネージャーに提供している（図2．6参照）．

■共同購買　各種機関による購買の一つの重要な要素として，共同購買がある．病院，学校や大学は，数量割引を利用できる購買協同組合に加入したりする．Education and Institutional Purchasing Cooperative（教育・機関購買共同組合）に属する大学は，組合を通じて有利な契約を結び，さまざまな製品を割安な価格で業者から直接仕入れることができる．この組合は，年間1億ドル余の製品を購買している．各種機関は共同購買という手法を通じて，低価格，品質改善（検査や業者選定の改善による），管理コストの削減，標準化，記録の改善，競争の拡大などを享受することになる．

　病院による共同購買は，100億ドル以上の大規模市場となっている．共同

図2.6　GEメディカル・システムズによる，インターネットを利用した顧客関係管理

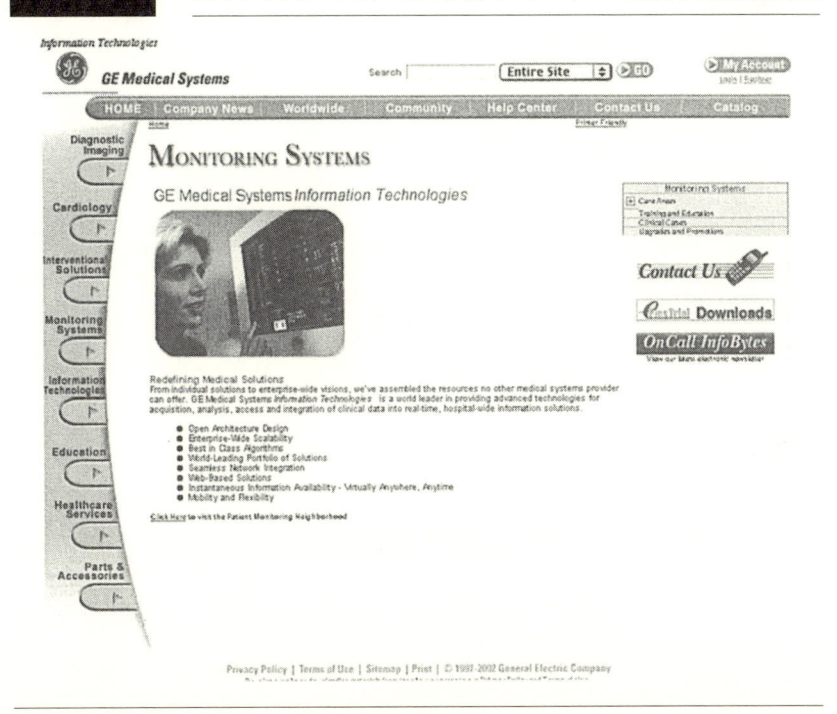

出所：GEメディカル・システムズ社の許可を得て転載．

　購買の普及を示すデータとして，米国では公的な病院の3分の1以上が何らかの種類の提携グループに属している．病院による共同購買の多くは，病院の連合組織を通じて地域レベルで行われる．だが，医療分野で広がりを見せている営利的な病院チェーンも，共同購買を手がけている．例えば，運営予算10億ドルの，あるマルチ病院システムは，医療用品やサービスに年間3～5億ドル費やす．こうした大口顧客は，共同購買組織を通して購買を行うことによってコストの大幅削減という効果を手にしている．
　産業財マーケターにとって，共同購買はそれなりの難しさがある．売り手としては，個々の機関に対応する戦略だけでなく，共同購買グループや大規模な病院チェーンの特殊な要求事項に応じた特殊な戦略が求められる．購買センターは，個々の機関と共同購買グループの間で，構成，判断基準，専門

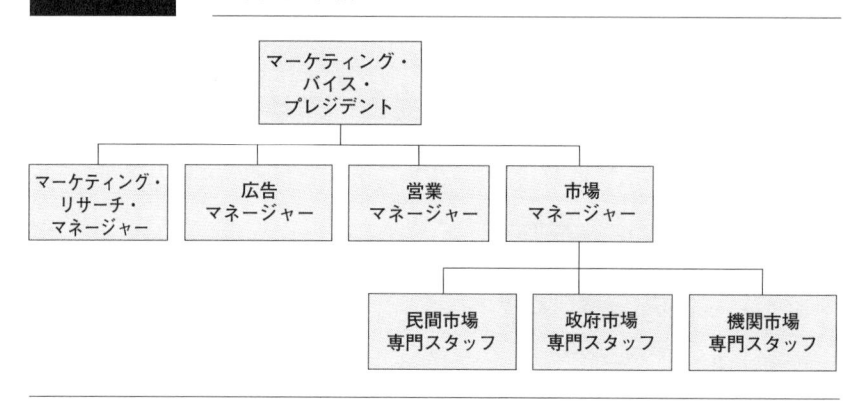

図2.7 市場中心の組織

```
                    マーケティング・
                    バイス・
                    プレジデント
        ┌──────────┬──────────┬──────────┐
   マーケティング・  広告        営業        市場
   リサーチ・     マネージャー   マネージャー  マネージャー
   マネージャー
                                    ┌──────────┬──────────┐
                                 民間市場    政府市場    機関市場
                                 専門スタッフ  専門スタッフ  専門スタッフ
```

知識の水準などがかなり異なる可能性がある．購買グループについては，価格割引がとくに重要な意味を持つ．購買グループを通して販売するサプライヤーは，グループ内の各機関に製品を効率的に納品する流通システムも備える必要がある．また，大規模な協同組合と契約を結ぶとはいえ，その契約に基づいて注文する各機関に個別に対応する用意も整えておかなければならない．

■**各種機関による購買慣行** 大規模機関の購買慣行は，大手営利企業のそれと共通する点が多い．だが，各種機関による購買と企業による購買の間には，重要な違いが存在する．共同購買，地元業者優先，食品・医薬品などさまざまな品目の購買任務の委譲に関する方針がとくに重要である．産業財マーケターは，機関顧客向けの効果的な戦略を慎重に開発する際に，まさにこうした特徴を理解しなければならない．

4．多様性に対処する：市場中心の組織

産業財市場はセクターによって特徴が異なるため，マーケティング組織をセクター別に分けて専門性を高めている企業が多い．例えばJ.M.Smucker社の産業財部門は市場セクター別に構成されている．機関市場，軍事市場，

民間市場をそれぞれ別の人間が管理しているが，それぞれが一つの特定市場に精通している．

　市場中心の組織構成の一例を図2．7に示した．この中で，市場マネージャーは市場別の専門スタッフ3人の活動を監督・調整する役割を担う．専門スタッフはそれぞれ，購買プロセスや製品の選好のほか，産業財市場の一部門における顧客の類似点と相違点などを分析する．その結果，彼らは，特定セクター内の顧客を意味のある市場セグメントにさらに細分化し，マーケティング・プログラムをセグメント別に設計することが可能になる．産業財マーケターは，こうした市場中心の組織構成を採用することで，産業財市場の多様性に対して効果的に対処することができる．

5．まとめ

　産業財市場は大規模であり，大きな可能性を秘めている．この市場は，営利企業，政府（連邦，州，地方）および各種機関という三つの部門に大別される．産業財の売り手企業としての市場は近年，地球規模へと拡大している．マーケターは，各部門の購買機能のユニークな特徴と構成を理解する必要がある．

　営利企業には，製造企業，建設会社，サービス会社，輸送会社，特殊な専門家，流通業者などが含まれる．これらの中で購買額が最大なのは製造企業であるが，多くが小規模な企業である．その中で，購買力の大部分は比較的少数の大手製造企業の手に握られ，これらの大手企業は地理的にも集中している．それに対し，サービス会社，輸送会社，電力会社などの営利企業は広範囲に分散している．購買プロセスは，購買マネージャーや購買担当者によって遂行される．大企業では購買機能が高度に専門化しているため，こうした潜在顧客に匹敵する専門知識が求められる産業財の営業担当にとっては大きな負担である．一流の組織は，「より安く調達する」ことのみに意識を向けるのではなく，購買活動を企業戦略に直結させている．購買マネージャーは，十分な知識に基づいて意思決定を行う価値分析などのツールや，サプライヤーのパフォーマンスを評価する加重評価法などを利用し，サプライチ

ェーンを構成する業者たちとの関係強化を図っている．

　産業財市場の中で，政府部門との取引に乗り気でないマーケターは少なくない．だが，米国では政府が最大の消費者である．調達法令や政府が採用する多様な契約の仕組みを理解している勤勉なマーケターは，有望な市場を発見することができる．連邦政府が一般的に行う購買は，正式公告と随意契約の二つの方式がある．標準品によく用いられる正式公告では，適格業者を対象に入札を募る．随意契約は特殊な要求事項がある場合に用いられ，契約の全段階を通じて協議と交渉が行われるのが特徴である．

　機関市場の特徴は多様性にある．各種機関の購買担当者は，その特徴，方向性，購買プロセスの点で，営利企業の担当者と政府の担当者の中間に位置する．この部門に特有の共同購買は，売り手にとって特殊な戦略的対応が求められるセグメントである．多くの産業財マーケターは，市場中心の組織を採用することで，市場の各部門のニーズを満たす上で必要な専門化が可能になることに気づいている．

5－1．討論課題

1．ある小さな製造企業が，ピルズベリー社やゼネラル・ミルズ社などの食品加工会社が興味を示しそうな新しい高速包装システムを開発した．この新システムは競合製品に比べ，効率では格段にまさっているが，価格は15％ほど高くなってしまう．買い手側の購買マネージャーは主要な購買品の「総所有コスト」を重視することを踏まえ，このメーカーがこの新製品の優越性を実証するには，何をセールスポイントにすればよいだろうか．

2．米国ホンダ社は，アコードの部品や材料の60％以上を北米地域のサプライヤー400社から調達している．ある業者がホンダ社のサプライヤーに仲間入りするためには，どのような戦略が考えられるか．ホンダ社はサプライヤーを評価する際，どのような判断基準を用いるだろうか．

3．マーケターがターゲット市場を見きわめる手段として，細分化というテクニックが有効である．また，購買マネージャーの間でも，組織の目標を実現する上で不可欠なサプライヤーを選定する目的で，細分化が用いられるケースが増えている．これについて説明せよ．

4．連邦政府が一般的に採用する，（1）正式公告および（2）随意契約という二つの調達方式は，どのような違いがあるか．
5．各種機関の購買担当者は，その特徴，方向性，購買プロセスの点で営利企業の担当者と政府の担当者の中間に位置する．これについて説明せよ．
6．大学が新しいコンピュータを選定する際に用いる可能性のある意思決定プロセスと，営利企業のそれとは，どのような違いがあると思われるか．それぞれの状況で，このプロセスに主に関わるのはどのような人だろうか．
7．B&Eエレクトリック社のTom Bronson社長は，官僚主義と山のような事務作業がつきまとう政府市場への参入を避けてきた．ところが，最近同僚と話したのをきっかけに，産業財市場のこの部門に再び関心を抱くようになった．この会社が政府市場に関する知識を広げるには，どのような手順を踏むのがよいか．
8．電子購買方式を導入しているGE社は，事務用品，コンピュータ用品，補修用品など幅広い商品の調達をオンラインのリバース・オークションで行うことで年間5億ドル余のコストを削減している．この手法がGE社と取引する産業財マーケターにもたらすと思われる新たなチャレンジと機会とは，どのようなものか．

5－2．インターネット演習

1．GEメディカル・システムズ社はそのマーケティング戦略をサポートするため，世界の医療施設をターゲットとするeコマースを率先して開発した．同社のウェブサイト（http://www.gemedicalsystems.com）にアクセスし，次のことにトライしてみよう．
a．GE社はどのような製品やサービスを提供しているか調べてみよう．
b．このウェブサイトを評価し，潜在顧客が必要とすると思われる情報がどの程度提供されているか考えてみよう．
2．フリーマーケッツ社は，450億ドル余に相当する製品およびサービスについてネット・オークションを14,000回以上実施し，ユナイテッド・テクノロジーズ社などの大口顧客100社以上の購買コストを90億ドル以上削減

するのに寄与した．同社のウェブサイト（http://www.FreeMarkets.com）にアクセスし，次のことにトライしてみよう．

a．この会社は顧客にどのようなサービスを提供しているか調べてみよう．
b．顧客を対象とした，ある特定のオークションについて説明した履歴を調べてみよう．
c．ある購買担当幹部は，「ネット・オークションは，一部のカテゴリーの製品やサービスを除けば，有効な手法とは言い難い」と述べている．あなたはこの意見に賛成だろうか．だとすれば，その理由は何か．

◎事例　サプライヤー関係を管理する：
　　　　サターン社とダイムラー・クライスラー社

　サターン社とダイムラー・クライスラー社は同じ業界で競合するライバル同士だが，両社のサプライヤー関係の管理方法は異なっている．サターン社は，小型車と中型車を製造するゼネラル・モーターズ社系の革新的企業である．同社の購買担当幹部である Jacque Smith の信念は，「真の成功は，サターン社とそのサプライヤーたちの間に築かれたパートナーシップから生まれる」というものである．サターン社は，主要サプライヤーの経営幹部を年に4回集め，それぞれの能力やアイデアを自社の計画プロセスに直接取り込んでいる．Jacque Smith は，こうしたパートナーシップは信頼と相互尊重の上に築かれるものと考えているが，価格，サービス，技術面でサプライヤーにいっそうの努力を促すことも必要と付け加える．彼女はまた，「これまでのプログラムには，十分な信頼は存在しても，業績目標の達成に向けてサプライヤーたちにもっと努力を強いる部分が欠けていた」とも述べている．サターン社は，サプライヤーに業績基準をクリアさせるには，インセンティブを含むバランスのとれた手法が必要であると気づいたのである．

　一方のダイムラー・クライスラー社は，北米での市場シェア低下で営業利益が激減したため，業績改善が急務と考えている．同社はこの数年間，サプライヤー・コスト削減努力（Supplier Cost Reduction Effort＝SCORE）プログラムを進めてきた．このプログラムは，コスト効率を追求し，コスト削減の一部をダイムラー・クライスラー社と共有するよう業者に促すものだった．SCORE に基づき，ダイムラー・クライスラー社はサプライヤー各社に毎年3％ずつの値引きを要求している．同社の Tom Sidlik 購買担当取締役副社長は最近，この方式をさらに拡大し，毎年5％というさらに高い値引き率を求めることにした．さらに，「Extended Enterprise」（広範囲事業）プログラムを導入すれば，10％のコスト削減が上乗せできると期待している．そのため，購買スタッフが主要サプライヤー150社と連携してコスト改善分野の特定を行う．Sidlik 氏は，「このプログラムにおいて，我々は車の設計

段階から製造,さらには納品段階に至るまでサプライヤーたちと協力し,コスト削減を図っています。それが可能なところは本当にたくさんあるのです」と説明する。こうしたコスト削減計画に対するサプライヤーたちの反応はさまざまである。自動車メーカー向けに部品,ハンドル装置,内装品などを製造するデルファイ・オートモーティブ社の場合,ダイムラー・クライスラー社と協力して,「両社の共存共栄」という枠組みの中でコスト削減を実現していく,と広報担当者は説明する。ところが,別のサプライヤーはこの計画を不公平だとし,「彼らは業者から搾取しようとしている」と不満を漏らす。

討論課題

1．自動車メーカー向けの新製品のアイデアとして,高品質と低価格ではどちらのほうがより斬新だろうか。
2．サターン社とダイムラー・クライスラー社の購買戦略はそれぞれ,短期的および長期的にどのような効果または結果を生むと思われるだろうか。

注

1 "Cisco Customer Profile : Procter & Gamble," http : //www.cisco.com, accessed 23 July 2002, pp. 1 -3.
2 Ibid., p.3.
3 Anne Millen Porter, "Big Companies Struggle to Act Their Size," *Purchasing* 130 (November 1, 2001) : pp.25-32.
4 US Department of Commerce, Bureau of the Census, *Statistical Abstract of the United States, Annual Survey of Manufacturers : 1999* (Washington, DC, 2001), p.105.
5 US Department of Commerce, Bureau of the Census, *Annual Survey of Manufacturers, Statistics for Industry Groups* (Washington, DC, 1994), pp. 3 -5.
6 Arun Sharma, R.Krishnan, and Dhrav Grewal, "Value Creation in Business Markets," *Industrial Marketing Management* 30 (June 2001) : pp.391-402.
7 Thomas H.Davenport, Jeanne G.Harris, and Ajay K.Kohli, "How Do They Know Their Customers So Well?"*MIT Sloan Management Review* 42 (winter 2001) : p.65.
8 Michael Fredette, "An Interview with Judith Hollis," *The Journal of Supply Chain Management* 37 (summer 2001) : p.3.
9 US Census Bureau, "1997 Economic Census : What's New?"*The Official Statistics*, http : //www.census.bov.pub.epcd/www.ec97new.html (World Wide Web site ; cited 27 September 1996).
10 "Who Spends How Much on What?"*Purchasing* 127 (November 4, 1999) : p.52.
11 This section is based on Matthew G.Anderson and Paul K.Katz, "Strategic Sourcing," *The International Journal of Logistics Management* 9, no. 1 (1998) : pp. 1 -13.
12 Timothy M.Laseter, *Balanced Sourcing : Cooperation and Competition in Supplier Relationships* (San Francisco : Jossey-Bass Publishing, 1998), p.224.
13 Anderson and Katz, "Strategic Sourcing," p.3.
14 Elizabeth Baatz, "How Purchasing Handles Intense Cost Pressure," *Purchasing* 127 (October 8, 1999) : pp.61-66.
15 Roberta J.Duffy, "Trail Blazing," *Purchasing Today* (April 1999) : pp.51-52.
16 Anderson and Katz, "Strategic Sourcing," p.7.
17 Carolyn Pye Sostrom, "The Next Step in E-Commerce," *Purchasing Today* (June 2001) : p.46.
18 Nicole Harris, "'Private Exchanges'May Allow B-to-B Commerce to Thrive After All," *Wall Street Journal*, 16 March 2001, p.B4.
19 James Carbone, "There's More to the Web than Click and Buy," *Purchasing* 127 (October 21, 1999) : p.S76.
20 Case Study : Cooper Industries, http.//www.FreeMarkets.com, 9 January 2001.

21 Anne Millen Porter, "Just the Facts," *Purchasing* 131 (April 18, 2002) : pp.25-32.
22 Dave Nelson, Patricia E.Moody, and Jonathan Stenger, *The Purchasing Machine* (New York : The Free Press, 2001), p.57.
23 For example, see Larry C.Giunipero and Daniel J.Brewer, "Performance-Based Evaluation Systems," *International Journal of Purchasing and Materials Management* 29 (winter 1993) : pp.35-41 ; see also Mary Siegfried Dozbaba, "Critical Supplier Relationships," *Purchasing Today* (February 1999) : pp.22-29.
24 Jeffrey H.Dyer, "How Chrysler Created an American Keiretsu," *Harvard Business Review* 74 (July/August 1996) : pp.52-56 ; see also Tom Stundza, "How Chrysler Will Cut Costs," *Purchasing* 130 (February 8, 2001) : pp.30-32.
25 Donald R. Lehmann and John O'Shaughnessy, "Decision Criteria Used in Buying Different Categories of Products," *Journal of Purchasing and Materials Management* 18 (spring 1982) : pp. 9 -14.
26 US Department of Commerce, Bureau of the Census, *Statistical Abstract of the United States* : 2001 (Washington, DC, 2001), p.260.
27 Stephanie N.Mehta, "Small Firms Are Getting More Government Contracts," *Wall Street Journal*, 27 April 1995, p.B2.
28 Michael R.Leenders and Harold E.Fearon, *Purchasing and Supply Management* 11th ed.(Chicago : Irwin 1997), pp.537-566.
29 Ibid., pp.552-559.
30 Leslie Kaufman, "The Top Government Purchasers : Defense Logistics Agency-Supply Budget Bucks Downward Trend," *Government Executive* 26 (August 1994) : p.113.
31 US General Services Administration, "Doing Business with the GSA"(Washington, DC, 1996).
32 US General Services Administration, "GSA FY 2003 Congressional Justification," http : //www.gsa.gov, accessed 24 July 2002.
33 Richard Walker and Kevin McCaney, "Reverse Auctions Win Bid of Acceptance," *Buyers, Gov* (December 2001) : p.1.
34 Laura M.Holson, "Pushing Limits ; Finding None," *New York Times*, 1 November 2001, pp.C1, C6.
35 US Department of Commerce, Bureau of the Census, *Statistical Abstract of the United States : 2001* (Washington, DC, 2001), p.91, p.133.
36 Susie Stephenson, "Schools", *Restaurants and Institutions* 106 (1 August 1996) : pp.60-64.
37 Timothy L.Chapman, Ajay Gupta, and Paul O.Mange, "Group Purchasing Is Not a Panacea for U.S.Hospitals," *The McKinsey Quarterly*, no. 1 (1998) : p.160.
38 "Saturn Corporation : Suppliers Make a Strong Commitment to the Process," *Purchasing* 130 (June 7, 2001) : p.34 ; Tom Stundza, "How Chrysler Will Cut Costs," *Purchasing*

130（February 8, 2001）: pp.30-32.

第3章

組織の購買行動

組織の購買担当者は，組織内外のさまざまな力に影響される．このような力について知っておくことは，マーケターにとって即応的な産業財マーケティング戦略を構築する際の基盤となる．この章では，以下の項目がテーマとなる．

1. 組織の購買担当者が，多様な購買状態の中で用いる意思決定プロセス及び，その結果生じる産業財マーケターにとっての戦略的意味合い．
2. 組織の購買決定に影響する要因としての個人，集団（集まり），組織および環境．
3. これらの重要な影響を統合した組織購買行動のモデル．
4. マーケターが組織の購買特性を知ることにより，製品設計，価格設定，販売促進に関して十分な知識に基づいた意思決定が可能になること．

市場指向の産業財企業は，つねに市場のトレンドを察知し，それに対応した行動をとる．ジョンソン・コントロールズ社の主要事業の一つとして，いろいろなメーカーに自動車の内装品（座席シート，ダッシュボード，天井，計器パネルなど）を供給している Automotive Supply Division（自動車部品供給部門）について考えてみよう．この会社の目覚しい成功の陰には，その営業やマーケティング・マネージャーたちが自動車業界の設計エンジニアや購買担当幹部たちとの間に培った緊密な関係がある．例えば，ジョンソン・コントロールズ社の営業スタッフは，フォード社や GM 社，あるいはダイムラー・クライスラーの工場の設計チームと現場で協働する．この会社はまた，新製品の設計プロセスで付加価値を生むことを目指して，同社にとっては「顧客の顧客」にあたる，自動車を購入する消費者のニーズや好みに関する市場調査に年間200万ドル以上を費やしている．例えば，子供が車内でどのようにして過ごすかということについて大掛かりな調査を実施し，その結果をもとに「プレイシート」を開発した．この製品は，後部座席シートの肘掛けから引き出される仕組みになっており，子供にとっては車内の遊び場となる．ジョンソン・コントロールズ社は，自動車購入者のニーズをいつも肌で感じていることで，車の内装を個性的かつ魅力的にする革新的方法を絶えず追求している設計エンジニアたちに好まれるサプライヤーになった．

　組織市場の有望なセグメントを発見し，そうしたセグメント内で購買に影響する力を見きわめ，組織顧客のニーズを満たす物を効率的かつ効果的に送り届けるためには，組織の購買行動の力学を理解することが不可欠である．産業財のマーケターが行う意思決定はいずれも，予想される組織顧客の反応に基づいている．この章ではまず，組織の購買プロセスの主要な段階について考え，色々な購買状況ごとに顕著な特徴を明らかにする．次に，組織の購買行動に影響する数々の要素を取り上げる．組織における購買決定の方法を知ることは，産業財のマーケターにとって即応的マーケティング戦略を構築するための確かな基盤となるのである．

1．組織の購買プロセス

　組織の購買行動は，単独の行動または事象というよりも，一つのプロセスとしてとらえるべきである．組織における購買決定の過程をさかのぼっていくと，重要な意思決定ポイントとそれぞれのポイントで求められる情報要件が進化していることがわかる．組織の購買には実際，いくつかの段階があり，それぞれで意思決定がなされる．図3．1は，組織の購買プロセスにおける主要な段階を列挙したものである．

　特定の製品を取得することで解決される問題や，つかみとることのできる機会が組織内の誰かによって認識されると，その時点から購買プロセスはスタートする．問題の認識は，内部または外部の要因が引き金になる．内部要因の例としては，例えばP&G社などの企業が新製品の市場投入を控えて新しい高速の生産設備が必要になるといった場合である．あるいは，設備納品業者の価格やサービスに対して購買マネージャーが不満を感じるということもあるかもしれない．一方，外部要因の例としては，組織の業績を改善できるかもしれないという可能性を業者の営業担当から指摘されたことで，製品に対するニーズが生まれることがある．また，問題点を意識させ，ある製品がそのソリューションを提供することを訴えかける産業財マーケターの広告がきっかけになったりもする（図3．2参照）．

　組織の購買プロセスでは，その過程における小さな決定や追加的な決定が行なわれるが，それがサプライヤーの最終選択につながっていく．例えば新しい生産システムに関して，1社のサプライヤーのみが満たすことのできる仕様を生産マネージャーが無意識に決めたとする（第2および第3段階）．購買プロセスの初期段階にこのような決定がなされると，そのサプライヤーに対する評価が甘くなり，最終的にそのサプライヤーが選定されるということになりかねない．

1−1．サプライヤーの探索

　どのような製品を必要とするかが明確になったら，次は，多くのサプライ

| 図3.1 | 組織の購買プロセスにおける主要な段階 |

段階	記述
1．問題の認識	P&G社のマネージャーたちが，新製品の市場投入を控えて新しい高速包装設備を必要とする．
2．必要品の概要記述	生産マネージャーが購買マネージャーと連携して，新しい包装システムに求められる特徴を決定する．
3．製品の詳細仕様	購買マネージャーが経験豊富な生産マネージャーの助けを得て，必要な設備を詳細かつ正確に記述する．
4．サプライヤーの探索	購買マネージャーが生産マネージャーと相談しながら，P&G社の要求事項を満たすことのできるサプライヤー候補を複数ピックアップする．
5．提案の取得と分析	購買マネージャーと生産部門のスタッフ数名でサプライヤーの提案をすべて検討する．
6．サプライヤー選定	最終候補2社との交渉結果をもとにサプライヤーを選定する．
7．注文内容の決定	生産設備の納品期日を設定する．
8．パフォーマンス評価	設備の設置後，購買マネージャーと生産マネージャーが，サプライヤーから提供された設備およびサポート・サービスについて評価する．

ヤーの中から候補を絞る作業になる．提案された製品が自社の業績に大きく影響するというような場合は，より多くの時間と労力がサプライヤーの探索に費やされる．買い手があまり情報を必要とせず，とくに購買品が標準品であるときは，第4および第5段階が並行して行われる．その場合，購買マネージャーはカタログをチェックしたり，インターネットで最新価格を確認したりするだけのこともある．買い手が多くの情報を必要とするときのみ第5段階が別に実施され，購買マネージャー，エンジニア，製品の使用者などの組織メンバーによって提案の取得・分析が行われる．

1－2．サプライヤー選定とパフォーマンス評価

サプライヤー選定（第6段階），さらに必要量や納品期日など契約内容の決定（第7段階）の後も，さらなる試練がマーケターを待ち受けている．購買プロセスの最終段階として，パフォーマンス評価が行われるのだ．評価の

| 図3.2 | 組織顧客にトータル・ソリューションを提供する広告 |

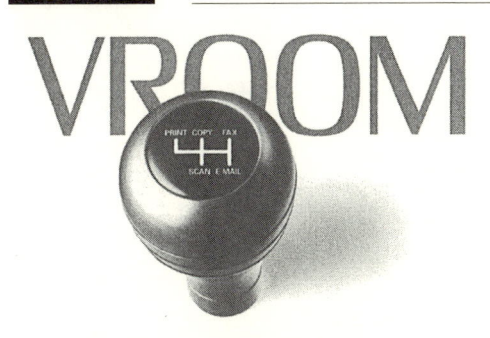

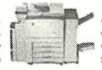

あなたのオフィスをフル回転させられるのは、「Xerox Document Centre」をおいて他にありません。印刷も、コピーも、ファクスも、スキャンも、そして電子メールも、ライバル製品の追随を許しません。時間とコストの節約が実現します。そこに新たな世界が開けるはずです。

実績がそれを証明しています。トップ企業はそれを知っています。だからこそ、FORTUNE®企業の実に86%が「Document Centre Multifunction」を導入し、コスト削減効果を享受しているのです。当社独自の設計がネットワーク・パフォーマンスを極限まで高めます。そこに生まれる高い生産性は、あなたのビジネスに大きな競争優位をもたらすことでしょう。さあ、その素晴らしい効果を、是非あなたも体験してみてください。

出所：ゼロックス社の好意により掲載．

結果をもとに、買い手の購買マネージャーは契約の継続、変更または破棄という選択をする。選定サプライヤーのパフォーマンスが思わしくなく、選定からもれた提案を評価するような結果が出ると、意思決定チームのメンバーは自分たちの判断を再検討することになる。もし製品が使用部署のニーズを満たさなければ、購買プロセスの最初でふるい落とした業者をもう一度検討することもある。新規顧客を維持するためには、マーケターは買い手のニーズを完全に満たすことができたかどうか確認することが必要である。この重要な段階をおろそかにしては、マーケターとしての成功はあり得ない。

この一連の購買プロセスモデルにおける段階の流れは、このままの順番で進行するときばかりではなく、購買状況の複雑さによって変化する可能性がある。例えば、慣習反復的な購買決定では、いくつかの段階が簡略化されたり、省略されたりする。しかし、このモデルは組織の購買プロセスに関する重要なポイントを示している。特定の段階が同時に完了したり、外部環境の変化や経営トップの考え方の変更によってプロセスが中止されたりする場合

がある．組織の購買プロセスは，経済情勢や競争状況の変化，あるいは組織の優先事項の基本的変更など，内部や外部の多くの要素によって形づくられるのである．

ある特定の製品について，かなり購買経験のある組織は，初めて購入する組織に比べ意思決定への取り組み方が大きく異なる．その意味では，購買する製品よりも，その購買状況に注目することが重要である．購買状況は，(1)新規購買，(2)修正再購買，(3)単純再購買という3種類に大別される．

1−3．新規購買

「新規購買」という状況は，問題やニーズに対する意思決定者の認識が過去に経験のないものであるため，意思決定者が問題に対するソリューションをあれこれ検討し，複数の候補サプライヤーを探索するのに相当量の情報が必要になる．

新規購買の状況にある組織は，「extensive problem solving／拡張的問題解決」と称される意思決定段階を踏むことになる．購買に影響力を持つ人物や意思決定者は，製品やサプライヤー候補を比較できるだけの明確な判断基準がないと同時に，特定のソリューションに偏る傾向もない．これは，消費者市場で個人や家族が初めて住宅を購入する際に行うのと同じ種類の問題解決である．

■購買意思決定に対するアプローチ　こうした状況で行われる購買決定は，判断を要する新規購買と戦略的新規購買という2種類に分かれる．「judgemental new-task／判断を要する新規購買」状況では，企業は最高レベルの不確実性に直面することになる．なぜなら，製品の技術的複雑さ，複数の候補製品を評価することの難しさ，新しいサプライヤーへの対応における予測の困難さなどが伴うからである．調達する製品が特殊な種類の生産設備で，どの機種やブランドを選べばよいのか見当がつかず，適切な品質水準や妥当な価格もわからないという場合もあるだろう．そのような場合は，購買決定の主要要因を評価するにあたり，かなりの情報探索を行い，正式なツールもきちんと使用するという活動になる．それに対して「strategic new-task／戦

略的新規購買」状況では，あらゆる購買活動にさらに多くの努力が注がれる．この種の購買決定は，その企業にとって戦略的にも財務的にもきわめて重要である．買い手が急激な技術進歩の中での意思決定であることを認識すると，より多くの調査活動が短期間に集中して行われる．そして，意思決定プロセスは長期的計画によって促進される．例えば，ある大手医療保険会社が60万ドル相当のオフィス家具を発注するようなケースである．これは職場環境に長期的に影響するものであるため，意思決定プロセスが半年にわたって続き，数部門のスタッフが積極的に参加した．

■戦略指針　産業財マーケターが新規購買の状況に直面したときは，調達プロセスの初期段階に積極的に関与することによって優位な立場に立つことができる．マーケターは，買い手が抱える問題について情報を収集し，具体的要求事項を洗い出し，それを満たす提案をする必要がある．新製品の開発につながるアイデアは，売り手自身よりも顧客から得られることが少なくないのだ．

他の製品で買い手の組織とすでに取引のあるマーケター（「指定」業者）は，問題が発生している状況を観察することができ，組織の「個性」や行動様式に精通していることから，他社よりも有利な立場にある．契約を見事取り付けるマーケターは，顧客組織のニーズの変化を注意深く監視しており，新規購買を支援する態勢を整えている．

1－4．単純再購買

継続または反復するニーズが存在するときは，買い手はその満たし方に関する経験が豊富で，新たな情報はほとんど必要としない．別のソリューションは大した効果が期待されず，敢えて評価するまでもない．つまり，単純再購買が適していると言える．

単純再購買では，組織の購買担当者は意思決定プロセスとして「routine problem solving／慣習反復的問題解決」を用いる．購買決定に適用する選定基準がすでに確立されているからである．ただし，慎重に選定したサプライヤー1社または数社の提供物だけにこだわる傾向が芽生えると，それと並行

して判断基準も絞り込まれていく．消費者市場に置き換えると，スーパーマーケットに週に一度買出しに行き，わずか20分ほどで30もの品目を選んでしまう顧客が用いる手法と同種のものである．実際，組織で日常的に行われている購買決定は，慣習反復的なものが多い．あらゆるタイプの組織が業務用資源——コンピュータ用品，事務用品，保守・修理用品，旅行サービスなど，経営に必要な製品やサービス——をつねに購買している．フォード1社をとってみても，年間150億ドル以上がこの種の業務用資源に費やされる．

■購買意思決定に対するアプローチ　調査結果によると，単純再購買を行う組織では，コーザル購買と低プライオリティ慣習反復購買の2種類の購買決定が見られる．「causal purchase／コーザル（因果的）購買」では情報の収集や分析は行われず，製品やサービスは企業にとってさほど重要ではない．単に発注しさえすればよいというものである．対照的に「routine low priority／低プライオリティ慣習反復購買」は，企業にとってある程度重要なもので，中程度の量の分析を伴う．構成材料として使用するケーブル5,000ドル相当の購買を行った，ある顧客は，その決定プロセスについて次のように説明する．

> 再購買のケースでは，市場に新たな技術進歩がないか確認するねらいから，わが社では他の調達先や別の製造法などを調べることもあります．ですが，とくに低価格品の場合は，過去に選定したサプライヤーから再度調達するのが普通です．

慣習反復購買あるいは単純再購買の場合，購買プロセス合理化の目的でインターネットが利用される．そのため企業は，取引コミュニティーに参加したり，自身の業界向けに特化して設計された電子市場（化学業界など）を利用したりするなど，電子調達すなわちオンライン調達方式を導入しつつある．

■インターネット購買　サプライヤーが選定され，将来の購買時の指針となる指定業者リストに追加されると，買い手はおおむね，慣習反復的な購買活

動は一般社員に任せてしまったほうが効率的と感じている．実際，業務用資源や非生産用品目に分類される多様な品目は日常的に，社員たちによって発注されている．

　生産の為に投入される財（すなわち投入財）が完成品に組み込まれる原材料や構成部品であるのに対して，業務用資源とは，あらゆるタイプの組織が日常業務の運営に必要とする品目である．パソコンや工場機械用のスペア部品から事務機器や出張旅行に至るまで，米国だけでも業務用資源に年間1兆4,000億ドルが費やされている．だが，今日では多くの組織において，こうした多額の費用支出がインターネット購買システムで管理されるようになっており，社員たちにとっては電子調達ソフトが強い味方となる．

　購買側の購買請求プロセス：調達管理ソフトは，会社が購買プロセスを管理しつつ，オンラインでの調達を個々の社員に委ねることを可能にする．電子購買ソフトの主要メーカーとしては，アリバ社 (http://www.ariba.com)，ピープルソフト社 (http://www.peoplesofrt.com)，オラクル (http://www.oracle.com) などがある．企業のイントラネットをサプライヤーの電子商取引サイトとリンクさせることにより，買い手側のソフトが社員の購買請求を社内で処理してから確定注文に変換することができる．こうした電子購買ソリューションにより，指定業者への発注に伴う管理間接費や業務用資源のコストを削減できるとともに，有利な数量割引を利用することが可能になる．

　電子調達の購買請求プロセスを以下に説明する（図3.3参照）．

- 個人ログイン—社員個々にユーザー・プロファイル（肩書き，支出限度枠など）を含む安全な個人ログイン・コードを配布する．社員はこのプロファイルを用いて購買提案をカスタマイズすることにより，購買権限を与えられているカタログ品目を発注することができる．
- 指定業者カタログを閲覧（ブラウズ）し，製品選定—検索・閲覧機能を利用して社員が多数のサプライヤーのカタログを検討する．契約が済んでいる製品と価格のみが表示される．購買管理者が詳細を追加すれば，社員を指定業者の製品に誘導したり，購買前に承認が必要な製品を明確にすることも可能

第3章　組織の購買行動　　95

になる．
- ●購買請求書／注文書の生成―購買請求をオンラインで行う．1社または複数のサプライヤーの製品を含めることができる．
- ●承認審査―社員が調達禁止品目を購入したり，一定限度（注文1件当たりの金額など）を超えて発注したりすることのないよう，内部の購買管理がチェックする．提出された購買請求書は，組織の購買方針に基づいて承認審査を受ける．
- ●発注／遂行―複数のサプライヤーが含まれる場合は購買請求が業者別に分割され，発注書がそれぞれに自動送信される．
- ●注文の追跡管理と購買品の受領―社内の承認状況，サプライヤーからの受注確認，出荷状況，納品日が社員に電子メールで通知される．

モトローラ社，ブリストル・マイヤーズスクイブ社，シスコシステムズ社などは，業務用資源の購買を単純化・合理化する目的で電子調達ソフトを利用している．社員にセルフサービス方式を提供することにより，購買マネージャーは取引管理から離れ，購買プロセス全体を統制し，サプライチェーン管理に専念することができる．

■戦略指針　購買部門は，指定業者のリストからサプライヤーを選んで発注することにより，単純再購買を管理する．電子調達方式が組織に導入されると，購買マネージャーは，指定業者からのオンラインによる直接購買を個々の社員に委ねつつ，そうした慣習反復的購買のプロセス管理を維持することができるようになる．社員たちは操作の容易なポイント・アンド・クリックのインタフェースを用いて，指定業者のカスタマイズされた製品カタログを調べ，必要な品目を発注する．各社員はセルフサービス方式で煩わしさから解放され，購買マネージャーはより重要な戦略的問題に意識を向けることが可能になる．マーケティング・コミュニケーションは今や，購買マネージャーにとどまることなく，製品の選択権を認められた社員一人ひとりにも到達するような設計が必要になっている．

単純再購買の顧客に対するマーケティング活動は，売り手が（リストに名

図3.3　購買請求プロセス

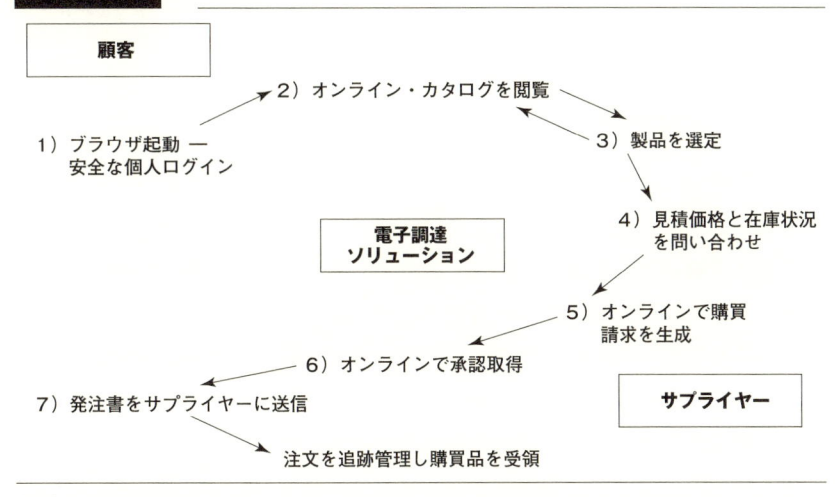

```
顧客
1) ブラウザ起動 ―
   安全な個人ログイン
2) オンライン・カタログを閲覧
3) 製品を選定
4) 見積価格と在庫状況を問い合わせ
   電子調達ソリューション
5) オンラインで購買請求を生成
6) オンラインで承認取得
7) 発注書をサプライヤーに送信
   注文を追跡管理し購買品を受領
   サプライヤー
```

出所：Ravi Kalkota and Marcia Robinson, *e-Business*：*Roadmap for Success* (Reading, MA: Addison-Wesley, 1999), p.248.

前のある)「指定」業者であるか, (リストに名前のない)「指定外」業者であるかによって変わってくる．「指定」業者であれば, 売り手と買い手の関係を強化し, 買い手の期待に応えることが求められ, そのニーズの変化に注意し, 即応できるようにしなければならない．

一方,「指定外」業者は不利な立場にあり, 従来の慣行を打破することによって大きなメリットが得られることを買い手に納得させる必要がある．買い手側の購買担当者としては, 既存の業者から未知の業者に切り換えるリスクが伴うため, 簡単には踏み切れない．初めての業者が何か問題でも起こせば, 組織全体から白い目で見られることになる．購買担当者からすれば, テスト, 評価, そして承認という手順は, 金と手間のかかる余計な作業のように映るだろう．

「指定外」業者のマーケティング活動は, 顧客の基本的購買ニーズを把握できるかどうかが分かれ目となり, その意味で情報収集は不可欠である．マーケターは組織の購買担当者に対し, 彼らの購買ニーズが変化していること, またはニーズに対して別のとらえ方が必要であることを納得させなけれ

ばならない．これができれば，買い手の意思決定者は代替的ソリューションを再検討し，指定業者リストに新たなサプライヤーを追加しようという気になるのである．

1－5．修正再購買

　修正再購買の状況にある組織の意思決定者は，代替案を再検討することで大きなメリットが生ずるかもしれないと感じている．買い手は，あるニーズをそれまで継続的に，または反復して満たしてきたが，さらに情報を集め，代替ソリューションを検討するのも無駄ではないと考えているのである．

　このような再検討を促す要因はいくつか考えられる．内部的な要因は品質改善やコスト削減の追求などであり，外部の要因としては売り手によるコストや品質，サービスの改善策の提案などがある．修正再購買の状況がもっとも生じやすいのは，買い手が既存業者のパフォーマンスに不満を抱いている場合である（配送サービスの質が低いなど）．

　修正再購買の意思決定プロセスを表すとしたら，「限定的問題解決」という表現が最適だろう．意思決定者は明確な判断基準がありながら，自分たちのニーズをもっとも満たしてくれるサプライヤーはどこなのか確信を持てないでいる．消費者市場で言えば，大学生が2台目のパソコンを購入するときなどに，この限定的問題解決法が用いられるかもしれない．

■**購買意思決定に対するアプローチ**　修正再購買でも2種類の決定法が見られ，ともに会社の戦略目的と長期的ニーズが重視される．その一つである「単純な修正再購買」は選択肢の幅が狭く，中程度の量の情報収集と分析が行われる．買い手は，サプライヤーと長期的関係を維持できそうか，という点に注目する．

　「複雑な修正再購買」では選択肢が幅広く，不確実さが少ないことが特徴である．選択肢が多いため，交渉での買い手の立場は強くなる．意思決定が重要な意味を持つことから，購買担当者は積極的に情報を求め，高度な分析法を用い，長期的ニーズを慎重に検討しようとする．このような意思決定法がとくに適しているのは，競争入札のときだ．事実，一部の企業は，オンラ

インでのリバース・オークション（買い手1社に対して複数の売り手）を利用する動きを見せている．この種のオークションでは，買い手が多数のサプライヤーを相手に入札を募るため，価格を押し下げる力が働く．これに参加を希望するサプライヤーは，定められた製品特性のほか，品質やサービス基準を満たすことが求められる．この分野の草分けであるフリーマーケッツ社は，ユナイテッド・テクノロジーズ社などの大手顧客を相手に，カスタマイズされた企業間ネット・オークションを構築する．オークションは，サプライヤーとの密接な関係が必要とされる専門的な製品やサービスよりも汎用品や規格部品に用いられる傾向がある．

■戦略指針　修正再購買では，サプライヤーが「指定」業者か「指定外」業者かでマーケティング活動の方向性が決まる．「指定」業者は，顧客の調達ニーズを理解し，これを満たす必要があり，相手の意思決定者を単純再購買に導くよう努力しなければならない．買い手側は，代替案を再検討したほうが得策かもしれないことに気づいているわけで，売り手としては，顧客の抱える問題の原因を追求し，是正に向けて迅速に対応するのがよい．売り手が顧客のニーズを把握していない場合もあるからである．

　「指定外」業者のねらいは，買い手側の修正再購買の状態を引き伸ばし，代替製品について検討させることにある．意思決定者はどうしたら代替案を再検討する気になるか，その手がかりを知ることがきわめて重要である．とくに有効な戦略として，提案の中に契約履行保証を含めるという方法がある．一例を紹介すると，プリント回路基板メーカーであるインターナショナルセミコンダクター・サーキット・テクノロジー社がメッキ薬品業者を変更する気になった要因は，次のような保証だった．「貴社のメッキ・コストは1平方フィート当たりxセントを超えることはなく，超えた場合の差額は当社が負担します」．メッキのコストは，その生産プロセスの性質によりモニターするのが容易で，期間内に使用したメッキ薬品のコストを，メッキ工程を流れて行く回路基板の面積で割ればよい．パフォーマンスに満足したインターナショナルセミコンダクター・サーキット・テクノロジー社は，取引先をこの新しい業者に切り換えたのである．

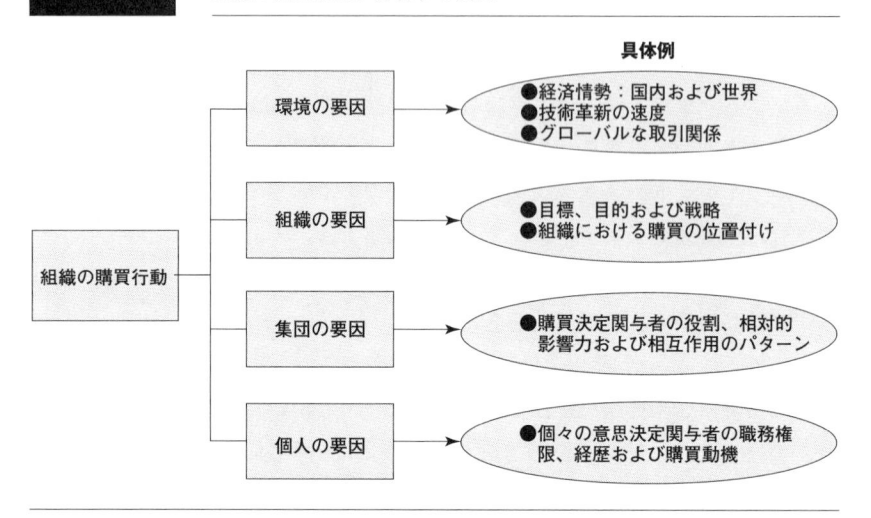

図3.4　組織の購買行動に影響する要因

```
                                         具体例
              ┌─ 環境の要因 ─→  ●経済情勢：国内および世界
              │                ●技術革新の速度
              │                ●グローバルな取引関係
              │
              │─ 組織の要因 ─→  ●目標、目的および戦略
              │                ●組織における購買の位置付け
組織の購買行動 ─┤
              │─ 集団の要因 ─→  ●購買決定関与者の役割、相対的
              │                 影響力および相互作用のパターン
              │
              └─ 個人の要因 ─→  ●個々の意思決定関与者の職務権
                                限、経歴および購買動機
```

■戦略の意味合い　特定の購買状況における購買センターの構成を予想する際は，過去の調査から有効な指針が得られているとはいえ，とくに注意を要する．産業財のマーケターは，買い手がどのような購買パターンに該当するか見きわめる必要がある．例えば，第1章で触れた産業財の種類（基礎財，促進財など）により，買い手にとっての技術的複雑さや経済的リスクの程度は変わってくる．

だとすると，産業財のマーケターとしては，購買の問題やニーズを買い手の視点から眺めることが重要になる．買い手が抱える特定の購買問題はどの程度前進したか．当面のタスク（任務）をどのように定義しているか．買い手にとって購買はどの程度の重要性があるか．こうした点について考えることで，産業財マーケターとしてのとるべき対応が見えてくるとともに，相手の意思決定部門の構成についてヒントが得られるのである．

2．組織の購買行動を形成する要因

組織の購買プロセスとして示した8段階から成るステップは，組織による

特定の購買決定に影響する数々の要因について考える際の材料になる．環境の要因（経済成長率など），組織の要因（顧客の企業組織の規模など），集団の要因（購買決定における影響パターンなど），個人の要因（個人的選好など）が組織の購買行動に影響することを図3．4で確認してほしい．

2－1．環境の要因

　予想される景気変動，技術開発あるいは新しい立法などによって，組織の購買計画をガラッと変えなければならないことがある．組織の購買行動を形成する環境の要因としては，経済的，政治的，法的，技術的影響が考えられる．こうした環境の要因がまとまって，産業財市場において売り手と買い手の関係が生まれる範囲に影響を及ぼす．ここでは，購買決定に影響を及ぼす主要な経済的要因および技術的要因にとくに注目することにする．

■経済的影響　産業財の需要は消費財の需要から派生するため，マーケターは最終消費市場の需要にも注意を払う必要がある．産業財に対する需要は，経済全体の需要以上に激しく変動する場合が多い．グローバルな規模で活動する企業は，さまざまな地域に生じている経済情勢に敏感でなければならない．例えば，米国の景気が好転しても，ヨーロッパやアジアの経済は引き続き停滞する可能性がある．経済の活力や成長は，いろいろな政治的，経済的要因によって決まる．

　経済環境は組織の購買能力に影響するほか，購買意欲にもある程度の影響を及ぼす．だが，経済情勢全般の変化が市場の全部門に一様に影響するとは限らない．例えば，金利の上昇は住宅関連産業（木材，セメント，断熱材など）にとっては痛手だが，製紙，病院用品，事務用品，清涼飲料などの業界はほとんどその影響を受けない．組織市場の幅広い部門を対象とするマーケターは，特定の経済的変化が購買行動に与える特徴的影響に対し，とくに注意する必要がある．

■技術的影響　急速な技術革新は業界再編を促し，組織の購買計画を大幅に変えることがある．中でもワールド・ワイド・ウェブ（www）は，企業と

顧客（消費者であれ，企業であれ）の売買取引，互いの情報収集，コミュニケーションなどの方法を根底から覆した．

　業界における技術革新の速度は，購買組織の意思決定ユニットの構成に影響する．技術革新のペースが速まるにつれ，購買プロセスにおける購買マネージャーの重要性は低下する．技術革新がめまぐるしい組織では，技術やエンジニアリングのスタッフが購買プロセスでより重要な存在になる傾向が見られる．また，最近の調査によると，技術変化のスピードアップを認識している購買担当者は，(1)いっそう徹底した調査活動，および(2)調査プロセス全体の期間短縮に対して積極的である．Allen Weiss および Jan Heide は，取得された情報は「即時性」が命であるため，「費用対効果の観点から見て，変化の急激な状況下では調査活動は明確な成果をもたらすが，それに時間を要するようでは逆にマイナスになる」と指摘する．

　マーケターはまた，技術革新の兆候を積極的にチェックし，マーケティング戦略を新しい技術環境に適合させていかなければならない．例えばIBM社は，その大型メインフレームからインターネット・コンピュータへ路線転換し，「e-ビジネス」の大々的広告キャンペーンによるインターネット・リーダーへのイメージ・チェンジを行なうなど，自社製品，サービス，実務，マーケティングにインターネットを組み込んでいる．技術革新のもっとも新しい波は歴史上のどの波にも劣らず劇的であったため，業界の定義変更，新たな競争の源泉，製品ライフサイクルの変化，市場のグローバル化の進行などが，マーケティング戦略担当者にとって意味するところは大きい．

2−2．組織の要因

　買い手の組織を理解しようと思えば，その企業が戦略的にどのような課題を優先しているか，購買部門が経営階層においてどのような役割を担っているか，どのような競争上のチャレンジに直面しているかといった点が重要になる．

■戦略的ソリューション　組織が購買決定を行うねらいは，自らの活動を促進し，理念と戦略を推し進めることにある．産業財のマーケターは，買い手

の主要な意思決定者が携わっている戦略的優先課題や関心事項を理解することにより，相手の求めるソリューションを提供できる可能性が高まる．例えばIBM社は，自社の情報技術やサービスの組み合わせが小売業者の業務効率の改善やホテル・チェーンの顧客サービスレベルの向上にどう寄与するか，という点に注目している．またヒューレット・パッカード社のサプライヤーは，インクジェット・プリンタの性能向上やコスト削減を実現する新しい構成部品を提供することで，経営幹部たちにアピールするだろう．産業財のマーケターがこのような顧客ソリューションを提供するためには，顧客が直面する機会や脅威を詳細に理解する必要がある．

■購買の戦略的役割　購買戦略は多くの企業において，企業戦略とますます密接に結び付きつつある．例えば，モトローラ社の購買（調達）担当幹部は，会社の目的，市場，競争戦略を明確に理解している．その一人，Neil MacIver購買部長に，モトローラ社の市場についてどのようなことを知っているかと尋ねれば，次のような返事が即座に返ってくる．

> 当社の強みはどこあり，弱点はどこか，商品が売れるのはなぜか，売れないのはどうしてか，我々は把握しています．我々は毎日，会議でデータをチェックしています．だって，それが我々の仕事ですから．

　従来の購買担当者よりも戦略指向の購買マネージャーは，(1)情報を受け入れる能力に優れ，多様なソースから情報を引き出す，(2)長期的なサプライヤー関係，価格と性能のバランス，広範囲な環境問題の重要性に対してより敏感である，(3)サプライヤー選定に際して，サプライヤーの能力をより重視する，といった特徴がある．さらに，こうした購買マネージャーは，実績と戦略的成果を密接に連動させた形で評価される．

■購買における戦略的優先課題　競争が熾烈化する中，購買マネージャーたちの間では，購買した商品やサービスのコスト要因を特定するのに厳格なコスト評価手法を利用する動きが見られる（表3.1参照）．例えば米国ホンダ

表3.1　購買における戦略的優先課題

戦略的優先課題	詳細説明
外部調達の総コストのモデル化	購買した商品やサービスのコスト要因を明確に把握する
企業目標に直結した購買戦略の構築	サプライヤーはどうしたら会社の目標に基本的価値を付与することができるかということを，業界の綿密な分析を実施して見きわめる
サプライヤー関係の構築と維持	主要サプライヤーとの関係を築き，相互依存と目標の一致を実現する
サプライチェーンの統合	サプライヤーから生産，果ては顧客に至るまで，原材料の購買と流れを管理する
サプライヤーのイノベーションの活用	サプライヤーを新製品開発プロセスに直接関与させることで価値を創造する

出所：Timothy M. Laseter, *Balanced Sourcing : Cooperation and Competition in Supplier Relationships* (San Francisco : Jossey-Bass Publishers, 1998), pp.5-18より一部変更の上引用．

社は，エンジンやシャーシなど各コンポーネントにコスト目標を設定することにより，アコードに組み込まれる調達品のコストを削減した．その際，購買マネージャーたちは納入業者の協力を得て，各コンポーネントのコスト構造を把握したり，その製造方法を観察したりして，コスト削減や付加価値を実現する方法を追求した．

　競争優位の確保を目論む購買マネージャーたちは，製品の品質向上，開発促進，新技術の活用，変化する顧客の期待への迅速な対応などを実現する目的で，購買戦略を会社の目標に直結させようとしている．実際，最先端を行く購買組織は，こうした成果を実現するためにはサプライヤーとの関係の緊密化を図り，電子データ交換（EDI）システムやインターネットを利用してサプライチェーンの活動を顧客のニーズに適合させる必要があることを知っている．例えば，最先端の購買戦略を実践するIBM社は，サプライヤー32,000社を相手に電子調達を行っており，このオンライン取引で支出される額は年間400億ドルを超え，同社の購買額の95％を占めるに至っている．IBM社のJohn Patterson最高調達責任者は，「購買担当者の手作業を必要とするものが何かあるとしたら，そのシステムには欠陥があるのです」と述べている．プロセスの合理化と事務作業の削減により，電子調達はIBM社に4億ドル

のコスト削減をもたらしたのである．

　企業内において購買が担う戦略的役割が拡大するにつれ，産業財マーケターは顧客のビジネスを取り巻く競争の現状を理解し，顧客組織の業績目標を推進する価値提案—製品，サービス，アイデア—を開発しなければならない．例えばモトローラ社は，自社製品の顧客にとっての価値を高め，その競争力を強化する技術や構成部品を提供できるサプライヤーとの連携にきわめて積極的である．

2－3．組織における購買の位置付け

　購買決定を一元化している組織の購買手法は，個々のユーザーの下で購買決定を行う企業とは異なる．購買の一元化とは，地域，部門，本社レベルの購買権限が別の一つの部署に付与されているということである．例えば，インターナショナルセミコンダクター・ペーパー社の購買部門は，購買機能を集中化しており，米国各地の同社工場で共通して使用する原材料の購買を統括している．一元的調達を重視する企業は，この他にもIBM社，AT&T社，3M社，ヒューレット・パッカード社，ゼロックス社などがある．組織の影響に敏感なマーケターは，意思決定プロセスを正確に把握し，購買に影響力を持つ人物を見きわめ，特徴的な購買基準を探り出すことにより，購買が一元化されている組織と分散化されている組織のいずれにも対応し得るマーケティング戦略を構築することができる．

■**購買の一元化を促すもの**　購買を一元化させる動きが広がっているのはなぜだろうか．そこにはいくつかの要因が関係している．第一に，一元化することで，購買戦略と企業戦略の統合が促進されるからである．例えば，ウォルト・ディズニー社のコーポレート購買グループは，娯楽企業としての同社の四つの事業部門—メディア・ネットワーク，テーマパーク・リゾート，映画製作，グッズ販売—に共通する全品目に関する支出を管理している．これには情報技術，通信，建設業務，保険などのカテゴリーが含まれる．

　第二に，工場が複数地点に散在している組織の場合，共通の要件を一括して扱うことでコストの削減が実現する．調達部門を一元化する前のGM社

は，106カ所の購買地点においてサプライヤー90社から200種類余の作業手袋を年間2,400万双近く購入し，1,000万ドル以上支出していた．要件の一括処理によって実現したコスト削減は，この品目だけでも相当な額にのぼる．

　第三に，購買を一元化するかどうかは，供給環境によっても左右されることがある．供給市場が少数の大規模な売り手によって支配されていれば，有利な条件や適切なサービスを確保する意味で一元的購買がとくに有効かもしれない．供給業界が多くの小企業で構成され，それぞれが狭い地域をカバーしている場合は，分散的購買のほうがサポートを受けやすい．

　最後に，組織内の購買地点は，購買に影響力を持つ主要人物のロケーションによって決まる場合が少なくない．エンジニアリングが購買プロセスで積極的な役割を果たしていれば，購買部門は組織的にも，地理的にもその近くに位置する必要がある．

■**一元化と分散化**　一元的購買は分散的購買と大きく異なり，一元化は専門化へとつながるものである．一定品目を専門に扱う購買担当者は，需給状況，候補業者，サプライヤーのコスト要因など，供給環境に関する広範な知識を習得する．こうした知識と，管理する膨大な取引量が，彼らの持つ購買力をさらに強化し，サプライヤーの選択肢を広げる．

　一元化と分散化の別は，どのような購買基準を優先するかにも影響する．マーケターは大概，購買部門の活動領域を見きわめることによって，購買マネージャーの意図を読み取ることができる．一元化された購買部門は，長期的な製品供給の可能性や健全な総合サプライヤーの開発といった戦略的考慮事項をより重視する．それに対して分散的購買は，短期的なコスト効率や利益など，より戦術的な点を強調するかもしれない．組織の購買行動は，購買部門のパフォーマンスを測定するモニタリング・システムの影響も大いに受ける．

◎産業財マーケティングの内側◎
購買に影響力を持つ人物をターゲットとする：あるインターネット戦略

ナショナルセミコンダクター社は，携帯電話など広範な製品に使われる部品を生産している．同社のワールドワイド・セールスおよびマーケティング部門を率いるパット・ブロケットは，自社のウェブサイトを設計するにあたり，「ターゲットは設計エンジニア」にすべきだと力説した．彼の意図は何だったのだろう．エンジニアは，新製品の設計や既存製品の改良を行うとき，部品カタログを参照したり，指定業者から提供されるデータシートを検討したり，自分で試験できるサンプルを請求したりするからであった．Patricia Seybold によれば，「実際の購買決定にもっとも影響力のあるのは，ナショナルセミコンダクター社のチップを製品に組み込む設計をするエンジニアたちであって，その製品を組み立てる際に使用する部品を実際に発注する調達担当者ではないことをブロケットは知っていた」という．

購買に影響力を持つ人間へのサポートを改善するため，会社は設計エンジニアを対象にフォーカス・グループ・インタビューを実施し，ウェブサイトに何を欲し，何を求めているか突き止めようとした．その結果，設計エンジニアたちは，画像ができるだけ少なく，機能的でレスポンスの速いサイトを望んでいることがわかった．彼らはさらに，詳細な技術仕様，価格情報，ソフトウェア・シミュレーション，サンプルの請求方法なども求めていた．

ナショナルセミコンダクター社はこうした要求にしっかり対応した．その結果，特殊なニーズを満たしてくれる製品を求める設計エンジニアたちが，タイムリーな情報を求めて毎月50万人以上もこのウェブサイトにアクセスする．このように設計エンジニアがこのサイトを訪問し，特定の製品について情報をチェックすると，それが機会管理システムによって捕捉され，その顧客を担当する営業スタッフや流通業者が利用できるようになっている．

出所：Patricia B. Seybold, *Customers.Com : How to Crate a Profitable Business Strategy for the Internet and Beyond* (New York : Times Books, 1998) : pp.88–93. Patricia B. Seybold, "Get Inside the Lives of Your Customers," *Harvard Business Review* 79 (May 2001) : pp.81–89.

営業スキルやユーザーのブランド選好が購買決定に及ぼす影響は，一元化

された購買地点よりも実際の使用地点のほうが大きくなる．E. Raymond Corey の指摘するところによれば，製品の使用地点では，とくにエンジニアや技術スタッフたちははっきりとした好みを持っている傾向が強いが，専門的でない購買担当者は，一元化された拠点の専門の購買担当者のような技術的な専門知識もなければ，彼らに異議を唱える立場にもないという．一元化された購買部門の担当者と拠点ごとのユーザーでは優先事項が異なるため，購買部門内でしばしば衝突が起きることになる．サプライヤーは，ユーザー段階での需要を刺激する際，衝突の潜在的要因を検討し，両部門間の意見の相違を解決するような戦略を考えておくべきである．

　売り手で販売戦略を推進する部門は，主要顧客の購買部門と対応しているのが望ましい．多くの産業財の売り手は，ちぐはぐな販売活動や販売部門内部の対立をなくし，重要顧客の特殊なニーズに応えるべく，関係の緊密化を図る為の主要顧客管理プログラムを策定している．Benson Shapiro および Rowland Moriaty によれば，こうした関係は，買い手と売り手双方の複数の階層，機能，事業部門にまたがるものだという．例えばIBM社は，ボーイング社やステートファーム・インシュランス社などの大口顧客に対応する専門の営業担当者を置いている．つまり，買い手側で調達機能を一元化する動きはこれまで，売り手側における主要顧客管理プログラムの開発と対応しているのである．

2－4．集団の要因

　購買に影響を及ぼす複数の人物及び集団の力は，組織の購買決定に重要な意味を持つ．組織の購買プロセスは数名の人間によって決定されたり，影響を受けたりする．小さな意思決定がいくつも複合的に集まったものと一般的に考えられる．このような人々が購買プロセスにどの程度関与するかは，購買担当者が他の人間の好みを単に考慮する程度の単純再購買から，この集団が意思決定プロセス全体を通じて積極的役割を果たす複雑な新規購買に至るまでさまざまである．

　産業財の営業担当は，次の三つの点に注目する必要がある．

| 表3.2 | 購買プロセスの各段階における購買センター・メンバーの関与度 |

医薬品メーカーの調達プロセスの段階

購買センターの メンバー	ニーズの特定	目的の設定	候補製品の 発見と評価	業者の選定
医師	高	高	高	高
看護師	低	高	高	低
管理部門	中	中	中	高
エンジニアリング	低	中	中	低
購買部門	低	低	低	中

出所：Gene R. Laczniak, "An Empirical Study of Hospital Buying," *Industrial Marketing Management* 8 (January 1979): p.61より出版社の許可を得て転載. Copyright © 1979 by Elsevier Science Publishing Co., Inc.

- 顧客組織内のどの人間が購買プロセスに関与するか？
- 個々の関与者が意思決定に及ぼす影響力はどの程度か？
- 候補業者を検討する際, 関与者はそれぞれどのような判断基準を重視するか？

これらの点を明確に把握することができれば, 購買組織のニーズを満たす態勢が整ったということであり, 選定される可能性が高まる.

■購買センター　購買センターという概念は, 組織の購買行動において集団の力が及ぼす影響を考える際に役立つ. 購買センターとは, 購買決定に関与し, 購買の意図やその決定に起因するリスクを共有する人々の集団のことである. その規模はさまざまだが, 購買1件につき4名以上含まれるのが普通で, 20名もの人間が購買の全段階に関与する場合もある.

　購買センターの構成は購買状態によって異なり, 組織図には規定されるものではない. また, 購買状態が必要とする情報に応じて購買プロセスにおいても進化する. 組織の購買は単独行動ではなく, 一つのプロセスであり, プロセスの段階に応じて重要な人材が異なってくる. 製品仕様を確定する購買プロセスの初期段階では設計エンジニアが中心的な役割を担い, 後の段階ではまた別の人間が中心になったりする. 営業担当が買い手の購買センターの

規模と構成を予想するには，相手の立場に立って購買状態や情報ニーズを見きわめる必要がある．購買センターの構成は，組織により，購買状態により，さらに購買プロセスの段階により変化することを忘れないでほしい．

　購買状態を見きわめる：購買状況を明確にし，会社が購買意思決定プロセスの初期段階にあるのか，それとも終わりに近いのか判断することは，購買センターを把握するための重要な第一歩である．非営利市場における新規購買の購買センターの例を表3．2に示した．この例での集中治療監視システムは，複雑でしかも高価な購買品である．購買センターのメンバーは五つの部門から集められ，それぞれが意思決定プロセスに異なる程度で関与する．購買部門だけ見ていたのでは，購買に影響する主要人物を見落とすことになる．

　Erin Anderson とその同僚たちは，多数のセールス・マネージャーを調査し，営業担当が日々直面する組織購買行動のパターンを分析した．新規購買の状況に対処することの多い営業チームは概して，次のような観察をしている．

> 購買センターは大人数なために決定に時間を要する上に，自分たちのニーズや考えられるソリューションの適合性に確信がない．また，低価格や確実な供給の実現よりも優れたソリューション捜しに熱心なあまり，「指定」業者よりも「指定外」業者の提案を検討することに積極的で，購買担当者よりも技術スタッフの影響を受けやすい．

　それに対して，定型的な購買状況（すなわち，単純再購買および修正再購買）では，小人数で決断が早く，問題点や，考え得るソリューションに対する自分たちの評価に確信があり，価格や供給に関心を持ち，「指定」業者に満足し，購買担当者の影響をより受ける，と Anderson たちは指摘する．

◇産業財マーケティングにおける倫理◇
売り手と買い手の緊密な関係が新たな倫理的問題を生じさせる

購買担当者が直面する最大の倫理的問題は何かと尋ねたとき，賄賂やリベートなどの甚だしい不正行為を挙げたのはほんの一握りだった．大部分は，サプライヤーとの協力関係が進むにつれ，業者のスタッフと懇意になりすぎることの危険性を指摘する．購買マネージャーが競合製品のリサーチを割愛するような馴れ合いの関係では適切な購買決定は期待できず，契約期間が長期化する傾向を考えると，不適切な決定に起因する弊害がさらに増幅される恐れがある．

　売り手と買い手の間を戦略的情報が自由に流れるようになると，他にも倫理上の問題が生じる．ある購買スタッフによれば，購買担当者が今日直面する倫理上の最大の危険性とは，株式市場での利益につながるような内部情報の利用だと言う．例えば，ある株式公開企業が買い手の購買マネージャーに，有望な新技術を発売する数カ月前にその情報を教えるといったことが考えられる．そのマネージャーがその知識をもとに株取引をしたり，家族の友人などに株式情報として教えたりすれば，倫理上問題である．

出所：Anne Millen Porter, "Supply Alliances Pose New Ethical Threats," *Purchasing* 127 (May 20, 1999) : pp.20–22.

■**構成を予測する**　サプライヤーはまた，産業財が顧客組織の各部門に及ぼす影響を推測することによって，購買センターの構成をある程度知ることができる．購買決定がその製品の市場における価値（製品の設計，価格など）に影響するような場合は，マーケティング部門が意思決定プロセスに積極的に関わる．新しい資本設備，原材料，部品に関する決定，仕様の設定，製品性能に関する要件の定義，業者評価などにおいては，エンジニアリングが影響力を持つ．生産メカニズム（生産に使用する原材料や部品の調達など）に影響する購買決定では，製造担当幹部が購買センターに加わるだろう．購買決定が多額の投資を伴ったり，戦略や方針に関係したりするような場面では，経営トップの影響が大きくなる．

■購買センターの影響　購買センターを構成するメンバーは，購買プロセスを通してさまざまな役割を担う．Frederic Webster Jr. および Yoram Wind はこれらの役割を，「ユーザー」，「インフルエンサー（影響者）」，「バイヤー」，「決定者」，「ゲートキーパー」という名称で分類している．

「ユーザー」とは，その名の通り製品を実際に使用するスタッフのことである．ユーザーが購買決定に及ぼす影響は，些細なものからきわめて重要なものまでさまざまに考えられる．ユーザーが製品を請求することで，購買行動がスタートするケースもある．時には製品仕様の開発を手がけることもある．

「ゲートキーパー」は，購買センターの他のメンバーが検討することになる情報を管理する役割を果たす．具体的には，広告など印刷物を配布したり，どの営業スタッフが購買センターのどの人間と連絡を取るか決めたりする作業が含まれる．こうした選別の機能は購買担当者などによって遂行され，購買センターへの接触を一部の営業担当にのみ許し，その他には認めないといった対応をとったりする．

「インフルエンサー」とは，代替案について検討するための情報を提供したり，購入仕様を設定したりすることによって購買決定に影響を与える役割である．エンジニアリング，品質管理，R&D など技術部門のスタッフは，購買決定に大きな影響を及ぼすことが多い．購買部門以外の人間がこの役割を果たすときもある．ハイテク製品の購買では，技術コンサルタントが意思決定プロセスでインフルエンサーの役割をし，考慮集合を広げたりすることも珍しくない．

「決定者」とは，正式な権限の有無にかかわらず，実際に購買決定を行う人間のことである．購買センターの中ではもっとも見きわめが難しい役割で，バイヤーが購買の正式権限を持っていることもあれば，社長自らが決定を下すこともある．また，ある設計エンジニアが開発した仕様を満たすことのできるサプライヤーが1社しか存在しなければ，このエンジニアが決定者ということになる．

「バイヤー」は，サプライヤーを選定し，製品の取得に関係する手続きすべてを実行する正式権限を有するが，より強い権力を持つメンバーに侵害さ

| 表3.3 | 購買センターで影響力を持つ人物を見きわめるための手がかり |

- 個人的利害関係を有する人間を見きわめる―意思決定に重大な個人的利害を持つ人間は，購買センターの他のメンバーより多くの影響を及ぼす．例えば，新工場の生産設備の選定では，製造担当幹部が積極的に関与することになる．
- 情報の流れをたどる―購買センターで影響力のあるメンバーは，購買決定を取り巻く情報の流れの中心にいる．他のメンバーがその人物に情報を提供することになる．
- 専門家を見つける―専門家の力は，購買センターにおける影響力の在り処を決める重要な要因となる．他の人々を上回る知識を所有し，営業スタッフにもっとも突っ込んだ質問をする人物は，強い影響力を持つ場合が多い．
- 経営トップへのつながりをたどる―購買センターで影響力のある人物は，経営の最上層部に直接アクセスできる場合が多い．貴重な情報や資源とのこうした直接的なつながりは，購買センターのメンバーの地位と影響力を引き上げる．
- 購買部門の役割を理解する―技術的知識，供給業界の力関係に関する知識，個々のサプライヤーとの緊密な関係を有する購買部門は，再購買状況では最有力である．

出所：John R. Ronchetto, Michael D. Hutt, Peter H. Reingen, "Embedded Influence Patterns in Organizational Buying Systems," *Journal of Marketing* 53 (October 1989) : pp.51-62.

れることも珍しくない．購買担当者がこの役割を担う場合が多く，購買注文に関連する管理機能を実行する．

　購買センターのこうした役割は，1人の人間がすべて引き受けることもあるが，数名で分担することもある．例えば，マーケティング，会計，購買，生産のスタッフ全員がユーザーとして情報技術システムの選定に関わったりする．このように，購買センターは時に非常に複雑な形態をとることがある．

　影響パターンの特定：主要なインフルエンサーは，購買部門の人間とは限らない．例えば，一般的な資本設備の購買では，平均して四つの部門，三つの管理階層（マネージャー，地域マネージャー，バイス・プレジデントなど），個人として7名が関係する．また，構成部品の場合は，生産やエンジニアリングのスタッフが意思決定にもっとも影響を及ぼすことが多い．組織の購買行動を比較する調査で，購買プロセスにおける各種部門の関与度に関して，米国，英国，オーストラリア，カナダの4カ国の間でかなりの類似点が認められたことは注目に値する．

　過去の調査結果が，購買センターで影響力を持つ人物を見きわめるための

有効な手がかりを与えてくれる（表3．3参照）．例えば，意思決定に重大な個人的利害があり，直面する選択について専門知識を持ち，意思決定関連の情報の流れの中心にいる人間は，購買センターにおいて影響力のある役割を積極的に担う傾向がある．また，購買マネージャーは再購買で主な役割を果たす．

　Donald W. Jackson Jr. と彼の同僚たちは，購買センターに関する自らの調査に基づき，次のような戦略提言を行っている．

> マーケティング活動としてどこに注力すべきかということは，ある意思決定に対してより強い影響力を発揮する人物が購買センターの中の誰であるかに依存する．エンジニアリングと製造は製品選定への影響力が強いため，これらの部門に売り込みをかける際は製品特性を前面に押し出すとよいかもしれない．それに対して購買は業者の選定にもっとも影響力を持つため，企業の特徴で売り込むのがよいとも考えられる．

2－5．個人の要因

　購買決定を行うのはあくまで個々の人間であって，組織ではない．購買センターの各メンバーは，性格，学習体験，組織内部での機能，個人や組織の目標を実現するための最善の方法に対する認識がそれぞれ異なる．調査の結果，購買決定に対して重大な個人的利害があると思っているメンバーは，意思決定プロセスへの参加意欲が同僚より強いことが確認された．マーケターとして買い手について理解するためには，購買センターの各メンバーが購買状況をどのように認識しているか，という点に注意を払うべきである．

■評価基準の違い　「評価基準」とは，組織の購買担当者が購買する産業財やサービスの候補を比較する際に用いるいくつかの要件であるが，中には互いに矛盾するものもある．産業財のユーザーは通常，迅速な納品や効率的サービスを評価し，エンジニアリング部門は製品の品質，標準化，検査を，また購買部門は価格競争力，出荷や運送の経済性をもっとも重視する．

人は皆，教育的背景，接する情報のソースや種類，関連情報に対する解釈と記憶が異なり（知覚偏向），過去の購買に関する満足度なども違うため，製品に対する理解や評価基準は意思決定者によって異なる．エンジニアは教育的背景の点で工場管理者や購買担当者とは異なっており，読むものも，出席する学術会議も，職業上の目標や価値観も違う．したがって，購買部門には有効なセールス・プレゼンテーションであっても，エンジニアリング部門には完全に的外れということがあり得るのだ．

　即応的マーケティング戦略：購買センターのメンバー間で製品に対する認識や評価基準が異なるということを感じとることによって，マーケターとして即応的なマーケティング戦略の構築が可能になる．例えば，ソーラー式空調システムを導入した企業について調べたところ，主要な意思決定者の重視する判断基準が判明した．この購買で購買センターに加わったのは，生産エンジニアと空調（HVAC）コンサルタント，それに経営トップだった．調査の結果，生産エンジニアに対するマーケティング活動では運転コストやエネルギーの削減に，また空調コンサルタントに対しては騒音レベルやシステムの初期コストにそれぞれ重点を置くと効果的で，経営トップは製品の技術の先進性にもっとも関心があることがわかった．新製品を設計するときや，広告や営業プレゼンテーションの開発やターゲティングを行うときは，購買センターの主要メンバーが用いる判断基準を知ることがマーケターにとって実務上きわめて有益である．

■**情報処理**　ダイレクトメール，インターネット，雑誌広告，業界ニュース，口コミ情報，営業によるプレゼンテーションなど，大量の情報があらゆる組織に流れ込む．個々の購買担当者が何に注目し，何を理解し，何を維持しようとするかは，調達決定と重要な関係がある．

　選択的プロセス：「情報処理」という言葉は通常，広い意味で認知として解釈される．U. Neisser は，「知覚的な入力情報が変形や整理，合成を経て保存され，さらに再生・使用されるあらゆるプロセス」と定義している．個人の認知構造に重要なのは，選択的な露出・注意・理解・保持のプロセスである．

1．選択的露出——人は，自分が以前から持っている態度や信念に一致するメッセージを受け入れやすい．そのため，買い手の購買担当者は特定の営業担当だけと話をしたがる．
2．選択的注意——人は外部から刺激を受けるとき，フィルターにかけたり，ふるい分けを行ったりして，特定のものだけを認知する．したがって，購買担当者は自分のニーズや価値観に一致する商業広告に反応しがちである．
3．選択的理解——人は自分が以前から持っている態度や信念に照らして刺激を解釈しがちである．購買担当者が営業担当からのメッセージを変更したり歪めたりして，会社に対する自分の心理的傾向と一致させようとするのはそのためである．
4．選択的保持——人は，自分のニーズや意向に関係する情報だけを記憶する傾向がある．購買担当者は，自分の判断基準に合う特定のブランドに関する情報だけを記憶にとどめることがある．

これらの選択的プロセスはそれぞれ，個々の意思決定者がマーケティングの刺激にどのように反応するかということに影響する．調達プロセスはしばしば数カ月に及ぶ上，売り手は買い手と頻繁に接触できるわけではないため，マーケティング・コミュニケーションの設計とターゲティングには慎重さが求められる．不適切と考えられるメッセージは，主要な意思決定者に「無視」されるか，即座に忘れ去られる可能性が高い．彼らの脳裏に残るのは，顧客が目標を実現するのに必要とみなされるメッセージである．

■**リスクを低減する戦略**　買い手側としては，購買決定に伴うリスクを低減しようとする心理が働く．知覚されるリスクには，(1)意思決定の結果に関する不確実性，および(2)誤った選択に起因する結果の重大さという二つの要素が含まれる．知覚リスクと購買タイプが，意思決定ユニットの構成を決める上で重要であることが調査によって指摘されている．組織の購買でも，知覚リスクが低い単純再購買や修正再購買では，意思決定は個人によって行われる可能性が高い．こうした状況では，購買担当者から行動が始まることもあ

り得る．一方，リスクの大きな修正再購買や新規購買では集団での意思決定が一般的なようである．

「ハイリスク」な購買決定に直面したとき，組織の購買担当者はどのような行動をとるだろうか．購買決定に伴うリスクが増すにつれ，次のような傾向が見られる．

- 購買センターが大規模化し，組織内で階層が高く大きな権限を持つメンバーで構成されるようになる．
- 情報収集が活発になり，重要な購買決定を行う際は多様な情報源が利用され，意思決定プロセスが進むにつれ，個人的な情報源（類似の購買を行ったことのある他の組織のマネージャーとの協議など）の重要性が増す．
- 購買プロセスを通して購買センターのメンバーたちはより多くの努力を払い，慎重な検討を行なうようになる．
- 確かな実績を有する企業が好まれる．馴染みのサプライヤーを選ぶことで，購買に伴う知覚リスクを軽減するねらいがある．

◎産業財マーケティングの内側◎
産業財の売り手にとっての顧客満足を実現するためのベストプラクティス

既存顧客の満足を維持することは，新規顧客の獲得に劣らず重要である．優れた顧客満足を提供することで定評のある企業では，他社とは異なる行動様式が見られる．このような企業の経営トップは，つねに顧客のことを考えているのだ．さらに社員たちも，自分が携わる特定の仕事すなわち職務が顧客満足にどう関係するか理解している．こうした企業では全部門を上げて顧客満足の実現を目指すが，顧客サービス業績指標を自分たちのニーズに合わせてカスタマイズすることを許されている部署もある．

このように最先端を行く企業は，数種類の顧客満足度データを収集している．定期的な調査によって全体的傾向を把握するとともに，特定の取引を追

跡し，どのような改善が可能か顧客からフィードバックを集め，製品やサービス，顧客対応の品質を顧客に評価してもらう．とくに注目すべき点として，定量的および定性的データを意思決定に積極的に活用し，社員たちのパフォーマンスを刺激している．オフィスの壁の目立つところに顧客満足成績表が張り出され，階層を問わずすべてのマネージャーの報酬が顧客満足指標と連動する．顧客満足のためのベストプラクティスを特徴とする組織は，顧客を満足させるプロセスを絶えず改善していくことに熱心なマネージャーで構成されているのである．

出所：Abbie Griffin, Greg Gleason, Rick Preiss, Dave Shevenaugh, "Best Practices for Customer Satisfaction in Manufacturing Firms," *Sloan Management Review* 36 (winter 1995) : pp.87-90.

「ハイリスク」な意思決定に直面した購買担当者は，価格よりも製品の品質やアフター・サービスを優先するのが一般的である．新製品の導入や新たな市場への参入，あるいは新規顧客の開拓に取り組むマーケティング戦略担当者は，知覚リスクに及ぼす影響を考慮して戦略を選択しなければならない．

3．組織の購買プロセス：主な要素

組織の購買担当者の行動は，環境，組織，集団（集まり），個人という要因の影響を受ける．これらの影響が及ぶ範囲について，組織の購買行動と関連付けて述べてきた．その中でとくに注目したのは，産業財マーケターがこうした影響力をどう解釈すべきか，さらに重要なこととして，それらをマーケティング戦略立案の中にどうやって組み込むべきか，という点である．組織の典型的な購買プロセスを図3．5に示した．この章でこれまで述べてきた主要な項目を今一度確認し，整理するのに役立ててほしい．

この図は，組織の購買センターと，個々の購買決定プロセスにおける，以下の三つの主要な段階との関係に焦点をあてている．

図3.5　組織の購買行動における主要な要素

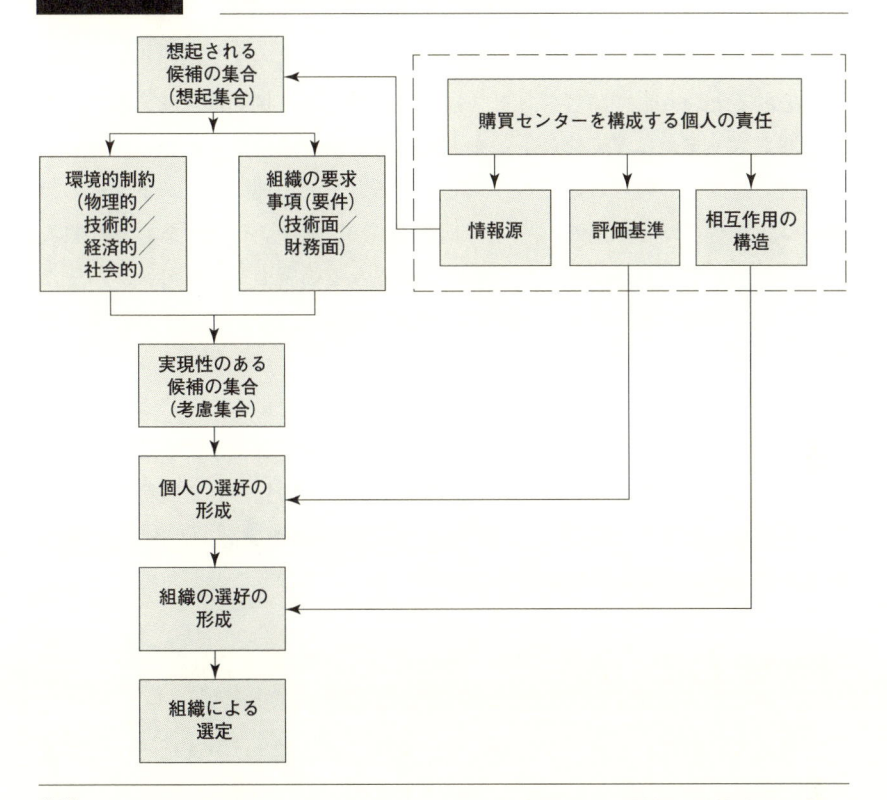

```
  ┌──────────┐
  │想起される │
  │候補の集合 │────────────┐
  │（想起集合）│             │     ┌─ ─ ─ ─ ─ ─ ─ ─ ─ ─ ─ ─ ─ ─ ─ ─ ─ ─ ─┐
  └──────────┘             │     │    ┌──────────────────┐              
     ↓     ↓               │     │    │購買センターを構成する個人の責任│
┌────────┐┌────────┐        │     │    └──────────────────┘              
│環境的制約││組織の要求│       │     │      ↓       ↓       ↓              
│(物理的／││事項(要件)│       │     │   ┌────┐┌──────┐┌──────┐          
│技術的／ ││(技術面／ │       │     │   │情報源││評価基準││相互作用の│          
│経済的／ ││財務面)  │       │     │   │    ││      ││構造  │          
│社会的) ││        │       │     │   └────┘└──────┘└──────┘          
└────────┘└────────┘        │     └─ ─ ─ ─ ─ ─ ─ ─ ─ ─ ─ ─ ─ ─ ─ ─ ─ ─ ─┘
     ↓     ↓                                                              
  ┌──────────┐                                                              
  │実現性のある│                                                              
  │候補の集合 │                                                              
  │（考慮集合）│                                                              
  └──────────┘                                                              
       ↓                                                                 
  ┌──────────┐                                                              
  │個人の選好の│←──────────────────────────┘                                                              
  │形成      │                                                              
  └──────────┘                                                              
       ↓                                                                 
  ┌──────────┐                                                              
  │組織の選好の│←────────────────────────────┘                                                            
  │形成      │                                                              
  └──────────┘                                                              
       ↓                                                                 
  ┌──────────┐                                                              
  │組織による │                                                              
  │選定      │                                                              
  └──────────┘                                                              
```

出所：Jean-Marie Choffray and Gary L. Lilien, "Assessing Response to Industrial Marketing Strategy," *Journal of Marketing* 42 (April 1978) : p.22. 米国マーケティング協会の許可を得て転載.

1．組織の要件に適さない候補の排除
2．意思決定関与者の選好の形成
3．組織の選好の形成

　購買センターの各メンバーは，さまざまな評価基準を使用するとともに，「想起される候補の集合（想起集合）」——ニーズが発生したとき購買者の頭に浮かぶブランドであり，入手可能な多くの中から想起された少数の候補—

に含まれる産業財ブランドに影響を与えている色々な情報源にさらされることを確認してほしい．

　環境的制約と組織の要求事項（要件）は，組織のニーズを満たす製品候補の数を絞るという形で購買プロセスに影響を及ぼす．例えば，特定のコスト（初期コストまたは運転コスト）を上回るような資本設備の候補は，その後の検討の対象から外されるだろう．そうすると，その他のブランドがその組織の「実現性のある候補の集合（考慮集合）」となり，それらをもとに個人の好みが明確にされる．評価基準や職責が異なる購買センターのメンバーたちによる「相互作用の構造」が組織の選好の形成に，ひいては組織による選定へとつながっていく．

　マーケターは，買い手の組織の購買プロセスを理解することにより，受動的ではなく積極的に市場の反応を刺激することができるようになる．組織によるふるい分けの要件や購買センターの各メンバーに見られる特徴的な評価基準を見きわめることによって，マーケターは，製品の設計，価格設定，販売促進などに関する意思決定を十分な情報に基づいて行うことが可能になる．

4．まとめ

　組織の購買担当者が購買決定を行うにあたって踏むプロセスについて知ることは，即応的なマーケティング戦略に不可欠である．買い手の組織が購買ニーズを明確にする問題認識の段階から，サプライヤーをふるいにかけ最終的に選定する最後の段階へと進んでいく過程に，マーケターは積極的に関与することができる．実際，ぬかりのないマーケターは，まず買い手に対して問題認識のきっかけをつくり，その効果的な解決に向けてサポートする．買い手がその購買プロセスを通して徐々に意思決定を積み上げていく中で受け入れ可能なサプライヤーが絞り込まれ，それによって最終選定結果が大幅に変わることになる．

　買い手の購買プロセスの性格は，その組織が同様の購買にどの程度の経験があるかによって決まる．その意味で，買い手の購買状況が，新規購買，修正再購買，単純再購買のどれに該当するかを知ることはきわめて重要であ

る．購買状態によって対処法や購買に影響力を持つ人物が異なり，マーケティングに対する反応も変わってくる．

　環境，組織，集団（集まり），個人に分類される数々の要因が組織の購買行動に影響を与える．まず環境の要因とは景気情勢全般や技術革新のペースなどであり，これによって産業財の売り手と買い手の間で行なわれる相互作用の範囲が決まる．次の組織の要因は，買い手の購買活動と企業の戦略的優先順位との関係及びその組織において購買機能が占める位置づけに影響する．マーケティング戦略担当者が分析すべき三つ目の単位は集団としての購買センターである．この集団の構成は購買プロセスの過程で進化し，企業によって，また購買状況によっても異なる．四つ目は，マーケターは結局，購買センターの個々のメンバーに注目する必要があるということである．それぞれ特異な経験を有し，購買決定する際のユニークな個人的及び組織的な行動基準を持っているからである．各人の特異性に敏感なマーケターは，購買担当者の記憶に残る即応的なマーケティング・コミュニケーションを開発できる可能性が高い．

　組織の購買プロセスを取り巻く複雑な要因を解明するのは本当に困難である．この章では，マーケティング・マネージャーがこの作業に着手するにあたって何をどのように考えるべきか，というテーマについて述べてきた．これは，効果的かつ効率的な産業財マーケティング戦略を実現するための土台になるはずである．

4－1．討論課題

1．フォード社は，オフィスやコンピュータ，メンテナンスの供給品など，業務用資源を調達する方法を改革した．それまでは社員が購買請求書を提出し，その後何日かして上司の承認が下りるという方式だったが，社員はインターネットにログオンして製造企業の電子カタログを閲覧し，指定業者に発注するだけで，数分後には購買承認が得られるようになった．このような電子調達システムは，フォード社と取引する産業財マーケターにどのような機会とチャレンジを新たにもたらすだろうか．

2．Jim Jacksonは，ピッツバーグ・マシン・ツールという会社で産業財の

営業を担当している．彼が今日の午後，訪問を予定している会社は二つあり，一つ目は彼がこの3年間取引をしてきた顧客である．厄介なのは二つ目で，こちらは彼の会社とライバル関係にある企業と5年前から取引している会社だ．Jim は，この会社の購買部門やエンジニアリング部門と関係を築いており，そろそろ売り込みをかけようかと考えている．彼は最近，この会社の購買マネージャーが既存の取引先の納品サービスが悪く，非常に不満を抱いていることを知った．Jim は今，どのような購買状況に直面していると言えるか．また，それぞれのケースで彼はどのような戦略をとるべきだろうか．

3．スミス・マニュファクチャリング社で購買を担当する Karen Weber は，道具類の購買を定型的な購買決定と見ている．このような彼女の見方を変えさせるのはどのような要因だと思われるか．さらに重要なこととして，アルバニー・ウイジェット社など特定のサプライヤーが Karen の検討対象になるかどうかは，どのような要因で決まるだろうか．

4．米国のオートバイ・メーカーであるハーレーダビッドソン社は最近，競争の激しい市場において自らのポジションを強化するねらいから，高精度な製造設備を導入した．この設備投資を決断させた重要な環境要因は何だったと考えられるか．また，どの部門が購買センターに加わっていた可能性が高いか．

5．ブランズウィック社では，調達決定が本社に一元化されている．各地の工場に購買機能を分散しているライバル会社と比べ，購買手法にどのような違いがあると思われるか．

6．クラウス・トイ社は最近，新しい電子ゲームの開発を決定した．ある電気部品のサプライヤーは，この会社の購買センターの構成を予想することができるだろうか．この購買センターの構成に影響するために営業担当はどのようなステップを踏むことができるだろうか．

7．購買センターの構成は，購買プロセスにおいてどのように進化するだろうか．また，企業により，また購買状況によってどのような違いがあるだろうか．購買センターにおいて影響力を持つメンバーを見きわめるため，営業担当がとり得る措置として何が考えられるか．

8. アペックス・マニュファクチャリング社の購買マネージャーである Carol Brooks は今朝，ウォールストリート・ジャーナルに目を通したとき，アレン・ブラドリー社の全面広告をじっくり読み，切り抜いて保存した．アペックス社の生産マネージャー，Ralph Thornton は，同じ新聞の記事をいくつか読んだが，この広告も含め，どのような広告が載っていたか思い出せなかった．このような違いが生じる原因はどこにあると思われるか．
9. 何百万台ものノートパソコンが毎年さまざまな組織によって購買される．購買マネージャーはブランドの選定に際して，どのような評価基準を用いるだろうか．その中で，購買決定においてもっとも重視される基準はどれだと思われるか．
10. 買い手に伴うリスクは，「低」レベルのものから「高」レベルのものまでさまざまである．ハイリスクな購買プロセスは慣習反復購買に比べ，どのような点で異なるだろうか．

4-2．インターネット演習

1. デル・コンピュータ社は，営利企業，各種機関，政府という産業財市場のすべての部門にまたがる，あらゆる種類の顧客にインターネット上で製品を販売し，大きな成功を収めている．あなたの大学の図書館が新しいデスクトップ・コンピュータ25台の購買を計画しているとしよう．同社のウェブサイト（http://www.dell.com）にアクセスして，「Dell Online Store for Higher Education」のページを開き，次のことにトライしてみよう．
a. あなたの大学のニーズに適すると思われるパソコンを2種類見つけ，その価格とサイズを調べてみよう．
b. このウェブサイトを評価し，潜在的顧客が欲すると思われる情報がどの程度提供されているか考えてみよう．

◎事例　デル・コンピュータ社

　デル・コンピュータ社が米国テキサス州のオースティンにあるテキサス大学の寮の一室からスタートしたことは有名な話だ．今ではオースティン内外に24の施設を有し，従業員数は18,000名余を数える．年間売上高は300億ドルを超え，フォーチュン500社に名を連ね，ウォルト・ディズニー社，ジョンソン＆ジョンソン社，デュポン社といった著名な企業をもしのいでいる．

　デル成功の秘密はそのダイレクト・セールス（直接販売）モデルの巧みな実践にあると専門家たちは指摘する．このモデルの基本的な考え方を説明しよう．デル社はサプライヤーと緊密に連携し，在庫を極力抑え，コストをきっちり管理している．電話またはネットで注文を受けると製造がスタートし，製品は顧客に直接納品される．小売業者や流通業者は一切介在しない．顧客は自分の希望通りの，それでいて競合製品よりも安いコンピュータを手にする．デル社は注文を処理した時点で顧客から支払いを受けるが，これはサプライヤーに支払いを行う何週間も前のことである．

　景気後退が始まった2000年初め，デル社は市場シェア獲得のねらいで値下げを決断した．デル社のKevin Rollins最高業務執行責任者は，「実際のところ，そのほうが我々にとっては有利でした．需要が低迷する期間，コンポーネント価格も下がるわけですが，わが社は競合他社と違って，そうしたコスト削減効果をすぐに顧客に還元できるからです」と述べている．この戦略が功を奏したのである．ヒューレット・パッカード社，コンパック社，ゲートウェイ社などが軒並み市場シェアを失う中，米国市場におけるデル社のシェアは2001年秋には31％にまで達した．ヒューレット・パッカード社とコンパック社の合併が物語るように，こうした激しい競争は業界統合を余儀なくさせる．

　デル社は，営利企業，政府，各種機関という産業財市場の三つの部門それぞれを対象にしているが，中でも目立つのは教育市場である．同社は法人顧客の間でとくに強力な競争地位を得ており，これが近い将来，成長をさらに加速させる可能性がある．マイケル・デルCEOは，その根拠をこう説明す

る．

　購入後3年以上経過しているコンピュータは1億5,000万台にのぼり，そのうち4,500万台が米国の大手法人顧客のセグメントに属し，この市場でデル社は約40％のシェアを持っています．もしその4,500万台について40％のシェアを確保できれば，それだけで1,800万台になります．向こう1年間，わが社に期待されているのはそこなのです．

　今のコンピュータは非常に高性能なため，企業の中には買い替えを遅らせるところもあるのではと一部のアナリストたちは見ている．デル社CEOはまた，個人向けや家庭向けパソコンの販売を拡大して，デル社全体の売上の20％―現在は15％―を占めるようにしたいと考えている．

討論課題
1．最終消費者や家庭，すなわち消費者市場に到達するのに適切と思われるマーケティング戦略は，法人顧客向け戦略とどのような違いがあるだろうか．
2．政府顧客のニーズと購買要求は，法人顧客のそれとどう違うだろうか．デル社がある特定の年に政府や教育市場から期待される需要量を引き上げる要因として，何が考えられるか．

── 注 ──

1 Andy Cohen, "In Control," *Sales & Marketing Management* 151 (June 1999) : pp.32–38.
2 The Discussion in this Section is based on Patrick J.Robinson, Charles W.Faris, and Yoram Wind, *Industrial Buying and Creative Marketing* (Boston : Allyn and Bacon, Inc., 1967), pp.12–18 ; see also Morry Ghingold and David T.Wilson, "Buying Center Research and Business Marketing Practice : Meeting the Challenge of Dynamic Marketing," *Journal of Business & Industrial Marketing* 13, no. 2 (1998) : pp.69–108.
3 Robinson, Faris, and Wind, *Industrial Buying and Creative Marketing*, chap. 1 ; see also Erin Anderson, Wujin Chu, and Barton Weitz, "Industrial Purchasing : An Empirical Exploration of the Buyclass Framework," *Journal of Marketing* 51 (July 1987) : pp. 71–86 ; and Morry Ghingold, "Testing the'Buygrid'Buying Process Model," *Journal of Purchasing and Materials Management* 22 (winter 1986) : pp.30–36.
4 The levels of decision making discussed in this section are drawn from John A.Howard and Jagdish N.Sheth, *The Theory of Buyer Behavior* (New York : John Wiley and Sons, 1969), chap.2.
5 The discussion of buying decision approaches in this section is drawn from Michele D. Bunn, "Taxonomy of Buying Decision Approaches," *Journal of Marketing* 57 (January 1993) : pp.38–56.
6 Allen M.Weiss and Jan B.Heide, "The Nature of Organizational Search in High Technology Markets," *Journal of Marketing Research* 30 (May 1993) : pp.230–233.
7 Ravi Kalkota and Marcia Robinson, *e-Business : Roadmap for Success* (Reading, Mass. : Addison Wesley, 1999), pp.237–238.
8 Mark Vigoroso, "Buyers Prepare for Brave New World of e-Commerce," *Purchasing* 127 (April 22, 1999) : pp.S 4 –S12.
9 This section draws on Kalkota and Robinson, *e-Business : Roadmap for Success*, pp. 246–250.
10 Vigoroso,"Buyers Prepare for Brave New World of e-Commerce," pp.S 4 –S16.
11 Mark Vigoroso,"Are Internet Auctions Ready to Gear Up?"*Purchasing* 127 (February 11, 1999) : pp.85–86 ; and David Hannon,"Electronic Giant Centralizes Contract Labor Buy Online," *Purchasing* 130 (February 21, 2002) : p.12.
12 Mary Siegfried Dozbaba,"Critical Supplier Relationships : Converting Higher Performance," *Purchasing Today* (February 1999) : pp.22–29.
13 Somerby Dowst, "CEO Report : Wanted : Suppliers Adept at Turning Corners," *Purchasing* 101 (January 29, 1987) : pp.71–72.
14 Donald W.Jackson jr., Janet E.Keith, and Richard K.Burdick,"Purchasing Agents' Per-

ceptions of Industrial Buying Center Influence," *Journal of Marketing* 48 (fall 1984) : pp.75-83.
15 Stewart Alsop,"e Be or Eaten," *Fortune*, 8 November 1999, p.87.
16 Weiss and Heide,"The Nature of Organizational Search," pp.220-233 ; see also Jan B. Heide and Allen M.Weiss,"Vendor Consideration and Switching Behavior for Buyers in High-Technology Markets," *Journal of Marketing* 59 (July 1995) : pp.30-43.
17 Weiss and Heide,"The Nature of Organizational Search," p.221.
18 William M.Bulkeley,"These Days, Big Blue Is about Big Services, Not Just Big Boxes," *Wall Street Journal*, 11 June 2001, pp.A1, A10.
19 Rashi Glazer,"Winning in Smart Markets," *Sloan Management Review* 40 (summer 1999) : pp.56-69.
20 Dave Nelson, Patricia E.Moody, and Jonathan Stegner, *The Purchasing Machine* : *How the Top Ten Companies Use Best Practices to Manage Their supply chains* (New York : The Free Press, 2001).
21 Jordan D.Lewis, *The Connected Corporation* : *How Leading Companies Win through Customer-Supplier Alliances* (New York The Free Press, 1995), p.202.
22 Robert E.Spekman, David W.Stewart, and Wesley J.Johnston,"An Empirical Investigation of the Organizational Buyer's Strategic and Tactical Roles," *Journal of Business-to-Business Marketing* 2, no. 4 (1995) : pp.37-63.
23 Timothy M.Laseter, *Balanced Sourcing* : *Cooperation and Competition in Supplier Relationships* (San Francisco : Jossey-Bass Publishing, 1998), pp. 5 -18.
24 Douglas A.Smock,"Best Practices at Big Blue Three Years Later," *Purchasing* 130 (February 21, 2002) : p.11.
25 Ibid., p.11.
26 E.Raymond Corey, *The Organizational Context of Industrial Buyer Behavior* (Cambridge, Mass. : Marketing Science Institute, 1978).pp.99-112.
27 Anne Millen Porter,"Spend a Little, Save a Lot," *Purchasing* 130 (April 4, 2002) : pp. 23-34.
28 Joseph A.Bellizzi and Joseph J.Belonax,"Centralized and Decentralized Buying Influences," *Industrial Marketing Management* 11 (April 1982) : pp.111-115 ; Arch G.Woodside and David M.Samuel,"Observation of Centralized Corporate Procurement," *Industrial Marketing Management* 10 (July 1981) : pp.191-205 ; and Corey, *The Organizational Context*, pp. 6 -12.
29 Corey, *The Organizational Context*, p.13.
30 Benson P.Shapiro and Rowland T.Moriarty, *National Account Management* : *Emerging Insights* (Cambridge, Mass. : Marketing Science Institute, 1982), p. 8 ; see also James Boles, Wesley Johnston, and Alston Gardner,"The Selection and Organization of National Accounts : A North American Perspective," *The Journal of Business & Industrial*

Marketing 14, no. 4 (1999) : pp.264-275.
31 For a comprehensive review of buying center research, see Wesley J.Johnston and Jeffrey E.Lewin, "Organizational Buying Behavior : Toward an Integrative Framework," *Journal of Business Research* 35 (January 1996) : pp. 1 -15 ; and J.David Lichtenthal, "Group Decision Making in Organizational Buying : A Role Structure Approach," *Advances in Business Marketing*, vol.3, ed.Arch G.Woodside (Greenwich, Conn. : JAI Press, 1988), pp.119-157.
32 For example, see Robert D.McWilliams, Earl Naumann, and Stan Scott, "Determining Buying Center Size," *Industrial Marketing Management* 21 (February 1992) : pp.43-49.
33 Ghingold and Wilson, "Buying Center Research and Business Marketing Practice," pp. 96-108 ; see also Gary L, Lilien and M.Anthony Wong, "Exploratory Investigation of the Structure of the Buying Center in the Metalworking Industry," *Journal of Marketing Research* 21 (February 1984) : pp. 1 -11.
34 Anderson, Chu, and Weitz, "Industrial Purchasing," p.82.
35 Ibid.
36 Frederick E.Webster Jr.and Yoram Wind, *Organizational Buying Behavior* (Englewood Cliffs, N.J. : Prentice-Hall, 1972), p.77.For a review of buying role research, see Lichtenthal, "Group Decision Making in Organizational Buying," pp.119-157.
37 Paul G.Patterson and Phillip L.Dawes, "The Determinants of Choice Set Structure in High-Technology Markets," *Industrial Marketing Management* 28 (July 1999) : pp.395-411.
38 Wesley J.Johnston and Thomas V.Bonoma, "The Buying Center : Structure and Interaction Patterns," *Journal of Marketing* 45 (summer 1981) : pp.143-156 ; see also Gary L.Lilien and M. Anthony Wong, "An Exploratory Investigation of the Structure of the Buying Center in the Metalworking Industry," *Journal of Marketing Research* 21 (February 1984) ; pp. 1 -11 ; and Arch G.Woodside, Timo Liakko, and Risto Vuori, "Organizational Buying of Capital Equipment Involving Persons Across Several Authority Levels," *Journal of Business & Industrial Marketing* 14, no. 1 (1999) : pp.30-48.
39 Peter Banting, David Ford, Andrew Gross, and George Holmes, "Similarities in Industrial Procurement across Four Countries," *Industrial Marketing Management* 14 (May 1985) : pp.133-144.
40 John R.Ronchetto, Michael D.Hutt, and Peter H.Reingen, "Embedded Influence Patterns in Organizational buying Systems," *Journal of Marketing* 53 (October 1989) : pp. 51-62 ; see also Ajay Kohli, "Determinants of Influence in Organizational Buying.A Contingency Approach," *Journal of Marketing* 53 (July 1989) : pp.50-65 ; Daniel H.McQuiston and Peter R.Dickson, "The Effect of Perceived Personal Consequences on Participation and Influence in Organizational Buying," *journal of Business Research* 23 (Sep-

tember 1991）: pp.159-177 ; and Jerome M.Katrichis, "Exploring Departmental Level Interaction Patterns in Organizational Purchasing Decisions," *Industrial Marketing Management*, 27 （March 1998）: pp.135-146.

41　Jackson, Keith, and Burdick, "Purchasing Agents' Perceptions of Industrial buying Center Influence," pp.75-83.

42　McQuiston and Dickson, "The Effect of Perceived Personal Consequences," pp.159-177.

43　Jagdish N.Sheth, "A Model of Industrial Buyer Behavior," *Journal of Marketing* 37 （October 1973）: p.51 ; see also Sheth, "Organizational Buying Behavior : Past Performance and Future Expectations," *The Journal of Business & Industrial Marketing* 11, no. 3 / 4 （1996）: pp. 7 -24.

44　Sheth, "A Model of Industrial Buyer Behavior," pp.52-54.

45　Jean-Marie Choffray and Gary L.Lilien, "Assessing Response to Industrial Marketing Strategy," *Journal of Marketing* 42 （April 1978）: pp.20-31.For related research, see R. Venkatesh, Ajay K.Kohli, and Gerald Zaltman, "Influence Strategies in Buying Centers," *Journal of Marketing* 59 （October 1995）: pp.71-82 ; and Mark A.Farrell and Bill Schroder, "Influence Strategies in Organizational Buying Decisions," *Industrial Marketing Management* 25 （July 1996）: pp.293-303.

46　U.Neisser, *Cognitive Psychology* （New York : Appleton, 1966), p.4.

47　See, for example, Brent M.Wren and James T.Simpson, "A Dyadic Model of Relationships in Organizational Buying : A synthesis of Research Results," *Journal of Business & Industrial Marketing* 11, no. 3 / 4 （1996）: pp.68-79.

48　Elizabeth j.Wilson, Gary L.Lilien, and David T.Wilson, "Developing and Testing a Contingency Paradigm of Group Choice in Organizational Buying," *Journal of Marketing Research* 28 （November 1991）: pp.452-466.

49　Sheth, "A Model of Industrial Buyer Behavior," p.54 ; see also W.E.Patton Ⅲ, Charles P. Puto, and Ronald H.King, "Which Buying Decisions Are Made by Individuals and Not by Groups?"*Industrial Marketing Management* 15 （May 1986）: pp.129-138.

50　Johnston and Lewin, "Organizational Buying Behavior : Toward an Integrative Framework," pp. 8 -10.See also Puto, Patton, and King, "Risk Handling Strategies in Industrial Vendor Selection Decisions," pp.89-95.

51　Choffray and Lilien, "Assessing the Response to Industrial Marketing Strategy," pp.20-31.Other models of organizational buying behavior include Webster and Wind, *Organizational Buying Behavior*, pp.28-37 ; and Sheth, "A Model of Industrial Buyer Behavior," pp.50-56.For a comprehensive review, see Sheth, "Organizational Buying Behavior," pp. 7 -24 ; and Johnston and Lewin, "Organizational Buying Behavior," pp. 1 -15.

52　Howard and Sheth, *The Theory of Buyer Behavior*, p.26 ; see also Ronald P.LeBlanc, "Environmental Impact on Purchase Decision Structure," *Journal of Purchasing*

and Materials Management 17（spring 1981）: pp.30-36 ; and Lowell E.Crow, Richard W.Olshavsky, and John O.Summers, "Industrial Buyers' Choice Strategies : A Protocol Analysis," *Journal of Marketing Research* 17（February 1980）: pp.34-44.
53　Andy Serwer, "Dell Does Domination," *Fortune*, 21 January 2002, pp.71-75.
54　Ibid., p.73.
55　Ibid., p.73.

第 II 部
産業財マーケティングにおける関係性管理

第4章

産業財市場向け顧客関係性管理の戦略

顧客との間に効果的な関係性を構築・維持する能力は，産業財の売り手に大きな競争優位をもたらす．この章では，以下の項目がテーマである．

1. 産業財市場における売り手と買い手の関係性のパターン
2. さまざまな種類の売り手／買い手の関係で利用される関係性コネクター
3. 効果的な顧客関係性管理戦略の設計手順
4. 顧客との関係性管理に優れている企業に見られる特徴的な能力

シスコシステムズ社の John Chambers CEO は毎晩，大口顧客15～20社に関する連絡事項をボイスメールで受け取る．「電子メールのほうが便利かもしれないが，人の感情がこもった生の声を聞きたいのです．そうすれば，我々が採用している戦略に対して相手が落胆しているのか，満足しているのかがわかりますから．電子メールでは，それは不可能でしょう」と Chambers は言う．

　産業財マーケティングを行なう企業の中でもシスコ社のような一流の企業は，顧客に優れた価値を提供し，要求の厳しい顧客の特殊なニーズをも満たすことで成功を手にしている．こうしたもっとも価値ある顧客との関係性を構築・維持する組織の能力は，競争優位性を持続させる基盤である．

　指定業者としてシスコ社と取引することを望む産業財のマーケターは，要求の厳しい自らの顧客に多くの価値を提供しようとするシスコ社に貢献する為の用意が必要である．そのためにサプライヤーとしては，品質，納品，さらに長期的なコスト競争力で卓越したパフォーマンスを示すことが求められる．また，シスコ社の価値の測定方法を理解し，自社の製品やサービスが期待される価値を実現するにはどうしたらよいか考えなければならない．持続的な顧客関係を構築・維持するためには，細部にまで気を配り，取り決めを履行し，新たな要求事項に迅速に対応する必要がある．

　新時代の産業財マーケティングは，効果的な関係性管理の上に成り立つものである．多くの産業財のマーケティング企業は，主要顧客との関係性管理に特別なスキルを発揮したり，提携パートナーと共同で革新的戦略を開発したりするなどして，言うなれば「協働による優位性」を構築している．こうした企業は効果的なパートナーシップの築き方を習得しており，産業財市場ではこうした優れた関係性スキルが貴重な資産となる．この章では，産業財市場の特徴である関係性の種類について考察する．売り手と買い手のさまざまな関係性には，どのような市場や状況の要因が絡むのだろうか．顧客との間に有益な関係性を築くため，産業財のマーケターはどのような戦略を用いることができるか．顧客との関係性管理に優れた企業に特徴的に見られる能力はどのようなものだろう．

1. 関係性マーケティング

「関係性マーケティング」は，顧客その他の関係者と有効な取引を確立し，発展させ，維持することを目的とするあらゆる活動をテーマにしている．顧客との関係性の育成および管理は，多くの企業において重要な戦略課題になっている．それはなぜだろうか．一つは，価格ばかりに目を向け，商品間の差異はほとんど気にしない顧客よりも，ロイヤルティの高い顧客を維持したほうがずっと有利だからである．さらに，顧客との強力な関係性の構築に成功している企業は，競合相手による理解や模倣，排除が困難な，重要でかつ持続的優位性を確保できるからである．

1－1. 顧客との関係性の種類

ある産業財のマーケターは，GE社の取引業者（多数の業者の内の1社）としての関係をスタートさせ，やがて指定業者（少数の業者の内の1社）に選定され，最終的にGE社と協働的関係（特定品目の独占供給）を構築するようになるかもしれない．図4.1が示しているように，売り手と買い手の間の関係性は，「取引的交換」と「協働的交換」を両極端としてこの段階（スペクトル）の中のどこかに位置するものである．どのような関係でも欠かせないのは，双方が自分の受け取った価値に何らかの形で報いる交換プロセスである．「取引的交換」は，基礎的な製品について競争力のある市場価格を追求するようなタイムリーな交換が中心になる．この種の交換について，George Day は次のように述べている．

> ある都市を訪れた人が空港からタクシーやバスに乗るときのような単発的取引のほか，顧客とサプライヤーがもっぱら規格品を競争力のある価格で随時やり取りするような企業間市場における一連の継続的取引などがこれに含まれる．

このスペクトルは右に行くほど，関係はより緊密になり，協働が強化され

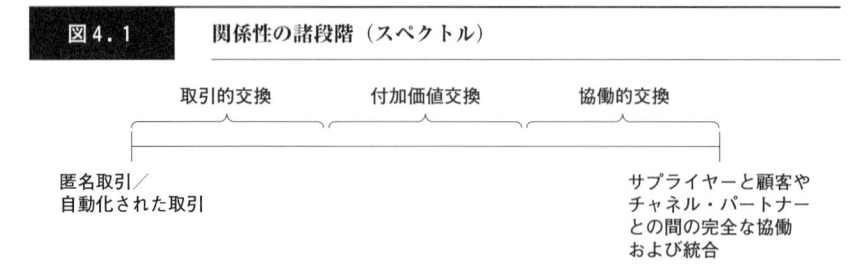

| 図4.1 | 関係性の諸段階（スペクトル） |

取引的交換 ― 付加価値交換 ― 協働的交換

匿名取引／
自動化された取引

サプライヤーと顧客や
チャネル・パートナー
との間の完全な協働
および統合

出所：George S. Day, "Managing Market Relationships," *Journal of the Academy of Marketing Science* 28 (Winter 2000)：p.25. Copyright Ⓒ 2000. Sage Publications の許可を得て転載．

る．「協働的交換」は，非常に緊密な情報交換，社会的および事業上の提携，長期的メリットを見据えた相互のコミットメントが特徴である．James Anderson および James Narus は，協働的交換を次のように説明する．

> 顧客とサプライヤーが，総コストの削減か価値の向上，またはその両方によって相互の利益改善を図る目的で，強力かつ大規模な社会，経済，サービス，技術上のつながりを徐々に形成するプロセス．

1－2．付加価値交換

　関係性スペクトルの中間が付加価値交換で，売り手の焦点が顧客の獲得から維持へと移る段階である．マーケターは，顧客のニーズや変化する要求事項を全体的に理解した上で，自社製品をそのニーズに適合させ，インセンティブの継続的提供を通して，取引の多くを獲得することによって顧客を維持しようとする．例えば，デル・コンピュータ社は主要な法人顧客を対象に，その社員たちがインターネットにアクセスして豊富な情報や技術的支援・サービスを得ることのできる，カスタマイズされたウェブサイトを提供している．

1－3．各関係性の特徴

　取引的交換の対象になるのは梱包材や清掃サービスなどで，できるだけ有

利な条件を獲得する目的で競争入札が行われるケースが多い．この種の交換は，関係を将来にわたって維持させようというコミットメントがほとんど，あるいはまったく存在しない，純粋に契約上の取決めである．それに対して，半導体試験装置のようなカスタマイズされたハイテク製品は，協働的交換の対象になりやすい．取引的交換では，交渉とともに相互に独立した関係が軸となるのに対し，協働的交換では，双方のプロセスを統合した共同での問題解決やいろいろな提携関係が重視され，信頼とコミットメントが基礎になる．関係を強化しようとするコミットメントは，パートナーが継続的関係の重要性を認識し，その維持のためには可能な限りの努力が必要であると考えることから生まれる．また信頼とは，互いに相手が頼りになり誠実であるということに確信を持つことに他ならない．

1－4．戦略的選択

　産業財のマーケターは，関係性のスペクトルの中のどのあたりに加わるかということをある程度自由に決めることができる．だが，市場の特徴や顧客組織にとっての購買の重要性による制約は受ける．産業財のマーケターにとって重要なことは，スペクトル上で取引的交換の方向に引っ張られがちになるという現実に打ち勝つことである．この点について，Day は次のように述べている．

　　　競合関係にある企業は，できるだけ良質な顧客を獲得しようとつねにしのぎを削っている．顧客のニーズや期待，好みはつねに変化するものであり，摩擦を生むことなくリアルタイムで選択肢を検討することを可能にした電子調達は顧客離反率の上昇を招きかねない．

　こうした問題に対処するためには，顧客のニーズをより深く理解し，そのニーズに適合する製品やサービス・ソリューションを提供することを通して，双方に有益な顧客との関係性を構築することをマネージャーは学ばなければならない．

2．売り手と買い手を結び付けるコネクター

　産業財市場には，売り手と買い手双方の側で，重要な機能に関して効率性や有効性を改善しようとする強い力が働く．関係性のスペクトル上でどこに位置するかによって，関係性が異なったものになり，それを構成する要素（コネクター）も違ってくる．売り手と買い手の間でなされる相互作用や事業の推進方法が異なるのである（図4．2参照）．関係性コネクターとは，特定の売り手と買い手の関係における双方の行動や期待を反映したものである．

2－1．情報交換

　「情報交換」には，情報をオープンに共有することで双方の利益になるという期待が込められている．製品開発計画，原価データなどの重要情報のほか，機密情報の共有も積極的に行われる．情報共有を強化することは製品の品質改善や製品開発のスピードアップに貢献するが，当事者の一方に機会主義的行動をとらせるリスクも秘めている．オープンな情報交換は，（疎遠な）取引的交換よりも（緊密な）協働的交換に特徴的である．

2－2．業務上の連携

　「業務上の連携」とは，買い手企業と売り手企業のシステムや手続き，日常業務を業務促進の目的で統合することである．オハイオ州メアリズビルにあるホンダ社の工場でサプライヤーが毎日行う在庫補充やジャスト・イン・タイム納品は，こうした提携関係の上に成り立っている．また，デル・コンピュータ社やシスコシステムズ社などは，インターネット上で顧客との情報交換や技術サポートを行っている．

2－3．法的結合

　「法的結合」とは，拘束力を持つ契約を通じて売り手と買い手の関係における双方の義務を定めることである．正式契約は産業財市場で一般的に行わ

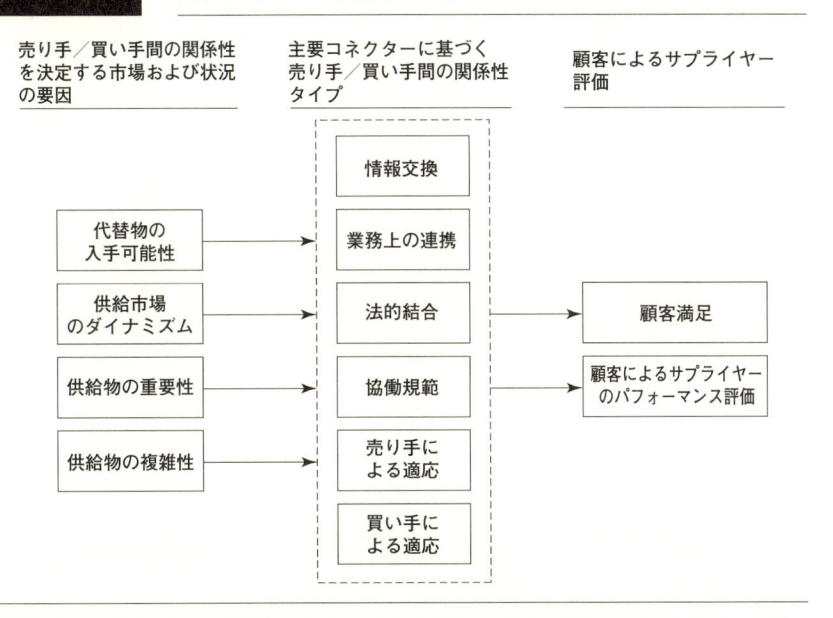

図4.2　売り手と買い手の関係性の実践にかかわる主要構成要素の概略

売り手／買い手間の関係性を決定する市場および状況の要因
- 代替物の入手可能性
- 供給市場のダイナミズム
- 供給物の重要性
- 供給物の複雑性

主要コネクターに基づく売り手／買い手間の関係性タイプ
- 情報交換
- 業務上の連携
- 法的結合
- 協働規範
- 売り手による適応
- 買い手による適応

顧客によるサプライヤー評価
- 顧客満足
- 顧客によるサプライヤーのパフォーマンス評価

出所：Joseph P. Cannon and William D. Perreault Jr., "Buyer-Seller Relationships in Business Markets," *Journal of Marketing Research* 36(November 1999) : pp.439-460. 米国マーケティング協会の許可を得て転載.

れているが, 「口約束」で済ませている企業も依然多い. 法的結合は何か問題が生じた際の盾になるが, 環境変化への柔軟な対応が阻害されるようであれば, かえって足かせになる.

2-4. 協働規範

「協働規範」とは, パートナー双方が共通する目標や個々の目標を実現する為に協働するわけであるが, そのことに関する期待を反映したものである. この関係性コネクターは, 双方が考える協働のあるべき姿を表したものである. 双方が問題を共同責任として扱おうとする密接な協働関係もあれば, それぞれの目標を個別の努力によって実現しようとする, あまり緊密でない協働関係もある. メディアでは売り手と買い手の協働に向けた動きを盛んに取り上げるが, このトレンドは必ずしも普遍的ではない. 例えばGM社

は，サプライヤー間の活発な競争や独立した関係を促進することによってコスト削減を実現しようとしている．対照的にダイムラー・クライスラー社は，サプライヤーと積極的に協働する中で，コスト削減に関する貴重なアイデアを得ながら同様の目標を達成している．

2－5．売り手または買い手による関係特定的適応

「関係特定的適応」とは，相手の具体的ニーズを満たすべく，工程や製品，あるいは手続きに投資することである．この種の投資は，産業財市場ではよく見られる．例えばガーディアン・インダストリーズ社は，ダイムラー・クライスラー社がLHシリーズに使用する広いフロントガラスを供給する新しい製造工程を設計した．また，買い手側が特定のサプライヤーのニーズや能力に対応する場合もある．デル・コンピュータはよく，自社のパソコンがインテル社の特定のチップで動くように設計する．こうした関係特有の投資は他の関係ではほとんど価値を持たないため，利益を生む一方で切替コストも増えることになる．

2－6．市場および状況の要因

市場や状況の要因もまた，産業財市場において，売り手と買い手の間で形成される関係性の形態に重要な影響を及ぼす（図4．2参照）．買い手は，供給市場から必要なものを獲得する．供給市場のさまざまな要因が売り手と買い手の関係の性質に影響する可能性があるが，とくに重要なのは，「供給市場のダイナミズム」と「代替物の入手可能性」の二つである．

■供給市場の状況　「供給市場のダイナミズム」とは，供給市場がどの程度変動するかということである．この変動には，技術の変化，頻繁な価格変動，周期的な品不足といった要素が考えられる．変動の激しい供給市場は，買い手に不確実性とリスクをもたらす．市場ダイナミズムの持つ潜在的リスクとメリットは，売り手と買い手の関係の形態に影響する可能性がある．Joseph CannonおよびWilliam D. Perreault, Jr.は，次のように述べている．

このような環境では，特定サプライヤーとの緊密な関係が，将来の変化を見通し，それに対処することを可能にするかもしれない．だが，こうした関係の固定化は，例えば買い手が競合技術にメリットを見出したとしても，その選択肢への速やかな転換を難しくさせる切替コストを生むかもしれない．

「代替物の入手可能性」も，売り手と買い手の関係性に影響する．これは要するに，特定のニーズを満たすために代替的供給源をどの程度利用できるかということである．そうした供給源がなければ不確実性が生じ，買い手としては既存サプライヤーとの関係を緊密化しようとする．逆に代替物を容易に入手できる市場状況であれば，購買マネージャーはサプライヤーから一定の距離をおきつつ活動することが可能になる．

■**購買状況の特徴** 購買状況の特徴もまた，広い供給市場を越えて買い手に不確実性をもたらすことがある．購買品の中には他よりも複雑なものもあれば，企業の事業運営にとくに欠かせないものもある．「供給物の複雑性」とは，購買マネージャーが購入する選択肢やサプライヤーの実績を検討するにあたって困難を感じる程度のことである．供給物に関するニーズが複雑な場合，買い手はサプライヤーと緊密な関係を選ぼうとする．一方，「供給物の重要性」とは，ある特定の購買について組織の目的にとって戦略的意義があると買い手が認識するということである．自動車メーカーなどは購買を，戦略的なものと非戦略的なものに大別することが考えられる．戦略的購買は，買い手のコア・コンピテンシー（中核能力）に関係し，自社製品の差別化に役立つような高付加価値の投入をさす．例えばホンダ社では，トランスミッションやエンジン部品，空調機器，計器パネルなどがこれにあたる．これらのコンポーネントや部品は個々のモデルに合わせてカスタマイズされ，競合モデルとの差別化に貢献する．それに対して，カスタマイズされず，モデルの差別化に寄与しないバッテリーやタイヤなどは非戦略的購買ということになる．購買戦略の最適化を目論む買い手企業の間で，供給基盤をセグメント化（細分化）する動きが業種を越えて生まれつつある．買い手は戦略的購買については緊密な関係を求め，非戦略的購買の調達では，距離を置いた独立

した関係をベースにする手法を採用するようになっている．

2－7．顧客によるサプライヤー評価

　産業財市場における売り手と買い手間の価値の交換としての成果は，顧客によるサプライヤーに対するパフォーマンスの評価や満足度に表れる．調査によれば，売り手と買い手が「やや緊密」な関係にある場合，顧客によるサプライヤーのパフォーマンスに対する評価が高くなるのが一般的である．関係の密接度がもっとも高いからといって，顧客から見てその関係がもっとも満足できるものであるとは限らない．例えば，緊密な関係でも顧客に特別な適応を求めるようなものであれば，満足度は低下する．対照的に，単純な交換関係に対する顧客満足は，「やや緊密」な関係の満足度に近い．こうした結果は，関係性のタイプによってサプライヤーに対する顧客の期待や需要に差があることを物語っている．

◎産業財マーケティングの内側◎
顧客のビジネスを理解する―成功の鍵

　顧客との協働的関係を構築するためには，産業財のマーケターは，顧客のビジネス，主要な競合相手，目標や戦略を深く理解する必要がある．さらに，すべての経営階層においてパートナー組織全体との豊富で密接なコミュニケーションも求められる．営業スタッフは，買い手の購買スタッフと協働するだけでなく，経営上層部とも緊密なつながりを持たなければならない．例えばIBM社では，フォーチュン500社に名を連ねる顧客の戦略立案会議に営業担当者が自ら参加する．企業としての競争優位性を促進するには製品やサービスをどう利用すればよいか，このような場で相手の会社に具体的な提言をすることで関係に付加価値を持たせている．大口顧客との関係が強化されるにつれ，その顧客のニーズを満たすため，専任のセールスチームが組織されることも少なくない．このようなチームは，顧客の業界に広い知識を持つ，販売，サービス，技術の専門家で構成される．メンバーの中には，単一の顧客を何年も担当している人間もいる．

3．売り手と買い手の関係性を管理する

　売り手と買い手は，市場の状況や購買状態の特徴に応じてさまざまな種類の関係性を形成する．特定の顧客向けに関係性マーケティング戦略を展開しようと思う産業財のマーケターは，顧客の中には協働的関係を選ぶものもいれば，距離を置いた，あるいは単に取引だけの関係を好むものもいることを理解しなければならない．図4.3は，売り手と買い手の関係性を並べたスペクトルで両極端に位置する二つの関係性について，主な特徴をまとめたものである．

3−1．取引的交換

　多くの代替物が入手可能で競争の激しい供給市場が存在し，購買決定が複雑でなく，供給市場が安定しているとき，顧客は取引的関係性を好む可能性が高い．こうした状況は，事務用品，汎用化学製品，輸送サービスを調達する一部の買い手に当てはまる．また，購買が組織の目的にとってあまり重要でないとみなされるようなときも，この傾向が強まる．こうした関係では，情報交換はあまり行われないのが特徴で，買い手と売り手の間に業務上の連携が生まれる可能性も低い．

3−2．協働的交換

　代替物がほとんど存在せず，市場の変動が激しく（例えば，技術革新が急速），購買がかなり複雑な場合，買い手は協働的関係を好む．とくに購買の重要性が高く，買い手にとって戦略上重要とみなされるとき，顧客はサプライヤーとの間に緊密な関係を求める．こうした行動は，製造設備，企業向けソフトウェア，自社製品に組み込まれる重要な構成部品などを調達する買い手に当てはまる．実際，CanonおよびPerreaultは次のように述べている．

　　もっとも緊密なパートナーシップは，購買品が重要な意味を持ち，なおかつ
　　代替候補が少なく，購買の不確実性が高いなど調達の障害が存在し，顧客の

図4.3 売り手と買い手の関係性のスペクトル

	取引的交換 ←→	協働的交換
代替物の入手可能性	多い	少ない
供給市場のダイナミズム	安定	不安定
購買の重要性	低い	高い
購買の複雑性	低い	高い
情報交換	低い	高い
業務上の連携	限定的	広範囲

出所：Joseph P. Cannon and William D. Perreault Jr., "Buyer-Seller Relationships in Business Markets," *Journal of Marketing Research* 36 (November 1999), pp.439-460より一部変更の上引用．

立場から見てそれを克服する必要性があるときに緊密なパートナーシップが形成される．

さらに，重要な購買に起因する関係は，業務上の連携や高度な情報交換を伴う傾向が強い．このような協働的関係にある顧客にとっては，切替コストがとくに重要になる．

3−3．切替コスト

買い手の購買担当者は，取引先を別の売り手企業に変更する可能性について検討する際，「投資」と「リスク」という二つの切替コストを考慮する．まず，買い手は取引業者との関係にいろいろな形で投資を行う．Barbara Bund Jacksonは次のように説明する．

> 企業は，新設備の運転に向けた社員トレーニングという形で人に，設備そのもののような固定資産に，そして在庫管理のような常に変化する基本的業務手続きなどに投資している．

こうした過去の投資を考えると，買い手としては，混乱や切替コストが生

じることになるサプライヤーの変更には躊躇するであろうことが考えられる．

もう一つの切替コストとしてリスクがある．これは，選択を誤ることで買い手が被るリスクである．顧客は，自社の業務に重要な製品を購買したり，あまり定評のないサプライヤーから調達したり，技術的に複雑な製品を購入したりするとき，リスクの存在を認識する．

3－4．戦略指針

産業財のマーケターは顧客との関係をポートフォリオ，つまり複数のグループの集合体として管理する．顧客の中には，購買を重要と考え，売り手と買い手の間で緊密な関係を望むものもいれば，購買をさほど重要とはみなさず，距離を置いた関係を好むものもいる．このように顧客のニーズや方向性はまちまちであることを考えると，産業財のマーケターとしてはまず，どのようなタイプの関係が購買状態や供給市場の状況に合うか，個々の顧客について判断する必要がある．次に，それぞれの関係に適する戦略を組み立てなければならない．

■**協働的関係にある顧客**　強力かつ永続的な関係の構築を目指す戦略は，この種の顧客にとくに適する．産業財のマーケターとしては，コミットメントを確かなものとし，顧客の計画策定業務を直接サポートする目的で資源の投資を行うべきである．その際，販売やサービスのスタッフは，顧客企業の購買だけでなく，さまざまな部門のマネージャーと戦略や調整の問題について協働する必要がある．経営幹部や技術スタッフが顧客を定期的に訪問することで，関係の強化を図ることができる．顧客のニーズに合った製品やサービスをつねに提供できるようにするため，業務の連携や情報共有の仕組みを関係の中に組み込むのもよい．顧客は長期的視点に立ち，切替コストの存在も踏まえた上で，マーケターの持続的能力と当面の実績に関心を寄せる．また，大きなリスクを感じていることから，売り手企業に対して能力とコミットメントを求め，少しでもサプライヤーとしての不適切なところがちらつきでもすると慌てふためいてしまう．

■取引的関係にある顧客　この種の顧客は特定のサプライヤーに忠誠さやコミットメントをあまり示さず，購買の一部または全部を別の業者にあっさり切り替える可能性がある．産業財のマーケターとしては，とりあえず製品，価格，技術的サポートその他のメリットを魅力的に組み合わせて提供すれば，この種の顧客から契約を取れるチャンスがある．営業スタッフは買い手企業の購買スタッフに注力し，経営上層部と深い関係を築くことはめったにない．M. Bensaou は，マーケターがこの種の関係に特別な投資を行うのは賢明でないと主張する．

　製品や市場環境が単純で一般的な管理やデータ交換メカニズムが求められるとき，頻繁な営業訪問，エンジニアの招聘，企業横断チームを通じた信頼形成に投資する企業は，関係に対する過剰設計になっていると言える．特殊な投資，とくに無形なものに対する投資（人材，情報，知識など）を考えると，こうした方針は高くつくのみならず，危険も伴う．

ぬかりのないマーケターは，「万能型」の手法を採用するのではなく，特定の顧客関係を取り巻く製品・市場の状況に戦略の照準を合わせる．

◎産業財マーケティングの内側◎
インターネットがシスコシステムズ社の顧客支援を支えている

　シスコシステムズ社は，インターネットに不可欠なルータやその他の通信機器で80％のシェアを握っている．1999年の同社の売上は約100億ドル，利益額は15億ドルを超えた．
　シスコ社はe-ビジネスを意欲的に追及している．同社はその複雑な機器をネット上で大量に販売する．顧客はウェブサイトで注文し，シスコ社のサプライヤーもウェブサイトを介して同社の「ダイナミック商品補充」ソフトウェアにアクセスすることにより，どの材料や部品を工場に納品する必要があるか正確に把握する．

インターネット・アプリケーションは，同社の業務のあらゆる部分に入り込んでいる．シスコ社の販売する機器がどんなに高性能であっても，買ってきてすぐそのまま使えるわけではない．顧客は，技術的な問題すべてに対応できる訓練されたエンジニアによる，高度にカスタマイズされたサポートや補助を期待する．シスコ社は，よくある問題の解決に必要と思われる技術情報を顧客に提供するウェブサイトを設計した．これによりエンジニアリングのスタッフは，顧客のより複雑な問題に専念することが可能になる．このサイトの目的は顧客への情報提供だけではなく，顧客それぞれが自分の経験をシスコ社や他のユーザーたちと共有できるようにすることにある．現在，顧客の問い合わせの80％以上がオンラインで処理されている．

シスコ社がインターネットを利用したこのシステムを導入する以前は，注文の3分の1近くに間違いが含まれていた．ウェブサイトはこの問題への対策であり，今日では売上の80％以上がオンラインから生じている．顧客は電子カタログで商品を選択し，注文品を間違いなく受け取るだけでなく，注文の処理状況をオンラインで確認することもできる．発注，委託製造，遂行，支払いというプロセス全体が自動化されているのだ．注文の55％以上が，誰の手にも触れることなくシスコのシステム社を通過する．同社は，インターネットを活用することで年間5億ドル以上のコスト削減が可能と見ている．

出所："The Net Imperative," *The Economist*, 26 June 1999, p.18.

4．顧客との関係性管理

顧客維持はこれまでつねに，産業財市場での成功に欠かせない鍵であり，企業による顧客関係性管理の導入が進む今，戦略議論の目玉になっている．顧客関係性管理（CRM）は，以下を達成するための機能横断的プロセスである．

図4.4　顧客関係性管理はサービス向上や顧客維持に貢献する

顧客の収益力アップに貢献したい……
価値ある顧客を開拓し，維持したい……
マーケティング活動の投資利益率を改善したい…

SAS だけ知っていれば十分です。
顧客の全体像をお示しできるのは，SAS をおいて他にありません。顧客のニーズを深く理解すれば，生涯価値や競争優位の拡大が実現するのです。SAS の顧客インテリジェンス・ソフトウェアは，数多くの一流企業に採用されています。その実績を当社ウェブサイト（www.sas.com/customer）でお確かめください。

The Power to Know®　sas

出所：Copyright 2002, SAS Institute, Inc., Cary, NC, USA. All rights reserved. SAS Institute, Inc., Cary, NC.の許可を得て転載。

- 顧客との対話を継続すること
- あらゆる関係や接点を網羅すること
- 最重要顧客に対して個別対応すること
- 顧客維持およびマーケティング計画の有効性を確実にすること

　こうした課題に応えるため，産業財のマーケティング企業は規模の大小を問わず，顧客との関係性を管理するシステム（CRM），すなわち販売，マーケティングおよび顧客サービス情報を統合する企業向けアプリケーション・ソフトウェアに多額の投資を行っている。CRM システムでは，電子メール，コールセンター，セールスやサービスのスタッフなど，企業が買い手と接する，いわゆる「顧客接点」で得た情報が総合される。この情報を将来における顧客との相互作用，市場予測，製品設計，サプライチェーン管理などに活用することで，サービス向上や顧客維持の実現を図ろうというわけであ

る．営業スタッフ，コールセンターのスタッフ，ウェブ・マネージャー，流通業者，顧客サービス担当者すべてが，個々の顧客について同じ情報をリアルタイムで共有することになる（図4．4参照）．

CRMソフトウェアへの投資を利益につなげるためには，企業は顧客戦略を構築する必要がある．戦略のエキスパートたちによれば，CRMの計画が失敗に終わることが多いのは，経営幹部がCRMソフトウェアをマーケティング戦略だと思い込んでいるためだという．Darrel Rigbyとその同僚たちは，次のように指摘する．「それは違います．CRMとは，顧客戦略とプロセスを束ねることによって顧客ロイヤルティの改善や企業の収益性向上を図るものであり，ソフトウェアはそのための手段にすぎないのです」．CRMソフトウェアは，顧客戦略が計画・実行されて初めて威力を発揮するのである．即応的かつ有益な顧客戦略を開発するためには，次の五つの点にとくに留意する必要がある：(1)適切な顧客の獲得，(2)適切な価値提案の創出，(3)最適なプロセスの設定，(4)社員の動機付け，(5)顧客の維持（表4．1参照）．オラクル社やシーベル・システムズ社など主要メーカーのCRM技術は，貴重な顧客データを取得し，価値ある情報へと変換して組織全体に配布し，顧客獲得から顧客維持までの戦略プロセスをサポートするのに役立つ．つまり，利益を生み出すのは効果的に設計・実行される顧客戦略であり，それを支えるのがCRMシステムなのである．

4－1．適切な顧客の獲得

顧客を選定する際は，顧客ニーズに対する明確な理解，さまざまな顧客グループとの取引において発生するコストの詳細な把握，潜在的利益機会の正確な予測が必要である．異なったそれぞれの顧客が価値をどう定義するかを理解することにで，どの相手をターゲット顧客にしたらよいかという選択が容易になる．ここで言う「価値」とは，James AndersonおよびJames Narusの定義を借りれば，「顧客企業が提供される製品の対価と引き換えに受け取る，経済，技術，社会，サービス上の効用」となる．産業財のマーケターは，提供するものの価値を異なった顧客グループごとに測定することで，ターゲットとなる取引先を定め，高い価値を特定の顧客に提供する方法を決

表4.1　顧客関係性管理戦略の構築

顧客との関係性管理のポイント

適切な顧客の獲得	適切な価値提案の創出	最適なプロセスの設定	社員の動機付け	顧客の維持

必須作業

適切な顧客の獲得	適切な価値提案の創出	最適なプロセスの設定	社員の動機付け	顧客の維持
●最重要顧客を特定する ●顧客の購買（予算）に占める自社製品・サービスのシェアを計算する	●顧客が現在および将来必要とする製品・サービスを見きわめる ●競争相手が現在および将来提供する製品・サービスを評価する ●提供すべき新製品・サービスを特定する	●製品・サービスを顧客に提供する最適な方法を調査する ●開発すべきサービス能力および顧客戦略の実行に必要な技術投資を見きわめる	●顧客関係の促進に必要なツールを特定する ●社員教育や能力開発への投資および適切なキャリアパスの構築を通じて従業員ロイヤルティを獲得する	●顧客が離反する理由を突き止め，取り戻す方法を見つける ●競合相手が自社の重要顧客獲得に用いている戦略を発見する

CRM技術に期待される効果

適切な顧客の獲得	適切な価値提案の創出	最適なプロセスの設定	社員の動機付け	顧客の維持
●顧客の収益・原価データの分析ならびに現在および将来の重要顧客の識別 ●重要顧客に対するマーケティング・コミュニケーションの推進	●製品・サービスに関する態様データを顧客取引から取得 ●新しい流通チャネルの構築 ●新しい価格設定モデルの開発	●取引処理の迅速化 ●顧客に接する社員への良質な情報提供 ●物流・サプライチェーン管理の効率化	●社員インセンティブとパフォーマンス指標の連動化 ●全社員への顧客知識の周知	●顧客の離反／維持率の追跡 ●サービスに対する顧客満足度の追跡

出所：Darrell K. Rigby, Frederick F. Reichheld, and Phil Schefter, "Avoid the Four Perils of CRM," *Harvard Business Review* 80 (January/February 2002) : p.106.

めやすくする．

　顧客選定プロセスでは，潜在的利益も考慮する必要がある．顧客の中には，製品が自社の業務にとって不可欠なため，技術的アドバイスやトレーニングなどの支援サービスに高い価値を認め，割高な対価を支払うことを厭わないところもある．その一方で，取引するのにコストがかかり，業務支援を評価せず，製品選定の際にことさら価格にこだわる顧客もいる．顧客と一口に言ってもそのニーズは多様であり，期待される現在および将来の機会のレ

ベルも異なるため，高い利益が期待され，マーケターとしてより広範かつより緊密な関係を構築したいと思うグループ，収益性が低く優先度の劣るグループなどに顧客ベースを細分化すべきである．Frank Cespedes は次のように主張する．

　したがって，売り手が顧客を選定する際は，どの需要を満たすことができ，他の顧客にも応用可能かを明確にしなければならない．そうしないと，収益性の高くない顧客にかかりきりになり，他のグループに配分すれば利益が期待できる資源をみすみす無駄にする恐れがある．

4－2．適切な価値提案の創出

　産業財マーケターはまず，買い手の業績目標の推進に貢献すると信じる製品やサービス，アイデア，ソリューションを価値提案として提示する．さらに，特定の顧客に向けた提供物を開発するためには，業界に特徴的な売り手と買い手の関係性を調べる必要がある．同一業界内で競合する企業が採用する戦略の全体を，関係性の「業種幅」と呼ぶ．これに対する産業財のマーケターの対応は，関係性マーケティング戦略をポートフォリオとして展開し，業種幅を広くカバーしようとするか，はたまた単一の戦略に絞って，業種幅の狭い範囲の関係性を持とうとするかのどちらかである．

　三つの業界（段ボール箱，ファイバー・ドラム，プログラマブル・コントローラ）が（関係性の）スペクトル上でそれぞれどの位置にあるか，図4.5で確認してほしい．プログラマブル・コントローラの業界は，基礎技術の複雑さや変動の激しさからして協働的関係が特徴である．そこでは，特殊な生産システムの共同設計，実装，トレーニング，保守契約などの一連のサービスによって中核的製品を拡張することが可能である．ファイバー・ドラム業界では，同じ協働的関係でも，顧客が自社の業務手順（例えば，リフティング，スタッキングなど）をファイバー・ドラムに適合させるのを支援することに重点を置く傾向がある．それに対して段ボール箱業界では，買い手の多くがこの製品を汎用品とみているため，長期供給契約やジャスト・イ

| 図4.5 | 取引的関係と協働的関係 |

(a) 関係性の業種幅

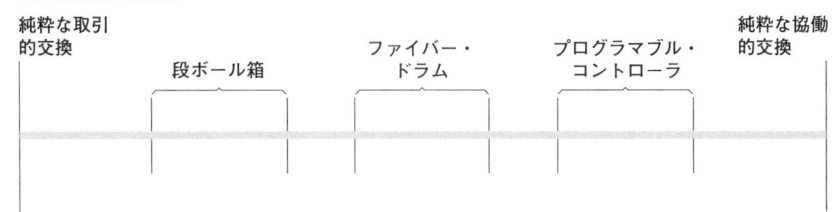

純粋な取引的交換　　　段ボール箱　　　ファイバー・ドラム　　　プログラマブル・コントローラ　　　純粋な協働的交換

(b) 業種幅からの張り出し

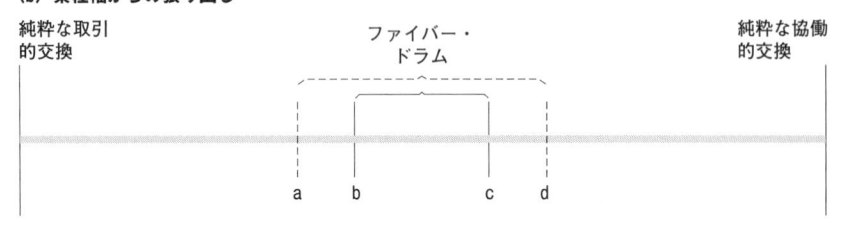

純粋な取引的交換　　　ファイバー・ドラム　　　純粋な協働的交換

a　b　　c　d

出所：James C. Anderson and James A. Narus, "Partnering as a Focused Marketing Strategy," *California Management Review* 33 (spring 1991) : p.97. Copyright © 1991 by the Regents of the University of California 理事の許可を得て転載．

ン・タイムの在庫プログラムが協働のための唯一の手段となる．

　産業財のマーケターは，業界内の競合企業が追求するさまざまな関係性の戦略を診断することにより，協働的関係を欲する顧客にも，また取引的関係を重視する顧客にも密接に対応し得る戦略を仕立てることができる．こうした戦略では，協働および取引の両方向において業種幅から張り出していくということを含んでいる（図4.5b参照）．

■**切り離しによる張り出し**　「切り離し」の戦略は，取引的関係を強く望む顧客に到達するためのものである．この戦略では，関連サービスを切り離し，顧客の基準価格，品質，入手可能性に関する要求事項を満たす中核的製品だけにする（図4.5bのa）．各種サービスが切り離されるため，価格が下げられる．技術支援や納品のような拡張サービスが提供されるとしても一覧表から選んでもらう形となり，価格がその分上乗せされる．重要なことと

して，切り離したサービスによる価格増加額の合計は，協働的関係における場合の割り増し価格より大きくすべきである．なぜなら，協働的関係にある顧客にサービス一式を提供する場合よりも効率が劣るからである．こうした価格設定の仕方は，最大の価値が得られると感じる製品や関係性の内容を顧客企業に選択してもらうという点で市場指向と言える．

■製品拡張による張り出し　反対側に位置する協働的関係で提供されるのは，顧客企業が高く評価する機能を詰め込んだ拡張製品である（図4.5bのd）．拡張機能としては，連携するコスト削減プログラム，技術支援，納期保証，共同広告などが考えられる．協働的活動は，価値の付加やパートナー企業間における交換コストの削減をねらいとしているため，提供物に対して価格の割り増しを要求すべきである．

■柔軟なサービス提供を構築する　産業財のマーケターとしては，提供サービスを一連のポートフォリオとして構築し，さらにそれを利用して顧客グループや個々の顧客向けにカスタマイズしたソリューションを提供することで競争優位性を実現することも可能である．まずは，市場の特定セグメント内の顧客すべてから高い評価を得られるようなサービスを必要最低限だけ含む提供物を作るべきである．マイクロソフト社はこうした提供物を，「ネーキッド・ソリューション（裸のソリューション）」という名称で呼んでいる．次に，コスト削減や業務遂行の改善を通じて顧客に価値を提供するオプション・サービスを開発する．特定の顧客のニーズを満たすため，このオプション・サービスを中核的提供物と一緒に「カスタムラップ（特別包装）」し，関係性に付加価値をもたらすことも可能である．

　バクスター・インターナショナル社は，病院顧客のニーズを満たす柔軟なサービスを展開している．バクスター社と「個々の注文」ベースで取引する，いわゆる取引的関係にある顧客については，中核的サービスが重視される．一方，長期的関係に向けて同社と契約を締結している戦略的顧客に対しては，より高度な一連のサービスが戦略の目玉となる．病院の効率や財務成績の改善支援を意図したこうしたサービスは，病院に価値をもたらすことに

表4.2　IBM社における役割別戦略遂行：測定対象となる行動と結果

役割	戦略の目的	測定対象行動	測定結果（顧客）
関係担当者	顧客との関係性の改善	顧客と年に2度会い，期待を把握して行動計画を策定する	IBM社顧客満足度調査結果
プロジェクト担当者	個々の取引で顧客の期待を超える	満足の条件を集め，顧客からフィードバックを受ける	IBM社取引調査結果
問題解決担当者	顧客問題を解決する	7日で解決するか，または行動計画を達成する	問題解決による顧客満足度

出所：Larry Schiff, "How Customer Satisfaction Improvement Works to Fuel Business Recovery at IBM," *Journal of Organizational Excellence* (spring 2001)：pp.12-14.

なる．

4－3．最適なプロセスの設定

　産業財市場では，営業担当が関係性管理の中心的役割を担う．テクニカル・サービスや顧客サービスのスタッフも，買い手の組織内では重要かつ顕著な実行段階での役割を受け持つ．関係性戦略を成功させるには，営業活動の効果的な組織化と展開，物流やテクニカル・サービスといった支援部署との細かな調整が必要である．一部の企業では販売部門を，取引的顧客や協働的顧客など関係の種類別に組織している．取引的顧客でも有望なところは，慎重な選定プロセスが定期的に実施され，協働的顧客に格上げされる．

■IBM社におけるベスト・プラクティス　IBM社では個々の顧客との取引に際し，社員数名が顧客組織と接触する．戦略遂行に一貫性を持たせるねらいから，個々の顧客と接触する役割を3種類に分け，それぞれに求められる測定可能な行動を指定し，顧客満足度を調査している（表4.2参照）．顧客には担当スタッフ（関係担当者）が割り当てられるほか，顧客に関するプロジェクトを遂行する専門スタッフ（プロジェクト担当者）や，顧客の抱える

個々の問題を解決する専門スタッフ（問題解決担当者）も顧客チームに加わることがある．顧客関連の業務に従事する社員はいずれも，顧客における最近の行動や，取り組むべき問題を識別する目的で，CRM システムからタイムリーな情報を得ることができる．また，それぞれの役割について中間指標と顧客フィードバック指標が設けられている．

大口の銀行顧客向けの CRM ソフトウェアをインストールする任務を担っている IBM 社の技術マネージャーについて考えてみよう．このマネージャーはプロジェクト担当者として，このプロジェクトに関する顧客の満足条件を見きわめ，その期待を上回るよう努力する．作業が完了すると，その完了したプロジェクトに関して，顧客組織のメンバーの満足度を調査し，その結果をもとにプロジェクト担当者は契約事項がすべて履行されたかどうかを確認する．

4－4．社員の動機付け

貢献意欲のあるスタッフは，顧客関係性戦略を成功させる上で不可欠な基盤である．Frederick F. Reichheld は，次のように述べている．

> 人材を適切に扱うリーダーは，優れた価値を生み出すことができるようになり，その結果，彼らは最高の社員を引き付け，維持することも可能になる．それは一つには，顧客の維持が利益の増加を生むからであるが，それ以上に重要なこととして，優れたサービスや価値を提供することで社員の間に誇りと目的意識が芽生えるのだ．

従業員ロイヤルティを獲得するためには，トレーニングや能力開発への積極的投資，専門的能力の開発促進を目的としたチャレンジングなキャリアパスの提供，社員インセンティブとパフォーマンス指標の連動などが必要である．一例を挙げれば，イリノイを拠点とする電気・産業機器メーカーであるスクエアディー社は，業績指標とインセンティブ制度を新しい顧客戦略に合うように変更した．それにより，営業スタッフのインセンティブの基準は，それまでの機器の販売台数から，重要顧客獲得という目標に合わせて獲得顧

客数とマージンになった．

4－5．顧客の維持

　産業財のマーケターが顧客のロイヤルティや維持を追跡管理するのはどのような理由からだろうか．新規顧客を開拓するより既存顧客との取引を継続するほうが，はるかにコストがかからないためである．それはなぜだろうか．既存の顧客は信頼できるサプライヤーから製品やサービスを多く購買しようとするのが普通で，そうした顧客を相手にすると取引コストは低下する．売り手は効率的な対応方法を学習し，関係を拡大させる機会も発見できるからだ．それで，顧客利益率は取引関係が存続する期間にわたって上昇する傾向がある．そのためIBM社では，顧客の情報技術支出全体に占めるシェア，すなわち顧客内シェアを拡大させることを目指している．同社は，単に顧客の満足度評価の改善に努めるだけでなく，顧客に優れた価値を提供している実績を認めてもらおうと努力する．IBM社で戦略を担当しているラリー・シフは，「顧客を満足させ，市場で最高の価値を提供していることが認識されれば，ロイヤルティと市場シェア／顧客シェアを獲得できる」と述べている．忠実な顧客は一般に満足度が高いが，満足度の高い顧客すべてが忠実とは限らない．顧客ロイヤルティを獲得するためには，産業財のマーケターは高い満足度を生む優れた価値を提供するとともに，信頼と相互のコミットメントを育むことが重要である．

■関係性の評価　関係性構築努力が時に失敗するのは，協働的関係のアプローチをマーケターがとったにもかかわらず，顧客が取引的関係で対応するなど，双方の思惑が噛み合わないときである．マーケターは，顧客ニーズと拡張サービス機能に伴うコストを切り離して考えることにより，個々の顧客のニーズと提供物をマッチさせ利益を生み出すことが可能になる．

　関係性を構築・維持する目的は，売り手と買い手双方の価値を最大化することにある．だとすれば，関係性の成果を正式に評価することが必要である．例えばモトローラ社では，セールス担当幹部たちが顧客と緊密に連携してお互いの目標を設定している．しかるべき期間の後，目標に到達しない

パートナーシップは格下げされ,担当が戦略的市場の営業部門から地域担当の営業部門に移される.

> ◎産業財マーケティングの内側◎
> **個人的人間関係は法人の購買担当者にとって重要か？**
>
> Kenneth H. Wathne, Harald Biong および Jan B. Heide が最近行った調査から,人間関係が法人の購買担当者によるサプライヤーの変更決定に及ぼす影響について新たな事実が明らかになった.彼らはある商業銀行の主要顧客マネージャー39名およびこの銀行の法人顧客114社に対する調査結果をもとに,三つの要因が決定にどう影響するか分析した.三つの要因とは,(1)顧客担当マネージャーと購買担当者の間の人間関係,(2)購買側における特殊なプロセス,特注ソフトウェアその他の切替コストの存在,(3)マーケティング・プログラム:製品／価格であった.
>
> その結果,個人的な絆も重要ではあるが,価格や切替コストのほうが顧客における意思決定に大きく影響することがわかった.切替コストが競争圧力を和らげる緩衝材として機能することを踏まえれば,産業財のマーケターとしては,自社の提供するものと顧客のつながりを緊密にする製品のカスタマイズ,サービスのバンドル化,特殊なトレーニング・プログラムの策定といった策が考えられるだろう.こうした戦略は,自社製品に対する顧客の関心を高め,結果的に別のサプライヤーへの切り替えを阻止する効果がある.
>
> 出所:Kenneth H. Wathne, Harald Biong, and Jan B. Heide, "Choice of Supplier in Embedded Markets : Relationship and Marketing Program Effects," *Journal of Marketing* 65（April 2001）: pp.54-66.

■**コミットメントの実践**　製品の品質に問題があったり,納品が遅れたり,業務支援が不十分であったりしても,顧客との関係性が損なわれる可能性がある.これらはいずれも関係性にとって重大な脅威であり,マーケターのコミットメントの欠如を示すことになる.また,関係が存続する期間の中で,

価値に対する顧客の定義は変化する．Frederic E. Webster Jr.は次のように指摘する．

> 品質とは顧客の期待を満たし，それを超えることであると定義し，そして業績の改善に加えて，競合相手から優れた価値の提供を約束されることで顧客の期待が増加し続ける状況では，継続的改善なくして顧客関係を存続させることは不可能である．

　産業財のマーケターはまた，自身が提供する製品や関係性の価値を絶えず更新する必要がある．新たに導入される可能性のあるサービスのほか，切り離しや縮小の対象になるかもしれない既存サービスにも注目すべきである．顧客企業との有益な関係性は，売り手企業にとってもっとも重要なマーケティング資産の一つである．したがって，細心の注意を払いつつ，継続的な育成に努めなければならない．

5．顧客との関係性による優位性を獲得する

　George Day は，CRM がトレンド化し，顧客との緊密な絆を作り出す必要性が広く認識されているにもかかわらず，多くの企業は CRM によって競争優位を獲得しようという試みに失敗するだろうと予想する．それはなぜだろうか．ソフトウェア・メーカーとコンサルティング会社がベスト・プラクティスを広め，関連ソフトウェアが広く出回り価格も手頃になれば，競合する者の能力に差がなくなるからだ．このことは，産業財のマーケターが考えるべき重要な問題をいくつか提起する．顧客との関係性管理に秀でた企業の特徴的能力は何だろう．また，ライバル企業の間で，顧客ロイヤルティの高さや離反率に開きがあるのはどうしてだろう．

5－1．顧客関係づけ（カスタマー・リレーティング）能力

　優れた顧客関係づけ能力の育成は市場指向の組織ほど可能性が高く，その能力は知識の獲得，共有および応用という複雑なプロセスを通じて行使され

図4.6　関係性による優位性を獲得する

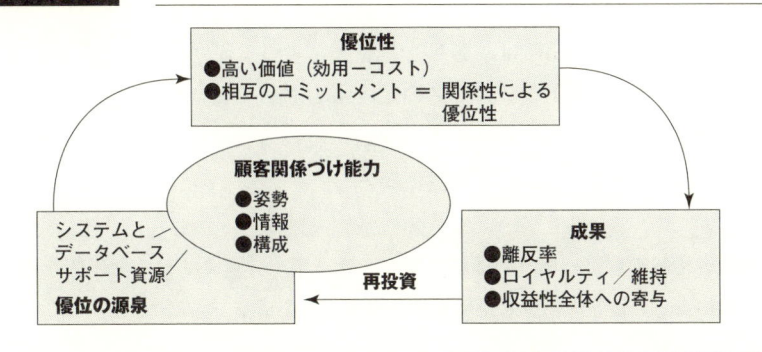

優位性
- 高い価値（効用ーコスト）
- 相互のコミットメント ＝ 関係性による優位性

顧客関係づけ能力
- 姿勢
- 情報
- 構成

優位の源泉
- システムと
- データベース
- サポート資源

成果
- 離反率
- ロイヤルティ／維持
- 収益性全体への寄与

再投資

出所：George S. Day, "Capabilities for Forging Customer Relationships," Working Paper, Report No.00-118, Marketing Science Institute, Cambridge, Mass., 2000, p.10. Copyright 2000 by Marketing Science Institute and George S. Day, Boisi Professor, The Wharton School, University of Pennsylvania.

る．調査によれば，この能力には，密接に絡み合った以下の三つの要素が存在する（図4．6参照）．

1．関係性に対する姿勢　関係性に対する姿勢は企業文化の中にすり込まれるもので，顧客維持に関して社員が優先順位を設定し，意思決定を行う際の基準となる．この姿勢に優れる企業は，次のような特徴を示すものと思われる．

- 顧客維持が組織全体の目標として共有される．
- 社員がコミットメントを実践し，苦情，請求，要求事項の変更など顧客から受け取った情報に基づいて迅速に行動する．
- 全社員が顧客の生涯価値を理解し，正しく認識する．
- 顧客満足のための行動がかなりの程度社員の裁量に委ねられている．

2．関係性についての情報　企業の顧客関係づけ能力を構成するこの要素は，顧客関連情報の入手可能性，質および量に依存するが，とくに重要なのは，顧客に対する組織全体の対応方法を変えるためにその情報をどう使うか

という点である．タイムリーな顧客情報を収集して組織全体で共有するだけでなく，その情報を顧客のニーズにもっと適したものを開発するのに役立つ知識に変換していく能力は，明らかに企業によって差がある．競争優位とは簡単に言えば，市場学習プロセスの全段階を通じて競合相手をしのぐということである．このプロセスの以下の段階においてどの程度の成果を上げられるかが，企業の能力をはかる指標となる．

- 顧客情報の取得—個々の顧客の歴史，要求事項，購買活動，全体的な顧客離反率などの情報を網羅した顧客データベースを構築できるか．
- 顧客情報の参照—社員が必要なときに顧客情報を参照できるか．
- 顧客情報の活用—顧客をその重要性，潜在性，予期される要求事項に基づいて分類・識別できるか．
- 顧客情報の共有—情報を社内全体で共有する仕組みが整備されているか．

3．構成（コンフィギュレーション）　この顧客関係づけ能力には，組織内での情報の活用を可能にする構造，システムおよびプロセスが含まれる．注目すべき特徴としては，組織設計，インセンティブ制度，顧客のための個別のソリューションを実現する活動およびプロセスなどがある．顧客関係づけ能力が効果的に構成されている企業とは，次のような特徴を有する企業である．

- 関係性による優位性を獲得するという目標と，そのための手段を社員が支持している．
- 組織構成が製品別や機能別でなく，顧客中心になっている．
- 業績評価とインセンティブ制度の重点が顧客維持に置かれている．
- 「顧客間の違いを認識し，顧客維持を戦略の柱に据えた」魅力的な価値提案が顧客に対してなされる．
- 企業を支える資源基盤に，マーケティング・コミュニケーションや製品・サービスの個別化またはマス・カスタマイズを可能にするプロセスが備わっている．

GEキャピタル社，スクエアディー社など，強力な顧客関係づけ能力を有する一流の企業は，顧客中心の文化を重視し，製品グループよりも顧客セグメント別の組織構成をとっている．

5－2．優位性の獲得

　企業が関係性による優位性を獲得できるか否かは結局，売り手との関係を緊密化させることが優れた価値（すなわち，コストを上回る効用）につながると顧客に思ってもらえるかどうかにかかっている．このような買い手にとっての効用としては，技術支援，サービス依頼に対する迅速な対応，顧客のニーズに合わせて詳細にカスタマイズされたソリューションなどが考えられる．顧客が（売り手との間で）相互にコミットすることに積極的な場合に，優位性が確固たるものになると専門家たちは指摘する．こうした相互コミットメントは，オープンな情報交換や業務上の連携の構築から，新製品の開発活動に関する企業横断的な協働にまで及ぶ可能性がある．一例を挙げてみよう．ハーレーダビッドソン社が新製品開発プロジェクトを展開する期間中，主要サプライヤーたちは同社のバッジをつけて現場に詰め，内部情報システムにも自由にアクセスする．ただし，関係性構築戦略がもたらす成果は，市場環境によって差がある．

■成果の評価　顧客関係づけ能力が競争優位につながるかどうかは，カスタマイズした戦略がその業界で利益を生むか，また戦略の実行でライバル会社に差をつけられるか，という点で決まる．売り手がカスタマイズのコストに見合う収益を上げ，成果を手にするためには，自社の製品やサービスの購買が一回で終わらずに継続され，かつ1つ1つの取引金額が大きくなくてはならない．それに対して，顧客のニーズに違いがなく，製品の購買頻度も取引価額も低ければ，顧客適応型の関係性構築戦略を採用する意味がない．最大の成果が得られるのは，長期にわたって高水準の利益が期待できそうな顧客が市場全体の一部を占めている場合である．

5−3．成果を実現する

　顧客関係づけ能力が企業に優位性をもたらすためには，(1)顧客との関係性構築重視の戦略を展開するための魅力的な機会が市場に存在すること，(2)この戦略の実行でライバル会社に差をつけられることが条件となる．これらの条件が整えば，低い顧客離反率，高い顧客ロイヤルティや顧客維持率，マージンなどで競合相手をしのぐことができるはずである．

6．まとめ

　産業財マーケティングにおいては，単純な取引ではなく関係性そのものが重要なテーマである．産業財マーケティングを行なう企業は主要顧客や提携相手との関係性の管理に優れたスキルを発揮することで，協働による優位性を実現することができる．

　顧客と有益な関係性を築くために，産業財のマーケターはまず，交換関係のさまざまな形態を理解する必要がある．取引的交換は主として，非常に競争力のある市場価格で基礎的な製品やサービスをタイムリーに取引する場合の形態である．それに対して協働的交換では，お互いの長期的目標の実現を目的として，両者の間に非常に緊密な人間関係，情報や業務上のつながりが築かれる．関係性のスペクトルの中で異なった段階にある関係は異なったコネクターによって特徴づけられる．例えば，重要な購買のために発生する協働的関係では，売り手と買い手の業務統合や高度な情報交換などを含む業務上の連携が重視される．

　顧客がサプライヤーにコミットする期間の長さを調べてみると，関係性マーケティングに関して貴重なヒントが得られる．関係がどのようなパターンをとる可能性が高いかを見きわめる際には，切替コスト，知覚リスクのレベル，購買の重要性が目安になる．関係性マーケティングのプロセスは，(1)顧客の選定，(2)顧客別の提供内容の開発，(3)関係性戦略の実行，(4)関係性戦略の結果に対する評価という4段階から成る．

　顧客関係性管理では，顧客ロイヤルティと，さらには企業の収益性の改善

を目的として顧客戦略と業務プロセスの調整を図る．そのために顧客戦略では，以下を実施する．(1)適切な顧客の獲得，(2)適切な価値提案の創出，(3)最適なプロセスの設定，(4)社員の動機付け，(5)顧客の維持．顧客関係性管理に秀でるためには，顧客関係づけ能力が必要である．この能力は，社員の関係性に対する姿勢や豊富な情報ベースの広範な活用のほか，ソリューションの顧客別カスタマイズを可能にするようなシステム，プロセスおよびインセンティブの導入などを含み，市場指向の組織ほど形成されやすい．

6－1．討論課題

1．「ボーイング777」は，ボーイング社のマネージャーたちにサプライヤーのスタッフを加えた「設計・製造チーム」によって考案された，最初の商用ジェット機だった．ロックウェル・インターナショナル社やハネウェル社などのサプライヤーは，コンピュータ・ネットワークを通じてこのプロセスにリンクされた．組立てラインから送り出されて来た「777」一号機は組立てが実に正確で，機首から最後尾までの寸法は図面との誤差が1インチの1000分の23（約0.06cm）以下だった．素晴らしい成果を達成できたのは，コンピュータ・ネットワークのお陰もあるが，計画をまとめ上げた者たちの間にお互いに対する尊敬と信頼の念があったからだ，とボーイング社のある購買担当幹部は振り返った．ボーイング社がサプライヤー評価を行う際，どのような判断基準が重要になるだろうか．また，関係性を構築する過程において，売り手と買い手それぞれでどのような人間が関与すると思われるか．

2．フォード社は，一部のサプライヤーと協働的関係を築き，その他のサプライヤーとは取引的関係を持っている．サプライヤーをこのような二つのカテゴリーに分ける際，購買担当幹部はどのような判断基準を用いると思われるか．フォード社との関係を取引的関係から協働的関係に移行させたいと思う産業財の売り手は，どのようなステップを踏んだらよいだろう．

3．一部のコンサルティング会社は，企業はそのサプライヤーを製品開発プロセスに適切に組み込むことにより，部品や原材料のコストを30％も削減できると主張する．こうしたコスト削減に売り手と買い手のパートナーシ

ップはどのように貢献するだろうか．
4．産業財市場における協働的関係と取引的関係は，売り手と買い手の関係性においてどのような特徴があるか．関係の種類によって業務上の連携はどのように異なるだろうか．
5．既存顧客を維持するためのコストは新規顧客の獲得コストよりはるかに少ないのはなぜか．
6．サウスウエスト航空がジェット機の調達先をボーイング社からエアバス・インダストリー社に切り替えるとしたら，同航空にどのような切替コストが発生すると思われるか．この切替コストを削減するため，エアバスはどのような措置を講じることができるだろうか．また，ボーイングとしては，サウスウエスト社との関係を強化するためにどのような対策が考えられるか．
7．事務用品メーカーが小規模製造企業向けに中核的製品・サービスを提供する場合，また大学向けに拡張製品を提供する場合，それぞれどのようなものが考えられるか．
8．「業界の企業が軒並み顧客関係性管理ソフトウェアを導入したら，どこも顧客戦略で競争優位性を獲得することはできなくなる」という意見をどう思うか．

6－2．インターネット演習

1．シーベル・システムズ社は，産業財市場の全部門を対象に顧客関係性管理ソフトウェア・ソリューションを提供している．同社のウェブサイト（http://siebel.com）にアクセスし，その「サクセス・ストーリー（成功事例）」をもとに次のことにトライしてみよう．
a．政府部門においてシーベル社の顧客を1社見つけよう．
b．その政府顧客はソフトウェア・ソリューションからどのようなメリットを得るだろうか．
2．ピープルソフト社は，「画期的顧客サービス」の提供を追求する高成長企業である．調査の結果，同社の顧客のほぼすべてがピープルソフト社を他社にも推薦したいと考えていることがわかった．同社のウェブサイト

（http://peoplesoft.com）にアクセスし，次の点について調べてみよう．
a．同社が販売する製品およびサービス．
b．産業財市場で同社が取引する顧客のタイプ．

◎事例　シーベル・システムズ社

　シーベル・システムズ社のトム・シーベルCEOは，単に優秀な企業を作るだけでなく，新たなビジネス領域の開拓者としても評価されている．それが，顧客関係性管理（CRM）である．CRMソフトウェアを利用すると，販売，サービス，マーケティングのプロたちが製品やサービスを顧客のニーズに合わせてカスタマイズする際に役立つ，単一の顧客情報源を構築することができる．同CEOは次のように指摘する．コンピュータ・テクノロジーの業務活動への応用はこれまで製造や会計などの分野で成果を上げてきたが，「セールスや顧客サービスの問題には概して手が付けられていませんでした．顧客との関係性の構築や維持にコンピュータ技術を活用できる可能性は非常に高いように見えました．これは大きなビジネス・チャンスだと私たちは思ったのです」

　彼の目に狂いはなかった．あるアナリストは，CRMソフトウェアの市場規模は2001年の56億ドルから2005年には160億ドルにまで成長すると見ており，もっと強気の見方も存在する．近年でもっとも急成長を遂げたソフトウェア・メーカーの一つであるシーベル社は，CRMソフトウェア市場で30％以上のシェアを握っている．だが，シーベルの成功は，オラクル社，ピープルソフト社，SAP AG社—リソース・プランニング・ソフトウェアのリーダー各社で，CRMの分野にも本格的に参入している—など数多くの強力なライバルの出現を招いた．

　シーベル社が戦略を推進する考え方は，高度な情報技術を活用して最重要顧客を発見・獲得・維持するとともに，最高水準の顧客満足を実現することが成功をもたらすというものである．シーベル社は，ロッキード・マーチン社，ワールプール社，チャールズ・シュワブ社，チェース・マンハッタン銀行などに製品を提供している．

　CRMは迅速な行動力と大きな潜在力を持つにもかかわらず，そのコンセプトが最初から「過剰宣伝」されたために輝きを失いつつある，という批判の声も一部の批評家から聞こえてくる．ガートナー・グループによる調査で

は，CRMプロジェクトの半数以上が顧客の期待に応えていないという結果が出た．さらにフォレスターリサーチ社によれば，CRMソリューションは6,000万〜1億3,000万ドルものコストがかかり，組織に導入するのに最短でも2年を要する．だが，専門家たちは，こうした難点の多くは「企業がまず顧客戦略を明確に設定しないままソフトの導入を急ぐ」ことから生まれるものと反論する．

討論課題

1. CRMソフトウェア・ソリューションの導入を考えている企業が競合製品（シーベル社とオラクル社など）の比較評価を行うとき，購買センターはCEOやCIO（最高情報責任者）といった経営上層部のほか，マーケティングやセールスの担当幹部などで構成されることになる．これらのメンバーは，それぞれどのような購買基準を重視すると思われるか．マーケティング担当幹部と情報技術担当幹部では，優先する基準に違いがあるだろうか．
2. マーケティング戦略の効率や効果を改善しようとする際，顧客関係性管理システムはどのような利用法が考えられるか．
3. 顧客関係性管理システムの導入を完了した企業が，その財務面での効果を測定するにはどうしたらよいか．

―― 注 ――

1　Frederick E.Reichheld, "Lead for Loyalty," *Harvard business Review* 79 (July/August 2001) : p.82.
2　George S.Day, "Managing Market Relationships," *Journal of the Academy of Marketing Science* 28 (winter 2000) : p.24.
3　Rosabeth Moss Kanter, "Collaborative Advantage," *Harvard Business Review* 72 (July/August 1994) : pp.96-108.
4　This section is based on George S.Day, "Managing Market Relationships," pp.24-30, except when others are cited.
5　Robert M.Morgan and Shelby D.Hunt, "The Commitment-Trust Theory of Relationship Marketing," *Journal of Marketing* 58 (July 1994) : pp.20-38.
6　Day, "Managing Market Relationships," p.25.
7　James C.Anderson and James A.Narus, "Partnering as a Focused Market Strategy," *California Management Review* 33 (spring 1991) : p.96. See also Ven Srivam, Robert Krapfel, and Robert Spekman, "Antecedents to Buyer-Seller Collaboration : An Analysis from the Buyer's Perspective," *Journal of Business Research* (December 1992) : pp.303-320.
8　Morgan and Hunt, "The Commitment-Trust Theory," pp.20-38.See also Patricia M. Doney and Joseph P.Cannon, "An Examination of the Nature of Trust in Buyer-Seller Relationships,"*Journal of Marketing* 61 (April 1997) : pp.35-51.
9　Day, "Managing Market Relationships," p.25.
10　Joseph P.Cannon and William D.Perreault Jr., "Buyer-Seller Relationships in Business Markets", *Journal of Marketing Research* 36 (November 1999) : pp.439-460.
11　Jeffrey H.Dyer, Dong Sung Cho, and Wujin Chu, "Strategic Supplier Segmentation : The Next 'Best Practice'in Supply Chain Management," *California Management Review* 40 (winter 1998) : pp.57-77.
12　Cannon and Perreault, "buyer-Seller Relationships," p.444.
13　Dyer, Cho, and Chu, "Strategic Supplier Segmentation," p.68.
14　Cannon and Perreault, "Buyer-Seller Relationships," p.454.
15　Ibid., p.453.
16　Barbara Bund Jackson, "Build Customer Relationships That Last," *Harvard Business Review* 63 (November/December 1985) : p.125.
17　M.Bensaou, "Portfolio of Buyer-Seller Relationships," *Sloan Management Review* 40 (summer 1999) : p.43.
18　George S.Day, "Capabilities for Forging Customer Relationships," Working Paper, Report No.00-118, Marketing Science Institute, Cambridge, Mass., 2000, p.4.

19　Larry Yu, "Successful Customer-Relationship Management," *MIT Sloan Management Review* 42 (summer 2001) : p.18.
20　Darrell K. Rigby, Frederick F.Reichheld, and Phil Schefter, "Avoid the Four Perils of CRM," *Harvard Business Review* 80 (January/February 2002) : p.102.
21　Anderson and Narus, "Partnering," p.98.
22　Frederick F.Reichheld, "Lead for Loyalty," *Harvard Business Review* 79 (July/August 2001) : pp.76-84.
23　Frank V.Cespedes, *Concurrent Marketing : Integrating Product, Sales, and Service* (Boston : Harvard Business School Press, 1995), p.193.See also Don Peppers, Martha Rogers, and Bob Dorf, "Is Your Company Ready for One-to-One Marketing?"*Harvard Business Review* 77 (January/February 1999) : pp.151-160.
24　This discussion draws on Anderson and Narus, "Partnering as a Focused Market Strategy," pp.95-113.
25　This section is based on James C.Anderson and James A.Narus, "Capturing the Value of Supplementary Services," *Harvard Business Review* 73 (January/February 1995) : pp.75-83.See also James C.Anderson and James A.Narus, "Business Marketing : Understand What Customers Value," *Harvard Business Review* 76 (November/December 1998) : pp.53-67.
26　This discussion is based on Larry Schiff, "How Customer Satisfaction Improvement Works to Fuel Full Business Recovery at IBM," *Journal of Organizational Excellence* 20 (spring 2001) : pp. 3 -18.
27　Reichheld, "Lead for Loyalty," p.78.
28　Rigby, Reichheld, and Schefter, "Avoid the Perils of CRM," p.104.
29　Reichheld, "Lead for Loyalty," pp.76-84.
30　Schiff, "How Customer Satisfaction Improvement Works," p.8.
31　Day, "Capabilities for Forging Customer Relationships," p.11.
32　Frederick E.Webster Jr., *Market-Driven Management : Using the New Marketing Concept to Create a Customer-Oriented Company* (New York : John Wiley & Sons, 1994), pp.166-171.
33　Webster, *Market-Driven Management*, p.169.
34　This section is based on George S.Day, "Capabilities for Forging Customer Relationships," pp. 3 -33.
35　Day, "Capabilities for Forging Customer Relationships," p.15.
36　Thomas H.Davenport, Jeanne G.Harris, and Ajay K.Kohli, "How Do They Know Their Customers So Well?"*MIT Sloan Management Review* 42 (winter 2001) : pp.63-72.
37　Holm Blankenburg, D.K.Eriksson, and J.Johansson, "Creating Value Through Mutual Commitments to Business Network Relationships," *Strategic Management Journal* 20 (May 1999) : pp.467-486.

38 Dave Nelson, Patricia E.Moody, and Jonathan Stegner, *The Purchasing Machine* (Mew York : The Free Press, 2001), pp.89-90.
39 This discussion is drawn from Doug Bartholomew, "The King of Customer," *Industry Week.com* (February 2002) : pp. 1 -3.
40 Ibid., p.2.
41 Darrell K.Rigby, Frederick F.Reichheld, and Phil Schefter, "Avoid the Four Perils of CRM," *Harvard Business Review* 80 (January/February 2002) : p.102.
42 Bartholomew, "The King of Customer," p.3.

＃ 第5章

産業財市場のための
eコマース戦略

最先端企業はインターネットを活用してビジネスの方法を転換しつつある．情報伝達，取引の実施，革新的サービスの提供，緊密な顧客関係の構築などにおいて，インターネットは強力な基盤となる．この章では，以下の項目がテーマとなる．

1．産業財市場におけるeコマースの特徴
2．eコマースが企業のマーケティング戦略において果たし得る役割
3．eコマース戦略の設計に伴う主要な課題

アイルランド西海岸の都市，リマリック郊外に立つデル社のコンピュータ工場は，ヨーロッパ全域の企業顧客にパソコンをカスタム・ビルド方式で供給している．デル社のウェブサイトとコールセンターを通じて注文が工場に届くと，必要な部品の種類と数量，および納期などがサプライヤーに伝達される．ハードディスク，マザーボード，モデムなどのコンポーネントはすべて工場裏手の大きな倉庫に運び込まれ，それからわずか数時間後にはコンピュータの完成品として送り出されていく．自社のウェブサイトを通じて毎日5,000万ドル相当以上のコンピュータを売り上げるデルは，電子商取引（eコマース）の先駆者として高い評価を得ている．デル社のサプライヤーはデル社の企業エクストラネットを通じて注文情報にリアルタイムでアクセスすることができるため，適切な部品が必要な量だけ納品され，生産ラインはつねにスムーズに流れる．サプライヤーを顧客データベースに直接組み込むことにより，デル社はサプライヤーたちが需要の変化を迅速に把握できるようにしている．また，ウェブサイトを介して顧客をサプライチェーンに組み込むことで，顧客は自分の注文品が工場から自分のオフィスに届くまでの進行状況を確認することができ，電話やファクスでいちいち問い合わせる手間がかからない．サプライヤーと顧客をコラボレーター（協力者）と位置付けるデル社は，彼らと三者間の「情報パートナーシップ」を構築し，効率アップやサプライチェーン全体での利益の共有を実現する方法を一緒に追求しているが，それを可能にするのはインターネットの持つ普遍的な接続性である[1]．

　インターネットと電子商取引を自らの企業戦略に組み込んでいる産業財の売り手はデル社だけではなく，他にも何千とある．eコマースの効果は，企業の内部プロセスのスピードアップと自動化を実現することだけでなく，サプライヤーや顧客のビジネス・システムに効率性というメリットをもたらす点も見逃すことはできない．eコマースは，開放的および閉鎖的ネットワーク上でデータや情報をシームレスに動かし，かつては切り離されていた組織やサプライチェーン内のグループを結合する．インターネットおよびeコマースは，サプライヤーや顧客をこのように統合することにより，企業間取引という舞台に適した強力なツールを提供する．

インターネット上での企業間取引の範囲や規模に関するデータを見ると，将来の傾向がうかがえる．2000年のeコマース取引は，その94％が企業間売買取引で占められた．部門別では製造業がトップで，eコマースの総出荷額は7,770億ドルにのぼった[2]．ダウ・ジョーンズ工業株30種平均において，従来型企業7社と入れ替えに技術関連企業3社が構成銘柄に加えられた事実は，インターネットやテクノロジーの重要性が増していることを反映するものである[3]．

　AMRリサーチ社の見積りによれば，2005年には企業間eコマースの総取引額が4兆7,000億ドルに達するという[4]．このようにeコマースが飛躍的成長を続ける中，産業財市場で製品やサービスを販売する企業は大きな機会と課題に直面している．情報処理，デリバリー能力，組織間の協働，柔軟性におけるインターネットの長所を活かしてeコマース市場に参入する企業は，選択した市場セグメントにおいて重要な差別的優位性を獲得することができるかもしれない．その一方で，eコマース戦略の構築を試みる組織の前には，大きな課題も立ちふさがっている．こうした企業の場合，包括的なeコマース戦略を練り上げ，従来型のビジネス・モデルを根本から転換し，eコマースに伴って急速に変化する技術に対処することが必要になる．

　この章では，eコマースの特徴，それが組織のマーケティング戦略で果たし得る役割，eコマース戦略の設計における主要な要素，産業財マーケティングの領域におけるeコマースの将来の方向性と潜在能力について考える．

1．eコマースの定義[5]

　eコマースでは，コンピュータを用いたネットワーク上でのビジネス・コミュニケーションとデータ送信，具体的には，製品やサービスの売買，デジタル通信による資金移動が行われる[6]．eコマースはいくつかの視点からとらえることが可能であり，それぞれが産業財の売り手に密接に関連している．

　1．コミュニケーションの視点からすると，eコマースは，電話線やコンピュータ・ネットワークなどの電子的手段を介した情報，製品やサービス，支払い

のやり取りと言える.
2. 業務プロセスの視点からは,商取引やワークフローの自動化を実現するための技術利用である.
3. サービスの視点からは,企業や顧客が求めるサービス・コストの削減を実現しつつ,製品の品質向上やサービス提供のスピードアップを図るためのツールである.
4. オンラインという視点からすると,インターネット上で製品や情報を売買したり,その他のオンライン・サービスを受けたりするための手段となる[7].

　以上の定義から明らかなように,eコマースは多面的で複雑なものである.しかし,eコマースの存在意義は単純明快で,eコマースはある特定の市場において,また特定の顧客のために,売上高,コスト削減,顧客へのリアルタイム情報の提供を実現する商行為の手法である.Ravi KalkotaおよびAndrew Whinstonは,典型的な組織においてeコマースが果たす役割を的確に説明している.

　　eコマースはその活用の仕方により,古い製品向けに新しい市場を創造したり,情報を利用する製品を新たに生み出したり,顧客への対応や相互作用を改善する新しいサービス提供チャネルを確立したりするなどして売上げの増加をもたらす可能性を秘めている.電子商取引の取引管理の側面で言えば,企業が販売・生産・流通プロセスの調整(またはサプライチェーン管理)を改善して業務コストを削減したり,事業統合によって間接費を減らしたりすることが可能になる[8].

　要するにeコマースには,ビジネスのほとんどあらゆる段階に応用可能であり,新しい需要を掘り起こしたり,業務プロセスを効率化したりする効果がある.eコマースは製品の調達・購買,顧客からの注文処理プロセス管理,受注処理状況,オンライン・マーケティング,広告に関するリアルタイムでの情報提供,オンライン製品カタログや製品情報の作成,物流プロセスの管理,請求書の支払い処理などへの利用が考えられる.応用の仕方は無限

だが，どの製品や市場にもeコマース手法が有効とは限らない．この章の後のほうで，eコマースはどのような状況でもっとも効果を発揮するか考える．eコマースのさまざまな活用法を表5．1にまとめた．eコマースはビジネスのあらゆる機能分野で重要な役割を果たす可能性があるが，マーケティングの視点から見た最大の効果は，顧客との相互作用を促進するという点にある．

2．eコマースを支える重要な要素

2－1．インターネットとワールド・ワイド・ウェブ

　eコマースは，インターネットとワールド・ワイド・ウェブの発達の結果として実現した．インターネットは新しいものではなく，その起源は，米国の高等研究計画局と国防総省のプロジェクトとして1960年代に一群のコンピュータがリンクされたことに遡る[9]．最初，離れた地点にある軍のコンピュータ間でもデータを安全にやり取りできるようにと，四つの大学の汎用コンピュータ4台を接続したネットワークが構築された．その後，政府の他のネットワークもこれにリンクされ，これがインターネットの原型となった[10]．そして，1995年にはインターネットが一般にも解放され，企業が営利目的で自由にアクセスできるようになった．

2－2．イントラネットとエクストラネット

　インターネットは今や，多くの産業財の売り手のマーケティング戦略に欠かせない存在になったが，インターネット戦略と統合される重要な技術的要素が他に二つある．その内の一つである「イントラネット」は，企業ごとに構築される社内用インターネットで，組織内に分散した内部ネットワーク上のドキュメントをリンクする．企業はイントラネットの活用により，各部門や個人間でのデータベースの共有，コミュニケーション，社内報の配布，専有情報の閲覧，さまざまな職務上の訓練，会社が業務管理に用いる各種システムの共有などを実現することができる．例えば，世界最大の商用機メー

| 図5.1 | eコマースのタイプ |

組織間eコマース
1. サプライヤー管理：サプライヤーの数や調達コストが削減され，注文サイクルタイムが短縮される．
2. 在庫管理：情報の瞬時送信によって在庫が削減され，出荷物の追跡によりミスと安全在庫が減少し，在庫切れが防止される．
3. 流通管理：出荷書類の送付が容易になり，データの正確性が確保される．
4. チャネル管理：市場や顧客状況の変化に関する情報が取引相手に迅速に伝達される．技術，製品，価格に関する情報が電子掲示板を通じて公表される．すべてのチャネル・パートナーとの生産情報の共有が容易になる．
5. 支払管理：サプライヤーや流通業者間での決済が電子的に処理されるため，ミスが減り，時間やコストの削減が可能になる．

組織内eコマース
1. 職場のコミュニケーション：電子メールや電子掲示板の活用によって社内コミュニケーションが促進される．
2. 電子出版：価格表，市場動向，製品仕様など，あらゆる種類の会社情報の整理・公表を瞬時に行うことができる．
3. 営業チームの生産性：生産部門と営業チームの間，営業チームと顧客の間の情報の流れを促進する．営業チームが提供する市場や競合相手に関する情報の利用が広がる．

一般顧客向けeコマース
1. 製品情報：顧客は，新製品や既存製品に関する情報を企業のウェブサイトで容易に入手できる．
2. 販売：一定の製品がウェブサイト上で直接取引されることにより，企業は取引コストを削減でき，顧客は自分の注文に関する情報をリアルタイムで知ることができる．
3. サービス：顧客は注文処理状況，製品用途，製品に関する問題，返品に関する情報を電子的にやり取りすることができる．
4. 支払い：顧客は支払いを電子決済システムで行うことができる．
5. 市場調査：企業はeコマース，インターネット，自身のウェブサイトを活用して，既存顧客や潜在顧客についての情報を大量に収集することができる．

カーであるボーイング社では，世界的に展開する社員20万名余りが利用できる企業イントラネットが整備されている．このイントラネットの一部門として，スーパーバイザー研修および品質管理の分野における企業教育プログラムのためのオンライン講座カタログがある．また，イントラネットは企業の外部からニュースを取り込む機能も果たす．例えば，情報会社であるファクティバは，企業イントラネットにニュースを送り込む．このような外部情報

は，特定の企業に関係するニュースを的確にカスタマイズしたものが多い[11]．

一方，「エクストラネット」とは，サプライヤー，流通業者，顧客などの取引相手がインターネットや仮想プライベート・ネットワーク（VPN）を通じて社内ネットワーク（イントラネット）に接続できるようにするためのネットワークである．二つの組織が業務上の連絡や取引を目的に，それぞれのイントラネットを接続したものである．エクストラネットのねらいは，通信手段の提供を通じて，本来ならどこか他の場所で行われる業務プロセスを合理化することにある．例えばヒューレット・パッカード社やP&G社は，広告キャンペーンの評価を迅速化するため，広告代理店との間にエクストラネットを構築している．エクストラネットでは，取引相対に対して社内のイントラネットにアクセスするための独自のパスワードを提供する．印刷業界の企業は，顧客が印刷作業の進行状況を確認したり，他のメディア資産の画像データベースを閲覧したりする目的で社内のネットワークにアクセスすることを認めている[12]．企業としてはそうすることで，アクセスを認めている顧客それぞれに関する情報や相互行為をカスタマイズすることができる．ヒューレット・パッカード社はウェッブ上で最大クラスの医療サイトを提供している．同社の病院顧客が（申告するプロフィールに基づいて）与えられる特別なパスワードを入力すると，ヒューレット・パッカード社との契約を通じて交渉された「特別価格」のページが自動的に表示され，そこでカスタマイズされた情報を得ることができる[13]．

3．eコマースの戦略的役割

産業財の売り手にとって重要な問題は，企業のマーケティング戦略全般においてeコマースがどのような役割を担うかということである．eコマースに伴う最大の危険性の一つは，マネージャーたちが技術的側面ばかりに注意を奪われ，戦略的要素や，企業理念全体におけるeコマースの役割を軽視する恐れがあることだ．インターネット，より厳密に言えばeコマースは，マーケティング目標を達成するための手段にすぎず，確かなマーケティング

戦略が必要であることに変わりはない．誇大広告に乗せられ，自らの組織に適さない目新しいビジネス・モデルに基づいてインターネットに関する決定を下し，不本意な結果に後悔する企業が何と多いことか（表5．1参照）．

3－1．戦略的要素としてのeコマース

　産業財のマーケターは企業理念を実現するためにいろいろな行動をとるが，eコマース，さらに具体的にはインターネットもまさに同様で，明確なセグメントをターゲットに設定し，注意深く練り上げた目標に沿って活用することが重要である．マーケターとしては，インターネットを次のように考えることができる．

1．顧客関係を構築するためのコミュニケーション手段
2．流通チャネルの一つの選択肢
3．顧客にサービスを提供するための重要な媒介
4．市場調査データを収集するためのツール
5．サプライチェーンのメンバーを統合する方法

　要するに，インターネットが既存の流通チャネルに取って代わることはなく，むしろそれをサポートまたは補完する役目を果たす．また，販売機能を排除するのではなく，むしろ営業スタッフの活動を促進し，販売機能の効果と効率を向上させるのである．
　Hank Barnesによれば，産業財のマーケターが成功するには，インターネットとeコマースを従来の事業構造に組み込み，売上や満足度，サービスレベルを改善し得る新しいコミュニケーション手段として活用することが重要だという[14]．要するに，eコマースは企業の到達範囲を拡大させはするが，顧客の獲得や対応の仕方，満足のさせ方の基本を変えるものではないのだ．
　「新しいeコマース・モデルの導入は，単にインターネット上で何かを販売するということではなく，会社の日常業務，とくに企業間取引や顧客との関係構築の一つの方式としてインターネットを統合するということなのです」というインテル社のAndy Grove会長の指摘はうなずけるものがある[15]．

表5.1　「誇大広告」とeコマースの実際

誇大広告	実際
1．eコマースはチャネル・パートナーの排除を可能にする．	1．配送，サポート，トレーニング，与信などの主要サービスが既存チャネルで提供されるならば，そうしたパートナーは依然必要である．
2．新規顧客の獲得はインターネットだけで事足りる．	2．インターネットは企業の到達範囲を拡大するが，産業財のマーケターの大半はインターネットが新規顧客の獲得に有効な方法だと思っていない．新規顧客を獲得するためには通常，あらゆる種類のコミュニケーションが必要である．
3．大規模なウェブサイトは産業財企業の広告・販促コストを大幅に削減する．	3．インターネットを利用する戦略でも，潜在顧客に自社サイトを知ってもらうための広告や販売促進は欠かせない．広告には今も，認知と再認の構築という本来の役割が期待されている．
4．ウェブサイトは潜在顧客が求めそうな情報を網羅する必要がある．	4．ウェブサイト上でいろいろな情報をやみくもに提供すると，自社の競争情報をライバル会社にみすみす与えることになる．
5．企業間サイトの成果はビジターの滞在時間で測定される．	5．企業間サイトの成果は滞在時間ではなく，それが引き起こした有効なアクションによって測定される．情報へのアクセスを迅速かつ正確に提供することがねらいである．
6．インターネット・マーケティングが従来のマーケティング媒体に取って代わる．	6．従来メディアの機能や顧客との人的交流のメリットの多くは，コンピュータでは実現できない．ラジオが新聞に，またテレビがラジオに取って代わってはいない．

出所：Hank Barnes, "Getting Past the Hype : Internet Opportunities for B-to-B Marketers," *Marketing News*, 1 February 1999, pp.11-12より一部変更の上引用．

3－2．インターネットで何ができるか

　eコマースの戦略的要素について考える前に，効果的に開発されたeコマース戦略がもたらす重要なメリットについて見てみよう．インターネットは適切な使い方をすれば強力なツールとなり，顧客への効果的対応，有益な情報の伝達，業務コストの削減など，そのメリットは計り知れない．

3-3. インターネット:戦略がやはり重要である[16]

 価値ある新技術としてのインターネットが従来の競争ルールの多くを陳腐化させると考えた経営者や起業家,投資家は少なくなかった.競争戦略論で知られる Michael Porter は,古いルールが依然として支配していて,戦略の基本は変わっていないと説く.実際,インターネット技術を取り巻く興奮に呑まれ,ドットコム企業も従来企業も一様に判断を誤った.例えば,一部の企業は競争の基盤を,品質,特徴,サービスといった従来要素から価格へと移した.そうした状況下では,同じ業界内で競合する企業すべてが利益の追求に目の色を変えることになる.また,誤ったパートナーシップや外注関係に走ることで,重要な本来の優位性を失った企業もある.

 産業財のマーケターが教訓として受け止めるべきは,インターネットは支援技術だということである.つまり,従来の競争方法に取って代わるのではなく,それを補完するツールにすぎないということだ.だとすると,インターネット技術を導入するかどうかよりも,それをどのように役立てるかが重要になる.こうした戦略を e コマースの専門部署だけに閉じ込めず,従来の業務に直接統合する企業が成功を手にするものと思われる.Michael Porter は,将来を次のように鋭く予想する.

> 基本的なインターネット・アプリケーションの導入は,企業にとってスタートラインについたにすぎない.つまり,企業はそれなしに競争に参加することはできないが,それだけで優位に立ったとは言えないのである.より強固な競争優位は,個性的な製品,専売権のあるコンテンツ,ユニークな実際の活動,優れた製品知識,強力なサービスや関係性といった従来の強みから生まれるだろう……最終的には,インターネットに従来の競争優位や競争方法を組み合わせた戦略が,多くの業界で勝利を手にするはずである[17].

■顧客指向,即応性および関係性の強化 産業財のマーケターはインターネットを活用することで,注文管理だけでなく製品構成や設計でも顧客との連携が可能になり,その結果,顧客サービスが改善して顧客満足度が向上す

る．インターネットは顧客と工場を直結するため，企業の購買担当者は自らのニーズに合わせて製品をカスタマイズすることができる．今では多くの産業財のマーケターが，まさにウェブサイト上でのこうしたカスタマイズを顧客に勧めている．

■取引コストの削減　顧客がインターネットを利用してくれると，サプライヤーは顧客に対して，受注と注文追跡の両方について低コストのアクセスを1日24時間，週7日提供することが可能になる．人的サービスを必要としない取引を費用対効果の高いウェブサイト上で処理すれば，個別の応対が求められる収益性の高い顧客に多くのスタッフを投入することができる．実際のところ，ｅコマースは業務の「セルフサービス」化を伴うため，顧客は必要なものを自分でダウンロードするようになり，当事者全員のコストが削減される．インターネット上の取引を自動化した結果，購買コストが25～150ドルも削減されたという企業もある[18]．

■サプライチェーンの統合　企業はインターネットを利用することで，顧客，サプライヤー，流通業者，提携パートナーなど，広く分散した取引相手を，組織的，地理的，機能的な境界を超越して電子的に結合することができる．サプライチェーンの構成者がすべて，インターネット上で共有するデータベースを介してリンクされるため，付加価値プロセス全体がシームレスになり，効率がアップする．サプライチェーンを効果的に運営する鍵は，売上予測，生産計画，納品スケジュール，流通網を流れる完成品の配送追跡，サプライチェーンの各種ポイントにおける在庫水準，予想売上と実績の比較データなどの重要情報を参加企業間で共有することにある．

　インターネットはこうした大量の情報の生成，更新，調整および伝達を容易にするため，サプライチェーンの全参加者が共通のウェブサイトを通じて情報を手軽に入手できるようになる．興味深いことに，IBM社は今や世界最大のｅコマース企業であり，年間4,200万件を超えるサービス取引や社員教育の30％をオンラインで行っている[19]．同社は，メモリチップ，バッテリー，ディスクドライブのサプライヤー125社と，パソコンを年間1,500万台

生産するスコットランドの工場とをインターネットで結んでいる[20]．これらの品目に関する注文情報が毎日，同社のエクストラネット上に掲載される．サプライヤーが近くの業務拠点（倉庫）から部品を出荷すると，決済プロセスが電子的にスタートする．IBM社はこれまで，数多くの部品について在庫回転率を10倍に高めることに成功し，サプライヤーは迅速な決済や，同社との生産工程の調整拡大というメリットを手にしている．

■主力事業への特化　インターネットを利用すると，企業は自分の得意とする分野に注力し，その他の部門は切り離したり，インターネットを通じてリンクされている業者に外注したりするのも容易になる．インターネットはこのようにして，他の企業と契約して，製造から保管まで多様な機能を遂行する「バーチャル・カンパニー（仮想企業）」の誕生を促す．ボーイング社は，最新機種である「ボーイング777」を，サブコントラクターや有力顧客を電子的に結ぶネットワークを駆使して開発した[21]．この手法により同社としては，製品設計という重点分野への資産や人材の集中的投入が可能になるのである．

■顧客への効果的な情報提供　企業が製品カタログをインターネットで顧客に提供すると，顧客は自身のニーズに合った製品を見つけやすくなる．多くの産業財の売り手が，カタログを掲載したウェブサイト上で検索エンジンを提供し，ユーザーが製品に求める一連の基準を定義できるようにしている．顧客は，オンラインの製品データベースにアクセスすれば，自分が必要とする範囲内で欲する製品を見つけることができ，何千ページもの無関係なデータの中を捜し回る手間が要らなくなる．また，こうしたオンライン・データベースはちょっとしたキー操作で容易に更新できるため，タイムリーなデータ提供が可能になる．インターネットのウェブサイトは，このようなオンラインのカタログ・データベースのほか，顧客が製品の完成日や出荷予定日，納品日などを確認できる注文追跡も実現する．顧客はインターネットにより，まさに1日24時間，週7日間いつでも取引を行うことができるのである．

■グローバル市場へのアクセス　eコマースは，広範囲なグローバル市場への参入を目論むB to B 企業にとって強力な手段となる．最新鋭のIT技術を駆使し，注文・調達管理システムや販売，マーケティング，顧客サポート機能を導入することで，顧客ベースを全世界に拡大することが可能になる[22]．eコマース・ソリューションを活用することによって，すべての潜在的な市場に営業チームや固定資産投資をする必要がなくなる．ウェブが必要なものをカバーしてくれるからである．ただ，この手法を成功させるには，顧客に製品をタイムリーかつ効率的に提供できるインターネット戦略とロジスティックス能力が欠かせない．だが，eコマース戦略によって市場がひとたび確立されれば，特定の地理的エリアにおける売上が営業チームやオフィス，物流サービスのコストをかけることを正当化してくれるかもしれない．

4．eコマース戦略の構築

　eコマースのためのB to B戦略の開発は，他の種類のマーケティング戦略を開発するのと何ら変わらない．まずは，自社の製品，顧客，競合状況，資源およびオペレーションの評価から始まる．そのねらいは，これらの要素すべてがeコマース戦略とどうかみあっていくかを理解することにある．表5.2は，eコマース戦略を取り巻く戦略的および戦術的に重要なポイントをまとめたものである．これらの点に答えることで，産業財のマーケティング・マネージャーは，eコマース戦略を通じて実現しようとする目標を設定して，戦略の実行に伴ういくつかの重要な資源の問題を検討することが容易になる．

4−1．eコマースの目標の設定

　ある産業財マーケティング・マネージャーは，「インターネットでできることは無限にあるが，企業はこの技術が自分たちにとって何を意味するのか，それを用いて何をなすべきかを明確にしてから，そのためのビジネス・モデルを決定しなければならない」[23]と述べている．インターネット戦略を構築する際は，そもそもインターネットとその付随技術は，企業としての利

図5.2　eコマース戦略の構築に際して考慮すべき事項

1．顧客と市場
　　自社はすでにインターネットで何をしているか．その活動は顧客ニーズに即しているか．
　　インターネットは顧客サービスの改善にどう役立つか．
　　自社の販売チャネルの有効性を高めるためにインターネットをどう活用すべきか．

2．競合相手の脅威
　　従来からの競合相手やeビジネスの新興企業は市場力学をどのように変え，市場シェアや顧客をどのように奪う可能性があるか．
　　直ちに行動を起こさなければ，自社の事業ラインのいずれかが向こう2年以内に危機に陥るだろうか．競合相手が注目と価格優位を獲得する目的でインターネットを利用しているというのに，自社はインターネットに背を向けたままでよいか．

3．人材とインフラ
　　自社の経営チームや技術スタッフは，インターネット事業を運営するスキルを備えているか．
　　インターネット事業戦略によって顕わになった，自社のプロセス，インフラ，企業システムにおける弱点を克服するのに要するコストはどれ位か．
　　インターネット事業のリスクを管理するのに適した業務体制および財務構造はどのようなものか．

4．オペレーション
　　インターネットに適さない自社の古いビジネス手法に基づく考え方が，自分達の手足を縛っていないか．
　　インターネット関連モデルで自社に合うもの，自社を脅かすもの，あるいはビジネスを行うのに適するものは何か．
　　サプライチェーンの効率を改善するには，自社はインターネットをどう活用すべきか．
　　業務コストを削減するには，自社はインターネットをどのように利用すればよいか．それにはどの程度の期間を要するだろうか．

出所："A CEO'S Internet Business Strategy Checklist : The Leading Questions," *Business Technology Journal—Recent Research*, http://www.gartnerweb.com（アクセス：1999年4月19日）．

益を確保しつつ顧客を満足させるために産業財マーケティングの戦略担当者が用いる手段にすぎないことを理解しなければならない．インターネットが導入されれば営業スタッフはお払い箱になり，業者向け広告の支出が削減され，従来の流通チャネルや流通業者もまったく不要になるなどという誤解が生じやすい．大部分の企業において，インターネットは伝統的マーケティング戦略を補完するものであり，その効果の改善やコストの削減を側面から応

援するのである．

　例えばチャネルの領域では，インターネット上での情報提供や共同広告の資金援助を行ったり，自社サイトにディーラーがフロントエンド・サイトを構築したりするのを認めるなど，インターネットを利用してディーラーのe‐ビジネス活動をサポートすることに意義を見出している企業は多い[24]．さらに，インターネット戦略の導入後も，営業チームが顧客との関係性の形成に重要な役割を担っている．実際，インターネットで営業チームの生産性を上げることは可能である．例えば，700名余から成る営業チームを抱える医療品の大手流通業者，PSSワールド・メディカル社は，顧客が製品をオンラインで注文できる閉鎖型のカスタマーリンク・システムを開発した．このシステムは営業チームに取って代わるものではなく，彼らは引き続き従来通りカスタマーリンク上での売上げで手数料を得る．しかしより利益率の高い資本設備の販売に以前よりも多く専念することが可能になった[25]．

■**インターネットを戦略と同期化させる**　こうした効果や効率の改善もさることながら，まったく新しい，あるいは異なるターゲット市場に到達するためにインターネットを利用することも少なくない．多くの専門家がデル・コンピュータ社を「企業間eコマースの申し子」と見ているのは，カスタム・デザインのパソコンをネット上で販売することにより，費用対効果の向上において伝説的とも言える成功を収めたからである[26]．だが，インターネット販売でのデル社の成功は，顧客重視の直販方式を採用し，さらにそれをインターネットの活用によって強化しているところに秘密がある．フォーチュン誌のエリン・ブラウンは，次のように述べている．「この会社がオンラインで今行っていることはどれも，彼らが従来してきたことである．ただ，デル社とその顧客たちは，『煩わしい仕事』を処理するにはインターネットが一番だということを知っているのである」[27]．営業スタッフを用いる従来の戦略とインターネット戦略の完全な同期化をねらっているB to B企業にとって，デル社は格好のモデルとなる．デル社成功の鍵は，インターネットが果たす役割と，インターネットと他のマーケティング戦略要素との関係を理解していることにある．

4－2．インターネット・マーケティング戦略の具体的目的

　インターネットは，情報を提供したり，顧客に行動を促したりするのに有効である．インターネット・マーケティングの目的は，産業財市場におけるさまざまなコミュニケーション戦略のそれと類似している．インターネットは，企業に対する意識や知識の向上など認知の目的に利用すれば，企業イメージをアップさせたり購買意欲を促したりするのに役立つ．「Personalized Post-it® Notes」のウェブサイトを写真5．3に示した．3Ｍ社はこのウェブサイトを通じて，顧客が自分独自のポストイット・メモを作成できるサービスを提供している．このサイトを見ると，顧客がただ注文するだけでなく，「流通業者の工房」にアクセスして商品を自分好みにアレンジしたりするのも簡単にできてしまうことがわかる．このサイト（http://www.postitcustomnotes.com）を訪問すれば，このオンライン・サービスを利用することの手軽さが実感できるだろう．産業財のマーケターが一般的に設定すると思われる，eコマース部門の目的の例を以下に列挙する[28]．

1．特定の市場または顧客グループにターゲットを絞る．
2．企業名やブランドの再認率を向上させる．
3．先進性のイメージをアピールする．
4．市場調査を実施する．
5．既存顧客との相互作用及び新規顧客の開拓．
6．製品，サービス，財務に関する情報を顧客やサプライチェーン・パートナーにリアルタイムで提供する．
7．製品やサービスを販売する．
8．販売効率を改善する．
9．新しい媒体で広告する．
10．営業チームのための引き合いを生み出す．
11．顧客サービスの手段を提供する．
12．顧客との強い関係を構築する．

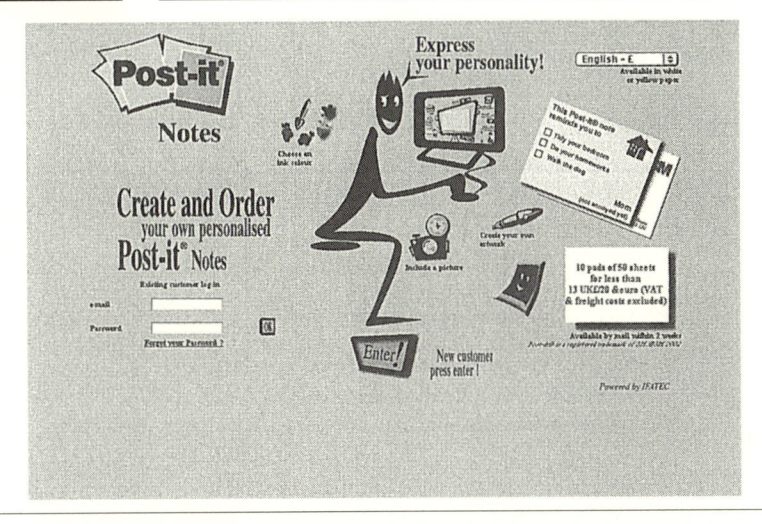

図5.3　「Post-IT® Notes」を簡単にカスタマイズできる3M社のウェブサイト

出所：3M社の好意により掲載．

　インターネット部門にどのような目的を持たせるかで，企業が戦略を構築する際に扱う問題の種類が決まる．例えば，インターネット活用により売上増を図ることが目的であれば，取引を処理し，ロジスティックスやサービス面のサポートを提供するシステム構築に力を入れる必要がある．インターネット戦略は目的次第で大きく変わってくる．例えばダウ・ケミカル社の目的は，製品情報を直接提供することで顧客と1対1の関係を構築することである．希望する顧客を対象に，「News from Dow」と題した電子ニュースレターを，一人ひとりの好みやニーズに基づきカスタマイズしてユーザーのデスクトップに送る．製品に関する資料も，登録されているユーザーのデスクトップに直接ダウンロードすることが可能である．また，デュポン社はウェブサイトのトップページに，赤ちゃんや母親，スポーツ選手などの写真を掲載して，企業イメージのアップに努めている[29]．

5．インターネット戦略の実行

　インターネットを利用する意図が完全に明確になったら，次はインターネット戦略を開発する段階である．マーケティング・プロセスではつねにそうだが，インターネット戦略でも，製品，販売促進，チャネルおよび価格に関する問題を慎重に考慮しなければならない．戦略の実行について述べる前に，インターネット関連の製品の重要な側面について考えてみよう．

5－1．インターネット製品

　インターネット製品とは，物理的要素，ソフトウェア，ハードウェア，エクストラネット，イントラネット，サービス，情報など，実にさまざまなものが複雑に配列されたものである．企業のウェブサイトは，その会社のeコマース戦略と結び付いた主要な製品要素であり，戦略の核心に位置する．なぜなら，顧客との相互作用がもっとも高いコスト効率で処理されるのはここだからである．

　ウェブサイトの開発は，すでに列挙したような，慎重に設定された企業の目的に基づいて行われるが，その目的が一つだけということはまずない．つまり，経営トップが目的を追加すれば，ウェブサイトの設計は複雑化していく．ウェブサイトの計画プロセスに顕著な要素として，ターゲットとするビジターのニーズなどもある．企業と顧客双方のニーズを満たすには，両方の側面に注目する必要がある．

　シスコ社がウェブサイトを利用して自社のインターネット・ビジネス・ソリューションをどのように販売しているか，写真5.4で確認してほしい．シスコ社のウェブサイトは，産業財マーケティングを行なう企業のサイトの中でもっとも優れたものの一つと言われている．このサイトでは，技術およびビジネス・ソリューションとしてリサーチへのリンクが張られているほか，潜在顧客によるシスコ社製品の設計や選択もサポートしている．さらに，AVVIDなど具体的な製品に関する情報も豊富である．

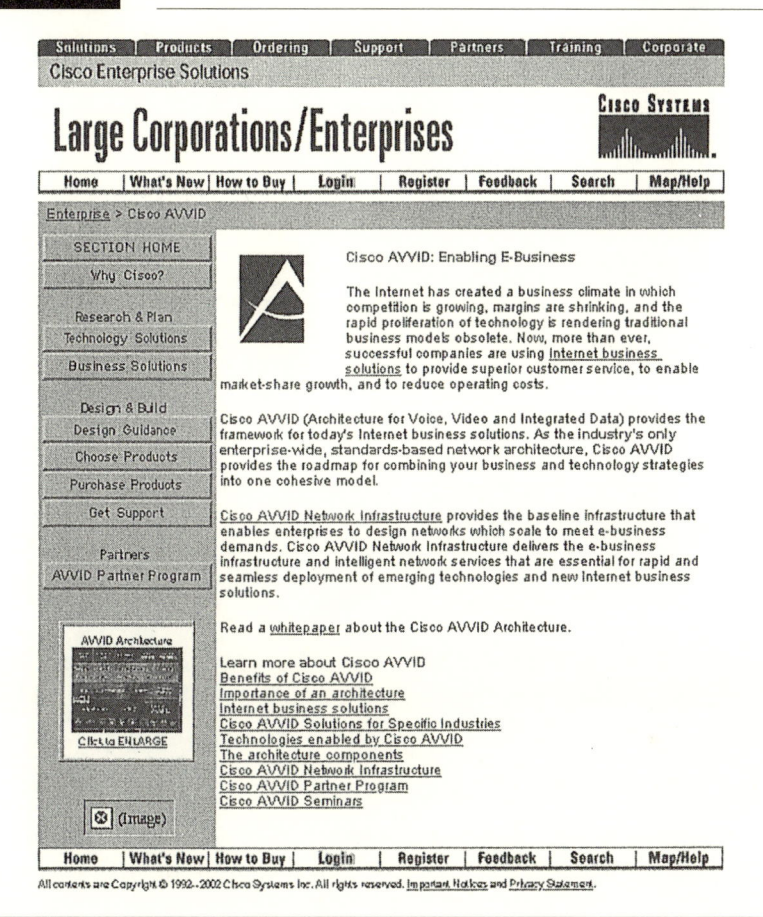

図5.4　シスコ社はウェブサイトを通して企業向けインターネット関連製品を販売する

出所：シスコシステムズ社の好意により掲載．

■ウェブサイトの効果的設計　企業の目的に即したウェブサイトを効果的に開発するためには，設計者はサイトの用途や使いやすさを高める機能などを，ユーザーの視点から考えることが重要になる．産業財のマーケターとしてウェブサイトを開発する際の指針を表5.5にまとめた．これらの項目の大部分は，企業が顧客に向けて行う，あらゆる種類のコミュニケーションに当てはまるはずである．

図5.5　効果的なウェブサイト開発のための指針

- ユーザーのニーズを予測し，見つけやすく掲載するとともに，迅速なロードを実現する．
- ユーザーに継続感を与えるような一貫性あるイメージを構築する．
- サイトのコンテンツをユーザーのニーズに即したものにする．
- サイトへのアクセスとコンテンツの体験をユーザーに促す．
- 容易に更新できる設計にする．
- 色を効果的に使用する．
- 読みやすい適切なフォントを用いる．
- サイト内や個々のページ内を容易に移動できるような機能を搭載する．
- 画像その他の形態のマルチメディアを効果的に用いる．

出所：Neal J. Hannon, *The Business of the Internet* (Cambridge, Mass.: The International Thompson Publishing Company, 1998), p.228.

　だが，ウェブサイトの開発にはいくつか特有の要素が存在するが，とくに注目すべきは，サイトのナビゲーション・ツールと，ロードを容易にするツールである．写真5.6に示したウェブサイトは，開発の指針として列挙した原則のいくつかを実践した好例と言える．Iprint社（http://www.iprint.com）は，顧客が名刺，文房具，販売促進商品などの製品をカスタマイズできるサービスを提供している．このサイトでは，ゴルフボールであれ名刺であれ，まさに自分のオリジナル製品を簡単に手に入れることができ，製品をクリックするとその作り方が表示される．つまり，Iprint社が提供しているのは最初から最後まで自動化された印刷プロセスであり，顧客は印刷前に仕上がりを確認できるようになっている．ウェブサイト内のいろいろな画面をスクロールすることにより，個性的な名刺を自分の手で作ることができるのだ．タブやトップページからのリンクを効果的に使って専門エリアへと導く仕組みは，非常にユーザーフレンドリーである．

　インターネットをマーケティング・ツールとして活用するためには，顧客が取引プロセスに沿って容易に移動し，自分が求める製品を素早く見つけ出し，その製品が自身のニーズに合うかどうかを判断できるようなウェブサイトが望ましい．こうした目的が果たされれば，次に重要になるのは決済処理を容易にする機能である．迅速性，使い易さ，そして安全性は，売買取引を

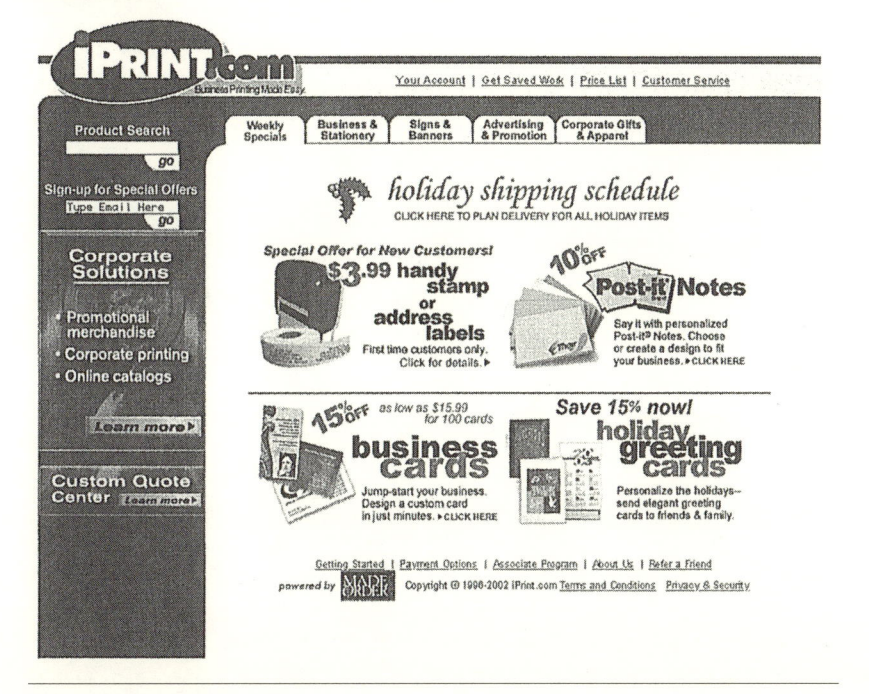

図5.6　オンラインでの製品カスタマイズ

出所：Iprint 社の好意により掲載.

遂行し，顧客が期待するサービスを実現する上で欠かせない条件と言える．

■インターネット・カタログ　部品，材料，保守・業務用供給品などを販売する産業財のマーケターにとって，eコマースの最初の利用法の一つは，電子カタログを開発してウェブサイト上に掲載することである．電子カタログがあると，ユーザーは何千ページもある資料に目を通す必要がなくなり，条件を細かく設定することで求めるものをあっという間に見つけることができる．おまけに電子カタログは，更新するのも容易である．

　第3章で述べたように，電子購買アプリケーションを導入している多くの企業が，電子購買で顧客担当者の作業効率が劇的に向上し，業務用供給品や非生産品目を捜す時間とコストが削減されることに気づいている．電子購買

第5章　産業財市場のためのeコマース戦略　　191

が顧客にもたらす大幅なコスト削減効果を考えると，企業がこれからの競争に勝ち抜く上で，インターネット・カタログの開発は不可欠だろう．

■垂直ハブ，自動調達および取引コミュニティー　アリバ社，コマースワン社，エレコム社など，企業の中には顧客に電子調達管理システムを提供しているところもある．これらのシステムでは，サプライヤーは電子カタログの提供やネット・オークションへの参加という形での関与を求められる場合が多い．電子購買の普及速度と，それがもたらす大きなメリットを考えると，産業財のマーケターは自らがこのシステムで果たすべき役割を慎重に検討する必要がある．もし参加しないとしたら，将来ビジネスの相当量を失うことになりかねない．

　例えばアリバ社は，企業による調達の自動化や，サプライヤーや製品へのアクセスをサポートしている．1996年に設立された同社は，購買にともなう顧客の支出管理を容易にする，電子調達を中心とする電子商取引ソリューションを提供している．調達支出分野におけるアリバ社の目玉製品は，「エンタープライズ・スペンド・マネジメント」（ESM, 企業向け支出管理）である．ESMは，支出活動の評価，効果的な外注管理の実施，総支出の全社的捕捉および照合など，企業による購買支出全体の管理を実現する新分野のソリューションである．現在，アリバ社の電子ソリューションは，実に全世界のデスクトップ375万台以上に導入されている．アリバ社のSupplier NetworkTMは，顧客，パートナー，流通チャネル，さらに34,000社余の個性的なサプライヤーを結び付けることで，単一のコネクションを通じてグローバルなサプライヤー・コミュニティーへのアクセスを提供する．サプライヤーをオンラインでリンクすることにより，取引や文書のやり取りが統合された単一のサプライヤー・ネットワークで電子的に処理されるため，組織による調達管理が改善される（アリバ社のウェブサイト（http : //www.ariba.com）にアクセスして，電子調達について詳しく調べてみよう）．

■垂直市場サイト　売り手と買い手双方が関心を寄せる特定の製品ラインについて，電子フォーラムや電子コミュニティーが構築されるようになった．

とくに，特定の業界のニーズを満たすことを意図した垂直的な電子商取引市場が出現しており，化学産業の ChemConnect や農業の XSAg. com などがその例である．表5．7で確認してほしい．

　このような「コミュニティー」は，産業財の購買担当者が特定の製品や材料，部品を見つけ易くするとともに，いろいろなサイトにアクセスして入手可能性，価格，品質に関して判断することを可能にする．こうしたオンライン・コミュニティーはそれぞれ特定の品目を対象としているため，売り手は自らの製品や市場と一致するところに参加することになる．その好例がPlasticsNet（http://www.plasticsnet.com）である．PlasticsNet とは，プラスチックの売り手と買い手を電子的に結ぶウェブサイトで，当初はプラスチック産業の業界団体として調達情報を提供していたが，現在では電子商取引市場に発展している．このサイトの参加者は，オンラインでの売買取引や求職活動，コンサルタント捜し，イントラネットの構築，設備機器の賃借を行うことができる．さらに，プラスチック産業に関する情報も豊富に提供されている．

■リバース・オークション　単一の買い手と複数の売り手から成るリバース・オークションは，政府を含む産業財市場の幅広い部門の購買マネージャーによって採用されている．それはなぜだろうか．クェイカーオーツ社，ダイムラー・クライスラー社，グラクソ・スミスクライン社など多数の企業が，リバース・オークションの導入によって何百万ドルものコスト削減を実現したと報告している．例えばダイムラー・クライスラー社は，自動車業界向け商取引サイトのコビシントでリバース・オークションを実施している．またフリーマーケッツ社は，ユナイテッド・テクノロジーズなどのメーカーを対象にリバース・オークションを組織しており，構成部品，原材料，汎用品の購買契約に関してサプライヤーが入札する．こうした動きの中で，最大の脅威に直面するのは汎用品を販売する企業である．リバース・オークションは長期にわたり継続する売り手と買い手間の関係性を損なう恐れがあると専門家たちは指摘している[30]．

図5.7	XSAG．COMの概要

XSAg.comは，化学製品，種子，機器部品などの農業関連製品の取引を希望される企業様をお手伝いさせていただきます．当サイトをご利用いただくことにより，取引相手へのアクセスが飛躍的に拡大するはずです．売り手側，買い手側双方のみな様に，これまで体験されたことのない優れたサービスを提供できるものと確信します．

登録された販売製品につきましては，以下のオプションをご用意しております．

- ●価格設定：オークションまたは固定価格
- ●名称表記：匿名または記名による販売
- ●地域：特定地域に販売する，または販売しない
- ●運賃：無料配送，または買い手負担の配送
- ●販売対象：流通業者／ディーラーのみ，または栽培者まで含める
- ●配送時期：即時配送または後日配送

広範な市場フォーラムへの参加により，最高の取引の実現が可能になります．取引は，事前に取り決める銀行および貨物サービスにより，確実に，そして自動的に完了します．手数料および実際の運賃を含むすべてのコストが購買プロセスに組み込まれているため，バイヤー様には契約締結前に合意内容をご確認いただくことができます．そして，取引の成立を受けて，決済および輸送処理がスタートします．こうした実行プロセスの重要段階において，お客様へのご連絡はもとより，売り手と買い手双方による承認も行われます．

XSAg.comは製品の所有権の取得を一切行わず，取引の便宜を図るサービスの提供に専念いたします．化学製品の取引に固有の法的要求事項はすべて，メンバー登録規定，ユーザー契約および監督機関への報告の過程で適切に処理されております．お客様には完了した取引について，総取引価額に基づいた手数料をXSAg.comにお支払いいただきます．

出所：http://www.xsag.com/Common/Guides/HowItWorks.Asp.　2002年8月時点．

■**新しい垂直的電子商取引市場のルール**　垂直市場が幅広く産業部門横断的に組織されるにつれ，競争が熱を帯び，深刻な企業淘汰が起きた．フォレスターリサーチ社の戦略担当者たちによれば，電子商取引市場を成功させるためには，他のサイトと積極的に連携するとともに，以下を実現するような斬新な戦略を開発する必要があるという[31]．

1. 取引手数料以外で多様化を図る──デジタル市場の拡大とともに，特定の市場サイトがシェア争いに巻き込まれることが予想される．こうした競争は，市場運営者が顧客に請求している取引手数料の引き下げを招く．納品や与信などの専門的サービスが差別化の基礎になる．

2．他市場との連携を通じて拡大を図る—要求の厳しい参加者たちは，いろいろな製品についてワン・ストップ・ショッピングの実現を市場に求めるのみならず，きわめて専門的な業界別サービスも期待するものと思われる．例えば，電子商取引市場は，物流のイエロー・フレイト社や与信のシティグループなどの専門のサービス会社を用いてポイント・ツー・ポイント接続を構築すべきである．

3．市場セグメント別の構成を採用する—鋼材や医薬品などの業界を対象とする市場は，買い手をすべて一様に扱うことはできないと思われる．市場サイトには，業界の顧客のニーズや好みについて詳細な知識が蓄積される．市場運営者は，顧客それぞれの特徴に合った製品を提供すべきである．

■**電子商取引市場の収益性を決める要因**　マイケル・ポーターは，デジタル市場の潜在的利益を決める最大の要因は，個々の製品分野における売り手と買い手の力の強さだと指摘した[32]．いずれか一方が差別化された製品を所有していたり，大手企業のみが参加したりする場合，取引市場に対する交渉力が増し，その者が利益の大部分を手にすることになる．だが，もし売り手と買い手の両領域が細かな小規模企業で構成されていれば交渉力が制限され，取引市場の成功率がぐんと高まるだろう．取引市場の魅力を決定するもう一つの重要な要因は，代替である．売り手と買い手が市場を通さず，比較的容易に直接取引することが可能であれば，個々の取引市場が高いレベルの利益を維持するのは困難と思われる．

5－2．インターネット・マーケティングに伴うチャネルに関する考慮事項

　企業がインターネット戦略を開発する際，流通チャネルに関して考慮すべき重要な問題がいくつか存在する．インターネット・マーケティングに参入するためには，産業財マーケティング・マネージャーは，チャネル効率，既存の流通業者への影響，迅速な製品納品能力，チャネル・メンバーにおける情報共有への影響，一部の主要チャネル機能のアウトソーシングの必要性について検討することが求められる．

■チャネル効率　企業間市場におけるインターネット・マーケティングの大きなメリットの一つは，流通チャネルの効率アップのインパクトである．インターネットは，低コストのコミュニケーション技術を用いてあらゆる種類の商取引を自動化する．その結果，チャネル・メンバーへの対応としてかつては社員が数名がかりでやっていた事務管理部門の作業も，今ではかなりの部分が自動化されている．インターネットを通じてチャネル・メンバーと情報システムをリンクさせると，流通業者は自身の在庫水準や倉庫を移動する商品の流れをより効果的にモニターできるようになる．産業財の売り手企業と流通業者を結ぶエクストラネットにより，物流業者は製造業者の倉庫の在庫水準を把握することができ，在庫状況に応じた発注が可能になる．その結果，在庫コストが大幅に削減され，最終顧客への納品実績が改善されるのである．

■既存の流通業者への影響　インターネット戦略は，企業の流通チャネルの設計に関して興味深い問題を提起する．製造業者がどのようなインターネット戦略を採用するかによって，既存のチャネル・メンバーの役割が変化する可能性がある．とくに重要な変化は，チャネル・メンバーが製品の販売および物流プロセスに付加する価値の大きさである．インターネット・マーケティングで効果的にカバーできないターゲット市場への対応をチャネル・メンバーに求める場合がある．従来のチャネル・メンバーが，ダイレクト・マーケティングやインターネット・マーケティングの手法では効率的に対応できない，非常に小規模なすき間市場に対処する役割を押し付けられている状況は数限りない．逆に，製造業者の新しいインターネット戦略のおかげで，チャネル・メンバーが自らの役割を拡大してきたというケースもある．インターネット取引で扱われる品目は数が少ないことから，注文を物理的に処理する作業を誰かが担うしかなく，こうした面で優れた能力を発揮する流通業者に新たな可能性が生まれている．

　中間業者排除：インターネットは企業間の接続性を改善するため，取引処理に伴う連絡や調整のコストが劇的に削減される．チャネルがネットワー

クで結ばれるようになると，従来，企業とその顧客の間で情報や財の流れを担ってきた中間業者の存在が不要になる．こうした現象は「中間業者排除」と呼ばれ，いくつかの B to B 分野で定着の兆しが見られる．法人顧客に航空券を販売する大手旅行代理店業界もその一つで，航空会社によるウェブサイト展開が進み，かつて自分たちが提供していたのと同じ，あるいはそれを上回る量の情報がこうしたサイトからビジネス旅行客に提供されるようになった．ホテル，レンタカー，航空券を含む旅行プランをクリックするだけで手配でき，支払いもウェブサイト上の安全なチャネルで処理される．実際，こうしたインターネット戦略の成功により，航空会社から旅行代理店に支払われる手数料が削減または廃止され，その結果，代理店が倒産に追い込まれたり，観光旅行部門への特化を余儀なくされたりするケースが後を絶たない．

5－3．チャネルの一選択肢としてのインターネット

　インターネットは，ターゲット市場に到達するための，非常に効果的な流通「チャネル」になり得る．ただし，産業財のマーケターが顧客との接触や販売をインターネットだけに頼るということは稀である．インターネットは，ターゲット市場を対象とした商取引のための一つのチャネル，あるいは方法にすぎない．電子コネクタの大手メーカーである AMP 社は，電子カタログをインターネットで提供しているが，そのねらいは，営業チーム，流通業者，社内の顧客サービス担当者など従来型チャネルを補完することにある．このカタログが，顧客との取引を実現する，もう一つの手段になるのだ[33]．

　インターネットは，ソフトウェアや書籍など，特定種類の製品の「流通」にとくに威力を発揮する場合がある．ソフトウェア業界は，製品流通にインターネットを活用した草分けと言える．アドビシステムズやマイクロソフトといったソフトウェア・メーカーは，オンラインで製品の販売や流通を行う新しい流通チャネルを採用している．こうしたオンライン・チャネルの利点は，会社の規模やマーケティング予算の額に関係なく，どんな企業でも，新製品の開発や流通に利用できることにある．デジタル化が可能なものなら何

でも，インターネット上でやり取りが可能であり，印刷物を配給する必要のあるマーケターにとってのメリットは数知れない．要するに，インターネットはマーケターの到達範囲を広げ，グローバルな規模で顧客に対応する効率的チャネルを提供する．

■デジタル・チャネルの利点　潜在顧客と接触する効果的な手段を提供するインターネットには，産業財の従来型流通チャネルにはないメリットが存在する．Judy Strauss および Raymond Frost によれば，インターネットは以下の点で付加価値を生み出すという[34]．

1. 買い手のニーズに応じて接触方法をカスタマイズすることができる．
2. インターネットは，ウェブページ，検索エンジン，ショッピング・エージェント，ニュースグループ，チャットルーム，電子メールなど，多様な情報源を提供する．
3. インターネットはビジネスにつねに開放されており，買い手は1日24時間，週7日間いつでも企業のサイトにアクセスすることができる．

産業財のマーケターはインターネットを活用することで，顧客のニーズに合わせたソリューションの構築が可能になる．例えば，ステイプルズ社（http://www.staples.com）は，法人クライアント向けにカスタマイズされたカタログを提供している．このような戦略を従来チャネルで実行するとしたら，コストがかさむだろう．ところが，インターネットであればこの上なく柔軟な対応が可能で，個々の顧客が希望する通りのカタログを構築することができる．また，ヒューレット・パッカード社などは，流通業者が対応しても利益にならない中小企業に効率的に到達するねらいから，オンライン・ストアを開発している[35]．オンライン・チャネルは，ターゲティングを適切に行うとともに，従来のチャネル・パートナーと組み合わせて利用すれば，産業財市場のターゲット・セグメントに対する手法として優れた費用対効果を発揮するはずである．

> ◎産業財マーケティングの内側◎
> ## インターネットのパイオニアたちが犯した戦略ミス
>
> インターネット・ビジネスの開拓者の多くが，ドットコム企業も従来企業も含め，ほとんどあらゆる点で優れた戦略とは言い難い方法で競争してきた．
>
> - 利益よりも売上高や市場シェアの拡大を目指し，値引きや販売促進インセンティブ，大量広告などを駆使して，顧客獲得のためになりふり構わず邁進してきた．
> - 顧客に真の価値を魅力的な価格で提供するというよりも，インターネット・パートナーとの広告やクリックスルー報酬のような間接的な収益源を追い求めている．
> - 提供する内容に関して意図的にメリハリをつけて取捨選択するのではなく，考え得るありとあらゆる製品，サービス，多様な情報を提供しようとしている．
>
> マイケル・ポーターは，「多くの企業が戦略をないがしろにした結果，業界構造が揺るぎ，競争の同質化が早まり，いずれかが競争優位性を獲得する可能性を低下させた」と述べている．
>
> 出所：Michael Porter, "Strategy and the Internet,"（邦訳「戦略の本質は変わらない」）*Harvard Business Review* 79 (March 2001) : pp.63-78.

5－4．インターネットが価格戦略に及ぼす影響

インターネットは買い手にとって，製品やサプライヤーに関する情報へのアクセスを容易にする為，買い手の交渉力は強化される．その主な影響は，産業財のマーケターの価格支配力を大幅に弱めることであった．マイケル・ポーターは，次のように述べている．「インターネットにまつわる大きな矛盾は，広範な情報提供，購買・販売・流通に伴う障害の低減，取引相手の発見と取引の遂行の容易化というメリットそのものが，そうしたメリットを利

益として企業が獲得することを困難にしている点にある」[36]

　近くに競合相手がいないという地理的メリットが存在している市場であっても，インターネットはさまざまなタイプの新しいサプライヤーに参入の道を開くため，価格に下方圧力がかかることになる．こうした価格圧力は，買い手が「汎用品」と認識する製品やサービスでとくに強い．これらはまさに，買い手がリバース・オークションを利用する類の品目である．結局，インターネット上で価格設定し販売できる原材料や部品，供給品を扱う産業財のマーケターは，自らの価格設定手法を慎重に再検討し，価格ベースで競争するための，あるいは潜在顧客に差別的優位性を認識してもらうための，より効果的な手段を開発しなければならないということである．

5－5．インターネットと顧客コミュニケーション

　インターネットは産業財のマーケターのコミュニケーション能力を拡大する．リアルタイムな最新情報を低コストで提供することは，インターネット戦略の目立った特徴の一つである．データベースの全体的な修正や更新，追加が，簡単な操作でものの数秒もあれば完了し，全世界の潜在顧客との情報共有が可能になる．インターネットによるコミュニケーション能力の広がりは，企業が一般的に進める電子商取引の段階によって異なる[37]．eコマースのもっとも基本的なレベルでは，製品カタログなどの簡単な情報をオンラインで提供することなどが考えられる．情報へのアクセスが促進され，製品検索能力が強化されるが，ユーザーが事前に設定した条件で情報を検索することはできず，カタログが電子形式で存在するというだけである．eコマースの次の段階であるデータベース・パブリッシングになると，ユーザーに検索能力が提供される．顧客は検索エンジンを使ってカタログ・データベースをチェックし，具体的な条件に合うものを選ぶことができる．三つ目の顧客セルフサービスの段階では，ユーザーごとにカスタマイズされた情報が提供される．顧客が検索機能を備えるカタログやサービス診断をシステムからダウンロードできるほか，価格や製品の在庫状況などの情報も取得することができる．eコマースでもっとも複雑な最終段階の取引では，情報収集から購買，契約の履行，請求，さらには安全な決済に至るまで，取引処理すべてが

単一の環境の中で提供される．

■顧客の要求事項を満たす　eコマースの各段階において，書類を用いる従来の手法に比べ，産業財のマーケターが顧客や潜在顧客と相互作用を行なう方法に改善が見られる．もちろん，顧客別のエンジニアリングやカスタマイゼーションを要する複雑な製品，大掛かりな交渉や長期にわたる契約上の取決めが必要な非常に高コストな品目などの場合は，売り手と買い手の直接的な接触をインターネット・コミュニケーションが単に補完するだけという状況も数多く存在する．例えば，ボーイング社のウェブサイトは，会社の概要や組織構成のほか，航空機の各機種，提供サービスの全容，潜在顧客が自身の具体的な要求事項に合う製品をオーダーする仕組みなどを説明する内容になっている．だが，供給品，標準部品，修理部品などを販売する企業に対しては，eコマースはマーケティング・コミュニケーションの効率と効果を高めつつ，取引コストを削減する最大の可能性を秘めている．

　要するに，インターネットは産業財のマーケターの総合的戦略の一要素にすぎず，企業の到達範囲を拡大しはするが，企業が顧客に到達し交流するために実行する包括的戦略に統合することが不可欠である．eコマースの最終段階—取引能力すべて—にあるデル・コンピュータ社でさえ，インターネットは取引市場に対する一つの手法にすぎない．創設者のマイケル・デルは，こう述べている．「我々は顧客と直接接しているのであり，その手段が電話であったり，インターネットであったりするのです．顧客に合わせてそうした手法の一部だけを使ったり，全部を使ったりします．つまり，全部が絡み合っているのです」[38]

■営業チームの役割　インターネットを利用すると，営業担当者は顧客に関する問題解決や関係性構築に専念することができるため，彼らの有効性は高まると感じている企業は少なくない．インターネットは顧客と営業スタッフ双方に，販売プロセスの合理化と注文処理に伴う細かな作業の排除というメリットをもたらす．かつては営業部門の仕事だった販売が，インターネットによって遂行される状況が生まれる一方で，インターネット戦略は営業の活

動をサポートというのが一般的である．顧客との関係性管理システム（CRM）（第4章参照）を導入することにより，営業担当はプレゼンテーションをカスタマイズしたり，顧客個々の特徴に対処したり，競争に効果的に対応したりすることが可能になる．成功している企業は，営業部門戦略をインターネット戦略と統合するための手法や，営業担当がオンライン・イニシアチブをサポートするような報酬制度を設けるための手法を開発している[39]．

■販売促進　ウェブサイトの構築や維持に費やしたコストを無駄にしないためには，サイトの利用を促すような宣伝活動をいろいろなメディアで頻繁に実行する必要がある．中小企業や大企業の産業財サイトを1年半にわたって分析した結果，オフラインでの広告や販売促進の量に比例して利用率が変化することが判明した[40]．業界紙や展示会や会議の配布資料への広告掲載は，産業財サイトの利用を促す上でとくに有効なようである．こうした販売促進や広告に加え，ウェブサイトの利用法や顧客に有益な特殊機能を顧客に指導できるよう営業スタッフを訓練することも忘れてはならない．

　インターネットは産業財のマーケターにとって，提供する製品・サービスの価値を実証したり，それを個々の顧客に合わせてカスタマイズしたりするための強力な手段となる．Rosabeth Moss Kanterによれば，eコマースの先駆者たちは，「インターネットは自社の既存モデルについて問い直し，テクノロジーによりビジネスを改善する新たな方法を試すための機会であると見ている」という[41]．

6．まとめ

　製造企業であれ，流通業者であれ，サービス企業であれ，あらゆる種類の産業財のマーケターがインターネットと電子コミュニケーションを産業財マーケティング戦略の中核に組み込もうとしている．「eコマース」は，インターネットをはじめとするエレクトロニクス技術を通じて実行されるコミュニケーション，業務プロセスおよび取引を幅広く意味する用語である．e ｅコマースはビジネスのあらゆる場面への応用が可能であり，そのねらいは，すべてのプロセスの効率をアップさせることにある．インターネット技術をベースにしたイントラネットは，社員その他の許可されたユーザーのみがアクセスできる内部ネットワークである．対照的にエクストラネットは，インターネットをベースにした技術を用いて企業をそのサプライヤーや顧客などのパートナーたちと結ぶプライベート・ネットワークである．エクストラネットは，産業財のマーケターが個々の顧客に合わせて情報をカスタマイズし，安全な環境の中でその顧客と情報をシームレスに共有することを可能にする．

　インターネットは産業財のマーケターにとって，強力なコミュニケーション媒体，代替的チャネル，多数のサービスのための新たな舞台，情報収集ツール，そしてサプライチェーンの統合手段として威力を発揮してきた．インターネット戦略を企業の総合的なマーケティング戦略の中に注意深く組み込むことが成功の秘訣である．インターネットは，取引コストの削減，サイクルタイムの短縮，サプライチェーンの統合，情報へのアクセス拡大，顧客との関係性の緊密化といった重要なメリットをもたらす．多くのドットコム企業の失敗から産業財のマーケターが学ぶべき教訓は，インターネットは支援技術であるということ，すなわち，従来の競争方法に取って代わるのではなく，それを補完する強力なツールにすぎないということである．

　ｅコマース戦略の構築には慎重さが求められ，まずは目的に注目すべきであり，目的を設定した後にインターネット戦略を策定するようにする．この戦略では，インターネットで提供する製品に関連する範囲を考慮する必要があり，その中でとくに人目にさらされるのがウェブサイトである．エクストラネット，電子カタログ，顧客情報もこの「製品」の中に含めるべきものである．インターネットが既存のチャネルやそのパートナーたちに及ぼす影響，チャネル効率，個別の販売経路としてのインターネットなど，「流通チャネル」に関する基本的ないくつかの問題について検討する必要がある．価格の問題，とりわけ取引コミュニティーやオークション・サイトの影響も無視できない．最後に，マーケティング・コミュニケーション戦略では，ウェブサイト上でどの程度の取引能力を提供するか，インターネット戦略が他の

販売促進手段とどのように統合されるか検討する．インターネットは，産業財市場の顧客との間に1対1の関係を構築するための非常に強力な媒体となる．

6－1．討論課題

1．eコマースのさまざまな定義は，典型的な産業財のマーケターのマーケティング業務にどう当てはまるか．
2．「インターネット・マーケティング戦略の威力と普及を考えると，産業財のマーケターは近い将来，販売をもっぱらオンラインで行うようになるだろう」という見方をどう思うか．
3．インターネット・マーケティング戦略は従来の戦略と比較して，どのような利点があるだろうか．
4．商用ジェット機のメーカーはインターネット戦略に関して，どのような目的を設定すると思われるか．
5．クレスピー社は，大型ガスタービン・エンジンの制御装置を製造している．この会社が顧客向けの「インターネット」製品を開発するとしたら，主な要素として何が考えられるか．
6．事務用品を販売する一般的な産業財のマーケターにとって，顧客による電子カタログによる購買には主にどのような課題があると思われるか．
7．「電子商取引サイトの潜在的利益を決定するもっとも重要な要素は，特定の製品領域における売り手と買い手の力である」という見方をどう思うか．
8．「インターネット・マーケティング戦略はゆくゆく，産業財の流通業者の大半を排除するだろう」という見方をどう思うか．
9．インターネットはBtoB市場における価格競争をいっそう激化させると思うか．

6－2．インターネット・エクササイズ

既存顧客や潜在顧客が行う製品探索や比較，さらには注文のサポートに企業のウェブサイトがいかに有効であるか，タイコエレクトロニクス社のウェ

ブサイトを見るとよくわかる．この会社は世界最大の受動部品サプライヤーである．同社が供給する製品は，自動車，コミュニケーション，コンピュータ・家電，通信，エネルギー，電力・ガス，航空宇宙，輸送，商工業などの業界で使用される．

　タイコ社の電子カタログには16万5,000余の製品が掲載され，ブランド名，製品のタイプ，競合部品の番号，業界用途など，数種類の検索機能を駆使して必要な製品を素早く見つけられるようになっている．また，図面，検査報告書，製品・用途仕様，コンピュータ支援設計（CAD）モデルなどのダウンロードも可能である．ウェブサイトに組み込まれた独特の相互参照機能により，顧客がその時点で使用している何百というメーカーの部品に代わるタイコ社製品を的確に捜し出すことができ，仕様書や図面をダウンロードすれば互換部品の比較も容易に行うことができる．さらに，このウェブサイトでは公認ディストリビューターが一覧として公表されていて，特定のディストリビューターに製品の在庫があるか，顧客が瞬時に確認できるようになっている．顧客は認証を得ると，価格，製品の在庫状況，注文処理状況などの情報やサンプル請求にリアルタイムでアクセスすることができる．カタログの最初のページにわかりやすいデモンストレーションがあり，これでサイトのステップを一通り体験して個々の機能の使用法を覚える．また，このサイトには，タイコ社が販売する各主要ブランドのサイトにジャンプできるリンクも張られている．

　タイコ社のウェブサイト（http://www.tycoelectronics.com）にアクセスし，その特長と弱点を考えてみよう．

◎事例　W・W・グレインガーでインターネットを使う

　W・W・グレインガー社は，世界最大手の産業財流通業者の一つである．北米全域に600近い支店と1,900の顧客サービス・パートナーを擁する同社は，強力な製品ライン（工具，ポンプ，モーター，安全操作・マテリアル・ハンドリング製品，照明・換気・洗浄品）を活用し，あらゆる種類の組織の施設や設備機器の円滑な運転に貢献している．グレインガー社のねらいは，細分化の進んだ北米の設備メンテナンス市場でシェアを獲得して成長することにある．同社は長期的に以下の諸策の実現を目指している．

　売上の伸びを加速させ，市場シェアを拡大するための策：
- 既存顧客との取引シェアを拡大する．
- 有望な顧客セグメントをターゲットにする．

　業務効率を高めるための策：
- 売上の伸びを加速させる．
- 有望な顧客セグメントをターゲットにする．
- 物流ネットワークを再編成し，効率と顧客サービスを改善する．
- 内部プロセスを技術で強化する．

　投資収益率を改善するための策：
- 黒字部門に注力する．
- 赤字部門の収益性を改善する．

　グレインガー社は大規模な営業部門と22万品目を含むカタログを駆使し，きわめて即応的に顧客ニーズに対応している．顧客から注文の電話を受けると，600箇所にも及ぶ支店網を通じて数時間以内に納品が完了する．2001年における同社の戦略の目玉は，保守および業務用供給品の購買に関するマルチ・チャネル手法だった．そのためには支店やサービスセンター，物流センターを通じて一貫性のあるサービスを提供する必要があり，営業研修やロジスティックス／物流の刷新への投資に主眼が置かれた．グレインガー社は最

近，あるロジスティックス業界誌で「産業財流通業界の最強ブランド」として紹介された．その理由は，「グレインガー社は必要なものを，必要なときに供給してくれる為，顧客からの信頼も厚く，同社のカタログは北米地域の購買代理店のほとんどどこに行っても置いてある」というものだった．グレインガー社は2002年，フォーチュン500社リストの350位にランクされ，「Most Admired Companies（最も賞賛されるべき企業）」にも選ばれている．

討論課題

1. グレインガー社のこれまでの成功，製品ラインの特徴（どちらかと言うと面白みのない基礎的な産業財），会社組織（カタログ22万品目，営業スタッフ1,900名，支店600箇所）を踏まえ，インターネットはこの会社の戦略においてどのような役割を果たすと思われるか．同社のウェブサイト（http : //www.grainger.com）にアクセスし，グレインガー社が提供している特殊なサービスについて調べてみよう．

2. 22万品目の概略が記載されているグレインガー社のカタログは分厚く，その重さは数キロにも及ぶ．同社の経営幹部はこれまで，カタログが重くなりすぎるのを防ぐため，製品の説明を2，3行に限定せざるを得なくなる事態を恐れていた．この会社のウェブサイトにアクセスして製品を一つ選び，現在ネット上で提供されている膨大な情報を評価してみよう．

── 注 ──

1 "The Net Imperative," *The Economist* 26 (June 1999) : p.11.See also, Lee Gomes, "How Does Dell Do It? The Industry Awaits Its Next Smart Move," *Wall Street Journal*, 12 August 2002, p.B1.
2 *IE Solutions* 34, no. 5 (May 2002) : p.10.
3 Sara Nathan, "Internet Economy Soars 68%," *USA Today*, 29 October 1999, p.B1.
4 Rob Spiegal, "Online Trading Gains Steam," *Electronic News* 48, no.14 (April 2002) : p.32.
5 Some authors and business marketing experts have suggested that the more appropriate term is "e-business," as opposed to "e-commerce." They reason that e-commerce is a broad term that deals with all transactions that are Internet-based, whereas e-business specifically refers to transactions and relationships between organizations.In reality, IBM is given credit for coining the term "e-business"in a major 1997 advertising campaign promoting the notion of *e-business*.The term was new then but has since become routinely used in the press and marketing campaigns of other companies.This chapter will use the e-commerce term.
6 David J.Good and Roberta J.Schultz, "e-Commerce Strategies for Business-to-Business Service Firms in the Global Environment," *American Business Review* 14 (June 2002) : p.111.
7 Ravi Kalkota and Andrew B.Whinston, *Electronic Commerce* (Reading, Mass. : Addison-Wesley, 1997), p.3.
8 Ibid., p.5.
9 Ibid., p.31.
10 Ravi Kalkota and Andrew B.Whinston, *Frontiers of Electronic Commerce* (Reading, Mass. : Addison-Wesley, 1996).
11 Marydee Ojola, "Adding External Knowledge to Business Web Sites," *Online* 26, no. 4 (July/August 2002) : p.3.
12 "Extranets Enhance Customer Relations," *Graphic Arts Monthly* (January 1999) : p.89.
13 Curt Werner, "Health Care E-Commerce, Still in Its Infancy, But Growing Fast," *Health Industry Today* 8 (September 1998) : p.9.
14 Hank Barnes, "Getting Past the Hype : Internet Opportunities for B-to-B Marketers," *Marketing News*, 1 February 1999., p.11.
15 As quoted in David Troy, "E-Commerce : Foundations of Business Strategy," Caliber Learning Systems, http : //www.caliber.com.
16 This section is based on Michael Porter, "Strategy and the Internet," *Harvard Busi-*

    ness Review 79 (March 2001) : pp.63-78.
17 Ibid., p.78.
18 Dave Rumar "Electronic Commerce Helps Cut Transaction Costs, Reduce Red Tape," *Computing Canada* 25, no.32 (1999) : p.24.
19 Rosabeth Moss Kanter, "The Ten Deadly Mistakes of Wanna-dots," *Harvard Business Review* 79 (January 2001) : p.92.
20 "Virtual Auctions Knock Down Costs," *Financial Times Guide to Digital Business* (Spring 2002) : p.20.
21 N.Venkatraman and John C.Henderson, "Real Strategies for Virtual Organizing," *Sloan Management Review* 40 (winter 1999) : p.5.
22 "E-commerce Market in Asia Still Hot After Dotcom Burst," *Xinhua*, 31 July 2002 ; accessed at World Sources, Inc.Online.
23 Dana Blankenhorn, "Adding E-Commerce Means Changing Service, Channels, and Procurement," *Business Marketing* 84, no. 8 (1999) : p.23.
24 Ginger Conlon, "Direct Impact," *Sales & Marketing Management* 151 (December 1999) : p.57.
25 Curt Werner, "Health Care E-commerce, Still in Its Infancy, But Growing Fast," *Health Care Industry Today* 61, no. 9 (1998) : p.10.
26 Eryn Brown, "Nine Ways to Win on the Web," *Fortune* 17 May 1999 : p.114.
27 Ibid., p.114.
28 Adapted from Neal J.Hannon, *The Business of the Internet* (Cambridge, Mass. : International Thompson Publishing Company, 1998) : p.210.
29 Ibid., p.214.
30 Larry R.Smeltzer and Amelia Carr, "Reverse Auctions in Industrial Marketing and Buying," *Business Horizons* 45 (March-April 2002) : pp.47-52.
31 Verda Lief with Bruce D.Temkin, Kathryn McCarthy, Jeremy Sharrard, and Tobias O. Brown, "e-Marketplaces Reshape the B-to-B Landscape," http : //www.forrester.com/ER/Research/Report/Analysis/O, 1338, 8774, FF.html, accessed 2 April 2000.
32 Porter, "Strategy and the Internet," p.70.
33 Jim Kesseler, "Defining the Future of Business-to-Business Electronic Commerce," *Journal of Global Information Management* 6, no. 1 (1999) : p.43.
34 Judy Strauss and Raymond Frost, *Marketing on the Internet* (Upper Saddle River, NJ : Prentice-Hall, 1997), p.168.
35 Deborah Gage, "HP Opens Up Online Store for Smaller Businesses," *PC Week*, 7 June 1999, p.51.
36 Porter, "Strategy and the Internet," p.66.
37 Kesseler, "Defining the Future of Business-to- Business Electronic Commerce," p.43.
38 *Financial Times Guide to Digital Business*, (autumn 1999) : p.11.

39 Stewart Alsop, "E or Be Eaten," *Fortune*, 8 November 1999, p.87.
40 Carol Patten, "Marketers Promote Online Traffic Through Traditional Media, With a Twist," *Business Marketing* 84 (August 1999) : p.40.
41 Kanter, "The Ten Deadly Mistakes of Wanna-dots," p.99.

第6章

サプライチェーン管理

取り決めた納品パフォーマンスが実行されなければ，買い手は別のサプライヤーを捜そうとする．買い手としては，商品納入の確実性が保証されるサプライチェーン・プロセスを非常に重視する．サプライチェーン管理とは，製品，情報，サービス，財源のすべてが，価値創造プロセスをスムーズに流れるようにすることである．産業財のマーケターは，顧客のニーズや特別な要求事項に対応するサプライチェーンの構築に資金や人的資源を大量に投資する．この章では，以下の項目がテーマとなる．

1. 産業財マーケティング戦略におけるサプライチェーン管理の役割．
2. サプライチェーン全体にわたって企業および機能の両方を統合することの重要性．
3. サプライチェーン管理の目的を実現する上でロジスティックス・サービスが果たす重要な役割．
4. ロジスティックス・サービスにおいて高いパフォーマンスとコストの管理を両立させることの重要性．

ジョンソン・コントロールズ社は，ダッシュボード，座席シート，コンソールなど各種部品を自動車業界に供給する主要サプライヤーである．例えばダイムラー・クライスラー社のスポーツ車「ジープ・リバティ」の場合，ジョンソン・コントロールズ社はコックピット・モジュール一式，シーティング・システム，オーバーヘッド・コンソール，各種電子部品を供給している．コックピット・モジュールだけで，機械・電気・オーディオ・システムから計器パネル装備品まで，11の主要部品を含む．同社はその取引業者35社から調達した各種部品でコックピットに組み立て，一つのモジュールとしてダイムラー・クライスラー社に納品するが，その作業はいわゆる「204分ブロードキャスト・ウインドウ」の中で完了する．ジョンソン・コントロールズ社は，ジープ・リバティ社受注の連絡をダイムラー・クライスラー社から受け取ると，カラーや内装によって200種類ものオプションがあるコックピットの組み立てから，15キロほど離れた所にあるダイムラー・クライスラー社の工場への搬入までを204分間で処理するのだ[1]．同社はこの一つの車種のために，こうした作業を1日に900回も繰り返している．

　世界数箇所にあるジョンソン・コントロールズ社の工場では，「Cクラス」メルセデス社，ビュイック社のランデブー，ポンティアック社のアズテックなど数多くの車種について，サプライチェーンによるこうした計画的連携が毎日のように展開されている．ジョンソン・コントロールズ社は，これをどのように実現しているのだろうか．同社は，生産計画や需要予測を行うための統合的なコンピュータ・システムを含む，効果的なサプライチェーン管理プロセスを全メンバーに適用するとともに，メーカーとサプライヤーが活動を連動させ，変化にリアルタイムで対応するための協働プログラム管理ツールを利用している．コンポーネント・システムの設計から販売まで，エンジニアリング，製造，調達，マーケティング，販売の各業務を密接に連結するプロセスが導入されているのだ．ジョンソン・コントロールズ社は，同社が販売する内装モジュールのコンポーネント生産を請け負うサプライヤーたちと緊密に協力しながら，適切な製品を適切なコストで設計し，適切な時期に納品している．

　ジョンソン・コントロールズ社のこれらの活動はいずれも，流通プロセス

の緊密化，サプライヤーおよび顧客との連携強化，さらには「サプライチェーン管理（SCM）」と呼ばれる生産とマーケティング活動の統合を実現するための画期的手法の一環である．21世紀に入りビジネスも進化する中，サプライチェーン管理は多くの組織を動かす主要な管理手法の一つとなっている．Robert Derocher および Jim Kilpatrick は，次のように結論付ける[2]．「サプライチェーンはもはや，ビジネスのための単なる物流手段ではなく，製品をその供給元から最終顧客まで送り届けるための主要なパイプと見られている．その観点に立つと，サプライチェーンは組織内のほとんどすべての機能と関わり合うことになる．つまりは，顧客満足に最大の影響を及ぼし，最終損益の改善や競争優位性の確立を実現する最大の可能性を秘めているのである」[3]．

　この章では，サプライチェーン管理とはどういうものか，どのような重要な目的があるかを説明した上で，サプライチェーン戦略を成功させる要因について検討し，ロジスティックス管理がサプライチェーンを成功へと導く原動力となることを実証する．サプライチェーン管理を定義した後，産業財のマーケターのロジスティックス・プロセスがサプライチェーン管理戦略の中核となることを示す．流通チャネルにおける接点として，求められる顧客サービス基準を構築するためにロジスティックスの要素をどのように統合すべきか，という観点からロジスティックスについて述べる．さらに，組織の購買決定におけるロジスティックスの役割，買い手が求めるロジスティックス・サービスの種類，効果的なロジスティックス・プロセスの設計に関係する問題を取り上げる．

1. サプライチェーン管理とは

　サプライチェーンは，財を原材料の段階から末端ユーザー（パソコン購入者など）へと移動させることに伴う活動すべてを含む．Cooper, Lambert および Pagh によれば，サプライチェーン管理の正式な定義は以下の通りである．

サプライチェーン管理（SCM）は，最初のサプライヤーから最終的なユーザーに至るまで，製品，サービス，情報の提供を通じて顧客に価値をもたらす業務プロセスを統合するものである[4]。

サプライチェーンは，原材料を加工して構成部品を製造するメーカーから卸売業者まで，さまざまな企業で構成される．また，輸送，保管，情報処理，材料管理などに従事する，ありとあらゆる種類の組織も含まれる．サプライチェーン全体で実行される機能としては，外注管理，調達，製品設計，生産スケジューリング，製造，注文処理，在庫管理，材料管理，保管，顧客サービスなどがある[5]．効果的なサプライチェーン管理を実現するためには，これらの活動すべてを調整し，シームレスなプロセスに統合する必要がある．図6.1は，サプライチェーン管理の中心的要素を列挙したものであるが，統合がさまざまな業務機能の中で，またサプライチェーンに属するいくつかの組織を横断して実現されなければならないという大切なポイントを示している．

サプライチェーンの管理は統合的な方法でなされるべきである．統合的サプライチェーン管理は，組織の境界を越えて関係や情報，原材料の流れを管理し，コスト削減や流れの強化を実現することに注目する．サプライチェーン管理手法を採用する企業は，原材料や情報，構成部品や完成品が，低い単価と高水準なサービスで起点から最終ユーザーまでシームレスに流れるようにすべく，ロジスティックス，調達，オペレーション，マーケティング機能をサプライチェーン構成企業と統合する方法を探索する．サプライチェーンを指向する主要企業は，売れ行きの定かでない製品を強引に市場に出したりはせず，ユーザーの需要実績をモニタリングすることに力を入れる．その際，原材料，完成品および梱包材の流れをできるだけ抑えることで，サプライチェーン全体の在庫コストの削減を図る．

1−1．パートナーシップ：重要な構成要素

サプライチェーン全体の活動を統合するには，緊密な関係性が求められる．サプライチェーン管理では，チェーンの構成企業すべてが顧客，需要実

図6.1　サプライチェーン・モデル

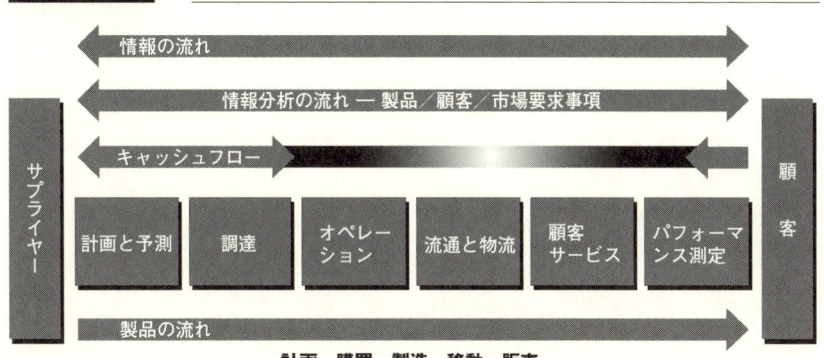

情報の流れ

情報分析の流れ ― 製品／顧客／市場要求事項

キャッシュフロー

サプライヤー → 計画と予測 → 調達 → オペレーション → 流通と物流 → 顧客サービス → パフォーマンス測定 → 顧客

製品の流れ

計画、購買、製造、移動、販売

出典：アーンスト＆ヤング

出所：Karl B. Mandrodt, Mary Collins Holcomb, and Richard H. Thompson, "What's Missing in Supply Chain Management?" *Supply Chain Management Review* 1 (fall 1997): p.81. *Supply Chain Management Review*（Cahners の出版物）の許可を得て転載．

績，POS（販売時点情報管理），戦略計画に関する，機密性の高い専有情報を共有することが必要になる．計画策定やコミュニケーションを共同で行う機会が多く，市場までの製品の動きを調整するため，部門や企業の垣根を越えてチームが組織される場合が多い．言い換えれば，サプライチェーン管理の真の可能性を実現するためには，組織の部署間だけでなく，外部のパートナーとの統合も不可欠なのだ．サプライチェーン・パートナーの統合がもたらす効果を示す好例は，電子部品の大手流通業者であるアヴネット社に見ることができる．アヴネット社は自社のサプライチェーン・プロセスを，主要な産業財メーカーや，そのメーカーに部品を供給する主要サプライヤーのプロセスと統合するプログラムを開発した．参加者たちは，需要や生産に関する情報を共有することによって，定時納品率が全注文の80％から100％に改善したほか，在庫回転率が5倍に，歩留まりが3倍にそれぞれ跳ね上がった．こうした実績を達成するためには，サプライチェーン・パートナーすべての協働が不可欠である．

製品や情報の流れを管理する従来の手法は統合的でないため，コストがかさみ時間もかかる．この種の手法では輸送や取り扱いのコストがはるかに高

く，営業スタッフや購買担当者のほか，組織内のその他の人間もかなり時間を奪われる．例えば，原材料の移動距離が長すぎることがよくあり，ある大手コンピュータ・メーカーの報告によれば，同社の製品に使用される部品の中には，最終購買者に届くまでに40万キロ余りを移動するものもあったという．さらに，従来の取引プロセスは，顧客に至る流通ルートにおいて過剰在庫を生み出す．製薬業界では，サプライチェーン管理プロセスを導入していない企業は競合他社に比べ，在庫保管費用がかさみ，顧客サービスのレベルが低い．

　サプライチェーン管理は参加者間に，パートナー同士がちょうど結婚のように長期的な関係で結ばれる，言わば「重なり」を作り出そうとする[6]．何らかの種類のパートナーシップが形成されてはじめて，サプライチェーン統合の真のメリットが実現するのだ．例えばデル社は，ソニー社などの信頼性の高いサプライヤーとの長期的関係を維持しようとしているが，それは，モニタなどの品目がサプライヤー（ソニー社の工場）から顧客に直接送られるようにするためである．これによりデルは，顧客の注文にリアルタイムで対応することができる[7]．

　効果的なサプライチェーンは，パートナーと取引するだけでなく，チェーン全体で情報をオープンに共有する．サプライチェーン内のすべての組織が情報を取得し，それに対応することができるよう，顧客に関する情報分析と顧客の注文内容が川上に伝達される．情報が直ちにサプライチェーン構成企業に提供されると，tier（階層）1および2のサプライヤーは速やかに行動に移ることができるため，過去において非能率の原因になっていた遅延がなくなる．これにより，サプライチェーンは在庫（安全在庫）を減らし，キャッシュフロー・プロセスを迅速化することが可能になる．図6.2は，企業間ネットワークを構築する際にたどる段階を示したものである．段階3「拡大企業体」で，企業の内部プロセスと外部プロセスが連動することになる．これがサプライチェーン管理の最終目的である．

図6.2 企業によるサプライチェーン管理の導入段階

サプライチェーンの各段階

段階0 非公式
各部門の方針／プロセスや基本的な業務管理が行われないと製品の品質や供給が安定しない。

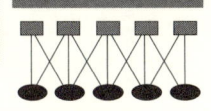

段階1 部門単位
部門別管理によって企業の資産管理，コスト，顧客満足に関するパフォーマンスがある程度最適化される。

段階2 内部プロセスの統合
調達　製造　納品
計画
すべてのサブプロセスや管理レベルで調整がなされると，業務管理プロセスが統合され，世界クラスのパフォーマンスと継続的改善が実現する。

段階3 拡大企業体
内部プロセスと外部プロセスが統合され，各企業は顧客，コア・コンピタンス，さらに価値の創造に専念することができる。

出所：Tom Brunell, "Managing a Multicompany Supply Chain," *Supply Chain Management Review* 3 (spring 1999): p.49. Supply Chain Management Review（Cahnersの出版物）の許可を得て転載．

2．サプライチェーン管理：競争優位性獲得の手段

サプライチェーンが競争の強力な武器になり得ることは，デル社，グレインガー社，ヒューレット・パッカード社といった業界のリーダー企業におけるサプライチェーン・プロセスの類まれな成功を見れば頷けるところである．マーサー・マネジメント・コンサルティング社の調査によれば，サプライチェーン管理で「ベストプラクティス」を実践している企業は概ね，業務コストの削減，資産に関する生産性の改善，注文処理期間の短縮といった面で卓越している[8]．成熟産業である鉄鋼業界で事業展開するニューコア社は，従来型の鉄鋼サプライチェーンを再構築し，顧客ニーズに即応する「ミニミル（小工場）」生産戦略を開発したことで，売上は5年間複利で18％増加した[9]．顧客との主要な接点であるサプライチェーン管理は，競合他社を

第6章　サプライチェーン管理　　**217**

上回る優れた納品と高付加価値サービスという形で顧客の求める価値を提供することができる．「クラス最高」のサプライチェーン管理の実施により，定時納品率で10～30％高く，キャッシュ・トゥ・キャッシュ・サイクルで40～65％（1～2ヵ月）も短く，常備在庫に関しては50～80％少ないなどの優位性を生み，これらを合わせて企業収益の3～6％に貢献している．例えば収益1億ドルの企業なら，サプライチェーン管理の全面的採用により，最大で600万ドルの収益改善が見込まれるということである[10]．競争優位性の源泉となるサプライチェーン管理は，単にコスト削減の手段としてのみとらえるのは誤りで，売上拡大の手段でもある[11]．

2－1．サプライチェーン管理の目的

　サプライチェーン管理は，物理的境界にも，また機能的境界にも橋渡しをしようとする活動である．その根底には，企業内および企業間での機能の統合，共有および協力があってはじめて，無駄の削減とサプライチェーンのパフォーマンス強化が実現するという考え方が存在する．まずはサプライチェーンの各構成企業が，部門間の垣根を取っ払い，マーケティング，生産，調達，販売，ロジスティックスの真の調整と統合を推進しなければならない．さらに，構成企業すべての行動，システムおよびプロセスが統合・調整されることが必要である．サプライチェーン管理の潜在力をフルに引き出すためには，全社的統合が必要条件ではあるが，それだけでは足りないのだ．チェーン内のすべての組織にわたって機能やプロセスの調整がなされるよう，統合をより高い水準に引き上げなければならない．サプライチェーン管理は，無駄の削減，期間短縮，柔軟な対応，コストの削減という四つの主要な目的を実現するために実行される[12]．これらの目的はサプライチェーン管理に伴ういくつかの状況でも指摘されているものであり，部門間および企業間両方の調整の重要性を物語っている．

■無駄の削減　サプライチェーン管理を実践する企業は，重複の最小化，業務やシステムの調和，および品質の向上を通じてサプライチェーン全体の無駄を減らすことに努める．重複については，サプライチェーンの全階層の企

業が在庫を保有することによって生じるもので，物流プロセスの重要なポイントにある少数の企業が在庫を一元的に保有すれば，チェーン全体の効率アップが可能になる．無駄をなくす二つ目の点は，業務運営とシステムのメンバー間での調和，すなわち企業間で業務運営とシステムの統一性と一致を図ることである．例えば，パレットの方式が二つあるよりも，サプライチェーン構成企業すべてが同じものを使用したほうが効率的だろう．パレット貨物の輸送や保管に共通の設備機器を使用すれば，パレット販売業者との交渉にサプライチェーン全体であたることができる．最後の点として，製品，業務運営，資産の品質を維持することは，効率的なサプライチェーンの運営に不可欠である．製品が顧客仕様を満たさなければ，ジャスト・イン・タイム納品における厳格な期限が守れなくなる．

■期間短縮　サプライチェーン管理のもう一つの重要なねらいは，受注から納品までのサイクルタイムの短縮である．生産およびロジスティックスのプロセスがより短期間で完了すれば，サプライチェーン内のすべての企業において効率的な業務運営が可能になり，その結果，システム全体の在庫が削減される．また，期間が短縮されると，チェーン内のどこかで問題が発生した場合にも，構成企業が累積的に拡大していく問題の影響を発見・把握するのが容易になり，迅速に対応できるメリットもある．サイクルタイムの短縮はさらに，すべてのチェーン・メンバーのキャッシュ・トゥ・キャッシュ・サイクルをスピードアップするため，システム全体のキャッシュフローや財務成績が改善される．デル・コンピュータ社の十分に管理されたサプライチェーンは，これらの側面すべてにおいて卓越している．期間短縮により，情報と製品がスムーズかつ速やかに流れ，参加者すべてが在庫量を抑えつつ，タイムリーに顧客に対応することが可能になるのである．

■柔軟な対応　サプライチェーン管理の三つ目の目的は，サプライチェーン全体に柔軟な対応を生み出すことである．注文の処理方法，製品の種類，注文構成，注文の規模などの要素を含む注文処理において柔軟な対応ができれば，顧客の特殊な要求事項にも費用対効果の高い方法で応じることができ

る．対応の柔軟な企業は，例えばパレットのパターンや製品の組み合わせ方など，出荷品を自由に構成することができ，しかもそれを迅速に行うため顧客に迷惑をかけることもない．特殊な梱包やユニット化を希望する顧客の要求に応じて製品を倉庫でカスタマイズすることなども，柔軟性の一つと言えるだろう．柔軟性の鍵は，顧客にとっては費用対効果が高いということであり，サプライチェーンにとっては収益性が高いと思われる方法で個々の顧客のニーズを満たすことにある．

■コストの削減　サプライチェーン管理の最後の目的は，最終顧客に発生するコストが減少するようにロジスティックスを運営することである．企業は，顧客が求めるパフォーマンス・レベルを判断し，その水準のサービスを提供するためのコストを最小化しなければならない．産業財の売り手は，コストと提供サービスをどの水準でバランスさせるか慎重に判断する必要がある．顧客に適切な価値方程式を提供することがねらいであり，それは，サービスを向上させるためにコストを上げるケースもあり得ることを意味する．コスト削減が唯一絶対の目的というわけではなく，サプライチェーン管理手法では，求められるサービスレベルにおいて可能な限りコストを抑えることがポイントになる．例えば，週に一度トラックに荷を満載して製品を出荷するほうが，パレット1台分ほどを毎日送るよりも安上がりである．しかし，在庫を最小化するねらいから毎日の納品を希望するホンダ社などの顧客に対しては，できるだけ低コストで毎日出荷するというのがサプライチェーン管理の目的に適っているのである．サプライチェーン管理の原則は，重複在庫，製品の二重・三重の取り扱い，分散的発送，特別セールなど一貫性に欠ける販売促進など，不要なコストを伴う行動や活動の排除に経営努力を集中させることであり，その結果，コスト削減が実現するのである．

2−2．最終顧客にとっての利益

サプライチェーンは適切に運営されるならば，チェーン全体を通して顧客に明確な利益を生み出す．サプライチェーンは無駄の削減，サイクルタイムの短縮，柔軟な対応，コスト削減を可能にするが，こうしたメリットは最終

顧客にまで到達しなければならない．その為，サプライチェーンとその構成企業は，こうした重要な利益を顧客がどの程度享受しているかをモニターするとともに，その実現を妨げる恐れのある要因を判定する必要がある．

サプライチェーンの顧客についてはいくつかの視点からとらえることが可能で，それぞれに着目することが重要である．ラジオの電子部品を製造する企業はラジオ・メーカーを絶対的に重要な顧客と考えるが，自動車にラジオを組み込む自動車メーカーも劣らず重要であり，さらには自動車の最終購入者も満足させなければならない．つまり，サプライチェーン全体の顧客の持つさまざまな需要，欲求，特異性を理解し，効果的に管理することが大切である．

2－3．財務上の利益

サプライチェーン・パートナーの目的が実現しつつあり，最終顧客にまでメリットがもたらされていれば，サプライチェーン構成企業は財務面での利益を享受できるはずである．サプライチェーン管理を導入している企業の間で最も一般的に報告されているメリットは，コスト削減，マージンの拡大，キャッシュフローの強化，収益の拡大，総資産利益率の向上である．活動が重複しないよう調和がとられるため，輸送，注文処理，オーダー・ピッキング，保管，在庫などのコストが通常低下する．サプライチェーンの統合とビジネスの成功の間に相関関係があるかどうかを証明する為に行なった調査では，サプライチェーン管理におけるベストプラクティス企業は平均的な企業に比べ，サプライチェーン・コストが総額で45％も下回るという結果が出た[13]．原材料から完成品までのサイクルタイムが全体的に短縮されるため，サプライチェーンのキャッシュフローが改善されるのだ．一流の企業でもキャッシュフローの強化が見られ，キャッシュ・トゥ・オーダー・サイクルタイムは平均的企業のまさに半分ほどしかない．また，最近のデータによれば，サプライチェーン管理の分野でつまずいている企業は，株式市場での評価が低くなる傾向が認められる．例えばある調査では，サプライチェーンの問題が明るみに出ると，株価がその日に9％下落し，さらに半年以内に最大で20％も落ち込む可能性があることがわかった[14]．

２−４．情報と技術の推進要因

　サプライチェーンが高いレベルの効率と効果を実現するためには，それを推進する強力な情報システムが不可欠である．デル社やシスコ社などが維持している複雑なインターネット・サプライチェーン（第5章参照）は，高度な情報ネットワークと，そうした緻密なネットワークを管理するための相互作用型ソフトウェアなしに高次元の運営をすることは不可能だろう．産業財の売り手企業が非常に長い統合サプライチェーン・システムを管理するには，手段としてインターネットおよびインターネット技術が欠かせない．また，多くのアプリケーション・ソフトウェアも，サプライチェーンを効率よく機能させる重要な役割を果たす．

◎産業財マーケティングの内側◎
ナショナルセミコンダクター社：納期の大幅短縮を実現！

　ナショナルセミコンダクター社は，コンピュータ・チップを製造するグローバルなサプライチェーンの合理化に丸2年を費やした．その結果，同社は標準納期の大幅短縮，サプライチェーン・コストの削減を実現し，売上を3分の1以上アップさせることに成功した．こうした素晴らしい成果は，世界に散在する倉庫6箇所を閉鎖する代わりに，広さ1万1,600平方メートル余りの流通センターをシンガポールに新設し，そこからマイクロチップを一元的に顧客に空輸することによってもたらされた．

　方式を変更する以前，顧客は製品を手にするまでに45日ほどかかった．それはなぜだろう．以前はコンピュータ・チップを顧客に届けるルートが2万種類もあり，その大部分は航空会社12社の空輸区域で，途中10箇所の倉庫を経由していたからである．新しいサプライチェーン・システムでは，製品は4日以内で工場から顧客まで移動する．その結果，売上は2年間で5億ドル以上も増え，収益に占めるサプライチェーン・コストの比率は2.6％から1.9％へと低下したのであった．

出所：Brad Ferguson, "Implementing Supply Chain Management," *Production and Inventory Management Journal*（Second Quarter 2000), p.64.

■サプライチェーン管理ソフトウェア　一般的に言って，サプライチェーン管理ソフトウェアはリアルタイムの分析システムにより，取引相手や顧客から成るサプライチェーン・ネットワークを流れる製品や情報を管理する．すでに述べたように，サプライチェーン内では，調達，製造，輸送，保管，受注，予測，顧客サービスなど，多くの機能の調整が行われる[15]．サプライチェーン管理に用いられるソフトウェアは，こうした機能分野の中の例えば在庫計画であったり輸送計画であったりと，一つひとつを対象にするものが多い．ところが今，こうした機能のいくつか，または全部を統合したソフトウェア・ソリューションが脚光を浴びつつある．それで，こうした包括的ソフトウェアを利用すれば，主要な機能分野を網羅したサプライチェーン全体の流れ，言わば「サプライチェーン一式」を管理できるようになった．SAP社やオラクル社など，企業資源計画（ERP）ソフトウェアを生産しているメーカーは，機能分野を統合し，サプライチェーン全体のギャップを埋めることを目的とするアプリケーションを開発している．

　サプライチェーン管理ソフトウェアを利用するとリアルタイムでのデータ転送が可能になり，組織はサプライチェーン・プロセスを競争優位に転換することができる．FedEx（フェデラル・エクスプレス）社は，多様な技術をシームレスに統合し，拡大されたサプライチェーンの全プロセスを強化しているベスト・プラクティス企業であり，一元化されたデータベースにデータを送る携帯式バーコード・スキャナを各社員に持たせている[16]．同社は，すべての小包に使用されるバーコード・スキャナによるリアルタイム・データ伝送システムを採用し，荷物のルーティング，追跡，顧客への配達に活用している．スキャナで記録した情報は中央のデータベースに送られ，社員や顧客に提供される．FedEx社の通信ネットワークは毎日40万件近い顧客からの問い合わせを処理し，250万もの荷物について場所，集荷時間，配達時間を追跡している．FedEx社は顧客とオンラインで連携していて，顧客が注

文を受けるとFedEx社のサーバに通知され，出荷ラベルの印刷，社内向け集荷指示票の生成，顧客のサーバへのラベルのダウンロードが行われる仕組みになっている．必要な顧客情報をすべて含むこのラベルは顧客の倉庫で印刷され，FedEx社による集荷の直前に荷物に貼付される．こうした密接な電子的結合により，顧客のサプライチェーン・プロセスの効率が大幅に向上するだけでなく，FedEx社も顧客のニーズを確実に満たすことが可能になる．

■インターネット　産業財のマーケターはインターネットの活用を通じて，サプライチェーンに関係するメリットをいくつか実現している．

- ●タイムリーな製品開発
- ●チャネル在庫の削減
- ●通信および顧客サポート費用の削減
- ●新規顧客セグメントへのアクセス
- ●カスタマイゼーションによる従来製品の強化や顧客との関係性の強化

インターネットはまた，サプライチェーンの構成企業間の取引処理業務を容易にし，それによってチェーン全体の効率や効果を促進する．取引処理業務では，産業財の売り手企業とそれに対するサプライヤーや顧客との間で情報がリアルタイムでやり取りされる．こうした業務は，製品やサービスに関する資金のやり取りか，または二つの企業間での意思決定や計画策定を目的とした情報交換のどちらかになるだろう．インターネットを活用すると，原材料や部品に対する顧客のニーズをリアルタイムで把握することが可能になるため，サプライヤーにとってはタイムリーに対応するための準備期間が生まれる．例えばデル社は，受注，取引の処理，顧客との連絡，サプライチェーン・パートナーへの情報伝達にインターネットを導入することで，顧客ニーズに迅速に対応できるサプライチェーン戦略を生み出している[17]．

3．サプライチェーン管理手法を効果的に用いる

　企業のサプライチェーン活動は，その企業の製品に対する需要特性によって変わる場合が少なくない．マーシャル・フィッシャーによれば，製品は，用紙，補充品，事務用什器などの「機能的」製品と，リサーチ・イン・モーション社のブラックベリー（電子メール用無線端末機器）などのハイテク製品のような「革新的」製品の2種類に大別されるという．この区別が重要なのは，両者は異なるサプライチェーンを必要とするからである[18]．機能的製品は需要パターンの予測が可能だが，革新的製品ではそうは行かない．機能的製品における目的は，物流の効率を実現するサプライチェーンを設計すること，すなわち，ロジスティックスや在庫のコストを最小化し，低コストの製造を確実にすることである．この種の製品の場合，サプライチェーンの参加者すべてが製造，注文，納品を効果的に調整し，生産および在庫コストを最小化できるよう，チェーン内で重要な情報の共有が行われる．

　それに対して，革新的製品は需要予測が難しいため，短いライフサイクルに反応し，供給の不足や過剰を防ぎ，需要のピーク時における高い収益性を活かすことができるかどうかがポイントとなる．サプライチェーンの意思決定は，在庫の最小化に努めるよりも，不確実な需要に備えるために生産設備と在庫をどこに配置するかが中心になる．その意味で，顧客需要に関するタイムリーな情報を取り込み，サプライチェーンに提供することがきわめて重要である．企業はサプライチェーンを設計する際，機能的製品には効率的プロセスを，革新的製品には即応的プロセスをそれぞれ追求するのが望ましい．

3－1．サプライチェーンの効果的実践

　成功しているサプライチェーンの大半は，構成企業が提携関係の中で協働するための手法を考案している．メンバーが互いに敵対関係にあるようなサプライチェーンは効果的でないばかりか，本質的なサプライチェーンとは言い難い．つまり，サプライチェーンの基礎はパートナーシップにあると言え

る．非常に効果的なサプライチェーンの顕著な特徴としては，構成企業間における業務運営の統合，タイムリーな情報共有，顧客への付加価値の提供が挙げられる．サプライチェーンで創造される経済的価値について，ある専門家は，「最高の純資産利益率を追求し，損益計算書と貸借対照表の間でコストをトレードオフし，全員がその利益に預かれるようにすべきである」[19]と主張する．サプライチェーンのパートナーたちがチームとして機能するためには，この協働という視点に立つのが賢明である．

　サプライチェーンにおけるパートナーシップが威力を発揮するためには，各構成企業は戦略目標を明確に定義し，自分たちの目標がどこで一致するか，また一致しないかについて互いに理解し，不一致点を解消する必要がある[20]．サプライチェーン戦略は，各企業の重要なプロセスのみならず企業同士を結ぶプロセスの推進も目的とするため，両方の組織のマネージャーが主要な意思決定に参加し，選択した進路をサポートするようにしなければならない．サプライチェーン戦略が主要メンバーによって確立され，承認されると，パフォーマンス測定基準を定めて，サプライチェーンがその共通の目標をどの程度満たしているかの追跡が可能になる．パフォーマンスを測定するのに用いる基準は戦略と結び付けられており，サプライチェーンに参加している各企業の社員たちの成績評価と報酬体系とを連動させる必要がある．この手順を踏まないと，それぞれのマネージャーにもサプライチェーンの広範な目標を達成しようという意欲がわかないだろう．

4．サプライチェーン管理の必須要素としてのロジスティックス

　産業財マーケティング戦略において，サプライチェーン管理手法がもっとも重要になるのはロジスティックスの領域である．「ロジスティックス」という言葉は元々軍隊用語であり，壮大であると同時に不可思議な印象も受ける言葉だ．ビジネスで用いる場合の「ロジスティックス」は，原材料を製造部門に供給し，さらに完成品を顧客に，求められたときに求められる状態で提供するために必要なあらゆる活動（主に輸送，在庫，保管，コミュニケー

ション）の設計および管理を意味する．つまり，ロジスティックスは二つの主要な製品の流れから成る．それは，(1)原材料，部品，補給品を製造工程に供給する流れとしての「物的供給」と，(2)完成品を顧客や流通業者に納品する流れとしての「物的流通」（物流）である．

　物的供給と物的流通の流れは，企業顧客の納品に関する要求事項を満たすよう調整されなければならない．ロジスティックスの物的供給の側面では，産業財のマーケターの物流システムが顧客の物流および製造プロセスと相互作用することが求められる．修理部品の納入が数時間遅れれば生産時間のロスが発生し，製造企業は数千ドルもの損失を被ることもある．この側面は重要ではあるが，この章では物的流通を主に取り上げる．なぜなら，産業財のマーケターにとっては，それが戦略の核となるからである．

　産業財マーケティングを効果的に行うためには，完成品をチャネル・メンバーや顧客に効率的かつ組織的に供給する必要がある．こうした能力の重要性ゆえに，ロジスティックスの機能は多くの産業財のマーケターのマーケティング戦略において大きな柱になっている．

4−1．ロジスティックスとサプライチェーンの区別

　ロジスティックスはサプライチェーン管理の重要な要素である．実際，サプライチェーン管理とロジスティックスの活動範囲の違いに関して，かなり混乱が見られる．本書ですでに定義したように，サプライチェーン管理では顧客に価値を提供する「あらゆる業務プロセスの統合」が焦点になる．それに対してロジスティックスでは，製品や情報がサプライチェーンを流れて顧客まで到達する過程での「移動および貯蔵活動」に重点が置かれる．つまりサプライチェーン管理は，いくつかの業務プロセスの調整を含む，より広範な統合的活動であり，ロジスティックスはその中に含まれることになる．

　1990年代，時間的競争の重視，情報技術の目覚しい進歩，グローバル化の拡大，品質への関心の高まり，企業間の関係性の変化などすべてが相まって，企業はロジスティックスのプロセスに対する見方を広げざるを得なくなり，完成品を作り出し，それを最終顧客やユーザーに完全な状態で，納期までに届けるという一連の活動に従事するすべての会社を含めるようになっ

図6.3　電動機のサプライチェーン

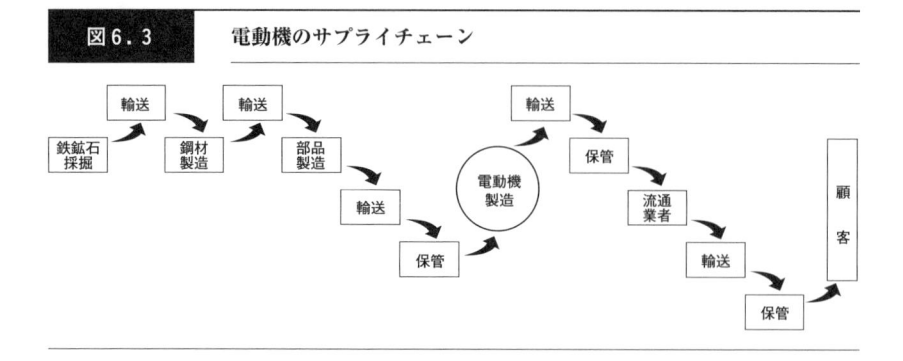

鉄鉱石採掘 → 輸送 → 鋼材製造 → 輸送 → 部品製造 → 輸送 → 電動機製造 → 保管 → 輸送 → 保管 → 流通業者 → 輸送 → 保管 → 顧客

た．例えば，電動機（電気モーター）のサプライチェーンには原材料のサプライヤー，鋼材製造業者，構成部品メーカー，運送会社，電動機製造業者，流通業者，部品や完成品の保管・配送にあたる倉庫会社，それに電動機の最終顧客などが含まれる．そうしたサプライチェーンを図示したのが，図6.3である．サプライチェーン管理というのは，サプライヤーから最終ユーザーまで供給チャネルの流れ全体の調整を意図した統合的概念である．とは言え，ロジスティックスが産業財の売り手にとって重要なものであることに変わりはない．なぜなら，企業はサプライチェーン全体に意識を向けつつも，タイムリーかつ低コストの方法で顧客に製品を送り届けるロジスティックス・システムに依存しているからである．

4－2．流れを管理する

　ロジスティックス管理をサプライチェーンの視点からとらえる意義は，産業財マーケティングのマネージャーがサプライチェーン構成企業すべてのパフォーマンスを注視し，総ロジスティックス・コストをできるだけ抑え，最終ユーザーへタイムリーに完成品を納入するため，メンバーの活動を調整することにある．サプライチェーン手法においては，納入業者，運送会社，倉庫会社，流通業者などのサプライチェーン構成企業と緊密な関係性を築くことも当然必要である．サプライチェーン管理の中のロジスティックスに関して産業財のマーケターが注目するのは，チェーン内の製品の流れと，そのプロセス全体を推進するタイムリーな情報である．

産業財のサプライチェーンでは，逆方向の製品の流れも重要である．ゼロックス社やキヤノン社など多くの企業は，使用済みの製品や陳腐化した製品を定期的に再製造している．そうした製品が再製造や再生を目的に工場に返還されるためには，有効な提携関係とプロセスが整備されていなければならない．逆方向のサプライチェーンが効果的に機能していると，再生品が新製品を上回るマージンを企業にもたらすこともある[21]．

5．ロジスティックスの戦略的役割

　かつてロジスティックスという機能は，取引を行うためのコストにすぎず，その唯一の目的は生産性の向上であると考えられていた．今日では，顧客の事業運営に与える影響の大きさから，ロジスティックスは不可欠な戦略的武器と見る企業が増えている．ロジスティックスは多くの産業財のマーケターにとって，競争優位性を獲得・維持するための主要なマーケティング手段である．こうした企業は概して，ロジスティックスのパフォーマンスがマーケティング戦略の一つの重要な柱であることを認識し，ロジスティックスの能力を活用している．ロジスティックスに関する計画および管理を長期的なビジネス戦略に組み込んでいる企業は，真の価値を生み出す大きなメリットを得ることができる．ニューコア社が強力な顧客ロイヤルティを築いている秘密は，鋼材を建設現場に2〜4時間以内に納入し，作業での使用順に鉄骨をトラックから降ろすなどの方法を導入しているからである．都会の工事現場では保管スペースが限られることを考えると，このメリットは無視できない．この強力な高付加価値サービスにより，ニューコア社は競合相手よりも高いレベルの収益性を実現することができる．

5－1．販売‒マーケティング‒ロジスティックスの統合

　戦略的なマーケティングの武器としてロジスティックスの重要性が増している中，多くの産業財の売り手が販売・マーケティング・ロジスティックス機能の統合を推し進めている．販売，生産，ロジスティックス，情報システム，マーケティングのスタッフで合同チームを組織し，潜在顧客に提供する

統合的なロジスティクスのプログラムを開発している先進的な企業もある．営業訪問は各分野のスペシャリストたちのチームが行い，このチームが顧客の問題に合わせたロジスティクスに関するソリューションを構築する．米国の大手事務用品流通業者であるユナイテッド・ステーショナーズ社は，顧客に即応できるロジスティクス・サービスを生み出すねらいから，オペレーションと営業スタッフが一緒に流通業者と会うようにしている．こうした努力の結果，ユナイテッド社は顧客に対し，夕方7時までの注文は翌日正午までに納品することを保証することができる．顧客は同社のコンピュータにアクセスし，オンラインで発注する仕組みになっている．ユナイテッド社は，ロジスティクスのスタッフ全員を販売機能の一部と考えている．さらに高い段階での統合を実践している企業もある．バクスター・ヘルスケア社では，倉庫担当者が取引相手の病院の倉庫スタッフと協働するシステムを採用している．顧客の倉庫を訪問する際に業務内容を検討し，顧客による荷降ろしや開梱が容易になるように梱包方法を改善するためである．つまり同社では，倉庫担当者が営業スタッフの役割を果たすようになっている．

5－2．ジャスト・イン・タイム納品システム

　米国ホンダ社などの顧客からは，産業財の売り手は納品を頻繁に，しかも納期を厳守して行えるような態勢を求められている．ホンダ社など数多くの製造企業では，ジャスト・イン・タイム（JIT）在庫方式が採用されているためである．この方式の下では，すべてのサプライヤーが部品や補給品の納入をメーカーの生産計画と注意深く調整する必要がある．使用するわずか数時間前に納品ということも少なくないからである．JITシステムのねらいは，生産プロセスからあらゆる種類の無駄を排除することにあり，特定の製品を正確な時間に正確な数量で納入することが要求される．その際重要なのは品質は完ぺきでなければならない，という点だ．JITプロセスでは製品検査を実施している時間的余裕がない．JIT方式では，必要な生産量に基づいて購買を行おうとするため，発注規模は概して小さくなり，より頻繁な納品が必要になる．納品頻度の増加は，産業財マーケティングの生産および物流

表6.1	ロジスティックス・システムにおける管理可能な要素
要素	主な特徴
顧客サービス	ロジスティックス業務の「製品」とも言うべき顧客サービスは，時間と場所の効用を効果的に生み出すということである．サプライヤーが提供する顧客サービスの水準は，総コスト，市場シェア，収益性に直接影響する．
注文処理	注文処理はロジスティックス・プロセスを始動させ，製品を顧客に納品するのに必要な業務活動の出発点になる．注文処理のスピードと正確性はコストと顧客サービスの水準に影響する．
ロジスティックス・コミュニケーション	物流プロセスにおいてやり取りされる情報が，システムの活動を誘導する．情報は企業のロジスティックス・システムと顧客とを結ぶものとして不可欠である．
輸送	供給源から生産を経て顧客へと至る製品の物理的移動はロジスティックスにおける最重要コスト分野であり，輸送方式や具体的な運送会社の選定，さらにはルーティングなどが行われる．
保管	保管スペースの提供は，生産と使用の間のギャップをうめる緩衝材的な役割をする．保管はサービスの強化や輸送コストの低減のために行われることもある．
在庫管理	在庫は，製品を顧客に供給するとともに，製品を適切な組み合わせで適切な時に適切な場所に確保するのに用いられる．
包装	包装の役割は，製品の保護はもとより，ロジスティックのプロセスを通じて製品識別を可能にし，効果的な製品密度を生み出すことにある．
現品管理（マテハン）	現品管理は，倉庫内における注文文品のピッキング，および倉庫と運送会社の間の製品移動の効率を上げ，コストを削減する．統制の必要なコスト発生活動である．
生産計画	生産計画はロジスティックス計画との関連で行われ，製品が適切な品揃えと数量で在庫として保有できるようにするものである．
工場と倉庫の配置	工場と倉庫を戦略的に配置することで，顧客サービスを向上させ，輸送コストを削減できる．

出所：James R. Stack and Douglas M. Lambert, *Strategic Logistics Management*, 5th ed.(Homewood, HI.: McGraw-Hill, 2000).

システムに難問を突きつける．だが，多くの企業が在庫回転率や市場対応スピードの点で競争しているため，産業財のマーケターはこの課題をクリアするしかないのである[22]．

■ジャスト・イン・タイムの関係　JIT方式による購買は，メーカーによる取引業者数の大幅削減という著しい効果を生んでいる．JITに対応できるサプライヤーは，JIT指向の顧客との取引シェアが拡大するだろう．JITに対

応できることでマーケティングの優位性につながる場合が多く，企業によっては競争を勝ち抜く決め手になるかもしれない[23]．JIT方式を採用するサプライヤーとメーカーの間に形成される関係は特異で，売り手と買い手を統合する事業連携などが行われる．その結果，サプライヤーにとっては取引先との関係がより長期化し，時には5年間にも及ぶ正式な書面契約が締結されたりするケースも珍しくない．

■ロジスティックス・システムの要素　表6.1は，ロジスティックス・システムにおいて管理可能な要素を示したものである．どのようなロジスティックス活動に関する意思決定であっても，他の分野への影響を考えずに行うことはできない．倉庫施設，在庫取り決め，注文処理方法，輸送連携から構成されるシステムが，顧客にタイムリーな納品を提供するサプライヤーの能力を決定する．サプライヤーが十分なパフォーマンスを示すことができないと，顧客は在庫の増加にともなうコスト増を負担したり，高くつくことになる優先順位繰上げ方式を導入したり，補助的な調達先を確保したり，最悪なケースでは別のサプライヤーに切り替えるということも必要になる．

5－3．総コスト法

　ロジスティックス活動の管理では，二つのパフォーマンス要素を考慮する必要がある．それは，(1)物流コストの総額，(2)顧客に提供されるロジスティックス・サービスのレベルである．ロジスティックス・システムを設計・運営する際は，利益が最大になるようなコストとサービスレベルの組み合わせを実現しなければならない．産業財の売り手にとってロジスティックスに関するコストは，製品の特徴や買い手にとってのロジスティックス・サービスの重要性によって大きく変わってくる．ロジスティックスのコストは，製造段階で売上高の16～36％を占め，ロジスティックス活動で必要とされる資産は総資産の40％を超える．つまり，ロジスティックスは企業の収益性に重大な影響を及ぼす可能性があるのだ．では，産業財のマーケターはロジスティックス・コストをどのように管理すればよいだろうか．

　ロジスティックス管理の総コスト法またはトレードオフ方式は，企業内お

よびチャネル内のロジスティックス・コストの総額を最小化しようとするものである．その根底には，個々のロジスティックス活動に付随するコストは互いに影響し合うという考え方がある．すなわち，ロジスティックスにおける一つの要素についての決定が他の要素のすべてまたは一部に影響するのだ．つまり，経営陣は単一のロジスティックス活動のコストを最小化することよりも，システム全体の効率に目を向けるわけである．ロジスティックス活動（輸送，在庫，保管）間における相互作用は，コスト・トレードオフと説明される．ある活動のコストが増加しても，別の活動で大幅なコスト減があれば相殺され，全体としてはコストが削減されるということである．

6．ロジスティックス・コストの計算法

6－1．活動基準原価計算

　活動基準原価計算（ABC）法とは，個々の活動の遂行に伴って発生するコストを正確に測定し，活動を消費した製品，顧客，チャネルにそのコストを配賦する方法である[24]．サプライチェーン内におけるロジスティックス業務の管理では，この手法は強力な手段になる．ABCは，ロジスティックス・サービスを遂行するためのコストを，そうしたサービスを利用する顧客に割り当て，それによって提供すべき顧客サービスの適切なレベルを判断する仕組みを提供する．ABC分析を採用することで企業は，個々の顧客あるいは製品が全体的な収益性にどのように寄与しているか，より正確な把握が可能になる[25]．

6－2．総所有コスト（TCO）

　総所有コスト（TCO）は，特定のサプライヤーからのある品目の取得，またはその後の使用に伴う総コストを算定するのに用いられる（第2章参照）．この手法は，間接費や一般経費に埋もれてしまいがちになる，在庫の保有，品質の不良，納品の不履行に関係するコストを特定する[26]．TCOを用いる買い手は，サプライヤーのロジスティックス・システムが原因で購買価

格に上乗せされたり，逆にそれから差し引かれたりするコストを明確に考慮し，コストを長期的に評価しようとする[27]．つまりロジスティクスをとりわけ効率的に行っているサプライヤーは，買い手の在庫コストや搬入商品の損傷検査費用を削減できる可能性がある．その結果，そうしたサプライヤーに起因する総所有コストは，損傷のない製品を迅速に納入できなかった他のサプライヤーのそれよりも低くなる．TCO手法が普及している現状を考えると，ロジスティクス業務の効率は産業財のマーケターの戦略においてさらに重要な位置を占めるようになるものと思われる．

7．企業間ロジスティクス・サービス

　サプライヤーのパフォーマンスを測る尺度として，ロジスティクス・サービスは製品の品質に匹敵するくらい重要であるということがいろいろな調査で明らかになっている．良質な製品を競争力のある価格で提供することは当然のこととみなされており，むしろ顧客サービスが競合相手との主要な差別化要因になる業界が少なくない．例えばある業界では，購買担当者が調達プロセスにおいてまず行うことは，最高の配送サービスを提供するサプライヤーに電話し，価格交渉に応ずる意思があるかどうかを見きわめることだという．状況は異なるが，納入業者の選定でも同様の手法が見られる．信頼性のあるロジスティクス・サービスは，顧客にとって非常に重要な要素であり，より高い市場シェアや収益性の実現につながる可能性が高い．ベイン＆カンパニー社の調査では，優れたロジスティクス・サービスを提供できる企業はサービスレベルの低い企業に比べ，成長率が8％上回り，7％割高な価格設定が可能で，収益性は12倍に達している[28]．こうした事実は，ジャスト・イン・タイムの生産システムの大規模な導入とともに，ロジスティクス・サービスが顧客にとって重要なことを如実に示している．

　ロジスティクス・サービスは製品の入手可能性と顧客への納品を実現するものであり，顧客が発注した時点で始まり，その顧客への製品の納入でもって終わる，販売を目的とした一連の活動と考えることができる．即応的なロジスティクス・サービスは顧客満足度を高め，より緊密で高収益な売り

手と買い手の関係性を構築することを可能にする[29]．ロジスティックス・サービスは，企業顧客に重要な意味を持つ，パフォーマンスのあらゆる側面を含んでいる（表6．2参照）．こうしたサービス要素は，納期から高付加価値サービスにまで及び，それぞれが生産プロセス，最終生産高，コストのいずれか，またはそのすべてに影響する可能性がある．

7－1．ロジスティックス・サービスが顧客に及ぼす影響

　サプライヤーが行うロジスティックス・サービスは，製品の入手可能性に影響する．メーカーが生産活動を行うためには，あるいは流通業者が商品を再販するためには，適切な時および適切な場所に使用可能な状態で産業財が存在しなければならない．サプライヤーの納期が長ければ，また納期に一貫性がなければ，それだけ製品の入手可能性は低下する．例えば，サプライヤーの納期が短縮されれば，ニーズに応じていつでも対応でき，買い手が大量の在庫を抱える必要はなくなる．また，顧客の生産工程における中断リスクが低減する．納品に一貫性があれば，買い手としては購買プロセスの効果的な計画，あるいは定型化が可能になり，コスト削減が実現する．一貫性のある納品サイクル実績は，買い手の保有する緩衝在庫または安全在庫の水準低下や，在庫コストの削減という劇的な効果を生む．だが，単価が低く，比較的規格化されている産業財の場合は，在庫コストよりも製品の入手可能性のほうが重要になる．単価0.95ドルのベアリングの不具合で生産ライン全体が停止に追い込まれることもあるのだ．

7－2．サービスレベルを決定する

　納入業者を選定する基準として，ロジスティックス・サービスが「品質」の次に重要視されることが少なくない．だが，すべての製品，あるいはすべての顧客が同じレベルのロジスティックス・サービスを求めるわけではない．大型機械などのように受注生産される産業財は，ロジスティックス・サービスに対する要求水準が比較的低い．それに対して，交換部品，コンポーネント，半組立品などは，ロジスティックスのパフォーマンスに対する要求が非常に厳しくなる．また，ロジスティックスのサービスレベルに対す

表6.2　ロジスティックス・サービスの一般的要素

要素	内容
納期	注文の発生から処理を経て納品に至る期間で，注文処理の時間と納入または輸送の時間の両方を含む．
納品の信頼性	ロジスティックス・サービスでもっとも多用される尺度で，製品を供給して顧客の需要を満たす能力が重視される．
注文処理の正確性	顧客が受け取る品目が注文の仕様とどの程度合致しているかということで，漏れやミスのない商品出荷率が重要な要素である．
情報提供能力	注文処理状況や製品の入手可能性に関する問い合わせへの企業の対応能力である．
損傷	買い手の手元に届いた時点における製品の物理的状態を表す．
取引のし易さ	注文，返品，与信，請求，精算の処理などの容易さである．
高付加価値サービス	顧客による製品の取り扱いを容易にする梱包などの機能のほか，出荷前価格表示や生産者直送などのサービスである．

出所：Jonathan L. S. Byrnes, William C. Copacino, and Peter Metz, "Forge Service into a Weapon with Logistics," *Transportation & Distribution, Presidential Issue* 28(September 1987) : p.46.

る顧客の反応も一様ではない．

　一部の産業財の買い手は他の大多数の顧客に比べ，サービスの質にきわめて敏感である．市場セグメントは，こうしたロジスティックス・サービスに対する感度に基づいて識別する必要がある．例えば，科学器具の買い手は，民間企業，政府，中・高等学校などのグループに分類され，民間企業は納期を他のグループより重視し，中・高等学校は注文の容易さを優先した．産業財のマーケティング・マネージャーはセグメントを分離し，ロジスティックスに関するサービスを，セグメントごとに調整すべきである．製品の種類や顧客の要求事項に合わせてサービスを提供するのである．

　要するにサービスレベルは，顧客がどのようなサービスを求めているかを検討する中で決定される．サービスレベルごとの売上げと費用対効果を分析して，利益を最大化するサービスレベルを見きわめる必要がある．ロジスティックス・システムの構成は，種々の顧客セグメントのニーズによって決まる．例えば，ロジスティックス・サービスが求められるときは，流通業者を使って必要な製品の入手可能性を高めることができるが，ロジスティック

ス・サービスをそれほど求めない顧客の場合は，工場の在庫で対応することができるだろう．

7－3．ロジスティクスが他のサプライチェーン構成企業に及ぼす影響

　サプライヤーのロジスティクス・システムは，エンド・ユーザーへのコストやサービスを管理する流通業者の能力に影響する．納期は顧客の必要在庫量だけでなく，チャネル・メンバーの業務運営にも影響する．サプライヤーによる流通業者への配送サービスに一貫性がない場合，エンド・ユーザーに対して製品の入手可能性を十分なレベルに維持したいと考える流通業者は，在庫量を増やさざるを得なくなる．

　流通業者へのロジスティクス・サービスの効率が悪いと，流通業者のコストが増加する（在庫の拡大）か，または流通業者の段階でサプライヤーの製品が不足することになり，どちらにせよ好ましい結果は得られない．前者の場合，流通業者のロイヤルティやマーケティング活動が低下し，後者では，エンド・ユーザーがゆくゆくは別のサプライヤーに切り替えることになるだろう．「Palm Pilot」を製造するパーム社は，同社の中南米の流通業者でも米国内と同レベルのアフター・サービスを提供できる，非常に効果的なロジスティクス・システムを開発し，中南米での売上げは短期間で2億5,000万ドルを突破した[30]．一部の業界では，流通業者がロジスティクスのプロセスで果たす役割がより大きくなっており，サプライヤーや顧客にとってますます重要な存在になっている．例えば化学業界では，JIT納品，再梱包，在庫管理などのロジスティクス・ソリューションが顧客に提供されるようになったことで，流通業者の役割が根本から変化しつつある[31]．流通業者がロジスティクスのノウハウを提供すれば，その売り手（メーカー）は生産やマーケティングという本来の分野に専念することができる．

8．企業間のロジスティクス管理

　ロジスティクス戦略の各要素は，それぞれが影響し合いながら全体を構

成しており，その意味では総コストに注目すべきである．これから，施設，輸送，在庫に関する意思決定を個別に見ていくが，これらの分野は互いに密接に絡み合っているため，一つの決定が他の分野にも影響することになる．

8－1．物流施設

　産業財のマーケターは倉庫の戦略的開発により，顧客への配送サービスレベルの向上か輸送コストの削減，またはその両方を実現することが可能になる．修理，保守，業務用備品を販売する産業財企業は，配送サービスを望ましいレベルで提供するには主要市場に倉庫を立地させるしかないことに気づく．倉庫によってローカル市場への製品供給が容易になれば，コストのかさむ輸送（航空便）や注文処理が必要なくなるからである．

■他のサプライチェーン構成企業への対応　企業間サプライチェーンの構成は，サプライヤーの保管の必要性に影響する．米国の産業財の業界でレップと称されるいわゆる販売代理商は在庫を保有しないが，ディストリビューターと呼ばれる流通業者は在庫を保有する．レップが利用される場合は，サプライヤーは相当数の倉庫を戦略的に配置する必要がある．それに対して，ディストリビューターを利用するサプライチェーンでは，サプライヤーは倉庫保管の必要がない．ディストリビューターによるローカルな倉庫展開は間違いなく，サプライヤーに対する真のサービスと言える．サプライヤーは適した立地に少数の倉庫を配置するだけで，ディストリビューターに対して効果的な対応が可能になるかもしれない．

■保管機能のアウトソーシング　使用する倉庫の種類を決める際は，業務コスト，サービスレベルおよび必要な投資額を考慮する必要がある．産業財企業は自ら倉庫を持つか，または倉庫保管業務を専門的に代行する「第三者」企業に委託することもある．第三者による倉庫保管業務の利点としては，柔軟性，資産の削減，専門的管理が挙げられる．ある市場におけるスペース利用の増減が可能であり，市場への参入や撤退が迅速化され，その業務を専門とする業者に管理を任せることができる．さらに，市場でディストリビュー

ターを補完したり，それに取って代わったりするケースもある．

倉庫保管業務の外部委託は，梱包，ラベリング，注文処理，一部の初期組立など，クライアントに多様なロジスティックス・サービスを提供する．フロリダ州ジャクソンビルを本拠地とするサードパーティー・ロジスティックス（3PL）企業であるGATXロジスティックス社は，多くの主要市場に倉庫施設を保有している．クライアントは，一社だけと取引することにより，これらの市場すべてに在庫を配置することが可能になる．GATX社はまた，自社のコンピュータをサプライヤーのコンピュータとリンクさせることで，注文処理や在庫更新を容易にしている．同社の倉庫は，末端ユーザーの注文に合わせた製品の再梱包，ラベル添付，現地配送の手配なども行う．産業財のマーケターはGATX倉庫に規格製品を大量に送って輸送コストを節約しつつ，優れた顧客配送サービスを提供することができる．自社の営業チームかレップを用いて販売機能を経済的に遂行できるときは，公営倉庫や委託倉庫がディストリビューターのチャネルに代わる選択肢となり得る．

8－2．輸送

輸送コストは通常，ロジスティックスにかかわるコストの中で最大であり，燃料コストの値上がりが続く中，その重要性は増していくものと思われる．輸送に関する意思決定では一般的に，輸送手段と個々の輸送会社（単数または複数）の両方について，最低のコストで最高のパフォーマンスを実現するのはどこか，という点から検討や選定が行われる．輸送手段とは輸送会社の種類であり，鉄道，トラック，水路，空路のいずれか，またはそのいくつかを組み合わせた利用が考えられ，輸送会社それぞれの料金および配送能力を評価する必要がある[32]．輸送会社の選定を行う際は，サプライチェーンの視点が重要になる．輸送会社はサプライチェーン・プロセスの重要な一角を占めることになり，緊密な関係性が求められる．ある調査では，輸送会社は，売り手と買い手の関係の中に組み込まれるほど業績が向上することが確認された[33]．輸送会社をサプライチェーンに統合することで，チェーン全体の競争力をアップさせることができる．このセクションでは，(1)産業財サプライチェーンにおける輸送の役割，(2)輸送の選択肢を検討する際の判断基準

について考える．

■輸送と物流サービス　産業財の売り手企業としては，生産施設から流通業者，さらには顧客まで，完成品在庫を効果的に移動させる能力が不可欠である．輸送システムは，ロジスティックスのネットワークを結合し，最終的に製品のタイムリーな納入を行うことを目的とする．倉庫保管業務が効率的であったとしても，一貫性があり適切な輸送が行われなければ，顧客サービスの向上は望めない．

　必要な顧客サービスレベルを達成する効果的な輸送サービスは，倉庫施設や在庫水準と組み合わされることもあれば，それらに取って代わる場合もある．製品を一カ所から各企業顧客まで迅速に配送できる輸送サービスが整備されていれば，市場ごとに分散した倉庫にある在庫を一つの倉庫にまとめて保管する方式が可能になる．ゼロックス社は，コストのかさむ航空貨物サービスを敢えて利用して，大量在庫と広範囲な倉庫配置を回避している企業の一例である．輸送手段と輸送会社の選定は，コストのトレード・オフとそれぞれのサービス能力に依存する．翌日納品や航空速達便が一般的な時代にあって，迷路のように入り組んだ川や湖や水路を縫うように活用するはしけ輸送が産業財市場で広く利用されていることは興味深い[34]．はしけで17時間かかる距離は，列車なら4時間，トラックを使えば90分ほどである．このように，はしけは平均時速25km弱と非常に低速ではあるが，トラックや鉄道に比べコスト面では非常に優れている．石灰岩，石炭，農産物，石油などの輸送では，のろくて見栄えのよくないはしけが効果的なロジスティックスの手段となり得る．

■輸送パフォーマンスの判断基準　判断基準の一つとなる「サービスのコスト」は，製品を出発地から目的地まで運ぶことに伴う変動費であり，荷役費や付帯費用も含まれる．トンマイル当たりのコストは，水路の0.25ドルから，空路の0.50ドルにまで及ぶ．輸送手段選択で重要な点は，コストそのものではなく，達成すべき目的と比較したコストである．大量の原材料を輸送する場合は概して，前払いの配送サービスを必要としないため，鉄道や水上

輸送以外の手段では割に合わない．他方，空輸コストはトラック輸送の10倍にも達する可能性があるが，スペア部品を大至急必要とする顧客などにとっては，コストは二の次になるだろう．高速輸送でコストが割高になっても，結果的に在庫の削減が実現すれば適切な選択と言えるかもしれない．

二つ目の判断基準である「サービスのスピード」とは，ある施設（工場や倉庫）から別の施設（倉庫や顧客の工場）まで製品を運搬するのに要する時間のことである．やはり，サービスのスピードがサービスのコストより重視されるケースは少なくない．比較的低速の輸送手段で，大量貨物によく利用される鉄道は，サプライヤーの工場と目的地の倉庫で在庫を積み増す必要が生じる．輸送に要する時間が長くなるため，その間，顧客は自身のニーズを満たすために，それだけ多くの在庫を確保しておかなければならないからである．低速の輸送手段は，製品運搬の変動費は少なくてすむが，サービスレベルが低下し在庫投資が膨らむ結果になる．それに対し，高速な手段はその逆の結果をもたらす．輸送手段をサービス面で比較するだけでなく，同じ手段を提供する輸送会社間で「ドア・トゥ・ドア」の輸送時間を比較検討することも忘れてはならない．

三つ目の判断基準としての「サービスの一貫性」は通常，平均輸送時間以上に重要である．すべての輸送手段が同様の一貫性を有するわけではなく，例えば空輸は平均輸送時間が最短だが，納期のばらつきは大きくなる．このように輸送手段によってサービスの一貫性が異なることは，産業財マーケティング計画でとくに重要になる．効果的な顧客サービスを実現するためには，コスト，平均時間および一貫性を勘案して輸送手段を選択しなければならない．

要するに，産業財の買い手は効果的で一貫性のある配送サービスを求める場合が多いため，輸送手段の選択はサービスのコスト以上に重要な決定となる．だが，輸送会社に関して最適な決定を下すためには，サービス要求事項，変動費および必要投資額のバランスを考える必要がある．マネージャーはまた，通常納品の場合と緊急納品（急ぎの注文）の場合に求められる輸送についても考慮しなければならない．

8－3．在庫管理

　在庫管理はロジスティックス・システムにおいて，緩衝材の役割をする．企業間の流通チャネルでは在庫が必要だが，それは以下の理由による：(1)生産と需要が完全にマッチすることはない，(2)ロジスティックス・システムにおける業務運営上の欠陥（出荷遅延，不安定な輸送会社のパフォーマンス）により品切れが生じる，(3)（機械の故障や，突然の増産の必要性により）顧客が製品ニーズを確実に予測するのは難しい．在庫は倉庫施設や輸送と同じ観点から見ることができる．つまり，顧客が求めるサービスレベルを提供するための一つの手段であり，在庫水準はコスト，投資額，求められるサービス，予想収益に基づいて決定されることになる．

　■品質重視：在庫の排除　今流行のTQM（総合的品質管理手法）とJIT（ジャスト・イン・タイム管理方式）は，在庫の削減または徹底排除を目指す．システムの効率が悪いと在庫が発生する，というのが最近の考え方であり，一貫性のない納品，不正確な予測，効果的でない品質管理システムなどに起因する納品，予測，製品の不手際に備える意味で，企業は過度の在庫を保有せざるを得なくなるとされている．納品業務や予測，製造プロセスが改善されれば，不手際や不測の事態に備える必要性がなくなるはずである．バーコード方式，スキャナーデータ，総合的な品質プロセス，輸送管理の改善，サプライチェーン構成企業間における情報の流れの向上など，情報技術の進化によって在庫の緻密な管理および可能な限りの削減が可能になっている．

　サプライチェーンを情報面で結合するインターネット接続性により，一部の業界では大幅な在庫削減が実現している．最近のある調査では，製造企業の在庫回転率の平均が年8回から12回以上へと改善していることが判明した[35]．その大きな要因として，サプライチェーン構成企業間での情報共有の拡大，高性能な在庫管理ソフトウェア，サプライチェーン内における高次元の調整が挙げられる．産業財を扱うマーケティング・マネージャーとしては，在庫ゼロに近い状態で効果的に機能し得るサプライチェーン・システムの調整および統合を進めながら，大量の在庫をできるだけ保有しなくてもす

むような品質プロセスを構築しなければならない．

■80対20の法則　広範囲な製品ラインを有する産業財のマーケターは，製品の多くはそれ程回転率が高くないことを知っている．これは「80対20の法則」に他ならない．つまり，売上の80％は製品ラインの20％によって生み出されるということである．この法則が主に意味するところは，産業財のマーケターは製品の回転率の良し悪しによって在庫管理の仕方を変える必要があるということである．売上高の20％しか生み出さない製品が在庫の半分を占めていたら，そうした売れ行きの悪い商品の在庫量を，売れ行きの良い商品の回転率とほぼ同じになるまで減らすとかなり業績は改善するかもしれない．チャネル内での在庫機能の扱い方の如何にかかわらず，この法則は当てはまる．つまりサプライヤーは，流通業者に低回転率品目の在庫削減を実施させれば，サプライチェーンの効率が向上し，流通業者の在庫コストも大幅に削減することができる．これは流通業者のコスト・パフォーマンスを改善するだけでなく，サプライチェーンの信用強化にもつながるはずである．

◎産業財マーケティングの内側◎
在庫管理が利益に及ぼす影響

　ジョン・ディア社は，農業機械，建設機械，業務用機器，民生用機器などの製造を主力事業としている．そのサプライチェーンの慣行，とりわけ在庫管理の分野において，同社は同業他社をリードしている．その差がいかに大きいか説明しよう．
　ディア社は平均59日分の売上高に相当する商品を在庫として保有しており，業界で最悪の企業は137日分と仮定する．この業界では，在庫30日分が売上の1.66％の利益の差に相当する．同社と最悪の企業の差は在庫78日分であり，その利益の差は次式で得られる．

最悪企業の在庫：137日分

> ジョン・ディア社の在庫：59日分
> 差：78日
> 30日分が売上の1.66％の利益に相当する．両社の差を30日で割ると，78÷30＝2.6（倍）となる．
> 収益性の差：2.6×1.66％＝4.3％（対売上比）
>
> 効果的な在庫管理の結果として，最悪の企業と最高の企業の間では売上の4.3％の利益差が生じる．どちらの企業も10億ドルの売上があり，その他の条件はすべて同じとすれば，管理の行き届いた企業は利益額で4,300万ドル上回ることになる．

8－4．サード・パーティー・ロジスティックス

　ロジスティックスのプロセスを遂行する新たな方法として，メーカーでも流通業者でもないサード・パーティー（第三者）の活用がある．こうした外部企業は，これまで組織内で処理されてきた多様なロジスティックス機能を請け負う．企業は大概，輸送や保管，あるいは情報処理などの目的で，何らかの種類のサード・パーティー企業を利用することになる．ロジスティックスをアウトソーシングするという戦略的決定は，経営トップによってなされる場合が多い．サード・パーティー企業に委託される機能は，ロジスティックスのプロセス全体のこともあれば，一部の活動に限定されることもある．サード・パーティー企業は保管や輸送（シュナイダー・ナショナル社のトラック運送など）といった特定の機能を請け負ったり，生産計画から納品に至るロジスティックスのプロセス全体（ライダーDL社など）を任されたりする．この種の企業を活用することで，メーカーや流通業者は，プロのロジスティックス会社のノウハウや専門性を取り込みつつ，自らの主力事業に専念することができる．その結果，コストの削減，サービスの改善，資産活用の向上，柔軟性のアップ，最先端技術の利用などのメリットが得られる場合が多い．最近では「フォース・パーティー・ロジスティックス（4PL）」とし

て，種々のロジスティックス機能を肩代わりする目的で採用されたサード・パーティー企業を管理し，自らは資産を所有しない企業の利用を奨励する動きも，一部企業の間で見られる[36]．

このようにロジスティックス請負業者の活用は有効であるが，ロジスティックスのプロセスに対する統制力の低下，顧客との直接的な接触機会の減少，社内のオペレーションをなくしてしまうことに伴う問題点などを心配する企業もある．産業財マーケティング・マネージャーは，ロジスティックスのコストとサービスの目的を実現するもっとも効果的かつ効率的な方法を分析するときには，ロジスティックス機能の一部または全部を請負業者に委託することの長所と短所を慎重に検討すべきである．サード・パーティー・ロジスティックスの興味深い活用例として，土工機械メーカーのキャタピラー社が設立したロジスティックス・サービス会社がある[37]．この会社は，53万余のスペア部品を必要とする300種類の製品群の流通を手掛けた経験と知識を活かして，他のメーカーの部品の物流を管理している．キャタピラー社は，社内業務と顧客の間で双方向の知識移転を行っているわけである．

◎産業財マーケティングの内側◎
ヒューレット・パッカード社は修理をUPS社に委託する

欠陥部品の取り扱い，加工，修理および配送が重荷になったヒューレット・パッカード（HP）カナダ社は，このプロセス全体をロジスティックスの専門会社であるUPS社に委託した．UPS社はHP社の部品在庫のすべてを引き受け，カナダ全土に展開する自社のマルチ顧客流通センター網に組み入れた．HP社にとっての主なメリットは，UPS社施設を利用することで修理部品事業の固定費を数社に分散できるとともに，UPS社のネットワーク全体の熟練労働力を活用できる点にある．HP社は全体として，カナダ国内18箇所のUPS社施設において部品在庫と修理事業を維持することになる．ロジスティックスを専門とする請負業者の活用は，HP社に大きな利益をもたらしている．UPS社は，欠陥部品の回収・修理および在庫の補充に要する期間を23日

> から7日に短縮した．また，ネットワークの在庫を最大で16日分削減した．HP社にとってのコスト削減効果はどれくらいだろうか．何と20％ほどのコストが削減されたのだ．こうした目覚しい成果に加え，UPS社が生み出した先進的な返品システムにより，顧客による欠陥部品の返送やHP社によるその把握が容易になっている．
>
> 出所："HP Canada: Giving Away Parts, Service Network Means Better Control," *Global Logistics & Supply Chain Strategies* 6(July 2002): p.63.

9．まとめ

　産業財マーケティングを行なう一流企業は，サプライチェーン管理に優れた能力を発揮する．サプライチェーン管理は，出発地から目的地に至るまでの製品，情報およびサービスの流れを改善することを目的とする．その原動力は，主に高度な情報システムや管理ソフトウェアを用いてサプライチェーンの構成企業間の調整と統合を行うことにある．無駄や重複の排除，コストの削減，サービスの向上がサプライチェーン管理の主要な目的である．この分野で成果を上げている企業は，自社製品の特徴は何か，顧客のニーズを満たすにはどのようなサプライチェーン構成が必要かを理解している．優れたサプライチェーンはとくに，事業統合や情報共有にとどまらず，顧客に付加価値を提供する水準にまで達している．

　製品や情報の流れおよび保管を決めるロジスティックスは，企業のサプライチェーンにおける重要な機能である．成功しているサプライチェーンは，ロジスティックスを生産，調達，予測，注文管理，顧客サービスなどの機能と連動させている．ロジスティックス管理をシステムの視点からとらえることはきわめて重要であり，企業としてロジスティックス機能が所定の目的を達成すると確信できる唯一の方法である．ロジスティックスの各要素については，他の要素に及ぼす影響を分析しなければならないだけでなく，要素全体を顧客に提供するサービスレベルに照らして検討しなければならない．製

品の円滑な流れを実現するためには，サプライチェーン全体のロジスティクス要素を統合する必要がある．買い手が産業財のマーケターを評価する際，ロジスティクスのサービスを無視することはできない．ロジスティクスに関するサプライヤーへの期待では，製品品質の次にサービスが重視されるケースが多い．

　ロジスティクス分野における意思決定は，ロジスティクスの要素間でのコストのトレード・オフ，また各サービスレベルに伴う費用と収益の比較に基づいて行わなければならない．最適なシステムは，必要な投下資本に対して最高の収益率を実現する．施設，輸送および在庫という三つの主要要素が，産業財のロジスティクス・マネージャーが直面する意思決定の基礎になる．産業財のマーケターは，ロジスティクスがすべてのサプライチェーン構成企業とサプライチェーン全体のパフォーマンスに与える影響を注意深く見守る必要がある．最後に，ロジスティクスは競争優位性の源泉となることが少なくないため，ロジスティクスの戦略的役割は慎重に評価されなければならない．

9－1．討論課題

1．サプライチェーン管理とは何か．一般的なサプライチェーンはどのような機能を果たし，どのような企業で構成されるか．
2．効果的なサプライチェーンはその構成企業に，どのように強力な競争優位性をもたらすか．
3．サプライチェーンの有効性が構成企業間の協力の有無によって決まるのはなぜか．
4．サプライチェーン内に存在する「無駄」にはどのようなものがあるか．また，サプライチェーン管理は，さまざまな無駄をどのように排除しようとするか．
5．サプライチェーン管理業務において，インターネットはどのような役割を果たすか．
6．組織顧客の視点から見て，価格は高くとも，迅速かつ確実な配送システムを提供する企業がサプライヤーとしてもっとも経済的であるというのは

なぜか.
7．輸送コストを2倍にするとロジスティックスの総コストが削減される可能性がある状況とはどのようなものか.
8．ロジスティックス管理の主な目的は，最適な利益をもたらすようなロジスティックスのコストと顧客サービスのバランスを発見することである．これは何を意味するか.
9．配送パフォーマンスに一貫性があると組織顧客は在庫水準を引き下げることができる，というのはなぜか.
10．より高度な購買手法や在庫管理システムを採用する製造企業が増えている．このような顧客との取引を望む産業財のマーケターにとって，それらの動きは戦略的にどのような意味合いがあるか.

9－2．インターネット演習

　イエロー社はフォーチュン500社にも選ばれている運送会社である．同社のウェブサイト（http://www.yellowcorp.com）にアクセスし，その「Exact Express Service」を支えるサービス保証について調べてみよう．他にどのような配送サービスが提供されているか，「Service Guide for Yellow Transportation」で見てみよう.

◎ビジネス事例　トランスプロ社のロジスティックス管理

　ロジスティックス管理は，産業財ディストリビューターのようなチャネル・メンバーの収益性を決める重要な鍵となる．ディストリビューターが成功するためには，製品ライン全部について膨大な量の在庫を維持するとともに，受注後速やかに納品できることが求められる．顧客がディストリビューターに求める主要な高付加価値サービスは，製品の入手可能性だからである．さまざまな種類のコンポーネントや交換部品が24時間ベースで供給されれば，顧客は在庫投資を最小化することができる．さらに顧客企業は，機器の重要なコンポーネントが入荷しないことで操業中止になるような事態は絶対にない，という確信を持てる．ディストリビューターの特性上，各種コストの中でも在庫コストが最大であることが少なくないため，効果的な在庫管理が収益性の原動力になる．

　トランスプロ社は，ベアリング，ギア，Vベルトなどの動力伝達機器を扱う大手産業財のディストリビューターである．効果的な在庫管理の重要性を認識している同社の経営陣は，在庫をできるだけ削減するため，支社マネージャー50名を対象に報奨制度を設けた．毎月，倉庫内の平均在庫量を調べ，2,500万ドルを超えた支社のマネージャーには罰金を科すようにした．この基準を超過するたびにマネージャーの月給を1％カットするというもので，慎重な在庫管理を促す点で実に有効なインセンティブであった．トランスプロ社はさらに，傑出した顧客サービスの提供にもこだわった．顧客サービスは，受注から24時間以内の納品を目標にした．察しの通り，マネージャーたちは毎月の在庫量の管理を見事にやってのけた．どの支社も限度額を超えることはめったになく，顧客サービスレベルは98％近くに達した．つまり，受注全体文の98％が24時間以内に納品されたのである．

討論課題
1. トランスプロ社の物流ロジスティックス手法についてどう思うか．

―― 注 ――

1 Lorie Toupin, "Needed : Suppliers Who Can Collaborate Throughout The Supply Chain," Supply Chain Automotive Supplement to *Supply Chain Management Review* 6 (July-August, 2002) : p.6.
2 Peter C.Brewer and Thomas W.Speh, "Using the Balanced Scorecard to Measure Supply Chain Performance," *The Journal of Business Logistics* 21 (spring 2000) : p.75.
3 Robert P.Derocher and Jim Kilpatrick, "Six Supply Chain Lessons for the New Millennium," *Supply Chain Management Review* 4 (winter 2000) : p.34.
4 Martha C.Cooper, Douglas M.Lambert, and James D.Pagh, "Supply Chain Management : More Than a New Name for Logistics," *International Journal of Logistics Management* 8, no. 1 (1997) : p.1.
5 Francis J.Quinn, "A Supply Chain Management Overview," *Supply Chain Yearbook 2000* (January 2000) : p.15.
6 James E.Morehouse, "Extending the Enterprise : The Paradigm," *Supply Chain Management Review* 1 (fall 1997) : p.38.
7 S.Chopra and J.A.Van Mieghan, "Which e-Business Is Right for Your Supply Chain?" *Supply Chain Management Review* 4 (July-August 2000) : p.34.
8 Quinn, "A Supply Chain Management Overview," p.15.
9 Robert E.Sabath and David G.Frentzel, "Go for the Growth! Supply Chain Management's Role in Growing Revenues," *Supply Chain Management Review* 1 (summer 1997) : p.17.
10 Bill Faherenwald, "Supply Chain : Managing Logistics for the 21st Century," *Business Week*, 28 December 1998, Special Section p.3.
11 Charles Batchelor, "Moving Up the Corporate Agenda," *The Financial Times*, 1 December 1998, p.1.
12 Brewer and Speh, "Using the Balanced Scorecard," p.76.
13 Brad Ferguson, "Implementing Supply Chain Management," *Production and Inventory Management Journal* (Second Quarter 2000) : p.64.
14 Robert J.Bowman, "Does Wall Street Really Care About the Supply Chain?"*Global Logistics and Supply Chain Strategies* (April 2001) : pp.31-35.
15 Steven Kahl, "What's the 'Value'of Supply Chain Software?"*Supply Chain Management Review* 3 (winter 1999) : p.61.
16 Sandor Boyson and Thomas Corsi, "The Real-Time Supply Chain," *Supply Chain Management Review* 5 (January-February 2001) : p.48.
17 Graham Sharman, "How the Internet is Accelerating Supply Chain Trends," *Supply Chain Management Review* 6 (March-April 2002) : p.23.

18 Marshall Fisher, "What Is the Right Supply Chain for Your Product?" *Harvard Business Review* 75 (March/April 1997) : p.106.
19 Richard H.Gamble, "Financing Supply Chains," *businessfinancemag.com* (June 2002) : p.35.
20 Peter C.Brewer and Thomas W.Speh, "Adapting the Balanced Scorecard to Supply Chain Management," *Supply Chain Management Review* 5 (March-April 2001) : p.49.
21 James Stock, Thomas W.Speh, and Herbert Shear, "Many Happy (Product) Returns," *Harvard Business Review* 80 (July 2002) : p.14.
22 Andrew Tanzer, "Warehouses That Fly," *Forbes*, 18 October 1999, p.121.
23 Peter Bradley, "Just-in-Time Works, but..." *Purchasing* 118 (September 1995) : p.36.
24 Bernard J.LaLonde and Terrance L.Pohlen, "Issues in Supply Chain Costing," *The International Journal of Logistics Management* 7, no. 1 (1996) : p.3.
25 Thomas A.Foster, "Time to Learn the ABCs of Logistics," *Logistics* (February 1999) : p.67.
26 Lisa Ellram, "Activity-Based Costing and Total Cost of Ownership : A Critical Linkage," *Journal of Cost Management* 8 (winter 1995) : p.22.
27 Bruce Ferrin and Richard E.Plank, "Total Cost of Ownership Models : An Exploratory Study," *The Journal of Supply Chain Management* 38 (summer 2002) : p.18.
28 Mary Collins Holcomb, "Customer Service Measurement : A Methodology for Increasing Customer Value through Utilization of the Taguchi Strategy," *Journal of Business Logistics* 15 , no. 1 (1994) : p.29.
29 Arun Sharma, Dhruv Grewal, and Michael Levy, "The Customer Satisfaction / Logistics Interface," *Journal of Business Logistics* 16, no. 2 (1995) : p.1.
30 Toby Gooley, "Service Stars," *Logistics* (June 1999) : p.37.
31 Daniel J.McConville, "More Work for Chemical Distributors," *Distribution* 95 (August 1996) : p.63.
32 For example, see James C.Johnson, Donald F.Wood, Danile L.Warlow, and Paul R.Murphy, *Contemporary Logistics*, 7 th ed.(Upper Saddle River, NJ : Prentice-Hall, Inc., 1998).
33 Julie Gentry, "The Role of Carriers in Buyer-Supplier Strategic Partnerships : A Supply Chain Management Approach," *Journal of Business Logistics* 17, no. 2 (1996) : p.52.
34 Anna Wilde Mathews, "Jet-Anomalies, Slowpoke Barges Do Brisk Business," *Wall Street Journal*, 15 May 1998, p.B1.
35 Thomas W.Speh, *Changes in Warehouse Inventory Turnover* (Chicago : Warehousing Education and Research Council, 1999).
36 "Fourth-Party Logistics : An Analysis," *Logistics Focus* 1, no. 3 (summer 2002) : p.16.
37 Peter Marsh, "A Moving Story of Spare Parts," *The Financial Times*, 29 August 1997, p.8.

第III部
市場機会を評価する

第7章

産業財市場の細分化

産業財を扱うマーケティング・マネージャーは，多様なニーズを持った，さまざまなタイプの組織顧客から成る市場を相手にする．産業財マーケティングの戦略担当者がそれぞれの特異なニーズに容易かつ有利に対応するためには，このような集合体の市場を意味のあるグループに細分化することが必要である．この章では，以下の項目がテーマとなる．

1. 産業財市場を細分化するための要件とその効用．
2. 産業財市場を細分化するための基準．
3. 市場セグメントを評価および選択する際の手順．
4. 産業財マーケティング戦略の策定における市場細分化の役割．

ヒューレット・パッカード社の戦略担当者は，次のように述べている．

> 顧客のニーズを知るだけでは十分ではありません……どのような新製品，機能，サービスが顧客を驚かせ，喜ばせるか，我々は知る必要があります．顧客が抱えていながら，まだそれに本当に気づいていない問題に対して新しいテクノロジーを応用できるよう，顧客の置かれた状況をしっかり把握しなければなりません[1]．

高成長を遂げる企業は，規模の大小を問わず以下のことを実践している．

- 高収益を見込める潜在顧客を明確に識別して選択する．
- そうした顧客のニーズを競合他社以上に満たすことのできる独自の価値提案（製品かサービス，またはその両方）を開発する．
- 高収益を見込める顧客の獲得・開発・維持にマーケティング資源を集中する[2]．

　産業財市場は大きく分けて，三つの部門で構成されている．それは，営利企業，各種機関，それに政府である．産業財のマーケターは，これらの部門のいずれか一つで活動しようが，全部で活動しようが，多種多様な組織，購買構造，意思決定スタイルに直面することになる．それぞれの部門が多くのセグメントに分かれるからであり，そのセグメントごとにニーズが異なり，それぞれに特有なマーケティング戦略が必要になる．例えば，魅力的な利益が得られる可能性を秘め，協働的な関係性を受け入れる顧客もあれば，短期的な取引中心の関係を選び，シンプルな戦略対応を求める顧客もある[3]．市場のさまざまなセグメントのニーズを認識する産業財のマーケターは，高収益な市場機会を識別し，効果的なマーケティング・プログラムを展開することができる．
　この章の目的は，産業財市場のセグメントの選定や評価はどのように行えばよいかを示すことである．まずは，市場細分化を成功させるための要件とその効用について概説する．次に，産業財市場を細分化する際の明確な基準について考える．このセクションでは，買い手の主要な行動についての考え

方と市場細分化の二次情報源の活用法を示す．最後に，市場セグメントを評価・選択するためのフレームワークを提示する．他のセグメントに参入する際のコストと効用を検討し，細分化戦略を実行するための手順が中心になる．

1．産業財市場細分化の要件と効用

　Yoram Wind および Richard Cardozo は市場セグメントを，「サプライヤーによるマーケティング刺激に対する反応を説明（および予測）する上で重要な共通的特徴を有する既存顧客または潜在顧客のグループ」[4]と定義する．産業財市場では，売上げや利益の大半が特定の顧客グループからもたらされているということがよくある．組織顧客を相手にする企業を対象に大規模な調査を行ったところ，売上高の平均75％が上位20％の顧客によって生み出され，売上げの50％が顧客の10％によってもたらされていることがわかった[5]．利益についてはどうだろうか．個々の顧客に対応するコストを個別にみると，既存の顧客ベースの相当部分が収益性にほとんど貢献していないことがわかり，このことについて驚く企業は多い．こうした傾向は，市場セグメントを賢明に選択することの重要性を物語っている．

1－1．要件

　産業財のマーケターがどの市場セグメントが望ましいかを判断する際の基準として，以下の五つが考えられる．

1．測定可能性—特定のマーケターの特徴について情報がどの程度存在するか，あるいは入手可能か．
2．到達可能性—選定したセグメントに自身のマーケティング活動をどの程度効果的に集中できるか．
3．大規模性—セグメントの規模または収益性が個別のマーケティング戦略を開発するに値するか．
4．適合性—企業のマーケティング力やビジネス力が現在の，および将来予想される市場の競争や技術の状況にどの程度マッチするか．

5．即応性—価格設定や製品特性など，各種のマーケティング・ミックス要素に対してセグメントごとの反応がどの程度異なるか．

したがって市場細分化手法では，個別のマーケティング戦略を採用するに値する規模と特異性を備えた顧客グループを識別することになる．その際に分析すべき一つの要素として，市場セグメントの競争環境がある．

1－2．競争環境を評価する

市場セグメントの選定において，産業財のマーケターは競争環境の選択も行うことになる[6]．Richard A. D'Aveniによれば，コンピュータや通信などきわめて変化の速い業界では，「市場の安定性は，短い製品ライフサイクルや製品設計サイクル，新しい技術，頻繁に見られる予想外の新規参入，既存企業のリポジショニング，多様な産業の出現に伴う市場の境界線の急激な再定義などによって脅かされる」[7]という．「競合分析」とは，企業が自身の業界の境界線を定義し，競合相手を特定し，その行動を予測しながらその強みと弱みを見きわめようとするプロセスである．このプロセスで欠かせないのは，既存および潜在的競合相手の戦略的意図に注目することである．その際，競合相手のコア・コンピタンスと，とくに多種多様な業界において，その能力を新たな用途開発にいかに利用できるかに注意を払う[8]．「コア・コンピタンス」とは，企業が顧客に特異な高い価値を提供するために用いるスキル，システムおよび技術が組み合わさったものである．例えばキヤノン社は，精密光学や超小型電子技術におけるコア・コンピタンスを，電子カメラ，ジェット・プリンタ，レーザー・ファクス機，カラーコピー機など，実にさまざまな製品に活用している[9]．幅広い市場部門におけるキヤノン社の戦略的意図は，コア・コンピタンスを分析する中からはっきりと浮かび上がってくる．

■**新たな競合相手を発見する**　競合相手のコア・コンピタンスを分析する際，業界の変動や他社の参入・撤退のシナリオについても考えるべきである．どの企業（既存顧客および潜在顧客）がこのセグメントを魅力的と感じ

るか．自社はそれぞれの企業とどういう力関係にあるか．彼らはいつ，どこで，どのように参入してくるか．参入企業の視点に立って，新たな競争について創造的に考えてみる必要がある．市場における自身のポジションを改善するにはどうしたらよいか．参入を阻止するために，今どのような戦略を開発することができるか[10]．このような考え方をするには，業界の枠組みに対する自らの既成概念を再考することが必要になり，そのためには，代替製品や業界への新規参入者に対する供給業者および顧客の認識を綿密に調べなければならない．

　産業財マーケティングの戦略担当者は，競合相手の特定の行動（攻撃や反撃）を調べ，彼らが実際にとった行動と，とることができたと思われる行動を比較検討することによって，さらに新たなヒントをつかむことができる．どのような対応を選択したかによって，競合相手が自らの強みをどう見ているかが明らかになることもある．また，迅速でかつ強引な目立つ動きは，競合相手が特定の市場セグメントに深く関わっていることを示唆する．

1－3．技術環境を評価する

　産業財マーケティングの戦略担当者はまた，どのような技術環境で競争すべきか，慎重に検討する必要がある．その際，技術環境の三つの側面がとくに重要になる．それは，(1)製品技術―製品やサービスに具現化される一連のアイデア，(2)プロセス技術―製品やサービスの生産に組み込まれる一連のアイデアまたは手順，(3)管理技術―製品やサービスの販売および事業運営に伴う管理手続きである[11]．これらの分野のいずれかで変化があれば，市場セグメントの安定性の低下，従来の製品市場の枠組みの変更，新たな競争の源泉といった状況が生じる可能性がある．例えば技術革新は，コンピュータ，通信，金融サービスなどの業界における従来の境界線を曖昧にしつつある．Kathleen Eisenhardt および Shona Brown は，次のように述べている．

　　変化の激しい市場では，事業と機会の歯車がかみ合わないという現象がつねに起きている．新しい技術，斬新な製品やサービスが新たな機会を生み出す……その結果，組織図上で等間隔に整然と並ぶ枠の中にビジネスを振り分

けても，機会が発生しては消え，衝突しては離れ，拡大しては縮んだりするうちに時代遅れになる[12]．

◎産業財マーケティングの内側◎
Cisco.com の細分化

　シスコシステムズ社は電子商取引分野の世界的リーダーであり，ウェブサイトの売上げは年間100億ドルを超える．同社の事業の中核は，大規模な企業ネットワークにデータを配信する機器の販売である．企業向けデータ・ネットワーキング機器にとっては，中小企業市場も急成長を遂げつつある市場である．シスコ社はまた，インターネット・サービスプロバイダーや電話会社にも機器を販売している．例えば，データをネット上の適切な場所に送るインターネット・ルータの80％がシスコ社製である．

　同社の顧客相談室長であるマーク・トネセンは，彼らの細分化戦略を次のように説明する．

　　当社の顧客やパートナーたちはいくつかのグループに分類され，それぞれが非常に異なるニーズを持っています．例えば，中小規模の企業を相手にする流通業者のほか，インターネット・サービスプロバイダーや電話会社もあるのです．小規模な企業とインターネット公益会社では，ニーズが大きく異なります．そこでわが社は，こうしたさまざまなグループに対応できるようにウェブサイトを再構築しているのです．

　各セグメントにターゲットを絞った機能を提供するため，シスコ社はカスタマー・プロファイリングを改善し，必要とする種類の情報，追跡したい製品，アクセスしたいと思うサービスを顧客にはっきり選択させるようにしている．顧客が自身のニーズや業界，評価する製品やサービスに関する情報を自ら提供するにつれ，ニーズや関心の違いによって自然と顧客の細分化が行われる．それでシスコ社は，これらのターゲット・セグメントのそれぞれに

> アピールするよう，理想的な形で提供物を改善していくことができるわけである．
>
> 出所：Andy Reinhardt, "Meet Mr. Internet, "*Business Week,* 13 September 1999, pp. 129-140. Patricia B. Seybold and Ronni T. Marshak, *Customers.Com* (New York : Times Books, 1998), pp.322-323.

 とくに動きの激しい市場では，戦略担当者は，顧客のニーズの変化に対応し，有望な市場機会を獲得するため，絶えず組織を再編成する必要がある．例えば，1984年に小規模で立ち上げられたヒューレット・パッカード社のプリンタ事業は，やがて同社の主力事業へと急成長を遂げ，今ではデジタル写真，無線情報配信，eコマース・イメージングにまで及んでいる[13]．こうした俊敏性は，3M社，ジョンソン&ジョンソン社，デル・コンピュータ社などの高業績企業においても成功の原動力となっている．

1－4．効用

 効果的な細分化のための要件が満たされると，いくつかの効用がもたらされる．第一に，産業財市場の細分化を試みるだけで，売り手は顧客セグメントの特異なニーズに対する対応力が自然と強化される．第二に，特定の市場セグメントのニーズがわかると，産業財のマーケターにとって，製品開発への注力，もうかる価格戦略の開発，適切な流通チャネルの選定，広告メッセージの開発およびターゲット設定，営業チームの訓練および配置などが容易になる．つまり，市場細分化は効率的かつ効果的な産業財マーケティング戦略の基礎になるのである．

 第三に，産業財のマーケターがマーケティング資源を配分する際，市場細分化が非常に重要な指針となる．産業財のマーケターは複数の市場セグメントを相手にする場合が多く，それらのセグメントの相対的な魅力や実績を絶えず監視し，比較検討しておく必要がある．マーサー・マネジメント・コンサルティング社の調査によると，対象とする市場セグメントの3分の1近く

が利益を創出していないにもかかわらず，それらのセグメントにおける顧客の獲得・維持にマーケティングおよび顧客サービスのコストの30〜50％が浪費されている，という状況が多くの企業で見られる[14]．企業に発生するコスト，売上げおよび利益は最終的に，セグメント別，さらには顧客別に評価されなければならない．市場や競争の状況が変化すれば，それに応じて企業の市場細分化戦略も修正が求められる可能性がある．つまり市場細分化は，マーケティング計画や管理の基本的な分析単位にもなるわけである．

2．産業財市場の細分化基準

　消費財のマーケターは個人の特徴（デモグラフィック，ライフスタイル，求めるメリット）に関心を向けるのに対して，産業財のマーケターは組織（規模，最終用途）およびその購買担当者（意思決定スタイル，判断基準）の特徴を把握しようとする．つまり，産業財市場すなわち組織間市場はいくつかの基準に従って細分化が可能だが，大きくは二つのカテゴリーに分類することができる．それは，マクロ・レベルの細分化とミクロ・レベルの細分化である．

　「マクロ・レベルの細分化」は購買組織と購買状況を基準にした細分化であり，組織の規模，地理的所在地，標準産業分類（SIC）または北米産業分類（NAICS），組織構造などの特徴で市場を分割する．例えば，デル社のオンライン・ストアは週に35万人以上が訪れて商品を購入するが，創造的な市場細分化手法によって購入法を単純化している．同社のウェブサイト（写真7．1参照）を見てみるとわかるが，企業顧客は大規模企業と小規模企業に，政府顧客は連邦，州，地方に，その他の非営利機関は教育，医療などのセグメントにそれぞれ分類される．それで，デル社のマーケティング戦略担当者は，各セグメントの特殊なニーズへの対応に専念できることになる．

　さらにデル社は，カスタマイズすればあたかも個々の顧客専用の店舗のようになる安全なウェブサイトを通じて，購買組織と1対1の関係を築く．一例を挙げれば，ボーイング社の社員たちに対して，同社が過去に行った購買額を勘案した特別価格見積りを提供する．全世界10万余の企業顧客や機関顧

図7.1 デル社のオンライン・ストアは創造的な市場細分化手法で購入法を単純化している

出所：2002年8月17日アクセス．デル・コンピュータ社の好意により掲載．

　客が，カスタマイズされたウェブページを利用してデル社とオンライン取引を行っている．こうした革新的な手法がこれまで功を奏し，デル社は目下，米国内のパソコン売上げの25％近くを占めるに至っている[15]．

　それに対して「ミクロ・レベルの細分化」は，購買決定基準，認知レベルでの購買の重要性，納入業者に対する態度など，各マクロ・セグメント内における購買決定部門の特徴に注目した細分化であり，より高度な市場知識を必要とする．Yoram Wind および Richard Cardozo は産業財市場の細分化について，(1)重要なマクロ・セグメントの識別，(2)マクロ・セグメントからミクロ・セグメントへの分割，という2段階の手法を提唱している[16]．

　細分化のためのいろいろな基準を評価する際，産業財のマーケターは買い

第7章　産業財市場の細分化　263

手の購買行動の違いを的確に予測できるような判断材料を見つけようとする．そうした違いがわかると，マーケターは適切なマーケティング戦略でターゲット・セグメントにアプローチすることが可能になるからである．市場をマクロ・セグメントに分割する際には，企業の情報システム内のデータとともに，二次情報源を活用することが考えられる．産業財市場の集積性は，マーケターが顧客個々の購買パターンをモニタリングすることを可能にする．例えば，製紙会社に産業財を販売するある企業は，米国およびカナダの市場で数百もの潜在顧客を相手にしており，最終消費者に販売する製紙会社は何百万という潜在顧客を対象にしている．こうした市場の集積性は，急速に進展しつつあるマーケティング情報システムとともに，産業財のマーケターが個々の組織の購買パターンをモニターする際の支援要素となっている．

2−1．マクロ・レベルにおける細分化の基準

マクロ・セグメントの細分化基準の例を表7．1に示した．これらの基準が購買組織の一般的特徴，製品用途，購買状況に関するものであることを確認してほしい．

■マクロ・レベルにおける購買組織の特徴　売り手によっては，潜在顧客の規模によって市場を分割することが有益だと思うかもしれない．大規模な購買組織にはそれなりの要求事項があり，小規模な企業とは異なるマーケティングの刺激に反応したりするからだ．会社の社長や副社長，オーナーの影響力は，企業規模が拡大するにつれて低下し，購買マネージャーなど他の関与者の影響が強くなる[17]．また，地域差を認識し，マーケティング戦略を区別するための土台として地域別単位を採用するマーケターもいるだろう．

顧客組織の特徴におけるもう一つの要素として，利用頻度がある．顧客は非利用者から高頻度ユーザーまでの連続性の中で，色々な段階に分類される．高頻度ユーザーは，中頻度や低頻度のユーザーとニーズが異なる可能性があり，例えば技術的支援や納品支援サービスを重視するかもしれない．そうすると，製品やサービスの組み合わせを変更することで，中頻度ユーザー

表7.1　マクロ・レベルにおける細分化基準の例

基準	具体的内容
購買組織の特徴	
規模（組織の事業規模）	売上または社員数により，小／中／大規模
地理的所在地	ニューイングランド，中部大西洋岸，南大西洋地域，北東中部など
利用頻度	無／少／中／多
調達構造	一元化／分散化
製品／サービス用途	
標準産業分類（SIC）または北米産業分類（NAICS）	製品またはサービスごとに異なる
対象とする最終市場	製品またはサービスごとに異なる
使用価値	高／低
購買状況の特徴	
購買状況の種類	新規購買，修正再購買，単純再購買
購買決定プロセスにおける段階	初期／後期

を高頻度ユーザーに転換するといったことも考えられる．

　購買組織の特徴における最後の要素は，調達機能の構造である．購買機能を一元化している企業は，そうでない企業と異なる行動をとる（第3章参照）．購買機能の構造は，購買担当者の専門性の程度，重視する判断基準，購買センターの構成に影響する．購買機能を一元化している顧客は，製品の長期的な供給可能性と健全なサプライヤー構成の開発に重点を置く．一方，購買機能が分散している顧客は，短期的なコスト効率を重視する．こうした組織階層における購買の位置付けは，顧客組織を分類したり，具体的なニーズやマーケティングの要求事項を明らかにしたりする際の基準になる[18]．産業財のマーケターの中には，一元化された大規模な購買を行なう顧客の特別な要求事項に応えるため，全国規模のアカウント向けのセールスチームを組織しているところが少なくない．

■**製品／サービス用途**　産業財の多くはそれぞれ使用法が異なるため，マー

ケターは具体的な最終用途に基づいて市場を分割することができる．最終用途に従って市場を細分化するときは，北米産業分類（NAICS）や標準産業分類（SIC），および関連情報がとくに有効である．例えば，スプリングなどの部品を製造するメーカーは，その製品を工作機械，自転車，手術機器，事務機器，電話，ミサイル・システムなどの業界をターゲットにする可能性がある．また，インテル社のマイクロチップは，家庭電化器具，小売店舗，玩具，航空機のほか，コンピュータにも使われる．ユーザー・グループそれぞれの専門的ニーズを把握することによって，顧客の要求事項を区別し，旬の機会を評価することが可能になる．

■使用価値　顧客のさまざまな用途における使用価値を調べることによっても，細分化に役立つヒントが得られる．第2章で述べた価値分析を思い出していただきたい．使用価値とは，製品を特定の用途において他の具体的選択肢と比較したときの，ユーザーにとっての経済的価値である．提供される製品やサービスの経済的価値は，顧客の用途によって変化する場合が多い．繊維メーカーであるミリケン＆カンパニー社は，クリーニング工場にタオルを供給する事業を構築し，今では主要サプライヤーに成長している．工場は，ライバル会社が供給する同等のタオルより10%高い価格で購買する[19]．なぜだろう．ミリケン社は，クリーニング工場におけるピックアップや配達機能の効率や効果を改善するためのコンピュータ化されたルーティング・プログラムなど，付加価値を提供しているからである．

　精密モーターのあるメーカーが採用する細分化戦略を見ると，「使用価値」という概念がさらに明確になる[20]．この会社は，自社の顧客がそれぞれの用途で必要とするモーター速度に違いがあることに気づき，ある有力なライバル会社が新たに導入した低価格機種は，高速や中速で使用すると磨耗が激しいことも知った．このサプライヤーは，参入する余地のあるこのセグメントに集中し，自社製品のライフサイクル・コストが優れていることを実証して見せた．また，低速用途セグメントの顧客向けに低価格の製品やサービスを開発するため，長期的プログラムも立ち上げた．

■購買状況　組織顧客市場に対してマクロ・レベルの細分化を行うための最後の基準は，購買状況である．初めての顧客は，既存顧客とは異なる認識や情報ニーズを持っている．したがって，購買プロセスの初期段階にあるか後期段階にあるかによって，または新規購買，単純再購買，修正再購買のいずれによるかによって顧客の分類が可能である（第3章参照）．購買決定プロセスや購買状況スペクトラムにおける位置によって，マーケティング戦略が決まってくる．

　以上の例は，産業財のマーケターが組織顧客市場に適用することのできるマクロ・レベルにおける細分化基準を示している．状況によっては，もっと他の基準が適する可能性もある．細分化の主要なメリットは，こうした基準を捜し求めることによって顧客間の類似点や相違点が自ずと見えてくるというところにある．

2-2．事例：マクロ・レベルの細分化[21]

　革新的な工業製品を擁する，ある産業財のマーケターが，中小企業を数多く含む市場のリーダーになることを目指していた．購買決定プロセスを基準にして，市場を以下の三つのセグメントに分類した．

1．潜在顧客：製品に対するニーズを感じ，サプライヤー候補の検討を始めたが，まだ製品の購買には至っていない顧客．
2．非熟練顧客：過去3カ月以内に製品を初めて購買した顧客．
3．熟練顧客：過去に製品を購入した経験があり，現在再び購買しようとしているか，つい最近再購買した顧客．

　この産業財市場の場合，三つのセグメントの期待するものが異なることを表7.2で確認してほしい．例えば，非熟練顧客は読みやすいマニュアルや技術サポートのホットラインを期待するのに対して，熟練顧客はシステムの適合性や自社のニーズに合わせた製品のカスタマイズを望んでいる．この産業財マーケターは，各マクロ・セグメントにきっちりと焦点を合わせたマーケティング戦略を開発することによって対応したのである．

表7.2　産業財の顧客が求めるもの

	潜在顧客	非熟練顧客	熟練顧客
基本的なテーマ	「面倒を見てほしい」	「力を貸してほしい」	「専門的な話を聞きたい」
期待する効用	顧客の仕事についての知識があり，理解してくれる販売代理人	読みやすいマニュアル	既存システムとの適合性
	正直な販売代理人	技術サポートのホットライン	ニーズに合わせてカスタマイズされた製品
	ある程度経験のある納入業者	高度なトレーニング	納入業者の実績
	わかりやすく話してくれる販売代理人	知識の豊富な販売代理人	問題解決における対応の速さ
	試用期間		アフター・サービスと技術的サポート
	高度なトレーニング		
重要度の劣る効用	販売代理人の製品やサービスについての知識	正直な販売代理人	トレーニング
		顧客の仕事についての知識があり，理解してくれる販売代理人	試用
			読みやすいマニュアル
			わかりやすく話してくれる販売代理人

出所：S. Robertson and Howard Barich, "A Successful Approach to Segmenting Industrial Markets," *Planning Review* 20 (November–December 1992), p.7.

2−3．ミクロ・レベルにおける細分化の基準

　マクロ・セグメントの特定を終えたマーケターはよく，これらのセグメントを購買決定部門間の類似点や相違点を基準にして，さらに小さなミクロ・セグメントに分割すると便利なことに気づく．個々のマクロ・セグメントの

図7.3 ミクロ・レベルにおける細分化基準の例

基準	具体的内容
主要な購買決定基準	品質，納期，サプライヤーの評判
購買戦略	最適追求者，妥協者
購買決定部門の構成	主要な意思決定参加者（購買マネージャー，生産設備マネージャーなど）
購買品の重要性	重要性大……重要性小
納入業者に対する態度	好意的……非好意的
組織的革新性	革新的……追従的
個人特性	
デモグラフィック・データ	年齢，学歴
意思決定スタイル	規範を作る，規範を守る，混合型
リスク	リスクに積極的，リスクに消極的
自信	強い……弱い
担当職務	購買，生産，エンジニアリング

中に，それぞれが特異な要求事項を持ち，マーケティングの刺激に対して特異な反応を示すミクロ・セグメントが隠れている場合が多い．それを把握するには，営業チームから情報提供を求めたり，特別な市場細分化調査を実施したりするなど，二次情報源以外からも情報を集めなければならない．ミクロ・レベルにおける細分化基準の例を表7.3に示す．

■**主要な購買決定基準**　産業財の中には，最優先される購買決定基準に従って市場を分割できるものがある[22]．購買決定基準としては，製品の品質，納品の迅速性および確実性，技術的支援，価格，供給の継続性などが考えられる．さらに，意思決定者が好むと思われるサプライヤーの特徴（高品質，迅速な納品，高価格か，それとも並みの品質，迅速性に欠ける納品，低価格か）による細分化もあり得る．

■**事例：価格か，それともサービスか**[23]　シグノード・コーポレーション社は，スチールなど多様な製品の梱包に使用されるスチールストラップを製

第7章　産業財市場の細分化　269

造・販売している．同社が厳しい価格競争と市場シェアの低下に直面したとき，経営陣は国内174の顧客が価格とサービスをどう見ているかを把握するため，従来のマクロ・セグメントよりも細かな市場細分化に取り組んだ．その結果，四つのセグメントが特定された．

1. 定型的購買を行う顧客（売上げ＝660万ドル）：価格やサービスにあまり敏感でなく，定型的な方法で購買を行っている顧客．事業における製品の重要性は低い．
2. 協働関係を求める顧客（売上げ＝3,100万ドル）：シグノード社とのパートナーシップを重視し，価格やサービス面での譲歩を求めず，知識が豊富な顧客．事業における製品の重要性は中程度である．
3. 取引限定の関係を求める顧客（売上げ＝2,400万ドル）：価格とサービスの選択を積極的に検討し，サービスより価格を重視することが多く，大規模で知識が非常に豊富な顧客．事業における製品の重要性は非常に高い．
4. 低価格を追求する顧客（売上げ＝2,300万ドル）：価格やサービスの変化に非常に敏感で，大量購買をする顧客．事業における製品の重要性は非常に高い．

シグノード社はこの調査を通じて，この成熟した産業財市場に対する戦略を鮮明にし，さまざまなセグメントに対応することのコストをはっきり理解することができた．経営陣がとくに頭を痛めていたのは，低価格を追求するセグメントだった．この種の顧客は最低の価格で最高水準のサービスを求め，他社への切り替えももっとも頻繁だった．経営陣は，値引きはライバル会社に対抗する程度にとどめ，このセグメントやその他へのサービス価値をいかに高めるかという点に注力することにした．

◎産業財マーケティングの内側◎
戦略は革命である

「革命の難しさを前にして自分の将来をあきらめるか，それとも会社が戦略

を構築する方法に革命を起こすかのどちらかである．必要なのは，従来の計画プロセスに少しばかり手を加えることではなく，新しい哲学的基盤なのだ．戦略は革命であり，それ以外はいずれも戦術にすぎない」．興味をそそるこの大胆な見解を主張する Gary Hamel は，業界の革命にいくつかの道筋を示している．例えば，革命を志す者は，以下の手順を完遂することから始めればよいという．

1．製品やサービスの再考

どの業界でも，資金量 X で価値量 Y を購入する．ヒューレット・パッカード社がプリンタ事業で実践して見せたように，企業はこの価値方程式を飛躍的に改善することができる．

2．市場空間の再定義

革命的な戦略は，参入している市場を越えて，想像し得る市場全体に意識を向ける（例えば，個人用通信機器のターゲットをグローバル規模で企業顧客や個人に設定する）．

3．業界の枠組みの再定義

サプライチェーンの短縮化は企業に競争優位をもたらす．例えばゼロックス社は，カタログやユーザー・マニュアルなど印刷物の配布方法の再編を計画しており，情報をデジタル化して伝達し，必要とされる地点の近くで印刷することを目指している．

出所：Gary Hamel, "Strategy as Revolution," *Harvard Business Review* 74 (July/August 1996) : pp.70–73. W. Chan Kim and Renée Mauborgne, "Creating New Market Space," *Harvard Business Review* 77 (January/February 1999), pp.83–93.

■**短サイクル戦略** サービスの即応性は，多くの産業財の購買決定においてますます重要視されるようになっている．産業財市場の顧客は時間に対して驚くほど敏感であり，価格は割高になっても即応性を求めるケースが少なくない．George Stalk Jr. および Thomas M. Hout は，「時間ベースで競争する

者は，即応性や選択肢の豊富さにもっとも敏感な顧客を囲い込むことができれば，高収益で揺るぎない優位性を確保することができる」[24]と述べている．例えばアトラス社は，12～15週間という業界平均を大幅に下回る，たった4週間でカスタマイズされた製品を供給することにより，業務用ドア市場で支配的な地位を確立した．建設した工場にジャスト・イン・タイム方式を導入し，さらには受注，エンジニアリング，価格設定，スケジュール作成プロセス全体を自動化して時間短縮を図った．注文を受けると大概，顧客がまだ電話で話している間に価格設定やスケジューリングまで完了してしまう．情報や意思決定，原材料が組織内を素早く流れれば，顧客の注文に対応したり，市場の需要や競争状況の変化に適応するスピードもそれだけ迅速になる．短サイクルな企業は，全社の生産活動のサイクルと，配送システム全体―新製品の開発や顧客への納品に要する日数―のサイクルタイムの両方を管理している．

　産業財市場を構成する営利企業，政府および各種機関の購買決定部門が採用する基準を検討することは，マーケターにとって有益である．各部門において組織のリストラが進むにつれ，主要な決定者が用いる購買基準も変化する．例えば，医療業界のコスト削減圧力や改革努力は，病院による医療機器や医薬品の購買方法を変革しつつある．管理費削減や交渉力強化のため，病院は営利企業の例に倣って業務運営の合理化を進めつつある．また，購買グループを組織して購買機能を一元化するとともに，低価格化やサービス向上に余念がない．改革努力の動きは政府の購買担当者にも広がっており，納入業者からの購買手順の効率化や購買価値の向上に努めている．困難な環境に適応しようとするマーケターの努力は，きっと報われるはずである．

■**購買戦略**　ミクロ・セグメントは，顧客組織が採用する購買戦略を基準にした分類が可能である．Richard Cardozoは購買において見られる二つの特徴を，「妥協者」および「最適追求者」と名づけた[25]．

　「妥協者」は，何か購買の必要が生じると馴染みの業者に順に接触し，製品や納期に関する要件を満たすサプライヤーが見つかると，そこに発注する．それに対して「最適追求者」は，馴染みか否かにかかわらず数多くの業

者を対象にして入札を募り，あらゆる選択肢を慎重に検討してから取引先を決める．

　こうした購買戦略は，いろいろなことを示唆する．新たな市場に参入しようとするサプライヤーは，馴染みの業者を当てにする「妥協者」よりも，「最適追求者」から成る購買決定部署に遭遇する確率が高いと思われる．

　購買パターンの違いを識別することにより，マーケティングの刺激に対する反応の違いを理解しやすくなる．例えば，各種機関向け食品市場で活動する産業財のマーケターは，「妥協者」と「最適追求者」の両方に遭遇する．大きな大学などは業者選定に際し，メニューの選択肢を注意深く検討・検査し，学生委員会と協議し，料理の単価を分析する「最適追求者」である．一方，一般のレストランや企業の社員食堂などは，また別のパターンが考えられる．レストランのマネージャーはシェフと相談し，求める製品の品質と納期を実現してくれる業者を決める．つまり，「妥協者」である．ただし，顧客が実行する購買戦略は数多く存在し，ここで述べた妥協と最適追求というパターンはその中の一部にすぎない．

■**購買決定部門の構成**　購買決定部門あるいは購買センターの構成も，産業財市場を細分化するための基準になり，そのためには，購買プロセスに関わる意思決定者を特定する必要がある（エンジニアリングか，それとも経営トップかなど）．医療機器市場ではデュポン社が，各セグメントにおいて購買に影響のある階層ごとに自社の相対的位置と具体的ニーズ（選択基準）を見きわめようと，病院全体の管理者，放射線科の管理者，技術マネージャーを対象に正式なポジショニング調査を開始した[26]．購買グループ，マルチ病院チェーン，病院以外の保健医療提供システムの重要性の増大を示す結果は，より高度な細分化手法が必要なことを示唆していた．

　この調査から，医療機器市場は，機関の種類と，機関内部の購買決定者および決定への影響者の責任を基準に分類できることがわかる．以下に示す三つのセグメントは，購買決定部門の構成や用いられる決定基準の点で異なっている．

- ●投資家が所有する病院チェーンなど，取引業者を1社だけ選び，メンバーの病院はすべてそこを利用することが義務付けられるグループ．
- ●少数の業者を選定し，個々の病院はその中から必要な製品を選択するグループ．
- ●私的なグループ診療と非病院セグメント．

　デュポン社の営業スタッフはこの調査結果をもとに，各セグメントにおける意思決定の力学に合わせてプレゼンテーションをカスタマイズすることができる．さらに広告メッセージのターゲティングも，正確さが増すはずである．こうした分析により，売り手は意味のあるミクロ・セグメントを特定し，細かく調整されたマーケティング・コミュニケーションで顧客に対応することが可能になる．

■**購買品の重要性**　顧客によって製品の用途が異なる場合は，特定の製品に対する重要性の認識度を基準にして組織顧客を分類するとよい．購買担当者の認識は，製品が企業のミッション全体に及ぼす影響によって変わる．例えばコンサルティング・サービスの購入は，大規模な営利企業にとっては日常業務として考えられるが，小規模な製造企業にとっては「一大イベント」である．

■**納入業者に対する態度**　特定の製品クラスを扱う納入業者に対する購買決定部門の態度も，マクロ・レベルにおける細分化の基準になり得る．購買担当者の集団が供給源の選択肢をどう見ているか分析することにより，競合他社が無視しているか，あるいは満たし切れていない，参入する余地のあるセグメントを見つけられることがよくある．

■**組織的革新性**　組織の中には，革新的で，他に比べて新しい産業財の購買に積極的なところがある．病院による新しい医療機器の採用状況を調査したところ，心理的要因を分析することで新製品を導入しそうな病院を見分け易くなることがわかった[27]．心理的要因とは，組織に変革への抵抗や優越願望

がどの程度あるか，といったことである．心理的要因に顧客個々の組織としてのデモグラフィック要素（規模など）を組み合わせると，組織の革新性をより正確に判断することができる．

製品の普及速度はセグメントによってばらつきが予想されるため，組織の革新性を基準にしてミクロ・レベルの細分化を行うことにより，新製品投入時にまずターゲットとすべきセグメントを発見できる．普及パターンをセグメント別に正確に推定することができれば，新製品予測の精度も向上する[28]．

■**個人特性** ミクロ・レベルにおける細分化では，デモグラフィック・データ（年齢，学歴など），性格，意思決定スタイル，リスク選好度，自信，担当職務など，購買決定者の個人特性も基準になり得る．個人特性による細分化の可能性を示唆する興味深い調査結果もいくつか存在するものの，ミクロ・レベルの細分化の基準として本当に有効か，今後の研究が待たれるところである．

2－4．事例：ミクロ・レベルの細分化[29]

フィリップス・エレクトロニクス北米部門のフィリップス・ライティング社は，電球の調達にあたる購買マネージャーはコストと耐久性という二つの基準を重視すると考えていた．ところが，照明費の総額は電球の価格と寿命だけで決まるわけではないことに同社は気づいた．ランプには環境に有害な水銀が含まれているため，使用済電球は企業に莫大な処理費用を生じさせるのだ．

■**新製品と細分化戦略** こうした事情に目をつけたフィリップス社は，「アルト」という新製品を導入した．環境に優しい電球で，総コストを削減するのみならず，環境に配慮している企業ということでイメージアップにもなる，というのがセールスポイントだった．フィリップス社のマーケティング戦略担当者は購買マネージャーをターゲットにしないで，コスト削減に取り組む最高財務責任者（CFO）と，環境を守る購買行動のメリットを理解する

広報担当幹部に照準を絞った．同社はターゲットを変えることにより，新たな市場機会を創造した．実際，米国内の店舗，学校，オフィスなどで使用されていた従来型蛍光灯の25％以上が，すでに「アルト」に取って代わられているのだ．

3．組織顧客市場の細分化モデル

　マクロ・レベルの細分化では，顧客組織全体の特徴（規模など），製品用途（対象とする最終市場など），購買状況（購買決定プロセスにおける段階など）を基準にする．それに対してミクロ・レベルの細分化は，購買決定に際してもっとも重視する選択基準など，購買決定部門の特徴に注目する．

3－1．市場セグメントの選択

　図7.2は，こうしたマクロ・セグメントの基準を組み合わせたもので，効果的な細分化に必要な手順を説明している．この組織顧客市場の細分化手法では，重要なマクロ・セグメントを特定・評価・選択するため，組織および購買状況の主要な特徴（マクロの次元）[30]の分析から始める．選択したマクロ・セグメントのそれぞれが企業の提供するマーケティングに関する刺激に対して特異な反応を示せば，細分化作業はこの段階で完了ということになる．マクロレベルの細分化に必要な情報は二次情報源から得られることが多いため，調査費用は少なくてすむ．

　だが，ミクロ・レベルの細分化が必要になると，調査費用はかさむことになる．フィリップス・ライティング社の事例が示すように，購買決定部門の特徴を見きわめるために市場調査が必要になる場合が多いからだ．マーケティング戦略に特異な反応を示す購買組織の小グループを発見するため，購買決定部門間の類似点と相違点を基準にして，選択したマクロ・セグメントをミクロ・セグメントに分割する．特定のセグメントがターゲットとして適切かどうかは，そのセグメントに到達することのコストとメリットで決まることを図7.2で確認してほしい．コストは，製品の変更，特別な業務支援の提供，営業や広告戦略の変更，新しい流通チャネルへの参入などのマーケテ

| 図7.2 | 産業財市場細分化の手法 |

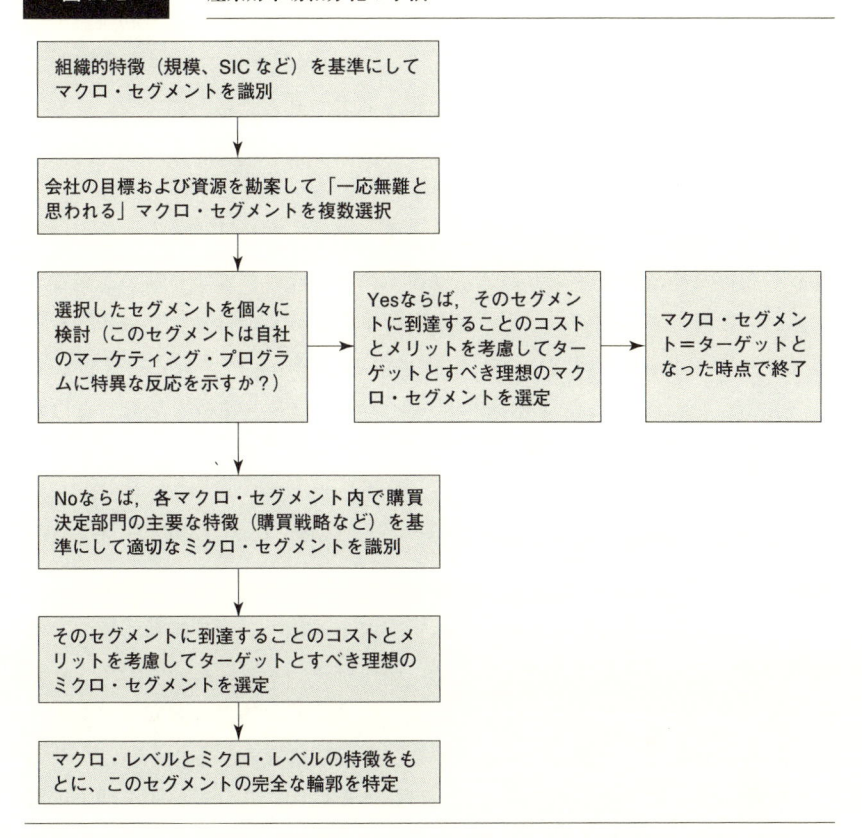

```
┌─────────────────────────────┐
│ 組織的特徴(規模、SICなど)を基準にして │
│ マクロ・セグメントを識別            │
└─────────────┬───────────────┘
              ↓
┌─────────────────────────────┐
│ 会社の目標および資源を勘案して「一応無難と │
│ 思われる」マクロ・セグメントを複数選択     │
└─────────────┬───────────────┘
              ↓
┌──────────────────┐    ┌──────────────────┐    ┌──────────────────┐
│ 選択したセグメントを個々に │    │ Yesならば,そのセグメン │    │ マクロ・セグメン  │
│ 検討(このセグメントは自社 │ →  │ トに到達することのコスト │ →  │ ト=ターゲットと  │
│ のマーケティング・プログラ │    │ とメリットを考慮してター │    │ なった時点で終了  │
│ ムに特異な反応を示すか?) │    │ ゲットとすべき理想のマク │    └──────────────────┘
└─────────────┬────┘    │ ロ・セグメントを選定   │
              ↓         └──────────────────┘
┌─────────────────────────────┐
│ Noならば,各マクロ・セグメント内で購買  │
│ 決定部門の主要な特徴(購買戦略など)を基 │
│ 準にして適切なミクロ・セグメントを識別  │
└─────────────┬───────────────┘
              ↓
┌─────────────────────────────┐
│ そのセグメントに到達することのコストとメ │
│ リットを考慮してターゲットとすべき理想の │
│ ミクロ・セグメントを選定           │
└─────────────┬───────────────┘
              ↓
┌─────────────────────────────┐
│ マクロ・レベルとミクロ・レベルの特徴をも │
│ とに,このセグメントの完全な輪郭を特定   │
└─────────────────────────────┘
```

出所:Yoram Wind and Richard Cardozo, "Industrial Market Segmentation," *Industrial Marketing Management* 3(March 1974):p.156. Copyright 1974 by Elsevier Science Publishing Co., Inc.

ィング戦略の修正である.メリットとしては,このセグメントの開発によって企業にもたらされると思われる短期的および長期的機会が考えられる.売り手企業は,個別のマーケティング戦略に投資する前に,他のセグメント選択肢の収益性を検討する必要がある.特定のセグメントや顧客を対象にすることによる収益とコストが明確になるにつれ,少数の顧客から得られる利益が,重要性の低い,場合によっては利益を生まない多数の顧客の不足分を補っていることに気づくことも珍しくない[31].

とすれば,あるセグメントの短期的ポテンシャルと,その顧客に効果的に

対応するために長期にわたって必要になる資源量を明らかにする評価プロセスが不可欠である．産業財のマーケターは，その資源をもっとも利益率の高い顧客やセグメントに振り向けることにより，最重要顧客に照準を定めて「横取り」しようとする競合会社の影響を低減させることができる．

3-2．緊密な関係

産業財市場においては，売り手と買い手の緊密な関係は一回の取引だけで終わらないため，セグメントの選定は慎重に行わなければならない．あるセグメントに対応するためには，顧客が期待するレベルの外勤営業や顧客サービスのサポートを提供するために，相当量の資源を束縛される可能性がある[32]．また，オンラインによる顧客サービスのサポート戦略も設計しなければならない．例えばシスコ社のウェブサイトでは，対象とする各セグメント向けの包括的情報，顧客が互いに助け合うオンライン・コミュニティー，顧客自身による問題の診断・解決を可能にする対話型ツールなどが提供されている[33]．歯ミガキなどの消費財を生産するメーカーは，デモグラフィック・データやライフスタイルで分類した一つのセグメントから，比較的速やかに別のセグメントに移ることが可能だが，産業財メーカーは，別のセグメントのニーズを満たそうと思えば，マーケティング戦略全体の再編成（営業スタッフの再教育など）や製造プロセスの変更が必要になる．また，新たなセグメントへのサービス提供は何年も続く可能性がある．したがって，特定市場への参入決定は産業財のマーケターにとって，長期にわたり相当量の資源束縛を伴うことになる．こうした意思決定は容易に覆すことはできない．

4．細分化戦略の実行

細分化戦略は，いくら計画を周到に立てても，その実行方法が慎重さを欠いては失敗する羽目になりかねない．細分化戦略の実行を成功させるためには，以下の点に注意を払う必要がある．

●営業チームの編成はどうすべきか．

- 新しいセグメントを対象にする場合，技術や顧客サービスに関してどのように特殊な要求事項が存在するか．こうしたサービスは誰が提供するのか．
- 新しいセグメントをターゲットにして広告を行う場合，どのメディアを利用すればよいか．
- このセグメントの顧客にサービス・サポートを継続的に提供する包括的なオンライン戦略が開発されているか．
- 選択した国際市場セグメントに対応するには，どのような適応が必要になるか．

　産業財マーケティングの戦略担当者は，戦略の実行方法を詳細に計画・調整・モニターする必要がある．Frank Cespedesは，「企業が製品－サービス－情報の組み合わせを提供するようになり，しかもそれを多様なセグメントに向けてカスタマイズしなければならなくなると，組織間の相互依存性が増し」[34]，とりわけマーケティング・マネージャーはより部門横断的な任務に携わるようになると指摘する．顧客との重要な接点を管理することは，マーケティング・マネージャーが企業内で果たすべき基本的役割と言える．

5．まとめ

　産業財市場の顧客は複雑で，多様なニーズや目的を持っている．マーケティング戦略担当者が市場開拓を効果的に行うためには，市場を総合的に分析し，無視されているか，十分対応されていない顧客グループ（セグメント）を特定する作業が前提となる．マーケティング戦略は，各ターゲット・セグメントの特異なニーズに合わせてカスタマイズすることができる．もちろん，そのような戦略を実現できるのは，ターゲット・セグメントが測定可能性，到達可能性，適合性，即応性，個別の扱いに値する規模性を備える場合に限られる．
　産業財市場の細分化プロセスでは，既存または潜在的な顧客組織がお互いに重複しない集団（セグメント）に分類されるが，このセグメントはそれぞれ，マーケティング戦略の要素に対して比較的同じような反応を示すもので

ある．産業財のマーケターは市場の分割にあたって，マクロ・レベルとミクロ・レベルという2種類の細分化基準を用いることができる．マクロ・レベルでは，顧客組織や購買状況の主要な特徴を基準にする．マクロ・レベルの細分化では，標準産業分類（SIC）や北米産業分類（NAICS）を他の二次情報源と併用すると効果的である．ミクロ・レベルにおける細分化の基準は購買決定部門の主な特徴が中心で，より高度な市場知識を必要とする．

この章では，産業財のマーケターがターゲット・セグメントを特定し選択する際に用いるべき体系的手法について説明した．産業財のマーケターは最終決定を下す前に，細分化マーケティング戦略のコストと効用を比較しなければならない．考えられるターゲット・セグメントの市場ポテンシャルを計算し，自社と競合他社の強みを慎重に評価する必要がある．市場ポテンシャル（市場機会）の測定法については，次の章で取り上げる．

5－1．討論課題

1．フェデラル・エクスプレス社では，自社の将来の成長は，迅速かつ確実な配送サービスが要求される企業間電子商取引にかかっていると考えている．同社は，急成長を遂げつつあるこの分野で市場リーダーになるために，どのような細分化計画を採用すると思われるか．
2．オートマチック・データ・プロセシング（ADP）社は，30万余にのぼる顧客の給与・納税申告処理を請け負っている．つまり，各企業がADP社にこれらの機能を外注しているということである．このサービス市場でADP社が採用する可能性のある細分化基準はどのようなものだろうか．給与処理を外部企業に委託する決定では，組織の購買担当者にとってどのような基準が重要だと思われるか．
3．AT&T社，マイクロソフト社，ダウ・ジョーンズ社，IBM社はいずれも情報産業に携わり，消費者の情報アクセスを効率化する機器やサービスを提供している．この事実は，競争力分析や市場細分化にどのようなことを示唆するだろうか．
4．企業はそれぞれの情報システムを駆使して，既存顧客が何を，どこで，どのような方法で購買するか記録している．ある一流の経営専門家は，顧

客だけでなく，一般にそれより多数の，まだ顧客ではない相手にも同等の注意を払うべきであると述べている．この見方をどう思うか．

5．ジャクソン・マシン・ツール社は2年前，四つのSIC分類を主要市場セグメントとして選択したとき，セグメントごとに異なるマーケティング戦略を開発した．ただ，同社の経営陣は当時を振り返り，アプローチした市場セグメントが果たして適切であったかどうか疑問を感じている．今年も，売上げはわずかに伸びたが，利益は急落したからである．この会社の細分化戦略が適切だったかを検討するのに，あなたならどのような方法をとるだろうか．

6．ピーター・ドラッカーは，従来の会計システムは自動化された生産設備の真のメリットを活かしていないと力説する．従来システムは何かをすることのコストを重視するが，オートメーションがもたらす主たる恩恵は，何かをしないこと（スクラップになる欠陥部品を作らないことなど）のコストを排除する，または少なくとも最小化することにあるというのだ．自動設備のメーカーは，「使用価値」による細分化戦略をどのように用いると思われるか．

7．デュポン社などの産業財企業が行う特定市場セグメントへの参入決定は，ゼネラル・フーズ社などの消費財企業による同様の決定より大きな束縛を伴うことが多いのはなぜか．

8．サラ・リー社は年間15億ドル余の売上げを機関市場（病院，学校，レストランなど）から得ている．サラ・リー社やゼネラル・ミルズ社のような企業は，市場細分化の概念を機関市場にどのように適用すると思われるか．

9．「最適追求者」である購買担当者を相手にする際，どのような営業戦略がもっとも適しているだろうか．「妥協者」の場合はどうだろう．

10．マクロ・レベルだけの市場細分化手法を採用する企業もあれば，マクロとミクロの両レベルを併用する企業もある．あなたが産業財マーケティング・マネージャーとして，これら二つの手法のいずれかを選ぶとしたら，どのような要素を考慮するだろうか．

5－2．インターネット演習

　紙から電子データやオンラインまで，顧客の文書管理を助けるソリューションを提供しているゼロックス社は，自らを「ドキュメント・カンパニー」と位置付けている。同社のウェブサイト（http://www.xerox.com）にアクセスし，以下の点について調べてみよう．

1．ゼロックス社がその市場細分化計画でカバーすると思われる産業分野はどこか．
2．ゼロックス社が銀行顧客のために開発した特定の製品やサービスにどのようなものがあるか．

◎ビジネス事例　小型ジェット機「ジャベリン」

コロラド州エングルウッドに本拠を置くアビエーション・テクノロジー・グループ（ATG）社（http://www.avtechgroup.com）は2001年7月，小型ジェット機の実物大模型「ジャベリン」を発表した．社長のジョージ・バイは，そのコンセプトを次のように説明する．「プロの目から見ても個性的なジェット機を造れば当たる，と私は思ったのです．かつては軍用戦闘機でしか見られなかったスタイルや性能を，民間パイロットにも開放するようなジェット機です」．斬新なスタイルを持つ全金属製のジェット機，ジャベリンは2人乗り（操縦者と乗客）で，パイロットを雇っている人をターゲットにしている．同社によれば，このジェット機の設計は飛行距離や安全性よりもスピードを追求し，しかも市販のビジネス用の軽ジェット機よりも燃費が優れているという．最高スピード時速600マイル，最高高度51,000フィートまでの上昇速度毎分1万フィート以上，飛行距離1,250マイル，燃費はマイル0.72ドルである．

このジェット機は米連邦航空局（FAA）の検査に合格すれば認可が降り，第一号顧客への納品は2005年を予定している．初年度は26機が生産され，価格は188万ドルであるが，2年目以降は220万ドルに引き上げられる．ちなみに，リアジェットは数人まで乗ることができるが，値段は668万ドルと高く，10年間の経費合計はジャベリンの2倍になる．

討論課題
1. 小型ジェット機の潜在顧客の中には，とくにジャベリンに魅力を感じる層があると予想される．ジャベリンの最高の潜在顧客は，どのような特徴を持っていると思われるか．
2. マーケティング予算に制限があることを踏まえた上で，小型ジェット機市場で最高の潜在顧客に到達するために，ATG社はどのようなマーケテ

ィング戦略を採用することが考えられるか．

注

1 David E.Schnedler, "Use Strategic Market Models To Predict Customer Behavior," *Sloan Management Review* 37 (spring 1996) : p.92 ; see also, Eric von Hippel, Stefan Thomke, and Mary Sonnack, "Creating Breakthroughs at 3 M," *Harvard Business Review*, 77 (September/October 1999) : pp.47-57.
2 Dwight L.Gertz and João P.A.Baptista, *Grow to Be Great : Breaking the Downsizing Cycle* (New York : The Free Press, 1995), p.54.
3 Per Vagn Freytog and Ann Højbjerg Clarke, "Business to Business Market Segmentation," *Industrial Marketing Management* 30 (August 2001) : pp.473-486.
4 Yoram Wind and Richard N.Cardozo, "Industrial Market Segmentation," *Industrial Marketing Management* 3 (March 1974) : p.155 ; see also Vincent-Wayne Mitchell and Dominic F.Wilson, "Balancing Theory and Practice : A Reappraisal of Business-to-Business Segmentation," *Industrial Marketing Management* 27 (September 1998) : pp.429-455.
5 Frank V.Cespedes, *Concurrent Marketing : Integrating Product, Sales, and Service* (Boston : Harvard Business School Press, 1995), pp.186-188 ; and William A.O'Connel and William Keenan Jr., "The Shape of Things to Come," *Sales & Marketing Management* 148 (January 1996) : pp.37-45.
6 Shaker A.Zahra and Sherry S.Chaples, "Blind Spots in Competitive Analysis," *Academy of Management Executive* 7 (May 1993) : 7 -27
7 Richard AD'Aveni with Robert Gunther, *Hypercompetitive Rivalries : Competing in Highly Dynamic Environments* (New York : The Free Press, 1995), p.2.
8 James Brian Quinn, "Strategic Outsourcing : Leveraging Knowledge Capabilities," *Sloan Management Review* 40 (summer 1999) : pp. 9 -21.
9 C.K.Prahalad and Gary Hamel, "The Core Competence of the Corporation," *Harvard Business Review* 69 (May/June 1990) : pp.79-91.
10 Paul A.Geroski, "Early Warning of New Rivals," *Sloan Management Review* 40 (spring 1999) : pp.107-116.
11 Noel Capon and Rashi Glazer, "Marketing and Technology : A Strategic Coalignment," *Journal of Marketing* 51 (July 1987) : pp. 1 -14.
12 Kathleen M.Eisenhardt and Shona L.Brown, "Patching : Restitching Business Portfolios in Dynamic Markets," *Harvard Business Review* 77 (May/June 1999) : p.82.
13 Ibid., pp.72-82.
14 Gertz and Baptista, *Grow to Be Great*, p.55.
15 Gary McWilliams, "How Dell Fine-Tunes Its PC Pricing to Gain Edge in a Slow Market," *Wall Street Journal* 8 June 2001, p.A1.

16　Wind and Cardozo, "Industrial Market Segmentation," p.155 ; see also Mitchell and Wilson, "Balancing Theory and Practice," pp.429-455.
17　Joseph A.Bellizzi, "Organizational Size and Buying Influences," *Industrial Marketing Management* 10 (February 1981) : pp.17-21 ; see also Arch G.Woodside, Timo Liukko, and Risto Vuori, "Organizational Buying of Capital Equipment Involving Persons Across Several Authority Levels," *Journal of Business & Industrial Marketing* 14, no. 1 (1999) : pp.30-48.
18　Timothy M.Laseter, *Balanced Sourcing : cooperation and Competition in Supplier Relationships* (San Francisco : Jossey-Bass Publishers, 1998), pp.59-86.
19　Philip Kotler, "Marketing's New Paradigm : What's Really Happening Out There," *Planning Review* 20 (September-October 1992) : pp.50-52.
20　Robert A.Garda, "How to Carve Niches for Growth in Industrial Markets," *Management Review* 70 (August 1981) : pp.15-22.
21　Thomas S.Robertson and Howard Barich, "A Successful Approach to Segmenting Industrial Markets," *Planning Review* 20 (November-December 1992) : pp. 4 -11.
22　Schnedler, "Use Strategic Models," pp.85-92 ; Kenneth E.Mast and John M.Hawes, "Perceptual Differences between Buyers and Engineers," *Journal of Purchasing and Materials Management* 22 (spring 1986) : pp. 2 - 6 ; Donald W.Jackson Jr., Richard K.Burdick, and Janet E.Keith, "Purchasing Agents' Perceived Importance of Marketing Mix Components in Different Industrial Purchase Situations," *Journal of Business Research* 13 (August 1985) : pp.361-373 ; and Donald R.Lehmann and John O'Shaughnessy, "Decision Criteria Used in Buying Different Categories of Products," *Journal of Purchasing and Materials Management* 18 (spring 1982) : pp. 9 -14.
23　V.Kasturi Rangan, Rowland T.Moriarty, and Gordon S.Swartz, "Segmenting Customers in Mature Industrial Markets," *Journal of Marketing* 56 (October 1992) : pp.72-82.
24　George Stalk Jr. and Thomas M.Hout, *Competing Against Time : How Time-based Competition Is Re-Shaping Global Markets* (New York : The Free Press, 1990), p.102.
25　Richard N.Cardozo, "Situational Segmentation of Industrial Markets," *European Journal of Marketing* 14, no. 5 / 6 (1980) : pp.264-276.
26　Gary L.Coles and James D.Culley, "Not All Prospects Are Created Equal," *Business Marketing* 71 (May 1986) : pp.52-57.
27　Thomas S.Robertson and Yoram Wind, "Organizational Psychographics and Innovativeness," *Journal of Consumer Research* 7 (June 1980) : pp.24-31 ; see also Robertson and Hubert Gatignon, "Competitive Effects on Technology Diffusion," *Journal of Marketing* 50 (July 1986) : pp. 1 -12.
28　Yoram Wind, Thomas S.Robertson, and Cynthia Fraser, "Industrial Product Diffusion by Market Segment," *Industrial Marketing Management* 11 (February 1982) : pp. 1 -8.
29　W.Chan Kim and Renée Mauborgne, "Creating New Market Space," *Harvard Business*

Review 77 (January/February 1999) : pp.88-89. For other segmentation studies, see Mark J.Bennion Jr., "Segmentation and Positioning in a Basic Industry," *Industrial Market Management* 16 (February 1987) : pp. 9 -18 ; Arch G.Woodside and Elizabeth J.Wilson, "Combining Macro and Micro Industrial Market Segmentation," in *Advances in Business Marketing*, ed. Arch G.Woodside (Greenwich, Conn. : JAI Press, 1986), pp.241-257 ; and Peter Doyle and John Saunders, "Market Segmentarion and Positioning in Specialized Industrial Markets," *Journal of Marketing* 49 (spring 1985) : pp.24-32.

30　Wind and Cardozo, "Industrial Market Segmentation," pp.153-166 ; see also John Morton, "How to Spot the Really Important Prospects," *Business Marketing* 75 (January 1990) : pp.62-67.

31　Arun Sharma, R.Krishnan, and Dhruv Grewal, "Value Creation in Markets : A Critical Area of Focus for Business-to- Business Markets," *Industrial Marketing Management* 30 (June 2001) : pp.391-402.

32　Cespedes, *Concurrent Marketing*, pp.50-57.

33　Anitesh Barua, Prabhudev Konana, Andrew B.Whinston, and Fang Yin, "Driving E-Business Excellence," *MIT Sloan Management Review* 43 (fall 2001) : pp.36-44.

34　Cespedes, *Concurrent Marketing*, p.271.

35　SOURCE : http : //www.avtechgroup.com, "Sleek New Jet Unveiled," accessed 1 August 2002. Press release by Aviation Technology Group Inc.

第8章

組織需要の分析

　組織顧客が市場においてどのような反応を示すかを予測するのは，産業財の売り手にとってなかなか困難なことである．マーケティング・プログラムの効率と効果は，担当マネージャーが組織需要のパターンを識別して測定し，売上水準を具体的に予測できるかどうかにかかっている．市場ポテンシャルや将来の売上げを正確に予測することは，組織需要分析のもっとも重要かつ困難な側面の一つである．この章では，以下の項目がテーマとなる．

1．産業財市場に関する豊富な情報をインターネットからいかに獲得するか．
2．産業財マーケティング管理にとっての組織需要分析の重要性．
3．計画・管理プロセスにおける市場ポテンシャル分析と売上予測の役割．
4．市場ポテンシャルの測定および売上予測を効果的に行うための具体的手法．

ルーセント・テクノロジー社やノーテルネットワークス社といった通信会社の経営幹部たちは現在，インターネット・ブームを振り返ってみて，需要があれほどまでに落ち込むとは思わなかったと率直に認める．事実，電話会社による通信機器への支出額は，1996年から2000年までの期間に475億ドルへと倍増し，この魅力的な成長軌道は継続するという線ですべての予想が一致していた[1]．この時期，通信機器メーカーは生産能力を大幅に拡大し，何千という新規採用を積極的に行った．ところが2001年，需要は思うように伸びず，大手通信機器メーカーは多額の損失を計上する羽目になった．さらに，一連の大規模な人員削減計画が業界の多数企業から発表された．何が起きたのだろうか．ナショナル・エコノミック・リサーチ・アソシエイツ社のグレゴリー・ダンカン通信コンサルタントは，「お粗末」な売上予測に大きな責任があると指摘する[2]．

　産業財マーケティング戦略を成功裡に実行するには，担当マネージャーは自社製品の潜在市場を推定しなければならない．潜在需要を正確に見積ることで，マネージャーは最大のリターンが得られそうな顧客セグメントや製品や地域に対して希少な資源を配分することができる．推定された市場ポテンシャルは，ターゲットとした製品市場の状況で自社業績を評価する基準にもなる．ある経営専門家は，「売上げの予測がなければ，投資やマーケティング・サポート，その他の資源配分に関する意思決定は，業界全体のニーズに対する無意識的な憶測に基づいてなされることになる．こうした憶測は誤る場合が多い」[3]と指摘する．

　売上予測は，マーケティング管理の面でも不可欠である．売上予測では，潜在需要だけでなく，求められるマーケティング活動のレベルや種類も勘案しながら，経営サイドが自社の売上水準を見積ることになる．マーケティング担当者が行う意思決定は大概どれも，公式または非公式な予測に基づいている．

　組織需要の分析は売上予測と市場ポテンシャル分析から構成されるが，この章では，それが計画・管理プロセスにおいて果たす役割について考える．まずは，産業財マーケティング・マネージャーが，貴重な情報を取り込んで意思決定をサポートするのにインターネットをどう活用できるかという点に

注目する．次に，市場ポテンシャルの推定と売上予測の両方について，その特徴と目的を比較検討する．さらに，これらの知識を踏まえて，市場ポテンシャルを測定する方法について事例を交えながら紹介し，評価する．そして最後に，売上予測の特徴をその手法とともに考察する．

1. 組織需要の分析

　産業財マーケティング・マネージャーが行う組織需要の分析には，二つの要素がある．一つは，特定期間内において業界内のすべてのメーカーに生じ得る需要の最大レベルであり，これがある製品の市場ポテンシャルということになる．市場ポテンシャルは，業界マーケティング活動のレベルと，外部環境における想定状況の影響を受ける．もう一つは，特定のレベルおよび種類のマーケティング活動と特定環境条件の下で，一企業が実現できると合理的に予想される売上高であり，これこそが企業の売上予測に他ならない．ただ，この予測が企業のマーケティング活動の水準に依存する以上，売上予測を行うには，まずマーケティング計画を策定する必要がある．このセクションでは，産業財マーケティング管理のための組織需要分析におけるこれら二つの要素について考える．

1-1. インターネットを活用した産業財市場調査

　骨の折れる市場調査で得たものであれ，既存の出版物から集めたものであれ，情報の存在意義は業務上の意思決定をサポートすることにある．諸官庁，業者団体，業界紙，独立の調査会社によって収集・発行される二次情報は市場知識構築のための貴重な手がかりになり，しかも安上がりである．数あるビジネス関連の外部情報の中で，二次データは企業の競争環境や外部環境について知る上で主要な情報源となる．
　インターネットやワールド・ワイド・ウェブ（www）は今日，産業財マーケティングに利用される情報の大部分を提供しており，情報を見つけるのも容易である．インターネット上には文字通り何千という検索ソースが存在し，検索エンジンを検索するサイトさえある．競合情報，顧客データ，経

済情報，技術動向，政治および法律データなど，産業財のマーケターが収集するマーケティング情報は大概インターネット上で入手できる．インターネットに掲載されている二次情報は，印刷物として公表されるデータよりも新しいものが多く，安価で利用しやすい上に，アクセスもスピーディーである．こうした豊富な二次情報だけでなく，インターネットは一次データの収集にも利用でき，電子メールやウェブページで調査を実施することもできる．

■産業財のマーケターが入手できるインターネット上の二次データ　インターネット上で公表されているデータは信じ難いほどの量にのぼり，産業財のマーケターは194以上の国から，1日24時間，週7日間いつでも最新情報を手に入れることができる．ただし，データが豊富に存在するからといって，それが必ずしも「良質」なデータであるとは限らないため，意思決定者としては，自分が直面している問題に有効な情報かどうか，慎重に精査する必要がある．産業財のマーケターは，インターネット情報を利用する際，収集方法，使用されたサンプルの規模，情報提供者，情報収集目的などその品質を評価すべきである．

　また，インターネット上で公表される二次データの中には，古いものもないわけではない．この問題はとくに，連邦政府が公表する情報に見られる．例えば，米国商務省の国勢調査局が運営する大規模なウェブサイト（http://www.census.gov）には，産業財のマーケターに関する『Economic Census』の膨大な量のデータが含まれているが，2, 3年前のものが少なくない．表8.1に，産業財マーケティング・マネージャーたちがよく利用するインターネット・サイトを列挙した．ただし，市場や競合他社に関する有益な情報が得られるサイトは他にも豊富に存在する．

■インターネットの活用　表8.1を見ると，米国政府の経済統計の取得，技術動向の評価，競争戦略の分析，市場や購買担当者の行動に関するデータ収集，グローバル市場の機会評価，世界の産業財企業調査などにインターネットが威力を発揮することがわかるだろう．また，ライバル会社のウェブサイトなどからも，製品ラインやチャネル戦略，価格などに関する有益な情報

表8.1	インターネットに存在する企業間市場に関する情報源の例

1. http://www.webstersonline.com
   産業財を扱う企業に関する情報が豊富．NAICS コード，製品やサービス，ブランド名での検索が可能．
2. http://www.corporateinformation.com
   米国外に位置する企業について詳細な情報を提供する．
3. http://www.frost.com
   大手調査会社フロスト＆サリバン社が運営するサイト．300以上の業種について市場調査結果を公表．
4. http://www.intelliquest.com
   インテリクエスト社が，もっぱら市場調査データを技術系企業に提供している．
5. http://www.uspto.gov
   特許手続きや係属特許出願に関する豊富な情報を提供．
6. http://www.census.gov
   米国政調査局が収集・公表する広範なデータを提供する巨大サイト．
7. http://www.stat-usa.gov
   米国商務省が米政府公表の経済データや，輸出入業者を対象とした「National Trade Data Bank Information」を提供．
8. http://www.fbodaily.com
   「FedBizOpps」は，連邦政府の価額25,000ドル以上の契約案件を掲載した公式サイト．毎日更新され，使い勝手も良い．
9. http://www.dnb.com
   ダン＆ブラッドストリート(D&B)社が，米国内1,100万の民間および公的企業と，世界の5,000万社以上に関するビジネス情報を公表している．「D&B Internet Access」として，民間および公企業の無料検索を提供するほか，D&B レポートの送付請求ができる．
10. http://www.liszt.com
    66,000件余の郵送先名簿を掲載．
11. http://www.findarticles.com
    特定の企業や業界のほか，ほとんどあらゆるテーマに関する記事を検索できる便利なサイト．
12. http://www.wilsonweb.com/webmarket/
    インターネット・マーケティングに関する記事を多方面から集めて掲載している．

を簡単に入手できることがある．ただ，機密データは保護されているのが普通で，パスワードを取得した顧客しか閲覧できない．とはいえ，ウェブサイトは競合他社に関する強力な情報を含んでいる可能性があり，これらは実質的に無料で取得することができる．

■限界を理解する　ウェブサイトを利用する際に忘れてならないのは，そこで提供される情報に規格は存在しないということである．所有者はサイトの

正確性を保証する義務はないのだ．また，ネット上での情報提供をチェックするプロセスはなく，各人の裁量に任されている．インターネットを賢く利用するには，以下の点に留意する必要がある[4]．

1．ウェブサイトの著者をチェックする—政府や有名企業のサイトに含まれるデータは信頼性が高い．
2．サイトの信用を評価する—企業の財務評価に関しては，財務アドバイザリー・サービスのサイトより大学のサイトのほうが偏りが少ない．
3．サイトの更新頻度を見きわめる—ハイパーリンクがうまく機能しないサイトは，頻繁に更新されていないものが多い．
4．サイトに掲載されている情報を他のサイトや，紙の情報と照合して信憑性をチェックする．
5．サイトの提供する数値データの正確性をチェックする—数値の計算が合わないものや，ミスが多いものは疑わしい．
6．包括的かつ詳細なデータを含むサイトがあっても，それだけに頼るのではなく，多くの情報源を併用する．

■産業財に関するオンライン市場調査　産業財のマーケターは，顧客の知覚，行動，欲求に関する情報など，二次情報源では得られない一次データを収集するのにインターネットを活用している．例えば，シスコシステムズ社は「Community of Customers」というサイトを構築し，アイデアや製品に対する好み，性能評価などを定期的に調査している．インターネットは，調査や実験の実施，フォーカス・グループの運営などに効率的な場を提供する．要するにコンピュータやインターネットは，従来の手法で必要だった，調査回答者に到達する手間やコストを削減してくれるわけである．また，新たに登場した，インターネット機能を利用する市場調査会社は，インターネットや電子メールを使って調査全体を設計・実行する．

　ネット上では情報収集が容易で，しかも迅速かつ低コストなため，効果的な調査が可能になる．また，多数かつ多様な回答者に瞬時に到達することができ，データの入力ミスは少なく，回答の整理も手がかからない．ただ，欠

点もないわけではなく，確率サンプルを抽出できないことは大きな問題である．アンケートをウェブサイト上に掲載する場合，回答者を選択することはできないため，調査結果を顧客組織全般に当てはめるわけにはいかない．この問題に対処するため，企業によってはオンライン・パネルを導入し，回答者を無作為に選ぶ方式を採用しているところもある．インターネット調査の活用には難しい部分があり，産業財のマーケターがこの媒体を活用する場合は慎重さが求められる．とはいえ，オンラインのインターネット調査が郵送や電話によるアンケートに取って代わる日はそう遠くないと専門家は指摘する[5]．

1-2．計画・統制プロセスにおける市場ポテンシャルの役割

「市場ポテンシャル」とは，特定の期間および市場においてある製品の最大可能な売上高をすべての売り手について合計した値である[6]．企業ごとの最大可能な売上高は「売上ポテンシャル」と呼ぶ．これは，市場ポテンシャルの中で，個々の企業が特定の製品や製品ラインについて期待する最大シェアに他ならない[7]．

ポテンシャルという概念を具体例で確認してみよう．航空機のエンジンや部品を製造する業界で，今年90億ドルの出荷があったとする．来年，この業界の市場ポテンシャルはどの程度と予想されるだろうか．民間航空会社の景気からして，来年の総出荷額は20％増と見込まれる．つまり，航空機エンジン業界の「市場ポテンシャル」は108億ドル（90億ドル×1.20）となる．この内，オハイオ州シンシナティにあるGE社の航空機エンジン部門は，現在の市場シェア，予想されるマーケティング活動，生産能力などからして，14％のシェアが期待される．すると，GE社の来年の「売上ポテンシャル」は15億1,000万ドル（108億ドル×0.14）ということになる．

■ポテンシャルは可能性を表す　市場ポテンシャルは市場の総需要を超え，売上ポテンシャルは会社の実際の売上高を上回るケースが多い．市場ポテンシャルとはまさにそういうもので，あくまで販売の可能性を示すのである．先に例示した航空機のエンジンと部品のケースでは，いくつかの理由によ

り，市場ポテンシャルが実際の需要に転換されない可能性もある．例えば，政府が防空予算を減額したり，飛行機の利用者が減って民間航空会社が航空機の発注を先送りしたり，大手航空機メーカーのストライキでジェット・エンジンの生産が落ち込んだり，といったことが考えられる．また，売上ポテンシャルも，過去の市場実績，ある水準の競争活動，会社にとって好ましい出来事や好ましからざる出来事など，状況に対する一連の憶測に基づく期待値である．競合相手の行動の変化，経済全体の後退，マーケティング活動のレベルおよび効果の低下などにより，実際の売上高が売上ポテンシャルに達しないということも十分あり得る．

■ポテンシャル：セグメント別の計画と統制　市場ポテンシャルと売上ポテンシャルは主として，市場セグメント別のマーケティング戦略の計画や統制に利用される．セグメントとは，第7章で定義したように，マーケティング戦略に対する反応を説明・予測するのに役立つ，いくつかの共通の特徴を共有する既存顧客または潜在顧客のグループである．個々のセグメントについて売上ポテンシャルが決まると，潜在的な売上数量に基づいて支出配分ができる．市場機会の少ないセグメントの広告や対面営業に莫大な資金をつぎ込んでも意味はない．もちろん，支出配分はポテンシャルと競争レベルの両方を基準にする必要がある．マーケティング・プログラムの有効性を評価する際は，各セグメントにおける実際の売上高を，競争レベルを勘案しつつ売上ポテンシャルと比較するとよい．

　動力伝達装置用の迅速作動形連結器を製造するオハイオ州クリーブランドの製造企業の事例について考えてみよう．この会社と取引関係にある大手流通業者の内の1社が，20年以上の期間にわたって売上げを伸ばしていた．実際，この流通業者は，この会社の最大の顧客の一つと考えられた．同社はあるとき，流通業者31社それぞれの売上ポテンシャルを分析した．この大手流通業者は，ポテンシャルでの売上高では最下位で，実際の売上高は売上ポテンシャルの15.4%にしか達していなかった．後で調べたところ，この流通業者の営業スタッフはその大口顧客に連結器を販売する効果的な方法を知らないことが明らかになった．

■ライフサイクル・ポテンシャル　市場ポテンシャルは，産業財市場向けの新製品について，実行か中止かの判断をする際に欠かせない．実際，「市場規模」は産業財を上市（市場導入）するときの重要な判断材料になることがわかっている[8]．David Kendoll および Michael French は，新しい産業財のための市場規模を分析する効果的な方法として，「ライフサイクル市場ポテンシャル」という概念を提唱している．彼らはこの概念を，「予想される環境条件と業界のマーケティング行動によって期待される効果の総和の下で，特定市場において製品ライフサイクルにわたって生じる最大可能な製品採用件数」と定義する．ライフサイクルという尺度は有用である．なぜなら，製品の寿命期間にわたる総売上げに関して現実的な範囲を示し，その値を合理的に見積ることが可能だからである．ライフサイクル市場ポテンシャルを測定するには，製品クラス全体の年間総売上げを顧客数とその製品使用量に基づいて見積り，潜在顧客に対するコンセプト・テストの結果に応じてこの推定値を絞り込んでいく（例えば，この製品クラス全体の売上高見積りに推定市場シェアを乗じるなど）．さらに，ライフサイクル全体の売上合計は，再購買と飽和状態までの期間の長さを見積って計算する．このライフサイクル・ポテンシャルの総和が，新製品の投入の是非を決める際に一つの基準になる．

　以上の説明からわかるように，市場ポテンシャルと売上ポテンシャルはマーケティング計画・統制プロセスにきわめて重要な意味を持つ．したがって，これら二つのポテンシャルの推定は入念に行わなければならない．産業財マーケティング・マネージャーは，ポテンシャルを正確に計算するための各種の手法を十分理解する必要がある．

1－3．売上予測の役割

　組織需要分析の二つ目の要素である売上予測も，かなりの困難を伴う．売上予測とは，特定のレベルおよび種類のマーケティング活動の下で，来年はどの程度の売上げが見込めるかという質問に対して答えを出すものである．ポテンシャルが決まると，産業財マーケティング・マネージャーはマーケテ

ィング・ミックスの各要素に資源を割り振ることができる．マーケティング戦略が構築されてはじめて売上予測が可能となる．ところが，この予測を用いてマーケティング支出の水準を決めたがる企業が少なくない．企業900社を対象に実施したある調査では，売上予測を行った後に広告予算を決定するという回答が25％強にのぼった[9]．こう回答した企業の大半は，予算編成や予測の決定が一元化されていない小企業だった．明らかに，マーケティング戦略は売上水準を決定するための要素であって，その逆ではない．図8.1は，推定市場ポテンシャルと売上予測が計画プロセスの中でどのような位置付けになるかを示したものである．

　売上予測は，あるマーケティング戦略の下で期待される売上収益に関する企業としての最善の推定値に他ならず，売上ポテンシャルより少ないのが普通である．すべての機会を闇雲に追求するのはかえって経済的でないと考える場合もあるだろうし，売上ポテンシャルの実現を特定セグメント内の強力なライバル会社に阻まれることもあるからだ．売上予測は売上ポテンシャルのデータと同様，資源配分や業績測定の助けになる．

1－4．市場ポテンシャルと売上予測の適用

　市場ポテンシャルの推定と売上予測は，マーケティング計画プロセスにおいて互いに補完し合う関係にある．市場ポテンシャルのデータは通常，売上げを予測するのに不可欠である．企業がどのような機会を追求すべきかという点について市場ポテンシャルが方向性を示し，それぞれの機会に適用する資源のレベルが決まった後に，売上予測が作られる．市場ポテンシャルの推定値は，企業が注目すべき領域，それぞれの機会に配分すべき支出の全体的および相対的レベル，業績を評価する際の基準を決めるのに用いられる．それに対して売上予測は概して，当面の戦術を決定するための方向性を示す．

　つまり，経営陣は翌年の売上見積りをもとにして，生産計画の策定，必要購買量の推定，在庫水準の設定，輸送および倉庫要員のスケジュール作成，必要運転資金の算定，販売促進や広告の短期支出計画などを行う．市場ポテンシャルの分析に基づいて向こう2～5年の売上予測を行うと，工場や倉庫などの施設，資金需要，チャネルの戦略や構造に関する意思決定の指針にな

図8.1　ポテンシャルと予測の関係

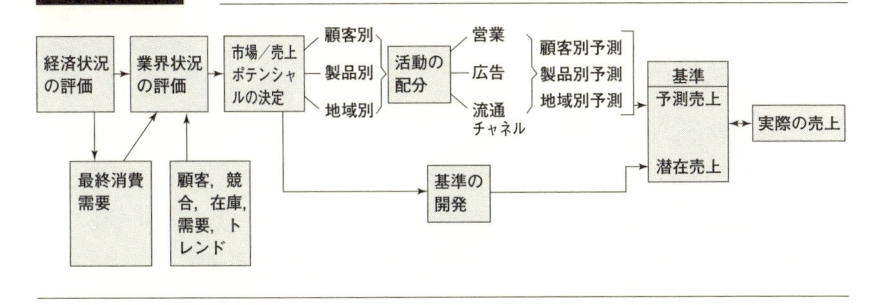

```
経済状況の評価 → 業界状況の評価 → 市場/売上ポテンシャルの決定（顧客別・製品別・地域別）→ 活動の配分（営業・広告・流通チャネル）→ 顧客別予測・製品別予測・地域別予測 → 基準予測売上 → 実際の売上
                                                                                                                    ↓
                                                                                                                潜在売上
最終消費需要 ↑　顧客,競合,在庫,需要,トレンド ↑　　基準の開発 ↑
```

る．要するに，市場ポテンシャルは製品および市場領域の面で企業が目指す全体的方向性と，そうした領域への予算配分に指針を提示するのに対して，売上予測は短期的な戦術的支出と長期的な資本支出のタイミングを示すと言える．

■サプライチェーンのリンク　売上予測は，サプライチェーン全体の円滑な運営になくてはならないものである[10]．売上予測データは，在庫の流通や在庫水準の管理のほか，メーカーに原材料，コンポーネント，サービスを供給するサプライチェーンを構成する全企業の資源計画に利用される．正確な予測は，サプライチェーン・プロセス全体を方向付けするための優れたビジネス手法や効果的な経営方針と密接に関連している．市場ポテンシャルを正確に推定するための特別なツールを利用することができるが，産業財のマーケターは各種手法の目的，さらにはその効用や限界を理解する必要がある．

2．市場ポテンシャルと売上ポテンシャルの測定

　ポテンシャルの推定にあたっては，入手可能な二次データ，製品の新既の別，潜在顧客の数，企業の内部情報の量などすべてが関係している．市場ポテンシャルを見積もるためには，製品総需要に影響する，またはそれを生じさせる変数の分析が必要である．ポテンシャルを正確に測定するには，基礎となる変数を測定するための最適な尺度を見つけることがきわめて重要であ

る．これから，市場ポテンシャルと売上ポテンシャルを測定する統計系列法と市場調査法について検討する．

2－1．統計系列法

　統計系列法は，製品需要の水準と，生産スタッフの数や製造による付加価値など一連の統計集合（「統計系列」という）の間には時系列的に密接な相関関係が存在するという前提に立つ．この関係が論理的であれば，つまり，両者間には表面化してはいないものの，基本的に安定した関係が存在するとすれば，統計系列を推計することによって製品需要を間接的に推定することが可能になる．まずは，自社製品を使用しているか，またはその可能性のある業界を特定する．次に，既存および潜在的に利用者となる業界それぞれについて，経済活動の尺度を決定する．この尺度には，各業界の売上高を相対的に表すものが使われる．例えば生産スタッフの数などが潜在需要を表す統計系列として多用される．IBM 社などでは，金融サービスなどの特定市場セグメントにおける情報技術（IT）製品の市場ポテンシャルを推定する際，社員数を統計系列として用いることが考えられる．金融サービス会社による IT 関連の年間支出額をその部門で雇われている社員の総数で割ると，「従業員 1 人当たりの IT 購買額」が得られる．業界の総従業員数が多ければ，部品であろうが資本設備であろうが，ある産業財に対する潜在的ニーズはそれだけ大きくなると考えられる．この他，高付加価値の資本設備支出額，原材料の消費量，総出荷額，従業員総数と給与総額なども統計系列として利用される．

■入手可能な情報の開拓　単一の系列法を用いるのは，多くの産業財が複数の業界のさまざまな用途に適用されるからである．製品の潜在的な適用分野のすべて，さらにはその総量を直接推定するのは，不可能ではないにしても現実的ではない．市場ポテンシャルの推定作業を操作可能にするには，入手しやすい情報──一つの統計系列──を用いるとよい．そして，それと自社製品に対する需要との関係を見つけるようにする．アルミ缶の例で考えてみよう．麦芽飲料業界のある年の総出荷額が120億ドルにのぼり，アルミ缶の調

達に22億ドルを支出したことが二次データからわかったとする．これで，総出荷額（統計系列）と缶に対する需要の関係が明らかになる．すなわち，麦芽飲料の売上げ1ドル当たり0.18ドル相当のアルミ缶が使用されるということである（22億ドル÷120億ドル＝0.18ドル）．この関係を用いると，来年の市場ポテンシャルが推定される．例えば，ある地域のポテンシャルの推定なら，来年のその地域における麦芽飲料の売上げを推定すればよく，またライトビールなど麦芽飲料業界の別のセグメントのポテンシャルの推定なら，そのセグメントの来年の売上げを見積もればよいのだ．さまざまな市場セグメントや地域の市場ポテンシャルを評価する上で，過去における製品の需要と統計系列の関係はかなり確実な根拠になるのである．

■**単一系列法**　単一系列法では，産業財市場の相対的購買力を表す二次データをもとに市場ポテンシャルを計算する．この方法を用いるためには，製品の潜在的ユーザーである標準産業分類（SIC）または北米産業分類（NAICS）グループについて適切な知識を持たなければならない．この手法を用いて絶対的な市場ポテンシャル（金額または個数）を分析する方法について考えてみよう．

米国全土，さまざまな地理的エリア，あるいは特定の北米産業分類（NAICS）グループの絶対的な市場ポテンシャルは，以下の手法で統計系列を用いることによって測定することができる．

1．製品の需要と相関関係があると思われる統計系列を選択する．
2．ターゲットとするNAICS業界それぞれについて，ポテンシャルの測定を行う製品の需要と系列の相関関係を見きわめる．
3．求める期間について統計系列および，それと需要との関係を予測する．
4．需要を統計系列の将来値と組み合わせることによって，市場ポテンシャルを算定する．

■**統計系列を選択する**　統計系列をもとに市場ポテンシャルを決定するためには，まず，どの統計系列が製品の需要ともっとも相関するか見きわめる必

表8.2　ボール・ベアリングの使用量係数

消費業界	2003年におけるベアリングの消費業界への売上（単位百万ドル）	2003年におけるベアリング消費業界の出荷額（単位百万ドル）	需要係数（出荷額1ドル当たりのベアリング需要）
自動車	1,680ドル	75,271ドル	0.022ドル
貨物トレーラー	39	2,767	0.014

注：業界の数値は仮定に基づくものである．

要がある．作業服，手洗い石鹸，事務用品などは，需要が生産スタッフ数と強く相関すると思われるよい例である．米国国政調査局が毎年更新する『County Business Patterns』は，郡，州，全国レベルにおける業界別（NAICS部門）の従業員数を調べるのに最適な情報源である．この他，付加価値や出荷額も需要との相関性が強い．例えば，自動化が進んでいる飲料業界では，金属缶の需要は業界の生産スタッフ数よりも飲料の出荷額との関係が強い．出荷額（売上高）に関する情報は，『Economic Census』などで入手できる．この有益な情報源は北米産業分類（NAICS）業界カテゴリー別に分類されていて，全国または地域レベルにおける各業界の事業所数，雇用率，出荷額などを掲載している．

　統計系列を選択する際，重要な条件が二つある．それは，(1)系列に関するデータを入手できること，(2)系列の将来予測が製品需要の予測よりも容易であることである．『Economic Census』で商務省が公表する統計系列の多くは，1～3年先までしかるべき精度で予測することができる．プレディキャスト社やスタンダード＆プアーズ社などの民間調査会社やオンライン・データサービスは，さまざまな業界の系列について予測を行っている．

■需要と統計系列の相関関係を見きわめる　統計系列を選択したら，その系列のデータを収集し，それらの需要との関係を調べて，「需要」係数あるいは「使用量」係数と呼ばれるものを割り出す．これは，統計系列の1単位当たりに需要として生じる製品量のことである．

　その一つの方法として，『Economic Census』を利用して統計系列用の

データベースをまず開発し，NAICS コード別または地理的地域別の製品に対する従来の需要水準との相関関係を求めるというものがある．2003年におけるボール・ベアリングの市場ポテンシャルを，自動車と貨物トレーラーという主要ターゲット市場について推定したいとする．統計系列は出荷額（すなわち，自動車及び貨物トレーラーのメーカーの売上高）である．使用量係数または需要係数を算出するため，ボール・ベアリングの過去の需要と自動車および貨物トレーラー業界の出荷額との関係を調べる（表8.2参照）．

ターゲット業界へのベアリングの過去の売上額は業界資料から収集し，統計系列の出荷額は『Economic Census』で調べることができる．それによると，自動車業界では出荷額1ドル当たり0.022ドル相当のベアリングが購買されている．2003年の推定市場ポテンシャルは，その年に自動車業界において予想されている出荷額に「0.022」を乗ずることによって算出される．

あるプラスチック樹脂メーカーが，一度も取引したことのない四つの業界の市場ポテンシャルを分析したいと考えている．公表されているデータはないため，各業界の企業について簡単な調査を実施し，樹脂の購買額のほか，生産スタッフなどの統計系列を算定することは可能と思われる．その結果を業界ごとに計算し，さらに生産スタッフ1人当たりの樹脂の使用量係数（単位ポンド）をそれぞれについて算出する．さらに該当年における生産スタッフの総数を推定すれば，それに使用量係数または需要係数を乗じて，各業界の市場ポテンシャルを予測することができる．この方法が有効であるためには，サンプルとして用いる企業がターゲット業界を十分代表するものでなければならない．

■限界を理解する　このようにして需要係数や使用量係数を算出する場合，この方法の限界を念頭に置いておく必要がある．この分析では平均値を使用し，ある部品の生産高1ドル当たり，あるいは生産スタッフ1人当たりの平均消費量を計算する．この平均値は特定のターゲット業界に当てはまるかもしれないし，当てはまらないかもしれない．製品使用量は，同じ業界の中でも会社によってかなり異なる可能性があるからだ．また，需要係数は過去の関係に基づいており，これは劇的に変化することもあり得る．つまり，技術

革新，生産システムの再編，最終消費需要の変動の結果，業界における製品の使用量は増減するかもしれない．とはいえ，需要と統計系列の関係を慎重に見きわめさえすれば，市場ポテンシャルを測定するための強力なツールになり得ることに変わりはない．

■統計系列の予測　需要と系列の関係が確定すれば，すなわち需要係数や使用量係数が算定されたら，以下の二つの方法のいずれかで系列の将来値を推定する．一つは，自身の推定成長率を用いて推定値を独自に算出する方法であり，もう一つは，政府，業者団体，民間調査会社の予測を用いる方法である．最終的なねらいは，需要係数に系列の将来の推定値を乗じて将来の市場ポテンシャルを算出することができるよう将来の系列を予測することにある．

　使用量係数の将来値も推定する必要がある．需要係数や使用量係数は，「消費業界の売上額1ドル当たりの製品価額」，「生産スタッフ1人当たりの製品重量」といったふうに，需要と系列の関係を表す．例えば，向こう2年間の市場ポテンシャルを推定するのであれば，消費業界における生産高1単位当たりの製品使用量がその期間中に変化するかどうかを考えることになる．ターゲット業界において予想される製品使用量の変化を反映すべく，需要係数や使用量係数を調整する必要が生じるかもしれない．使用量係数を適切に調整するには，生産プロセス，技術，競争行動，最終消費需要などの分析が必要になるだろう．プラスチック業界の例を紹介すると，燃費効率改善を目的とした自動車軽量化の動きにより，向こう5年間にわたる「自動車1台当たりに使用されるプラスチックのポンド数」，すなわち使用量係数は大幅な増加が予想される．

■市場ポテンシャルを算定する　最後のステップがもっとも容易で，需要係数または使用量係数に統計系列の推定値を乗じる．この段階まで来れば，扱いにくいデータや推定の問題は片付き，型どおりの計算をするだけである．戦略担当者は，関連するすべての市場セグメントについてポテンシャルを算定する必要がある．計画と管理という観点からすると，さまざまな顧客セグ

メント,産業グループ,テリトリー,流通チャネルについて推定市場ポテンシャルが必要になるかもしれない.

　要約すると,市場ポテンシャルを推定する単一系列法の有効性は,潜在需要に対する需要係数や使用量係数の代表性,使用するデータの質,系列や使用量係数の将来値を推定する能力,平均値や概算を用いることによる歪みの程度に依存する.この手法は広く使用される産業財に適しており,データが十分でない新製品や特殊な品目や,めったに使用されない部品などには向かない.また,ポテンシャルの推定には系列の修正やかなりのレベルの経営判断も求められる.

2－2.市場調査

　過去の統計データにありがちな欠陥を回避する方法として,自ら市場調査を行い,顧客の将来の意図について一次データを収集するという方法が考えられる.市場指向の企業は,フォーカス・グループや,顧客を訪問してその環境やニーズに対する理解を深めるなどのハイタッチ手法も採り入れている[11].

■**市場調査法**　市場調査法には,統計系列に用いるデータを生成する目的もある.一般的な用途としては,市場ポテンシャルや売上ポテンシャルの推定や,単一系列法で用いる需要係数や使用量係数の決定などがあるが,調査結果の利用法に注目する必要がある.市場調査法は,とくに新製品の市場ポテンシャルを推定する際に威力を発揮する.調査により,ある新製品に対して購買意欲を持つ組織が具体的に存在するか,そうした組織のニーズの強さ,購買の可能性について情報を得ることができる.特定の業界グループによる潜在的な製品使用,各業界で最大のポテンシャルを有する企業群,各業界の総売上に対する相対的重要性を判断するのに調査は役立つ.第7章で述べたように,ユーザーにとっての製品の経済的価値(使用価値)は市場セグメントによって異なる可能性がある.さまざまな顧客や市場セグメントについて使用価値を決定する際に調査を活用することができる.また,個々の企業の購買ポテンシャルを評価する目的でも利用されている[12].

市場を列挙して，個々の潜在顧客の予想取引高を合算して市場ポテンシャルの合計を求めることができる場合がある．市場の全数調査が有効であるためには，(1)市場集中度が非常に高い，(2)直接販売による接触を伴う，(3)発注額が比較的大きい，(4)ユニット数量が少ないことが条件となる．

　市場調査法の活用と限界：市場調査法が適するのは，新製品の市場ポテンシャルを推定する場合，とりわけ経営幹部などの判断ではなく，客観的事実や見解に基づく見積りを提供する場合である．さらに，新製品や既存製品について最大の市場ポテンシャルを持つ特定の業界をターゲットにすることもできる．市場調査法に伴う限界は調査手法の選択に関係するものであり，これはどのような調査にも付きまとう．代表性の低いサンプルや無回答誤差で調査成果が歪められたり，回答企業でアンケートに記入する人間が不適切であったりする恐れがあるほか，サンプル規模が小さければ高度な統計分析は困難になる．とくに厄介なのは対象者の選び方である．そういうわけで，調査を行う者は最適なデータ・ソースを見つけるため，相当な努力が求められる．マーケティング・マネージャーは，データ収集に伴う問題点を解消し，有効な結果を生むように調査を設計する責任がある．

■**顧客訪問**[13]　ヒューレット・パッカード社，IBM社，3M社など一流企業の多くは，市場調査の重要な柱として顧客訪問を実施している．ヒューレット・パッカード社では，プロジェクト・チームが顧客訪問を積極的に採用しており，新製品開発プロセスの初期段階で行うことが多い．通常，R&Dマネージャーと製品マネージャーが2人1組で顧客企業20～40社を現場訪問し，地域担当の営業が同行してサポートにあたる．サンプリング計画に従って顧客を選び，訪問プログラムを補強する意味で市場調査を実施することも少なくない．

顧客訪問の成果を高めるには複数の部門の人間が一緒に訪問するのが望ましく，明確な目的設定や慎重な顧客の選択に配慮するとともに，話しの進め方の指針や結果の報告方法などを整備する必要がある．顧客訪問は次のような効果が期待される．

- 満たされていない顧客ニーズを掘り起こす．
- 新しい市場機会を発見する．
- 顧客の事業や戦略において製品が担う役割について知る．
- 顧客との関係性を構築する．

顧客訪問はマネージャーたちに，市場に対する斬新な見方をもたらす．

自分の会社の製品がどのように使われているか知ることは重要であり，そうした知識を得る方法は数々あります．でも，私の知る限り，経験と知識の豊富な人間がユーザーを訪問し，相手の職場で面と向かって話をするのに優る方法はありません．わざわざお膳立てした環境ではなく，顧客が仕事をしている場所でやることが重要なのです[14]．［あるハイテク企業のマネージャーの話］

◎産業財マーケティングの内側◎
産業財の市場調査：購買センターに注目する

　産業財の市場調査を効果的に設計し実行するためには，調査対象とする顧客の組織内の人間を数多く含める必要がある．その際，特定の購買決定に関与する人間，とくにその中でも影響力の強い人物を特定することが焦点になる．購買マネージャーや上級経営幹部など，単一の接点しか見ていないと，顧客の購買優先事項を完全に把握できなかったり，さらには取り違えてしまったりする恐れもある．

　購買に影響を与える人々の全体像を確認するには，雪だるま式に行なうサンプリングがしばしば必要になる．例えば，医療市場にこの手法を用いるとすると，医療機器メーカーの調査担当者は最初，病院の管理者あたりに接触する．その面談を通じて，看護婦や医師，購買担当者などの名前を聞き出し，意思決定プロセスの実態をつかむべく，後で接触を試みることになる．

出所：Diane H. Schmalensee, "One Researcher's Rules of Thumb for the B-to-B Arena," *Marketing News*, 19 November 2001, pp.17-19.

3．売上予測の重要な側面

売上予測手法としてどれを選ぶかは，予測の対象とする期間，目的，データの入手可能性，企業が所有する専門知識の水準，求められる精度，製品の特徴，製品ラインの範囲など，数多くの要素を考慮して決めることになる．個々の要素について検討していくと，予測手法に関して受け入れざるを得ない制約が見えてくる．

3－1．予測の役割

企業が予測を行う背景には，計画を立てることで自らの将来をより良いものにしようというねらいがあり，その意味で予測は意思決定プロセスの主要な要素と言える[15]．会社の予算というのは結局，製品の販売個数に依存するため，売上予測はしばしば，原材料や労働力から資本設備や広告に至るまで，あらゆる側面で会社全体の方針を決定することになる[16]．売上予測で優れたスキルを発揮する企業は，調達，生産，流通の効率をアップさせ，ひいては収益性の飛躍的向上を実現させる可能性がある．また，高精度な予測があれば，どんなに要求の厳しい顧客のニーズにも対応できるだろう．

◎産業財マーケティングの内側◎
万一の事態に備えて

世界貿易センタービルとペンタゴンがテロ攻撃を受けた2001年9月11日から数週間，カナダおよびメキシコとの国境線，港や空港にある米国税関の検問所での警備が強化され，重要な構成部品を含む外国からの貨物は足止めされた．その影響は数多くの企業を襲い，フォード社はカナダのサプライヤーから調達していたエンジンや部品が途絶えたことなどにより，米国内の五つの生産工場を閉鎖する羽目になった．また，アイスクリームケーキなどを製造するデイリークイーン社では，主要材料の砂糖菓子をカナダのサプライ

ヤーから調達するのに支障が生じた．中でも被害が深刻だったのは，まさに必要なときに生産ラインに在庫が届けられる「ジャスト・イン・タイム」納品を採用している企業だった．

このような業務の中断は重大な問題を引き起こしかねないが，マーサー・マネジメント・コンサルティング社のサプライチェーンのエキスパートであるJoseph Martha および Sunil Subbakrishna は，企業はジャスト・イン・タイム方式を捨てるべきではないと主張する．ジャスト・イン・タイム方式の採用により，米国の自動車業界だけでこの10年間，在庫保有コストが年間10億ドル以上も削減されたと彼らは指摘する．ただ，不確実性が強まっている現状を踏まえると，企業はさまざまな新戦術を導入しなければならないと付け加える．とくに，製造企業は以下の点に努力すべきだという．

● 最重要な部品に注目し，供給や生産ラインの中断に備えて緩衝在庫を増やす．
● 越境輸送の遅延を最小化するため，既存サプライヤーとの関係を緊密化し，一部品目を国内サプライヤーから調達する可能性について調査する．
● 警備や税関業務に関する知識を深め，よりタイムリーな越境輸送を促進する．

この問題は，洗練されたサプライチェーン管理ソフトウェアを使ったからといって解決できるものではない．安定した環境を前提とし，過去の平均値をベースにする予測は，常識を覆すようなショックを想定することはできない．サプライヤーと密接な関係を維持し，社内の部門を横断して活動を調整するためには，マネージャーの積極的介入が必要とされる．「ショックに対応する最善の戦略は，コンピュータ・プログラムではなく，十分な知識に基づく経営判断から生まれるものである」

出所：Joseph Martha and Sunil Subbakrishna, "When Justin-Time Becomes Just-in-Case," *Wall Street Journal*, 22 October 2001, p.A18.

売上の将来予測は非常に多くの活動に利用されるため，さまざまな種類の

予測が求められる場合が多い．翌月の必要在庫量を決定するための予測は，販売目標—動機づけの関係で予想売上とは異なる可能性がある—を設定する場合よりも高い精度が求められる．パソコン業界の向こう5年間の成長予測ともなると，数多くの経済変数を組み込んだ，かなり詳細かつ高度なモデルが必要になるが，病院用品の6カ月間の売上予測なら，傾向線を当てはめる程度で間に合うかもしれない．企業の中には，自社製品に対する市場需要の変動をいち早く知るねらいから，早期警報システムを導入しているところもある[17]．この種のシステムは，よく売れる季節や時期に先立って市場のサンプル調査を行うものであるが，需要の大きな変化を察知することを目的としている．こうした早期の「予測」から生成されるデータはその後，オペレーションや生産の計画，原材料や備品の納品スケジュールの作成に利用される．

4．予測法

売上予測は非常に数学的なものもあれば，営業チームの非公式な見積りをベースにしたものもある．売上予測の手法は，(1)定性的予測法と(2)定量的予測法の二つに大きく分かれ，後者の中に時系列法と要因分析法がある．それぞれの中にさまざまな手法が存在し，David Georgoff および Robert Murdick は，効果的な予測を行うために理解すべきこととして，次の点を挙げている．

> どの手法も一長一短があり，予測を行う状況には必ず，時間，資金，能力あるいはデータなどの制約が存在する．状況に伴う制約と要求事項に関して各手法の長所と短所のバランスをとるのは難しいが，経営サイドに課せられた重要な任務である[18]．

4−1．定性的予測法

定性的予測法は判断予測法とか主観的予測法とも呼ばれ，知識に基づく判断や評定方式を用いる手法である．営業チーム，最高経営幹部，あるいは流通業者を訪れ，経済，市場，顧客に関するそれぞれの知識を活用させてもら

いながら需要の定性的見積りを行う．経営判断予測法，販売部門合成法，デルファイ法などの手法がある．

定性的予測法が有効であるためには，産業財市場に特有な売り手と買い手の間に緊密な関係性が存在することが条件となる．この手法は，主要資本設備などの製品や数学的分析に向かない状況などに適している．また，過去のデータがほとんどない新しい製品や技術の予測にも適する[19]．この手法の大きな利点は，予測の利用者本人が予測作業に関与するところにある．その結果，手順に対する理解が深まるとともに，予測結果に対する責任感が増す傾向が見られる．

■**経営判断予測法**　産業財企業を対象とした大規模なサンプル調査で，経営判断予測法はかなり広く利用されていることが明らかになった[20]．この手法は，最高経営幹部による将来の売上見積りを集計して平均を求めるもので，利用や理解の容易さが手伝って人気は高い．通常，販売，マーケティング，生産，財務，購買など，さまざまな部門の幹部が集まり，専門知識や経験，意見を活用して予測を行う．

この手法の大きな問題点は，因果関係を体系的に分析しない点にある．また，見積りを得るための決まった方式が存在しないため，新顔の経営幹部は合理的予測を行うのに苦労するかもしれない．さらに，予測結果は経営幹部たちの意見にすぎず，他の手法と比較可能な形で正確性を評価するのは難しい[21]．

こうした経営幹部たちによる中期および長期の「おおよその見当」は，定量的予測法と組み合わせて用いられる場合が多い．とはいえ，過去のデータに制約があったり，またはまったく入手できない状況では，この手法に頼るしかない．Mark MoriartyおよびArthur Adamsによれば，経営判断予測法は，(1)予測が頻繁かつ反復して行われる，(2)環境が安定している，(3)意思決定，行動およびフィードバックの間の間隔が短いとき，精度が増すという[22]．産業財のマーケターは，経営判断予測法の有効性を評価するため，これらの要素に照らして自身の予測の状況を検討すべきである．

第8章　組織需要の分析　311

■販売部門合成法　販売部門合成法は，営業スタッフは顧客や市場，競合相手に関する知識が豊富なため，将来の売上高を効果的に見積もることができるという前提に立つものである．また，営業スタッフは予測作業に参加することで，予測を引き出す方法や，求められる売上レベルを達成するための高度なインセンティブについての理解が深まる．この予測法では，営業スタッフ全員の見積りが合算される．顧客関係性管理（CRM）システム（第4章参照）により，アクセスや分析の容易な顧客情報が十分に営業スタッフに提供されるならば，販売部門合成法の効率と効果は高まる[23]．顧客関係性管理システムはまた，営業スタッフが主要顧客からの新たな取引の獲得状況を追跡することも可能にしてくれる．

ただし，営業チームの見積りだけに頼る企業はまれで，経営トップの予測や定量的予測法による予測と付き合わせて修正したり，両者を組み合わせたりするのが普通である．販売部門合成法の利点は，市場と顧客に関する営業チームの知識を活用できるところにある．この利点は，売り手と買い手の間に密接かつ長期的な関係性が存在する産業財市場でとくに大きな意味を持つ．顧客の購買計画や在庫水準については，営業スタッフにまさる情報源は存在しない場合が少なくない．この手法はまた，最小限のコストで比較的容易に実行できるという長所もある．さらにもう一つのメリットとして，予測を行うことにより，販売担当者は顧客を将来の売上高という観点から慎重にチェックせざるを得なくなるという点も挙げられる[24]．

販売部門合成法に伴う問題点は経営判断予測法と類似しており，体系的な因果分析は行われず，判断や見解に頼ることである．営業スタッフの中には，背伸びして売上げを過大に見積もったり，ノルマを下げてもらおうと低めに設定したりする人間がいないとも限らない．見積りはすべて，管理者が慎重にチェックする必要がある．営業チームの見積りは，短期のものについては比較的正確だが，長期になると有効性が低下しがちである．

■デルファイ法　デルファイ法とは，将来の売上げに関する専門家集団の見解を，高度に組織化されたフィードバック・メカニズムを通じてコンセンサ

表8.3　定性的予測法のまとめ

名称	手順	適する用途
経営判断予測法	最高経営幹部による将来の売上予想を合算・平均する	おおよその見当，新製品の売上予測，中長期の予測に適している
販売部門合成法	個々の営業スタッフによる将来の売上見積りを合算・平均する	顧客の計画に精通していることが重要な場合に有効，および短中期の予測にも利用できる
デルファイ法	前のラウンドにおける他のメンバーが出した将来の売上高に関する予測をもとに専門家集団の各人が，自分の見解を修正するという作業を，コンセンサスが形成されるまで反復する	長期の予測に適用できる．新製品の売上や技術進歩の予測に有効

スへと変換する手法である[25]．経営判断予測法の場合と同様，専門家集団を構成するのは経営幹部だが，各人が匿名で扱われる点は異なる．第一ラウンドとして，売上高，競合相手の反応，技術進歩などの将来の何らかの事象について書面に予測を書いてもらう．この回答が，次のラウンドの材料になる．第二ラウンドでは，前のラウンドの回答結果すべてを集団の各メンバーにフィードバックし，第一ラウンドでの予測や一部のメンバーのみ入手できた情報が全員に行き渡るようにする．

プロセスを管理する分析者は，ラウンドごとに予測を収集し，明確にし，整理した上で次のラウンドで配布する．プロセス全体を通じてそれぞれのメンバーに，他のメンバーから得た情報をもとに自分の予測を再検討するよう求める．回答はずっと匿名にすることで，「右に倣え」的な予測や，自分の立場を弁護する必要性を排除する．こうして検討を重ね，最終的にコンセンサスを得ることを目指す．メンバーの数は，プロセスの構成法や目的によって6～数百名と幅広い．またラウンドは，コンセンサスが形成されるまで反復される．

■**デルファイ法の用途**　デルファイ法は通常，長期間の予測に用いられる．この手法がとくに適するのは，(1)新製品予測，(2)過去のデータが限られてい

る将来の事象の推定，(3)定量分析が適さない状況である．新製品の市場が明確に定義されず，製品コンセプトが特異な場合，この手法を用いると幅広い予測を得ることができる．

　デルファイ法にも他の定性的予測法と同じ難点があるが，ある一部の予測については，これ以外に適切な方法はないと思われる．ただし，この手法特有の欠点もいくつか存在する．メンバー同士が互いに隔離された状態を維持するのはきわめて困難である．同じ会社内の経営幹部，あるいは同じ職業に携わる人間は同じ文献を読み，受ける訓練や経歴も類似し，調査対象の現象に対する考え方も似てくる傾向がある．そうかと思えば，フィードバックを採り入れて自分の見解を修正するのを嫌がり，コンセンサス形成プロセスの障害になる者もいるだろう．

　定性的予測法は予測作業において重要である．製品の特異性，データの欠如，状況の性質などにより定量的予測法が使えない場面でも，この手法ならおおよその予測を行うことができるからである．ただ，基準が存在しないため，定性的予測法の精度を測定するのは難しい．定性的予測は定量的予測と統合されるのが普通である．表8．3は，定性的予測法を要約したものである．

4－2．定量的予測法

　定量的予測法は，統計的予測法あるいは客観的予測法とも呼ばれ，主なものは，(1)時系列法と(2)回帰分析法（要因分析法）の二つである．「時系列法」では，時間の順に並べられた過去のデータをもとに売上げの傾向や成長率の予測を行う．この時系列分析は，過去の売上パターンは将来にも当てはまるという考え方を前提にしている．ただし，売上げの基本的傾向を発見するにはまず，売上統計に影響する可能性のある傾向をすべて理解する必要がある．売上げの時系列には，趨勢，季節性，周期性および不規則性のパターンが含まれる可能性がある．それぞれの影響が明確になると，各傾向の将来を予測することが可能になる．将来は過去と類似するという考え方は長期間より短期間に有効であることから，時系列法は短期予測に適している[26]．

　一方，「回帰分析法（要因分析法）」の手法は逆で，過去の売上げに影響し

た要因を特定し，それを数学的なモデルに組み込むのである．売上げがそれに影響する項目の関数として数学的に表現されるのである[27]．式内の因数の値を見積もり，その値を回帰方程式に代入し，予想売上を求める．この手法は概して，長期より中期の予測において信頼性が増す．なぜなら，売上げに影響する各因数の値を将来のある時点について最初に見積もる必要があり，その時点が遠い先になればなるほど推測が難しくなるからである．

　予測法に関する最近のある調査によると，手法の選択は，予測期間の長さよりも市場の潜在的動向を考慮してなされるようである[28]．この調査は，市場要因や環境要因の変化に市場が敏感である場合，予測期間の長短にかかわらず要因分析法がもっとも有効であり，市場がそうした変化に敏感でないときは，時系列法のほうが効果的であることを示している．

■**時系列法**　時系列とは，データを測定時間順に並べた集合であり，過去5年間の会社の月間売上などがその例である．時系列データは測定可能な傾向で構成されており，分析の目的は，そうした傾向を発見して予測に利用することにある．時系列には次の四つの要素が含まれる．

- T＝トレンド（趨勢）
- C＝サイクル（周期性）
- S＝季節性
- I＝不規則性

　図8.2は，時系列の要素であるT，C，Sを図示したものである．

　「トレンド」とは，データの長期的な一般的方向性である．トレンドは，$y=a+bx$で表される直線のこともあれば（図8.2a），$y=ab^x$や，$y=bx+cx^2$のような曲線の場合もある．「サイクル」とは中期的な間隔でトレンド期間を上下する定期的な振れのことで，例えば英国の産業財市場では，化学業界の需要が4，5年の周期でかなり定期的に変動する．図8.2bに，こうした周期的変動の一例を示した．サイクルは，経済全体の景気循環から生じることもあれば，業界の景気，消費財市場における個人消費の変動，業界内の

| 図8.2 | 時系列のトレンド／サイクル／季節性 |

(a) トレンド　　(b) トレンド／サイクル　　(c) トレンド／サイクル／季節性

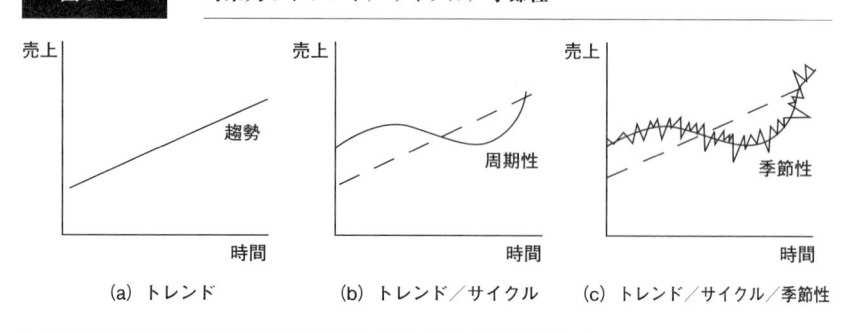

在庫変動，一連の新製品投入などに起因する場合もある．サイクルの予測はきわめて困難である．なぜなら，一定間隔で反転せず，規則性がまったくないパターンもあり得るからだ．

「季節性」は，1年の中で定期的かつ反復的に起きる変動である（図8.2 c）．日，週，月，四半期ごとのデータは季節性を示す可能性があり，最終消費の季節変動，期末在庫調整，納税期日，休暇，流通在庫調整，特別販売促進のスケジュール作成などの要因に依存する．

時系列データ内の「不規則性」とは，カレンダーに関係したパターンとは異なる，短期的で不規則なデータの変動のことである．そうした不規則な変動は，例えば売上データでは，ストライキ，競争行動など多くの要因によって生じる．このような短期変動の影響は一般に，年間を通せば平均的な値に落ち着くと考えられている．

将来の売上高を予測するとき，実際の売上高は時系列の四つの要素すべての組み合わせとして表わされる．

実際の売上高＝トレンド×季節性×サイクル×不規則性

予測を行うためには，これらのパターンをそれぞれ決定し，四つすべてを将来に当てはめて推定しなければならず，そのためには相当量の過去の売上データが必要になる．各パターンの予測が出来上がったら，それぞれのパターンの見積りを組み合わせて売上予測を組み立てることになる．

◇産業財マーケティングにおける倫理◇
予測の不正利用

　高度な予測法に，コンピュータや利用しやすい強力なデータベースを組み合わせると，産業財のマーケターが用いる意思決定支援システムを飛躍的に向上させられる可能性がある．ただし，この潜在能力は埋もれたままになることもあり得る．実際，予測を生み出し，意思決定プロセスに利用する方法について，重大な問題が提起されつつある．現に一部の企業では，先に決めた結果へと意思決定を誘導したり，製品やブランドの将来性に影響を及ぼしたりするねらいから，非現実的な予測やコンピュータ・モデルの粉飾操作が行われている．その意味では，売上げや事業の予測における技術的側面や客観的手続きだけでなく，モデル構築や予測に伴う駆け引きにも注意する必要がある．

　純粋な将来の売上予測以外の動機は，予測やモデル化の作業に政治色を加え，経営上の意思決定の質を低下させることも珍しくない．要するに一部の企業では，予測プロセスの要素に対する操作が日常的に行われているわけである．最近の調査で，予測結果を操作したり歪めたりするさまざまな手口が明らかにされた．

1. 管理者からスタッフへの修正指示 ── 予測結果に目を通した幹部マネージャーが見映えのする収益予測になるようをスタッフに調整を求めるなど．
2. 管理者自身による改変 ── スタッフが作成した予測結果を幹部マネージャーが自ら改変するなど．
3. 経営幹部からの「バックキャスト」の指示 ── 幹部マネージャーが「適切」な水準の売上げを前もって定め，スタッフにそれに合わせて予測を作成するよう求めるなど．
4. 間違った手法や前提の使用 ── 業界の成長に関する妥当でない前提を予測やモデルにわざと使用するなど．
5. 経営サイドによる予測結果の無視 ── あるモデルを用いて作成した予測を，

経営上層部が「不正確」だとして拒否するなど．
6．不完全な予測モデル ── 駆け引きの絡む要因をコンピュータ・モデルから意図的に除外するなど．

　この調査の結果，予測作業や成果物に対する操作は収益レベルの改変に関係するものがもっとも多いことが確認され，しかもそれが日常化しているという回答が全体の45％にものぼった．この調査から，非常に巧妙な操作を行っている企業は，マネジメントとスタッフ両方とも予測法の訓練が十分でない上に，効果的でない管理システム，部署間の激しいかけひき，経営上層部に見られる「エリート」主義的態度などの特徴を示すことが判明した．さらに，「巧妙な操作」が横行する環境には，倫理的行動をとっても企業内で評価されないという認識が関連しているようである．
　予測結果の操作は非倫理的であるばかりか，長い目で見れば逆効果となるため，経営トップは社内の予測プロセスを注意深くチェックする必要がある．この調査結果は，マネージャーの訓練の改善，会社の行動規範の明確化，実行可能な管理システムを含む正式な予測手順の制定，上級管理者が部下に対して前向きな姿勢をとるよう促すプログラムなどいくつかの解決策を示唆している．

出所：Craig S. Galbraith and Gregory B. Merrill, "The Politics of Forecasting : Managing the Truth," *California Management Review* 38 (Winter 1996) : pp.29-43に依拠．

■回帰分析法（要因分析法）　要因分析法は，売上げと，それに影響すると思われる要因の間の関係を見きわめることを目的とするもので，説明変数がわかると将来の売上高予測にも役立つ．この手法では，有効な相関関係を確立するための相当量の過去データが必要で，因果関係を数学的に表すが，この数式を回帰方程式と呼ぶ．
　回帰分析法で重要なのは，過去の売上げと相関する単一または複数の経済的変数を発見することである．予測を行う際には，何百種類もの経済的変数

に関する各月・四半期・年のデータを掲載している『Survey of Current Business』という雑誌が便利だ．変数をいろいろ吟味し，過去の売上データとの相関性がもっとも高いものを見つけることができる．

　統計系列法の場合と同様，経済的系列を評価するときは，二つの原則に留意する必要がある．まずは，経済的系列（変数）と会社の売上げとの間に論理的相関関係が存在しなければならない[29]．変数をいくつでも「試す」ことができるため，この点が疎かにされがちで，過去の売上データとの相関性は強いが，論理的関係は存在しない要因などを採用しないよう注意しなければならない．このような見せかけだけの関係は単なる偶然の結果である場合が多く，有効性は存在しないため，将来の売上予測には使えない．もう一つの原則は，売上水準よりも経済的変数が容易に予測できるようでなければならないというものである．要因分析法では，売上データと他の何らかの経済的変数の関係を明確にすることによって売上げを予測する．この関係がわかれば，それをもとに経済的変数と対応する売上水準の将来値を決めることになる．将来の見積りが不可能か，可能だとしても有効性が疑われるような要因であれば，売上げを直接予測する方がましである．

　要因分析法で売上げを予測するためには，まず売上げと説明変数の間の数学的関係を確定しなければならない．これができると，その関係は一次方程式「$y = a + bx$」の形で表される．この式において，aとbはその関係を表す係数であり，xは予測のもととなる説明変数である．次に，xの推定将来値を方程式に代入することで売上げの予測値が得られる．

■**回帰分析法の利用**　回帰分析法（要因分析法）は，予測ツールとしてはもっとも洗練された手法である．ある調査によると，予測に回帰分析法を日常的に使用している企業はわずか17％で，まったく試したことがないという企業が24％もあった[30]．回帰モデルは，産業財企業が自社製品を含む品目の最終消費需要を予測するのに有効である．例えばアメリカン・キャン社は，説明変数としての自動車登録台数，自動車の平均走行マイル数，クランクケースの平均サイズ，オイル交換の平均間隔を統合した回帰モデルに基づいてモーターオイルの売上げを推定している．最後になったが，予測では，売上

統計における転換点を予知する能力が求められる．説明変数における転換点をどの程度予知できるかによって，会社の売上げにおける変動を予測できる程度も変わってくるからである．

■限界　要因分析法の精度は測定可能だが，注意すべき重大な条件と制約がいくつか存在する．第一に，すでに述べたことだが，売上げといくつかの変数の間に相関関係（関連性）が存在するといっても，それが独立／説明変数（x）が売上げをもたらしたということを意味するわけではないのである．独立／説明変数と売上げの間に論理的関係が存在しなければならない．

　第二に，xとyがともに同じトレンドのパターンを有するからといって，実際は1つの変数はトレンドと相関しているものの他の要素（サイクル，季節性など）とはあまり相関性がないという可能性も考えられる[31]．とすると，変数の相関関係が強い回帰方程式は，サイクルや季節性の要因が重要な意味を持つ短期予測には向かないかもしれない．

　第三に，要因分析法は，有効性や信頼性を確保するために相当量の過去データが必要だが，安定した関係を確立するためのデータを入手できないケースも考えられる．関係を将来に当てはめて推定する際は，つねに慎重でなければならない．方程式は今までに発生した事柄を関係づけるものであり，経済や業界の要因は将来変化する可能性があるとすれば，過去の関係は役に立たなくなるのである．

　要因分析法に伴う最後の，そして恐らく最大の難点は，独立／説明変数の将来値を決定する問題である．すでに述べたように，回帰方程式を使って将来の売上水準を予測するためには，独立／説明変数の将来値を決定しなければならない．つまり，Spyros Makridakisが指摘するように，「実際に何を行っているかと言えば，関心のある何らかの要因（売上げ）を直接予測するという負荷を，その前にいくつかの独立／説明変数をまず推定しようという負荷にシフトしているだけである」[32]．結局のところ，回帰モデルによって得られる売上予測の質は，独立／説明変数について有効で信頼性の高い推定を行うことができるかどうかで決まることになる．

4-3. 複数の予測法を併用する

　予測法に関する調査から，いくつかの予測法で得た結果を統合することにより予測精度を高めることができるということがわかっている[33]．予測結果の統合は，専門家が行う個々の予測や手法，分析より優っている場合が多い[34]．Mark Moriarty および Arthur Adams は，統計的（定量的）要素と判断的（定性的）要素の両方を含む複合的な予測モデルの使用を提言している[35]．そして，こうした複合的な予測法は，一種類の予測法で得た結果を比較評価する際の基準になると指摘する．売上予想を得るのに用いられるデータは予測法によって異なるが，複合的な手法では，売上げに影響する要因をより広範囲に検討することによって精度の高い予測をもたらす．産業財のマーケターは「最高」の予測法を一種類だけ捜そうとするのではなく，複合的な予測法にもっと目を向けるべきである．

　複数の部門のマネージャーがチームを組んで予測を行う方式が，産業財のマーケターの間で広がりを見せているように思われる．予測法に関するある調査は，業界レベルの長期的予測では，こうしたチームによる予測のほうがより正確であると結論付けている[36]．チームで協力して予測を行うと，本人たちの満足度も高まるようである．こうした結果は，戦略的予測における部門横断的開発の必要性を示唆している．

5．まとめ

　市場ポテンシャルの推定と売上予測は，組織需要の分析における二つのもっとも重要な要素であり，それぞれがマーケティングの計画と統制にとって不可欠なものである．マーケターとしては，市場ポテンシャルを知ることにより，市場機会を独立して評価しやすくなり，最大のリターンが期待される製品や顧客セグメントにマーケティング資源を効率的に割り振ることができるようになる．市場ポテンシャルという尺度は，パフォーマンスをモニターする際の基準にもなる．また，特定のマーケティング計画の下で予想される売上に関する企業のベストの推定値である売上予測も，資源配分を行う前に

しかるべき点について自問し，種々の戦略を検討するようマネージャーに促す．市場機会や競合他社の戦略を分析する産業財のマーケターにとって，インターネットは有益な情報の宝庫である．

市場ポテンシャルの推定方法は，(1)統計系列法と(2)市場調査法の二つに大別される．産業財のマーケターは個々の長所と弱点を把握し，それぞれが特定のマーケティング環境に対してどう適合するか理解しなければならない．

産業財の売り手が利用できる売上予測法には，(1)定性的予測法と(2)定量的予測法がある．定性的予測法は，将来の売上げに対する判断を用いる手法であり，経営判断予測法，販売部門合成法，デルファイ法などがある．それに対して定量的予測法はより複雑なデータを用いるもので，時系列法と要因分析法などがある．時系列法は時間順に並んだ過去のデータをもとに，売上げの将来の傾向と成長率を推定する．一方，要因分析法は，過去において売上げに影響した要因を発見し，それを数学モデルに取り込むという方法をとる．いずれの手法でもコンピュータは有効なツールであり，予測作業を容易にしてくれる．

より確実な予測を行うには，複数の手法で得られる予測結果を組み合わせるとよい．売上予測のプロセスは困難であるが興味をそそられるものである．この章で説明した各種の手法に関する実際的な知識が求められる．

5－1．討論課題

1．売上予測と推定市場ポテンシャルは，用途の点でどのような違いがあるか．
2．市場ポテンシャルの測定に用いられる統計系列法の根底にある考え方はどのようなものか．
3．『Economic Census』では，どのような統計系列が提供されているか，ウェブサイト（http : //www.census.gav）にアクセスして調べてみよう．
4．市場ポテンシャルの推定手法として，単一系列法と複数系列法はどう違うか．
5．産業財の新製品の市場ポテンシャルを測定するとき，統計系列法よりも市場調査法のほうが好まれるのはなぜか．

6．売上予測を行う手法として，販売部門合成法とデルファイ法ではどのような違いがあるか．
7．定性的予測法は多くの産業財メーカーの売上予測プロセスに欠かせないが，マーケティング・マネージャーはこの種の手法の持つ制約を理解する必要がある．この制約とは具体的にどのようなものか．
8．売上予測の手法としての(1)時系列法と(2)回帰分析法（要因分析法）の根底にある考え方はどのようなものか．
9．要因分析法によって得られる売上予想を応用したり，解釈したりするにあたって理解すべき制約要因とは何か．
10．定性的予測法を用いるのに適している産業財市場があるとして，そのような市場の特徴は何か．産業財市場について分析を行う際，定性的予測法と定量的予測法を組み合わせるとどのようなメリットがあるか．

5－2．インターネット演習

『Economic Census』は，全国レベルから地域レベルまで米国経済を5年ごとに分析している．ウェブサイト（http://www.census.gov）にアクセスして『Economic Census』をクリックし，以下の情報を捜してみよう．
1．コロラド州デンバーに位置する製造企業（NAICSコード31-33）の数．
2．これらの組織が創出した売上高（出荷額）．

◎ビジネス事例　IBM グローバル・サービス社[37]

　IBM グローバル・サービス社は世界最大の情報技術（IT）サービス・プロバイダであり，12万5,000名以上の社員が160カ国に展開している．IBM 社の企業収益の半分近くを生み出すこの事業には，サービス，ハードウェア，ソフトウェア，リサーチなど，同社の能力がすべて結集されており，あらゆる規模の顧客を対象に，IT システム設計，e-ビジネス・コンサルティング，従来の保守・サポートといった分野のサービスを提供している．この事業部門は，すべての産業分野の顧客のほか，あらゆるレベルの政府組織と膨大な量の取引を行っている．

　高い収益性で急成長を遂げつつあるワシントン・ミューチュアル銀行は，金融サービス業界における IBM 社の数多い顧客の一つである．近年，積極的な買収戦略を展開している同銀行は，取得した事業を既存の IT インフラに統合し，インターネットを利用する戦略を立ち上げるため，IBM グローバル・サービス社のサポートを受けてきた．IBM グローバル・サービス社は，このほど延長された期間12年のサービス契約に基づき，ワシントン・ミューチュアル銀行のデータ・センターおよび支店に継続的サービスとサポートを提供している．

　IBM 社が商業銀行部門の市場ポテンシャルを予測するとしたら，潜在需要を表す統計系列として「社員数」を用いるかもしれない．

討論課題

1. 商業銀行の NAICS コードは52211である．ウェブサイト（http://www.Census.gov）にアクセスしてテーマエリアをチェックし，「County Business Patterns」をクリックする．そこのレポートをもとに，イリノイ州の商業銀行部門で働く従業員の総数を調べてみよう．
2. 「使用量係数」あるいは「従業員1人当たりの情報技術購買額」に関し

て，業界団体の調査が，商業銀行部門における社員1人当たりのIT支出額を250ドルと推定しているとする．イリノイ州の商業銀行について予想されるIT製品およびサービスの市場ポテンシャルを計算してみよう．

注

1 Dennis K.Berman, "'Lousy'Sales Forecasts Helped Fuel the Telecom Mess," *Wall Street Journal*, 7 July 2001, p.B1.
2 Ibid.
3 F.William Barnett, "Four, Steps to Forecast Total Market Demand," *Harvard Business Review* 66 (July/August 1998) : p.28.See also John T.Mentzer and Carol C.Bienstock, *Sales Forecasting Management* (Thousand Oaks, CA : Sage Publications, Inc., 1998).
4 Adapted from Judy Strauss and Raymond Frost, *Marketing on the Internet* (Upper Saddle River, NJ : Prentice-Hall, 1997), p.91.
5 Bob Lamons, "Eureka! Future of B-to-B Research Is Online," *Marketing News*, 24 September 2001, p.9.
6 William E.Cox Jr.and George N.Havens, "Determination of Sales Potentials and Performance for an Industrial Goods Manufacture," *Journal of Marketing Research* 14 (November 1977) : p.574.
7 Francis E.Hummer, *Market and Sales Potentials* (New York : The Ronald Press Company, 1961), p.8.
8 David L.Kendall and Michael T.French, "Forecasting the Potential for New Industrial Products," *Industrial Marketing Management* 20, no. 3 (August 1990) : p.177.See also W.Chan Kim and Renée Mauborgne, "Knowing a Winning Business Idea When You See One," *Harvard Business Review* 78 (September/October 2000) : pp.129-138.
9 Douglas C.West, "Advertising Budgeting and Sales Forecasting : The Timing Relationship." *International Journal of Advertising* 14, no. 1 (1995) : pp.65-77.
10 Rosemary Smart, "Forecasting : A Vision of the Future Driving the Supply Chain of Today," *Logistics Focus* 3 (October 1995) : pp.15-16.
11 Stanley F.Slater and John C.Narver, "Intelligence Generation and Superior Customer Value," *Journal of the Academy of Marketing Science* 28 (winter 2000) : pp.120-127.
12 William E.Cox Jr., *Industrial Marketing Research* (New York : John Wiley and Sons, 1979), p.158.
13 This section is based on Edward F.McQuarrie, *Customer Visits : Building a Better Market Focus* (Newbury Park, CA : Sage Publications 1993).
14 Ibid., p.11.
15 Paul A.Herbig, John Milewicz, and James E.Golden, "The Do's and Don'ts of Sales Forecasting," *Industrial Marketing Management* 22 (February 1993) : p.49.
16 Geoffrey Lancaster and Robert Lomas, "A Managerial Guide to Forecasting," *International Journal of Physical Distribution and Materials Management* 16 (1986) : p. 6.

17　Paul V.Tiplitz, "Do You Need an Early Warning System ? "*Journal of Business Forecasting Methods and Systems* 14 (spring 1995) : pp. 8 -10.
18　David M.Georgoff and Robert G.Murdick, "Manager's Guide to Forecasting," *Harvard Business Review* 64 (January/February 1986) : p.111.
19　A.Michael Segalo, *The IBM/PC Guide to Sales forecasting* (Wayne, Pa. : Banbury, 1985), p.21.
20　Nada Sanders, "Forecasting Practices in US Corporations : Survey Results," *Interface* 24 (March-April 1994) : pp.92-100.
21　Spyros Makridakis and Steven Wheelwright, "Forecasting : Issues and Challenges for Marketing Management," *Journal of Marketing* 41 (October 1977) : p.31.
22　Mark M.Moriarty and Arthur J.Adams, "Management Judgment Forecasts, Composite Forecasting Models and Conditional Efficiency," *Journal of Marketing Research* 21 (August 1984) : p.248.
23　Robert Mirani, Deanne Moore, and John A.Weber, "Emerging Technologies for Enhancing Supplier-Reseller Partnerships," *Industrial Marketing Management* 30 (February 2001) : pp.101-114.
24　Stewart A.Washburn, "Don't Let Sales Forecasting Spook You," *Sales and Marketing Management* 140 (September 1988) : p.118.
25　Raymond E.Willis, *A Guide to Forecasting for Planners and Managers* (Englewood Cliffs NJ : Prentice-Hall, 1987), p.343.
26　Spyros Makridakis, "A Survey of Time Series," *International Statistics Review* 44, no. 1 (1976) : p.63.
27　Segalo, *Sales Forecasting*, p.27.
28　Robert J.Thomas, "Method and Situational Factors in Sales Forecast Accuracy," *Journal of Forecasting* 12 (January 1993) : p.75.
29　Frank H.Eby and William J.O'Neill, *The Management of Sales Forecasting* (Lexington, Mass : Lexington Books, 1977) : .p.145.
30　Douglas J.Dalrymple, "Sales Forecasting Methods and Accuracy," *Business Horizons* 18 (December 1975) : p.70.
31　Paul E.Green and Donald S.Tull, *Research for Marketing Decisions*, 3 d ed.(Englewood Cliffs, NJ : Prentice-Hall, 1975), p.669.
32　Makridakis, "A Survey of Time Series," p.62.
33　See for example Essam Mahmaud, "Accuracy in Forecasting, a Survey," *Journal of Forecasting* 3 (April-June 1984) : p.139 ; and Spyros Makridakis and Robert L.Winkler, "Averages of Forecasts : Some empirical Results," *Management Science* 29 (September 1983) : p.987.
34　Georgoff and Murdick, "Manager's Guide to Forecasting," p.119.
35　Moriarty and Adams, "Management Judgment Forecasts," p.248.

36 Kenneth B.Kahn, "The Impact of Team-based Forecasting," *Journal of Business Forecasting* 13 (summer 1994) : pp.18-21.

第Ⅳ部
産業財マーケティング戦略を構築する

第9章

産業財マーケティングの計画：
戦略的視点

今までのところで，組織購買行動，顧客関係性管理，市場細分化，その他マーケティング・マネージャーが用いるさまざまなツールについて理解を深めてきた．

これらはいずれも，産業財マーケティングの戦略担当者にとってきわめて重要な視点を示してくれる．

この章では，以下の項目がテーマとなる．

1．市場指向の組織を特徴づける要素と，競争優位を獲得する上でのその重要性．
2．産業財市場において競争優位に転換し得るビジネス・モデルの構成要素．
3．企業戦略構築におけるマーケティングの戦略的役割．
4．ハイテク市場にとって重要なブレーク・スルー戦略．
5．産業財マーケティングにおける部門横断的意思決定．

大企業では，戦略は経営上層部の仕事というのが暗黙の了解になっているようである．だが，GE キャピタル社ではそうではない[1]．最近開かれた企画会議の席上，ある社員がこんな提案をした．会社の28事業部門から20代の下級および中級マネージャーを集めてチームを編成し，「上の年齢層のマネージャーたち」が見逃した機会を拾い出させてみてはどうかというものだった．こうして結成された若手社員たちのチームは斬新なアイデアをいくつも生み出し，その中には，会社の事業におけるインターネット活用に関する案もいくつか含まれていた．新しい成長戦略は新しいアイデアから生まれる．新しいアイデアは新しい声，すなわち新しい人材から生まれる．組織の集合的な力を活用すること，それこそが戦略形成のすべてである．
　Regis McKenna は，事業戦略におけるマーケティング担当者の新たな役割を次のように説明する．

　　選択肢が爆発的に増加し，予測もしない変化に見舞われる今日，マーケティング，それも新しいマーケティングが答えを出してくれる…マーケティング担当者というのは，対内的には—技術的能力をマーケティング・ニーズと統合する—また対外的には，製品・サービスの開発や市場適応に顧客を取り込むインテグレーター（統合者）でなければならない．これはマーケティングの役割と目的を，顧客操縦から真の顧客巻き込みへ，しゃべくり販売からコミュニケーションおよび知の共有へ，そしておざなり的な部門から企業の信頼性を高める部門へ根本的に変えるものである[2]．

　産業財企業は，国内および国際競争の拡大によって生じる課題に立ち向かわなければならない．事業戦略の構築および実行を成功裡に展開するためにはマーケティングの役割が必要不可欠であるという事実を産業財企業はだいぶ認識しつつある．効果的な事業戦略には共通する特徴が少なからずあるが，とくに市場ニーズに対する即応性，組織の特殊なコンピタンスの活用，環境トレンドや競争行動を適切に推定することなどは不可欠と言える．これらは，競争優位を獲得・維持する上での実際的な基盤になるからである．この章では，産業財のマーケティング企業における戦略構築の特徴と決定的重

要性について考える．

　まずは，市場指向の組織の特徴について分析し，併せてその意味と戦略的価値を探る．さらに，ビジネス・モデルの重要な構成要素と，優れた顧客効用を提供するためのその管理方法について考えることより，競争優位の源泉を確認する．また，ハイテク市場を変換し得るイノベーション戦略にも注目する．最後に，マーケティング機能が企業戦略の開発において担う役割を，産業財マーケティング計画の機能統合的視点とともに提示する．こうした分析が，次の章のテーマである，グローバル規模での産業財マーケティング戦略を検討するための基礎になる．

1．市場指向の組織[3]

　最先端を行く組織はいつも顧客の近くにいて，競合他社に先んじている．Peter Drucker は，次のように述べている．「どんな企業であれ忘れてはならない最も重要なことは，その企業の壁の内側には結果は存在しないということである．ビジネスの成果は顧客満足である…企業の内側には，コストセンターしかない．結果は外側にのみ存在するのである」[4]．ビジネスの目的は顧客を獲得し，満足させつつ利益を得ることにあるという理念を，市場指向の組織は徹底的かつ継続的に実践しようとする．

　George S. Day によれば，市場指向の組織は次の三つの段階に注目するという．

- すべての局面や活動を貫く一連のプロセス，信念，価値観にコミットすること[5]．
- 顧客のニーズや行動，および競合相手の能力や意図を深く理解し共有することによって上記活動を導くこと．
- 競合他社を上回る満足を顧客に提供することによって優れたパフォーマンスを実現すること．

１－１．市場指向の組織が備える能力

　市場指向の組織は，市場感知能力や顧客結合力に優れている[6]．

■**特異な能力としての市場感知能力**　市場指向の企業は，顧客中心の考え方をとる．すなわち，戦略を組織の外側から眺め，市場動向を競合相手よりも早く察知するわけである．どんな組織も傾向や機会，脅威を発見すべく周囲の状況に目を光らせるが，市場指向の組織は同じことを，より組織的にやろうとする．市場指向の企業では市場モニタリングが頻繁かつ徹底的に実施され，顧客と接触するスタッフが経営サイドに市場情報を積極的に供給する．また，既存および新興の市場セグメントについての知識は幅広く，各部門のマネージャーは市場情報システムを通じて包括的でタイムリーな情報を容易に検索することができる．

■**特異な能力としての顧客結合力**　市場指向の企業は顧客結合力を発揮する．つまり，この種の企業は緊密な顧客関係性を構築・管理するための特殊なスキルを備えているのである．資源の投入が必要になる関係上，どの顧客に協働的に対応するのがよいかという選択にはとくに注意が払われる（第４章参照）．効果的な協働的交換関係を実現するには，緊密なパートナーシップと共同で問題解決にあたる姿勢が必要になる．また，顧客との協働に向けて，部門横断的な調整や情報共有の必要性も増している．例えば，外勤営業およびサービス部門は，販売する部品の「使用価値」を分析し最適化するためにも，顧客の業務プロセスに対する深い理解が欠かせない[7]．さらに Frank Cespedes は，「顧客は単に製品だけでなく，組織の優れた能力も購買するため，外勤営業やサービス・スタッフは，自社の多様な機能分野の業務プロセスにもっと精通しなければならない」と指摘する．市場指向の企業は，「協働的交換による優位性」を獲得し，最重要顧客に価値と満足を提供するため，適切な組織的な結びつき（例えば，チーム，連絡係など），情報システム（例えば，共有データベースなど），管理プロセス（例えば，キャリアパス，トレーニング・プログラムなど）を開発する[8]．

| 図9.1 | 市場指向管理の要素 |

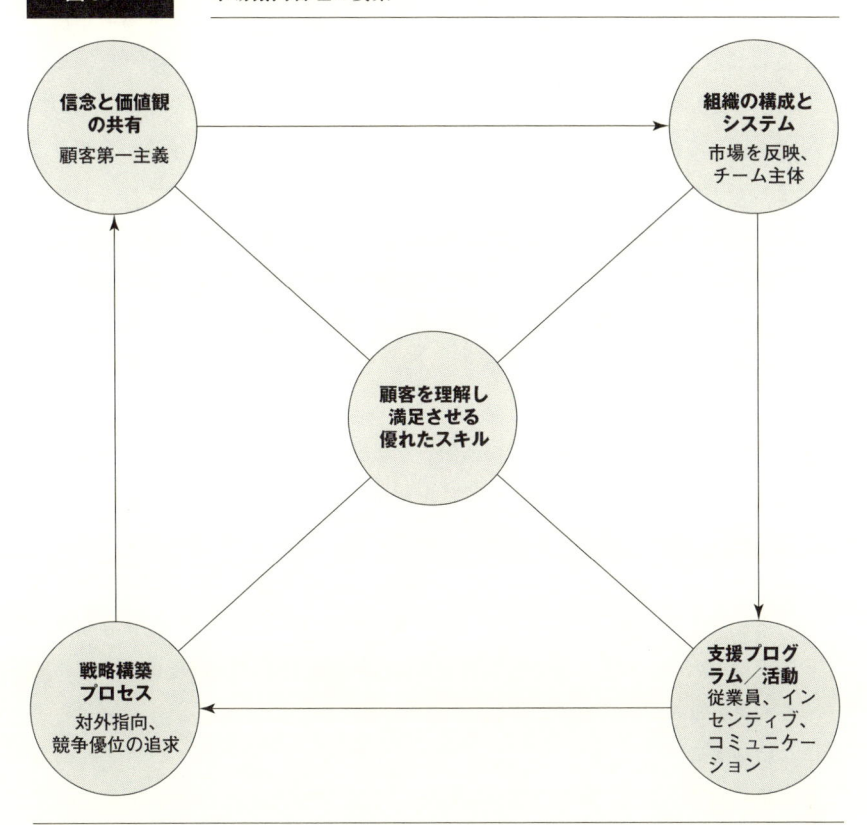

図中:
- 信念と価値観の共有　顧客第一主義
- 組織の構成とシステム　市場を反映、チーム主体
- 顧客を理解し満足させる優れたスキル
- 戦略構築プロセス　対外指向、競争優位の追求
- 支援プログラム／活動　従業員、インセンティブ、コミュニケーション

出所：George S. Day, *Market Driven Strategy : Processes for Creating Value* (New York : The Free Press, 1990) p.358. Simon & Schuster の一部門，The Free Press の許可を得て転載．Copyright ⓒ 1990 by George S. Day.

1－2．市場指向管理の要素

　市場指向の組織では，その姿勢は絡み合う四つの要素に沿って適切な行動をとることで実現・維持される．その要素とは，(1)信念と価値観の共有，(2)組織の構成とシステム，(3)戦略構築プロセス，(4)支援プログラム／活動である（図9.1参照）．

1．信念と価値観の共有

　市場指向の組織における意思決定はいずれも，顧客および関連する競争優位獲得機会が出発点になる．FedEx 社，デル・コンピュータ社，インテル社，3M 社などはこうした考えを実践している．優れた品質やサービスの提供を通じて顧客のニーズを満たすという価値観が組織全体に浸透しており，それが上級管理者の行動によって絶えずサポートされ，強化される．さらに，社内の価値創造の階層それぞれにおいてもサービスが注目される．これには，組立ラインのスタッフに対して，満足させなければならない顧客は組立ラインにおける隣の人であるということを理解してもらうよう働きかける対内的活動も含まれる．

2．組織の構成とシステム

　市場指向の組織は，細分化計画に沿った組織構成をとることで，主要な市場セグメントそれぞれに対処する責任を明確にしている．また，顧客にもっとも近い位置にいる社員に，顧客のニーズを満たすための権限が与えられる．FedEx 社は，世界300以上の都市に4万名余の社員を擁しているが，一般社員から COO（最高執行責任者）や CEO（最高経営責任者）までの間に存在する階層は最大でもわずか五つである．さらにインセンティブ制度によって，顧客満足を徹底的に実現する必要性が強調されている[9]．

3．戦略構築プロセス

　市場指向の企業は，年度予算の編成を目的とした厳格なシステムではなく，環境適応性が高く，参画型で，適切な市場情報をベースにして立案するシステムで動く．上からの情報と下からの情報を巧みに融合させることで適応性のある計画が促進され，環境の変化に対する組織の対応力向上が図られる．学習は参加型の風土のところで活発に行なわれる．特に業務マネジャーが議論しながら戦略的な課題を明確にして，戦略オプションを選択するような機能横断的なチームで活性化する．マネージャーたちは，十分な知識に基づいてリスクをとり，組織内で情報をオープンに共有するよう促される．

4．支援プログラム／活動

　市場指向の企業では顧客第一主義は深く浸透しており，その組織にとっての「決定的瞬間」——組織が顧客と接触する時点——のそれぞれにおいて，それが

とくに鮮明になる．インテル社では，挑戦的で意欲的なプロジェクトが実施されるたびに，チームの結成や再編が行われる．同社は，技術的資源の管理にこのシステムをさまざまに変形して活用することで，半導体の技術革新を絶えずリードしてきた[10]．また3M社は，ジェットエンジンの部品を1万分の1インチの精度で仕上げるTrizactTM研磨剤など，顧客の問題にソリューションを提供する新製品開発への挑戦を社員たちに促している．

George S. Day は顧客第一主義のメリットを次のように説明する．

競合他社をリードしつつ，顧客第一主義の重要性を全員が理解するとき，職務遂行の理由がそこに生まれる．すると，「品質」が強制的命令から理解に基づく献身へと変わり，「迅速な対応」が機械的測定基準から意味のあるイノベーションへと，「市場シェア」が挑戦的目標から現実の成果へと変わるのである[11]．

2．ビジネス・モデルの要素[12]

　戦略を成功させるためには，企業内の人間が会社の既存のビジネス・モデルの定義を理解し，共有することが不可欠である．例えば，これをデル社の社員に問えば，デル社を競合他社と区別する「デル・モデル」について語り始めるだろう．ビジネス・モデルは，四つの主要な要素から成る（図9.2参照）．

- 顧客インタフェース
- 中核的戦略
- 戦略的資源
- バリュー・ネットワーク

　ビジネス・モデルのこれらの要素は，顧客に対する効用，構成／配置，企

| 図9.2 | ビジネス・モデルの要素 |

　　　　　顧客に対する効用　　　構成／配置　　　企業の境界線

顧客インタフェース	中核的戦略	戦略的資源	バリュー・ネットワーク
実行とサポート 情報と洞察 関係性ダイナミクス 価格構成	事業ミッション 製品／市場範囲 差別化の基盤	コア・コンピタンス 戦略的資産 中核プロセス	サプライヤー パートナー 連携

効率性／ユニーク性／適合性／利益促進手段

出所：Gary Hamel, *Leading the Revolution* (Boston: Harvard Business School Press, 2000), p.96. Harvard Business School Press の許可を得て転載。Copyright © 2000 by the President and Fellows of Harvard College; all rights reserved.

業の境界線という三つの重要な「架け橋」によって結び付けられる．

2-1．顧客インタフェース

　顧客インタフェースは中核的戦略と関連しているが，その基礎になっているのが顧客に対する効用であり，これが中核的戦略を顧客のニーズに直接リンクさせている．顧客インタフェースには四つの要素が含まれる．

1. （チャネルによる）実行とサポート
産業財のマーケティング企業が顧客に到達するために用いるチャネルと，提供するサービス・サポートのレベルを意味する．
2. （顧客）情報と洞察
顧客から得る知識と顧客への提供価値を強化するためにその情報を利用することを意味する．
3. （顧客との）関係性ダイナミクス
企業とその顧客の間の相互作用がどのようなものかということである（協働的交換関係の顧客と取引的交換関係の顧客の比率など．第4章参照）．顧客の期待を上回ることにより，または会社に対する顧客の親近感を強化することにより，競合他社のハードルを高くするにはどのような策をとったらよいか

という点が鍵になる．

4．価格構成

ビジネス・モデルによって，製品やサービスの抱き合わせや選択方式の価格などの複数の価格設定が考えられる．例えば，GE 社製ジェットエンジンが搭載されたボーイング777を調達する航空会社は，定額メンテナンス契約をベースに飛行時間数に応じて一定金額を GE 社に支払う．つまり，GE 社は製品そのものよりも，「power by the hour（時間当たりの推進力）」を販売していると言える．

2－2．中核的戦略

中核的戦略は，企業が競争する方法の選択を決定づけるものである．図9.2に示したように，中核的戦略の設定には三つの要素が含まれる．

1．事業ミッション

戦略の全体的目標を規定するもので，方向性を示し，進捗度合の測定に用いる業績基準を定める．事業ミッションはビジネス・モデルの革新を許容できるくらいの抽象性を維持しつつ，同業他社のものとは区別されるものでなければならない．ゼロックス社は，事業ミッションをコピー機とコピーするという機能に絞ったことで，プリンタ事業でヒューレット・パッカード社に圧倒的な差をつけられた．

2．製品／市場範囲

どの分野で競争するかを示すものである．事業領域を構成する製品市場は，提供する顧客効用，適用する技術，対象とする顧客セグメント，使用する流通チャネルによって定義することができる[13]．戦略担当者は，競合他社が見逃している顧客セグメントや新しい製品／サービス・ソリューションを歓迎する顧客を捜し求めることになる．

3．差別化の基盤

競合他社とどのようにして違う戦い方をするのかということの本質をとらえるものである．George S. Day および Robin Wensley は，次のように説明する．

顧客が高く評価する要素について優越性が知覚されるような形で付加価値活動を行うとき，事業は差別化される．こうした活動が利益を生むためには，顧客が効用にプレミアム価格を支払うことを厭わないこと，そのプレミアム価格のプラス分が，優れたパフォーマンスを実現するための追加コストを上回ることが条件となる[14]．

企業が製品やサービスの差別化を図る方法は数多く存在する．

- 迅速性，複雑な注文への即応性，顧客の特殊な問題を解決する能力などを通じて優れたサービスや技術支援能力を提供する．
- 顧客のコスト削減やパフォーマンス向上に寄与する優れた品質を提供する．
- 新技術の導入により画期的機能を備える製品を提供する．

2－3．戦略的資源

産業財の売り手企業は，優れたスキルや資源を活用することで競争優位を獲得する．企業の戦略的資源には，コア・コンピタンス（中核能力），戦略的資産および中核プロセスが含まれる．

1．コア・コンピタンス
スキル，システム，技術をひっくるめたもので，それによって企業は際立ってユニークな顧客価値を創造することができるものである[15]．例えば，デル・コンピュータ社はその直販能力を駆使して，スイッチ，サーバー，ストレージ，その他の各種周辺機器など，数多くの新製品を法人顧客に販売している[16]．コア・コンピタンスが何かを見きわめたかったら，戦略担当者は以下の質問に答えてみよう．我々のコンピタンスが顧客に提供する効用の中で重要なものは何か．顧客に利益をもたらすとともに，新たな市場機会の獲得につながるような知識や行動の強みは何か．

2．戦略的資産
企業がその能力を発揮し，優位に立つために具体的に必要なものである．ブランド力，顧客データ，物流網，特許など希少かつ有益な資源がこれに含ま

れる．戦略的資産を別の方法で活用することにより，既存顧客や潜在顧客にさらに高水準な価値を提供することができるかがテーマになる．

3．中核プロセス

コア・コンピタンスや資産などを顧客の価値に変換する際に用いる方法や定型的な業務手順である．例えば，メルク社では創薬開発が中核プロセスであり，FedEx 社では貨物輸送の遂行が中核プロセスとなる．戦略担当者としては，競合他社に比べてもっともユニークであり，最大の顧客価値を創造するプロセスを追求したり，自社のプロセス専門知識を活用して他の市場に効果的に参入する可能性を模索したりする必要がある．

図 9.2 に示したように，戦略的資源と中核的戦略は「構成／配置」という要素によって結び付けられる．Gary Hamel によれば，「構成／配置とは，特定の戦略をサポートするための，コンピタンス，資産，プロセス間相互の結びつきを意味する」[17]．例えばホンダ社は，新製品開発プロセスにおける主要な活動を競合他社とは異なる方法で管理している．

2−4．バリュー・ネットワーク

ビジネス・モデルの最後の要素であるバリュー・ネットワークは，企業の調査基盤を補完・強化するものであり，サプライヤー，戦略提携パートナー，連携（例えば，第 1 章で紹介した自動車業界の取引所コビシント）などがこれに含まれる．一例を挙げれば，シスコ社や GE 社のような対応の早い企業は，サプライヤーや提携パートナーとの関係構築において特殊なスキルを発揮する．バリュー・ネットワークとは何かを見きわめたかったら，戦略担当者は，次の質問に答えてみよう．「もし他の会社の資産や能力を「借用」して，自社のものと結合することができるとしたら」，どのような市場機会を獲得できるだろうか[18]．

2−5．潜在的利益

Gary Hamel によれば，ビジネス・モデルの潜在的利益は次の四つの要素によって決定されるという．

- ビジネス・モデルが顧客に対する効用をどの程度効率的に提供するか（例えば，サウスウエスト航空はそのターゲット市場に空の旅を効率的に提供している）．
- 顧客に共有されている要素に関して，ビジネス・モデルがどの程度ユニークか．
- ビジネス・モデルの種々の要素間にどの程度の適合性あるいは内部一貫性があるか（例えば，デル社はサプライチェーン管理や直販サポートで中核的戦略をサポートしている）．
- ビジネス・モデルは，平均以上のリターンの機会を提供する利益促進手段をどの程度創造できるか（利益促進手段としては，マイクロソフト社やインテル社で効果を上げている高い切替コスト，顧客囲い込み，ウォルマート社が実践している規模の経済などが考えられる）．

競争優位を獲得し，顧客に優れた価値を提供できるような戦略を開発するには，こうしたビジネス・モデルの要素を特定し，管理することが不可欠である．

3．マーケティングの戦略的役割

ジョンソン＆ジョンソン社，モトローラ社，ダウ・ケミカル社など多くの企業が，膨大な数の部署や製品ライン，製品やブランドを擁している．各事業部門が企業の存続と成長を実現する目的で事業戦略を開発する際は，企業レベルで定めた方針が枠組みとなる．さらに，企業および各部門の方針が，製品や市場を担当する個々のマネージャーの戦略構築の指針となる．

3－1．戦略の階層

多品種を扱う大規模組織の戦略は，三つの階層から構成されるケースが多い．それは，(1)企業戦略，(2)事業戦略，(3)機能戦略である[19]．

「企業戦略」は企業が参入して競争する事業を定義する．そこで企業は，

資源の活用によって自社の独自能力が競争優位に転換されるように戦うわけである．この階層の戦略では，自社のコア・コンピタンスは何か，どのような事業を手がけ，どのような事業に参入すべきか，組織全体の目標や目的を達成するには事業間の資源配分はどうあるべきかといった点がテーマになる．この戦略階層におけるマーケティングの役割は，(1)市場の魅力度と企業の競争力を評価する，(2)さまざまな顧客層に対する顧客指向の姿勢を経営意思決定において促進する，(3)企業の全体的な価値提案を（自らの特異な能力と顧客ニーズを反映させる形で）策定し，それを市場と企業全体に明確に示すことにある．Frederick Webster Jr.によれば，「マーケティング・マネージャーは企業レベルにおいては，顧客のために，また企業の意思決定で顧客を最優先する一連の価値観や信念のために，提唱者としての重要な役目を担っている……」[20]

「事業戦略」では，企業がある業界でいかに競争するか，競合他社に対して自らをどう位置付けるかがテーマとなり，競争の焦点は企業間よりも事業単位間にある．戦略事業単位（SBU）とは，明確なミッション，担当マネージャー，競合相手を持ち，他の事業単位から比較的独立している単一の，または複数の事業の集合体である．3M社では40の戦略事業単位が組織され，その一つ一つが経営サイドに受け入れられる投資とリスクの水準に見合った競争優位を確かなものにするため，どのように特定の製品ミックスを管理するかということを示す計画を策定している．戦略事業単位は産業財企業の単一または複数の部門，一部門内の製品ライン，さらには単一の製品のこともあるが，規模の経済を実現するねらいから，事業単位間で営業チームなどの資源を共有するケースもある．また対象とする製品／市場単位も，単一のこともあれば，複数のこともある．

戦略事業単位が対象とする製品／市場において効果的に競争を展開するにはどうしたらよいか，事業単位に競争優位をもたらし得る特有なスキルは何かといった点を，会社組織内の事業単位ごとに検討しなければならない．GE社のJack Welch前CEOは各事業担当役員に対し，以下の点を明確にするようしばしば求めたという[21]．

- 自身が事業展開している事業のグローバルな競争環境はどうなっているか．
- 過去2年間，競合相手は何をしてきたか．
- 同じ期間，その競合相手に対して自分は市場で何をしてきたか．
- 将来，競合相手はどのような手に出てくると思われるか．
- 競合相手に対して優位に立つため，どのような策を考えているか．

　このレベルにおけるマーケティング機能は，顧客や競合他社のほか，特定の市場セグメントで競争するための自社特有のスキルや資源の詳細かつ完全な分析を通じて計画プロセスに貢献することである．
　「機能別戦略」では，事業戦略をサポートする為に，各機能分野に配分された資源をいかに効率的で効果的に活用すべきかという方法が追求される．このレベルのマーケティング戦略のねらいは，特定の製品市場における会社の目的を実現するためのマーケティング資源と活動の配分・調整である．

■**三種類の顧客コネクションを管理する**　マーケティングとは，組織と顧客の間の主要な三種類のコネクションを管理する機能と考えると理解しやすい[22]．

- 顧客－製品コネクション
  顧客を焦点の提供物につなげるものであり，とくに顧客ニーズを発見し，それを製品設計に結び付ける知識やスキルが含まれる．
- 顧客－サービス提供コネクション
  会社の製品やサービスを顧客に提供する上で必要な設計や活動が含まれる（最前線のセールスや顧客サービスに携わる社員のパフォーマンスなど）．
- 顧客－財務責任コネクション
  顧客と財務結果をつなげる活動やプロセスである（顧客満足と収益性，顧客維持活動と財務結果のリンクなど）．

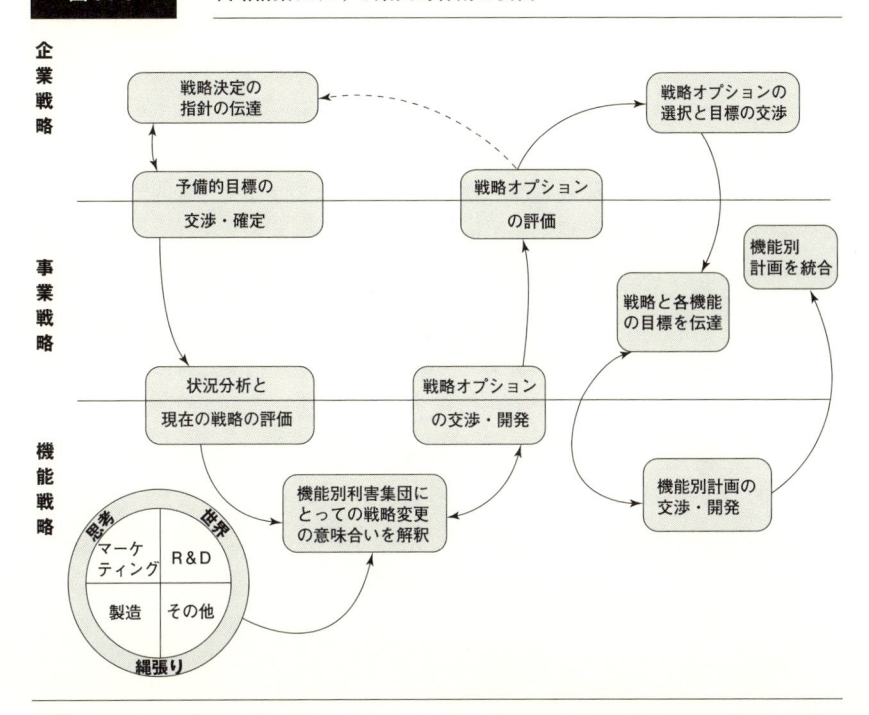

図9.3　戦略構築における集団的行動の側面

出所：Gary L. Frankwick, James C. Ward, Michael D. Hutt, and Peter H. Reingen, "Evolving Patterns of Organizational Beliefs in the Formation of Strategy," *Journal of Marketing* 58 (April 1994) p.98. American Marketing Association 発行の *Journal of Marketing* より許可を得て引用.

3－2．戦略構築と階層[23]

　戦略の三つの階層間における相互作用は，戦略構築における集団的行動の側面を調査することで説明できる[24]．この手法は，戦略的な意思決定に適応できる．例えば，(1)機能分野を横断する意思決定，(2)組織の長期目標に関する課題を含んだ意思決定，(3)事業単位や製品市場間の資源配分を伴う意思決定である．これに含まれるのは，企業戦略の方向性，中核技術の活用，提携パートナーの選択などに関する意思決定である．

　図9.3に示したように，戦略決定プロセスではよく複数部門の利害集団が積極的に関与するが，特定の戦略や会社の目標に対する評価で彼らの考え

第9章　産業財マーケティングの計画：戦略的視点　　345

方は大きく異なることが珍しくない．戦略決定とは，提案された戦略をそれぞれがまったく別の観点から解釈する可能性のある機能的利害関係集団（マーケティングもその一つである）間の交渉プロセスから生まれた結果である．

■思考世界の違いと縄張り意識　戦略構築プロセスでは参加者間でよく意見対立が起きるが，そこには二つの要因が関係している．一つは，言わば「組織のサブカルチャー（下位文化）」の根底にある違いが，提案された戦略に対する解釈を異ならせることがある．サブカルチャーが生まれるのは，組織内の小さな組織間で価値観や信念，目標が異なることによるものであり，そこには複数の思考世界が存在することになる．例えば，マーケティング・マネージャーは市場機会や競合相手を重視するのに対し，R&Dマネージャーは技術的な洗練やイノベーションが組織成功の鍵と考える．もう一つの要因として，各機能のマネージャーは自分の庭を荒らすような戦略変更に抵抗する傾向がある．下位組織の事業領域がある程度個々人の存在価値を規定し，名声や権限を暗示するものであるため，そうした領域が戦略決定によって変えられることを人は快しとしないのかもしれない．

■交渉結果　集団による意思決定は，利害の関係する集団間の交渉と妥協のプロセスから生まれる．参加者間で目標や思考世界，関心が違っていると，とるべき行動に関して意見の対立が生じる．そうすると，それぞれの目的を達成しようとする各利害集団と交渉し，選択を行うことが必要になる．集団的決定では最終結果が徐々に形成されていき，その過程では，理論的分析よりも各利害集団のグループとしての価値観や影響力が大きなウエイトを占める．フォーチュン500社に名を連ねるある企業において激論となった戦略決定について調査したところ，マーケティングとR&D両部門間に対立が存在する可能性が明らかになった．

　この意思決定が最終的にどう決着したか，二人のマーケティング担当経営幹部が説明する[25]．

マーケティング・マネージャーの説明：
［マーケティング部門］が主導権をとって抑え込むという，実に見事な仕事をしました……どうなったかと言うと，市場チームの関心を説明し，そして我々は市場中心で行くということを再確認しました．要するにマーケティング部門がしたことは，R&Dチームには以前のような決定権限がもはやないということを彼らに認めさせたわけです．彼らは今，情報を受け取る立場にあります．そして，公式であれ非公式であれ，彼らが現在していることをさらに進めるためには，マーケティング部門の承諾が絶対に必要なのです．

マーケティング担当 VP（バイス・プレジデント）の説明：
私は以前，プロセスを推し進めるのは技術だと考えていました．しかし今では，技術が市場と連携していると思っています．なぜ私がそう思うようになったかと言えば，技術が発展する方法と密接に関わっている［マーケティング・スタッフ］がわが社にはいるからです．

■マーケティング・マネージャーにとっての意味合い　マーケティング・マネージャーは，特定の戦略コースを提唱する際，自らが主導権をとることにより他の機能部門の利害集団にどのような反応を引き起こしそうかということにつねに敏感でなければならない．献身的姿勢と信頼関係を築くため，意思決定に重大な利害関係を有する人間を含めたコミュニケーション・ネットワークを構築し，活用すべきである．マーケティング・マネージャーは，こうした個人的ネットワークを利用することで，他の関係者の利害を理解したり，自分自身の立場を明確に，きめ細かく伝えたりすることができ，その結果，自分の縄張りを侵されるのでは，という周囲の不安を解消することができる．

4．ハイテク業界における戦略構築

　将来を予測し，戦略コースを描くのは，ハイテク業界においてはとくに困難である．変化の激しい業界では，戦略的行動は結局，会社の上層部が慎重に練り上げた戦略的意図より先行するか，またはそれに遅れをとるようにな

るかである．コンピュータ業界の変化について考えてみよう[26]．経営トップによって設定される戦略的意図は，企業が向こう10年間にわたって実現を目指す意欲的な目標を表すものであり，そこでは，その競争ポジションを実現するために開発されなければならない特異なコンピタンスが強調される[27]．だが，業界の力関係に変化が生じ始めると，組織の中には，将来に危険を察知し，会社の目下の戦略的意図に不安を感じる者も現われる．そうした変化に最初に気がつくのは，顧客の一番近くにいて，競争の脅威にまともにさらされているミドル・マネージャーや営業スタッフである場合が多い．

このような変化は，その会社が成長段階における戦略的転換点，すなわち大きな曲がり角にさしかかっていることを示唆しているのかもしれない．Robert BurgelmanおよびAndrew Groveはこの戦略的転換点を，「業界の原動力のタイプが入れ替わること，必勝戦略が変化すること，既存の技術形態が新しいものに取って代わられること」[28]と定義している．組織と市場の関係に生じたズレは，経営トップが事業部門を新設したり，既存部門の市場に対応する原則を調整しても，顧客の要求事項の変化が速いと埋めきれなくなる[29]．

例えばインテル社のAndrew Grove会長は，コンピュータ業界がその照準を，単純なパソコンから通信機器やインターネットを組み込んだものへとシフトさせつつあると見ていた[30]．こうした動きを受け，インテル社では新しい事業部を組織し，一連の新製品やサービスを導入した．業界の状況変化を活用するような効果的な戦略的意図を開発できる企業は，新たな収益成長を実現することができる．だが，こうした成果を上げるためには，根本的な変革，すなわち「非連続的イノベーション」が必要になる．

◎産業財マーケティングの内側◎
パッチング：ダイナミックな市場における新しい企業戦略

Kathleen M. EisenhardtおよびShona L. Brownは，従来の企業の計画や資源配分手法は変化の激しい市場では効率的でないと主張する．新しい技術や

製品・サービス，新興市場によって魅力的な機会が生まれている今，「組織図上に等間隔で整然と並ぶ枠の中に事業を単純に振り分けていては時代遅れになる」と言うのだ．

新たな全社レベルの戦略プロセスでは，競合相手に先んじて市場機会を獲得できるように，変化の管理と絶えまない組織改編が目玉となる．この新手法の柱となるのはパッチング，すなわち，市場機会の変化に合わせて経営陣が事業を日常的に再編成または再配置するというものであり，具体的には事業の新設，分割，移管，廃止，結合といった形態をとる．ヒューレット・パッカード社はこのパッチングを用いて，プリンタ事業の立ち上げ，スキャナやファクスなどの関連製品事業の構築，インクジェット技術による二つ目のプリンタ事業の開発に取り組んだ．パッチングは，安定した市場ではさほど必要ないが，変化の激しい市場では重要な手段となる．小規模で小回りのきく事業体は迅速な動員が可能で，新しい市場機会を獲得するのに有効である．

出所：Kathleen M. Eisenhardt and Shona L. Brown, "Patching : Restitching Business Portfolios in Dynamic Markets," *Harvard Business Review* 77(May-June 1999) pp.72-82. Mark B. Houston, Beth A. Walker, Michael D. Hutt, and Peter H. Reingen, "Cross-Unit Competition for a Market Charter : The Enduring Influence of Structure," *Journal of Marketing* 65(April 2001) : pp.19-34も併せて参照．

4−1．非連続的イノベーション戦略[31]

市場シェアの拡大を通じて収益を確保していくためには連続的イノベーションが不可欠だが，長期にわたって飛躍的成長を遂げるには非連続的イノベーションが必要なことを，企業の戦略担当者たちは認識している．非連続的イノベーションとは，顧客に過去の行動を劇的に変えさせ，同様に劇的に新しい価値を得ることを期待させるような新製品やサービスのことである[32]．このように過去を断ち切る非連続的イノベーションは，業界や市場全体の出現，変形さらには消滅を招く「破壊的技術」によって実現する．例えば，ヒューレット・パッカード社のインクジェット方式のプリンタは，ワイ

表9.1　非連続的イノベーション戦略

戦略	手法	焦点
過激な共食い	陳腐化の仮説を立てる	事業を消滅へと導く可能性のある要因は何か
	新興企業をすばやく精査する	市場に提供している既存の価値に取って代わり得るのはどのような新興技術か
競合相手の駆逐	企業定款を拡大する	自社の事業が満たしている末端ユーザーの根本的ニーズは何か
	接している業界に可能性を探る	自社が提供している基本的価値が，自社の外の業界ではどのように満たされているか
市場創造	顧客の範囲を拡大する	もし世界全体が自社の顧客ベースであったなら，市場をどう細分化し，各セグメント内でどのようなニーズを満たすことができるか
	製品の集合体としてのシステムを把握する	自社の製品はどのような大きなシステムの中で稼動しているのか，そして自社の提供物により多くの価値の集合体を組み込むにはどうしたらよいか
産業創出	小型化する	自社の技術が現在の10～20分の1程度に小型化されたら，どのような価値をもたらすだろうか
	機能を結合する	技術や機能を特異な形で組み合わせたら，新しい形態の価値をもたらす可能性があるか

出所：Soren M. Kaplan, "Discontinuous Innovation and the Growth Paradox," *Strategy & Leadership* 27(March-April 1999) : p.19. Strategic Innovation Group, Soren Kaplan 氏の許可を得て転載．

ヤドット方式に取って代わり，デスクトップ・プリンタ産業の誕生に貢献し，同社を数十億ドル市場のリーダーに押し上げた抜本的な技術革新だった．

■機会の発見　Soren M. Kaplan は，ヒューレット・パッカード社における戦略担当者としての経験を活かし，飛躍的成長を推進し得る新しい魅力的な戦略オプションを求めている産業財のマーケターに有効なフレームワークを提供する．このフレームワークは，以下の二点を前提としている．一つは，非連続的イノベーションは既存市場や新規市場における新たな種類の顧客価値の創造を伴うということ，そしてもう一つは，企業は非連続的イノベーションを導入して新しい競争空間を創造するか，顧客への価値提供に使用され

ている既存の手法にとって代わるということである．これらの前提を踏まえて，非連続的イノベーションのための四つの戦略候補が提供される（表9.1参照）．各戦略によって機会発見の手法も，また追求する焦点も異なることを確認してほしい．

■**戦略その一：過激な共食い（カニバリズム）**　Kaplanによれば，「過激な共食い」とは，自社の成功している製品やサービスに取って代わるような基本的に新しい技術やプロセスを導入し，顧客価値を大幅に高める手法である[33]．製品間の共食いはもともと，進化的変化すなわち，次世代技術を提供する新しい製品が既存製品に取って代わることを意味する．それに対して過激な共食いは革命的であり，それまで提供されていたものをはるかにしのぐレベルの価値を顧客に提供する．例えばコダック社は，主力事業を化学的写真からデジタル画像へとシフトさせることにより，過激な共食いを追及している．だが，デジタル中心の事業に移行しつつも，同社はその主力事業や収益源を維持もしくは拡大しなければならない．

　アプローチ：戦略担当者は新たな機会を発掘するため，まずは自社の事業に大きな悪影響を及ぼしかねない画期的技術や競合相手の脅威について検討する必要がある．組織の消滅について考える中から，新たな可能性が見えてくるからである．次に，業界の再構築に発展する可能性のある新興企業に注意を向けるようにする．魅力のある戦略的パートナーがいくつか見つかるかもしれない．

■**戦略その二：競合相手の駆逐**　「競合相手の駆逐」は過激な共食いと類似するが，自社製品ではなく競合相手の製品に取って代わろうとする点が異なる．この戦略では，既存の能力が別の業界や市場に適用される．既存企業が，思いもかけない会社の参入によって不意を付かれることが珍しくない．ヒューレット・パッカード社はコダック社に真っ向から挑戦し，デジタル写真で競合相手の駆逐機会を追求している．デジタルカメラ，スキャナ，写真画質プリンタを画像編集管理ソフトウェアと結合する，ヒューレット・パッカード社のPhoto Smart製品ラインは，写真業界の従来のライバルたちを締

め出そうとする試みに他ならない．

　アプローチ：新たな競争分野で機会を追求する際，二通りのやり方が考えられる．一つは，定款（事業領域）の拡大によって，より広い分野を競争の検討対象に含める方法である．例えば，ヒューレット・パッカード社の定款が「コンピュータ事業」となっていたら写真事業は入らないが，実際は「コミュニケーション事業」と定義されており，これなら写真やコピー機市場が延長線上に位置することになる．もう一つは，現在対象にしていない潜在顧客に目を向けるというものである．会社のコンピタンスを別の方法で適用することにより，新たな形の顧客価値を提供する機会が発見されることがよくある．

■戦略その三：市場創造　　企業の成長を実現するための戦略としてもっとも一般的な「市場創造」では，既存の業界内で顧客価値を提供する新しい製品やサービスが導入される．そのねらいは，会社のコンピタンスを活用した製品構成へ拡張的に発展させていくことにある．例えば，クライスラー社のミニバンは市場創造戦略の一例で，輸送に新しいカテゴリーをつくり出した．

　アプローチ：市場創造の機会を発見するための手法は二つ存在する．一つは，顧客の境界線の拡大によって機会を掘り起こすことである．購買決定では実際のところ，一連の「複数の顧客」が直接的または間接的に関与するにもかかわらず，ターゲット顧客を特定の者として定義してしまう傾向がある[34]．例えば，ビジネス情報を配信するブルームバーグ社は，ブローカー，トレーダー，アナリストなど情報利用者の特殊なニーズを満たすことによって証券会社や投資会社に強力なシェアを築いた．それに対し，情報購買者である金融界の情報技術マネージャーに照準を合わせていた競合他社は，この機会をつかみ損なった．

　二つ目は，顧客が何種類かの製品を組み合わせて使用する状況を理解する中で市場創造の機会を見つけ出す手法である．例えば，ヒューレット・パッカード社はファクスとプリンタの機能を併せ持つ製品を開発し，SOHOや中小企業顧客に新たな価値を提供した．

■戦略その四：産業創出　産業創出は，新進技術や新しい形態の顧客価値が引き金になる．これは，もっとも挑戦的な非連続的イノベーション戦略に他ならず，最大レベルの不確実性とリスクを伴う．市場規模と，技術が消費者に受け入れられる程度は，ともに予測がきわめて困難である．ヒューレット・パッカード社が行ったイノベーションは，デスクトップ・パブリッシング産業など新しい業種を生み出した．

　アプローチ：産業の創造につながる多くのイノベーションの根底には，以下の二通りの戦略がある．

- 小型化：技術を具現化する製品を大幅に小型化することによって新しい価値を提供する（ソニー社のウォークマンなど）．
- 機能結合：顧客の複数のニーズを一つの製品で満たすことによって新しい方法を生み出す（電子手帳はコンピュータに小型計算機とシステム手帳を組み合わせたものである）．

■市場調査に対する別の見方　従来の戦略構築では不確実性の削減を主眼としているが，非連続的イノベーションにおいては不確実性を一つの機会ととらえる．また，顧客はどのような可能性があるのかわからないため，市場調査で非連続的イノベーションの需要を正確に予測するのは不可能である[35]．Soren M. Kaplan は次のように述べている．

> 我々はヒューレット・パッカード社でこの重要な点を強調するため，非連続を追求する際は「顧客ニーズに対する想像的理解」が重要であると考える．こうした考え方をすることにより，市場調査は単に「実行する／しない」を判断するのではなく，アイデアの検討，改善，確認を行うための手段になる[36]．

■文化が鍵を握る　組織の文化が次の二つの特徴を備えていると，企業が変革を遂げ，業界の新しい状況に順応するのに役立つ．一つは，社員に対して意思決定の議論に積極的に参加するよう促す文化である．例えばインテル社

には，社員同士が地位などにとらわれず活発に議論することによって問題を徹底究明する社風が存在する．特定の部門や機能分野にとってではなく，会社全体にとって何が最善かを見きわめることに重点が置かれる．インテル社ではこのメカニズムを，「建設的意見対立」と呼んでいる．同社の新入社員は，このような文化なしに会社の成功はあり得ないことを教えられる．

　もう一つは，戦略プロセスが議論だけで終わらず，組織全体に受け入れられる明確な決定にまで至るような文化である．意思決定を促進する目的で経営幹部たちはよく用いる手法に，「条件付き合意」[37]と呼ばれる二段階プロセスがある．まず経営幹部が問題について話し合い，合意を得ようとする．だが，それが難しそうなときは，主要マネージャーと関連機能部門の長が集まり，他の者たちの意見を参考にしながら決定を下す．こうした条件付き合意は，意見対立を現実的にとらえることで意思決定に拍車をかける．Kathleen M. Eisenhardt は，その理由を次のように説明する．

> 人は大概，意思決定プロセスにおいて発言したとしても，自分の意見が大勢を占めない可能性があることを認める用意はある．条件付き合意は，決定がとくに影響する部署の人間の影響力を強めることによって巧みに決定へと誘導する[38]．

5．マーケティングの機能横断的関係

　GE 社が現在採用している組織形態の根底には，境界のない組織という重要な価値観が横たわっている．この目標を実現するには人工的境界の排除が重要だと，同社の経営上層部は考えている．すなわち，機能分野を分断する水平的障害，形式的な階層構造に起因する垂直的障害，顧客，サプライヤー，提携パートナーとの緊密な関係を妨げる外部の障害を取り除くことである[39]．組織の再構築，業務プロセスの再編，そして変化する顧客ニーズや競争の現状に対する迅速かつ効率的な対応の模索は，経営における重要な戦略的優先課題である．企業が機動性に優れるスリムな体制を採用し，部門横

表9.2　産業財マーケティング戦略の構築：欠かせない機能横断的連携

機能	戦略への貢献事項	マーケティング部門に求めるサポート
製造	●販売可能な製品の量，種類および品質を決定する ●市場やニーズの変化に対応できるスピードを左右する	●正確かつタイムリーな売上予測
R&D	●新製品開発プロセスにおいて重要な技術的方向性を示す ●競合他社の技術に遅れをとらない	●市場や競争の傾向に関するデータ ●ターゲット・セグメントが求める製品特性に関する市場調査
物流	●正確な定時納品を顧客に提供する ●タイムリーな受注追跡や処理状況のリポートを開発する	●正確かつタイムリーな売上予測 ●顧客やセグメントが求める配送サービスの要求事項
技術サービス	●実装，トレーニングなど販売後の活動を実行する ●顧客の問題をトラブルシューターとして解決	●顧客ごとの目標と計画 ●販売プロセスにおける顧客への約束

断的なチーム編成を重視するようになると，産業財のマーケティング・マネージャーは戦略構築において重要かつ困難な役割を担うことになる．

　製品，価格，販売促進，流通など，産業財マーケティングに関するすべての意思決定はいずれも，他の機能分野の影響を直接的または間接的に受ける．逆に，R&D，製造や調達に関する経営上の決定，ならびに企業戦略全般における調整は，マーケティングの考慮事項によって影響される．産業財マーケティング計画は，R&D，調達，財務，製造など他分野の計画活動と調整・同期化される必要がある．

5－1．機能横断的な連携

　産業財マーケティングを効果的に行うために，マーケティング・マネージャーは製造，R&D，物流などの部門のマネージャーたちと密接に連携する．戦略の設計・実行において各部門が果たす重要な役割，逆に各機能分野がマーケティング部門に求めるものをマーケティング・マネージャーは理解している．

マーケティングと四つの業務機能との相互関係をまとめたものが表9.2である．マーケティング戦略の開発と実行に関してそれぞれが担う重要な役割を確認してほしい．例えば新製品の開発は，アイデアの創造から完成品の性能評価に至るまで，マーケティングとR&Dの連携テーマである．産業財企業，とりわけハイテク分野で競争する企業の場合，R&D予算が相当額にのぼることを考えると，マーケティングとR&Dの効果的連携の構築がいっそう重要性を帯びる．新製品の開発を成功させるためには，ターゲット市場のセグメントで求められる製品特性や，潜在的組織購買顧客が製品特性に関してどのように優先順位を設定するのかを市場調査で把握することが不可欠である．マーケティングが市場や競争状況について適切な情報を提供できなければ，R&Dスタッフは，あやふやな市場知識でもって新製品開発の方向性を決定せざるを得なくなる．両部門の関係が有効に機能するためには，それぞれが相手の強み，弱み，潜在的貢献能力を理解しなければならない．ある特定の市場セグメントに浸透を図る為の，マーケティング能力が不十分だったために，R&Dの開発した有望な新製品が失敗に終わるということもあり得るのだ．

　新製品の開発や製造の次は，物流や技術サービス部門が戦略の実行に重要になってくる．顧客がとくに重視する二つの要素は，(1)配送サービスの迅速性と信頼性，(2)販売後のテクニカル・サービスの品質と入手可能性である（第4章参照）．組織顧客によって期待されるサービスレベルを実現するためには，マーケティングと上記二つの必須サービス部門間の綿密な調整が欠かせない．

◎産業財マーケティングの内側◎
箇条書き計画から戦略ストーリーへと移行した3M

　3M社のGordon Shaw計画担当重役は，数年をかけて数多くの事業計画を検討した後，自社の事業計画には理念がなく，コミットメントや積極的支持を促したりすることができていないという結論に達した．項目をただ列挙す

る従来の計画の仕方に大きな問題がある，と彼は考えた．箇条書きではあまりにも漠然としていて，特定の市場で事業を成功させるための方法を示すことはできない．この点を是正するため，彼は戦略ストーリー，すなわちストーリーテリングによる計画を導入した．優れた戦略計画は優れた物語と同様，「関係性，原因と結果，項目間の優先順位を明確にし，しかも，それらの要素が複雑な全体として記憶される可能性が高い」と彼は説明する．

　この手法では，3M社の戦略担当者がまず準備段階として，競争，市場および自社の現状を鋭く，かつ整合性のある方法で明確にする．次に，実際の立案者が劇的な対立，すなわち，成功の障害となる主要な課題や問題を導入する．最後に，ストーリーは，満足のゆく，そして相手を屈伏させるような解決へと至る．ここで，企業が障害を克服して勝利を手にするためにとり得る具体的措置について，論理的かつ簡潔な主張が提示される．このようにストーリーを用いた計画は，戦略像を見事に描き出し，重要な前提をあぶり出し，組織内の全社員を動機付けし，動員することのできる中核的メッセージをもたらす．

出所：Gordon Shaw, Robert Brown, and Philip Bromley, "Strategic Stories : How 3M Is Rewriting Business Planning," *Harvard Business Review* 76 (May-June 1998) : pp.41-50.

5－2．機能的に統合された計画：マーケティング戦略センター[40]

　産業財マーケティングを成功させるためには，マネージャーは他の機能分野から孤立して動くのではなく，製造，R&D，顧客サービスの能力を理解し，それぞれの強みを活用して顧客ニーズに即応できるマーケティング戦略を開発する統合者でなければならない．マーケティング・マネージャーはまた，戦略の実行においても中心的役割を担う[41]．意思決定の役割を分類し，産業財マーケティングに伴う意思決定の機能横断的性格を明らかにするのに効果的な手法として，責任分担表がある．表9．3は，責任分担表の構成を示したものである．表内の意思決定分野は，例えば製品ライン拡大計画など

表9.3　マーケティング意思決定における機能横断的関与：責任分担表の例

意思決定分野	組織機能							
	マーケティング	製造	R&D	ロジスティックス	技術サービス	戦略事業単位マネージャー	会社レベルの立案者
製品 設計仕様 性能特性 信頼性							
価格 定価 割引体系							
技術サービス支援 顧客トレーニング 修理							
物的流通 在庫水準 顧客サービスレベル							
営業チーム トレーニング							
広告 メッセージ開発							
チャネル 選定							

注：意思決定の役割を意味する略語表記：R＝責任，A＝承認，C＝協議，M＝実行，I＝通知，X＝役割なし．

が考えられる．この意思決定プロセスにおいて特定の役割を担う可能性のある機能分野を表の最上段に並べてある．意思決定プロセスに関与するマネージャーが担当する可能性のある，いろいろな役割を以下に説明する[42]．

1. 責任（R）：状況分析や戦略代替案の開発を率先して行い，他の者との協議を保証する．決定の承認に関して最初に提言を行ない，役割が終了する．
2. 承認（A）：実行前に決定を承認または拒否するか，または「責任」の役割を担う関与者が開発した他の戦略案の中から選ぶ．
3. 協議（C）：決定の承認前に相談を受けるか，本質的な意見を求められるが，

拒否権はない．
4．実行(M)：決定を他の関係者に通知することも含め，決定の実行に責任を負う．
5．通知(I)：決定承認前に相談を受けるとは限らないが，決定が下されれば通知される．

　意思決定プロセスにおいて，各部門の代表者が複数の役割を担う場合があることは言うまでもない．例えば，技術サービス・マネージャーが新製品開発プロセスで相談を受け，なおかつサービス支援戦略の実行に責任を負ったりする．また，マーケティング・マネージャーは製品ラインの拡張に関する意思決定の多くに責任を負うとともに，承認を行うこともある．そうかと思えば，数名の意思決定者が関与する行動もある．例えば，マーケティング・マネージャーが責任を負う決定に関して，事業部マネージャーがR&Dと協議してから承認（または拒否）することもあるだろう．
　産業財マーケティングの意思決定プロセスに関与する組織内のスタッフの集合体を「マーケティング戦略センター」と呼ぶ．この戦略センターの構成あるいは参加部門は，戦略開発の進行とともに変化し，企業によっても，また戦略の状況によっても異なる．また，センターの構成は，組織図によって厳密に規定されるものでもない．特定の戦略状況のニーズ，とくに情報ニーズが戦略センターの構成に大きく影響する．つまり，マーケティング戦略センターは購買センター（第3章参照）と類似する部分がある．

■**戦略の相互依存関係を管理する**　他部門との相互依存関係に対する共通認識を育てながら，部門間の対立をできるだけ少なくすることが戦略センターのマーケティング担当者に求められる大きな課題である．戦略センターの個々の参加者は，個人および組織の目標が動機付けとなる．会社の目標は，これらの参加者が各人の組織内での地位および代表する部門との関係の中で解釈する．各部門は独自の報酬体系の下で運営され，そこには独自の方向性や思考世界が反映されるからである．例えば，マーケティング・マネージャーは売上，利益，市場シェアなどにより，また生産マネージャーであれば

第9章　産業財マーケティングの計画：戦略的視点　　359

| 図9.4 | マーケティング計画策定プロセス |

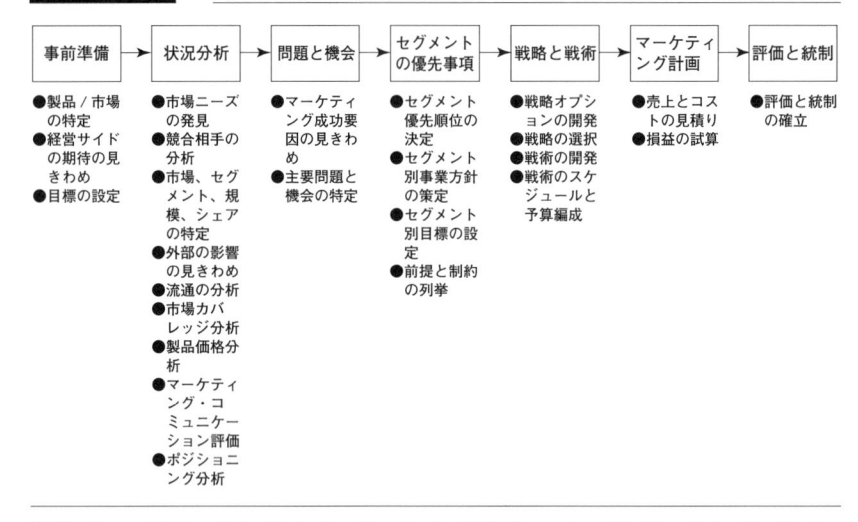

事前準備	状況分析	問題と機会	セグメントの優先事項	戦略と戦術	マーケティング計画	評価と統制
●製品／市場の特定 ●経営サイドの期待の見きわめ ●目標の設定	●市場ニーズの発見 ●競合相手の分析 ●市場、セグメント、規模、シェアの特定 ●外部の影響の見きわめ ●流通の分析 ●市場カバレッジ分析 ●製品価格分析 ●マーケティング・コミュニケーション評価 ●ポジショニング分析	●マーケティング成功要因の見きわめ ●主要問題と機会の特定	●セグメント優先順位の決定 ●セグメント別事業方針の策定 ●セグメント別目標の設定 ●前提と制約の列挙	●戦略オプションの開発 ●戦略の選択 ●戦術の開発 ●戦術のスケジュールと予算編成	●売上とコストの見積り ●損益の試算	●評価と統制の確立

出所：Howard Sutton, "*The Marketing Plan in the* 1990s," report no.951 (New York : The Conference Board, 1990), p.10. Conference Board の許可を得て転載．

製造の効率や費用効果に基づいて評価される．さらに，R&Dマネージャーは長期目標に意識が向いているのに対し，顧客サービス・マネージャーはもっと目先の目標を重視するだろう．戦略計画は，部門同士が交渉する中で生まれる．対立を管理し，協力を促進し，調整された戦略を開発することはいずれも，産業財マーケティング担当者の横断的役割に不可欠である．産業財マーケティングを担当するマネージャーは，他部門のスタッフの関心や方向性を理解することによって，効果的な部門横断的関係の構築が可能になる．

6．産業財マーケティング計画：プロセス

産業財マーケティングの計画プロセスは，他部門の計画や会社全体の戦略と切っても切れない関係にあり，企業の広範な戦略的マーケティングの管理プロセスの中で行われる．産業財のマーケターが生き残り，繁栄し，成功を勝ち取るためには，会社の資源を目標や機会とうまく釣り合わせる必要がある．マーケティング計画は，他の機能分野の積極的な関与を必要とする連続的

なプロセスなのである．

6-1. マーケティング計画

マーケティング計画は企業と事業単位の戦略を踏まえて，対象とする市場，販売する製品やサービス，価格体系，流通方法など，マーケティング戦略の要素すべてをきちんと網羅する．マーケティング計画のプロセスの主な要素を図9.4に示した．マーケティング計画は，明確に定義された市場セグメント，内部および外部の問題や機会に対する徹底的評価，具体的目標，方向性を主なテーマとして沿って組み立てられる．この計画のプロセスでは，産業財マーケティング情報，市場細分化（第7章），市場ポテンシャルと売上予測（第8章）がきわめて重要になる．

マーケティング計画は，基礎段階として市場セグメント別に具体的目標を定め，その実現に必要な戦略や行動計画を策定し，この計画の実行に対する責任者をそれぞれ決める．最後に，マーケティング計画では目標や戦略が予測や予算として具体化され，これが他部門の計画のベースになるのである．

7. まとめ

市場指向の組織は，顧客のニーズや競合他社の能力に対する深い理解に基づき，ライバル会社をしのぐ顧客満足の実現によって優れたパフォーマンスを達成しようとするプロセス，信念，価値観にコミットする．この種の企業を際立たせる特徴は，市場における事象や傾向をつねに察知し，それに対応する能力にある．ビジネス・モデルは，(1)中核的戦略，(2)戦略的資源，(3)顧客インタフェース，(4)バリュー・ネットワークという四つの主要な要素から成る．中核的戦略とは企業が競争する方法の核心であり，戦略的資源には企業が保有する知識（コア・コンピタンス），所有する財産（戦略的資産），社員による実際の行動（中核プロセス）が含まれる．中核的戦略を設計する際は，顧客に提供する効用を明確にすることがきわめて重要な意思決定となる．顧客インタフェースとは顧客との関係性を設計・管理する方法であり，バリュー・ネットワークは自社の資源基盤を補完・強化するもので，パート

ナーやサプライチェーンを構成企業がこれに含まれる．

　産業財企業の多くが多数の部門，製品ライン，ブランドを擁しており，こうした大規模な組織の戦略には，(1)企業レベル，(2)事業レベル，(3)部門レベルという三つの主要な階層が存在する．下の戦略階層ほど，焦点が戦略構築から戦略実行に移る．マーケティングは，組織と顧客を結ぶ不可欠なコネクションを管理する機能と説明できる．ハイテク業界で活動する企業は，戦略的転換点，すなわち，業界内における競争基盤の基本的変化を示唆するような障害に注意を払わなければならない．こうした変化にうまく対処するためには，経営トップは新たな競争の現状を踏まえつつ，会社の戦略的目標とコンピタンスを評価する必要がある．ハイテク市場で成功している企業は，戦略目標の調整，新しいコンピタンスの構築，新たな業界状況への戦略の適合を通じて自らを変える能力を実証している．非連続的イノベーションとは，既存市場や新規市場において新たな形の顧客価値を創造することである．

　産業財マーケティングの計画は，対応する他部門の計画活動と調整・同期化する必要がある．戦略計画は部門間の交渉過程から生まれる．対立の管理，協力関係の促進，戦略の調整はいずれも，企業内における産業財マーケティング担当者の役割の根幹を成す．連続的プロセスであるマーケティング計画は，(1)状況分析，(2)問題と機会の評価，(3)マーケティング戦略の構築，(4)統合的マーケティング計画の開発，(5)結果の測定および評価という段階を踏む．計画策定プロセスの産物が，マーケティング戦略を正式に文書化したマーケティング計画である．次の章から，マーケティング・ミックスの個々の要素について考える．

7－1．討論課題

1．市場指向の組織の主な特徴は何か．また，企業が市場指向の姿勢を強化するには，どのような手順を踏む必要があるだろうか．
2．一流の戦略コンサルタントである Gary Hamel は，企業のマネージャーやウォール街のアナリストたちはビジネス・モデルを話題にしたがるが，「ビジネス・モデルの本質」を定義できる者はほとんどいないだろうと主張する．ビジネス・モデルの主要な要素は何か．それらの要素は企業が顧

客に提供するベネフィットとどう結び付いているか.
3．FedEx 社，アップル・コンピュータ社，IBM 社，ボーイング社，GE 社，キャタピラー社などから一社を選び，そのビジネス・モデルについて評価してみよう．その会社の競争優位にとくに欠かせないスキルと資源，とくにライバル会社が肩を並べるのにもっとも苦労すると思われるスキル，資源，特徴を列挙してみよう．
4．ハイテク市場では競争優位があっという間に崩れ去る，という見解をどう思うか．アップル・コンピュータ社がこの10年間にたどった軌跡を調べてみよう．
5．比較的安価で使い易く，ネット接続も可能なノキア社製携帯電話などの導入は，デル社などのパソコン・メーカーや，インテル社などの主要サプライヤーにとって戦略的転換点を示唆すると思われるか．
6．ある企業の経営幹部が，自社の意思決定プロセスについて次のように述べた．「プロセスは時に残酷で醜く，ソーセージでも作っているかのようだ．見ていて気持ちのいいものではないが，出来上がったものはそんなに悪くない」．戦略的意思決定プロセスでは，さまざまな部門の利害集団が対立するケースが少なくないのはなぜだと思われるか．意思決定はどのように行われるだろうか．
7．マイクロソフト社は Microsoft Office の導入により，ワードプロセッシング，データベース管理，表計算，プレゼンテーションという顧客の一連のニーズに単独で対応する製品を創造した．これはどのタイプの非連続的イノベーションにあたるか．
8．ゼロックス社はその目標を，コピー機，プリンタ，ファクシミリ製品のメーカーから，顧客の生産性向上に貢献するドキュメント・ツールおよびサービスのプロバイダーへと変更した．この新たな戦略的意図には，新しい戦略とコア・コンピタンスの開発がどのように必要になると思われるか．
9．ビデオデッキ，ファクス，FedEx などはどれも，当初の市場調査では消費者の評価が芳しくなかった．非連続的イノベーションについて調べる場合，市場調査はどのような役割を担うべきか．

10. 産業財マーケティング・マネージャーの一日は，社内の他部門のマネージャーとの相互作用を伴う．まず，R&D，製造，物流の各部門はマーケティング戦略の構築と実行において，どのような役割を担うだろうか．さらに，部門横断的な関係の中で発生し得る意見対立の一般的な原因としては，どのようなものが考えられるか．

7－2．インターネット演習

　3M社は40以上の事業体を擁し，何千種類もの製品を生産する多角的な技術企業であり，その売上は年間160億ドルにのぼる．同社のウェブサイト（http://www.3m.com）にアクセスし，次のことを調べてみよう．
1．この会社が主に対象としている市場または業界部門は何か．
2．3M社が医療部門向けに最近導入した新製品はどのようなものか．

◎ビジネス事例　デル社とヒューレット・パッカード社：プリンタ事業の戦い[43]

　デル・コンピュータ社とヒューレット・パッカード（HP社）社は，パソコン市場のシェアをめぐって激しいつば迫り合いを繰り広げている．パソコン需要に翳りが見え始めたとき，デル社は値下げによる成長戦略に打って出て，ライバルに圧力をかけ始めた．小売チャネルと直接販売の両方を採用しているコンパック社やHP社などの競合相手は，デル社の直販モデルの効率に対抗できずに苦しんだ．コンパック社がHP社に買収された今，Michael Del は次の手を入念に練っている．ウォール・ストリートのパソコン・アナリスト，Charles Wolf は，こう指摘した．「Michael Del で私が一つ思うことは．．．彼はまだ37歳だということである．彼には時間がたっぷりあり，待つ余裕がある．それに，彼は利益プールを追いかけるのを好む」．デル社の次の一手は，プリンタ事業への参入かもしれない．なぜなら，それは魅力的な利益プールであるから，と Wolf は考えている．

　興味深いことに，HP社などの企業は大半のプリンタを赤字で販売しているが，インク・カートリッジはマージンが大きく，ものによっては60％にも達する．さらに，ステイプルズ社やオフィス・デポ社などのディーラーが30％のマージンを取る．デル社はその直販能力を活かして，カートリッジ価格を大幅に引き下げることが考えられるが，これはHP社の利益を圧迫することになろう．もしデル社がプリンタ事業に参入する決断を下すとしたら，そのねらいはプリンタやカートリッジの販売で利益を得ることではなく，「プリンタの利益プールを枯渇させ，パソコンやPCサーバ市場でのHP社の競争力を弱める」ことと Charles Wolf は見ている．

　HP社は，印刷や画像事業の利益をパソコン事業に注ぎ込まざるを得ず，これが赤字の原因になっている．デル社の挑戦でカートリッジ価格が下落すれば，HP社はゆくゆくパソコン価格の引き上げを余儀なくされるかもしれない．もちろん，それに対するデル社の対抗策としては，横並びでパソコン価格を引き上げ，より高いマージンを得るか，または価格を低く維持して市

場シェアをとる，という二つが考えられる．専門家たちは，Michael Del が市場シェアの拡大を選ぶと見ている．

　行く手に困難を予想した HP 社は，2002年7月にデル社へのプリンタ供給を中止した．その一方で，デル社は買収またはレックスマーク社などのプリンタ・メーカーとの提携によってプリンタ事業に参入するのでは，という憶測は今なお消えていない．

討論課題
1．デル社はプリンタ事業でどのような戦略をとるべきか．また，HP 社としては，プリンタやカートリッジに関するデルの挑戦的な価格戦略に対してどのような対抗策が考えられるか．
2．パソコン事業においてデル社がライバル会社を上回ると思われるコア・コンピタンスはどのようなものか．

注

1　Gary Hamel, "Bringing Silicon Valley Inside," *Harvard Business Review* 77 (September/October 1999) : pp.78-79.
2　Regis McKenna, *Relationship Marketing : Successful Strategies for the Age of the Customer* (Reading, Mass. : Addison-Wesley, 1991), p.4.
3　The discussion in this section draws on George S.Day, *Market Driven Strategy : Processes for Creating Value* (New York : The Free Press, 1990), chap.14 ; and Subra Balakrishnan, "Benefits of Customer and Competitive Orientations in Industrial Markets," *Industrial Marketing Management* 25 (July 1996) : pp.257-269 ; see also Ajay K.Kohli and Bernard J.Jaworski, "Market Orientation : The Construct, Research Propositions, and Managerial Implications," *Journal of Marketing* 54 (April 1990) : pp. 1 -18.
4　Peter F.Drucker, "Management and the World's Work," *Harvard Business Review* 66 (September/October 1988), pp.65-76.
5　Day, *Market Driven Strategy*, p.358.
6　This section is based on George S.Day, "The Capabilities of Market-Driven Organizations," *Journal of Marketing* 58 (October 1994) : pp.37-52.See also John C.Narver, Stanley F.Slater, and Brian Tietje, "Creating a Market Orientation," *journal of Market Focused Management*, no. 2 (1998) : pp.241-255.
7　Frank V.Cespedes, *Concurrent Marketing : Integrating Product, Sales, and Service* (Boston : Harvard Business School Press, 1995), pp.267-270.
8　Ibid., chap.10.
9　James Brian Quinn, *Intelligent Enterprise : A Knowledge and Service Based Paradigm for Industry* (New York : The Free Press, 1992), p.136.
10　Anil Menon, Sundar G.Bharadwaj, Phon Tej Adidam, and Steven W.Edison, "Antecedents and Consequences of Marketing Strategy Making : A Model and a Test," *Journal of Marketing* 63 (April 1999) : pp.18-40.
11　Day, Market Driven Strategy, p.375.
12　Except where noted, this discussion is based on Gary Hamel, *Leading the Revolution* (Boston : Harvard Business School Press, 2000), pp.70-94.
13　George S.Day, *Strategic Market Planning : The Pursuit of Competitive Advantage* (St.Paul, MN : West Publishing, 1984).
14　George S.Day and Robin Wensley, "Assessing Advantage : A Framework for Diagnosing Competitive superiority," *Journal of Marketing* 52 (April 1988) : pp. 3 -4.
15　James Brian Quinn, "Strategic Outsourcing : Leveraging Knowledge capabilities," *Sloan Management Review* 40 (summer 1999) : pp. 9 -21.
16　Andy Serwer, "Dell Does Domination," *Fortune*, 21 January 2002, pp.70-75.

17 Hamel, *Leading the Revolution*, p.78.
18 Ibid., p.90.
19 This discussion draws on Frederick E.Webster Jr., "The Changing Role of Marketing in the Corporation," *Journal of Marketing* 56 (October 1992) : pp. 1 -17.See also Webster, "The Future Role of Marketing in the Organization," in *Reflections on the Future of Marketing*, ed.Donald Lehmann and Katherine E.Jocz (Cambridge, Mass : Marketing Science Institute, 1997), pp.39-66.
20 Ibid., Webster, "The Changing Role of Marketing," p. 1 1.
21 Noel M.Tichy and Stratford Sherman, *Control Your Destiny or Someone Else Will* (New York : Doubleday, 1993), p.26 ; see also Jack Welch and John A.Byrne, *Jack : Straight From the Gut* (New York : Warner Books, 2001).
22 Christine Moorman and Roland T.Rust, "The Role of Marketing," *Journal of Marketing* 63 (Special Issue 1999) : pp.180-197.
23 Gary L.Frankwick, James C.Ward, Michael D.Hutt, and Peter H.Reingen, "Evolving Patterns of Organizational Beliefs in the Formation of Marketing Strategy," *Journal of Marketing* 58 (April 1994) : pp.96-110 ; see also Michael D.Hutt, Beth A.Walker, and Gary L.Frankwick, "Hurdle the Cross-Functional Barriers to Strategic Change," *Sloan Management Review* 36 (spring 1995) : pp.22-30.
24 Orville C.Walker Jr., Robert W.Ruekert, and Kenneth J.Roering, "Picking Proper Paradigms : Alternative Perspectives on Organizational Behavior and Their Implications for Marketing Management Research," in *Review of Marketing*, ed.Michael J.Houston (Chicago : American Marketing Association, 1987), pp. 3 -36.
25 Frankwick, Ward, Hutt, and Reingen, "Evolving Patterns of Organizational beliefs," pp. 107-108.
26 Robert A.Burgelman and Andrew S.Grove, "Strategic Dissonance," *California Management Review* 38 (winter 1996) : pp. 8 -28.
27 Gary Hamel and C.K.Prahalad , "Strategic Intent," *Harvard Business Review* 67 (May /June 1989) : pp.63-76.
28 Burgelman and Grove, "Strategic Dissonance," p.10.
29 Mark B.Houston, Beth A.Walker, Michael D.Hutt, and Peter H.Reingen, "Cross-Unit Competition for a Market Charter : The Enduring Influence of Structure," *Journal of Marketing* 65 (April 2001) : pp.19-34.
30 David Kirkpatrick, "Andy Grove : The PC Industry Won't Be the PC Industry," *Fortune*, 24 May 1999, p.160 ; and Clayton M.Christensen, Michael Raynor, and Matt Verlinden, "Skate to Where the Money Will Be," *Harvard Business Review* 79 (November 2001) : pp.73-81.
31 The Following is based on Soren M.Kaplan, "Discontinuous Innovation and the Growth Paradox," *Strategy & Leadership* 27 (March-April 1999) : pp.16-21.

32　Geoffrey A.Moore, *Inside the Tornado : Marketing Strategies from Silicon Valley's Cutting Edge* (New York : Harper Collins, 1995), p.13.
33　Kaplan, "Discontinuous Innovations," p.17.
34　W.Chan Kim and Renée Mauborgne, "Creating New Market Space," *Harvard Business Review* 77 (January/February 1999) : p.87.
35　Clayton M.Christensen, *The Innovator's Dilemma : When New Technologies cause Great firms to Fail* (Boston : Harvard Business School Press, 1997).
36　Kaplan, "Discontinuous Innovations," p.21.
37　Kathleen M.Eisenhardt, "Speed and Strategic Choice : How Managers Accelerate Decision Making," *California Management Review* 32 (spring 1990) : pp.49-56. See also Kathleen M.Eisenhardt, "Strategy as Strategic Decision Making ," *Sloan Management Review* 40 (summer 1999).pp.65-72.
38　Eisenhardt, "Speed and Strategic Choice," p.50.
39　"General Electric : The House that Jack Built," *The Economist*, 18 September, 1999, pp.23-26.
40　Michael D.Hutt and Thomas W.Speh, "The Marketing Strategy Center : Diagnosing the Industrial Marketer's Interdisciplinary Role," *Journal of Marketing* 48 (fall 1984) : pp. 53-61 ; see also Jeen-Su Lim and David A. Reid, "Vital Cross-Functional Linkages with Marketing," *Industrial Marketing management* 22 (February 1993) : pp.159-165.
41　Charles H.Noble and Michael P.Mokwa, "Implementing Marketing Strategies : Developing and Testing a Managerial Theory ," *Journal of Marketing* 63 (October 1999) : pp. 57-73.
42　Joseph E.McCann and Thomas N.Gilmore , "Diagnosing Organizational Decision Making Through Responsibility Charting," *Sloan Management Review* 25 (winter 1983) : pp. 3-15.
43　Mark Veverka, "Michael Dell's Plan to Hobble Hewlett-Packard," *Barron's* 15 July 2002. p.T3.

第10章

グローバル市場のための産業財マーケティング戦略

国内市場のみに目を向けている産業財のマーケターは，巨大な国際市場に潜む機会や，競合相手の挑戦分野を見逃すことになる．この章では，以下の項目がテーマとなる．

1．特定産業のグローバル化を推進する力．
2．国際市場への多様な参入手法と各種形態の国際進出が持つ戦略的意義．
3．国際戦略の特徴的タイプ．
4．グローバル戦略の必須要素．

中国は，欧米諸国が何十億ドルも投資してきた工業化の一段階―すべての家庭と企業を電話線で結ぶニーズ―を一気に飛び越えようとしているが，それを手助けしているのがモトローラ社である[1]．モトローラ社の携帯電話は，電話線網が整備されていない地域の顧客に貴重なソリューションを提供しており，同社の中国市場での売上げは今や，全世界の売上高の15％を占めるに至っている．将来的に見て，中国市場のポテンシャルは莫大だが，スウェーデンのエリクソン社やフィンランドのノキア社などのライバルとの競争が激化するものと思われる[2]．

　GE社，IBM社，インテル社，ダウ・ケミカル社，アルコア社，テキサス・インスツルメンツ社，ボーイング社，キャタピラー社，モトローラ社など，多くの大手産業財のマーケティング企業が収益の相当部分を国際市場から得ている．これらの企業はまた，多数の運営施設を全世界に展開している．例えばモトローラ社は，中国だけで12,000名余の従業員を雇用している．また，名前がさほど知られていない無数の小規模な企業も，国際市場の顧客と強力な絆を築いている．グローバル市場への参入は，会社の営業基盤を拡大して売上げや利益を強化するだけでなく，競争優位を獲得するための重要な手段となり得る．多様な国際顧客のニーズを満たすことが企業の学習を促進し，製品特性や品質の改善をもたらす．

　この章で取り上げるテーマは三つに分かれる．まずは，市場や競合相手に対するマネージャーの考え方を変えつつある，業界におけるグローバル化の推進要因に注目する．続いて国際市場への参入方法について説明し，最後にグローバル戦略の中心的要素を取り上げる．

1．グローバル化の推進要因

　世界中の企業が外国市場への進出を通じてグローバル化を進めている背景には，いくつかの要因が存在する．貿易障壁が崩壊しつつある今，コンピュータ，ファストフード，電子部品，ボルトやナットなどなど，どんな製品市場にも外国企業との競争が存在する．また，国内市場の成熟も企業にグローバル化を促している．例えば，広大な国内市場を抱える米国の企業は概

図10.1　業界のグローバル化の可能性を推進する外部要因

市場要因
- 同質的な市場ニーズ
- グローバル顧客
- 製品ライフサイクルの短縮
- 移転可能なブランドと広告
- 流通チャネルの国際化

経済要因
- 製造や流通における世界的な「規模の経済」
- 学習曲線の急上昇
- 世界的な調達効率化
- 国別コストの著しい較差
- 製品開発コストの上昇

グローバル戦略の可能性

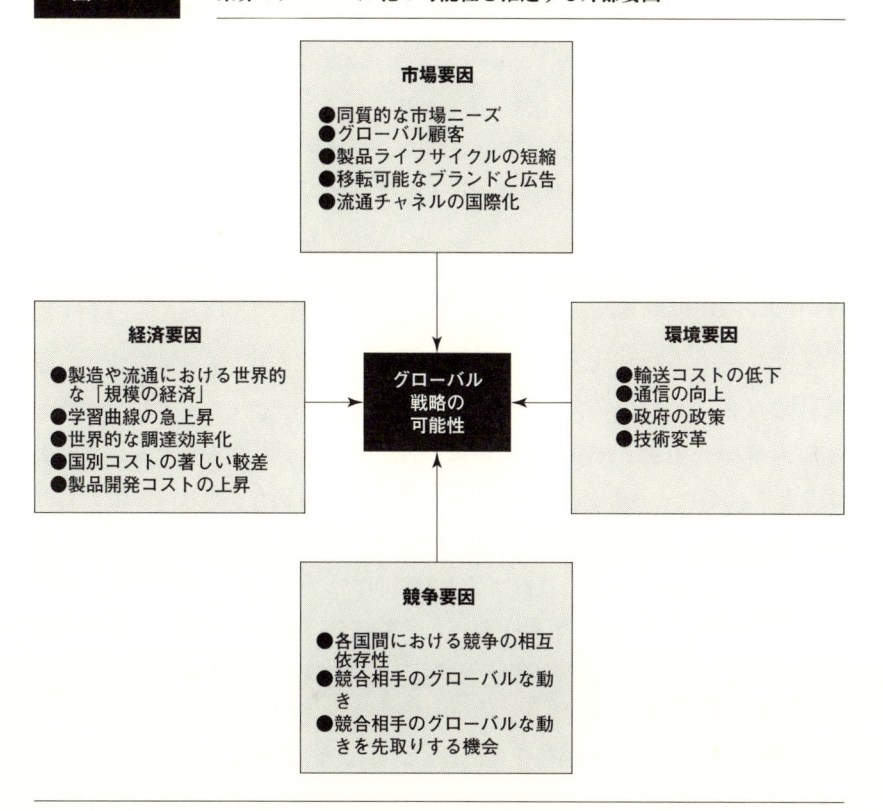

環境要因
- 輸送コストの低下
- 通信の向上
- 政府の政策
- 技術変革

競争要因
- 各国間における競争の相互依存性
- 競合相手のグローバルな動き
- 競合相手のグローバルな動きを先取りする機会

出所：George S. Yip, Pierre M. Loewe, and Michael Y. Yoshino, "How to Take Your Company to the Global Market," *Columbia Journal of World Business* 23 (winter 1988)：p.40.許可を得て転載.

して，国際化ではヨーロッパや日本の企業に遅れをとっているが，これらの企業の多くが現在，豊富な外需が将来の成長を押し上げることに気づいている．

　産業財のマーケターが市場機会を国際的に追求しようと思ったら，まず自らの業界においてグローバル化がどの程度進んでいるか評価する必要がある．業界の中には，コンピュータや自動車など，その性格からして元々グローバルなものもあれば，食品などのように，その方向に進みつつあるものもあるが，その一方で，セメントなど，頑として国内市場にとどまっている

ものも依然存在する．業界のグローバル化の可能性を推進する要因は，市場，経済，環境，競争の四つが考えられる（図10.1参照）[3]．「市場」要因とは，グローバル製品に対する顧客の受容性を決めるものであり，「経済」要因は，グローバル戦略の追求によって得られるコスト・メリットの大きさに影響する．また，「環境」要因は，土台として必要なインフラの整備状況に関するものであり，「競争」要因は，他国の競合相手の動きに対抗するよう企業に促す．

1－1．市場要因

　市場のグローバル化を推進する主要な要因としてもっとも頻繁に取り上げられるのが，顧客ニーズの同質化が世界的に進行しているという主張である[4]．世界のさまざまな国の顧客が基本的に同じ種類の製品やサービスを欲するとき，グローバルな製品やブランドを販売する機会が存在する．製品市場によっては，類似する興味や反応傾向を示すグローバル・セグメントが発見される可能性があるが，これが普遍的傾向かどうかという点については結論が出ていない[5]．だが，消費財よりも産業財やハイテク製品（工作機械，コンピュータなど）のほうがグローバルなブランド戦略に適すると予想する調査結果もある[6]．

　産業財市場の場合，多国籍企業は世界的に共通するニーズや要求事項を持っている可能性がとくに高い．このようなグローバル顧客はサプライヤーを世界的に捜し求め，調達した製品やサービスを多くの国で使用する．シティグループは取引業者の多くに対し，全世界の支店や地域オフィスに同一の製品を提供することを求める．グローバル顧客の存在が，ブランド名や企業イメージを統一する世界共通のマーケティング・プログラムを可能にすると同時に，それを求めているのである．また，グローバル規模または少なくとも地域規模で購買を行う一部の流通チャネルは，標準化したマーケティング・プログラムの発展性と重要性を高めるものと思われる．

　多様な情報を提供するインターネットは，世界中の人々の購買能力はもとより，学習やコミュニケーションの能力を高める．例えば，GM社の台湾商取引サイトには，毎月15万人もの人々がアクセスする．同社は台湾における

売上げの30%をインターネットで得ようとしているほか，そこの製造システムに手を加え，消費者がオンラインで自動車をカスタマイズして注文できるようにする計画もある[7]．

１－２．経済要因

　企業が規模の経済を実現したり，R&D や生産設備への投資の必要性を正当化したりする上で，一国の市場では大きさが十分でない可能性がある．もし製品の標準化が可能であれば，多くの国の市場に参入することによって，ある地点における規模を拡大することができる．また，国際市場への進出は，学習と経験の蓄積を促進する効果もある．例えば，新世代コンピュータの膨大な開発コストを償却するとなると，もっとも大規模な国内市場でさえ小さすぎるかもしれない．国内にとどまらず，世界や地域の市場に向けた製品を開発すると，製品開発コストの削減が可能になる．

　部品や原材料のサプライヤーを世界的に求めることによっても，コスト・メリットを手にすることができる．ゼロックス社，フォード社，ワールプール社などの企業は，グローバルに展開する工場の原材料調達を調整することによってコスト削減を実現した[8]．最後に，グローバル企業は，国際間の要素費用やスキルの較差を利用することができる．例えば，ドイツの時間当たりの人件費はスペインの２倍に相当する．企業が低コスト国に活動を集中させれば，生産性の向上またはコスト削減が可能になる．もちろん，こうしたメリットは，外国の競合相手を訓練する危険性と天秤にかける必要がある．

◎産業財マーケティングの内側◎
世界的なインターネット利用状況：追跡に役立つサイト

http : //www.telegeography.com
インターネットの世界的発展を示す図表を掲載．
http : //www.nua.ie/surveys/how_many_online/index.html

第10章　グローバル市場のための産業財マーケティング戦略

> インターネット利用に関する国別データ．
> http://www.nielesen-netratings.com
> 国別アクセス数上位10傑ウェブサイト（プロパティ）のデータ．
> http://www.ebusinessforum.com
> 100カ国以上の通信およびインターネット業界に関する豊富な情報．
> http://www.altavista.com
> ブラウザ翻訳ツール．
>
> 出所：Mauro F. Guillen, "What Is the Best Global Strategy for the Internet," *Business Horizons* 45 (May-June 2002)：p.45.

1－3．環境要因

　ホスト国の政府は，貿易政策，規制や奨励策を通じてグローバル化の可能性に影響を与える．貿易自由化政策は，市場参入の拡大を支援する環境をつくり出す．欧州連合（EU）における貿易政策の調和，米国・カナダ・メキシコによる北米自由貿易協定，環太平洋地域の交易圏の形成などはいずれも好ましい兆候と言える．Christopher Lovelock および George S. Yip は，日本以外のアジア，中南米，東ヨーロッパの台頭により，北米，西ヨーロッパ，日本という「三極」で活動するだけではもはや真のグローバル企業とは呼べないと指摘している[9]．

　通信や物流システムの改善により，企業によるグローバル規模での事業管理能力が飛躍的に向上した．携帯電話，インターネット，ファクス，国際的なコンピュータ・ネットワークなどの急速な普及が，高度に調和されたグローバル戦略を容易にする．また，即応性の高い輸送システムと，コンピュータ化された在庫管理方式とが相まって，財を遠く離れた市場に移動させるのに必要な時間とコストを削減する．例えば，欧州連合による貿易政策の調和は加盟国間の物の流れをスムーズにし，物流コストを低下させている．

■**環境保護**　世界各国の政府は環境に対して無責任な行動をとる企業に対し，規制や法的措置の拡大を通じて断固たる姿勢をとっている．さらに消費者サイドでも，環境に優しい商品を求める傾向がますます強まりつつある．一流のグローバル企業は，顧客その他の重要な利害関係者にとって，環境安全性がある種の価値となることを理解している．デュポン社のチャド・ホリデー会長兼 CEO は，次のように述べている．「世界の生態系の破壊が続き，社会が衰退していけば，21世紀に成功する企業はなくなるでしょう．そこで，我がデュポン社では，エネルギー使用量を増やさずに温室効果ガスの排出量を 3 分の 2 削減するなど，2010年に向けてさまざまな挑戦的目標を掲げています」[10]．また同社は，環境ソリューションに重点を置いた事業拡大計画をいくつか実行している．だが，環境面で製品差別化戦略を成功させるには，三つの要件を満たす必要がある[11]．

- 環境品質に対して顧客が喜んで負担してくれる気持ちを持っていることを確認あるいはその気持ちを創造する．
- 製品の持つ環境上の利点について信頼できる情報を確立する．
- 競合相手に模倣されないイノベーションを実現する．

1−4．競争要因

　企業は，各国間における競争の相互依存性を構築することによって，自らの業界のグローバル化の可能性を引き上げることができる．George S. Yip は，これは活動の分担を通じて実現するとし，次のように主張する．

> 生産などの活動が国際間で共有されると，企業の一国における市場シェアがその規模と，共有された活動におけるコスト・ポジション全体に影響する．その規模とコストの変化が，共有された活動に依存するすべての国での競争ポジションに影響することになる[12]．

　グローバル指向は企業に対し，それぞれの競合相手と肩を並べるか，先ん

じる動きをするよう促す可能性がある．フォード社が生産の集中や活動の共有によって効率を改善させたことで，日本のメーカーは，増産でコストをカバーするために参入市場を増やすよう迫られている．また，米国市場の通信事業が日本のライバル会社の脅威にさらされたモトローラ社は，国内市場の防衛に努めつつ，日本市場獲得に向けた継続的努力を開始した．その結果，同社は国内での市場リーダーの地位を維持しつつ，日本でもある程度の成功を収めている．日本政府がモトローラ方式を携帯電話の国家規格に採用したことなどが，その一例である．

◎産業財マーケティングの内側◎
環境のための画期的ソリューション

　一流の戦略担当者は，世界的に増加傾向にある環境規格を満たすべく画期的手法を採用する企業は，グローバル市場で競争優位を獲得することができると指摘する．

- カミンズ・エンジン社は，トラックやバス用の低公害ディーゼル・エンジン——米国の環境規制に刺激されたイノベーション——を開発し，類似のニーズが広がっている国際市場で確固たる地位を築いた．
- 3M社は，溶剤排出の削減を義務付ける新規制に適合するため，安全性の高い水性溶液で製品をコーティングするという，溶剤をまったく使用しない方法を開発した．この貴重な先行者利益により，同社は競合他社より優位に立った．
- 製品のリサイクルを容易にする規格を定めた法律が日本で成立したのを受け，日立は電気製品の設計を変更して分解時間が少なくてすむようにした．その過程で，部品数は洗濯機で16％，電気掃除機で30％削減された．部品が少ないと，製品の分解だけでなく，製造までもが容易になる．

出所：Michael E. Porter and Claas van der Linde, "Green and Competitive : Ending the Stalemate," *Harvard Business Review* 73 (September/October 1995) : pp.120-134 ; and Forest L. Reinhardt, "Environmental Product Differentiation," *California Management Review* 40 (Summer 1998) : pp.43-73.

| 図10.2 | 国際的に展開するマーケティングにおける関与形態のいろいろ |

関与度・低   関与度・高

輸出   契約締結   戦略的提携   ジョイント・   マルチドメス   グローバル戦略
                                ベンチャー   ティック戦略

複雑度・低   複雑度・高

2．国際市場への参入方法[13]

　効果的なマーケティング戦略を国際的に展開するためには，企業が国際市場に参入するためのいろいろな方法を理解しておく必要がある．そして，参入形態を選択する際は，自社の国外市場での経験と，国際的関与の進展段階を勘案しなければならない．表10.2は，国際市場に参入するための種々の方法を整理したものである．輸出など関与度の低い方法から，グローバル戦略のような非常に複雑な形態まで幅広い．一つひとつ見ていこう．

2−1．輸出

　産業財企業が外国市場と接触する場合，最初は「輸出」という形態をとるのが普通だろう．なぜなら，これが関与度やリスクのもっとも少ない方法だからである．製品を自国内の一，二カ所の工場で生産し，相手国それぞれの流通業者や輸入代理店を介して販売を行う．その市場に深く関わり合えるだけの資源がないとか，政治リスクや経済リスクを最小限に抑えたい場合，あるいはその国の市場の要求事項や文化的規範に精通していない場合，輸出は現実的な参入戦略と言える．

　輸出は，柔軟性が維持されリスクが少ない反面，相手国における将来の事業発展はあまり見込めない．そもそも輸出ではマーケティング・プログラムを直接管理することができないため，活動の調整や戦略の実行，顧客やチャネル・メンバーとのトラブルの解決が困難になる．George S. Day は，輸出企業側における関与度の低さに顧客が感づく理由を，次のように説明する．

多くの国際市場の顧客は，代理店をはさむ形で企業と長期的関係を築くことを好まない．それは，企業が市場との関係を長く維持する意志があるのか，それとも少しでも悪い兆候が現われれば，即撤退するつもりなのか定かでないからである．これは米国企業が多くの国で悩まされてきた問題であり，明確な信念もなくあちこちの国に進出しては，利益が出たところですぐ引き上げる，という汚名を晴らしつつあるのは最近のことである[14]．

2－2．契約締結

　国際市場への参入形態で，関与度と複雑度が輸出よりもいくぶん高いのが「契約締結」であり，細かく見ると，(1)ライセンス契約，(2)フランチャイズ契約，(3)マネジメント・コントラクトなどの方法がある．

■ライセンス契約　「ライセンス契約」とは，ある企業が別の企業に対して，ロイヤルティその他の形での対価と引き換えに自らの知的財産を使用することを認めるものである．知的財産には，商標，特許，技術，ノウハウ，社名などが含まれる．要するにライセンス供与は，「無形資産の輸出」と言える．

　ライセンス契約という参入戦略は，国外市場への設備投資もいらなければ，強力なマーケティング能力も必要ない．経営の時間や資本という大きな関与なしに外国市場を試す手段となる．ライセンスの供与を受ける側（ライセンシー）は通常，現地企業で，政府の措置に対してクッションの役目を果たすため，政府の政策に伴うリスクを緩和する効果も期待される．ホスト国の規制が強化される中，ライセンス契約とは，輸出や対外直接投資に門戸を閉ざしている国外市場に産業財のマーケターとして進出するのを可能にする方法である．

　ただし，ライセンス契約には問題点もある．第一に，ライセンシーは将来，大きなライバルになる可能性があるため，この種の契約に前向きでない企業もある．第二に，ライセンス契約では期限を設定するのが普通であり，当初の契約締結後に期限を延長することも考えられるが，国によってはこうした延長を簡単に認めないところがある．第三に，自ら輸出したり相手国で

製造したりする場合に比べ，ライセンスに対する支配力は弱い．

■フランチャイズ契約　「フランチャイズ契約」は，親会社（フランチャイザー）が別の独立企業体（フランチャイジー）に所定の方法で事業を遂行する権利を認めるものであり，一種のライセンス契約とも言えなくはない．この権利は，フランチャイザーの製品の販売のほか，名称，生産方法やマーケティング手法，全般的な経営手法の使用などが対象になる．フランチャイズは米国企業，とりわけサービス会社に対し，低コストで国外市場に参入し，自らのスキルを現地市場の知識や起業家精神と併せて活用できる魅力的な手段を提供してきた．ただし，現地政府の干渉は，国際市場におけるフランチャイズ方式にとって大きな障害となる．例えば，コンピュータランド社のマニラ店は，フランチャイズやロイヤルティに対する政府規制によって全種類のサービスを提供することができず，同社のフランチャイズは分裂に追い込まれた．

　こうした問題点はあるものの，規模の大小を問わず産業財のマーケターにとって，フランチャイズは実行可能な国外市場参入の手段となる．例えば，米国ニュージャージー州を拠点とするハイテク紙メーカー，オートメーション・ペーパーズ社は選定した外国市場において，フランチャイズを利用して総代理店契約を結び，意欲あふれる営業スタッフを手に入れた[15]．フランチャイジーは，同社の商標使用や現地社員の各種トレーニングを受ける権利のほか，同社の経験，信用力，広告プログラムを活用することができる．

■製造委託契約　近年，契約締結を利用する参入形態で，他にも脚光を浴びているものがある．その一つである「製造委託契約」は，国外のメーカーに製品の生産を委託し，それをその国またはそれ以外で販売するというものである．この場合，製造委託製品が所定の品質基準を満たすようにするため，支援が必要になることもある．この方式がもっとも適するのは，直接投資を行うほどのポテンシャルが現地市場にない場合や，輸出による参入が阻止されるか，または質の高いライセンシーが見つからないような場合である．

■マネジメント契約　これは，海外事業の拡張を目指す企業の多くによって利用されてきた方法である．「マネジメント契約」では，産業財企業は，クライアントに統合的サービスを提供するスキルをまとめて提供する．完全所有やジョイント・ベンチャーによる資本参加が不可能な場合や，現地政府の認可を得られない場合，マネジメント契約が事業参加の手段となる．この方式は，コンピュータ・サービス，ホテル管理，食品サービスなどサービス部門で採用され，効果を上げている．Michael R. Czinkota および Ilka A. Ronkainen によれば，マネジメント契約は「現地で入手できない組織のスキル，一から作り上げなくても即座に利用できる専門知識，相手国内で模倣するのは困難であるか，またはコストがかかりすぎるようなサポート・サービスの形態における経営支援を提供する」[16]ことが可能だという．

　マネジメント契約の一つの特殊な形態として，ターンキー契約（包括的請負契約）がある．この方式では，完成された運営システムと，運転および保守を自力で行えるだけのスキルがクライアントに提供される．この包括契約がオンラインになると，システムの所有，管理および運転はクライアントによって行われる．マネジメント契約は，企業が国際市場への参入によって自らの優れたスキル（ノウハウ）を商品化する手段となる．

◇産業財マーケティングにおける倫理◇
賄賂とさまざまな企業慣行

　国際市場を相手にするマーケティング・マネージャーは，自国の規制が現地の商習慣と相容れないためにジレンマに陥るケースが少なくない．例えば，米国の外国腐敗行為防止法は，米企業がビジネス目的で外国の当局者に賄賂を贈ることを禁止している．この法律には多くの米国企業が異議を唱えており，この種の贈収賄防止法の規制を受けずに活動している他国企業に国際市場で太刀打ちできない，というのがその根拠である．また，米国はその道徳規範を，賄賂や汚職が珍しくない他の文化にまで適用すべきではない，と主張するマネージャーも多い．ホスト国でもっとも一般的な競争方法を企

業が自由に採用できるようにすべきだ,と彼らは考えている.その一方で,賄賂を認めれば,倫理に反した商習慣が横行するようになる,という反論も聞かれる.

GE 社の Jack Welch 前 CEO は,会社の方針で賄賂を禁止したからといって GE 社の競争力が低下することはないとし,次のように述べている.

グローバル企業の場合,賄賂なしでは成功できないという.だが,技術力を備えるほうがもっとよい.だからこそ,わが社がタービン事業などで成功しているのだ.もっとも優れたガスタービンを提供しているからなのだ.サプライヤーとして低価格で提供することも重要だが,品質と価格と技術という三つがそろってはじめて勝利を手にすることが可能になる.そうすれば,人に後ろ指を指されることもない.

Welch は,規則をあれこれ並べ立てたり,倫理問題を細かく議論したりせず,一つの簡単な問いかけによって GE 社の社員一人ひとりの良心に直接訴えかける.「毎朝起きて鏡をのぞくとき,そこに映った自分の顔を堂々とした気持ちで眺めることができるか?」

出所:Michael R. Czinkota and Ilka A. Ronkainen, *International Marketing*, 2d ed (Hinsdale, Ill.: The Dryden Press, 1990)pp.112-121 ; and Noel M. Tichy and Stratford Sherman, *Control Your Destiny or Someone Else Will* (New York : Doubleday,1993) pp.111-114.

2-3. 戦略的提携

戦略的提携は,産業財のマーケティングを行なう多くの企業のグローバル戦略においてますます大きな役割を担うようになった.Frederic Webster Jr. はこの戦略的提携を,「パートナーの競争力強化を目的とした,資本および経営資源の拠出を伴う協働」[17]と定義している.市場や技術へのアクセス,製造やマーケティング活動における規模の経済,パートナー間でのリスクの

共有など，戦略的提携のメリットは数々ある．

グローバルな戦略的提携は，大きな可能性を秘めると同時に，管理面で特殊な問題も存在する．明らかにされている障害に，次のようなものがある[18]．

- マーケティングや製品設計の決定方法がパートナー間で大きく異なるため，調整や信頼の面で問題が生じる．
- ある国ではスキルを最高の形で組み合わせられるパートナー同士が，別の国ではサポートし合うことができず，グローバル規模での提携が進まない．
- めまぐるしい技術革新により，今日はパートナーとして魅力的であっても，明日はそうではなくなるケースがよくあり，提携関係が長続きしない．

グローバルな提携の管理に熟達している企業は，パートナー選びを慎重に行う．パートナー候補は，資源，関係（顧客やチャネルなどとの関係），評判，能力（マーケティング，R&D など），個性／文化という五つの分野について強みや適性が評価される．提携関係が確立されると，活動の調整や意見の衝突のコントロールのほか，グローバル市場の絶えず変化する顧客をつねに意識した提携戦略を実現するため，効果的な関係性管理のスキルが必要になる．

2－4．ジョイント・ベンチャー

企業が国際的に資本参加する場合，その方法は100％所有から小数株主持分まで，多種多様な形態がある．国際市場で成功するための条件として，完全所有が望ましいが，必ずしも不可欠というわけではない．そこで，ジョイント・ベンチャー（合弁事業）が現実味のある選択肢となる．ジョイント・ベンチャーでは，国外市場での製品の生産か販売，またはその両方を行うことを目的とし，米国企業とホスト国企業などの間で共同所有契約が締結される．戦略的提携とは異なり，ジョイント・ベンチャーでは会社の新設を伴う．各パートナーの持分は，同じに設定する場合もあれば，一つの企業が株式の過半数を保有する場合もある．パートナーがジョイント・ベンチャーに

拠出するものもさまざまで，財源，技術，販売組織，ノウハウ，生産設備などが考えられる．成功例としては，ゼロックス社と富士写真フイルム社による50対50のジョイント・ベンチャーが挙げられる．このジョイント・ベンチャーを通じて日本市場への進出を果たしたゼロックス社は，そこで学習した価値ある品質管理スキルによって製品の改善を図るとともに，キヤノン社やリコー社といった日本の主要ライバルに対する理解を深めた．このジョイント・ベンチャーは30年以上にわたって続いている[19]．

■ジョイント・ベンチャーのメリット　ジョイント・ベンチャーにはいくつかのメリットが存在する．第一に，多くの国外市場において唯一の参入方法となる．発展途上国の大半，さらには先進国の一部でも，市場への進出を希望する外国企業に対し，ジョイント・ベンチャーの設立や受諾を政府が義務付けているからである．第二に，単独では実現できない市場機会が実現する可能性がある．大前研一はそのあたりの論理を，次のように説明する．

　例えば，あなたが自国で製薬会社を経営しているとしましょう．日本で販売したい優れた医薬品があるのに営業力がなかったとしたら，あなたの国で販売したい有望な製品を抱えながら，やはり販売組織がない日本の企業を見つけるのです．二つの魅力的な医薬品をお互いの販売網で流せば，両社ともコストは変わらず，利益を倍増させることができるでしょう．莫大なコストをそれぞれが自分で全部負担するなんて馬鹿げています．．．それよりも，双方が協力することで，お互いに余分なコストをかけないほうが得策です[20]．

　第三に，ジョイント・ベンチャーのほうが，当局などの現地機関や顧客との関係が円滑化する可能性がある．現地パートナーによってジョイント・ベンチャーがホスト国の文化や環境に順応し，変化する市場ニーズへ対応し文化的感受性を意識するようになる．

■ジョイント・ベンチャーの問題点　ジョイント・ベンチャーの関係を維持する過程で問題が生じることがある．ある調査によれば，ジョイント・ベン

チャーの50％以上が解散など期待を裏切る結果に終わっている[21]. その原因としては，機密情報の開示に伴う問題，利益の配分方法に関する意見の食い違い，経営スタイルをめぐる衝突，戦略の方向性に関する認識のズレなどが挙げられる．パートナーの選択時に検討すべき，もう一つのリスクを指摘する専門家もいる．それは，解消となった場合の状況に関するものである. Michael R. Czinkota および John Woronoff は，「将来手ごわいライバルになる可能性のある，知識の豊富な同業者と組むべきか，流通業者もしくは他部門の製造業者を選ぶべきか判断する必要がある」[22]と警告する．

■参入形態の選択　国際市場に初めて参入するときは，輸出，ライセンス契約や製造委託契約からジョイント・ベンチャーや完全子会社まで，これまで述べてきた参入形態すべてが検討対象になるだろう．ハイリスクの市場では，ライセンス契約や製造委託契約，小数株主持分によるジョイント・ベンチャーなど，関与度の低い形態を採用することによって，資本参加に伴うリスクを緩和することができる．ただし，ライセンス契約や製造委託契約など資本参加を伴わない参入形態は，関与度やリスクは少なくてすむが，支配や財務成績の面では思い通りにならないかもしれない．それに対してジョイント・ベンチャーや完全子会社は，より高度な事業支配や高い収益が期待される．

　参入形態の選択は，市場の規模やその成長可能性によっても変わってくる．Susan Douglas および Samuel Craig は次のように指摘する．

> 関税障壁に守られた小規模な市場なら，ライセンス契約や製造委託契約がもっとも費用対効果が高いかもしれない．だが，規模の経済が成立する可能性があれば，輸出が望ましいかもしれない．その場合，現地市場のポテンシャルが高まれば…生産およびマーケティングを遂行する子会社を現地に設立することも考えられる[23]．

　いくつかの国外市場に事業が設立されると，外国における機会評価からそれぞれの国における市場開拓へと関心が移る場合が多い．現地の競合相手に

対抗する必要が生じたときや，現地市場におけるシェアをもっと上げたい場合，市場開拓への関心の移行はさらに促進される可能性がある．計画や戦略の焦点は国によって異なる．

2－5．マルチドメスティック戦略とグローバル戦略

　グローバル市場へのもっとも複雑な参入形態は，マルチドメスティック戦略とグローバル戦略である．多国籍企業は以前から，各国に位置する子会社がそれぞれの国内市場の中で競争することを許容する「マルチドメスティック戦略」によって国外での事業経営を行ってきた．多国籍企業の本部は，マーケティングの方針や財務管理を調整するほか，R&Dや一部の支援活動を一元化する場合もある．一方，各子会社は戦略事業単位のような存在で，グループ全体に収益と成長をもたらすことを期待される．多国籍企業はその国際的活動を，ポートフォリオのように管理することができる．マルチドメスティック産業の例としては，小売業の大部分，建設，金属製造，多くのサービスが挙げられる．

　それに対して「グローバル戦略」は，複数の国にまたがって高度に統合された戦略的選択でもって競争優位の獲得をねらう[24]．この戦略が適するのは，現地への適合はほとんど必要なく，グローバル化のメリットがとくに期待される国外市場をターゲットとするような標準化された中核部品などが例として挙げられる．グローバル産業の典型的な例としては，民間航空機，家電，各種産業機械などが挙げられる．取引高や市場シェアで大きなメリットを得ようと思えば，米国，ヨーロッパ，それに日本に注目することになろう．バリューチェーンの概念によって，マルチドメスティック戦略とグローバル戦略の主要な相違点が明らかになる．

■グローバル戦略の例：アプライドマテリアルズ社[25]　アプライドマテリアルズ社は，半導体製造装置業界におけるグローバル市場のリーダーである（写真10.3参照）．半導体の世界的メーカーとして，またインテル社へのサプライヤーとして，同社は自らのミッションを次のように説明する．「当社は半導体製造装置を生産し，それがチップを生み出し，そのチップが製品を

構成し，その製品が世界を変革する」．1967年の創立直後，日本の新興チップ・メーカーや欧米の顧客を対象に装置の販売を開始した．アプライドマテリアルズ社は，完全子会社を日本に設立した世界初の半導体装置メーカーであり，後には急成長を遂げる日本の半導体産業をサポートする大規模な技術センターも建設している．

　地域の技術センター：グローバルな半導体業界が拡大を続けるにつれ，アプライドマテリアルズ社は，顧客に近接する地点に大規模な技術センターを建設するという戦略をとった．センターは，日本の技術センターおよび米国サンタクララの本社にある中核的な技術開発センターに加え，韓国，台湾，英国，イスラエル，テキサス州オースティンにも設立された．これらのセンターには，顧客が同社製品を特定の生産要求事項に適合させるためのデモ用装置が設置されている．顧客にとっては，専門の技術スタッフが自社施設（製造工場）の近くに配置されていることもメリットである．

　地域の顧客管理組織：地域の顧客管理組織は，顧客の声に耳を傾けるとともに，顧客ニーズを評価し，そのニーズに応える目的で設立された．各チームは，専門知識が豊富で，現地の文化や政府規制にも精通した人間で構成され，全世界の顧客の要求事項を満たすこと全般に責任を負う．アプライドマテリアルズ社は，その世界的インフラと地域の顧客管理組織により，世界の主要半導体メーカーの多くと長期的関係を維持・促進することに成功している．こうした国際市場の顧客は，同社の売上げの3分の2近くを占める．

2－6．国際戦略とバリューチェーン[26]

　Michael E. Porter は，国内または国外における競争優位の源泉を解明すべく，企業の活動を分類している．その枠組みを示したものが，図10.4のバリューチェーンである．製品の物理的製造，マーケティングおよび物流のプログラム，アフター・サービスに関するものが主活動であり，その遂行を可能にするインフラや投入物を供給するのが支援活動となる．どの活動にも，調達された投入物，人的資源，さらに技術の組み合わせが活用される．また，企業のインフラは，全般管理などの機能も含め，バリューチェーン全体を支える．Porter は，必要な活動をライバル会社よりも低コストで行う能

| 図10. 3 | アプライドマテリアルズ社：グローバル戦略のインフラ |

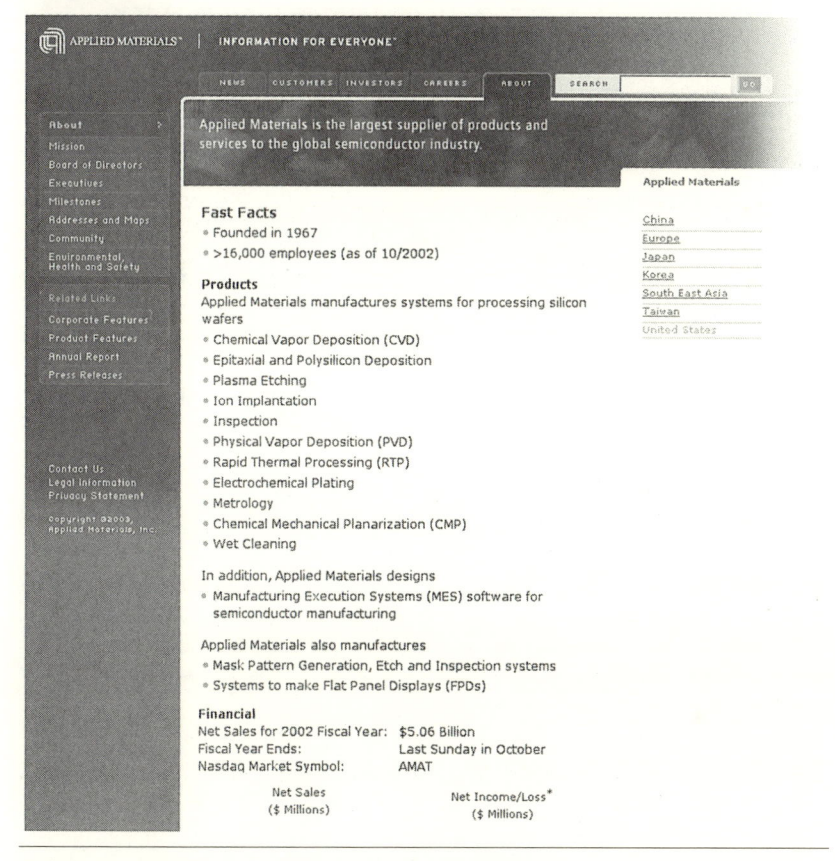

出所：Applied Materials, Inc. の好意により，許可を得て転載．

力，または顧客価値を創造しかつ，割高な価格を受け入れさせるような特異な方法で諸活動を遂行する能力から競争優位は生まれると主張する．要するに，これらの競争優位の源泉は低コストか差別化なのである[27]．国際市場で競争する企業は，活動を各国にどう配分するか決めなければならない．この決定では，活動を川上と川下に区別することが重要になる（図10. 4参照）．

川下活動には顧客のロケーションと密接に結び付いた主活動が含まれる．例えば，日本市場への参入を望む産業財のマーケターの場合，現地のサービ

| 図10.4 | バリューチェーン：川上活動と川下活動 |

		企業インフラ			
		人的資源管理			
		技術開発			
		調達活動			
購買物流	製造オペレーション	出荷物流	マーケティングと販売	サービス

マージン

←―― 川上の価値活動　　　　　　　　　　　川下の価値活動 ――→

出所：Michael E. Porter, "Changing Patterns of International Competition," *California Management Review* 28 (winter 1986) : p.16より転載．Copyright 1986 by the Regents of the University of California. 理事の許可を得て転載．

ス網を整備する必要があるだろう．一方，川上活動（製造オペレーションなど）および支援活動（調達など）は，顧客のロケーションと直接の結び付きはない．例えば，キャタピラー社は世界の需要を満たすため，二，三の大規模な製造設備を使用してコンポーネントを生産している．

　企業の戦略により，バリューチェーン活動の具体的編成とその組み合わせ方が決まってくる．特定の製品やサービスを生み出す活動を調整したり，特定の市場セグメントの特殊なニーズに対応したり，ある特定の種類の顧客に対してより効率的な市場アクセスを確保したりすることで，さまざまな戦略的ポジションを獲得することができる．この所見は，貴重な戦略的洞察の基礎となる．川下活動によって生み出される競争優位は大概，その国固有のものであり，会社の評判やブランド，サービス網は，特定の国での企業活動か

ら生まれる．川上活動や支援活動における競争優位は，特定の一国におけるポジションよりも，企業が競争している国のネットワーク全体から生じる部分が大きい．

■競争優位の源泉：マルチドメスティック戦略とグローバル戦略　川下活動（顧客に直接結び付けられるもの）が競争優位に重要な場合，マルチドメスティックな競争パターンが一般的である．マルチドメスティック産業では，企業は外国市場のそれぞれにおいて個別の戦略を追求する．すなわち，それぞれの国における競争は，他国での競争から実質的に独立している（アルミ産業のアルコア社，制御装置産業のハネウェル社など）．

　川上活動および支援活動（技術開発，オペレーションなど）が競争優位に不可欠な産業では，グローバル競争がよく見られる．グローバル競争の産業は，一国における企業の競争ポジションが他国でのポジションによって大きく影響される（半導体産業のモトローラ社，民間航空機産業のボーイング社など）．

■配置と調整　グローバル市場における競争を，配置と調整という二つの要素で分析すると，国際戦略に関してさらに見えてくることがある．「配置」とは，個々の付加価値活動を遂行する場所を決めることであり，活動拠点の数も含まれる．具体的には，一つの生産工場で世界に対応するような集中から，各国に工場を配し，それぞれが完全なバリューチェーンを持つ分散までの範囲がある．生産などの活動を一カ所に集中すると，規模の経済や学習の迅速性を実現することができる．逆に，活動を複数地点に分散させると，輸送や保管コストの削減，現地市場の特徴に合わせた活動，ある国の市場の状況についての学習の促進といった効果が期待される．

　「調整」とは，さまざまな国で遂行される類似した活動の調和を図ったり，互いに組み合わせたりすることである．例えば，ある企業が工場を米国，英国，日本に持っているとしたら，それらの工場の活動は互いにどういう関係にあるだろうか．調整のレベルや活動の遂行方法はいろいろ考えられるため，調整の選択肢は無数に存在する．三つの工場を操業している企業の

図10.5　国際戦略の分類

	地理的に分散	地理的に集中
付加価値活動の調整　高	多額の海外投資と子会社間の広範な調整〔グローバル〕	もっともシンプルなグローバル戦略〔インターナショナル〕
低	ドメスティック企業がそれぞれのエリアで独立的に操業する多国籍企業の国別戦略〔マルチ・ドメスティック〕	マーケティング機能が分散された輸出ベースの戦略〔ドメスティック〕

付加価値活動の配置

出所：Michael E. Porter, "Changing Patterns of International Competition" *California Management Review* 28 (winter 1986) p.19より転載. Copyright 1986 by the Regents of the University of California. 理事の許可を得て転載.

場合，極端な例として各工場を独立して運営する方法がある（特異な生産プロセス，特異な製品）．またはその逆に，情報システムを統合し，同じような特徴をもった製品を製造するなど，三つの工場の活動を細かく調整する方法もあるだろう．ダウ・ケミカル社は，購買，製造，流通の機能を需給パターンの変化に応じて世界的にシフトさせられる企業向けソフトウェア・システムを活用している[28].

■国際戦略の分類　考えられるいくつかの国際戦略を図10.5に示した．もっとも純粋なグローバル戦略では，活動をできるだけ一カ国に集め，そこを拠点に世界市場に対応し，顧客の近くで遂行する必要のある活動（サービスなど）については細かく調整する．例えばキャタピラー社は，日本の手ごわいライバル会社，コマツ社との闘いをグローバルな観点からとらえる．同社

は，世界的な売上高をもとに規模の経済を十分活用する自動生産システムの採用に加え，グローバル・ディーラー網における活動を注意深く調整している．この統合されたグローバル戦略は，費用と効果の面でキャタピラー社に競争優位をもたらしている[29]．またボーイング社は，ワシントン州シアトルの拠点から世界市場に対応しつつ，販売やサービス活動を全世界の顧客と密接に調整しており，やはり純粋なグローバル戦略の好例と言える．このボーイング社に対して，全世界の航空会社をめぐる激しい受注競争をしかけている欧州航空企業のコンソーシアム，エアバス・インダストリー社は，強力かつ賢明なライバルである[30]．

図10.5には，他の国際戦略パターンも示されている．例えばキヤノン社は，製造や支援活動を日本に集中させながら，世界の各地域にあるマーケティング子会社にかなり自由を認めている．つまり，キヤノン社は輸出ベースの戦略をとっているわけである．それに対してゼロックス社は，活動によって集中させているものと分散させているものとがある．だが，調整はきわめて高度で，ゼロックス社のブランド，マーケティング手法，さらにサービス戦略は世界的に標準化されている．Michael E. Porterは次のように述べている．

> 国際戦略はしばしば，世界的標準化をとるか現地適応化をとるか，あるいは経済的事情（大規模な効率的施設）を重視するか，政治的事情（現地調達，現地生産）を重視するかの選択だとみなされてきた…企業が国際戦略を選択する際は，バリューチェーン全体を通じた配置・調整によって競争優位を追及することになる[31]．

◎産業財マーケティングの内側◎
キヤノン社は独自の競争ポジショニング戦略で勝利を手にする

ゼロックス社は，明確に定義された効果的な戦略を駆使して，1960年代から70年代のコピー機市場を席巻した．その戦略とは，大手法人顧客をターゲ

ットとし，その高速・大量のニーズを満たすコピー機を開発することだった．同社はターゲット市場の特徴を踏まえ，ディーラーや流通業者よりも自社の営業チームを使い，製品を販売せずリースする方法をとった．ゼロックス社の戦略が成功するのを見たIBM社とコダック社は，それぞれコピー機市場に参入し，この高収益市場におけるゼロックス社のシェアを奪おうとした．ところが，先行者利益を手にしたゼロックス社とは裏腹に，挑戦者である大企業二社はこの市場で大きな成果を得ることはできなかった．なぜだろうか．ある戦略エキスパートは，「IBM社とコダック社はこの業界で特異な競争ポジションを築くことができなかった．ゼロックス社からシェアを奪い取ろうとしたその戦略は，所詮，二番煎じにすぎない」と指摘する．

一方，日本のライバル，キヤノン社は，別の道を選んだ．同社は個人向けコピー機も生産し，ターゲットを中小企業に絞った．また，リースよりも販売を選択し，自前の営業力ではなくディーラー網を利用した．また，ゼロックス社のコピー機がスピードを追求したのに対し，キヤノン社は品質と価格で差別化を図った．ゼロックス社のように何百名ものサービス・スペシャリストを雇うことはせず，ディーラーが容易にサービスも提供できる，単純で信頼性の高い製品設計に努めた．IBM社とコダック社を尻目にキヤノンの戦略は成功し，市場シェアは20年ほどの間に0％から35％へと上昇した．キヤノン社は，業界リーダーの戦略を模倣せず独自戦略を採用することで，特異な競争ポジションを獲得したのである．

出所：Constantinos C. Markides, "A Dynamic View of Strategy," in *Strategic Thinking for the Next Economy*, ed. Michael A. Cusumano and Constantinos C. Markides(San Francisco : Jossey-Bass, 2001), pp.131-155.

3．グローバル戦略の全体的枠組み[32]

　グローバル戦略の必要性は，個々の業界における国際的な競争の性質によって決まる．多くの産業がマルチドメスティックであり，機能部門間の連携

| 図10.6 | グローバル戦略の全体的枠組み |

グローバル戦略
- ユニークな競争ポジションを足場にする
- 国際市場で一貫性のあるポジショニング戦略をとる
- 各事業の拠点（ホームベース）を明確にする
- 製品ラインごとに拠点を変える
- 活動を分散して拠点のメリットを拡大する
- 分散した活動を調整・統合する

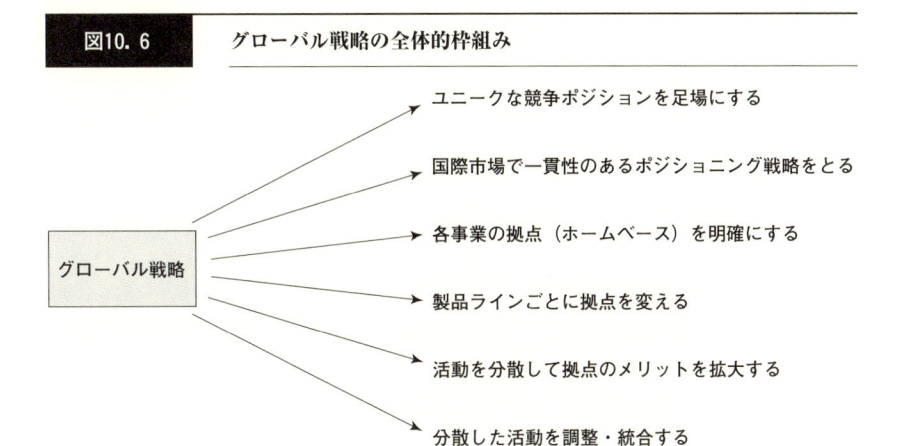

出所：Michael E. Porter, "Competing Across Locations : Enhancing Competitive Advantage through a Global Strategy," in *On Competition*, ed. Michael E. Porter (Boston : Harvard Business School Press, 1998), pp.309–350.

はほとんどなく，競争は国ベースで行われることを思い出してほしい（建設業や多くのサービス業など）．こうしたマルチドメスティック産業では，一連の国別に異なる戦略の開発が焦点になり，グローバル戦略は必要ない．それに対して真にグローバルな産業では，一国における企業のポジションが他国でのポジションに大きく影響するため，グローバル戦略が必要になる．統合的なグローバル戦略を用いて国際的に競争するためには，図10.6に示した選択を行う必要がある．

3−1．ユニークな競争ポジションを足場にする

　産業財のマーケティング企業は，もっともユニークな競争優位を有する事業や製品ラインを最初にグローバル化すべきである．国際的な競争で成功するためには，コストか差別化のいずれかで意味のある優位性を獲得しなければならない．

　だとすれば，企業は競合相手より低コストで活動を行う能力か，顧客価値を創造し，割高な価格を受け入れさせるようなユニークな方法で諸活動を遂行する能力を持たなければならない．例えば，デンマークに本社を持つノボ

ノルディスク・グループ（Novo）は，インシュリンおよび工業用酵素を輸出する世界的企業である．同社は，高純度のインシュリン開発やインシュリン投与技術の改良を通じて差別化を実現し，欧米や日本の医療市場において強力な競争ポジションを獲得した．

3－2．国際市場で一貫性のあるポジショニング戦略をとる

グローバル戦略では，製品やサービスを国ごとに調整するのではなく，自社のユニークな戦略的ポジショニングを維持・活用しながら，すべての重要な海外市場に参入するための長期的なキャンペーンを根気強く推進する必要がある[33]．小さな国を拠点とする企業にとって最大の障害の一つは，あらゆる顧客セグメントに対応する必要が生じた場合や，わずかな市場ポテンシャルを獲得するために製品の品揃えを拡張しなければならない場合である．だが，一貫したポジションを維持することにより，企業独自の戦略が強化され，戦略の照準をずっと広い国際的機会に集中させておくことができるのである．

3－3．各事業の拠点（ホームベース）を明確にする

企業本社のロケーションは，歴史的背景が関係する場合もあり，さほど重要ではないが，戦略が異なる事業については，競争のための明確な拠点を設ける必要がある．Porterは，「事業の拠点とは，戦略を設定し，中核部品やプロセス技術を創造・維持し，必要不可欠な量の高度な生産やサービス活動が位置する場所のことである」[34]と定義している．例えば，ホンダ社の自動車とオートバイはともに日本を拠点とし，同社のR&Dスタッフの95％はそこに配置され，中核となるエンジン研究もそこで行われる．また，ヒューレット・パッカード社では，製造，R&Dおよび管理部門用施設の77％は米国に位置しているが，そこに置かれているマーケティング部門用の施設は同社全体の43％にとどまる．専門的知識を有するR&Dマネージャーたちは，同社の拠点から世界市場を担当し，電子的手段や定期的訪問を通じて世界の子会社に彼らの知識を移転している．地域の子会社は，プロセス指向のR&D活動や現地のマーケティングに責任を負う．

拠点は，必要な資源（投入物）やサポート産業（専門業者など）にもっともアクセスしやすい国または地域に配置するのがよい．このようなロケーションは，生産性やイノベーションのメリットを活用する上で最適な環境を提供するからである．ホンダ社やヒューレット・パッカード社の主要事業はそれぞれ，サプライヤー・ネットワークから強力なサポートを受けている．拠点はまた，諸活動を一元化する統合ポイントとしての機能もあり，その事業ユニットに対し世界的に明確な責任を負うべきである．

3－4．製品ラインごとに拠点を変える

製品ラインが拡大・多様化するにつれ，拠点とする国を製品ラインごとに変えたほうがよい場合もある．特定の製品ラインを主導する責任は，最大の地の利を有する国に割り当てるのが効果的だからである．そして各子会社は，自らが最大の優位性（専門業者など）を有する製品に特化し，全世界の顧客に対応するようにする．例えばヒューレット・パッカード社の場合，多くの製品ラインは米国外に拠点があり，小型インクジェット・プリンタなどはシンガポールが本拠地である．またホンダ社は，アコードのステーションワゴンの製品ラインの拠点作りを米国で始めた．この車種の構想・設計・開発は，カリフォルニアとオハイオにある同社のR&D施設の共同作業によるものであった．

3－5．活動を分散して拠点のメリットを拡大する

拠点は中核的活動が集中している場所であるが，その他の活動は企業の競争ポジションを拡張するねらいから分散させてもよい．その際は，次の三つの分野の潜在機会について検討する必要がある．

1．購買における競争優位の獲得
　イノベーション・プロセスに重要でない，原材料や汎用構成部品などの投入物は，もっとも費用効果の高いロケーションから調達しなければならない．
2．市場アクセスの確保または改善
　活動によっては市場の近くに配置することで，外国の顧客に熱意ある姿勢を

示すとともに，既存または予想される政府命令への対応や，現地のニーズに合わせた製品展開が可能になる．例えば，ホンダは米国の施設に20億ドル以上を投資している．
3．他のロケーションにおける競争優位の選択的活用

グローバルな競争をしている企業が一部の活動を他国のイノベーションの中心地に配置すると，自国における重要なスキルや技術を向上させることができる．そのねらいは拠点を補完することであり，拠点の変更ではない．例えばホンダ社は，スタイリングに関するノウハウはカリフォルニアで，高性能な設計能力についてはドイツで吸収している．これは同社が資金提供する現地の小規模な設計センターを通じてなされ，これらのセンターから日本の拠点に知識が移転される．

3－6．分散した活動を調整・統合する

地理的に分散した活動を調整する際は，言葉や文化の違い，個々のマネージャーや子会社の報酬体系とグローバル企業全体の目標との調整など，大きな困難を伴う．効果的な調整を実現するためには，グローバル企業は次のような一貫した措置を講じる必要がある．

- ●各国のスタッフが理解し易い明確なグローバル戦略を確立する．
- ●一貫性のある情報システムや会計制度を世界的規模で開発し，業務調整を容易にする．
- ●各地の子会社のマネージャー間で個人的関係と知識移転を促進する．
- ●子会社の業績だけでなく，企業全体への総合的貢献度が評価されるようなインセンティブ制度を慎重に設計し，活用する．

◎産業財マーケティングの内側◎
IBM社におけるグローバル顧客管理

GE社などの大口のコンピュータ顧客は，世界的に一貫したサービスやサポートを求めている．この種の顧客はサプライヤーに対して，国際的互換性のある機器の供給，調和のとれた対応，国を越えて整合性のあるシームレスなサービス提供を期待する．IBM社では，こうした重要なグローバル顧客の特殊なニーズを満たすため，特定国際顧客（SIA）プログラムを開発した．このプログラムで対象とする顧客の選定は，潜在的売上高，国際的な拠点でのIBM社製品のインストール基盤，IBM社の製品・サービスに対する予想需要を基準にして行われる．

IBM社では，各顧客に世界ベースで対応するアカウント・マネージャーを各SIA顧客の本社近くに配置し，サポートを提供している．George S. Yipおよび Tammy L. Madsen は次のように説明している．「SIAプログラムでは，世界全体で一定量以上の製品を購買する顧客に値引きが適用される（国際大量購入契約）．クライアントは同一製品の購買量を累積させていくと，その量に応じて所定の率の値引きを受けることができる」

出所：George S. Yip and Tammy L. Madsen, "Global Account Management: The Next Frontier in Relationship Marketing," *International Marketing Review* 13, no.3(1996) : p.32.

4．まとめ

　国際戦略を開発する産業財のマーケターは，まず業界のグローバル化の可能性を評価する必要がある．この可能性には，市場，経済，環境，競争の各要因が影響する．例えば，グローバルな標準化製品に対する顧客の受容性は市場要因によって決まるし，グローバル戦略がコスト・メリットを生むかどうかは経済要因で決まる．また，インターネットは世界の顧客に便利さを与えると同時に，産業財のマーケターによる顧客との個別的関係の構築も容易にしてくれる．

ある国の市場に進出しようとする産業財のマーケターは，参入戦略を決める必要がある．輸出，契約締結（ライセンス契約など），戦略的提携，ジョイント・ベンチャーなどのいろいろな方法がある．さらに高度な参入形態として，多国籍企業が採用しているマルチドメスティック戦略という手法がある．この方式では，対象とする国ごとに個別の戦略が実行されることになる．国際市場への参入がもっとも進んだ段階が，グローバル戦略である．この戦略を採用している企業は，各国間で高度に相互依存した戦略を追及することによって競争優位の獲得を目指す．グローバル戦略は，R&Dや製造といった主活動が競争優位の獲得に重要な意味を持つ業界で一般的に見られる．製造などの活動がどこで行われるか，そうした活動が各国間でどのように調整されるか調べてみると，企業の国際戦略が浮かび上がってくる．

　グローバル戦略は，明確な競争優位をもたらす特異な競争ポジションを足場にするとよい．国際競争でもっとも成功が見込めるのは，できるだけユニークな優位性を持つ事業や製品ラインだからである．事業の拠点とは戦略が設定される場所のことであり，製品ラインによっては別の国に拠点を置いたほうがよいものもある．中核的活動は拠点に配置するが，その他の活動は会社の競争ポジション強化のねらいから分散させることも可能である．競争を勝ち抜いているグローバル企業は，分散された活動の調整や統合に特殊な能力を発揮している．調整はポジショニングを明確にするとともに，各国子会社のマネージャーたちにグローバル戦略コンセプトを深く理解させる．

4－1．討論課題

1．欧州航空企業のコンソーシアムであるエアバス社は，ボーイング社と熾烈な競争関係にあり，座席100以上の航空機市場にシェア50％を獲得するという長年の目標の実現を目指している．UPS社や英国航空などの顧客が航空機を選定する際，どのような基準で検討すると思われるか．旅客機市場で競争優位を形成する重要な要素は何だろうか．
2．一流のグローバル企業は，「環境に優しい」製品が世界の顧客にある種の価値を提供することを理解している．環境セグメンテーションの戦略が成功するためには，どのような条件を満たさなければならないか．

3．新しい携帯電話を導入するにあたって，ノキア社は米国，ヨーロッパおよびアジアで同じ広告メッセージを用いているのはなぜだと思われるか．
4．グローバル製品という考え方の前提になるのは，顧客のニーズが世界的にますます同質化しつつあるという事実である．この傾向は，産業財より消費財に見られるだろうか．また，市場細分化戦略の終焉を暗示するものだろうか．
5．いくつかの業界のグローバル化を推進している競争要因と経済要因はどのようなものか．
6．ミシガンを拠点に，GM社，フォード社，クライスラー社などの構成部品を生産している，ある小さな企業が，ヨーロッパや日本の市場への進出をねらっているとする．どの種類の市場参入戦略がもっとも適切と思われるか．
7．グローバル企業というのは，本社で下される決定を実行する海外子会社の集団ではない．バリューチェーンの概念を参考にして，グローバル戦略とマルチドメスティック戦略を比較してみよう．
8．国ごとの競争優位はバリューチェーンの川下活動から生まれるというが，それはなぜか．
9．ヒューレット・パッカード社が米国外に位置する子会社に主要製品ラインの責任を担わせているのはなぜだと思われるか．
10．グローバル戦略は，明確な競争優位をもたらす特異な競争ポジションが足場になる．この戦略が世界的に一貫した方法で実行されるようにするには，グローバルに競争する企業はどのような策を講じるとよいか．

4−2．インターネット演習

実に多様な情報を提供するインターネットは，学習や通信，そしてもちろん買い物などを容易にすることで，人々に便宜を提供している．ウェブサイト（http://www.nua.ie/surveys/how_many_online/index.html）にアクセスし，ヨーロッパとアジア太平洋地域におけるインターネットの推定利用者数を調べてみよう．

◎ビジネス事例　イリジウム社：頓挫した世界規模の衛星電話システム[35]

　イリジウム社は，いつでも，どこからでもかけられる電話を通じて通信に革命を起こそうとした．モトローラ社を最大の出資者とし，中国やロシアの政府機関を含む国際的支援者の連合に後押しされた同社の目玉は，地球を取り巻く66個の低軌道衛星であり，理論上は，世界のもっとも離れた地点から電話をかけることを可能にするはずだった．ところが，このシステムが鳴り物入りで導入されて9カ月が経過しても，顧客は2万人ほどしか集まらなかった．1億ドルもの巨費を投じた国際的マーケティング・キャンペーンは，失敗に終わったのである．その理由を以下に列挙する．

- ポケットにスッポリ収まる電話機が主流になっている市場にあって，この衛星携帯電話は重く（500グラムほどと）不安定な上に，価格も高かった（当初3,000ドル）．
- この電話機には山のような付属品が付いていて，しかもその機能がユーザーにとって難解だった．
- イリジウム社の電話やサービスをそれぞれの国で販売する責任を担った国際的なパートナー企業が，セールスチームの結成，マーケティング計画の策定，流通チャネルの構築に失敗した．
- イリジウム社の国際的広告キャンペーンで100万件以上の引き合いがあったが，各国のパートナー企業の大部分はこうした潜在顧客に対応できる営業力を備えていなかった．
- イリジウム社の国際的組織は管理が困難だった．メンバー28名で構成される取締役会では数多くの言語が飛び交い，発言がヘッドフォンを通して五カ国語に翻訳される様は，さながら国連の会議のようだった．

　イリジウム社は破産保護申請に追い込まれ，モトローラ社などの国際的パートナーはイニシアチブの再編を進めつつある．

討論課題

1．このイリジウム社の事例から，グローバル戦略についてどのような教訓が得られるか．

―― 注 ――

1 C.K.Prahalad and Jan P.Oosterveld, "Transforming Internal Governance : The Challenge for Multinationals," in *Strategic Thinking for the Next Economy* ed.Michael A.Cusumano and Constantinos C.Markides (San Francisco : Jossey-Bass, 2001), pp.249-268.
2 Joseph Kahn, "Made in China, Bought in China," *New York Times*, 5 January 2003, pp. 3 - 1 and 3 -10.See also, Erik Guyot, "Foreign Companies Bring China More than Jobs : Motorola's Deal Introduced a Firm to Quality Control," *Wall Street Journal*, 15 September 1999, p.A26.
3 The discussion of these factors draws on George S.Yip, *Total Global Strategy* : *Managing for Worldwide Competitive Advantage* (Englewood Cliffs, NJ : Prentice-Hall, 1992), chaps. 1 adn 2.See also Yip, "Global Strategy in a World of Nations," *Sloan Management Review* 31 (fall 1989) : pp.29-41 ; and Christopher H.Lovelock and George S. Yip, "Developing Global Strategies for Services Businesses," *California Management Review* 38 (winter 1996) : pp.64-86.
4 Theodore Levitt, "The Globalization of Markets," *Harvard Business Review* 61 (May/June 1983) : pp.92-102.
5 See, for example, Susan P.Douglas and Yoram Wind, "The Myth of Globalization," *Columbia Journal of World Business* 22 (winter 1987) : pp.19-29.
6 Subhash C.Jain, "Standardization of International Marketing strategy : Some Research Hypotheses," *Journal of Marketing* 53 (January 1989) : pp.70-79.
7 Fara Warner, "GM Tests E-Commerce Plan in Emerging Markets : In Taiwan, the Auto Maker Prepares to Sell Made-to-Order Cars Online," *Wall Street Journal*, 25 October 1999, p.B6.See also Mauro F.Guillén, "What Is the Best Global strategy for the Internet ? "*Business Horizons* 45 (May-June 2002) : pp.39-46.
8 Timothy M.Laseter, *Balanced Sourcing* : *Cooperation and Competition in supplier Relationships* (San Francisco : Jossey-Bass Publishers, 1998), pp. 1 -18.
9 Lovelock and Yip, "Developing Global Strategies," p.65.
10 Chad Holliday, "Sustainable Growth, the Du Pont Way," *Harvard Business Review* 79 (September 2001) : p.130.
11 Forest L.Reinhardt, "Environmental Product Differentiation," *California Management Review* 40 (summer 1998) : pp.43-73.
12 Yip, "Global Strategy in a World of Nations," p.38.
13 The following discussion is based on Franklin R.Root, *Entry Strategy for International Markets* (Lexington, Mass : D.C.Heath, 1987) ; and Michael R.Czinkota and Ilka A.Ronkainen, *International Marketing*, 2d ed.(Hinsdale, Ill. : The Dryden Press, 1990).
14 George S.Day, *Market Driven Strategy* : *Processes for Creating Value* (New York :

The Free Press, 1990), p.272.
15 Czinkota and Ronkainen, *International Marketing*, pp.392-396.See also Gianni Lorenzoni and Charles Baden-Fuller, "Creating a Strategic Center to Manage a Web of Partners," *California Management Review* 37 (spring 1995) : pp.146-163.
16 Czinkota and Ronkainen, *International Marketing*, p.493.
17 Frederick E.Webster Jr., "The Changing Role of Marketing in the Corporation," *Journal of Marketing* 56 (October 1992) : p.8.
18 Thomas J.Kosnik, "Stumbling Blocks to Global Strategic Alliances," *Systems Integration Age*, October 1988, pp.31-39.See also Eric Rule and Shawn Keon, "Competencies of High-Performing Strategic Alliances," *Strategy & Leadership* 27 (September-October 1998) : pp.36-37.
19 David P.Hamilton, "United It Stands-Fuji Xerox Is a Rarity in World Business : A Joint Venture That Works," *Wall Street Journal*, 26 September 1996, p.R19.
20 Kenichi Ohmae, "The Global Logic of Strategic Alliances," *Harvard Business Review* 67 (March/April 1989) : p.147.
21 Arvind Parkhe, "Building Trust in International Alliances," *Journal of World Business* 33 (winter 1998) : pp.417-437.
22 Michael R.Czinkota and Jon Woronoff, *Unlocking Japan's Markets : Seizing Marketing and Distribution Opportunities in Today's Japan* (Chicago : Probus, 1991), p. 157.
23 Susan P.Douglas and C.Samuel Craig, "Evolution of Global Marketing Strategy : Scale, Scope, and Synergy," *Columbia Journal of World Business* 24 (fall 1989) : p.53.
24 Yip, "Global Strategy in a World of Nations," pp.33-35.
25 *Applied Materials Annual Report*, 1998, pp.14-19.
26 Michael E.Porter, "Changing Patterns of International Competition," *California Management Review* 28 (winter 1986) : pp. 9 -40 ; see also Porter, *Competitive Advantage : Creating and Sustaining Superior Performance* (New York : The Free Press, 1985).
27 Porter, "Changing Patterns," p.13.
28 Thomas H.Davenport, "Putting the Enterprise into the Enterprise System," *Harvard Business Review* 76 (July/August 1998) : pp.121-131.
29 Donald V.Fites, "Make Your Dealers Your Partners," *Harvard Business Review* 74 (March/April 1996) : pp.84-95.
30 Alex Taylor Ⅲ, "Blue Skies for Airbus," *Fortune*, 2 August 1999, pp.102-108.
31 Porter, "Changing Patterns," p.25.
32 This section is based on Michael E.Porter, "Competing Across Locations : Enhancing Competitive Advantage through a Global Strategy," in *On Competition*, ed.Michael E. Porter (Boston : Harvard Business School Press, 1998), pp.309-350.

33 Ibid., p.331.
34 Ibid., p.332.
35 Leslie Cauley, "Losses in Space : Iridium's Downfall : The Marketing Took a Back Seat to Science," *Wall Street Journal*, 18 August 1999, p.A1.

第11章

産業財市場のための製品管理

顧客にソリューションを提供する製品は，産業財マーケティング戦略の中核的な力となる．顧客に優れた価値を提供する一連の製品やサービスを統合する企業の能力は，産業財マーケティング・マネジメントの心臓である．この章では，以下の項目がテーマとなる．

1．中核部品——コア・コンピタンスと最終製品を目に見える形で結び付けるもの．
2．競合相手を上回る価値を顧客に提供することの戦略的重要性．
3．産業財の分類，および製品ポジショニングの意義．
4．強力なハイテク・ブランドの構築法．
5．技術ライフサイクルの各段階にわたる戦略的な製品管理法．

Gary Hamelはこう主張する.「どの業界でも, 価格と性能の比率, すなわち, 資金量X単位で価値量Y単位を購入できるという関係が存在する. 問題は, その比率を, できれば大幅に改善できるかどうかである…」[1]. 賢明なマーケティングとは, 会社や製品に関して斬新な考え方をし, 他に差をつけられる方法を選択することである[2]. 市場における産業財のマーケターの独自性は, 提供する製品やサービスを通じて確立される. 製品の計画や管理を慎重に行わないと, 市場ニーズに適さない製品を投入したり, 既存の製品ラインにほとんど貢献しない品目を独断的に追加したり, 収益的には排除されるべき弱い商品を維持していたり, といった過ちを犯すことになりかねない.

　製品管理は市場の分析や選定と直結している. 製品は市場のニーズに合わせて開発され, ニーズが変化すれば, それに応じて修正される. マーケティング担当者は, 産業財市場細分化, 市場ポテンシャル予測などの需要分析ツールを駆使して機会の評価や参入可能な市場セグメントの選択を行い, そこから製品政策の方向性が決定される. つまり, 製品政策は市場選定と不可分な関係にあるわけである. 製品と市場の適合性を事前に評価する際, 企業は新たな市場機会を評価し, 競合相手の数と積極性を見きわめるとともに, 自身の強みと弱みを判断する必要がある. マーケティング機能は, 組織の特異なスキルや資源を, 市場で競争優位を獲得できるような製品やサービスに転換する重要な役割を担う[3].

　この章ではまず, 産業財を生み出す源泉であるコア・コンピタンスの戦略的意義について考え, 最先端を行く企業の特異なスキルを明らかにする. 次に, 製品の品質と価値を顧客の視点から眺め, 産業財マーケティング戦略へと直接つなげていく. さらに, 産業財はいくつかの形態をとり得るため, 産業財の製品ラインの選択肢について述べ, 製品のポジショニングおよびハイテク市場での製品管理の手法を紹介する.

1. コア・コンピタンス：産業財を生み出す源泉[4]

　樹木の強さは葉っぱだけ見てもわからないように, 産業財市場における競

合相手の強みは，その製品ラインだけ見ていてもわかるものではない．C. K. Prahalad および Gary Hamel は，次のような例えを使って説明する．「多角経営の企業は，言わば大樹である．幹や大きな枝が中核部品であり，小さな枝が事業体，葉っぱや花，果実が最終製品である．そして，栄養分や安定性をもたらす根の部分がコア・コンピタンスにあたる」[5]．3M社，ホンダ社，キヤノン社，ハネウェル社，モトローラ社といった企業が成功を収めているのも，それぞれが生み出し育ててきたコンピタンスがあるからである．

コア・コンピタンスは従業員の優れたスキル，すなわち彼らが習得した技術，その技術の独自な組み合わせ方，蓄積されている市場知識として具現化される[6]．つまり，コア・コンピタンスは組織による共同学習に他ならない（第9章参照）．顧客の視点から見て何が価値を創造するかという基本事項に重点が置かれ，技術スキルと組織スキルの両方が含まれる．例えば，ホンダ社のコア・コンピタンスは小型モーターの設計と開発にある．同社がこのコンピタンスを製品の一つに応用するためには，R&D研究員，エンジニア，マーケティング担当者たちの間で消費者ニーズや技術的可能性に対する理解を共有することが必要になる．

1−1．コア・コンピタンスを見きわめる

企業のコア・コンピタンスを見きわめるには，三つの要件をチェックしてみるとよい．第一に，コア・コンピタンスは多様な市場へのアクセスを可能にするものである．キヤノン社は精密機械，精密光学，超小型電子技術におけるコア・コンピタンスを発揮して，カメラ，レーザー・プリンタ，ファクス機，イメージ・スキャナなど多様な市場で強い競争力を持っている（図11.1参照）．コピー機の世界的リーダーを目指していたころの同社は，一カメラ・メーカーにすぎなかった．

第二に，コア・コンピタンスは，企業の最終製品に関して顧客が知覚する効用に重要な貢献をするものである．例えば，ホンダ社の小型エンジンでのコア・コンピタンスは，製品の信頼性と燃費効率という，顧客の求める重要な効用に直接結び付いている．ホンダ社は，オートバイ，自動車，除雪機，芝刈機，芝用器具など，各種製品ラインにおけるマーケティング戦略でこの

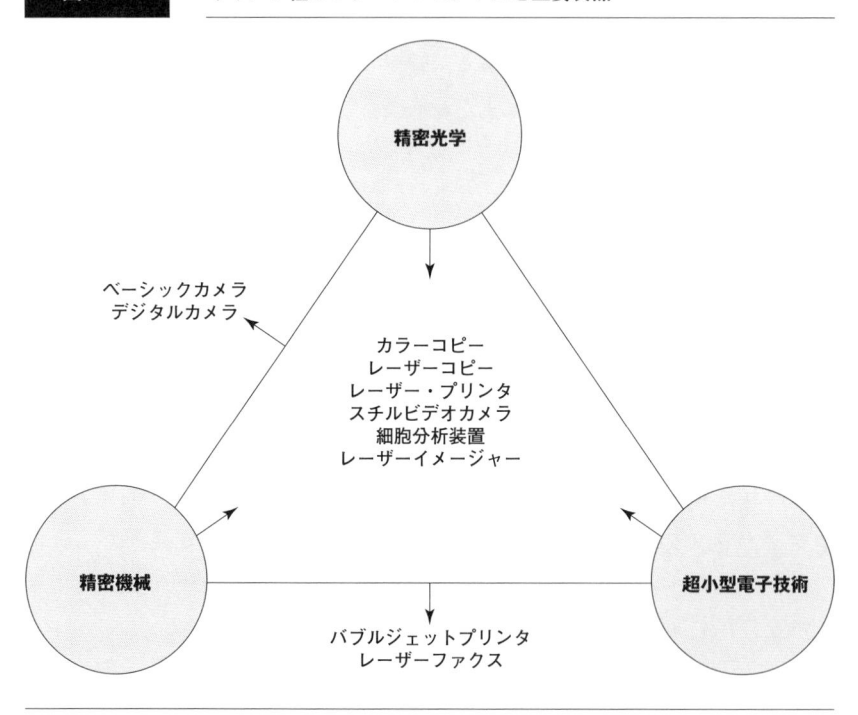

図11.1　キヤノン社のコア・コンピタンスと主要製品

```
                    精密光学
                   /       \
                  /         \
    ベーシックカメラ          カラーコピー
    デジタルカメラ           レーザーコピー
                           レーザー・プリンタ
                           スチルビデオカメラ
                           細胞分析装置
                           レーザーイメージャー
                  \         /
                   \       /
            精密機械 ——— 超小型電子技術
                    バブルジェットプリンタ
                    レーザーファクス
```

出所：C. K. Prahalad and Gary Hamel, "Core Competence of the Corporation," *Harvard Business Review* 68 (May/June 1990)：pp.75-84より一部変更の上引用.

効用を重視している．

　第三に，PrahaladとHamelによれば，「コア・コンピタンスは，競合相手が真似しにくいものでなければならず，個々の技術や生産スキルを複雑に調和したものであれば，模倣は困難である」[7]という．モトローラ社のコア・コンピタンスに貢献している生産設備や一部の技術をライバル会社が取得する可能性はあるが，調整や学習の内部パターンまで模倣するのはきわめて困難だろう．例えばモトローラ社は，数百万もの種類の中から，各顧客が求める細かな仕様に基づいて1つの種類のページャー（液晶付小型移動通信システム）を，受注から2時間以内に製造する能力を備える[8]．

1－2．リードを維持する

　マッキンゼー社のコンサルタントである Kevin Coyne Hall および Patricia Gorman Clifford は，企業は，自社のコンピタンスをもっとも模倣しやすい立場にある競合他社が，それをどれ位の期間で模倣できるか考えなければならないと指摘する[9]．その際，戦略担当者は次の三つの点について検討する必要があるという．

- わが社のコンピタンスはどの程度希少か
  希少性は，自社のコンピタンスをさまざまな業界の他社と比較することによって確認する．類似したコンピタンスの数が少なければ少ないほど，特異な能力を保有していると言える．
  例：シスコシステムズ社によるハイテク製品の開発と展開．
- そのコンピタンスを競合他社が開発するのに，どれ位の期間を要するか
  競争相手がコンピタンスを模倣し始めたとしても，優位性がすぐに浸食されることはない．模倣するとなると，コンピタンスの構築・維持に必要なスタッフの訓練，方針の修正など多数の変革が必要であり，それには数カ月，あるいは数年を要するからである．とくに困難で，時間がかかるのは，部門横断的プロセスを伴い，重要サプライヤーや最先端顧客といった外部のグループも関与するコンピタンスである．
  例：サン・マイクロシステムズ社における迅速な製品開発プロセス．
- 優位性の源泉は，競合相手が容易に理解できるものか
  競合相手のコンピタンスの源泉を正確に特定するのは難しい場合が少なくない．例えばスキルは，FedEx 社の現場実行戦略に顕著な即応性などのように，企業文化に深く埋め込まれている可能性がある．一般に，構成要素の少ないコア・コンピタンスは，無数の要素が微妙に組み合わさったものより，理解しやすく，追いつくのがずっと容易である．
  例：3M 社の戦略指針となっている豊富な非公式プロセスとコミュニケーション・ネットワーク．

1－3．中核部品から最終製品へ

　中核部品とは，コア・コンピタンスと最終製品を目に見える形で結び付け，最終製品の価値に大きく影響するコンポーネントや半組立品のことである．キヤノン社のブランドはレーザー・プリンタ市場（最終製品）にわずかのシェアしか持っていないが，デスクトップ型レーザー・プリンタ用「エンジン」（中核部品）の製造では全世界で80％以上のシェアを握っていると言われる．戦略のエキスパートたちは，収益性を予測するための指標としては，従来の最終製品の市場シェアより中核部品のシェアのほうが優れていると指摘する[10]．企業は，さまざまな市場への中核部品の提供を通じて，自らの選択したコア・コンピタンス分野を強化・拡張するための資源や市場知識を獲得する．そうすると，新しい用途の形成や新たな最終市場の開拓に主導的役割を果たすことが可能になる．

1－4．選択したコア・コンピタンスを活用する

　一流の産業財のマーケターは，すべての活動で他を圧倒することはできないことを認識し，将来顧客に対応する際に欠かせないコア・コンピタンスに人材や資源を集中させる．その典型が3M社である[11]．同社がこの数十年間成長軌道を歩んできたのは，接着剤，研磨剤，コーティング・接合という三つの重要な関連技術におけるR&Dスキルに負う部分が大きい．3M社はこれらの分野のそれぞれで，主要な競合相手をしのぐ知識基盤と深いスキルを開発している．長い年月の中で蓄積されてきたこうしたコンピタンスが，同社のユニークなイノベーション・システムと起業家精神あふれる価値観と相まって，3M社の製品を次々と成功させた．1920年代の紙ヤスリから始まり，その時々のコア・コンピタンスが統合され，Post-it®付箋紙，磁気テープ，粘着テープ，研磨布紙，写真フィルム，その他諸々の製品を生み出してきたのである．

　産業財マーケティングの戦略担当者は，製品開発に際して以下の点に留意する必要がある．

- 自社のコア・コンピタンスによって顧客に提供できる重要な効用を見きわめる．
- より多くの価値を既存顧客に提供したり，他の業界の新しい市場セグメントに参入したりするために，自社のコンピタンスを組み合わせた，斬新で魅力的な方法を考える．

1－5．製品戦略を実験する

　戦略策定には正確な予測が必要だが，世の中はもともと不確実なものである．では，製品戦略の担当者はどうしたらよいだろうか．マッキンゼー社が世界の主要成長企業30社を調査したところ，これらの会社は戦略活動の一環として，新しい市場向けに戦略の調査・実験を行っていることがわかった[12]．企業がある事業において多様な戦略コースを追求しようとするとき，戦略の実験が行われる．実際，実験される戦略の中には，既存の戦略と代替関係になるものもある．だが，戦略を手当たり次第に実験するわけではなく，事業のコア・コンピタンスを土台にしつつ，市場機会が見い出される頃を想定して仮説を組み立て，その特定の仮説がテストされるように個々の戦略を組み立てる．

　飛躍的成長を遂げている金融サービス会社，キャピタルワン社はこの実験手法を採用している．同社は常時，種々の製品市場戦略について数多くの実験を行っている．新しい戦略アイデアをスピーディーに開発し，それを市場でテストする．そして，「どれが有効で，どれが有効でないか」見きわめた後，有効な戦略を推し進め，有効でないものは除外する．このようにして，競合相手を尻目に数多くのヒット戦略を生み出すキャピタルワン社は，ある製品戦略に翳りが見え始めると，他に照準を移しながら，伝統的企業なら敬遠するようなことにも挑戦する余裕を生み出しているのである[13]．リチャード・フェアバンク会長兼 CEO は，同社の戦略手法をこう説明する．「競争がわが社の製品を陳腐化させるのを指をくわえて見ているのではなく，それを我々は自分たちの手で行うのです」[14]

2．製品の品質

　競争が世界的に拡大し顧客の期待が高まると，製品の品質と顧客価値がマーケティング担当者にとって戦略上の優先課題になる．こうした影響は，産業財市場のすべての部門に及んでいる．例えば，米国の大手製造企業の購買マネージャー700名を対象に調査したところ，その75%以上がサプライヤーに対して製品の品質向上を求めているという結果が出た[15]．また，国防総省やその他の政府組織も，調達活動で前例のないほど品質を重視している．グローバルな視点で見ても，多くの国際企業が納入業者との取引交渉で，国際標準化機構（ISO，本部ジュネーブ）の定める品質規格への適合を前提条件にしている．ISO9000と呼ばれるこの規格は，欧州連合のために開発されたものだが，広く世界で採用されている[16]．認証を取得するためには，サプライヤーは品質保証プログラムを徹底的に実証しなければならない．この認証プログラムは，外国だけでなく米国においても，ビジネスで競争するための言わば「お墨付き」的存在になりつつある．例えば国防総省は，契約ガイドラインへのISO規格の導入を進めている．製造における緻密な品質管理施策の適用に関しては，日本の企業が依然として先導的役割を果たしているが，コダック社，AT&T社，ゼロックス社，フォード社，ヒューレット・パッカード社，インテル社，GE社なども大きな進歩を遂げてきた．

　製品の品質向上の追求は，サプライチェーン全体に関係する問題である．なぜなら，顧客企業は規模の大小を問わず，サプライヤーに製品の品質改善を要求するのが普通だからだ．例えば，GE社はシックスシグマ品質の達成を全社的目標に設定している．これは，欠陥品の発生確率を100万分の3.4以下のレベルにするというものである[17]．GE社はシックスシグマ手法を活用してすべてのプロセスを測定し，欠陥につながる要因を識別し，それを排除する措置を講ずるとともに，サプライヤーにもこの手法の活用法を直接指導している．同社の報告によれば，シックスシグマは全体として何十億ものコスト削減や製品・サービス品質の抜本的改善など，目覚しい成果を生み出

したという．

2-1. 品質とは何か

品質運動はいくつかの段階を経てきた[18]．第一段階は，規格への適合，あるいは仕様を満たすことに重点が置かれた．だが，許容品質や無欠陥を実現したとしても，製品に不適切な特徴が含まれていれば顧客を満足させることはできない．続く第二段階では品質を技術特技以上のものと位置付け，品質の追求によってビジネス全体の中核プロセスを推進することを求めた．とくに，総合的品質管理（TQM）と顧客満足の測定が重要視された．だが，顧客が他の競合製品の中から特定の一製品を選ぶのは，そこに優れた価値を認識するからであり，製品の価格，性能およびサービスによってもっとも魅力的な選択肢が形成される．さらに第三段階は，企業の品質性能を競合他社のそれと比較検討し，競合製品の価値に対する顧客の認識を分析する．ここでは顧客が知覚する品質と価値の面における競合相手との比較がポイントである．さらに，製品の無欠陥から顧客の離反率ゼロ，すなわち顧客ロイヤルティへと関心が移る．ただ満足させるだけでは，自由に選択できる顧客をつなぎとめておくことはできないのである[19]．

2-2. 価値とは何か

戦略のエキスパートであるDwight GertzおよびJoão Baptistaは，次のように述べている．「競合製品と価格は変わらないにもかかわらず，ターゲット・セグメントからつねに選択されるようであれば，その製品やサービスは競争に勝っている．つまり価値は，競争状況における消費者の選択という観点から定義される」[20]Bradley T. Galeにとって，「顧客がどう定義しようと，価値とは品質が適切な価格で提供されることに他ならない」[21]．要するに，価値は価格を勘案した品質と言える．図11.2に示したように，価値は品質と価格という二つの要素から成る．さらに，品質には顧客サービスという要素も含まれる．サービスの要素については，その仕様はメーカーが設定し，それを顧客に知らせるというのではなく，消費者もその設定に参加できることを産業財マーケティングの戦略担当者は認識する必要がある．現場で

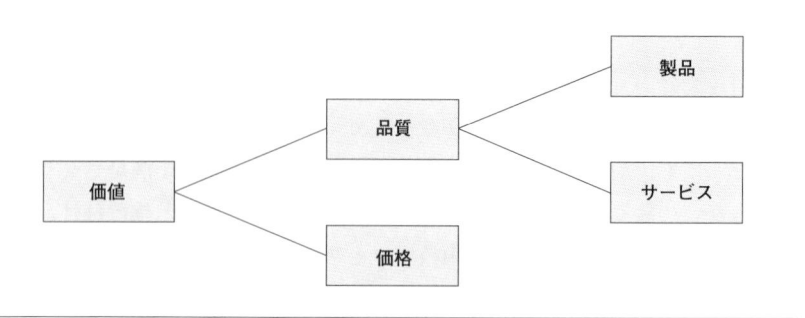

図11.2 顧客にとって価値とは何か

```
                    ┌─────┐
              ┌─────│ 製品 │
         ┌────┤     └─────┘
         │ 品質│
┌────┐   │    │     ┌──────┐
│ 価値├───┤    └─────│サービス│
└────┘   │          └──────┘
         │    ┌─────┐
         └────│ 価格 │
              └─────┘
```

出所：Bradley T. Gale, *Managing Custmer Quality and Service That Customers Can See* (New York : The Free Press, 1994), p.29より一部変更の上，引用．

販売やサービスを担当するスタッフは，サービスに対する顧客の期待を満たし，さらにはそれを超えることによって提供する製品に価値を付加する[22]．

2－3．使用によって得る価値

産業財とは，顧客が製品を購入し，使用することで手にする効用全体に他ならない[23]．これには，製品の物理および性能面の特質，販売前の技術支援，販売後に提供されるトレーニング・保守・修理サービス，確実かつタイムリーな納品支援，売り手の評判が顧客にもたらす効果などが含まれる．さらに，販売組織と購買組織のスタッフ間に密接な人間関係が築かれると，売り手と買い手の関係性そのものも効用となる．顧客が組織および個人のレベルで得る価値や満足のすべて，それが製品と言える[24]．

■ビッグQ　インテル社のThomas Hogue原材料・サービス担当副社長は，品質と価値の結び付きを次のように説明する．

> 私の言う「ビッグQ」とは，「総合的品質」と呼ぶ人もいるが，単に製品の品質だけを意味するものではない．品質は，顧客に提供するサービスのレベル，迅速な顧客対応，納品の遂行，競争力のある価格，顧客行動の傾向に対する理解や予測，つまりは顧客から見た企業の価値すべてを含むようになっ

てきている[25].

2－4．製品サポート戦略：サービス部門との連携

　優れた価値を顧客に提供することに組織のすべてが集中するようにとりはからうのもマーケティングの機能である．産業財マーケティング・プログラムは，有形の製品，サービス支援，販売の前後両方における継続的情報サービスなど，顧客の綿密な評価を受ける重要な要素を数多く含む．顧客に価値を提供し，これらのプログラムを効果的に実行するためには，産業財のマーケターは，製品の管理，販売およびサービス部門のスタッフ間の活動を注意深く調整することが肝要である[26]．例えば，重要顧客のために製品や納品予定をカスタマイズするとなると，製品，物流，販売スタッフ間の緊密な調整が必要である．さらに，特殊なフィールド・エンジニアリング，実装，あるいは設備サポートを求める顧客もあり，その場合は販売部門とサービス部門の調整がいっそう必要不可欠になる．

　販売後のサービスは，コンピュータや工作機械から注文設計のコンポーネント類に至る多くの産業財カテゴリーにおいて，顧客にとってとくに重要な意味を持つ．だが，サービス・サポートの責任は，アプリケーション・エンジニアリング，カスタマー・リレーションズ，サービス管理など，さまざまな部門に分散されているケースが少なくない．製品，販売，サービス間の連携を慎重に管理・調整し，顧客価値の最大化に努力する産業財のマーケターは，多大な利益を手にすることができる．

3．製品政策

　製品政策とは，企業がその製品やサービスに関して行う意思決定すべてをひっくるめたものである．産業財のマーケターが顧客のニーズを満たそうとしたり，自らのコア・コンピタンスを利用して持続可能な競争優位の構築を図ったりするのも，製品政策を通してである．このセクションでは，まず産業財の製品ラインを分類した上で，製品市場の正確な定義に基づいて製品管

| 写真11.3 | NCR社のウェブサイトでは，エンド・ツー・エンドのソリューションが小売業者向けに提供されている |

出所：NCR社の好意により掲載．2002年9月10日アクセス．

理を決定することの重要性について考える．また，グローバル規模で製品機会を評価するための枠組みも示す．

3－1．製品ラインの分類

　産業財企業の製品ラインは消費財企業のそれとは異なるため，分類法を知っておくと便利である．産業財の製品ラインは，次の四つに大別される[27]．

　1．標準製品またはカタログ製品

　　この種の品目は一定の構成でのみ提供され，見込み生産される．この種の製

418　第Ⅳ部　産業財マーケティング戦略を構築する

品では，ライン内での製品の追加や削除，リポジショニングなどが製品ライン決定の柱になる．

2．カスタムビルド製品

この品目は，基本ユニットを核に多数の付属品やオプションの集合体として提供される．例えばNCR社は，ウォルマート社やセブン-イレブン社など大口顧客や零細企業向けに小売店用ワークステーションを販売している（写真11．3参照）．この基本的な小売店向けワークステーションに，スキャナー，小切手読取装置，電子支払機などの付属機器を接続して拡張すれば，事業の特定のニーズを満たすことが可能になる．NCR社の幅広い製品によって，データウエアハウジングからPOS（販売時点）ワークステーションまでをカバーした，企業ニーズに対応するエンド・トゥ・エンドのソリューションを小売業者に提供することができる．マーケターは組織顧客に建物で言えば，ブロックの集合体を提供する．この種の製品の場合，オプションや付属品の適切な組み合わせ方が製品ライン決定の中心になる．

3．カスタムデザイン製品

この種の品目が対象とするのはたった1社もしくは，少数の顧客のニーズで，発電装置や一部の工作機械などのように1つだけの組み合わせの時もある．さらに，比較的大量に生産されるものでも，航空機などはこのカテゴリーに属する可能性がある．製品ラインは会社の能力という点から説明され，顧客はその能力を購入し，最終的に完成品へと変換される．例えばエアバス・インダストリー社は，全世界の航空会社を調査した結果，スーパー・ジャンボジェット機の開発を進めることに十分な利益を見出した[28]．

4．産業財サービス

顧客は実際の製品ではなく，保守，テクニカル・サービス，経営コンサルティングなどの分野では，企業の能力を購入することになる（サービス・マーケティングは第13章で別に取り上げる）．

提供するものが物理的製品であれ，純粋なサービスのみであれ，あるいは製品とサービスの組み合わせであれ，産業財のマーケターはその種類を問わず製品政策に関する意思決定に直面する[29]．製品の状況によって問題や機会

はそれぞれ異なり，産業財のマーケターはそれに応じた能力が求められる．製品戦略は，企業能力を知的に活用することが前提となる．

3－2．製品市場を定義する

　製品市場の正確な定義は，製品政策の決定を適切に行う上で欠かせない[30]．とくに注目すべきは，顧客ニーズを満たすための各種の方法である．例えばパソコンなどは，競合製品が豊富に存在する．まず，電子メールの送信やインターネットへの接続などの拡張機能を備えるページャ（液晶付小型移動通信システム）やスマートフォンのような特定用途向け製品は，競合になる可能性がある．インターネットに簡単にアクセスできる各種情報家電も脅威である．さらに，ユーザーが低価格の端末を通じて情報に容易にアクセスできる情報ネットワークが，多くの企業によって開発されている．このような戦略は，パソコンの代わりに簡単な端末機や情報家電を購入するオプションをユーザーに提供するものである．Regis Mckenna によれば，こうした環境ではマネージャーは，「考えられるあらゆる方向に機会を捜し求め，かつ競争を予想する必要がある．製品コンセプトが狭い企業は，目隠しをしたまま市場をわたっていくようなもので，行き詰ることは目に見えている」[31]という．末端ユーザーの同じニーズをめぐって競合する製品や技術を無視すれば，たちまち市場の状況が見えなくなってしまう．顧客ニーズとそのニーズを満たす方法は，どちらも変化するのである．

■**製品市場**　産業財のマーケターは，自らが競争する固有の領域を製品市場として定義することになる．市場を定義する際の軸として，戦略上重要なものが四つある．

1. 顧客機能の軸
組織顧客のニーズを満たす目的で提供する効用である（モバイル・メッセージングなど）．
2. 技術の軸
特定の機能を遂行する方法は多数存在する（携帯電話，ページャー（液晶付

表11.1　グローバルな製品／市場機会の評価

製品構成	市場のニーズ	
	同じ	異なる
同じ	世界共通製品またはグローバル製品	市場細分化
異なる	製品細分化	特化細分化 （国ごとに製品をカスタマイズ）

出所：Jagdish N. Sheth, "Global Markets or Global Competition," *Journal of Consumer Marketing* 3 (spring 1986) p.10より一部変更の上引用．

小型移動通信システム），ノートパソコンなど）．
3．顧客セグメントの軸
　顧客グループによって充足されるべきニーズが異なる（販売代理人，医師，海外旅行者など）．
4．付加価値システムの軸
　市場に参入している競争者が付加価値を一緒に提供できる一連の段階がある[32]．モバイル・メッセージング用の付加価値システムには，ノキア社やモトローラ社などの機器プロバイダと，AT&T社やアメリカオンライン（AOL）社のようなサービス・プロバイダが含まれる．付加価値システムを分析することにより，システムの変更から生ずる可能性のある潜在的な機会や脅威を明らかにすることができるかもしれない（機器プロバイダとサービス・プロバイダ間の提携など）．

■現在および将来のための計画　顧客のニーズを満たす競争は，技術レベルとサプライヤー／ブランド・レベルで存在する．顧客ニーズ，市場セグメントが求める効用，技術およびサプライヤー／ブランド・レベルにおける競争状況の変化を把握するためには，製品／市場の境界を厳密に定める必要がある．Derek Abellは戦略に関して，次のような意義深い提言を行っている．

●現在のための計画では，ターゲットとする顧客セグメント，顧客機能，採用するビジネス手法など，事業を明確かつ厳密に定義することが求められるの

に対し，将来のための計画では将来に向けて事業はどう再定義されるべきかということがポイントになる．
- ●現在のための計画では，目の前の顧客のニーズを忠実に満たす事業の形成に照準を合わせ，成功に必要な要素を発見してそこに意識を集中するが，将来のための計画では，今後の競争をより効果的にするために事業の再構築を行う[33]．

3−3．グローバルな製品・市場機会の評価

　産業財市場において，航空宇宙，通信，コンピュータ，農業機器，自動車など，企業間競争がグローバル規模で展開される部門がますます増えているため，グローバルな製品・市場機会の評価が必要になっている．表11.1に示したように，産業財のマーケターが国際的な製品戦略を開発するとき，いくつかの選択肢が存在する．この表の横の欄は，各国の市場ニーズが類似する場合と異なる場合の分類であり，縦の欄は製品構成の性質を表わしている．

　「世界共通製品またはグローバル製品」は，組織顧客のニーズは国が違っても変わらないことを前提にしている．この前提は，一部の産業財や日本，北米，西欧など世界の特定市場に当てはまる可能性がある．実際，コンピュータ・ハードウェア，旅客機，写真機材，工作機械，重機などの産業財やハイテク製品は，グローバルな製品戦略にもっとも適していることを示すデータも存在する[34]．とくに多くの国に事業展開している顧客のニーズは，世界的に類似している可能性が高い[35]．例えば，金融機関のように国境をまたがって業務が統合されたり，調整されたりする場合，オペレーション・システムや設備の互換性が不可欠になる．従って，この種の企業は，グローバル・オペレーションに対応できる産業財のマーケターを求めるだろう．

　グローバル戦略のエキスパートたちは，グローバルな製品を設計する際に留意すべき点として，以下の三点を指摘する[36]．

　1．世界の顧客ニーズの分析では，相違点と類似点の両方をチェックする．

2．グローバル製品の設計では，製品の中核となる共通部分を最大化しつつ，現地への適合を施す．
3．グローバル製品は，既存の国内製品に手を加えて作るのではなく，最初から世界市場を念頭に置いて設計する．

キヤノン社がコピー機事業への参入に成功した事実は，各国市場における顧客ニーズの類似点を活用する戦略の重要性を示した．初期の機種はコストへの配慮から，日本の全サイズの紙に対応していなかった．コピー機をグローバル製品として設計したキヤノン社は，国内市場のニーズをすべてカバーすることは潔くあきらめ，グローバル市場でのシェア拡大を目指したのである[37]．

各国の市場ニーズは同じだが，製品を現地市場に適合させる必要がある場合は，製品細分化戦略が適する．また，表11.1からわかるように，各国の市場ニーズは異なるものの，標準化された製品の場合は，市場細分化戦略が適している．マーケティング・ミックスの他の要素は，種々のターゲット・セグメントに到達するために適合させることになる．例えばアップル・コンピュータ社は，標準化された製品ラインを世界的に販売しているが，ポジショニング，販売促進や流通の戦略は国ごとに異なる．最後の特化細分化戦略では，国ごとにカスタマイズした製品を開発する．市場ニーズは国によって異なるため，これは専門化の究極の形態である．

Susan P. Douglas および Yoram Wind は，グローバル製品・市場戦略について次のように述べている．

> 企業の国際的事業では，グローバルな製品やブランドだけでなく，地域的な製品やブランド，さらには国内製品やブランドを組み合わせた戦略をとる場合が多い．同様に，ターゲット・セグメントも，グローバルなものもあれば，地域や国内のものもある．このようなハイブリッド戦略は，標準化のメリットや国際的規模での操業による相乗効果を活用しつつ，国ごとの特徴や消費者の好みに適合させることによる効果も維持することを可能にする[38]．

第11章　産業財市場のための製品管理　423

◎産業財マーケティングの内側◎
高成長市場で起きる失態

　企業は成長市場に投資すべきであるという教訓は，次のような点を論拠にしている．成長市場の初期段階ではシェアの獲得が容易で価値も大きく，経験曲線がコスト・メリットを生むとともに，価格圧力は低く，早期関与が技術的優位性をもたらし，早期の積極的参入は後発参入者を阻止するという．David A. Aaker および George S. Day は，これらの根拠は定かでない場合も多いとし，こう指摘する．「成長市場に参入しながら，結局は赤字が長引き，衝撃的な淘汰の段階で時に致命的なまでの損失を背負い込んで退場を余儀なくされる企業は枚挙に暇がない」

　高成長市場で，リスクが報酬をしばしば上回るのはなぜだろう．著者は次のような要因が関係していると見る．

- 競合企業の数と積極性が市場のキャパシティを超えている．
- 流通が不適切である．
- 高い成長率を維持するだけの資源が不足している．
- 重要な成功要因が，例えば製品技術からプロセス技術や生産技術などに変化し，企業が適応できない．
- 技術変革
- 優れた製品を擁する企業や低コストの企業が参入してくる．
- 市場の成長が実現しない．

　産業財マーケティングの担当者は，戦略の基本的前提から疑ってかかる必要がある．Aaker および Day は次のように指摘する．「市場が高成長を遂げているからといって，元々魅力的とは言えないし，また魅力的でないとも言えない．本当に大事なのは，市場の成長によってもたらされる機会を企業が利用して競争優位を獲得できるかどうかなのである」

出所:David A. Aaker and George S. Day, "The Perils of High-Growth Markets," *Strategic Management Journal* 7(September 1986):pp.409-421.

4. 産業財の製品戦略を構築する

既存の製品ラインのための戦略マーケティング計画の構築は,企業のマーケティング計画活動の中でもっとも重要な部分である.製品市場が特定されたら,次は製品戦略の立案に移る.製品ポジショニング分析は,戦略コースを計画する上で便利な手段となる.

4-1. 製品ポジショニング

製品市場が定義されたら,その製品の強力な競争ポジションを確保しなければならない.製品ポジションとは製品が特定の市場で占める場所であり,競合との比較において,ある製品に対する組織顧客の知覚や好みを測定することによって把握できる.顧客は製品を属性の束(品質,サービスなど)として認識するため,製品戦略の担当者は購買決定で中心的役割を担う属性について検討する必要がある.

4-2. 作業の流れ[39]

図11.4に示したように,ポジショニングの作業は,関連のありそうな競合製品の集合体の特定(手順1)から始まり,決定的属性—顧客が購買候補製品を比較・選択する際に重視する製品の属性—の識別(手順2)へと続く.要するに決定的属性とは,製品の違いを見つけるのに役立つ重要な判断基準である.もちろん属性の中には,顧客にとって重要ではあっても,違いを際立たせる役目を果たさないものもあるだろう.例えば大型トラック市場で言えば,安全性などがこれにあたるかもしれない.産業財市場の顧客は安全性を重要視するが,ナビスター社,ボルボ社,マック・トラック社などのトラック・メーカーの製品は,この点では甲乙付け難いと思われる.決定的属性になるのは,耐久性や信頼性,燃費などだろう.

図11.4　製品ポジショニングのプロセスと手順

1. 関連のありそうな競合製品の集合体を特定する．
　↓
2. 顧客が製品選定の基準とする決定的属性を識別する．
　↓
3. サンプルの既存顧客および潜在顧客から，決定的属性に関する各製品の評価データを集める．
　↓
4. 市場セグメントごとに，競合製品と比較しつつ製品の現時点におけるポジションを見きわめる．
　↓
5. 市場セグメントの好みと製品の現在のポジションの適合性を調べる．
　↓
6. ポジショニング／リポジショニング戦略を選択する．

出所：Harper W. Boyd Jr., Orville C. Walker Jr., and Jean-Claude Larréché, *Marketing Management : A Strategic Approach with a Global Orientation* (Chicago : Irwin/McGraw-Hill, 1998), p.197より一部変更の上，引用．

　手順3は，サンプルの既存顧客および潜在顧客を対象に，決定的属性のそれぞれについて候補製品に対してどのように知覚しているかを調査する．サンプルには，製品戦略の担当者がターゲットに予定している市場セグメントのすべてを代表する企業から，組織購買の構成メンバー（とくに購買に影響力を持つ担当者）を抽出して含めるべきである．競合製品と比較しつつ製品の現時点でのポジションを分析することで（手順4），(1)セグメントごとの製品の競争力と(2)特定のターゲット・セグメント内で独自のポジションを獲得する機会を区別して論ずることができる（手順5）．

4－3．戦略機会を見きわめる

　手順6は，ポジショニング戦略またはリポジショニング戦略の選択である．この段階で，戦略の選択肢が製品マネージャーによって評価される．第一に，製品マネージャーは，(1)顧客にとってある属性の重要性を高め，(2)競合製品との差別化を強化する戦略を実行したいと思うかもしれない．例えば，トレーニングの提供によって組織の効率や社員のパフォーマンスが向上

することを潜在顧客にアピールすることで，顧客トレーニングなどの属性の重要性が高められる可能性がある．これが効を奏すれば，トレーニング提供は，顧客の目から見て重要な属性から決定的属性へと格上げされるだろう．第二に，製品の決定的属性において自社のパフォーマンスが競合相手より確実に勝っていながら，市場では他の製品が優位に立っていることが認識されたら，その状況を是正するようなマーケティング・コミュニケーションを開発することができる．第三に，組織購買顧客が重視する決定的属性における自社のパフォーマンス・レベルを改善することで，その製品の競争力を高めることが可能である．

4－4．製品ポジショニングの例[40]

この製品ポジショニング手法は，大企業が主要設備製品に適用して効果を上げた．分析の対象になった製品は，最終ユーザーとコンサルティング・エンジニアという二つの市場セグメントに対して三つのサイズで販売されている．市場調査の結果，信頼性，サービス・サポート，会社の評判，保守の容易さなど，15の属性が特定された．

この調査で，製品の信頼性およびサービス・サポートにおいて際立った評価を得ていることが判明した．この二つの属性は一般に，大半の競合相手と比較する場合の決め手となるものである．両方の属性の重要性を引き上げるため，経営陣は保証制度の拡張を決定した．最終ユーザーとコンサルティング・エンジニアはともに保証を重視するものの，競合ブランド間における差別化のポイントとして重視していなかった．そこで，その業界向けに新しい保証基準を設ければ，その属性が決め手になり，ブランドの競争力が増すはずと考えたのである．さらに，信頼性や会社の評判など他の属性においても，自社ブランドに好影響が及ぶことを期待した．

この調査で明らかになった事実の中には，意外なものもいくつかあった．顧客は価格を，経営陣が当初考えていたほど重視していないことがわかった．このことは，製品の差別化やサービス・サポートによって売上げを拡大できる可能性を示唆していた．また，自社のブランドは大型および中型の製品ではすべてのライバル会社を圧倒しているが，小型製品ではそうでないこ

とも明らかになった．さらに，この製品の競争力は，とくにコンサルティング・エンジニアのセグメントで劣っていた．そこで，このセグメントにおける製品のポジションを強化するねらいから，特殊なサービス・サポート戦略が開発された．産業財市場向けに創造的戦略を設計する際，製品ポジショニングが貴重な手段となることは明らかだろう．

5．ハイテク市場における製品管理

　ハイテク市場を相手にする製品戦略の担当者は，魅力的な機会と同時に特殊な課題にも直面する．このセクションでは，ハイテク製品のマーケティングに不可欠な，(1)強力なブランドの構築，(2)浮き沈みの激しいハイテク製品のためのマーケティング戦略の設計という二つの要素について考える．

5－1．ハイテク・ブランドの管理[41]

　P&G社，ナビスコ社，ネスレ社などの一般消費者向けに包装品を販売する企業は，持続性のある高収益ブランドを豊富に開発することにおいて卓越しているが，強力なブランドは産業財市場全般，とくにハイテク市場においても価値ある財産である．David A. Aakerは，「ブランド・エクイティとは，ブランド，その名称やシンボルに結び付けられた資産と負債のセットであり，これが製品やサービスを通じて企業やその顧客に提供される価値を高めたり，減じたりする」[42]と定義している．ブランド・エクイティに影響する資産と負債には，ブランド・ロイヤルティ，知名度，知覚品質，その他のブランド連想および専有のブランド資産（特許など）が含まれる．世界でもっとも評価の高いブランドを挙げるとしたら，コカ・コーラ社，マクドナルド社，ナイキ社などの消費財ブランドとともに，IBM社，デル社，マイクロソフト社，インテル社，ヒューレット・パッカード社といったハイテク企業の名前も浮かんでくる．

■強力ブランドの「価値の約束」　ブランド管理を効果的に行うためには，顧客に対する「価値の約束」を開発し，製品の開発・生産・販売・サービ

図11.5　ハイテク・ブランドのエクイティ（資産）構築法

強力なハイテク・ブランドを構築するためには，以下の点について検討する必要がある．

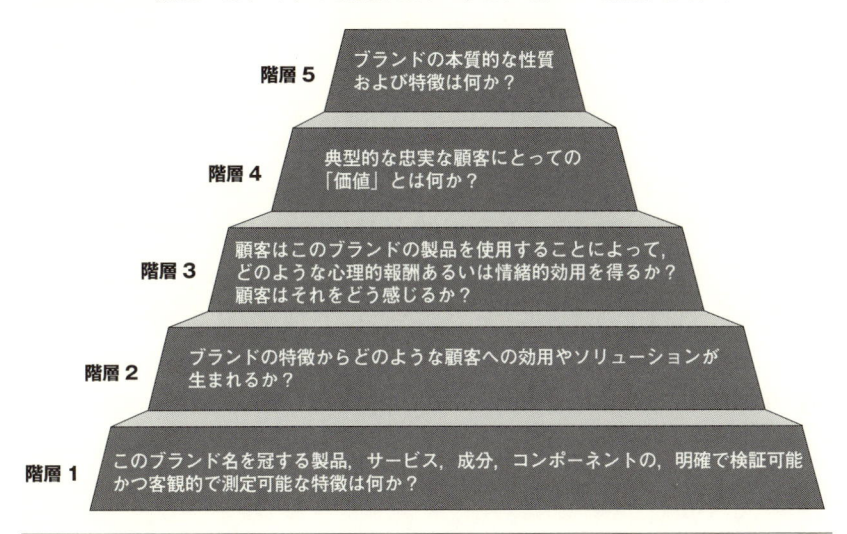

- 階層5　ブランドの本質的な性質および特徴は何か？
- 階層4　典型的な忠実な顧客にとっての「価値」とは何か？
- 階層3　顧客はこのブランドの製品を使用することによって，どのような心理的報酬あるいは情緒的効用を得るか？顧客はそれをどう感じるか？
- 階層2　ブランドの特徴からどのような顧客への効用やソリューションが生まれるか？
- 階層1　このブランド名を冠する製品，サービス，成分，コンポーネントの，明確で検証可能かつ客観的で測定可能な特徴は何か？

出所：*Harvard Business Review* の許可を得て転載．Scott Ward, Larry Light, and Jonathan Goldstine, "What High-Tech Managers Need to Know About Brands," *Harvard Business Review* 75 (July/August 1999)：pp.85-95.Copyright © 1999 by the President and Fellows of Harvard College；all rights reserved.

ス・販売促進の方法を通じて顧客の期待に応えなければならない．IBM社の価値の約束は，長い伝統を誇る優れたサービスと顧客サポートが土台になっている．ヨーロッパのある大口顧客は，「IBM社が競合各社の一般的な価格帯の中にある限り，わが社はつねにIBM社のサービスとサポートを選ぶ」[43]と述べている．そうすると，ブランドとは，特定の製品やサービス，あるいは組織に付随する，持続的で信用できる価値の約束を表す特有のものと言える．その際，重点を会社レベルに置く方法と，サブブランド・レベルに置く方法の二通りが考えられる．ハイテク・ブランドの場合，重点は通常，会社レベルとなる（オラクル社またはIBM社など）．それに対してロータス社は，ドミノというサブブランドとブランド・エクイティを共有している．

■ブランド・エクイティ（資産）の構築　Scott Ward, Larry Light および

第11章　産業財市場のための製品管理　429

Jonathan Goldstine は，強力なハイテク・ブランドの構築を目指すマネージャーたちの指針として，「ブランド・ピラミッド」を考案した（図11.5参照）．階層1は中核製品，すなわち目に見える製品特性の段階であり，階層2はブランドによって提供される「ソリューション」や「効用」に関する段階である．Ward らは次のように説明する．「ピラミッドの最初の二つの階層はまだブランド競争ではなく，製品競争の要素を表している．競合各社は，より優れた機能をより多く提供したり，それぞれの製品の顧客に対する効用を発見したりすることにより，互いに追いつ追われつの競争を続けていく」[44].

　階層3で心理的報酬や情緒的効用を提供することにより，企業は自らを真の意味で競合相手から差別化することができる．顧客はブランドの効用を体験して，自信にあふれている，生産的，革新的など，どのような印象を持つだろうか．階層3に属するブランドは，単に市場開拓の技術としてだけではなく，特定顧客に対して価値の約束を履行するために開発され，位置付けられる．アップル・コンピュータ社，とくに彼らの iMac キャンペーンが思い出される．

　ピラミッドの上二つの階層は，強力なブランドが「価値の約束」を提供し，それによって顧客を引き付け，維持することを示唆している．階層4は，ブランドが表す，より深い価値（成果指向の価値観，保守的価値観など）に関係する．強力なブランドは，ターゲット顧客の価値観を反映し，それによってブランド・ロイヤルティを構築・強化する．ピラミッドの一番上の階層では，ブランドの個性が取り込まれる．ブランドに人格があるとしたら，親しみやすさ／暖かみ／断固／自信／挑戦的といった表現になるだろう．例えばアップル社のブランド・パーソナリティは「楽しさ」，IBM 社は「自信」，サン・マイクロシステムズ社は「大胆」，そしてオラクル社は「挑戦的」と言えるかもしれない．ピラミッドの階層4および5では，ブランドの重要な差別化特性が明らかになる．

　強力なブランド管理は，すべての業務部門に理解されるような，明確な顧客への価値提案の開発を通じて，ハイテク企業全体を統合する強い力になる．また，強力なブランドは外部的には忠実な顧客を生み出す．目まぐるしい技術変革と不確実性の時代にあって，顧客は自分のニーズを理解してくれ

る企業を選択するだろう．顧客は，そういう企業に信頼を寄せるのである．

5－2．ブランド構築は割に合うか[45]

　数多くのハイテク企業がブランド構築計画を立ち上げているが，こうした投資にはそれなりのリターンがあるのだろうか．コンピュータ関連企業を評価する顧客のブランド態度を調べた最近のある調査が，いくつかの答えを示している．ブランド・エクイティの一構成要素であり，尺度でもある「ブランド態度」は，ある企業に対して好意的なイメージを抱いている組織顧客から，否定的な見方をしている組織顧客を差し引いた残りの比率と定義される．この調査により，ブランド態度の変化は証券市場でのパフォーマンスと連動し，財務成績の先行指標になり得ることがわかった（例えば，ブランド態度が上昇すると，3～6カ月遅れて財務成績が向上する）．要するにこの調査で，ハイテク企業がブランド態度構築のために行う投資は実際に有効であり，企業価値を高めることが実証されたわけである．

■ブランド態度を変化させる要因　ハイテク企業に対するブランド態度を変化させる要因はいくつか存在する．

- 派手な広告を展開した新製品の発売がブランド態度向上をもたらした（IBM社のThinkpad，マイクロソフト社のWindowsなど）．
- 知名度の高い経営幹部を任命し新戦略を導入したことがブランド態度の向上と連動した（スティーブ・ジョブズがアップル・コンピュータ社に戻った例など）．
- 競争相手の行動によってブランド態度が変化する（キヤノン社がヒューレット・パッカード（HP）社のプリンタに対して強烈な比較広告を行なった後，HP社のブランド態度が下落した例など）．
- 製品問題の発生後，ブランド態度が下落した（ノベル社のオペレーティング・システムの問題がブランド態度の下落を伴った例など）．
- 訴訟とブランド態度の下落が連動した（米法務省がマイクロソフト社を独禁法違反で告発した結果，同社のビジネス慣行をめぐって議論が沸騰し，その

表11. 2　技術ライフサイクル：顧客のタイプ

顧客	特徴
イノベーター （革新的採用者／技術的熱狂者）	最新のイノベーションに興味がある技術的熱狂者．組織内の他の者の製品の知覚に重要な影響を及ぼすが，資源投入に関する権限はない．
アーリー・アダプター （初期少数採用者／先見性のある人）	競争優位のためにイノベーションの利用を望む，企業や政府内の真の革新者．組織の資源にアクセスできるが，イノベーターが応えられないような特殊な製品変更を要求することがよくある．
アーリー・マジョリティー （初期多数採用者／実利主義者）	組織において技術購買の大部分を実行し，技術革命よりも技術進化を信じる実利主義者．有益な生産性向上を実現した実績ある市場リーダーの製品を求める．
レイト・マジョリティー （後期多数採用者／保守主義者）	技術投資が何らかの価値を生むことに悲観的で，価格に敏感で，取り残されないためにやむを得ずハイテク製品を購入する保守主義者．顧客全体の中でかなりの比率を占める．
ラガード （採用遅滞者／懐疑論者）	潜在顧客というよりも，ハイテク製品を取り巻く誇大広告に対してつねに批判的な態度をとる懐疑論者．

出所：Geoffrey A. Moore, *Inside the Tornado : Marketing Strategies from Silicon Valley's Cutting Edge* (New York HarperCollins, 1995), pp.14-18より一部変更の上引用．

ブランド態度が打撃を受けた例など）．

5－3．新技術採用者を見つけ出す

　手紙，電報や電話を使う生活に数十年間慣れ親しんできた顧客が今，ファクス，ボイスメール，電子メール，インターネット・ブラウザ，多様な情報家電を導入している．どのケースでも，市場の転換はゆっくりと始まった．その後，顧客への普及が一定水準に到達すると，爆発的普及が起きた．Geoffrey A. Moore は非連続的イノベーションを，「末端ユーザーや市場に対し，同様に劇的な新しい効用が得られる見込みと引き換えに，過去の行動を劇的に変えさせるような新製品やサービス」[46]と定義する．非連続的イノベーションは過去四半世紀，コンピュータ／エレクトロニクス業界で頻発し，新たな投資ブーム，熾烈な競争，ハイテク市場の境界を再定義しつつある数多くの企業を創出した．

ハイテク企業の戦略担当者に広く利用されているツールとして，技術ライフサイクルがある．サン・マイクロシステムズ社，シリコン・グラフィックス社，ヒューレット・パッカード社などのコンサルタントとして著名な Geoffrey A. Moore が開発した理論である．

■技術採用に基づく顧客の分類　Moore の理論の基礎を成すのは，非連続的イノベーションの潜在市場を構成する五種類の顧客である（表11.2参照）．画期的製品を「イノベーター（革新的採用者）」の手に握らせることは，産業財のマーケターにとって有効である．彼らは技術ライフサイクルにおける他の者たちのゲートキーパーとして機能するため，顧客組織の目をイノベーションに向けてもらうためには彼らの裏書き（お墨付き）が必要になる．イノベーターは影響力があるが，その新技術の導入を大規模なレベルで組織に決断させる際に必要な資源へのアクセスは持たない．それに対し，「アーリー・アダプター（初期少数採用者）」は先見性があると見られている人達であり，資源に対する権限があり，イノベーションがもたらす効用の周知や市場開拓の初期段階における後押しで影響力の大きな役割を果たす．ただし，それぞれが特殊な製品変更を要求するため，マーケターとしては対応が難しい．彼らの要求は，R&D の資源にすぐに重い負荷となってのしかかってくるため，イノベーションの市場浸透を失速させかねない．

■キャズム　真に画期的な製品は，イノベーターとアーリー・アダプターから成る初期市場でしばしば熱く迎えられるが，売上げはその後頭打ちになり，減少に転じることも少なくない．直感的かつ革命的なアーリー・アダプターと，分析的かつ進化的で，主流（メイン）市場の入り口に位置するアーリー・マジョリティーとの間には，広くて深い溝，すなわちキャズムが存在する．産業財のマーケターがその製品がこのキャズムを無事超えられるよう導くことができれば，アーリー・マジョリティーとレイト・マジョリティーによって構成される主流市場に受け入れられる可能性が生まれる．表11.2が示したように，アーリー・マジョリティーは組織内で技術購買の大部分を行うのに対し，レイト・マジョリティーは，ハイテク製品の購買に消極的な

がら，取り残されるのを恐れて購入するタイプで，顧客の中にかなりの比率を占める．

◎産業財マーケティングの内側◎
ハイテク市場におけるゴリラ・アドバンテージ

　業界標準となっている製品を擁するハイテク企業は，その市場の将来の方向性に大きな影響力を持つ．例えば，パソコンで利用するソフトウェアはすべて，マイクロソフト社やインテル社の製品に準拠していなければならない．ネットワーク・ソリューションはいずれもシスコシステムズ社の規格と，またプリンタはヒューレット・パッカード社と互換性が求められる．これこそまさに，マイクロソフト社，インテル社，シスコ社，ヒューレット・パッカード社といった企業がハイテク市場で享受しているゴリラ（巨大企業）パワーである．こうした優位性のおかげで，これらの市場リーダーは以下のメリットが得られる．

- 情報技術マネージャーたちは勝者になることを期待するため，メディアの扱いの拡大や販売サイクルの短縮によって顧客をより多く獲得できる．
- 顧客にとっては切替コストが，また他社にとっては参入コストが高くなるため，より多くの顧客を維持できる．
- 価値創造の主要素に対する支配権を維持しつつ，顧客が求める高価な機能強化をサプライヤーに移すことによってコストが削減される．
- 提携先が補完的な製品・サービスの開発を優先し，市場リーダーの製品体系全体が顧客に対して，競合製品以上の価値をもたらすようにすることで利益が維持される．

　電子調達，セールスフォース・オートメーション，サプライチェーン統合，インターネット中心のセキュリティのリーダーを目指して攻撃に打って出る企業に対し，インターネットはハイテク市場の多くの部門で爆発的な成

> 長分野を提供する．今まさに，ゴリラゲームの幕が切って落とされようとしている．
>
> 出所：Geoffrey A. Moore, Paul Johnson, and Tom Kippola, *The Gorilla Game : An Investor's Guide to Picking Winners in High-Tedmology* (New York : HarperBusiness, 1998),pp.43-70.

5－4．技術ライフサイクル

　キャズムを超え，初期市場から主流市場へと移るための基本的戦略は，アーリー・マジョリティーが抱える問題に100％のソリューションを提供することである（図11.6参照）．すべての市場セグメントに何かを提供しようとして，結局どの要求も完全に満たせないで終わってしまうハイテク企業が少なくない．アーリー・マジョリティーが求めるものは広い意味での製品，すなわち魅力的な購買理由の裏付けとして最低限必要な製品やサービスの集合体である．Geoffrey A. Mooreはこう述べている．「必勝法の鍵は，主流市場セグメントのアーリー・マジョリティー（実利主義者）層への上陸拠点を見出し，広い意味での製品（製品とサービスの集合体）の完全な形成を加速させることである．そのねらいは，主流市場にできるだけ早くニッチな足がかりを築くことにある．それが，キャズムを超えるということに他ならない」[47]

■ボウリングレーン　技術市場では，市場セグメントのそれぞれが言わばボウリングのピンであり，一本のピンにボールを命中させると，その勢いで周囲のピンも倒れる．ボウリングレーンとは，技術ライフサイクルにおいて製品が主流市場内のセグメントに受け入れられてはいるが，まだ広範囲に採用されていない段階を表す．
　ロータスノーツを例にして戦略の進化を見てみよう[48]．ノーツは導入された当初，社内通信の新しいシステムとして販売された．ロータス社のマーケティング・チームは，ノーツを主流市場に移すため，製品の照準を企業の通

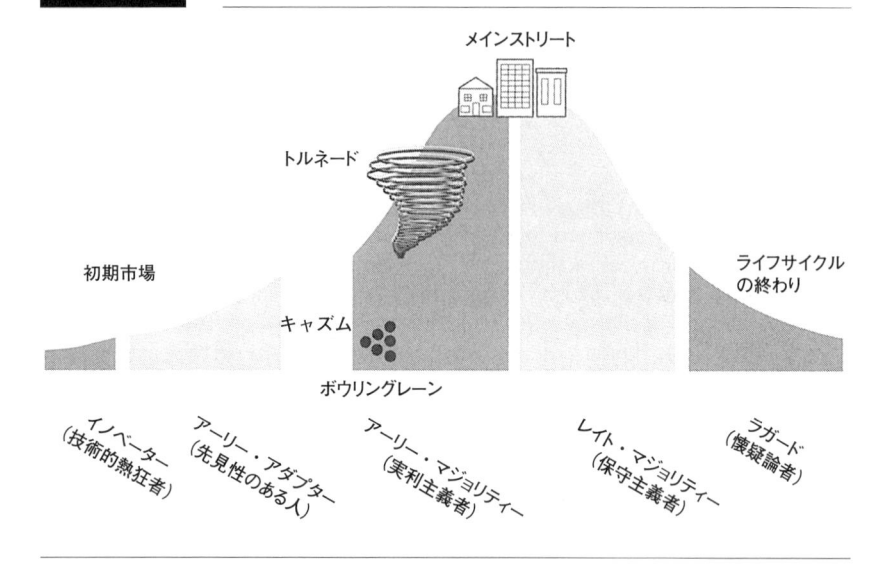

| 図11.6 | 技術ライフサイクルの全体像 |

出所：Geoffrey A. Moore, *Inside the Tornado : Marketing Strategies from Silicon Valley's Cutting Edge* (New York : HarperCollins, 1995), pp.19 and 25より一部変更の上引用．Copyright 1995 by Geoffrey A. Moore Consulting Inc. Harper Collins Publishers Inc.の許可を得て転載．

信という企業規模のビジョンから特定の業務機能のための具体的ソリューションへと転換した．最初に対象としたニッチ市場は，世界規模で業務を遂行している会計事務所やコンサルティング会社のグローバル口座管理機能だった．顧客に提供されたソリューションは，非常に普及している製品のための高度な入出金調整だった．これが二つ目のニッチ市場，すなわち高度な調整および情報共有で生産性の向上を図るセールスチーム向けのグローバル口座管理へとつながったのである．

　焦点を絞った戦略：ロータスにとっての次の策は当然，情報のオープンな共有を通じて顧客の問題に創造的なソリューションを提供できる顧客サービス部門への移行だった．このセグメントへの参入が成功したことで，さらに別の機会が生まれた．それは，顧客をノーツ仲間の輪に取り込んでいくことだった．ここでの主要な教訓はと言うと，顧客ベースで用途中心の戦略を梃子にすると，一つの市場セグメントにおける勝利が隣接する市場セグメン

トに波及していくということである．

■トルネード　ボーリングレーンでの成功の鍵を握るのは特定のソリューションを求める財務部門の購買担当者だが，トルネードを発生させる可能性があるのは組織内で技術やインフラを購買する担当者である（図11.6参照）．情報技術（IT）マネージャーは，効率的で信頼性の高いインフラ——組織のメンバーが連絡を取り合ったり，職務を遂行したりする際に使用するシステム——を提供する責任がある．彼らはアーリー・マジョリティーであり，定評のある市場リーダーから購買しようとする．

　ITスタッフは，会社や業界の境界を越えて自由に行動し，最新技術の問題について話し合う．ITマネージャーはお互いを意識し合う．なぜなら，早すぎるのも，また遅すぎるのも好まないからである．しばしば彼らは同時に行動を起こし，それがトルネードとなる．多数の新規顧客が市場に一斉になだれ込み，しかも全員が同一製品を求めるため，需要が供給を大幅に上回り，入荷待ちの顧客が一夜にして大量に出現する．ヒューレット・パッカード社のレーザーおよびインクジェット・プリンタ，マイクロソフト社のWindows製品，インテル社のペンティアム・マイクロプロセッサなどの決定的段階では，こうした市場の力が働いていた．

　トルネード戦略：技術ライフサイクルのトルネード段階における主要な成功要因は，ボウリングレーンのそれとは異なる．市場細分化を重視するよりもむしろ，活発な市場によってもたらされる機会を増産によって活用することが重要になる．ヒューレット・パッカード社はプリンタ事業において，トルネード期間中に重視すべき三つの優先事項を実践してみせた[49]．

1．大幅増産・大量出荷
2．流通チャネルの拡大
3．価格の段階的引き下げ

　第一に，ヒューレット・パッカード社はその品質改良プロセスにより，最初はレーザー・プリンタにおいて，後にインクジェット・プリンタにおい

第11章　産業財市場のための製品管理　437

て，ほとんど中断もなく大幅な増産が可能だった．第二に，ヒューレット・パッカード社は市場カバレッジを拡大するため，PCディーラー網を通じてレーザー・プリンタの販売を始めた．また，インクジェット・プリンタの流通チャネルを，コンピュータや事務機を扱う量販店，通信販売，さらに最近では会員制ディスカウントショップなどのアウトレットにまで広げた．第三に，ヒューレット・パッカード社はプリンタの価格帯を引き下げ，インクジェット・プリンタは1,000ドル以下，その後500ドル以下，さらにそれ以下へと値下げした．この例が物語るように，トルネード戦略では，製品の先駆性と製造・流通におけるオペレーションの卓越性が重要である．

■メインストリート　技術ライフサイクルにおけるこの段階は，アフター・マーケット（補修部品市場）開拓の期間に相当する．製品の大量普及の熱狂的ブームが落ち着き始め，同業他社が生産を拡大し，供給超過状態になる．Mooreは次のように指摘する．「メインストリートの特徴は，基礎的な商品を新規顧客に販売しても高収益市場の持続的成長はもはや望めず，既存顧客向けに特にニッチをねらい，基礎的なプラットフォームを拡張していかなければならない点にある」[50]

　メインストリート戦略：そのねらいは，エンドユーザーの特定セグメントをターゲットにした価値中心の戦略を開発することにある．例えばヒューレット・パッカード社は，SOHOユーザーのさまざまなセグメントが持つ特殊なニーズを満たすため，次のような製品を提供している．

- ●スペースに限りのあるユーザー向けの小型携帯プリンタ
- ●ファクスを持っていないユーザーを対象にしたOfficeJet複合機
- ●チラシ広告を作製するユーザー向けの高性能カラープリンタ

　メインストリート戦略では，生産および流通におけるオペレーションの卓越性とともに，細かく調整された市場細分化戦略がポイントである．技術ライフサイクルの最後を示唆する兆候は何だろうか．それは，画期的技術を組み込み，顧客に新たなソリューションを約束する非連続的イノベーションの

登場である．

6．まとめ

　一流の産業財のマーケターによって投入され，成功を収めた一連の製品の背景をたどっていくと，それぞれの企業が開発し，絶えず強化してきた独自のコア・コンピタンスに行き着く．コア・コンピタンスは，さまざまな市場へのアクセスをもたらすとともに，顧客が製品について知覚する価値の重要な源泉にもなり，競合相手が簡単に模倣することができないものである．製品の開発構想は，単なる物理的特徴で終わらず，顧客に価値を提供するすべての効用やサービスを含めることが重要である．産業財のマーケターの統一目標は，競合相手を上回る知覚品質と価値を提供することにある．製品戦略は細心の注意を払って調整される．その理由は，組織顧客に価値を提供するにあたって種々の機能分野が担う役割が認識されているからである．製品管理，販売およびサービスの部門間で活動が同期化されるよう，とくに注意を払わなければならない．

　産業財の製品ラインは，(1)標準製品またはカタログ製品，(2)カスタムビルド製品，(3)カスタムデザイン製品，(4)産業財サービスに大別される．産業財の管理は，能力の管理と考えるべきである．製品性能のモニタリングやマーケティング戦略の立案を行うとき，産業財のマーケターにとって製品ポジショニング分析が役立つ．市場における製品の競争ポジションを見きわめる中で，戦略立案者はヒントを得ることができる．製品の決定的属性とは，顧客にとって重要な意味を持ち，差が認められるものである．

　変化の激しいハイテク市場を相手にする製品戦略の担当者は，特別な機会と同時に課題にも直面する．産業財のマーケターがハイテク市場で競争優位を獲得するには，組織顧客に認知され，信用されるような強力なブランドを開発することが必要である．ハイテク・ブランドのイメージ強化のための投資は財務成績を改善する効果があることは，調査結果が明確に物語っている．技術ライフサイクルには，イノベーター（技術的熱狂者），アーリー・アダプター（先見性のある人），アーリー・マジョリティー（実利主義者），

レイト・マジョリティー（保守主義者），ラガード（懐疑論者）という五種類の顧客が含まれる．新製品が主流市場内のニッチ市場に受け入れられると，ボウリングでピンが次々と倒れるように，一つのセグメントから周囲のセグメントへと波及していき，アーリー・マジョリティー全体に広く普及する「トルネード」という現象に発展する可能性がある．技術ライフサイクルに関しては，その段階によって，必要なマーケティング戦略が異なるという点に注意を要する．

6－1．討論課題

1．デル・コンピュータ社は急成長を遂げ，コンピュータ業界で支配的な市場ポジションを確立している．まず，デル社のコア・コンピタンスとあなたが思うものを書き出してみよう．次に，その中で競合相手にとって模倣するのがとくに難しそうなものはどれか考えてみよう．
2．リサーチ・イン・モーション社が開発したBlackBerryという双方向ポケベルは，重量わずか140グラムほどの本体に電子メールやカレンダーなどの機能を搭載しているほか，株価，フライトなどの情報をインターネットから取得することもできる．メリル・リンチ社はこの機器を，ニューヨーク市にある本社に勤務する社員たち用に1,500台購入した．リサーチ・イン・モーション社はこの画期的製品のターゲットを，どんな顧客層に設定すべきか．また，競合製品に対するポジショニングでは，どの特徴を強調するのがよいだろうか．
3．Regis McKennaは，「技術ベースの業界にあって，一夜にして倒産の憂き目にあう心配のない会社など皆無である」と指摘する．近年，多くの業界が技術変革の荒波をかぶってきた．こうした環境の中で，製品戦略の担当者はどのような策を施したらよいだろうか．
4．ストラテジック・プランニング・インスティチュートのBradley T. Gale専務理事は，次のように述べている．「企業は整然とした損益計算書や貸借対照表をあっという間に作成するが，最終的に自分たちの業績を押し上げることになる財務以外の要素は気にしていないところが多い．そうした要素の一つに，『相対的顧客知覚品質』がある．つまり，顧客がある企業

の製品を競合製品とどう比較するか，ということである」．これはどういうことだろうか．

5．カタログ製品，カスタムビルド製品，カスタムデザイン製品およびサービスは，それぞれどのような違いがあるか．また，その種類によってどのようなマーケティングが必要になるだろうか．

6．大学市場におけるファクス機の決定的属性を見きわめるには，製品マネージャーはどのような調査を行えばよいだろうか．

7．特定の製品戦略を実行すると，市場や，さらには競合相手が反応を示す．産業財の戦略担当者は，こうした競争環境においてとくにどの側面を検討すべきか．

8．産業財の製品マネージャーの中には，自分たちの第一の仕事は物理的製品そのものよりも会社の「能力」を売ることにある，と主張する人たちもいる．あなたはこうした考え方をどう思うか．

9．技術ライフサイクルにおけるイノベーター（技術的熱狂者）とアーリー・マジョリティー（実利主義者）は，それぞれどのような特徴があるだろうか．これらの二つのカテゴリーに属する顧客に到達する際に，マーケティング戦略担当者が参考にすべき戦略指針をとくに念頭に置いて考えてみよう．

10．マイクロソフト社，ソニー社，インテル社などは，それぞれの製品のいくつかで需要の爆発を経験している．あるハイテク製品に「トルネード」が起きているとき，市場リーダーがとるべき経営指針は「大幅増産・大量出荷」である．トルネードが去った後，企業が実行すべきマーケティング戦略はどのように変わるだろうか．

6−2．インターネット演習

　ユナイテッド・テクノロジーズ（UTC）社は，ビルシステムや航空宇宙などの業界に多様なハイテク製品および支援サービスを提供している．同社のウェブサイト（http：//www.utc.com）にアクセスし，この会社の主要事業（製品ライン）は何か調べてみよう．

◎ビジネス事例　アップル社とパームトップ型コンピュータ市場[51]

　シリコンバレーで人々の話題によく上るのは，アップル・コンピュータ社の会長兼 CEO，Steven Jobs の次の一手は何か，である．ジョブズが，携帯電話に「Palm」のような個人用情報端末の機能を持たせた製品を引っ下げてパームトップ型コンピュータ市場に乗り込むのではないか，という見方が大勢になっていることは興味深い．アップル社はそうした計画はないと否定しているが，社内で「iPhone」という名で呼ばれる製品の投入を考えている兆候が見られると業界アナリストたちは言う．例えば，マッキントッシュの新しい OS には，チャット，メール，アドレス帳，カレンダー，自動ネットワーキングなど，まだ発表されていないアップルの携帯情報端末を見越したような機能が含まれているという．

　アップル社の携帯情報端末は，Steven Jobs にとって，同社が数年前，初めてパームトップ型コンピュータ市場への参入を試みた際に障害となった問題を是正するチャンスになる，という見方も一部に存在する．当時の CEO は John Sculley だったが，携帯情報端末 Newton にアップル社の命運を賭けたことが，彼にとっては仇になった．この製品は手書き文字認識をベースにしており，これが多くのユーザーにさっそく問題をもたらした．Newton でもう一つ問題だったのは，同社のマッキントッシュ・デスクトップ・パソコンとの通信が容易でなかったことである．だが，Newton は1993年当時としては時代の先端を行く製品であったとしても，アップル社の新製品が市場に出る頃には，ノキア社，マイクロソフト社，モトローラ社といった大手のライバル会社から，ハンドスプリング社やデンジャー社などの新興企業がひしめいていることだろう．

討論課題

1. アップル社のiPhoneを購入する可能性がもっとも高いのは，どのような顧客層だと思われるか．
2. iPhoneのマーケティング戦略を開発するアップル社の戦略担当者たちは，技術ライフサイクルからどのようなヒントを引き出すことができるだろうか．

── 注 ──

1 Gary Hamel, "Strategy as Revolution," *Harvard Business Review* 74 (July/August 1996) : p.72.
2 Regis McKenna, *Relationship Marketing* (Reading, Mass. : Addison-Wesley, 1991), p. 7.
3 P.Rajan Varadarajan and Satish Jayachandran, "Marketing Strategy : An Assessment of the State of the Field and Outlook," *Journal of the Academy of Marketing Science* 27 (spring 1999) : pp.120-143.
4 This discussion is based on C.K.Prahalad and Gary Hamel, "The Core Competence of the Organization," *Harvard Business Review* 68 (May/June 1990) : pp.79-91.See also Gary Hamel, *Leading the Revolution* (Boston : Harvard Business School Press, 2000) ; and James M.Higgins, "Achieving the Core Competence-It's As Easy As 1, 2, 3…47, 48, 49," *Business Horizons* 39 (March-April 1996) : pp.27-32.
5 Prahalad and Hamel, "The Core Competence," p.82.
6 George S.Day, "Marketing's Contribution to the Strategic Dialogue," *Journal of the Academy of Marketing Science* 20 (fall 1992) : p.326.
7 Prahalad and Hamel "The Core Competence," p.84.
8 James Brian Quinn, *Intelligent Enterprise* (New York : The Free Press, 1992), p.185.
9 Kevin P.Coyne, Stephen J.D.Hall, and Patricia Gorman Clifford, "Is Your Core Competence a Mirage ?"*The McKinsey Quarterly* no. 1 (1997) : pp.40-54.
10 C.K.Prahalad, "Weak Signals versus Strong Paradigms," *Journal of Marketing Research* 32 (August 1995) : pp.iii-vi.
11 Quinn, *Intelligent Enterprise*, pp.216-219.
12 Eric D.Beinhocker and Sarah Kaplan, "Tired of Strategic Planning?" *The McKinsey Quarterly*, 2002 Special Edition : Risk and Resilience, p.55.
13 Eric D.Beinhocker, "Robust Adaptive Strategies," in *Strategic Thinking for the Next Economy*, ed.Michael A.Cusumano and Constantinos C.Markides (San Francisco : Jossey-Bass, 2001), pp.131-155.
14 Beinhocker and Kaplan "Tired of Strategic Planning?" p.140.
15 Anne Millen Porter, "Quality Report : Raising The Bar," *Purchasing* 127 (January 14, 1999) : pp.44-50.
16 Wade Ferguson, "Impact of ISO 9000 Series Standards on Industrial Marketing," *Industrial Marketing Management* 25 (July 1996) : pp.325-310.
17 "Using Six Sigma to Manage Suppliers," *Purchasing* 127 (January 14, 1999) : pp.90-91.
18 Bradley T.Gale, *Managing Customer Value : Creating Quality and Service That*

Customers Can See (New York : The Free Press, 1994), pp.25-30.
19　Thomas O.Jones and A.W.Earl Sasser, "Why Satisfied Customers Defect," *Harvard Business Review* 73 (November/December 1995) : pp.88-99 ; and Richard L.Oliver, "Whence Customer Loyalty," *Journal of Marketing* 63 (Special Issue 1999) : pp.33-44.
20　Dwight L.Gertz and João P.A.Baptista, *Grow to Be Great : Breaking the Downsizing Cycle* (New York : The Free Press, 1995), p.128.
21　Bradley T.Gale, *Managing Customer Value*, p.26.
22　C.K.Prahalad and M.S.Krishnan, "The New Meaning of Quality in the Information Age," *Harvard Business Review* 77 (September/October 1999) : pp.109-112.
23　Frank V.Cespedes, "Once More : How Do You Improve Customer Service?" *Business Horizons* 35 (March-April 1992) : pp.58-67.
24　Theodore Levitt, *The Marketing Imagination*, new expanded ed.(New York : The Free Press, 1986), pp.81-85.
25　Anne Millen Porter, "Intel Corp.Takes on Big Q," *Purchasing* 119 (January 11, 1996) : p.54, for Further Insights on Intel's quality focus, see Gina Roos, "It Takes Quality to be Preferred by the World's Biggest Chipmaker," *Purchasing* 124 (November 15, 2001) : pp.21-22.
26　Frank V.Cespedes, "Concurrent Marketing : Integrating product, Sales, and Service" (Boston : Harvard Business School Press, 1995), pp.58-85.
27　Benson P.Shapiro, *Industrial Product Policy : Managing the Existing Product Line* (Cambridge, Mass : Marketing Science Institute, 1977), pp.37-39.
28　Alex Taylor Ⅲ, "Blue Skies for Airbus," *Fortune*, 1 April 1999, pp.102-108.
29　Albert L.Page and Michael Siemplenski, "Product-Systems Marketing," *Industrial Marketing Management* 12 (April 1983) : pp.89-99.
30　For a complete discussion on market definition, see David W.Cravens, *Strategic Marketing*, 5 th ed.(Chicago : Richard D.Irwin, 1997), pp.89-98.
31　Regis McKenna, *Relationship Marketing*, p.184.
32　George S.Day, *Strategic Market Planning : The Pursuit of Competitive Advantage* (St.Paul, Minn. : West, 1984), p.73.
33　Derek F.Abell, "Competing Today While Preparing for Tomorrow," *Sloan Management Review* 40 (spring 1999) : p.74.
34　Subhash C.Jain, "Standardization of International Marketing Strategy : Some Research Hypotheses," *Journal of Marketing* 53 (January 1989) : pp.70-74.
35　Susan P.Douglas and Yoram Wind, "The Myth of Globalization," *Columbia Journal of World Business* 22 (winter 1987) : pp.19-30.
36　George S.Yip, *Total Global Strategy* (Englewood Cliffs, NJ : Prentice-Hall, 1992), pp. 85-102 ; see also Jean-Phillippe Deschamps and P.Ranganath Nayak, *Product Juggernauts : How Companies Mobilize to Generate a Stream of Market Winners* (Bos-

ton : Harvard Business School Press, 1995), pp.161-162.
37　Michael E.Porter, "Changing Patterns of International Competition," *California Management Review* 28 (winter 1986) : pp.33-34.
38　Douglas and Wind, "The Myth of Globalization," p.28.
39　This section is based on Harper W.Boyd, Jr., Orville C.Walker, Jr., and Jean-Claude Larréché, *Marketing Management : A Strategic Approach with a Global Orientation* (Chicago : Irwin/McGraw-Hill, 1998), pp.190-200.
40　This section is based largely on Behram J.Hansotia, Muzaffar A.Shaikh, and Jagdish N.Sheth, "The Strategic Determinancy Approach to Brand Management," *Business Marketing* 70 (fall 1985) : pp.66-69.
41　Scott Ward, Larry Light, and Jonathan Goldstine, "What High-Tech Managers Need to Know About Brands," *Harvard Business Review* 75 (July/August 1999) : pp.85-95.
42　David Aaker, *Managing Brand Equity* (New York : Free Press, 1991), p.15.For a comprehensive review, see also John Kim, David A.Reid, Richard E.Plank, and Robert Dahlstrom, "Examining the Role of Brand Equity in Business Markets : A Model, Research Propositions, and Managerial Implications," *Journal of Business-to-Business Marketing* 5, no. 3 (1998) : pp.65-89.
43　Ward, Light, and Goldstine, "What High-Tech Managers Need to Know," p.89.
44　Ibid., p.91.
45　This section is based on David A.Aaker and Robert Jacobson, "The Value Relevance of Brand Attitude in High-Technology Markets," *Journal of Marketing Research* 38 (November 2001) : pp. 485-493.
46　Geoffrey A.Moore, *Inside the Tornado : Marketing Strategies from Silicon Valley's Cutting Edge* (New York : Harper Collins, 1995), p.13.
47　Ibid., p.22.
48　Ibid., pp.35-37.
49　Ibid., p.81.See also Stephen Kreider Yoder, "Shaving Back : How H-P Used Tactics of the Japanese to Beat Them at Their Game," *Wall Street Journal*, 8 September 1994, pp.A1.A6.
50　Geoffrey A.Moore *Inside the Tornado*, p.111.
51　John Markoff, "Apple's Chief in the Risky Land of the Hand-helds," *New York Times*, 19 August 2002, pp.C1, C5.

第12章

イノベーションの管理および新しい産業財の開発

企業の長期的競争力は，その企業のイノベーション能力，すなわち既存顧客や新規顧客に新しい製品やサービスを継続的に提供する能力と相関性がある．イノベーションは，大きなリスクを伴うと同時に，潜在的に大きな利益が見込まれるプロセスでもある．この章では，以下の項目がテーマとなる．

1. 製品イノベーションを実現するための戦略プロセス．
2. ハイテク市場でイノベーションに成功した企業に見られる特徴．
3. 新製品のパフォーマンスを推進する要因．
4. 新製品の成功と適時性を決定する要因．

現実として直視してみよう：あなたの会社を照準にしようと，どこかのガレージで銃弾を製造している起業家がいるかもしれない．銃弾がひとたび銃身から発射されれば，それをよけることはできない．それがいやなら，方法は一つしかない．あなたが先に撃つのだ．革新者を超える革新を，起業家を上回る起業家精神を実践しなければならない[1].

　企業は収益のかなりの部分を，最近投入した製品から得ることが多い．ただ，こうした製品イノベーションに伴うリスクは小さくない．資金を大量に注ぎ込んだ挙句，失敗に終わるケースも少なくないからである．製品ライフサイクルの短縮や技術革新の加速の中で，イノベーション競争で勝利するためには，スピードと俊敏性を向上させる必要がある[2].

　この章では，産業財マーケティング環境における製品イノベーションについて考える．最初のセクションで，企業におけるイノベーション管理について検討し，続いて，企業の技術戦略全般における製品イノベーションの位置付けについて考える．さらに，新製品開発プロセスの主な要素について考察する．その際，企業において新製品のパフォーマンスを推進する要因に注目する．そして，最後のセクションで，新製品の成功および適時性を決定する要因について検討する．

1．イノベーションの管理

　成功している産業財企業の経営慣行には，イノベーション・プロセスそれ自体の現状が反映されている．James Quinn は，次のように主張する．「イノベーションはその開発において，個々に動機付けられ，好機をうかがい，顧客に対して即応的であり，無秩序かつ非直線的で，双方向的という傾向がある．マネージャーは全体的な方向性と目標をあらかじめ設定することができるが，それでも予想外の展開になるのが常である」[3]．新製品開発の努力は，意図した戦略（意図して実現される戦略）に基づく場合もあるが，創発的な戦略（少なくとも当初は意図しないで，結果として実現される戦略）[4]から生まれる場合もある．新製品を伴う戦略的決定は，合理的で分析的なプ

ロセスには程遠いものが多く，無秩序で支離滅裂であり，組織内の派閥による足の引っ張り合いも絡む．ソニー社，AT&T社，ヒューレット・パッカード社などの革新的企業を調査したQuinnは，イノベーション・プロセスを「管理されたカオス」と呼んだ．

優れたコンセプトやソリューションの多くは，組織によって部分的に隠蔽または「密造」された計画から生まれる．有能なマネージャーは大概，念のため計画にある程度の余裕を持たせておく．初期調査では混乱や反復を大目に見るが，資金が投入され活動が拡大されていくにつれ，正式な計画や管理を求める．だが，こうした後期段階においてもなお柔軟性は失わず，机上の計画にとらわれない術を知っている[5]．

1−1．戦略的行動のパターン[6]

新製品の開発プロセスは計画的で意図的なものばかりとは限らず，無秩序で遠回りをするようなものもある．なぜだろう．調査の結果，大規模な組織における戦略的活動は，誘導的戦略行動と自律的戦略行動の二種類に大別されることが明らかになっている[7]．

■誘導的戦略行動　「誘導的戦略行動」は，企業の伝統的な戦略概念に沿うもので，馴染みの外部環境（既存市場など）との関連で実行される．経営トップは種々の管理メカニズムを操り，組織の中間以下の層のマネージャーたちの利害に影響を与えることで，戦略行動を現行の戦略コース内に保つことができる．例えば，既存の報酬制度や評価制度は，マネージャーの目を特定の市場機会だけに向けさせる可能性がある．誘導的戦略行動は，既存市場向けの製品開発努力などで見られる．

■自律的戦略行動　大規模で複雑な会社の戦略的活動は，時代を問わず誘導的戦略行動に当てはまる可能性が高い．だが，大規模で人材の豊富な企業は，業務レベルに起業家予備軍を抱えているところが多く，これは自律的な

戦略イニシアチブとなって現われる傾向がある．3M社の技術スタッフは，勤務時間の15％を各自のアイデア開発に使うよう奨励されている．社員の個人的努力によってこの世に誕生した製品を以下に列挙する．

- ●3M社のPost-it® Noteは，同社の研究員 Art Fry によって育てられた．
- ●IBM社のパソコンはP. D. Estridge らによって押し進められた．
- ●デュポン社の防弾素材ケブラーは，同社の化学者，Stephanie L. Knolek によって提案された[8]．

「自律的戦略行動」は起業家活動と概念的に通じるものがあり，企業の計画プロセスに新たな種類の機会を持ち込む．現在の戦略コースにはない市場機会を考えついた製品・市場レベルのマネージャーは，資源を結集し，製品のさらなる開発に向け勢いをつける新製品開発活動に従事する．これがいわゆるプロダクト・チャンピオンであり，管理のためのチャネルよりも政治的チャネルを重視し，会社の既存の戦略概念に疑問を投げかける．そして，Robert Burgelman も述べているように，「成功した自律的戦略行動を過去に遡って正当化する機会を経営トップに提供する」[9]．成功した自律的戦略イニシアチブは，こうした政治的メカニズムを経て会社の戦略概念に統合されることになる．

■プロダクト・チャンピオンと非公式ネットワーク　誘導的戦略行動と自律的戦略行動の相違点を表12.1にまとめた．自律的な戦略イニシアチブは一連の関与者が存在し，誘導された戦略イニシアチブとは異なる種類の戦略的対話を喚起する．あるマネージャーがプロダクト・チャンピオンとして，機会を察知したり，非公式ネットワークを結集してアイデアの技術的可能性や市場ポテンシャルを探査したりする際に中心的役割を担う．「プロダクト・チャンピオン」とは，組織内においてイノベーションのアイデアを考え出したり，定義したり，採用をしたりする人間で，そのイノベーションの導入を成功させるために大きなリスク（地位，名声など）を進んで引き受ける．3M社の上級管理者は，こうしたチャンピオンが出現しない限りプロジェク

表12.1 誘導的戦略行動と自律的戦略行動：マーケティング戦略構築プロセスの主な特徴

	誘導的戦略行動	自律的戦略行動
戦略的意思決定プロセスの始動	あるマネージャーが，組織の戦略概念に沿う市場ニーズを定義する	あるマネージャーが，組織の戦略概念から外れた市場ニーズを定義する
選択プロセスの特徴	確立された管理手続きを用いて技術・市場のメリットを形式的に絞り込む	非公式なネットワークによって技術・市場のメリットを評価する
イノベーションのタイプ	漸進的（既存の組織資源を用いて既存市場向けの新製品を開発するなど）	飛躍的（組織資源を新たに組み合わせる必要のある新製品開発など）
コミュニケーションの特徴	組織のワークフローに沿う	意思決定プロセスの初期段階では組織のワークフローから外れる
主な関与者	正規の階層的意思決定チャネルが規定する	プロダクト・チャンピオンの結集努力により非公式ネットワークが生まれる
意思決定における役割	戦略構築プロセス関与者の役割・責任が明確に定められている	関与者の役割・責任が初期段階では不明確だが，戦略構築プロセスの進行とともに明確化する
戦略への影響	戦略オプションが検討され，特定の戦略コースの導入が進む	プロダクト・チャンピオンの発起努力により特定の戦略コースの導入が初期段階で行われる

出所：Michael D. Hutt, Peter H. Reingen and John R. Ronchetto Jr., "Tracing Emergent Processes in Marketing Strategy Formation," *Journal of Marketing* 52 (January 1988) : pp.4-19より一部変更の上，引用．

トを採用することはなく，チャンピオンが「燃え尽きる」ことがない限り，プロジェクトをあきらめはしない[10]．また，従業員全員から支持されるような豊かなイノベーション文化を重視する3M社の経営幹部たちは，プロダクト・チャンピオンとしての行動や計算されたリスク・テイキングを奨励している（図12.1参照）．さらに，社員たちの言うところの「積極的」失敗をとがめることはない[11]．

　自律的イニシアチブは誘導的戦略行動に比べ，通常のワークフローや階層的意思決定チャネルを逸脱したコミュニケーション・プロセスを伴う可能性が高い．こうした非公式ネットワークでの意思決定におけるマネージャーの役割と責任は，戦略構築プロセスの初期段階では不明確だが，プロセスの進行とともにはっきりしてくる．表12.1に示したように，自律的戦略行動は

図12.1	3M社は自社サイトで革新的技術をアピールする

出所：3M社の好意により掲載．

特定の戦略コースへの関与を徐々に強めていく．それに対して誘導された戦略イニシアチブは，企業の計画立案の階層内の種々のレベルにおいて戦略オプションに対する公式かつ包括的な評価を促す管理メカニズムを伴う可能性が高い．

◎産業財マーケティングの内側◎
シリコンバレーのエンジェル投資家

「エンジェル投資家」とは，プールした資金を新しいスタートアップ企業に

提供する富裕な投資家のことである。シリコンバレーのスタートアップ企業の約3分の2が、立ち上げ資金――通常50万ドル前後――をこの種の投資家から調達している。新事業に対する各エンジェルの初回投資額は、5万ドル前後が普通である。エンジェル投資家が売り込み、資金提供するアイデアの多くは、30歳以下の企業家によって生み出される。大企業が斬新な戦略アイデアを若手社員に期待するのは、そのためである。例えばGEキャピタル社では、30歳以下の若手から中堅レベルのマネージャーたちのチームを事業部門ごとに組織し、経営上層部が見逃した新しい機会の発見にあたらせており、そこからいくつかの戦略的イニシアチブが生まれている。

　ただ、ビジネス・アイデアに対するエンジェル投資家たちの評価方法は、大企業の経営幹部たちの見方とは異なる。ホットメールに投資したSteve Jurvetsonの例で見てみると、彼は事業計画を、機会のストーリーととらえる。「まず私が考えるのは、どのような人が興味を持つか、どんなメリットがあるか、どの程度の成功が期待できるか、という点です。要するに、限りない成長が見込めそうなところに投資したいのです」

出所：Gary Hamel, "Bringing Silicon Valley Inside," *Harvard Business Review* 77 (September/October 1999) : p.80.

1－2．シリコンバレーを社内に作り出す[12]

　革新的アイデアを求める企業のリーダーたちは、シリコンバレーの起業家たちの成功をうらやましく思うが、どうしたらシリコンバレーの情熱や精神を社内に持ち込むことができるか、社員たちに起業家のエネルギーと視点を植え付けるにはどうしたらよいかと考えることはまずない。シリコンバレーを動かしているのは互いに関連し合う三つの市場、つまり、アイデアの市場、資金の市場、才能の市場である。シリコンバレーではアイデア、資金、才能が新たな価値の源泉を求めて駆け回っているが、大企業ではこうした動きが抑え込まれてしまうことが多い。

■アイデアの市場　著名な戦略コンサルタントであるGary Hamelは,「ソ連式中央集権的計画の最後の砦がフォーチュン500社に見出せる．それは資源配分と呼ばれるものである」[13]と述べている．決定的な違いは何かと言えば，シリコンバレーで大事なのは資源「配分」ではなく，資源「誘致」だということである．資源配分が既存事業への投資や下降リスクの管理に適するのに対し，資源誘致は，新事業を構築する斬新なアイデアの追及や上昇傾向，すなわち途方もない好機の管理に他ならない．社員たちのアイデアや情熱を解き放つには，大企業は，機会探索プロセスに新しい声を入れ，戦略は上級管理者の仕事という既成概念を打ち破る必要がある．

　例えば，大手石油会社のロイヤル・ダッチ／シェル社は,「GameChanger」と称する制度の下，斬新かつ有望なアイデアを発掘するチームを組織し，資金2千万ドルを割り振る権限を与えている．このチームは毎週集まり，全社員を対象に年間100件余のアイデアを選定し，有望なアイデアを持つ社員を招き，簡単なプレゼンテーションをさせる．検討の結果，優れた案件には，10日後に初期資金として平均10万ドルが支給される．シェル社が最近立ち上げた主要な戦略イニシアチブ5件の内，4件がこのGameChanger制度から生まれている．

■資金の市場　シリコンバレーのベンチャー・キャピタリストは投資案件の成否に関して，企業の戦略担当者とは異なる期待を持って活動する．数千件ものアイデアの中から，ベンチャー・キャピタリストは例えば10件ほどを選んで資金を供給する．その結果，その内の5件が失敗に終わり，3件がそこそこ成功し，1件が投資額の2倍，もう1件が50〜100倍のリターンを生む．つまりベンチャー・キャピタリストは，敗者を作らないようにすることよりも，大きな勝者の誕生に賭けるわけである．

　それに対して大企業は，先駆的なアイデア，つまり大きな勝者をみすみす逃してしまうことが珍しくない．なぜだろうか．大企業でよく見られる投資予算の編成プロセスでは，敗者を出さない配慮が働くからである．創造的なビジネス・アイデアは既存の戦略コースから外れるため，リスクを伴い，伝統的な予算配分プロセスにはそぐわない．この点を是正するには，従来の投

資予算編成プロセスとは完全に別個の資金供給源を組織内に設けることになる．例えば，ロイヤル・ダッチ／シェル社の「GameChanger」制度などがその例で，同社はイノベーションの促進を目的とする資金の市場を社内に構築している．

■才能の市場　本当に意欲的になれる仕事と確実なインセンティブを部下に与えなければ，彼らは別の会社でチャンスにかけようとすることを，シリコンバレーの経営者たちは知っている．才能ある社員を維持しようと思えば，大企業は，社員たちが興味を感じる仕事や，自分のスキルをフルに発揮できる仕事に自由に移れるような，流動的な内部市場を構築する必要がある．さらに，リスクを覚悟の上で異例なイニシアチブに挑戦する行為には，積極的に報奨などの措置を設けるべきである．ディズニー社，モンサント社，ロイヤル・ダッチ／シェル社などは，社員が既存の事業から新しい事業に移ったり，さらには新たなベンチャー・チームに立候補したりするチャンスを与えている．
　Gary Hamel は次のように述べている．

　　要するに，創造性と野心にあふれながら，瀕死の事業に縛られている部下がいたら，逃げられることを覚悟しなければならない．別の会社に移るか，社内の GameChanger 的チームに加わるかのいずれかだろう[14]．

2．技術を管理する

　イーストマン・コダック社，ロッキード社，IBM 社などの経営チームは，電子写真式コピーが生み出す大きな技術的可能性に気づかなかった．小さくて無名のハロイド社〔訳注：後にハロイド・ゼロックス社と改称．現在のゼロックス・コーポレーション社〕と協力してこの技術を改良し，商業化する事業への参加を見合わせた企業は少なくなく，これらの会社もその中に含まれていたのである．結局，ハロイド社は単独でこの事業に取り組み，この一

第12章　イノベーションの管理および新しい産業財の開発　455

つの技術的機会を後のゼロックス社へとつなげたのだった．数ある「ハイテク物語」の中でも，この事例は長く語り継がれることだろう．Michael E. Porter はこう主張する．技術革新には，「定評ある会社の競争優位さえも侵し，他の企業を最前線に踊り出させるバランス効果がある．今日の優れた企業の多くが，技術革新をバネにして成長を遂げた」[15]．産業財企業の長期的な競争ポジションは，自らの技術基盤を管理し拡大・活用できるかどうかにかかっている．次のセクションでは，開発プロジェクトの性質，技術プラットフォームと製品戦略の連動，変化の激しいハイテク市場で成功している革新的企業の特性について考える．

2－1．開発プロジェクトの分類

　企業の技術ポートフォリオについて考える際はまず，開発プロジェクトのいろいろな種類を理解する必要がある．開発プロジェクトの目的は，製造工程の改善もあれば，製品の改良もあり，さらにはその両方というケースもあり得る．これらすべてが商用開発プロジェクトであり，それに先行するのが R&D である．企業の開発プロジェクトは，次の四種類に大別される[16]．

1. 派生的プロジェクト
   漸進的製品強化（新機能など）や工程改善（製造工程の低コスト化など），あるいはその両方が中心となる．
   具体例：機能強化または低コスト化を実現したキヤノン社のファクス機．
2. 基盤プロジェクト
   一連の製品によって共有される設計やコンポーネントを生み出す．この種のプロジェクトは，製品と製造工程両方の変更を伴うことが多い．
   具体例：ブラック&デッカー社のすべての工具に共通するモーター，インテル社のマイクロプロセッサのいろいろな用途．
3. 突破（ブレークスルー）型プロジェクト
   前世代のものとは根本的に異なる新しい中核部品や中核プロセスを確立する．
   具体例：コンピュータ・ディスクと光ファイバーケーブルが新しい製品カテゴリーを生み出した．

4．研究開発

商用開発に将来つながっていく新しい原材料や技術に関する知識の創造[17].

具体例：銀行やホテルチェーンなど多様な顧客によって利用されているルーセント・テクノロジー社の通信システムを支える通信技術開発.

2－2．製品群という視点

ある技術がいくつかの製品の基礎，すなわちプラットフォームになる場合がある．例えば，ホンダ社はそのマルチバルブ式シリンダ技術を発電装置，自動車，オートバイ，芝刈機などに使っている[18]．プラットフォームを共有し，顧客層ごとの個別の特徴と拡張機能を備える製品をまとめて「製品群」と呼ぶ[19]．製品群はその世代ごとにプラットフォームがあり，それを基礎にして，別の，または補完的市場用途をターゲットとする製品が生み出される．技術的スキル，市場知識，生産能力を拡張していくと，まったく新しい製品群が形成され，産業財のマーケターにとって新たな事業機会がそこに芽生える可能性が出てくる．

戦略の専門家たちによれば，企業は製品計画の重点を，個々の製品ではなく，共通のプラットフォームから生み出すことのできる製品群に移すべきだという．歴史的なヒット商品の一つと言える，ソニー社のウォークマンを例にして考えてみよう．ソニー社は顧客セグメントによってこの製品の利用法が異なることを踏まえ，再生のみ，再生と録音，再生とチューナー，スポーティーという四種類の基本的プラットフォームを開発した．カラーやスタイルといった標準的な設計要素を当てはめることにより，比較的容易に，これらの基本的なプラットフォームに各種機能や独自の技術特性を追加していくことができた[20].

製品群というとらえ方に移行するには，機能部門間の緊密な連携，技術戦略に対する長期的視点，複数年にわたる資源投入が必要になる．Steven Wheelwright および Kim Clark は，この手法はてこのように競争力を大幅に向上させるが，プラットフォームへの適切な投資を怠る企業が少なくないとし，次のように指摘する．「その理由は状況によって異なるが，もっとも一般的なのは，プラットフォームの戦略的価値に対する経営陣の意識が希薄

で，プラットフォーム・プロジェクトを慎重に練っていないことである」[21]

2－3．ハイテク市場におけるイノベーション成功者

　製品ライフサイクルが短く，競争環境が流動的なために変化の激しい業界では，企業が市場のニーズを満たす製品を提供しようと思えば，つねにイノベーションが必要になる．こうした業界で競争に打ち勝つためには，変化に対応する能力が鍵となる．Shona L. Brown と Kathleen M. Eisenhardt は，コンピュータ業界における製品イノベーションの成功例とあまりうまくいかなかった例を比較する興味深い調査を行っている[22]．この調査では，製品の市場投入を予定通り実行し，顧客ニーズへの対応も的確な企業が，イノベーションの成功者という定義である．その調査では，製品イノベーションに成功している企業は，組織構造やプロセスの面で競合他社と違いがあることが明らかになった．とくにイノベーションへの取り組み方に，次の四つの特徴が見られる．

■1．限定的な枠組み　変化する顧客ニーズに対応し得る製品を創造するには柔軟性が必要だが，製品イノベーションに成功した企業はそれに加え，いくつかのルールを忠実に実践している．第一に，新製品の優先順位を厳密に定め，資源配分と連動させている．そうすることでマネージャーたちは手を広げすぎることなく，もっとも魅力的な機会に注意を集中することができる．第二に，マネージャーたちは計画の途中段階にも何カ所か期限を設定し，それを確実に履行している．第三に，限られた数の主要な結果に対して責任を負う仕組みになっている．例えば，ある企業では，エンジニアリング・マネージャーが製品スケジュールを担当し，マーケティング・マネージャーが市場の定義や製品の収益性に責任を負っていた．成功企業は少数の分野（優先順位，期限など）において枠組みを重視していたが，あまり成功していない企業は，融通の利かないやり方や新製品開発の側面一つひとつに対するチェックなど過度の統制を課すか，逆にほとんど無秩序だった．成功企業は，プロセスを頑なにコントロールするほど厳格ではなく，かといって支離滅裂になるほど雑然とした状態でもない枠組みをとることでバランスをと

っている.

■2. リアルタイムなコミュニケーションと臨機応変な行動　コンピュータ業界で製品イノベーションに成功している企業は，新製品開発チームや各製品チーム間のリアルタイムなコミュニケーションを重視する．コミュニケーションの多くは公式の会議で行われるが，組織全体にわたって広範囲な非公式のコミュニケーションも存在している．明確な優先順位と責任に広範囲なコミュニケーションが加わると，製品開発者は臨機応変な行動，いわゆる即興演奏が可能になる．Brown および Eisenhardt は，次のように述べている．「臨機応変とは，ジャズの即興演奏なら，共演者がお互いの音楽的解釈の進行に合わせて音楽を作っていくことであり，製品イノベーションでは，市場や技術の変化に適合しつつ製品を創造することである」[23]

厳密に言えば，臨機応変な行動とは，行動の設計と実行が時間的に接近した活動のことである[24]．設計から実行までの時間が短いほど，活動が即興的ということになる．成功企業は絶え間ない変化を予測しており，新製品チームに自由に行動する権限を与えている．あるマネージャーが，こんなことを言っていた．新製品開発プロセスの「最後の最後まで我々はのらりくらりしている」．製品開発チーム内のリアルタイムなコミュニケーションとゆるやかな枠組みが，こうした即興的な行動の基礎となるのである．

■3. 実験：将来の探索　企業の中には一つの将来像を考え，それにすべてを賭けるところもあれば，競争状況が変化しても将来の計画を更新しないところもある．製品ポートフォリオの開発で成功している企業は，たった一つの将来像に投資するようなことはせず，あれこれコストのかからない将来探索を通じて，将来のオプションを複数構築していた．コストのあまりかからない探索方法とは，新しい市場に向けた試験品の開発，最先端顧客との戦略的提携による将来ニーズの把握，将来を見据えた定期的な企画会議などである．変化の激しい業界の場合，いろいろ考えられる将来像の内，どれが現実化するかを戦略担当者が正確に予測することは不可能である．前もって将来を探索することにより，その時になってマネージャーがとり得る対応策が増

えるとともに，不測の事態に直面して動揺することも減るだろう．

■4．タイム・ペーシング　製品イノベーションに成功している企業は，当面のプロジェクトから次のプロジェクトへの移行を慎重に管理していたが，そうでない企業はプロジェクトを成り行き任せにしていた．インテル社などの成功企業は，タイム・ペーシングを実践している．これは，予測可能な範囲で期間を決めて製品開発を行うことで，変化の激しい市場での競争に対応しようとする戦略である[25]．移行プロセスは，スタッフによって注意深く段取りが決められ，かつ理解されている．例えば，マーケティング・マネージャーが次の製品の定義にとりかかる一方で，エンジニアリングが現在の製品に関する作業を完成させ，製造に引き渡す．タイム・ペーシングは，マネージャーに変化への意識を植え付けるため，組織全体に強い心理的影響を及ぼす可能性がある．BrownおよびEisenhardtは，次のように指摘する．「タイム・ペーシングは期限励行について切迫感を生み出し，個人やチームのエネルギーを共通の目標に集中させる」[26]

◎産業財マーケティングの内側◎
継続的実験を奨励する

　最先端を行く組織は，社員に実験的精神を持つことを奨励する．この積極的な実験プロセスから，市場に対する独創的な見方が生まれることになる．例えば，GE社のQMI（クイック・マーケット・インテリジェンス）制度は，実験を奨励する文化およびプロセスを確立するものである．GE社のある経営幹部は，次のように述べている．

　QMIとは，ウォルマート社が始めた，組織の垣根を取っ払う実に有効な手法をGE社なりに名付けた言葉であり，全社員が変化する顧客の欲求に接して理解し，即座に対応することを目指しています．ウォルマート社の情報－行動サイクルのリズムは，実験を促します．なぜなら，何であれ機能しないものは，1週間以内にお払い箱にされてしまうからです．大きく成長しながらも小企業の迅速性と行動を維持し

> ていること，それがウォルマート社成功の秘密でしょう．QMIは，わが社が小さな会社のように行動することによって発展することを可能にしてくれるものです．QMIリズム，すなわち顧客ニーズの週変動は，将来GE社のリズムとして定着し，売上拡大の主要な要因の一つになることでしょう．
>
> 出所：George S. Day, "Managing the Market Learning Process," *Journal of Business & Industrial Marketing* 17, no.4 (2002)：p.246.

3．新製品開発プロセス

　キヤノン社，マイクロソフト社，ヒューレット・パッカード社など最先端企業は，競争優位維持の観点から新製品開発を最も重要視している．そこには組織全体のマネージャーや一般社員が関与し，行動と意思決定の迅速化を図っている．新製品事業はリスクも大きいが，大きな可能性も秘めているため，新製品開発は系統だった考え方を必要とする．新製品に高い目標を設定しても，掛け声だけで終わることがよくある．さらに，産業財の新製品は失敗に終わるものが多い．失敗の定義が明確でない部分もあるが，産業財の30～40％が失敗しているという調査結果もある[27]．失敗件数については議論の余地があるとしても，市場に拒否された新製品はその企業のみならず，社会全体にとっても大きな無駄であるという事実を否定できない．

　このセクションでは，(1)企業の新製品パフォーマンスの推進要因，(2)新製品のアイデア源，(3)イノベーションを阻む部門間の障害，(4)新製品開発で用いられるチーム主体のプロセスについて述べる．また，「消費者の声」を開発プロセスに直接取り込むのに有効な方法についても分析する．

3－1．企業の新製品パフォーマンスを推進するもの

　企業の新製品パフォーマンスを推進する重要な要因を明らかにするため，あるベンチマーク調査が実施された[28]．その結果，(1)新製品開発プロセスの質，(2)新製品開発に投入される資源，(3)新製品戦略という三つの要因が特定

図12.2　企業の新製品パフォーマンスの主な推進要因

推進要因
- 新製品開発プロセス
- 新製品戦略
- 資源投入

→ 企業の新製品パフォーマンス →

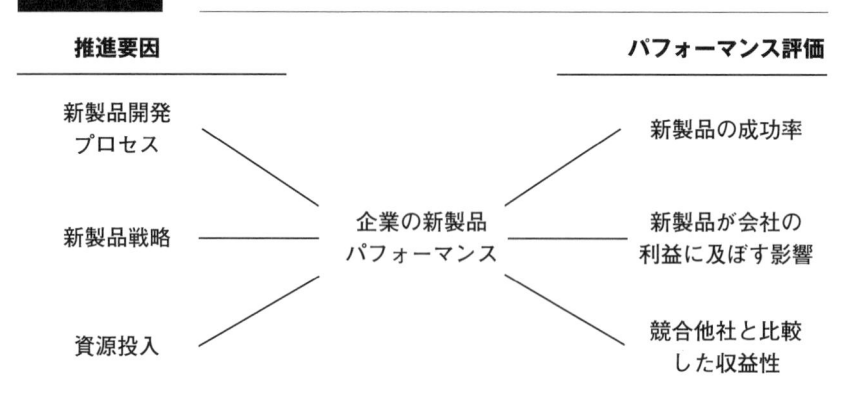

パフォーマンス評価
- 新製品の成功率
- 新製品が会社の利益に及ぼす影響
- 競合他社と比較した収益性

出所：Robert G. Cooper and Elko J. Kleinschmidt, "Benchmarking Firms' New Product Performance and Practices," *Engineering Management Review* 23 (fall 1995): pp.112-120.

された（図12.2参照）．

■プロセス　成功している企業は質の高い新製品開発プロセスを採用している．つまり，アイデア段階から市場投入，さらにその先まで，新製品がたどる活動や意思決定に細心の注意を払っているのである．このベンチマーク調査により，高パフォーマンスな企業の特徴として以下の点が明らかになった．

- プロジェクトが開発段階に移行する前に，先行市場および技術に対する評価を重視した．
- 開発作業にかかる前に，製品コンセプト，製品の効用，ポジショニングおよびターゲット市場を詳細に記述した．
- プロジェクトの実行か中止かを決める難しい判断がこのプロセスに含まれ，中止の判断が実際に下されたことがある．
- 新製品プロセスに柔軟性があり，プロジェクトの性質やリスクに応じてある段階をスキップすることも可能だった．

製品コンセプト，予想される市場の反応，製品の技術的可能性に関する詳細な事前準備に加え，事業評価や財務評価を徹底的に行うことは，製品開発を成功させる上で欠かせないプロセス上の重要な要素である．

■資源投入　パフォーマンスに優れる企業では，新製品開発に十分な資源が投入された．ここでは三つの要素が重要だった．

1. 経営上層部は，社内における製品活動全体の目標を達成するのに必要な資源を投入した．
2. R&D予算は十分で，新製品に関して設定された目標に応じて調整されていた．
3. 必要な人員が割り振られ，新製品開発に専念できるよう他の職務から解放されていた．

新製品開発チームが自らプロジェクト管理を決定し，とりわけプロセスや手順を独自に実行する裁量を（広範囲な戦略的方向性の範囲内で）与えられている場合のほうが，経営トップから命じられる場合よりも，彼らの創造力は発揮されやすい[29]．

■新製品戦略　明確なはっきりとした新製品戦略が，企業の新製品パフォーマンスを推進するもう一つの要因だった（図12.2参照）．３Ｍ社など，成功している企業は，新製品パフォーマンスの積極的目標（会社収益のx%を新製品から得るなど）を基本的な会社の目標に設定し，全社員にそれを伝えている．また，Robert G. CooperおよびElko J. Kleinschmidtは，成功企業は，特定の製品，市場，技術で明確に定義された領域に開発活動を集中させることで新製品プログラムを方向付けていると報告し，次のように指摘する．

新製品戦略は「我々がゲームをする領域」や，恐らくそれ以上に重要なこととして，ゲームをしない領域…事業領域内と事業領域外を特定する．領域が

第12章　イノベーションの管理および新しい産業財の開発　463

定義されていなければ，新製品のアイデアや機会の追求は焦点が定まらないものになってしまう...[30]

3－2．競争相手の反撃を予測する[31]

新製品投入の3分の2が，発売後に競合相手の反撃を引き起こす．従って，産業財のマーケターは，新製品の発売前および発売期間中に競合相手の状況をしっかり確認しておくと，成功率を上げることができる．新製品の戦略担当者はこのようなとき，競合相手が急にどのような行動に出てきても対処できるよう，指針となる詳細なシナリオを用意しておく．競合他社は，新製品が自らの市場に大きな脅威となり，しかもその市場が高い成長率を示している場合，激しく反応する衝動にかられる．新製品を開発した企業がマーケティング・コミュニケーションを大規模に展開したことで新製品投入が広く知れ渡る場合も，競合相手による反撃の可能性が高まる．

それに対し，新製品投入が競合相手の市場に直接的な脅威とならないときは，反撃を受ける可能性は低い．最近の調査によると，全く新しい製品や，ニッチ市場をターゲットとする製品は，競合相手の反応を誘うことが少ない．

3－3．新製品アイデアの源泉

産業財のマーケターは会社の内外において，新製品のアイデアとその源泉に敏感でなければならない．内部では，新製品のアイデアは，顧客ニーズにいつも接している営業スタッフ，新しい技術開発に触れる機会の多いR&Dの専門家，自社の強みと弱みを知っている経営上層部などから入ってくる．また社外では，流通業者や顧客などのチャネル構成メンバーや，競合他社の動きの評価などから得られるだろう．

Eric von Hippelは，市場は受け身の存在であり，その市場に企業が新製品を投入するものという従来の見方に対し，異議を唱える[32]．彼の調査したところによれば，産業財市場の顧客が新製品のアイデアを思い付くことが珍しくなく，そうした顧客がメーカーを選んでアイデアを製品化させることさえあるという．顧客は，特定の物的製品よりも，産業財のマーケターの能力

を知覚して反応している．だとすれば，顧客を新製品開発に引き込むとともに，アイデアの源泉である顧客に自社の能力を売り込むことが必要である．

■リード・ユーザーとは　ハイテク設備，中でも資本設備の産業財市場の多くは，大口かつ少数の企業顧客で形成されているため，リード・ユーザー―つねに新技術のアーリー・アダプター（初期少数採用者／先見性のある人）として大きな影響力を持つ，少数の顧客組織など―のニーズに格段の注意を払う必要がある[33]．リード・ユーザーは，市場で一般的と思われるニーズを持っているが，他の大部分の顧客よりも何カ月も何年も前に，彼らはそのニーズに直面する．さらに，彼らはそのニーズを満たすソリューションを得ることができれば，大きな利益を手にできる立場にある．例えば，自動車メーカーが画期的なブレーキ装置を設計しようとした場合，高性能ブレーキを強く求めているオートレース・チームがマーケティング・マネージャーにヒントを提供するかもしれない．また，短い滑走路でも軍用機が着陸できるようにする目的でアンチロック・ブレーキ装置が最初に開発された航空宇宙などの関連分野も参考になるかもしれない[34]．

■リード・ユーザー法　リード・ユーザー法を実行するときは，マーケティングや技術部門などのマネージャー4～6名で部門横断チームを組織し，その中の一人がリーダーになる．このようなチームで週に12～15時間作業し，4～6週間で完了するのが普通である．このプロジェクトは5つの段階を経る（表12.3参照）．3M社は目下，8部門でこのリード・ユーザー法を効果的に活用しており，チーム間および各部門のマネージャー間のサポートは強力である．例えば，同社の内科・外科市場グループは，このリード・ユーザー法を用いて新製品アイデアを発掘したり，感染のコントロールに革命的な手法を発見したりしている[35]．

■顧客の先を行く　顧客に何を求めているか尋ねるだけでなく，顧客がまだ意識していないニーズを紹介することによって成功している企業もある[36]．例えばモトローラ社は，電話番号を場所ではなく人間に割り振ることによ

図12.3　リード・ユーザー法

段階	ポイント	詳細
第1段階	基礎固め	ターゲット市場を特定するとともに，求められるイノベーションの種類や水準に応じて内部の利害関係者からサポートを得る
第2段階	傾向の見きわめ	特定分野の新興技術や先駆的用途に広い視野を持つ，その分野の専門家の意見を聞く
第3段階	リード・ユーザーの発見	ターゲット市場の最先端に位置するリード・ユーザーを発見し，画期的製品の開発に役立ちそうな情報を収集するため，ネットワークの構築に着手する
第4段階	たたき台としての製品アイデアの開発・評価	製品アイデアの具体化，市場ポテンシャルの評価，会社の利益との適合性の検討にとりかかる
第5段階	画期的アイデアの開発	最終コンセプトの設計に向け，社内の他のマネージャーたちとともにリード・ユーザーを招いて検討会議を開く．アイデアをさらに練り上げてから経営上層部に提言する

出所：Eric von Hippel, Stefan Thomke, and Mary Sonnack, "Creating Break throughs at 3M," *Harvard Business Review* 77 (September/October 1999): p.52より一部変更の上，引用．

り，何百万人もの出張者などと，個人用通信機器を使って時と場所を選ばず連絡を取れるようなグローバルな通信環境を構想している．イノベーションの方向性を計画するためには，現在および将来の顧客のニーズや願望に対する深い洞察力を持たなければならない．顧客からの重要なフィードバックを技術スタッフに伝えることに加え，顧客にもっとも近いところにいる人間（マーケター）に対して技術的可能性に関する有望な情報を提供する仕組みが必要である．モトローラ社は，何が可能かを顧客に啓蒙することによって成功している．Soren M. Kaplan によれば，「市場調査は正確な需要予測もさることながら，新しいアイデアを開発し，練り上げるための触媒として機能する」[37]という．

3－4．部門間の障害

　新製品開発の成功は，複数の機能（例えば，R&D，製造など）や利害関係者（例えば，サプライヤーなど）のエネルギーと献身的努力を結集した共同作業の賜物である．そうした新製品開発の努力に支障をきたす障害が三つ存在する．それは，「縄張り意識」，「解釈の食い違い」，それに「コミュニケーションの壁」である[38]．

　■**縄張り意識**　新製品に関する意思決定によって利益を得るメンバーと，逆に損失を被るメンバーが出てくる．縄張りとは，専門分野，権限，特定の任務，資源へのアクセスなどがそれである．既存の地位や権限を失うことに抵抗しようとする傾向は，各部門に非常に強く見られる．新製品開発プロジェクトは企業の新しい方向性を示すことになるため，各機能部門が資源や情報，サポートを奪い合うかたちで縄張り争いに火が付くことが少なくない．
　「Techno」プロジェクトの例で考えてみよう．ある通信会社の R&D チームが，販売機能の完全自動化や幅広い新サービスの導入を可能にする技術を開発した．この R&D チームは，新製品やサービスの開発でも主要な役割を担おうとした．これに対し，予算の削減や権限の喪失を心配するマーケティング部門が強く反発し，縄張り争いが勃発した．最終的に，マーケティング部門はこの技術を採用し，製品やサービスを投入し，数多くのヒット商品を生み出した．それでも，縄張り争いを終結させるのに数カ月を要し，開発プロセスはその間停滞を余儀なくされた．つまり，部門間の建設的な討論や緊張関係は学習を促進する効果があるが，破壊的な縄張り争いは学習を抑制してしまうのである．

　■**解釈の食い違い**　Deborah Dougherty はこう主張する．組織において，「各部門は言わば『思考世界』である．それぞれが注目する技術的側面や市場知識が違うため，全体に対する解釈が変わってくる」[39]．イノベーションを成功させるには部門間の協働が不可欠であり，その際に解釈の食い違いは大きな障害となる．各部門ごとに判断や手続きが異なる結果，製品イノベー

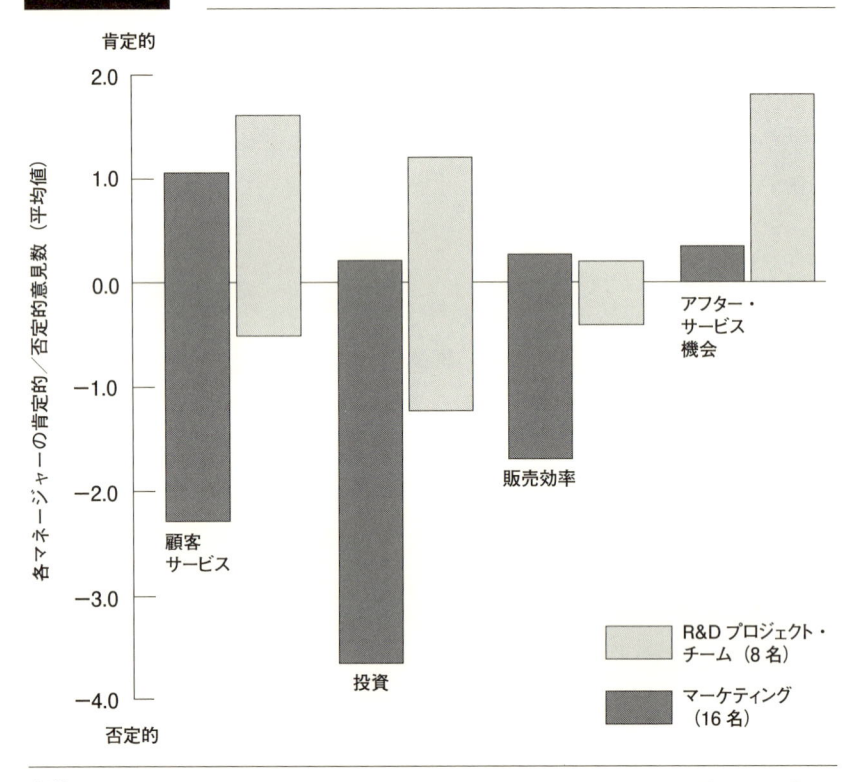

図12.4 「Techno」プロジェクトの節目に対する各マネージャーの見方

縦軸：各マネージャーの肯定的/否定的意見数（平均値）
肯定的 2.0 / 1.0 / 0 / -1.0 / -2.0 / -3.0 / -4.0 否定的

項目：顧客サービス、投資、販売効率、アフター・サービス機会

凡例：R&D プロジェクト・チーム（8名）、マーケティング（16名）

出所：Michael D. Hutt, Beth A. Walker, and Gary L. Frankwick, "Hurdle the Cross-Functional Barriers to Strategic Change," *Sloan Management Review* 36 (spring 1995)：p.25より出版社の許可を得て転載. Copyright©1995 by Massachusetts Institute of Technology. All rights reserved.

ションに対して異質な理解が生まれることになる．

　図12.4は，マーケティングとR&D両部門のマネージャーが開発プロセスの節目で行った「Techno」プロジェクトに対する見解の違いをグラフ化したものである．前で述べたように，ある通信会社が開発したこの技術は，顧客が営業スタッフを介さずに製品やサービスを注文できるようにするものである．マーケティング・マネージャーは，「Techno」が顧客サービスや販売効率に及ぼす効果に否定的な見方をしていた．マーケターたちも，「Techno」への多額の投資にきわめて批判的で，そのアフター・サービス

機会についても R&D マネージャーより冷めた見方をしていた．それに対して R&D マネージャーでは，顧客サービス，投資，アフター・サービス機会に自信を持ち，販売効率に関しても否定的な意見は少なかった．

■コミュニケーションの壁　情報に対するスタッフの解釈や反応の仕方は部署や機能分野ごとで似る傾向があり，そこからそれぞれの共通言語が生まれることになる．この言語，あるいは符丁は部署内の意思疎通を強化するが，それを知らない人間にとってはコミュニケーションの障害と映ることもある．

　新製品開発プロセスでは，関与者のネットワークも拡大していく．スタッフ間の協力と頻繁な意思疎通が新製品の成功に欠かせないことは，調査結果からも明らかである．とくに，マーケティングと R&D という二つの部門の調和は，プロジェクトの成否と強い相関関係がある．

■協働を実現させる　革新的な組織の強みを支えているのは，顧客の持つ現在および将来のニーズを明確に理解し，技術をそれと調和させる能力である[40]．各部門がそれぞれの独自スキルを適切に評価し，しかもその評価を共有することが競争優位の構築につながる．R&D 部門は技術的可能性を明確に示し，マーケティング部門はその可能性を市場機会や競争の現状に照らして慎重に評価する．どうしたら技術が顧客ニーズの充足や競争優位の強化に貢献するかということについての新しく，より鋭いコンセプトが協働によって生み出される．

3－5．チーム主体のプロセス

　Jon Katzenback および Douglas Smith は，チームと業績に関して次のように説いている．

　　チームとは，相互に補完し合うスキルを備え，共通の目的，業績目標，手法の実現に互いに責任を負う少数の人間の集団である．チームの核心は，共通のコミットメントである．これがないチームは各人の行動に一貫性がなくな

第12章　イノベーションの管理および新しい産業財の開発　　469

り，これがあるチームは連携して動くことのできる強力な組織になる[41]．

産業財のマーケターの新製品開発プロセスのための組織形態として，（複数の専門分野を統合した）集学的チームがこれまでにない人気を集めている[42]．また企業は，新製品開発をスピードアップし，部門横断的連携を強化するため，コンカレント・エンジニアリング（並行開発）の利用を拡大しつつある（第9章参照）．

コンカレント・エンジニアリングとは，部門の垣根を越えて厳選したスタッフでチームを組み，開発プロセスの最初から最後まで協働するもので，マーケティング，設計，製造，R&D，購買などの部門のエキスパートが参加する．主要な供給業者が，その専門知識を活用するねらいから，このプロセスに最初から関与する点は注目に値する．この手法の主眼は，チームで責任を持って事前に適切な製品コンセプトを定めることにある．この種の部門横断チームは，厳格に決められた段階をたどるのではなく，開発プロセスを統合的に管理する[43]．要するに，単一の目標に向かって一つのユニットとして行動するわけである．

■チーム構成を選択する　産業財のマーケターは，その新製品開発活動の為の組織構成を選択する際に，戦略的優先度や周囲の状況に適合させることを考えなくてはならない．新製品の革新性とその開発を管理する組織のタイプとが適合していなければならないということは，調査結果が示すところでもある[44]．真の新製品，つまり，開発する企業にとっても，また使用する消費者にとっても目新しい製品を開発するときは，部門横断チームが最適なように思われる．それに対し，既存の製品に些細な変更を加える場合などは，従来の組織形態で事足りる．

3－6．品質機能展開[45]

マーケティング，製造，エンジニアリング，R&Dといった部門間の協力とコミュニケーションは，新製品のいっそうの成功と，より高収益な製品の実現に欠かせない．品質機能展開（QFD）は，顧客の重視する属性を特定

し，それを製品設計と明確に結び付ける働きをする．顧客の声をエンジニアリングや製造，R&D の意思決定に直結させることにより，部門横断的なコミュニケーションが向上する．この手法は日本や欧米の企業で広く採用されている．新製品開発チームはこの手法を用いて消費者の声を把握し，それをエンジニアの声に翻訳する．

■顧客の声　QFD でまずやることは顧客ニーズの発見で，顧客が製品に期待する効用を顧客自身の言葉で表現してもらう必要がある．顧客と対話すると，ニーズが山のように発掘されることが珍しくない．その中で注目するのは，製品の戦略的方向性を決めるという意味でとくに重要な 5～10 個の主要ニーズである．コピー機を例にとれば，小さな企業の経営者は，信頼性，低コスト，コンパクトさ，静音性，スピードといった属性を求めるかもしれない．調査によれば，20～30 名の顧客を対象にしたインタビューで，比較的同質な市場セグメントにおける顧客ニーズの 90％，あるいはそれ以上を確認することができる[46]．

顧客によって重視する属性が異なるため，顧客の視点から見た属性の相対的重要性を反映する意味で重み付けを行う．QFD チームはこうした重み付け，あるいは優先順位付けを通じて，顧客が求める効用と，そのニーズを満たすのに必要なコストのバランスをとることができる．また QFD では，競合他社の既存製品に対する顧客の知覚に関するデータも，製品設計の指針として利用できる．Abbie Griffin および John Hauser は，次のように指摘する．「どの製品がどのニーズをもっとも満たすか，それらのニーズがどの程度満たされているか，最高の製品と自社の既存製品の間に開きが存在するか，といった点を明確にすることは，QFD チームが製品開発の意思決定を行なうに際しての判断材料となる」[47]

■エンジニアの声　QFD の威力は，顧客ニーズを製品設計上の属性に翻訳することから生まれる．こうした設計パラメータは，顧客の求める属性と結び付けられた測定可能な要求事項でなければならない（コピー機に使用されるモーターのパワーが速度性能に影響するなど）．設計パラメータが特定さ

れると，QFDチームはある設計パラメータと顧客の求める属性の関係についての検討にかかることができる．例えば，モーターのパワーを上げれば，「スピード」という顧客の求める属性に好影響を及ぼすだろうが，「低コスト」と「静音性」という属性にはマイナスに作用する．設計パラメータと顧客の求める属性の関係について考える際は，顧客からの情報，エンジニアリング経験，設計された実験でのデータを用いる．また，設計パラメータ同士の相互関係を検討することによっても，顧客ニーズに適合する設計が可能になる場合がある．

■品質機能展開の利用　QFD は，顧客ニーズに関する貴重な情報を，それを満たすための適切な設計データと組み合わせるのに役立つ．QFD は設計ソリューションをもたらすというよりも，新製品開発プロセスにおいて避けられない困難な設計トレードオフを明らかにし，それに取り組む手段となる．機能横断的な製品チームはこの手法を通じて，設計問題に対する理解を共有することができる．従来の製品開発プロセスと比較する調査により，QFD のほうがチームのメンバー間のコミュニケーションが促進されることがわかっている[48]．QFD の導入により，品質を維持または強化しつつ設計時間が40％，設計コストが60％削減されたケースもある[49]．

4．新製品パフォーマンスの決定要因とスピードの重要性

　新製品の成否を決する要因で，とくに重要なものは何だろうか．製品開発プロセスの進行速度が企業によって異なるのはなぜだろう．データをもとに考えてみよう．

4－1．成功要因

　新製品の成功には，戦略的要因のほか，新製品開発プロセスの実行に関する企業の熟練度も関係する[50]．

■戦略的要因　調査の結果，四つの戦略的要因が新製品の成功に不可欠であることが明らかになっている．その中でとくに重要なのは，製品の優位性の水準である．「製品の優位性」とは，品質，費用対性能比，競合製品と比較した機能などの面で製品の優秀性が顧客に知覚されることである．成功する製品は，顧客コストの減少など明確な利益を提供し，競合製品よりも高品質である（耐久性にまさるなど）．Robert G. Cooper および Elko J. Kleinschmidt は，化学業界における新製品プロジェクト100件余りの調査結果をもとに，次のように主張する．「新製品で成功するのは，製品品質，価格性能比率，価格価値比率，顧客ニーズとの適合性などで他製品を上回り，顧客が気づき易いユニークな特性や効用を備えるものである」[51]

マーケティング・シナジーや技術シナジーも，新製品の命運を左右する．「マーケティング・シナジー」とは，プロジェクトの必要性と企業の資源やマーケティング・スキル（営業，市場調査など）がどの程度適合しているかということである．一方，「技術シナジー」は，プロジェクトの必要性と企業のR&D資源およびコンピタンスとの適合度である．企業のスキルに適した新製品は，成功する可能性が高い．

以上の三つの要因に加え，国際指向性も製品イノベーションの成功の一因になる[52]．外国の顧客の要求事項を満たすよう設計・開発された新製品や，世界市場または近隣の輸出市場をターゲットとする新製品は，成功率，収益性，国内外の市場シェアなど，ほとんどあらゆる面で国内製品にまさっている．そして，その背景にあるのは，市場調査，顧客を用いた製品テスト，試験販売，市場投入などの活動における明確な国際的視点である．

■開発プロセスに関する要因　新製品の成功には開発プロセスの特徴も関係するが，特に，開発前段階における熟練度が製品を成功させる基礎となる．開発前段階では，最初のふるい分け，市場や技術の事前評価，詳細な市場調査，予備的な事業／財務分析など，いくつかの重要な作業が行われる．これらの準備作業に熟練している企業は，新製品を成功させる可能性が高い．

「市場知識」と「マーケティング熟練度」も，新製品の結果に重要な影響を及ぼす．市場ニーズをしっかり理解している企業の場合は，当然ながら成

功率は高まる．Robert G. Cooper は，あるヒット商品の市場計画を次のように説明している．「市場情報にまったく漏れがなく，顧客のニーズや欲求，好み，購買行動や価格感応性，市場の規模やトレンドおよび競合状況を的確に把握していた．さらに，市場投入やターゲティングが入念に計画され，実行も巧みで，適切な資源の手当もあった」[53]

「技術知識」と「技術的熟練度」も，新製品開発プロセスの重要な要素である．技術開発者が新製品の技術的要素に関して強力な知識基盤を備え，新製品開発プロセスの各段階（製品開発，試作品試験，試験生産，生産開始など）を巧みに進んでいくことができれば，製品は成功する．

4－2．製品成功の決定要因—日本企業の場合

「日本では，ヒット商品を出す企業とそうでない企業を分ける要因はどこにあるでしょうか」．これは，X. Michael Song および Mark Parry が実施した，日本企業による800件近い新製品投入に関する調査に含まれていた興味深い質問項目である[54]．この調査により，日本企業の製品開発マネージャーたちは，新製品成功の鍵を北米のマネージャーたちとまったく同じようにとらえていることが判明した．日本のマネージャーたちももっとも重要な成功要因として，製品の優位性を挙げたのである．その他に，技術シナジー，マーケティング・シナジー，さらに開発前段階の熟練度なども成功要因に含まれている．

■製品の優位性を評価する　この日本企業の調査は，潜在的な製品優位性を評価するのに役立つ指針もいくつか示唆している．Song および Parry は次のように提言する．この評価を行うとき，「マネージャーは，消費者のコストを削減し，能力を拡大する可能性を製品が秘めているか，品質向上，優れた技術的性能や効用対コスト比をもたらす見込みがあるか検討すべきである」[55]

4－3．製品開発に求められるスピード

スピーディーな製品開発は，数多くの競争優位を生む．例えば，スピード

があれば，企業は変化の激しい市場や技術に対応することが可能になる．また，のろのろとした開発プロセスは瑣末な活動や変更に資源を浪費しがちなのに対し，ハイピッチな製品開発はより効率的である[56]．もちろん，速さばかりにとらわれるのは別の意味で危険だが，とりわけハイテク市場においてはスピードが重要な戦略的武器になりつつあることは間違いない．

■プロセスを開発作業に適合させる　製品開発をスピードアップさせるにはどうしたらよいだろうか．グローバルなコンピュータ業界を対象にした，ある大掛かりな調査で，重要な基準がいくつか浮かび上がった[57]．欧米とアジアの主要コンピュータ会社の製品開発プロジェクト72件を分析した結果，製品開発のスピードを上げるため，いろいろな取り組みがなされていることがわかった．目の前の製品開発作業に適した手法がスピードを生むのである．

■予測可能なプロジェクトに適する圧縮戦略　精通している市場や技術の場合，圧縮戦略が開発速度を上げるのに有効である．製品開発の一連のステップが予測可能なときに用いられ，プロセスを注意深く計画し，各ステップに要する時間を短縮することでスピードが生み出される．設計が予測可能で，安定かつ成熟した市場をターゲットとする製品については，圧縮戦略によって製品開発がスピードアップしたことが調査からわかっている．自社のハードウェアを使用し，プロジェクトを重ねるたびに予測可能な設計が増えていき，成熟市場で競争する汎用コンピュータなどはこのカテゴリーに入る．

■予想不能なプロジェクトのための経験戦略　不確実な市場や技術の場合は，経験戦略が製品開発を加速する．Kathleen M. Eisenhardt および Behnam Tabrizi によれば，次のような考え方がこの戦略の前提にあるという．「製品開発というのは，絶えず変化し，先を見通すことのできない市場や技術を相手にする非常に不確実性の高い活動である．であれば，迅速な製品開発の鍵は，不確実な環境を素早く学習し，それに対応する直感力を速やかに身に付け，柔軟なオプションを構築することにある」[58]

　こうした状況下では，設計の反復，大規模な試験，頻繁な管理点の設定，

製品チームを集中させられる強力なリーダーなどがスピードを生む．そのためには，リアルタイムな対話と実験，そして柔軟性が不可欠である．調査の結果，経験戦略は，急速な技術進化や予想のつかない競争パターンなどを特徴とするパソコンなどのプロジェクト，つまり予測不能な製品開発プロジェクトでスピードアップに貢献することがわかっている．

5．まとめ

　製品イノベーションはハイリスクであると同時に，大きな利益が見込まれるプロセスでもある．持続的成長は，既存または将来の消費者ニーズに対応する革新的製品にかかっている．イノベーションを効果的に管理するためには，その主な方向性を定めてコントロールしつつ，柔軟性を維持し不測の事態に備えることが必要である．マーケティング・マネージャーは企業内において，誘導的戦略行動と自律的戦略行動という二種類の戦略的活動を追及する．

　既存事業のための新製品開発プロジェクト，あるいは既存製品のための市場開拓プロジェクトは，誘導的戦略イニシアチブの産物である．それに対して自律的戦略行動は，企業の既存の戦略概念を外れたところで実行され，従来のコースから反れ，新しい種類の事業機会を対象とする．中堅レベルのマネージャーがプロジェクトを始動させ，その開発に努力し，成功させれば，そのプロジェクトが会社の戦略概念に統合されることになる．先駆的イノベーションを生むためには，活発なアイデアの市場を構築し，伝統の殻を打ち破るような機会に資金を供給する仕組みを作るとともに，才能豊かな社員たちが想像力を刺激されるプロジェクトを追求し続けることを可能にしなければならない．

　産業財のマーケターの長期的な競争ポジションは通常，自らの技術基礎を管理し，拡大させる能力にかかっている．コア・コンピタンスは製品および製品群のベースになる．製品群はその世代ごとにプラットフォームがあり，それを基礎にして，別のまたは補完的な市場用途をターゲットとする製品が生み出される．変化の激しい市場でイノベーションに成功している企業は，

限定的な枠組み（優先順位，期限など）をとりつつ，広範囲なコミュニケーションと既存プロジェクトに対する臨機応変な対応を組み合わせている．このように製品開発を成功させた企業は，いろいろな低コスト化への試みを通じて将来の可能性を探るとともに，予測可能な範囲で一定の期間を決めて製品開発を行うことで，組織内に切迫感を生み出している（タイム・ペーシング）．

効果的な新製品開発を実現するには，顧客ニーズに対する詳細な知識と技術的可能性に対する明確な把握が必要である．パフォーマンスに優れる企業は，新製品開発プロセスを巧みに実行し，新製品の目標達成に必要な資源を十分提供しつつ，明確な新製品戦略を構築している．製品開発を加速し，コスト削減や品質改善を達成するねらいから，コンカレント・エンジニアリングや集学的チームを重視する傾向が産業財のマーケターの間に広がりつつある．品質機能開発は，開発チームが顧客ニーズを特定の設計決定に直結させるのに有効である．

産業財製品の成功には，戦略的要因のほか，新製品開発プロセスの実行における企業の熟練度も関係する．スピーディーな製品開発は，競争優位の重要な源泉を企業にもたらす．製品開発速度を上げるには，目の前の作業に適合したプロセスを採用する必要がある．

5－1．討論課題

1．James Quinnが行った調査により，高度に枠組みをはめられた計画システムから重要なイノベーションは生まれにくいことがわかっている．この事実は産業財のマーケターに何を意味するだろうか．
2．誘導的戦略行動と自律的戦略行動の違いは何か．また，プロダクト・チャンピオンは新製品開発プロセスでどのような役割は果たすか．
3．シリコンバレーでは，有益なアイデアはベンチャー・キャピタリストから資本を調達するととともに，才能ある人材を引き付ける．新しい有望なアイデアを生み出し，既存社員の才能をいっそう活用するためには，大規模な組織は何をすればよいだろうか．
4．変化の激しいハイテク業界には，新製品開発に優れた実績を有する企業

もあれば，そうでない企業もある．企業の新製品パフォーマンスを推進する重要な要因はどのようなものか．

5．企業の中には，単一の将来像に対して計画や投資を行うのではなく，低コストの試みにより複数の将来の可能性について実験しているところもある．この手法の賢明なところとはどこか．

6．ヒューレット・パッカード社は医療モニタリング・システムの開発に取り組んでいる．この製品は，病院や家庭で患者のバイタルサインを測定し，医師のパソコンに直接データを送るセンサーや機器を備えるものである．この新製品が顧客ニーズに即応し，採用されるためには，同社はどのような策を講じるとよいだろうか．

7．マーケティングとR&Dのマネージャーに同じ視点に立ってもらうことは，新製品開発プロセスの中でも難点の一つである．部門間の連携を断ち，新製品開発プロセスの進行を妨げる障害にはどのようなものがあるか．

8．あなたは今，電話に接続すると，会話だけでなくメモや図表の送信も可能な双方向電子手帳を新製品として開発しているとしよう．品質機能開発で顧客ニーズを定義するとき，あなたならどのような手順を踏むだろうか．

9．市場で成功している新しい産業財製品は，顧客に明確なメリットをもたらす．製品の優位性を定義するとどうなるか．また，その定義に合致する最近の新製品投入例を一つ挙げるとしたら，何になるだろうか．

10．「新製品開発プロセスのスピードアップを図る際，予測不能なプロジェクトと予測可能なプロジェクトとで，とるべき戦略が異なる場合がある」という考えをどう思うか．

5－2．インターネット演習

3M社のウェブサイト（http://www.3m.com/about3m/innovation）にアクセスして「Innovation Stories」をクリックし，同社の最近のイノベーション事例を調べてみよう．新製品は顧客にどのようなメリット（新たな効用）をもたらすか，簡潔にまとめてみよう．

◎ビジネス事例　3M社のイノベーション文化[59]

　Post-it®Noteは，3M社の製品の中でもっとも広く知られ，かつもっとも普及しているものの一つである．同社の研究員であるSpence Silver博士は，簡単にはがせて一度はがしても粘着力を失わない，ユニークな接着剤の開発に成功したが，問題はその用途だった．この奇妙な接着剤に興味を持った新製品開発担当者のArt Fryは，ある時，教会でその用途を思い付いた．紙切れで作った栞が教会聖歌隊の賛美歌集から何度も落ちてイライラしていた彼は，Silverが開発した接着剤ならこんなことはないかもしれない，とふと思ったのだ．

　家庭や職場での実用的な用途をさらに書き出していくと，Post-it®Noteの大雑把なコンセプトがすぐに浮かんできた．もちろん，問題はまだあった．競争相手は一銭もかからない紙切れであり，製品化したとしても買ってくれる人がいるか心配だった．また，市場調査—革命的製品が関係する場合，適用法が難しい—では製品の将来性が確認できず，プロジェクトの中止を求める意見を後押しする格好になった．そこで，新製品開発マネージャーのGeoff Nicholsonは部の責任者であるJoe Ramseyに望みを託した．バージニア州リッチモンドの取引先を自分と一緒に回り，扱ってもらえそうか確認してほしいと頼み込んだ．この販売テストが功を奏し，Post-it®Noteはヒット商品に成長し，1981年には同社の「Outstanding New Product（優秀新製品）」に選ばれたのである．

　この製品は，3M社のマネージャーたちが長年推し進めてきた何百という画期的製品の一つにすぎない．同社は毎年，製品イノベーションに貢献した社員とそのプロフィールをアニュアル・レポートで紹介するとともに，ウェブサイト上でその功績を讃えている．また，こうした成功事例を通じて，「イノベーションを通してリードする」という企業ミッションに対する変わらぬ決意をアピールしている．

討論課題

1．Art Fry は，「革新者とは，許可を得てから行動するよりも，行動の結果に許しを求めるべきであることを学んでいる」と述べている．プロダクト・チャンピオンが担う役割を踏まえた上で，Art Fry の言わんとするところは何だと思われるか．
2．3 M 社の成功の土台になっているプロダクト・チャンピオンとしての行動を奨励するには，どのような策が考えられるか．

── 注 ──────────────────

1　Gary Hamel, "Bringing Silicon Valley Inside," *Harvard Business Review* 77（September/October 1999）: p.72.
2　Kathleen M.Eisenhardt and shona L.Brown, "Patching : Restitching Business Portfolios in Dynamic Markets," *Harvard Business Review* 77（May/June 1999）: pp.72-82 ; see also Abbie Griffin and Albert L.Page, "An Interim Report on Measuring Product Development Success and Failure," *Journal of Product Innovation Management* 10（September 1993）: pp.291-309.
3　James B.Quinn, "Managing Innovation : Controlled Chaos," *Harvard Business Review* 63（May/June 1985）: p.83.
4　Henry Mintzberg and James A.Walton, "Of Strategies, Deliberate and Emergent," *Strategic Management Journal* 6（July/August 1985）: pp.257-272.
5　Quinn, "Managing Innovation," p.82.
6　This section is based on Michael D.Hutt, Peter H.Reingen, and John R.Ronchetto Jr., "Tracing Emergent Processes in Marketing Strategy Formation," *Journal of Marketing* 52（January 1988）: pp. 4 -19.
7　Robert A.Burgelman "A Process Model of Internal Corporate Venturing in the Diversified Major Firm," *Administrative Science Quarterly* 28（April 1983）: pp.223-244.
8　Timothy D.Schellhardt, "David and Goliath," *Wall Street Journal*, 23 May 1996, p.R 14.
9　Robert A.Burgelman, "Corporate Entrepreneurship and Strategic Management : Insights from a Process Study," *Management Science* 29（December 1983）: p.1352.
10　Modesto A.Maidique, "Entrepreneurs, Champions, and Technological Innovations," *Sloan Management Review* 21（spring 1980）: pp.59-70 ; see also Jane M.Howell, "Champions of Technological Innvation," *Administrative Science Quarterly* 35（June 1990）: pp.317-341.
11　George S.Day, "Managing the Market Learning Process," *Journal of Business & Industrial Marketing* 17, no. 4（2002）: p.246.
12　Hamel, "Bringing Silicon Valley Inside," pp.71-84.
13　Ibid., p.76.
14　Ibid., p.83.
15　Michael E.Porter, "Technology and Competitive Advantage," *Journal of Business Strategy* 6（winter 1985）: p.60 ; and Tamara J.Erickson, John F.Magee, Philip A. Roussel, and Komol N.Saad, "Managing Technology as Business Strategy," *Sloan Management Review* 31（spring 1990）: pp.73-83.
16　This discussion is based on Steven C.Wheelwright and Kim B.Clark, "Creating Product

Plans to Focus Product Development," *Harvard Business Review* 70 (March/April 1992) : pp.70-82.
17　Ibid., p.74.
18　T.Michael Nevens, Gregory L.Summer, and Bro Uttal, "Commercializing Technology : What the Best Companies Do," *Harvard Business Review* 60 (May/June 1990) : pp.154 -163 ; see also C.K.Prahalad, "Week Signals versus Strong Paradigms," *Journal of Marketing Research* 32 (August 1995) : pp.ⅲ-ⅵ.
19　Marc H.Meyer and James M.Utterback, "The Product family and the Dynamics of Core Capability," *Sloan Management Review* 34 (spring 1993) : pp.29-47 ; see also Dwight L. Gertz and João P.A.Baptista, *Grow to Be Great : Breaking the Downsizing Cycle* (New York : The Free Press, 1995), pp.92-103.
20　Kathleen M.Eisenhardt and shona L.Brown, "Time Pacing : Competing in Markets That Won't Stand Still," *Harvard Business Review* 76 (March/April 1998) : p.67.
21　Wheelwright and Clark, "Creating Product Plans," p.74.
22　This section is based on Shona L.Brown and Kathleen M.Eisenhardt, "The Art of Continuous Change : Linking Complexity Theory and Time-Paced Evolution in Relentlessly Shifting Organizations," *Administrative Science Quarterly* 42 (March 1997) : pp. 1 -34.
23　Ibid., p.15.
24　Christine Moorman and Anne S.Miner, "The Convergence of Planning and Execution : Improvisation in New Product Development," *Journal of Marketing* 62 (July 1998) : p. 3.
25　Eisenhardt and Brown, "Time Pacing," pp.59-69.
26　Ibid., p.60.
27　Albert L.Page, "Assessing New Product Development Practices and Performances : Establishing Crucial norms," *Journal of Product Innovation Management* 10 (September 1993) : pp.273-290.
28　Robert G.Cooper and Elko J.Kleinschmidt, "Benchmarking Firms' New Product Performance and Practices," *Engineering Management Review* 23 (fall 1995) : pp.112- 120 ; see also Robert G.Cooper, Scott J.Edgett, and Elko J.Kleinschmidt, "New Product Portfolio Management : Practices and Performance," *The Journal of Product Innovation Management* 16 (July 1999) : pp.333-351.
29　Joseph M.Bonner, Robert W.Ruekert, and Orville D.Walker Jr., "Upper Management Control of New Product Development Projects and Project Performance," *The Journal of Product Innovation Management* 19 (May 2002) : p.243.
30　Cooper and Kleinschmidt, "Benchmarking," p.117 ; see also Jean-Marie Choffray and Gary L.Lilien, "Assessing Response to Industrial Marketing Strategy," *Journal of Marketing* 42 (April 1978) : pp.20-31 ; and Eunsang Yoon and Gary L.Lilien, "New Industrial Product performance : The Effects of Market Characteristics and Strategy," *The Journal*

of Product Innovation Management 3 (September 1985) : pp.134-144.
31 Marion Debruyne, Rudy Moenart, Abbie Griffin, Susan Hart, Erik Jan Hultink, and Henry Robben, "The Impact of New Product Launch Strategies on Competitive Reaction in Industrial Markets," *The Journal of Product Innovation Management* 19 (March 2002) : pp.159-170.
32 Eric von Hippel, "Get New Products from Customers," *Harvard Business Review* 60 (March/April 1982) : pp.117-122 ; see also von Hippel, *The Sources of Innovation* (New York : Oxford University Press, 1988) ; see also Gerard A.Athaide and Rodney L. Stump, "A Taxonomy of Relationship Approaches During Technology Development in Technology-Based, Industrial Markets," *The Journal of Product Innovation Management* 16 (September 1999) : pp.469-482.
33 von Hippel, "Get New Products," pp.120-121.
34 Eric von Hippel, Stefan Thomko, and Mary Sonnack, "Creating Breakthroughs at 3 M," *Harvard Business Review* 77 (September/October 1999) : pp.47-57.
35 Ibid., p.56.
36 Gary Hamel and C.K.Prahalad, "Corporate Imagination and Expeditionary Marketing," *Harvard Business Review* 69 (July/August 1991) : pp.81-92.
37 Soren M.Kaplan, "Discontinuous Innovation and the Growth Paradox," *Strategy & Leadership* 28 (March-April 1999) : p.20.
38 This discussion is based on Michael D.Hutt, Beth A.Walker, and Gary L.Frankwick, "Hurdle the Cross-Functional Barriers to Strategic Change," *Sloan Management Review* 36 (spring 1995) : pp.22-30.
39 Deborah Dougherty, "Interpretive Barriers to Successful Product Innovation in Large Firms," *Organization Science* 3 (May 1992) : p.179.
40 For a comprehensive review, see Abbie Griffin and John R.Hauser, "Integrating R&D and Marketing : A Review and Analysis of the Literature," *Journal of Product Innovation Management* 13 (May 1996) : pp.191-215.
41 Jon R.Katzenbach and Douglas K.Smith, "The Discipline of Teams," *Harvard Business Review* 71 (March/April 1993) : p.112 ; see also Ravindranath Madhavan and Rajiv Grover, "From Embedded Knowledge to Embodied Knowledge : New Product Development as Knowledge Management," *Journal of Marketing* 62 (October 1998) : pp. 1 -12.
42 Page, "Assessing New Product Development Projects," p.276.
43 See, for example, Willard I.Zangwill, *Lightning Strategies for Innovation* (New York : Lexington Books, 1993), pp.231-265.
44 Eric M.Olson, Orville C.Walker, and Robert W.Ruekert, "Organizing for Effective New Product Development : The Moderating Role of Product Innovativeness," *Journal of Marketing* 59 (January 1995) : pp.48-62.See also Clayton M.Christensen and Michael Overdorf, "Meeting the Challenge of Disruptive Change," *Harvard Business Review* 78

(March/April 2000) : pp.66-76.
45　This section is based on John R. Hauser, "How Puritan-Bennett Used the House of Quality," *Sloan Management Review* 34 (spring 1993) : pp.61-70.
46　Abbie Griffin and John R.Hauser, "The Voice of the Customer," *Marketing Science* 12 (winter 1993) : pp. 1 -25.
47　Ibid., p.5.
48　Abbie Griffin and John R.Hauser, "Patterns of Communication among Marketing, Engineering and Manufacturing : A Comparison Between Two New Product Teams," *Management Science* 38 (March 1992) : pp.360-373.
49　John R.Hauser and Don P.Clausing, "The House of Quality," *Harvard Business Review* 66 (May/June 1988) : pp.63-73.
50　Mitzi M.Montoya-Weiss and Roger Calantone, "Determinants of New Product performance : A Review and Meta-Analysis," *Journal of Product Innovation Management* 11 (November 1994) : pp.397-417 ; see also Robert G.Cooper, *Winning at New Products : Accelerating the Process from Idea to Launch* (Reading, Mass. : Addison-Wesley, 1993).
51　Robert G.Cooper and Elko J.Kleinschmidt, "Major New Products : What Distinguishes the Winners in the Chemical Industry?" *Journal of Product Innovation Management* 10 (March 1993) : p.108.See also Tiger Li and Roger J.Calantone, "The Impact of Market Knowledge Competence on New Product Advantage : Conceptualization and Empirical Examination," *Journal of Marketing* 62 (October 1998) : pp.13-29.
52　Elko J.Kleinschmidt and Robert G.Cooper, "The Performance Impact of an International Orientation on Product Innovation," *European Journal of Marketing* 22, no. 9 (1998) : pp.56-71.
53　Cooper, *Winning at New Products*, p.27.
54　X.Michael Song and Mark E.Parry, "What Separates Japanese New Product Winners from Losers," *Journal of Product Innovation Management* 13 (September 1996) : pp. 422-436.
55　Ibid., p.422.
56　See, for example, Robert G.Cooper and Elko J.Kleinschmidt, "Determinants of Timeliness in Product Development," *Journal of Product Innovation Management* 11 (November 1994) : pp.381-417.
57　Kathleen M.Eisenhardt and Behnam N.Tabrizi, "Accelerating Adaptive Processes : Product Innovation in the Global Computer Industry," *Administrative Science Quarterly* 40 (March 1995) : pp.84-110.
58　Ibid., p.91.
59　"Art Fry and the Invention of Post-it©Notes," http : //www.3m.com/about3m/pioneers/ fry.jhtml, accessed 21 September 2002.

第13章

企業市場向けサービスの管理

拡大傾向にある重要な企業向けサービス市場は，マーケティング・マネージャーに特殊な課題を突き付けると同時に，有益な機会ももたらす．この章では，企業向けサービス固有の要素について説明し，それが企業市場という環境で果たす特殊な役割について考える．以下の項目がテーマとなる．

1. 企業向けサービス固有の役割と特徴．
2. サービス品質，顧客満足およびロイヤルティがサービス市場の成功に及ぼす影響．
3. サービス・マーケティング戦略の構築にあたって考慮すべき重要な要素．
4. 多様なサービスを提供するための企業のインターネット活用法．
5. 新サービスの成否を決める要因．

米国の大手航空宇宙企業のレイシオン社は，製品信頼性と価格妥当性の比較評価における経験を活用して，「信頼性工学」を同業他社に提供するサービス部門を組織している．この新しいコンサルティング・サービスの目的は，Reliability Analysis Lab（信頼性分析研究所）と連携しながら，信頼性とコストの間に適切なバランスを見出すための助言を行うことにある．信頼性の比重が大きすぎると，非常に高価な製品になり，逆に小さすぎれば，保証コストや修理費がかさむ．企業が製品の創造過程で得た内部能力をサービスに活用して新しい市場機会を生み出すにはどうしたらよいか，レイシオン社のコンサルティング・サービスはその方法を示す好例と言える[1]．

　AT&T社は世界有数のボイス，ビデオおよびデータ通信会社であり，一般消費者，企業，政府を顧客として抱えている．AT&Tラボラトリ研究所のR&D能力をベースに，米国で最大かつもっとも高度な通信ネットワークを運営する同社は，同国最大のケーブルテレビ会社である．また，データ，インターネット，官民両部門の管理運営サービスの主要サプライヤーであり，アウトソーシング，コンサルティング，ネットワーク統合などのサービスを大企業や政府に提供している．AT&T社は最近，140カ国以上にリモートダイアルのインターネット・アクセスを提供し，インターネットおよび最高のインターネット・プロトコル（IP）バックボーンへのアクセスを拡大した．これにより，米国を拠点とするユーザーは，世界4,300カ所以上の「アクセス・ポイント」からインターネットにアクセスすることが可能になる．このサービスは，AT&Tビジネス・インターネット・サービシズ社から米国を拠点とする企業顧客に提供されている．同社は，イーテスティング・ラボ社—ダイアルアップ・ネットワークのインフラ試験を行う米国の独立した会社—の実施する評価で，主要な企業間インターネット・サービス・プロバイダにずっとランクされている[2]．AT&T社は，24時間の接続成功率，モデムの接続速度，ログインの平均所要時間，インターネット・スループット平均値などの指標でA/A＋の評価を受けている．

　これら二社の例が示すように，サービスそれ自体が主であろうが（AT&T社の事例），サービスを新たな市場への参入手段として使おうが（レイシオン社の事例），「サービス」は多くの産業財のマーケターにおけるマーケティ

ング・プログラムで重要な役割を果たす．実際，IBM 社やヒューレット・パッカード社などのハイテク・ブランドは，顧客に対する「価値の約束」の上に成り立っており，顧客が求める一連の価値の中には，サービスの優秀性も含まれているのだ[3]．今日，多くの設備メーカーが，売上げの増大を目指す中核的マーケティング戦略として効果的なサービスおよびサポートを利用している．さらに，オフィス清掃から経営コンサルティング，主要顧客へのジャスト・イン・タイム納品に至るまで，各種サービスを企業や各種機関に提供する，「純粋サービス」企業もさまざま存在する．

　この章では，企業向けサービスの種類，企業の主要な購買行動，サービス・マーケティングに関係する主要な戦略的要素，新サービスの開発プロセスについて考える．

1．企業向けサービス：その役割と重要性

　サービス・マーケティングの重要性を示すデータは豊富に存在する．米国はサービス経済に移行しており，米国の雇用において優に80％，国内総生産（GDP）の76％をサービス部門が占めている[4]．サービス貿易の伸びは物品貿易を大きく上回り，世界全体の貿易額の25％に達する[5]．このようなサービス部門の急激な拡大は，消費者市場と企業市場の両方で起きている．

　企業向けサービスは，製造業が衰退傾向にある地域でも成長を遂げつつある．サービスの拡大には，次の四つの要因が関係している．

1．e-ビジネス
　　インターネットは新たなビジネスを生み出すだけでなく，新しいビジネス・モデルを構築し，まったく異なる方法による事業展開を組織に促しつつある．企業市場の顧客は，サプライチェーン管理，顧客サービスおよびサポート，流通など重要プロセスを変革するため，1日当たり10億ドル余の資金を情報技術サービスに費やしている[6]．IBM 社やマイクロソフト社などの企業はこの爆発的成長に乗じて，大小を問わずさまざまな組織に多様な e コマース製品・サービスを提供している．

2．アウトソーシング

あらゆる種類の組織が，かつてないほどサービスを購買している．会社の中核知識ではない機能やサービス（給与処理，保管，さらには人事管理や情報管理業務全体など）をアウトソーシングするのが目下の傾向である．大規模および小規模の顧客のニーズを満たすため，新しいアプリケーション・サービス・プロバイダが続々と登場している．例えば，今は小さな企業でもインターネットを通じてこうしたサービス企業にアクセスし，経理や給与処理のほか，場合によっては販売などの業務を委託することが可能である[7]．

3．イノベーション

10年前には思いもよらなかった新しいサービスが，拡大傾向にあるサービス需要に拍車をかけている．コンピュータのセキュリティや遠隔地サービス，オフィスビルの環境制御システム，テーラー・メイドの社員トレーニング講座などがインターネットを介して提供されている．

4．製造業の拡大

製造業の従業員数が減少に転じている中，製造業生産高は今も伸び続けている．この成長を受け，物流，広告，情報処理などのサービスに対する需要は依然として上昇傾向にある．

1－1．製品サポート・サービス

企業間市場におけるサービスは，二種類に大別され，その一つが「製品サポート・サービス」である．物的製品に付随する多様なサービスは，製品それ自体がもたらす技術的ソリューションに劣らず重要なことが少なくない[8]（第11章参照）．製品とサービスの組み合わせの例としては，設備の保守，コンピュータその他の技術製品の販売に伴う相談サービス，設備やカスタマイズされたソフトウェアの使用法に関するトレーニング・プログラム，流通や配送サービス，スペア部品などが挙げられる．例えばオーティス・エレベータ社では，今では，年間売上高50億ドルの65％以上が点検整備サービスである．サービスは産業財流通業者でも主力事業の中核を担っており，売上げの相当部分が付加価値サービスから創出される．

産業財のマーケティング・マネージャーは，サービス活動が物的製品を拡張させ，組織購買を行なう顧客の目から見た売り手企業の差別化を促進する可能性があることを認識しなければならない．例えばサン・マイクロシステムズ社は，イーベイ社，イートレード社といったインターネット企業にコンピュータのサーバやソフトウェアを供給している．これらの顧客は，自社ウェブサイトに同時にアクセスする何百万というビジターを処理できる高性能システムを必要とする．技術的な問題があると潜在顧客は不満を抱き，クリック一つでライバル会社に切り替えてしまう．イーベイ社のような顧客は，サン社にトータル・ソリューション，すなわち，ウェブサイトが顧客の期待を満たすか，またはそれを超えられるようなトータル・ソリューション，つまりハードウェア，ソフトウェアおよびサービスの集合体を期待する．サン社の企業向けサービス部門のラリー・ハンビー事業部長は，顧客の戦略をサポートする「中身の充実したサービス提供ができなければ，ミッション・クリティカルなコンピュータ市場で競争はできません」と述べている[9]．

1－2．純粋サービス

　サービスのもう一つは「純粋サービス」，すなわち，必ずしも物的製品に伴わず，単独で販売されるサービスである．この種の企業向けサービスとしては，保険，コンサルティング，金融，保守，輸送，市場調査，情報技術管理，人材派遣，警備保障，旅行予約など，数限りない．提供される企業向けサービスの種類，および企業や各種機関のサービス購買量は増加傾向にあり，サービスは企業の購買全体にかなりの比率を占めている．

　近年，プロフェッショナル・サービスのマーケティングが飛躍的に成長している．以前，企業向けサービスの売り手は，自社のサービスを積極的かつ大胆に売り込むことに後ろ向きなところが多く，会計士，コンサルタント，ファイナンシャル・アドバイザーなどは，新たなクライアントの獲得においてマーケティングが果たす役割をまったく理解していなかった．だが，プロフェッショナル・サービス業界でも競争が激化し，主要活動のアウトソーシングが大幅に増加したことで，プロフェッショナル・サービスを行なう企業もきちんとねらいを定めたマーケティング・プログラムを開発することが急

務であることに気づいた．ある専門家によると，マーケティング・プログラムの導入はプロフェッショナル・サービス会社に，次のようなメリットをもたらすという[10]．

1．潜在顧客との関係が構築される．
2．その分野のリーダーとしての評価が高まる．
3．既存顧客との関係が強化される．

ビジネス環境における現在および将来の傾向は，こうした要因がサービス需要をさらに押し上げ，産業財市場に莫大な機会を生じさせることを示唆している．

◎産業財マーケティングの内側◎
メールの山にどう対応するか

今日，企業が顧客から受け取る電子メールは，年間2億通を超える．電子メールは企業にとって，特定の顧客に注目し，その個別ニーズに対応することを可能にしてくれる，安価なコミュニケーション手段である．と同時に，洪水のように押し寄せる電子メールの山は，その企業の顧客サービス機能をチェックする役目も果たす．内部プロセスに問題があれば，それが世間の目にさらされることになるからである．また顧客は，メールで送った質問に返事がすぐ来ないと，会社に電話しようという気になる．電話による直接のサポートは，企業にとって電子メールよりはるかにコストがかかる（1通話20〜50ドル）．

企業は統合的な顧客サービス概念を導入すべきであると専門家は提案する．実際，顧客サービスというのは単なるインターネット戦略ではなく，一つの経営戦略なのだ．インターネットを介した顧客サービスの機能を，購買する製品の情報，質問への回答，現在および将来のニーズに対する対応を消費者に提供する，より大きな戦略に組み込む必要がある．手段がインターネ

ットであれ，電話であれ，あるいはチャネル・メンバーであれ，最終的に同レベルのサービスが顧客にもたらされるようにしなければならない．とはいえ，インターネットを用いたサポート・サービスが適切に設計され，利用し易いものである限り，注文処理状況，特別割引，荷物追跡などの情報を取得するのに顧客はインターネットの利用を好むことは，FedEx 社など多くの組織が気づいている．FedEx 社は，その荷物追跡システムをネット上に移すことによってブランド・ロイヤルティと顧客満足を生み出し，コールセンターや顧客サポートのコストを大幅に削減したのである．

出所：Stephen C. Miller, "Anybody in There? Sites Strain to Build in Customer Service," *New York Times*,22 September 1999, p.51 ; and Timothy Hanrahan, "You've Got Too Much Mail," *Wall Street Journal*, 22 November 1999, p.R34.

1－3．企業向けサービス・マーケティング：特有の問題

　製品とサービスを対象にしたマーケティング・プログラムの開発については，特に異なった視点があるわけではない．しかし，戦略的要素の重要性や形態は製品とサービスで異なる．Henry Assael は，戦略がこのように異なる理由について，根本的には製品とサービスの性質の違いにあるとし，次のように主張する．

　　サービスは形がないが，製品には形がある．サービスは生産と同時に消費されるが，製品は生産と消費の間に時間的ズレがある．サービスは保存できないが，製品はそれが可能である．サービスはバラつきが大きいが，製品は概して標準化されている．これらの相違点により戦略の適用に違いが生じ，その結果，製品マーケティングの多くの原則がしばしば混乱に陥ることになる[11]．

　つまり，企業向けサービス市場における成功は，サービスとは何なのか理

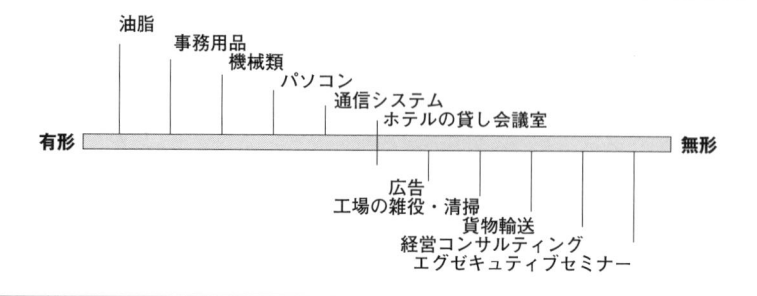

| 図13.1 | 有形か無形かによる製品とサービスの分類 |

```
         油脂
           │  事務用品
           │    │  機械類
           │    │    │  パソコン
           │    │    │    │  通信システム
           │    │    │    │    │  ホテルの貸し会議室
  有形 ━━━┷━━━━┷━━━━┷━━━━┷━━━━┷━━━━┷━━━━━━━━━━ 無形
                          広告     │    │    │    │
                       工場の雑役・清掃    │    │    │
                               貨物輸送   │    │
                              経営コンサルティング │
                                エグゼキュティブセミナー
```

出所：G. Lynn Shostack, "Breaking Free from Product Marketing," *Journal of Marketing* 41 (April 1977)：p.771, American Marketing Association 発行.

解することから始まるのである．

1－4．サービスは製品と異なる

　製品とサービスは本質的に異なり，それがサービス企業や，サービスを中心に提供する製造企業のマーケティングに特異な問題を生じさせることになる．簡単に言えば，サービスは行為，プロセス，そしてパフォーマンスである[12]．例えば経営コンサルタントであれば，顧客のために遂行する行為や行動が主な商品となる．サービスが製品と異なる，もっとも基本的で，広く認識されている特徴は，形がないということである．従って，サービスは製品のように手で触れることはできない．サービスは行動，すなわち実行するものであり，消費者が目に見える製品を感知するのと同じように見たり触れたりすることは不可能である．

1－5．有形か，無形か

　図13.1は，製品とサービスの定義をわかりやすく示したものである．この図から，純粋な製品，あるいは純粋なサービスというのは非常に少ないことがわかる．例えば，「パソコン」は個人や組織の作業を能率化する有形の要素で構成された物理的存在であるが，その物理的な設計や性能の特徴に加え，技術的サービス・サポートの品質がマーケティング・プログラムの重要

な要素になる．つまり，市販されるものの大部分が，有形な部分と無形な部分の両方を含んでいるのである．

　提供するものが製品であるかサービスであるかは，買い手が購買するものをどう見るか，すなわち，有形の要素と無形の要素のどちらを主と考えるかによる．図13.1で一方の端にある油脂は，有形の要素が主で，購買するものはまさに物的製品である．それに対して，反対側の端にある「エクゼキュティブセミナー」は，専門的能力の開発，教育，学習など，購買するものは有形の要素はあるとしてもごくわずかで，無形の要素が中心である．さらに，中央位置する「ホテルの貸し会議室」の場合は，買い手が有形の要素（食事，飲物，メモ用紙など）と無形のベネフィット（スタッフの丁寧な対応，迅速なチェックイン，会議室の雰囲気など）の両方を受け取る．

　企業が提供する商品の多くは製品とサービスの組み合わせであることから，有形か無形かという概念は売り手にとってとくに有効である．ポイントは，商品のどちらの要素が主となるかを（顧客の視点に立って）注意深く検討することである．無形の要素が強ければ強いほど，製品向けに開発された標準的マーケティング手段は利用しにくくなる．その場合は，サービス専用のマーケティング手法を利用すべきである．

　有形か無形かという概念はまた，マネージャーが自社商品全体に焦点をはっきり合わせるのを容易にする[13]．さらに，商品の要素の一つに変更があると，顧客の目にはその商品がまったく別物のように映る場合があることをマネージャーに気づかせる効果もある．例えば，スペア部品の在庫を一元化し，顧客の要求に翌日配送サービスで応える方式に変更した場合などは，マーケティング戦略の照準を設定し直さなければならない．顧客在庫の削減とスピーディな輸送によるベネフィットが提供されるため，この商品は無形の性格が強くなる．そうすると，この新しい「サービス」は丁寧な説明が必要であり，在庫コストの削減がもたらす無形のメリットを，効果的な販売促進プログラムを通じて顧客にできるだけ具体的に示されなければならない．

　要するに企業向けサービスは，無形要素を中心とする商品である．ただし，完全に無形なサービスというのは稀で，大概は有形の要素も含まれている．企業向けサービスの特異性は，ここまで見てきた有形か無形かという基

準だけでなく，販売方法にも関係する重要な特徴が他にも存在する．企業向けサービスの本質を明らかにする主要な特徴を表13.1にまとめた．

1－6．生産と消費の同時性

サービスは普通，生産時に消費されるため，実際にサービスを提供する人間（IBM 社の技術者，UPS 社のドライバー，マッキンゼー社のコンサルタントなど）の有効性が売り手と買い手の関係において重要な要素になる．サービスを提供する企業の側から見ると，マーケティング戦略の全体的成否は，個々のサービス・スタッフが顧客といかに効果的に相互作用ができるかにかかっている．顧客に対する約束が守られるか，または破られるか，サービスを実際提供する場面で決まるのである．顧客との重要な接点は，「相互作用マーケティング」または「リアルタイム・マーケティング」と呼ばれる[14]．企業向けサービスを提供する会社の場合，人材の募集や採用，さらにトレーニングがとくに重要な意味を持つ．

1－7．サービスの非均一性

表13.1に示したように，サービスは標準化された提供物ではなく，サービスの品質は提供されるたびに変化する可能性がある[15]．サービスはその種類によって，提供する際に用いられる設備や労働の量に差がある．例えば，エグゼクティブ向け経営セミナーの指導は翌日配達の航空貨物サービスより，人間的要素の占めるウエイトが大きい．一般に，サービスに投入される労働量が増えれば，それだけ結果の均一性は低下する．こうした労働集約的なケースでは，利用者がサービスの提供を受ける前に品質を判断することも難しい．このように品質の均一性が保証されない以上，品質管理プログラムの入念な調整，人為的ミスを最小化する「システム」への投資，サービスの自動化などの努力が企業向けサービス業者に求められる．

1－8．サービスの消滅性

一般に，サービスの備蓄は不可能である．とすると，供給可能な時点で販売しなければならず，収益の減少を後で取り戻すということはできない．こ

表13.1	サービスの特殊性		
特徴	例	マーケティングに求められる対応
生産と消費の同時性	電話会議／経営セミナー／設備機器の修理	売り手が買い手と直接相互作用するため，サービスの「適切」な遂行／スタッフの高度なトレーニング／人材の効果的選定および補充が必要
標準化されない提供物	経営アドバイスの内容がコンサルタントごとに異なる／出荷ごとに商品の破損具合が異なる	厳しい品質管理規格を重視／ムラや人為的ミスを減らすシステムの開発／サービスのプレパッケージ／自動化方法の模索
消滅性：保存や備蓄が利かない	飛行機の空席／コンピュータ技術者の非稼働時間／借り手のない倉庫スペース	需要ピーク時でのキャパシティ計画／需要のピークとボトムをならす価格設定と販促の活用／スタッフの勤務シフトの一部重複化
所有しないということ	貨車の使用／コンサルタントのノウハウの活用／郵送先名簿の利用	非所有のメリットの強調／労力，間接費，資金の削減／柔軟性の重視

の特徴と関係するのは，サービス需要は変動が激しく，予測できないという事実である．サービス企業ではキャパシティが在庫に相当するものであり，慎重な検討が求められる．もしキャパシティを需要のピーク時に設定すると，最大の需要に対応し得る「サービス在庫」が存在しなければならない．例えば，ニューヨーク，ワシントン，ボストン間で航空シャトル便を運行している航空会社数社は，毎時間フライトを提供している．いずれかの便が満席になると，乗客がたった一人でも別の飛行機を飛ばす．ビジネス旅客のわずか一人でも不満を抱かせることのないよう，キャパシティを無限に設定しているのである．もちろん，キャパシティを高いレベルに設定すれば，コストがかさむことになる．マーケティング担当者はこのコストを，キャパシティを低く保つことで失う収益および顧客満足と比較検討しなければならない．

1－9．非所有性

表13.1の最後の項目である非所有とは，買い手は購入したサービスを利

用するが，所有することはできないということである．要するにサービスの場合は，その利用，それへのアクセス，あるいはその雇用に対して対価を支払うことになる．サービスの売り手は市場へのコミュニケーションにおいて，非所有のメリットをアピールするとよい．とくに重要なメリットは，第三者からサービス提供を受けることにより，スタッフ，間接費および必要資金が削減される点である．

　以上の特徴は一般論であり，例外がないとは言えないが，企業向けサービスの本質を理解し，マーケティング戦略の特殊な要求事項を明らかにするのに有効な考え方であることは間違いない．これから言えることは，サービスの無形性および非均一性ゆえに，売り手はそのタイプによって追及する戦略を変えなければならないということである．このケースでは，コンサルティング，税務アドバイス，会計など専門的サービスの売り手は，「口コミ」によるコミュニケーションを重視するマーケティング戦略を開発し，明確な証拠を示し，無形性と非均一性に起因する問題を克服するため価値に応じた価格設定を心がける必要がある[16]．

2．サービス品質

　品質基準を最終的に定義するのは顧客である．サービスを遂行するスタッフの実際のパフォーマンスや，そうしたスタッフが品質をどう認識するかということは，顧客の認識ほど重要ではない．「良質」なサービスは，サービスを提供する側が顧客の期待を満たすか，それを超えるときに生まれる[17]．そこで経営専門家の多くは，サービス企業はポジショニングを慎重に行って，自らが実際に提供できるものより少し下のレベルを顧客に期待させるとよいと主張する．つまり，控えめな約束と期待を超える実践という戦略である．

2－1．サービスの品質を構成する要素

　企業向けサービスは無形で，標準化されていないため，買い手にとってサービスに対する評価は製品の場合より難しいのが普通である．サービスの

表13.2	サービス品質の要素		
要素	内容	例
信頼性	約束通りの納品	約束した納入期限に間に合わせる
即応性	積極的サポート	顧客の要求に迅速に対応する
保証性	信用と信頼感	スタッフのプロ意識が強く，知識が豊富である
共感性	顧客に対する親身な態度	顧客の特殊なニーズにも対応する
有形性	サービスの物理的な表象	目立つ資料：パンフレット，説明資料

出所：Valarie A. Zeithaml and Mary Jo Bitner, *Services Marketing : Integrating Customer Focus Across the Firm*, 3rd ed. (Boston : McGraw-Hill Irwin, 2003), pp.92-99.

　購買者がリスクを多く感じるのは，サービスのパフォーマンスや品質に一貫性を期待できないためと思われる[18]．それで，買い手はそうしたリスクを緩和するため，購買前にいろいろな情報を求めようとする．中でもとくに重要なのは，既存ユーザーからの，いわゆる口コミ情報である．さらに，サービスの評価作業は抽象的かつ不規則で，意思決定は具体的要素よりも象徴的な要素に基づいて行われる傾向が強い[19]．

　ある調査が，顧客がサービス品質を評価する方法を明らかにしている．表13.2が示すように，サービス品質を評価する際，顧客は五つの要素に注目する．それは，信頼性，即応性，保証性，共感性，有形性である．その中でも，顧客がとくに重視するのは信頼性，すなわち約束通りの納品である．サービス・パフォーマンスの品質は，最前線のスタッフがサービスを遂行する方法にも関係する．顧客の目から見たサービス品質とは，スタッフの対応が迅速で，信頼でき，特殊なニーズや好みにも対処してくれ，プロフェッショナルなサービスを提供してくれることである．実際，サービス品質に一時的な問題があったとしても ─最近修理したばかりのコピー機がまた故障したなど─ 顧客と接する社員のパフォーマンスでそれを埋めることは可能である[20]．サービス・スタッフがミスを速やかに認め，問題に素早く対処すれば，顧客との関係が逆に強化される可能性さえある．

第13章　企業市場向けサービスの管理　　497

2－2．顧客満足とロイヤルティ

　企業の提供する商品と顧客をつなぐプロセスにおいて，以下の四つの要素が顧客満足に影響する．

1．顧客がすべての競合会社に期待する製品やサービスの基本的要素．
2．技術支援やトレーニングなど，製品やサービスをより効果的に，または使い易くする基本的サポート・サービス．
3．製品やサービスの問題点を速やかに是正する回復プロセス．
4．顧客の特異な問題を解決し，顧客ニーズを満たしたりすることに優れ，製品やサービスをまるで特注品のように見せる傑出したサービス[21]．

　一流のサービス企業は顧客満足を慎重に測定し，モニタリングする．なぜなら，顧客満足は顧客ロイヤルティに関係し，さらには長期的な収益性にも影響するからである[22]．例えば，ゼロックス社は顧客40万人以上を対象に，自社製品・サービスに対する満足度を1（低い）〜5（高い）の5段階評価で定期的に調査している．経営幹部たちはこのデータを分析する過程で，きわめて高い満足度の顧客（ランク5）が，まあまあ満足している顧客に比べロイヤルティも高い，という注目すべき傾向を発見した．前者の再購買率は，実に後者の6倍にも達していたのである．

■サービス回復　サプライヤーにとって，すべての取引で欠陥のないサービスを提供することは不可能である．クライアントに提供したサービスに問題があった場合，その対処の仕方が顧客維持やロイヤルティに大きく影響する．サービス回復とは，顧客の問題を迅速かつ効果的に解決するために売り手が用いる手続き，方針，プロセスである．例えばIBM社は，顧客から苦情を受けると，その分野に精通したエキスパートを「問題解決専任者」に指名する．専任者は，苦情や問題を割り当てられてから48時間以内に顧客と連絡を取らなければならない（重大な問題の場合は，より迅速な対応がなされる）．IBM社のマーケティング戦略担当者，Larry Schiff はそこから先のプロ

セスを次のように説明する.

> 自分が顧客の問題の専任者である旨を述べ,「今回の問題につきまして,どのような対応をさせていただいたらご満足いただけるでしょうか」と尋ねます.顧客と一緒になって必要なプランを考え,顧客の問題が解決されるまでそのプランを遂行するのです.顧客が納得してはじめて問題は処理されたことになり,我々はこの点(問題解決に対する顧客の満足度)についても測定を行っています[23].

　サービスの問題点を満足のいく形で解決してもらった顧客は,その会社のサービス品質に対する評価を上方修正する傾向が見られる.海運業界を対象にしたある調査で,損害請求処理や苦情処理,問題解決に高い満足度を示したクライアントは,船会社に対する総合的満足度も高いという結果が出た[24].従って,サービス問題に対処する,非常に即応的なプロセスを慎重に開発することが,サプライヤーにとって重要である.サービス問題に関して満足できる対応を受けた顧客は,サービス問題を経験していない顧客よりもサプライヤーへのロイヤルティが高いことが,いくつかの調査で確認されている.

2－3. 顧客離れを防ぐ

　顧客に提供するサービスの品質は,顧客が他社に切り替える「離反」という現象に大きく影響する.サービスの戦略家たちは,顧客離反が最終損益に及ぼす強い影響を指摘する[25].顧客との関係が長期化すると,利益は上昇する.それも,かなりの率で上昇するのが普通である.例えば,あるサービス企業では,取引関係が4年間に及ぶ顧客は1年目の顧客に比べ,利益が3倍になっている.顧客維持に成功しているサービス企業は,高目の価格設定,取引コストの削減,長年の得意客が果たす「無料」の広告機能といった付随的メリットも数多く得ることができる.これが意味するところは明確である.サービスを提供する企業は顧客離れを注意深く追跡するとともに,Frederick Reichald および W. Earl Sasser が指摘するように,サービス品質の継

続的改善はコストではなく,「一見客のマージン以上の利益をもたらす顧客に対する投資」[26]ととらえる意識が求められる.

2-4. 品質への投資効果

企業向けサービスのマーケティング・マネージャーにとって判断が難しいのは,サービス品質の改善にどの程度投資すべきかという点である.品質への支出は投資効果を減少させ,ある点を超えると効果は見られなくなる.品質への適切な支出額を決定するには,品質改善努力の有効性を財務的に証明しつつ,投資をいつ,どれ位の規模で行い,いつ減額または中止すべきかを見きわめる必要がある.Roland Rust, Anthony Zahorik および Timothy Keiningham は,「品質投資効果」の計算法を開発した[27].この手法によって,サービス品質のもたらすメリットと,顧客満足,顧客維持,市場シェア,さらには収益性を関連づけて考察することができる.支出レベルと顧客満足の変化の関係を,まずは経営判断で,次に市場テストを通じて見きわめる.この関係が推定されると,品質投資効果は統計学的に測定できる.大事なのは,品質改善努力を投資と考えることであり,その投資は効果を生むものでなければならず,リターンの得られない活動に資金を浪費してはならないのである.

3. 企業向けサービス会社のマーケティング・ミックス

サービスの買い手のニーズを効果的に満たすためには,統合的なマーケティング戦略が求められる.まずターゲット・セグメントを選定し,その選択したセグメントの期待に沿うようにセグメントごとに適応化したマーケティング・ミックスを構築しなければならない.サービスのマーケティング・ミックスでは,パッケージ,価格設定,販売促進,流通の開発などが重要な要素となる.マーケティング・マネージャーはそれぞれについて,特別な検討をする必要がある.

企業向けサービスを提供する企業が,顧客との相互作用を行なうためにと

る全体的なアプローチに関して，最近の調査により，取引的戦略より協働的戦略を重視する可能性が高いということが明らかになっている[28]．取引的方式の場合は，売り手と買い手は独立企業間の関係になってしまう．企業向けサービスのマーケティングを成功させるには，両者の依存関係をもとに顧客と緊密で持続的なつながりを築くことが鍵となる．企業向けサービスのマーケティングで大事なのは，売り手と買い手の相互作用プロセス全体を管理することである．

3-1. 市場の細分化

　マーケティングの他のテーマと同様，マーケティング・ミックスの開発も，どの顧客セグメントを対象にするかで変わってくる．提供するサービスの内容，さらにはそのサービスの販売促進，価格設定，提供の仕方は，適度に同質な顧客グループのニーズで決まるからである．第7章で述べた産業財市場の細分化プロセスは，サービス市場にも応用できる．だが，William Davidow および Bro Uttal は，サービス市場のセグメントには通常のセグメントと大きく異なる特徴があると指摘する[29]．

　第一に，サービス市場のセグメントは狭くなる傾向がある．その背景には，カスタマイズされたサービスを求める顧客が多いという状況が存在する．標準化された型通りのサービスを提供しても，顧客の期待を満たせない可能性がある．第二に，サービスの細分化では，顧客が必要とするものより期待するものに重点が置かれる．顧客の期待に関する評価は，ターゲット市場の選定や適切なサービス・パッケージの開発に非常に大きい役割を果たす．各種サービス活動を定義し，評価する方法が買い手と売り手で大きく異なることが数々の調査から明らかになっているが，この評価はきわめて重要である[30]．

　サービスに対する最終的な満足度を決める上で，顧客の期待が重要な役割を果たすため，サービス品質に対する期待に基づいて企業向けサービス市場を細分化することが可能である．大型コンピュータ用ソフトウェア業界を対象にしたある調査で，新しいソフトウェアに対する期待が，同じ会社内の「ソフトウェア・スペシャリスト」（ソフトウェアの専門家）と「アプリ

ケーション開発者」(ソフトウェアの使用者)の間で大きく違うことが明らかになった．アプリケーション開発者のほうが，サプライヤーの設備の品質，サプライヤーの社員の即応性，提供される個人的ケアの量に対する期待が高かった[31]．サービス品質に対する見方や期待は購買センターのメンバーによって異なると，この調査は結論付けている．産業財のマーケターとしては，サービス品質に対する期待をマーケティング戦略の構築にできるだけ役立てるようにすべきである．

　サービス市場の細分化はさらに，企業がサービス・キャパシティをより効果的に調整するのにも役立つ．細分化作業を行うと大概，需要全体が無数の小さな，それでいてより予測可能な需要パターンで構成されていることがわかる．例えば，ホテルであれば，会議室の利用者，ビジネス旅行者，外国人旅行客，休暇旅行者などの需要パターンはすべて個別に予測が可能であり，各セグメントの需要パターンに応じてキャパシティを調整することができる．

3−2．サービス・パッケージ

　「サービス・パッケージ」は，言わばサービスの商品としての側面であり，サービスの本質的コンセプト，提供サービスの範囲，サービスの品質やレベルに関する決定が行われる．さらに，サービスを遂行するスタッフ，サービスに付随する物的製品，サービスを提供するプロセスなど，サービス特有のいくつかの要素についても検討する必要がある[32]．サービス商品を概念化するのに有効な方法を図13.2にまとめてある．

　■顧客効用コンセプト　顧客がサービスを購買するのは，それから効用が得られるからである．であれば，サービスの創造や既存サービスの評価を行う際にはまず，「顧客効用に関するコンセプト」を定義する，すなわち，顧客がサービスから得るコアの効用について考えなければならない．顧客効用が明らかになったら，次は機能，効果および心理面の属性に注目する．これらの属性は品質管理の観点から提供し，かつ厳重にモニタリングする必要がある．例えば，ある会社のセールス・マネージャーが年次販売会議に使用する

図13.2　サービス商品の概念化

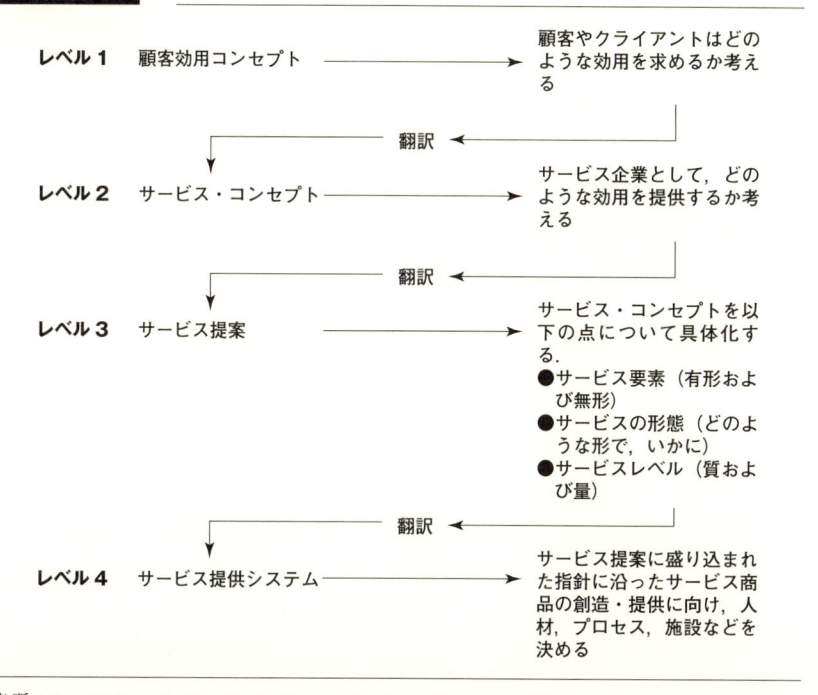

レベル1	顧客効用コンセプト →	顧客やクライアントはどのような効用を求めるか考える
	↓　翻訳　↑	
レベル2	サービス・コンセプト →	サービス企業として，どのような効用を提供するか考える
	↓　翻訳　↑	
レベル3	サービス提案 →	サービス・コンセプトを以下の点について具体化する． ●サービス要素（有形および無形） ●サービスの形態（どのような形で，いかに） ●サービスレベル（質および量）
	↓　翻訳　↑	
レベル4	サービス提供システム →	サービス提案に盛り込まれた指針に沿ったサービス商品の創造・提供に向け，人材，プロセス，施設などを決める

出所：Donald Cowell, *The Marketing of Services* (London : William Heinemann, Ltd., 1984), p.100.

　リゾート・ホテルを選ぶとき，中核の効用を定義すると「会議の成功」を購入しようとしているわけである．売り手であるホテルのマーケティング担当者は，会議の成功を提供するのに必要なサービス属性や構成要素をすべて評価してみる必要がある．会議室の広さ／レイアウト／環境／音響，食事，静かで快適な部屋，視聴覚設備，スタッフの対応など多様なサービス要素が関係してくる．

　もう一つ例を挙げると，ダン＆ブラッドストリート社が顧客に提供しているのは「金融サービス」ではない．その顧客効用のコンセプトは，客観的かつ正確な信用情報，セキュリティ，さらには「心の安らぎ」である[33]．

■**サービス・コンセプト**　顧客効用のコンセプトが理解されたら，次のステ

ップはサービス・コンセプトを明確にすることである．これにより，顧客に製品とサービスの束として販売される，サービス企業の提供する効用全般が定義される．サービス・コンセプトとは，顧客効用コンセプトをサービス企業が提供する一連の効用に翻訳したものである．ホテルの例で言えば，会議室を提供する際の柔軟性／即応性／丁重さ，視聴覚設備一式，食事時間の柔軟な設定，メッセージ・サービス，専門スタッフ，空調システムの完備した会議室など，ホテルが開発する効用がサービス・コンセプトとして明示されることになる．

■サービス提案　サービス・コンセプトと密接に関係するのがサービス提案である．これは，提供するサービスをより詳しく示すもので，いつ，どこで，誰に対してどのように提供するかを明らかにする．有形なものも無形なものも含め，サービス・パッケージ全体を構成するサービス要素を決定しなければならない．ホテルのサービス提案には，数多くの有形の要素（会議室の防音設備，プロジェクション機器，ビデオデッキ，スライド映写機，フリップチャート，リフレッシュメント，冷暖房，食事など）と無形の要素（会議室のセッティング・スタッフの態度，フロント係やボーイなどの心のこもった挨拶，特異な要求への対応，会議室の雰囲気）が含まれる．管理する側は概して，サービスは無形要素より有形の要素（設備や物的なもの）のほうが管理しやすいと感じるものである．

■サービス提供システム　サービスの概念化における最後のステップはサービス提供システム，すなわち，サービスを顧客にどのように提供するかということである．これには，スタッフへのきめ細かな作業配分，サービスの効果的遂行に必要な能力や考え方を備える人材の確保，作業フローを効果的にする設備機器や建物，またその配置，共通の目的を実現するための手続きやプロセスなどが含まれる[34]．つまり，サービスを顧客に提供する方法を示す青写真を慎重に設計することが必要である．

　物的製品の場合は製造とマーケティングが別個の活動となるのが普通だが，サービスではこれら二つを切り離せないことが多い[35]．サービス・パフ

ォーマンスと提供システムの両方で商品を創造し，顧客にそれを提供する．サービスの持つこうした特殊性により，スタッフ，とくにサービスを遂行する者が果たす役割が重要なのである．顧客と密接に接触する技術者，修理スタッフ，保守エンジニアなどは，サービス品質に対する顧客の認識に決定的な影響を及ぼす．サービス・パッケージを設計する際は，スタッフと物理的要素（制服などの有形の要素）の両方に細心の注意を払わなければならない．

■サービス・スタッフ　効果的なサービス・パッケージを創造する第一歩は，顧客効用のコンセプトがスタッフ全員に周知・理解され，受け入れられるようにすることである．Donald Cowell は，次のように述べている．「組織や…サービスにとってスタッフとその品質が非常に重要であるため，全スタッフに顧客重視の意識を持たせる『インターナル・マーケティング』が経営陣の重要な役割と考えられる」[36]．要するに，サービス・スタッフの考え方，スキル，知識そして行動が，サービスに対する顧客の満足度に重要な影響を及ぼすということである．

3－3．企業向けサービスの価格設定

　価格設定の方針や戦略立案に関しては，製品とサービスの両方に共通する要素も少なくないが，サービスの特殊性に起因する特別な問題や機会が存在することも事実である．

■消滅性と需要／キャパシティの管理　サービスの需要は，サービスの消滅性を回避できるほど安定的でも，また予測可能でもない．企業向けサービスの売り手にとってきわめて難しい意思決定はサービスのキャパシティ（在庫）に関するもので，満たすべきなのはピーク需要か，平均需要か，はたまたその間のどこかかということが問題になる．需要のタイミングを管理し，それをキャパシティ・レベルに合わせて調節するために，価格が利用される．

　オフピーク割引や事前購入割引などを通じて需要を管理する方法がある．

例えば，学校が休みの時期や休日に混雑するリゾート・ホテルは，シーズンオフのビジネス客向けに特別プランを開発している．また，各種公益事業がオフピーク時の利用を促すねらいから，大幅な割引を提供することもある．需要の価格弾力性や競争状況によっては，需要ピーク時のサービス提供に割高な料金を設定することも可能である．ところが，サービス企業の戦略に関する最近の調査によると，需要低調期の売上確保のために割引をしているサービス企業は意外にも少ない[37]．

■サービスのバンドル化　企業向けサービスは，中核的サービスとさまざまな周辺サービスで構成されているものが多い．サービスの場合，どのような価格設定が望ましいだろう．一体のものとして，あるいはバンドル・サービスとして行うのがよいか，それとも個別にすべきだろうか．「バンドル化」とは，2種類またはそれ以上のサービスを一つのパッケージとして特別価格で販売するやり方である[38]．企業向けサービスの環境では，バンドル化は意味を成す．なぜなら，大部分のサービス企業は，変動費に対する固定費の比率が高く，多くの関連サービス間でかなりのコスト共有が行われているからである．従って，中核的サービスのみの顧客に追加のサービスを提供する限界費用は概して低い．

　サービス企業にとって重要な意思決定は，純粋バンドルと混合バンドルのいずれをとるかである[39]．「純粋バンドル」とは，バンドル化した形でのみサービスを提供する方式で，個別の販売は行わない．それに対して「混合バンドル」では，顧客は一つまたは複数のサービスを個別に購入することもできれば，バンドルとして購入することも可能である．例えば公益倉庫会社の場合，クライアントである製造企業から預かるケースすべてに対し，保管・製品取り扱い・事務作業という3種類のサービスをひとまとめにした料金（0.08ドル）を課す価格バンドル方式が一つ考えられる．同時に，個々のサービスを切り離し，ケース1個に付き保管料0.03ドル，取り扱い料0.04ドル，事務作業料0.01ドルといった具合に，サービスごとに料金を設定することもできる．さらに，棚卸，運送会社の選定とルーティング，返品・修理といった各種周辺サービスについても，個別の価格設定が可能である．そうす

れば，顧客は希望するサービスを選択し，それぞれに対して個別に支払うことになる．

■**新規顧客の獲得**　既存のサービスを購買している顧客に新しいサービスを抱合わせ販売したり，あるいはまったく新しい顧客を獲得して売上げの拡大を図る際，さまざまなバンドル戦略が威力を発揮する．先ほどの公益倉庫の例では，保管サービスを利用している顧客に製品ラベリング・サービスなどを売り込むことが考えられる．その際，二種類のサービスの料金が合計で割引になるバンドル価格を提示するのである．サービス属性を購買前に検討できるときや，中核的サービスの需要が弾力的であるとき，新規顧客の獲得をねらったバンドル・サービスは効果があるかもしれない[40]．そのように考えることによって，熾烈な競争が存在する標準的なサービス市場であっても，高収益な環境になるかもしれない．レンタカー会社がレンタカーに保険をバンドルさせれば，新たな企業顧客を引き付ける有効な手段になるかもしれない．

　コンピュータ・サービス業界でも，かつて個別に販売していたサービスをバンドル化することでより効果的販売することができるということに企業は気づきつつある．ヒューレット・パッカード社は，顧客の好むサービス購入方法を知るため，試験的にさまざまなバンドル・サービスを顧客に提供している[41]．サービス，その組み合わせ方，さらにはその価格設定がサービス企業の成否の鍵を握ることは間違いない．

3−4．サービスの販売促進

　サービスの販売促進戦略は，製品の場合とかなり共通している．ただし，企業向けサービスはその特殊性ゆえに，売り手企業に特殊な課題を突き付ける．

■**社員とのコミュニケーション**　人がベースとなるサービス企業にとってスタッフは欠かせない存在であり，サービスに対する顧客の満足度に計り知れない影響を及ぼす．社員を対象とする社内広告には，次のような効果があ

る．

- ●会社のミッションや顧客サービスの効用に関する理解を促進する．
- ●サービスの提供方法について社員を感化する．
- ●社員の行動意欲を刺激する．
- ●社員に対する経営サイドの期待を明確にする．

　デルタ航空，マリオット社，IBM 社などは，社員をフィーチャーした広告を定期的に流している．社員向けのマーケティング・コミュニケーションは，潜在顧客を対象とするものに劣らず重要である．こうした社内コミュニケーションでは，会社の目的，高水準なサービス，顧客満足の構築に向けて各社員が担う役割が強調される．

　Keith Murray は，サービス・スタッフがサービス製品やプロセスを明確に把握し，サービス機能を遂行できるよう，マネージャーによる訓練が必要であることを示唆するデータを提示している．有能な社員はサービス体験に付加価値をもたらし，顧客満足を高める[42]．またサービス・スタッフは，顧客がサービス購入時に心配するリスクを軽減させる重要な役割を果たし，サービスに対する顧客の懸念を先読みした情報をスタッフが提供するようにすると，彼らのその役割はさらに強化される．

■口コミ　サービスを購入する場合は，買い手が品質や価値のチェックをしにくいため，製品の購買よりリスクが高いと考えられている．それで買い手は，そのサービスを購入して使用した経験のある同僚や専門家，その道のプロの影響を受けがちである．販売促進では，購買プロセスにおける個人的影響力の強さに着目し，「口コミ」コミュニケーションを上手に活用するとよい．そのためには，次のような行動が有効である[43]．

- ●満足している顧客に製品の良さを広く宣伝してもらう．
- ●宣伝資料を作成し，既存顧客を介して広く行き渡らせる．
- ●オピニオン・リーダーをターゲットにした広告キャンペーンを実施する．

●潜在顧客に既存顧客から話を聞くよう勧める．

　既存顧客の満足や口コミによる販売促進を利用するには，顧客（および，そのコメント）を広告に使うとよい．例えば，Dale Carnegie 社のエグゼキュティブ・トレーニング・コースの広告では，一流企業の経営幹部たちの満足の声を定期的に紹介している．また，自社のウェブサイトに推薦の言葉や成功事例を華々しく掲載しているサービス企業もある．

■**有形の目印を作り出す**　サービスのマーケターは，自社のサービスの物的要素をフィーチャーするか，無形の要素を有形に近づける努力をすべきである．物的要素は，サービスが購買されたり実行されたりする雰囲気や環境作りにおいて重要な役割を果たし，サービスに対する顧客の認識を変える力がある．物的要素とは，サービス・パッケージの中で売り手がコントロールできる有形の要素のことである．サービスが持つ無形の属性のイメージを，より具体的なものに翻訳する試みが求められる．

　企業向けサービスを提供する売り手にとって，制服，ロゴ，書面での契約および保証，概観の構築，配色など，サービスを有形なものにする方法は数多くある．ある設備メンテナンス会社が無料で提供している四半期点検報告書は，そのサービスをより有形なものにするのに役立つ．ゼロックス社は，理由の如何を問わず顧客のコピー機の返品を認める「Total Satisfaction Guarantee（総合満足保証）」を実施している．レンタカー会社が発行するクレジットカードも，サービスをより有形なものにする試みの例と言える．サービスの売り手企業にとって大事なのは，品質を証明する物理的なものを管理する明確な戦略を確立すること，すなわち，有形の目印を作り出してサービスの品質を証明する機能を強化し，差別化することである．

3－5．サービスの流通

　サービス業界における流通の意思決定に関しては，サービス・パッケージをユーザーに届ける方法がポイントである．サービスの直接販売は，製造企業が公益倉庫に製品を預ける場合など，買い手が提供者のところに出向く

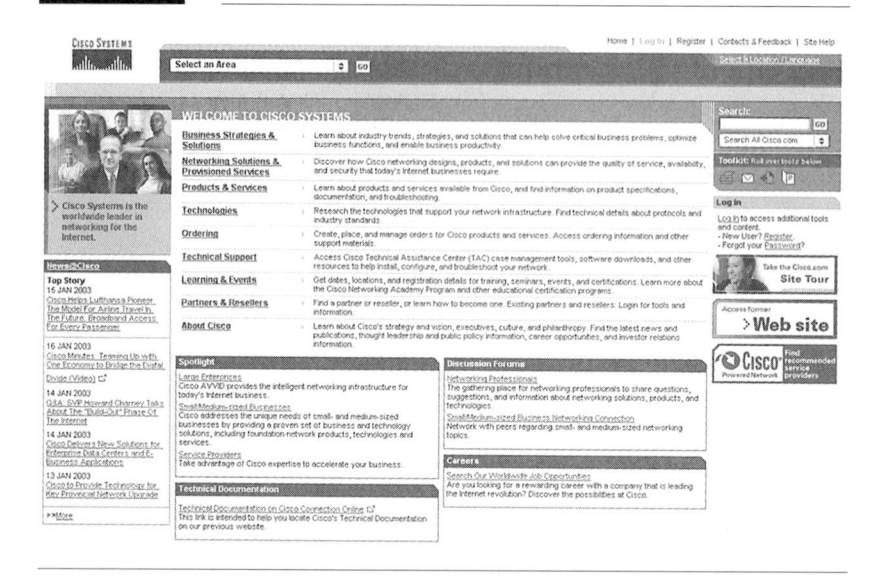

図13.3 シスコシステムズ社は各種サービスをオンラインで提供している

出所：Cisco Systems, Inc.の好意により掲載．2002年10月29日アクセス．

か，より一般的なケースでは，コピー機の出張修理のようにサービス提供者が買い手のところに出向くことによって行なわれる．また，インターネットやチャネル・メンバーを介してサービスを提供する方法もある．

■インターネットによるサービス提供　インターネットは，さまざまなサービスに新しい強力なチャネルをもたらす．例えばアプリケーション・サービス・プロバイダは，主にインターネットを用いて企業顧客にコンピュータのソフトウェアやハードウェアへのアクセスを提供する[44]．USinterworking社の場合，基本的な電子メールから高度な会計アプリケーションまで，顧客が一定の月額料金を支払って種々のソフトウェア・プログラムを利用・管理する．そのソフトウェアは，遠く離れたUSinterworking社のサーバ上にある．顧客はインターネットか，もしくは専用の電話回線を使ってそこにアクセスするわけである．

510　第Ⅳ部　産業財マーケティング戦略を構築する

■**忠実な顧客の輪**　ヒューレット・パッカード社，サン・マイクロシステムズ社，シスコシステムズ社をはじめとする数多くの一流メーカーは，コスト削減，サービスの即応性向上，顧客との関係強化をねらった高度なインターネット戦略を開発している．シスコ社が採用している戦略について考えてみよう．写真13.3が示すように，同社のウェブサイトでは，さまざまな種類のビジネスを対象にした技術ソリューションに関する情報，テクニカル・サービスやサポートの情報，オンライン顧客トレーニングなどが提供されている．既存顧客や潜在顧客は，このサイトの広範な技術的知識基盤を利用して，業種別のよくある質問と解答を調べることができる．

　シスコ社は，製品およびサービスの売上げの75％以上をウェブサイトから得ている．顧客が豊富な情報基盤に自分でアクセスする方式を採用することでコールセンターへの電話本数を減らし，顧客サポート・コストを年間5億5,000万ドル削減することに成功した．また同社はシスコ社の顧客に関して，ある重要な特徴を見出している．それは，彼らは助け合いの精神に満ち溢れているということである．それで，ウェブサイトを訪れたが，必要な情報を見つけることができなかった潜在顧客に，それを質問として掲載するよう勧めている．こうした質問に対し，シスコ社の技術スタッフが解答する前に，シスコ社の顧客から返信が投稿されることが珍しくない．顧客の多くはシスコ社のオンライン・トレーニングを受けており，自分の知識を披露したいのである．このような仲間意識がさらに促進され，シスコ社に毎週届けられる何千件もの技術的質問は現在，顧客によって回答されている．

　Patricia Seyboldは次のように述べている．

> シスコ社は現在，ウェブサイトで月に35～40万件の注文を受け付け，処理している．これを電話で行えば膨大な本数にのぼるところだが，もはや顧客にとってそれは必要なく，スタッフ側もリアルタイムでの対応から解放されている．そして，これらはすべて，顧客による時間の消費に目を向け，煩わしさを排除し，お互いに助け合うことのできるシスコ・ユーザーの輪を構築した結果に他ならない[45]．

■チャネル・メンバー　製造企業の中には，製品に付随するサービスの提供をもっぱらチャネル・メンバーに頼っているところがある．実装，修理，保守サービスを最終ユーザーに提供する手段として，顧客との距離が近い卸売業者や流通業者を利用するこの方式は費用効果の点で優れている．IBM社は，物的製品のメーカーとして知られていたが，競争優位の獲得策としてサービス企業に方向転換した．だが，自社の営業チームを使って大手法人顧客にサービスを販売しながら，なおかつ広大な中堅企業市場もカバーするのは，費用効果の点で難しいことに気づいた．中堅企業市場を構成するのは，従業員数2,000人未満，あるいは売上5億ドル未満の顧客である．IBM社にとっての解決策は，中堅企業へのサービス販売をパートナー企業（チャネル・メンバー）に肩代わりしてもらい，そのパートナー企業や顧客をインターネット上で継続的にサポートしていくというものだった．IBM社はこのようにして市場カバレッジを拡大するとともに，顧客のサービス・ニーズに対応しつつ，パートナー企業の収益性とロイヤルティを向上させている[46]．

4．新しいサービスの開発

　アイデア探索／ふるい分け／事業分析／開発／試験／商品化という，新しい物的製品を開発する従来のプロセスは，サービスにも当てはまる[47]（第12章参照）．ただ，新しいサービスの設計と市場導入は，サービス市場のマネージャーにとって困難な課題の一つと言われている．

> サービス市場における新製品の開発はもともと難しく複雑であり，成功率は低い．新たなニーズを発見した企業が商品開発に着手する場合，R&Dラボ内では，厳格で予測できる結果を意識するが，サービスの場合はあまり意識しない．そのため，結果に対して確信を持てないのである．大部分のサービス企業が力を入れるのは，真に革新的な手法よりも，サービスの対象となる地理的拡大やマイナーな改善である．サービス部門のイノベーションは，試行錯誤から生まれる…イノベーションや想像力を新たな提案の実行に結び付けるのは，サービス企業にとって困難な作業である[48]．

表13.3　新サービス開発プロセスを強化するためのステップ

ステップ	具体的行動
1．起業家精神の文化の構築	適切な文化を構築することにより，リスク・テーキングや斬新なアイデアを促進する：R&D資金の提供／顧客ニーズ調査の実施／社員による反対意見の自由な表明
2．新サービス開発を促進する組織作り	「配役」を決める：権限を持つシニア・スポンサー／持続性と熱意を生み出すプロダクト・チャンピオン／諸機能をまとめて調整するインテグレーター／プロセスのルールを定め，管理するレフェリー
3．市場でのアイデア・テスト	サービス・コンセプトの無形性ゆえに，新しいアイデアを市場で厳しくテストすることが必要である
4．結果のモニタリング	成功の尺度を設定し，それに照らして評価する／顧客の反応を追跡する
5．リスク・テーキングへの報奨	常に成功し続けなかったとしても，良質なリスクをとる行動に報いる

出所：James L. Heskett, *Managing in the Service Economy* (Boston : Harvard Business School Press, 1986), pp.86-90.

　新たなサービスを構築し発売しようとする際に大きな障害となるのは，サービス・コンセプトを「有形化」することの難しさである．プロトタイプ，つまり試作品作製などの伝統的な手法は，サービスには機能しない．なぜなら，サービスは顧客ごとにカスタマイズされる場合が多く，試作品を作るわけにはいかないからである．だが，新サービスの開発プロセスを改善するステップをとることによって，そうした困難を克服してマーケティングを成功させることができる．James L. Heskett は，企業が新サービス開発プロセスを改善するための策として五つの手順を示している（表13.3参照）．製品イノベーションの場合と同様，起業家文化，プロダクト・チャンピオンの活動，リスク・テイキングなど，適切な組織風土を築くことが重要である．

4-1．成功と失敗へのシナリオ[49]

　サービスの成功には，それを遂行するスタッフのスキルと専門知識が欠かせない．もし新しいサービスがスタッフの持つ知識基盤によってカバーされ

ないものであれば，相乗効果は期待されず，そのサービスの品質と遂行は不十分なものとなり，顧客を満足させることはできない．従って，新しいサービス・アイデアのふるい分けおよび選定では，マーケティング，技術および業務間の相乗効果がもっとも高いものを優先すべきである．

　1995年に実施されたある調査では，企業向けサービス企業のマネージャーたちは通常，どのような新サービス開発シナリオを追求するか，マネージャー間で成功の可能性に差があるのは，どのような要因によるものかといった点について分析が試みられた．表13.4に示した上段の三つは成功シナリオであり，下段二つは新しい企業向けサービスの開発・市場投入に失敗したケースである．

■**成功する新サービス・プロジェクト**　三つの成功シナリオは，サービス構想の独創性，サービスの革新性，新サービスの開発・販売の手法の点で違いがある．以下に主要な相違点をまとめる．

- カスタマイズされた専門サービス：比較的単純で安価なサービスだが，クライアント企業のニーズおよび業務システムに合わせてカスタマイズされている．顧客の特殊な要求事項に対応し戦略を効果的に実行するには，専門スタッフが不可欠である．具体例としては，経営コンサルタントが提供するカスタマイズされた研修センター，マーケティング・コミュニケーション会社の開発するメディア計画モデルなどがある．
- 計画された先駆的事業：ユニークかつ複雑で高価な，市場一番乗りのサービスである．慎重に計画されたステップを踏んだ新サービス開発プロセスが，この種のサービス・プロジェクトの特徴である．新サービスの効用を明確に示すことのできる有形の証拠を潜在顧客に提供することにとくに力を入れる．具体例としては，通信会社によって開発されたもので，証券会社を多数の情報源と結ぶ端末装置とか，銀行によって開発されたもので，組織の給与処理を簡素化するためのコンピュータ・ベースのリモート・アクセス・システムなどがある．
- 既存サービスの改善：既存のサービス・プロセスの迅速性や信頼性を向上さ

表13.4	新しい企業向けサービス開発：成功／失敗シナリオ

成功シナリオ

カスタマイズされた専門サービス
会社の専門的能力や資源，とくに専門スタッフをフル活用して，カスタマイズされた高品質のサービス成果をクライアントに提供する．新しいサービス開発を成功させるには，参加型でイノベーション指向の企業環境が必要である．

計画された「先駆的」事業
魅力的で取引高の多い市場をねらった先駆的な新サービス事業．主要な要素として，市場一番乗り，顧客／市場セグメント・ニーズおよび専門知識や資源への適合，サービス促進に利用する有形の証拠，新サービス開発プロセスのステップを詳細に，品質を維持しながら実行することなどが挙げられる．

既存サービスの改善
迅速性と信頼性の向上が，この種の設備ベースの新サービスに不可欠な特徴である．サービス品質に定評のある開発者がクライアントのニーズを十分把握し，かなり計画的な手法を用いて新サービスの調査・設計・マーケティングを行う．

失敗シナリオ

市場ポテンシャルが低い周辺サービス
真の効用をほとんど提供せず，市場ポテンシャルも低い．会社の中核的なサービス・ラインにとっても重要でなく，売り手に確固たる決意があるようにも見えない．新サービス開発プロセスは計画性に欠け，会社は有形の証拠を乱用してサービス品質を偽る．

計画性もなく「産業化」された追従的サービス
複雑で，かつ設備を用いるサービスを「産業化」した「追随的」な試みの失敗である．競合他社よりはるかに遅れて市場に参入し，顧客指向，サービスの品質と革新性，会社の能力や資源との適合性，新サービス開発活動の実行性において劣る．

出所：*Journal of Business Research*, 32, Ulrike de Brentani, "New Industrial Service Development: Scenarios for Success and Failure," p.96より転載．Copyright©1995, with permission from Elsevier Science.

せる設備中心の改善．具体例としては，コンピュータ・システム会社が提供する情報システムを用いる専門的生産システムや，大手金融サービス会社が開発する投資信託注文ネットワークなどがある．

これら三つのシナリオは，新サービスの成功に不可欠と思われる，ある重要な要素を共有している．企業向けサービスにはさまざまな形態が考えられ

るが，市場ニーズへの対応，会社の評判・スキル・資源の活用，新サービス開発のプロセスの適切な管理は新サービスの成功と切り離せない．

■**失敗する新サービス・プロジェクト**　企業市場で失敗する新サービス構想にはどのような特徴が見られ，我々はそれから何を学び取ることができるだろうか．以下に述べる二つの一般的な失敗シナリオは，表13.4 にも示してある．

- 市場ポテンシャルが低い周辺サービス：会社の中核商品にとって重要でなく，顧客に付加価値をもたらさず，市場ポテンシャルも非常に限られた新サービス．企業市場のサービス部門では，この種の失敗がよく見られる．
- 計画性もなく「産業化」された追従的サービス：これは，生産と提供を「ハード」技術，すなわち設備に頼る複雑な新サービスである．一流の競合他社を上回る真の顧客に対する効用や改善をもたらすことはない「追従的」サービスである場合が多い．この特徴に当てはまる新しい企業向けサービス構想は，一流の銀行や保険会社によって開発されたものが多かったが，失敗するサービスは成功するプロジェクトと違って，マネージャーの計画が不十分だった．

設備中心のプロセスを導入し，顧客との直接的な接触を減らすことによってサービスの効率と信頼性を改善しようとする努力は，確かに産業財市場の一部で成功している．だが，Ulrike de Brentani は，次のように指摘する．「そうした開発努力には，明確な顧客効用が伴わなければならない．すなわち，効率の向上や優れた問題解決策，成長過程にある企業の能力との適合，サービス競争力に関するある程度の競争優位，新サービスの調査・設計・市場投入のための一連の活動が不可欠である」[50]．つまり，新サービスの成否を決める要因は，全体的に見て新製品の場合とほとんど変わらないと言える（第12章参照）．

5. まとめ

　企業向けサービスは，それのみで販売される純粋サービスと，製品や設備に付随する形のサポート・サービスという二種類に大別される．企業向けサービス市場の二つのセグメントはともに大規模で，サービス経済への移行という世界的傾向と並行して拡大しつつある．サービスは多様だが，製品・サービスの有形性／無形性のレベルに基づいて企業向けサービスを分類すると理解し易くなる．

　企業向けサービスは，無形性，生産と消費の同時性，標準化の欠如，消滅性，所有を伴わない利用を特徴とする．こうした特徴が全体として，サービスの販売法に計り知れない影響を及ぼす．企業向けサービスの買い手は，サービス品質の五つの要素 ―信頼性，即応性，保証性，共感性，有形性―を重視する．サービスは無形で均一性に欠けるため，買い手はサービスの提供企業の比較・選定に苦労する．サービス提供企業は，マーケティング・ミックスを開発する際にこの点を考慮しなければならない．

　企業向けサービスのマーケティング・ミックスとしては，サービス・パッケージ，価格設定，販売促進，流通という従来の要素のほか，サービス・スタッフ，サービス提供システム，物的証拠が主なものとして挙げられる．サービス・マーケティング・プログラムのねらいは，顧客を満足させることにある．戦略を構築する際はまず，顧客効用コンセプトと，それに関連するサービス・コンセプトおよび提案内容を定義する必要がある．価格設定に関しては，需要とキャパシティに影響を与えることと，サービス要素のバンドル化がポイントである．販売促進では，社員コミュニケーションの開発，「口コミ」販売促進の拡大，有形の目印の提供，業務スタッフの対人関係スキルの開発が強調される．流通は直販方式の他，仲介業者やインターネットを利用する方法もある．企業は規模の大小を問わず，顧客関係の緊密化や多様な新サービスの提供にインターネットを活用している．

　新しいサービス・マーケティングは，リスク・テーキングやイノベーションを促進する組織文化を創造することによって有効性を高めることが出来

る．新サービスを成功させるには，市場を慎重に定義し，会社の強みと評判をフル活用しながらそのニーズに対応する．その為には，開発プロセスを入念に計画することが必要である．

5－1．討論課題

1. シスコシステムズ社は最近，IBM社のグローバル・サービス部門と戦略提携した．この契約により，IBM社は特定法人顧客を対象にシスコ製品に対するサービス・サポートを行うことになる．シスコ社とIBM社それぞれにとって，この提携はどのようなメリットがあると思われるか．
2. ゼロックス社やキヤノン社の高性能ドキュメント・プロセッサを購買すると，物的製品にバンドル化された付随サービスも購入することになる．こうした製品に付随するサービスには，どのようなものがあるか．顧客がこのようなサービスの品質や価値を評価するにはどうしたらよいか．
3. 「技術装置の売り手企業の中で，マーケティングを効果的に行うところは，製品サポートのための高品質サービスを開発するのに対し，そうでない企業は製品がもたらす技術的ソリューションを重視する」という見方をどう思うか．
4. AT&T社やFedEx社といった一流のサービス企業は，グローバル市場で顧客満足を四半期ごとに測定している．顧客満足とロイヤルティはどのような関係にあるか．
5. 製品やサービスが顧客に対して約束したものを提供できず，期待に反してしまった場合に備えて，多くの企業が回復プロセスを設けている．このプロセスはどのように機能するか，例を挙げて説明せよ．
6. ある新しい会社が最近，小企業を対象にウェブサイトと電子商取引戦略の構築に取り掛かった．このサービスに含めるべき必須要素は何か．
7. 企業向けサービスのマーケティングにおいて，物理的証拠はどのような役割を担うか．
8. あなたが高級リゾート・ホテルのマネージャーであったら，ホテル施設に対する企業の需要を取り込むために，どのような手法を用いるだろうか．

9.「サービス・マーケティングの特徴として，製品マーケティングの場合とは違って，業務スタッフが販売やマーケティングの成功において重要な役割をはたすという点である」という見方をどう思うか．
10. 新しい企業向けサービスの成功率を高めるには，マネージャーはどのような策を講じるとよいか．

5－2．インターネット演習

　設計ソフトおよびデジタル・コンテンツの一流サプライヤーであるオートデスク社は，プロジェクト情報の効果的管理を実現する建設業界向け共同サービスをオンラインで提供している．同社のウェブサイト（http://www.buzzsaw.com）にアクセスし，建築家やエンジニア向けのサービス・ソリューションについて調べてみよう．

◎ビジネス事例　FedEx エクスプレス社：小規模企業市場向けの新サービス[51]

　FedEx 社グループ最大の系列会社である FedEx エクスプレス社は，世界210カ国で顧客の指定する住所に 1 日当たり平均330万個の小包を配達しており，その売上げは年間150億ドル余にのぼる．文書類，小包，貨物の迅速かつ確実で時間指定も可能な配送サービスの世界的実現を目指す同社は，15万人以上の従業員を雇い，持ち込み地点43,000カ所以上，航空機650機，車両45,000台を擁する統合的グローバル・ネットワークを構築している．

　FedEx 社はヒューレット・パッカード社（HP）社と提携することで，顧客が HP 社製インクジェット・プリンタを使ってバーコード入りの高品質な出荷ラベルを作成できるソリューションを開発した．この新しいインクジェット技術により，FedEx interNetShip ―FedEx 出荷書類を手元で簡単に印刷できるグローバルな電子出荷ツール― を利用する効用と便利さが，より多くの小企業に提供されることになる．FedEx interNetShip ラベルはこれまで，レーザープリンタでしか印刷できなかった．

　インクジェット・プリンタでも使えるインターネット出荷オプションを提供して小規模企業の専門スタッフのニーズを満たしている荷物配送会社は FedEx 社以外になく，米国では小企業の72%，ヨーロッパでも50%余に利用されている．FedEx interNetShip は，58カ国の顧客にオンラインでの荷物発送処理を可能にしている．再発送を容易にするカスタマイズされた住所録が六カ国語で提供され，出荷記録は45日間保存される．また，顧客が荷物追跡番号を電子メールで三カ所まで送信できる，FedEx ShipAlert という機能もある．利用者は荷物追跡番号をもとに，荷物の位置情報を確認することができる．

討論課題

1. FedEx interNetShip というサービスは，小企業顧客にどのような効用をもたらすと思われるか（サービス・コンセプト）．また，有形・無形のサービス要素として何があるか（サービス提案）．
2. 小企業の専門スタッフの間で FedEx interNetShip の認知度を高めるため，FedEx 社やヒューレット・パッカード社はどのような販売促進戦略をとることができるか．

注

1 Patricia J.Parmalee, "Reliability at a Price," *Aviation Week and Space Technology* 157 (September 2000) : p.21.
2 "AT&T Enhances Dial Internet Access with Extended Roaming, AT&T Ranked Top Business-to-Business ISP by Leading Benchmarking Firm," *PR News Wire*, 1 May 2002, p.1.
3 Scott Ward, Larry Light, and Jonathan Goldstine, "What High-Tech Managers need to Know About Brands," *Harvard Business Review* 75 (July/August 1999) : pp.85-95.
4 James Brian Quinn, "Strategic Outsourcing : Leveraging Knowledge Capabilities," *Sloan Management Review* 40 (summer 1999) : pp. 8-9.
5 Cliff Wymbs, "How E-Commerce Is Transforming and Internationalizing Service Industries," *Journal of Services Marketing* 14, no. 6/7 (2000) : p.464.
6 *IBM Annual Report*, 1998, p.42.
7 Lee Gomes, "Somebody Else's Problem," *Wall Street Journal*, 15 November 1999, p.R 8.
8 Lauren K.Wright, "Characterizing Successful New Services : Background and Literature Review," Report ♯ 9-1985, Institute for the Study of Business Markets, Pennsylvania State University, 25 April 1985, p.37.
9 Karen Rodriguez, "Sun Spots Lucrative Niche with Services," *The Business Journal of San Jose and Silicon Valley*, 25 October 1999, p.3.
10 John R.Graham, "Pulling New Clients to the Professional Services Firm," *Direct Marketing* 63 (August 2000) : p.59.
11 Henry Assael, *Marketing Management : Strategy and Action* (Boston : Kent Publishing Company, 1985), p.693.
12 Valarie A.Zeithaml and Mary Jo Bitner, *Services Marketing : Integrating Customer Focus Across the Firm*, 3 d edition (Boston : McGraw-Hill Irwin, 2003), p.2.
13 Arun Sharma, R, Krishnan, and Dhruv Grewal, "Value Creation in Markets : A Critical Area of Focus for Business-to-Business Markets," *Industrial Marketing Management* 30 (June 2001) : pp.391-402.
14 Ibid., p.22.
15 Valarie A.Zeithaml, A.Parasuraman, and Leonard R.Berry, "Problems and Strategies in Services Marketing," *Journal of Marketing* 49 (spring 1985) : p.34, see also Zeithaml, Berry, and Parasuraman, "Communication and Control Processes in the Delivery of Service Quality," *Journal of Marketing* 52 (April 1988) : pp.35-48.
16 Michael Clemes, Diane Mollenkopf, and Darryl Burn, "An Investigation of Marketing Problems Across Service Typologies," *Journal of Service Marketing* 14, no. 6/7

(2000) : p.568.
17 William H.Davidow and Bro Uttal, "Service Companies : Focus or falter," *Harvard Business Review* 67 (July/August 1989) : p.84.
18 Valarie A.Zeithaml, "How Consumer Evaluation Processes Differ Between Goods and Services," in *Marketing of Services*, ed.James H.Donnelly and William R.George (Chicago : American Marketing Association, 1981), pp.200-204.
19 Ibid.
20 Christian Gronroos, "Relationship Marketing : Strategic and Tactical Implications," *Management Decision* 34, no. 3 (1996) : pp. 5 -14.
21 Thomas O.Jones and W.Earl Sasser Jr., "Why Satisfied Customers Defect," *Harvard Business Review* 73 (November/December 1995) : p.90.
22 The Xerox illustration is based on James L.Heskett, Thomas O.Jones, Gary W.Loveman, W.Earl Sasser Jr., and Leonard A.Schlesinger, "Putting the Service-Profit Chain to Work, "*Harvard Business Review* 72 (March/April 1994) : pp.164-174.
23 Larry Schiff, "How Customer Satisfaction Improvement Works to Fuel Business Recovery at IBM," *Journal of Organizational Excellence* 20 (spring 2001) : p.12.
24 Srinivas Durvasula, Steven Lysonski, and Subhash C.Mehta, "Business-to-Business Marketing : Service Recovery and Customer Satisfaction Issues with Ocean Shipping Lines," *European Journal of Marketing* 34, no. 3 / 4 (2000) : p.441.
25 Frederick F.Reichheld and W.Earl Sasser, "Zero Defections : Quality Comes to Services," *Harvard Business Review* 68 (September/October 1990) : p.105, See also Frederick F.Reichheld, *Loyalty Rule! How Today's Leaders Build Lasting Relationships* (Boston : Harvard Business School Press, 2000).
26 Reichheld and Sasser, "Zero Defections," p.107.
27 Roland T.Rust, Anthony J. Zahorik, and Timothy L.Keiningham , "Return on Quality (ROQ) : Making Service Quality Financially Accountable," *Journal of Marketing* 59 (April 1995) : pp.58-70.
28 Nicole E.Coviello, Roderick J.Brodie, Peter J.Danaher, and Wesley J.Johnston, "How Firms Relate to Their Markets : An Empirical Examination of Contemporary Marketing Practices," *Journal of Marketing* 66 (summer 2002) : p.38.
29 Davidow and Uttal, "Service Companies," p.79.
30 Ibid., p.83.
31 Leyland Pitt, Michael H.Morris, and Pierre Oosthuizen, "Expectations of Service Quality as an Industrial Market Segmentation Variable," *The Service Industries Journal* 16 (January 1996) : pp. 1 -9.For a related study, see Ralph W.Jackson, Lester A.Neidell, and Dale A.Lunsford, "An Empirical Investigation of the Differences in Goods and Services as Perceived by Organizational Buyers," *Industrial Marketing Management* 24 (March 1995) : pp.99-108.

32 Donald Cowell, *The Marketing of Services* (London : William Heinemann, 1984), p. 73.
33 James L.Heskett, *Managing in the Service Economy* (Boston : Harvard Business School Press, 1986), p.17.
34 Ibid., p.20.
35 Cowell, The Marketing of Services, p.110.
36 Ibid.
37 Zeithaml, Parasuraman, and Berry, "Problems and Strategies in Services Marketing," p. 41.
38 Joseph P.Guiltinan, "The Price Bundling of Services : A Normative Framework," *Journal of Marketing* 51 (April 1987) : p.74.
39 Ibid., p.75.
40 Ibid., p.81.
41 Diane Lynn Kastiel, "Service and Support : High-Tech's New Battleground," *Business Marketing* 73 (June 1987) : p.66.
42 Keith B.Murray, "A Test of Services Marketing Theory : Consumer Information Acquisition Activities," *Journal of Marketing* 55, no. 1 (January 1991) : p.21.
43 Cowell, *The Marketing of Services*, p.171.
44 Jon G.Auerbach, "Playing the New Order : Stocks to Watch as Software Meets the Internet," *Wall Street Journal*, 15 November 1999, p.R28.
45 Patricia B.Seybold with Ronnie T.Marshak, *Customer.Com* (New York : Times Business, 1998), p.322.
46 Craig Zarley, Joseph Kovar, and Edward Moltzen, "IBM Reaches," *Computer Reseller News* 26 February 2001, p.14.
47 Cowell, The Marketing of Service, p.133.
48 "Service Management : The Toughest Game in Town," *Management Practice* 7 (fall 1984) : p.8.
49 This section is based on Ulrike de Brentani, "New Industrial Service Development : Scenarios for Success and Failure," *Journal of Business Research* 32 (February 1995) : pp.93-103.
50 Ibid., p.101.
51 "Federal Express Teams with H-P to Announce Enhanced Internet-Based Shipping Solution for Small Business Market," http : //www.fedex.com, accessed 25 October 2002.

第14章

産業財流通におけるチャネル管理

流通チャネルはマーケティング・マネージャーにとって，市場への橋渡しをするものである．そのチャネルの革新は，市場での勝者と敗者を分ける競争優位の源泉となる．その意味で，産業財のマーケターは重要な市場セグメントのニーズにしっかり適合したチャネルを構築する必要がある．それと同時に，チャネル・メンバーのニーズを満たすことも忘れてはならない．なぜなら，彼らのサポートなしに，産業財マーケティング戦略の成功はあり得ないからである．この章では，以下の項目がテーマとなる．

1. 産業財市場の顧客に到達する各種チャネル．
2. ディストリビューターおよびマニュファクチャラーズ・レップが流通チャネルにおいて担う重要な役割．
3. チャネル設計の中心的要素．
4. チャネル戦略を成功させる条件．

Steven Wheeler および Evan Hirsh は，近著 *Channel Champions*（邦訳：『チャネル競争戦略』）において，流通チャネルがマーケティング戦略で果たす重要な役割を次のように的確に説明している．

> チャネルは顧客と企業が交わる接点であり，製品やサービスを購入したり，使用したりする場所や方法すべてが関係する．チャネルは，企業がその顧客に到達するルートであり，顧客との継続的関係に他ならない…チャネルについて考えるときは，戦略について考える必要がある．効果的なチャネル管理は，一企業にとどまらず，その業界全体を再構築する可能性を秘めているからである[1]．

産業財マーケティング戦略におけるチャネルには，関連し合う二つの重要な側面がある．設計と管理である．第一に，チャネル構造は，目指すマーケティング目標が達成されるように設計されなければならない．だが，目標達成に最適なチャネルを選択するのは容易なことではない．その理由としては，(1)チャネルの選択肢が無数に存在する，(2)マーケティング目標が異なる，(3)産業財市場セグメントの多様性から，複数のチャネルの同時併用が求められるといったことが挙げられる．ビジネス環境が絶えず変化している以上，チャネル構造も定期的な見直しが必要である．熾烈な競争，顧客の新たな要求，インターネットの急成長など，新しい機会を創出し，斬新なチャネル戦略の必要性を示唆する要因はいろいろある．流通チャネルを設計する際の難しさは，チャネル目標の設定，設計における制約の検討，チャネル活動の分析，チャネル選択肢の特定，チャネル・メンバーの選定などにあり，それぞれについて考える必要がある．

第二に，チャネル構造が決定されたら，設定した目標が実現されるようにチャネルを管理しなければならない．チャネル活動を効果的に運営するためには，流通業者の選定，求めるパフォーマンスの達成に向けた動機付け，メンバー間のコンフリクト（衝突）の調整，パフォーマンスの評価などを行うための手続きを構築しなければならない．この章では，産業財の流通チャネルを設計・運営するための方法を紹介する．

1．産業財の流通チャネル

　製造企業と顧客を結ぶもの，それが流通チャネルである．チャネルは，販売を成立させ，製品を顧客に届けるために必要な作業すべてを遂行する．具体的には，潜在顧客との接触，交渉，契約締結，所有権の移転，連絡，融資の手配，製品のアフター・サービス，現地在庫の確保，輸送，保管などが含まれる．これらの作業は，製造企業または流通業者のいずれかが単独で行う場合もあれば，両者で分担することもある．さらに，顧客がこれらの機能の一部を受け持つケースもあり，顧客が一定の値引きと引き換えに，より大量の在庫やそれに付随する保管費用を受け入れることに同意する場合などがこれにあたる．

　チャネル管理の基本的なレベルでは，どのチャネル活動を自ら担当し，どれを他のメンバーに任せるかという点が中心になる．製品が製造企業から顧客に移動するのと並行して，作業が遂行されなければならない．図14．1は，産業財流通チャネルのさまざまな構成方法を示したものである．チャネル構造としては，まず一つに，製品の販売や取り扱いに何らかの種類の流通業者（ディストリビューター，ディーラーなど）を関与させる間接販売方式がある．そしてもう一つに，顧客への製品の販売や配送に必要なマーケティング機能をそっくり製造企業が遂行する直接販売方式があり，製造企業自身の営業組織やダイレクト・マーケティング・チャネルがその例である．

　つまり，チャネル管理の基本は，業務が最適に遂行されるようにチャネルを構成することであると言える．その一つの方法が，製造企業がすべてを担当する方式である．

1－1．直接流通

　直接流通とは流通業者を使わないチャネル戦略であり，産業財マーケティングで広く見られる．製造企業の自前の営業組織が顧客と直接取引し，必要なチャネル活動すべてを製造企業が担当する．販売状況によって，産業財マーケティングにおいても直接流通がしばしば必要になる．直接販売方式が

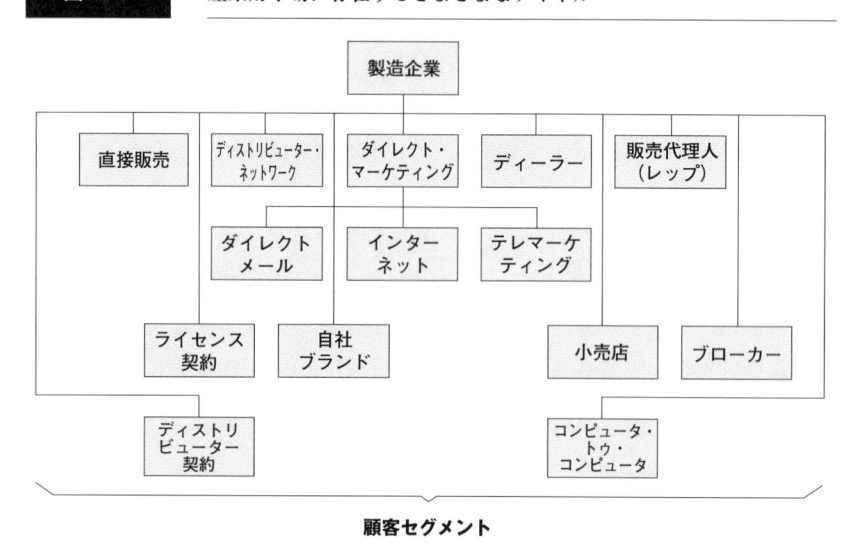

図14.1　産業財市場に存在するさまざまなチャネル

```
                            製造企業
        ┌────────┬────────┬────────┬────────┬────────┐
     直接販売  ディストリ  ダイレクト・ ディーラー  販売代理人
              ビューター・ マーケティング         （レップ）
              ネットワーク
                        ┌────┼────┐
                     ダイレクト インター テレマーケ
                       メール   ネット   ティング
        ┌────────┬────────┐              ┌────────┬────────┐
     ライセンス  自社                      小売店   ブローカー
       契約    ブランド
         │                                    │
     ディストリ                           コンピュータ・
     ビューター                             トゥ・
       契約                               コンピュータ
        └────────┴────────┴────────┴────────┴────────┘
                           顧客セグメント
```

出所：David Perry, "How You'll Manage Your 1990s Distribution Portfolio," *Business Marketing* 74 (June 1989)：p.54より一部変更の上，引用.

適しているのは，以下の状況である：(1)顧客が大口で，明確に定義されている，(2)顧客が直接販売にこだわる，(3)販売にあたって上層部との広範な交渉が必要になる，(4)製品パッケージ全体の適切な導入と市場の状況に対する迅速な反応を保証するために，販売活動をコントロールする必要がある．ある調査によると，直接チャネルが利用されるのは，最終ユーザーが情報提供（飛行機や瓶詰め機などの使用法や特徴についての説明）は強く求めるが，物流サービス（ロットサイズ，納入日時，とり揃えなど）はあまり必要としないケースである[2].

　自社の直販営業組織は，高度にカスタマイズされたソリューション，大口顧客，複雑な製品など，非常に込み入った販売機会に使用すると効果的である．カスタマイズされたソリューションや大口顧客の場合は，専門的なアカウント管理，深い製品知識，高度な販売スキルなどが販売する側に求められるからである．また，購買決定に高いリスクを認識し，かなりの専門知識を売り手に期待する顧客は，取引条件として直販の営業組織による個別の応対

と関係性の構築を求める傾向がある．それに対して，Lawrence Friedman および Timothy Furey は，「中型企業や小企業の広範な市場では単純な取引が一般的であり，他のチャネルのほうが費用対効果が高く，より多くの顧客に到達できる可能性がある」[3]と指摘する．

◎産業財マーケティングの内側◎
IBM社はチャネル・パートナーとの協働や顧客ロイヤルティの構築にインターネットを活用する

　産業財のマーケターがディストリビューターその他の流通業者と協働し，資源の共有やオンライン・マーケティングでの協力を行う際，インターネットが威力を発揮する．こうしたチャネル拡大プログラムの好例が，「IBMチーム・プレーヤー」(http://www.ibm-teamplayers.com) である．このプログラムは，インターネットを通信および情報提供の手段として活用して，IBM社のチャネル・メンバー（パートナー企業）を支援するものである．

　「IBMチーム・プレーヤー」は，チャネル・メンバーに対して，郵便，ファクス，電子メールを用いて顧客に到達することを可能にするカスタマイズされたダイレクトメール・キャンペーンを提供するものである．このウェブサイトは，チャネル・パートナーによる顧客データベースの管理やウェブページの開発，テレマーケティング・キャンペーンの実施を支援する拠点であり，その他の必要な資源についてIBM社は情報交換センターの役目を果たしている．

　このプログラムは，IBM社のチャネル・パートナーとの関係を緊密化する効果がある．さらには，IBM社がパートナーを通じてエンド・ユーザーを発見し，そこに到達することを可能にするため，チャネル・メンバーにとっても，IBM社自身にとっても，顧客ロイヤルティの強化に役立っている．

出所：Barry Silverstein, *Business-to-Busmas Internet Marketing : Five Proven Strategies for Increasing Profits Through Internet Direct Marketing* (Gulf Breeze, FL : MAXIMUM Press, 1999), p.307.

1－2．間接流通

　間接流通とは，一種類以上の流通業者を利用する方式である．チャネルに含まれる流通業者の種類は通常，産業財のほうが消費財より少ない．米国では，間接流通が売上高に大きな割合を占めている．ガートナー・グループの報告によれば，米国の国内総生産（GDP）の60％が間接チャネルを通じて販売される[4]．さらに，企業間の間接チャネルで扱われる取引の大部分が，マニュファクチャラーズ・レップと産業財ディストリビューターで占められている．間接流通は一般に，(1)市場が細分化され，広く分散している場合，(2)取引金額が全体的に低い場合，(3)買い手が一回の取引で複数品目，それも異なるブランドのものを購買する場合に見られる[5]．例えばIBM社の場合，その大規模な販売組織は顧客対象を大企業，政府，各種機関に絞っている．同社が擁する，まさに何千という中小規模の組織に対しては，産業財ディストリビューターを介して効果的かつ効率的に対応する．こうしたチャネル・パートナーは，IBM社がグローバル規模で展開する戦略において重要な役割を担っている．

　1990年代末のインターネット・ブームの頃，多くの技術専門家は，メーカーがオンラインで顧客と直接取引できるようになればチャネル・メンバーはお払い箱になると主張した．「中間業者排除」という言葉は，製造企業が最終顧客を直接相手にする手法を選択することで仲介機能が不要になる，という意味で用いられる．だが，チャネルを構成する企業は多くの業界で繁栄を続けている．なぜだろうか．多くの顧客は，製品に付加価値をもたらすサービスやソリューションをいろいろ提供できる地元企業との取引を好むからである．実際，IT分野（製品とサービス）の売上げ1兆1千億ドルのほぼ半分をディーラーやディストリビューターが占めており，間接チャネルが果たす役割は大きいと言える[6]．

1－3．複数チャネルの必要性

　産業財流通チャネルでは，流通業者と直接販売をあれこれ組み合わせた方式が用いられる場合がある．製造企業が図14.1に示した手法をいくつか利

用するケースは実際にあり得る．選択肢が豊富に存在するということは，遂行すべきマーケティング活動が多岐にわたり，数多くの産業財のマーケターが多様な顧客ニッチにアピールするため，独自のチャネル体系を構築している事実を反映するものである．産業財市場が発展するにつれ，確認できたセグメントの一つ一つに到達することをねらって，新たなチャネル契約が締結されていく．

　ゼロックス社は，小売店，ディストリビューター／ディーラー，大規模な自社営業組織から成る複雑なチャネル戦略を実践し，各チャネルが特定の市場セグメントに対応するよう設計している[7]．例えば，SOHOや小企業といった顧客には小売店チャネルを利用し，大企業，政府顧客には自前の営業組織で対応する．そして，各種の中規模組織から成る広範な中堅企業市場は，ディストリビューターがカバーする．さらに中小規模の顧客には，ウェブサイトでも機器やサプライ品を販売している．同社はまた，最大の得意客専用のエクストラネット（サイト）も開発している．この種の顧客はこのサイトで注文を変更したり，配送状況をチェックしたり，電子決済を行ったりすることが可能である．営業はこれらの法人顧客と緊密な関係を保ち，インターネットを通じて生まれる売上げに対して全額手数料を受け取る．ゼロックス社のValerie Blauvelt戦略・マーケティング担当副社長は，インターネットで販売プロセスを合理化すれば，販売効率が15％アップすると見ている．

1－4．eチャネル

　ゼロックス社，デル・コンピュータ社，シスコシステムズ社，ナショナルセミコンダクター社など数多くの産業財のマーケターが，eコマース戦略に力を入れている．その反面，インターネットをまだ導入していない企業も意外に多く，導入しても販促目的での利用が主で，販売チャネルとしての機能は持たせていないところが少なからずある．ベルギーの企業を対象に最近実施された大規模な調査で，インターネットへのアクセスを持つ会社の内，自社のウェブサイトを構築しているのは57％にすぎず，サイトをチャネルとして活用し，オンラインで製品を販売しているところとなるとさらに減って，わずか15％ほどであることが明らかになった[8]．また，米国での最近の

推定でも，全企業の40％以上がオンラインでの販売をまだ行っておらず[9]，大企業を除くと，この数字は70％以上に跳ね上がる結果になっている[10]．eチャネルは産業財のマーケターにとって，（1）情報基盤，（2）取引基盤，（3）顧客関係管理基盤としての用途がある[11]．（1）から（3）へとレベルが上昇するにつれ，企業に及ぼすインパクトは拡大していく．

■レベル1：情報基盤　eチャネルは情報基盤として広く利用されている．顧客は製品の仕様や機能に関する情報を瞬時に入手することが出来る．また，製品の機能やオプションをカスタマイズして注文したり，地元のディストリビューターや企業の営業担当と接触したりするのにも便利である．

■レベル2：取引基盤　このレベルになると，追加的情報や取引手段を潜在顧客に提供することが可能になる．こうしたシステムは，価格見積もり，発注，在庫状況の確認，技術的サポートなど追加的サービスの利用といった機能を果たす．シスコシステムズ社をはじめとする，いくつかの企業は，このようなオンライン販売とディストリビューター・チャネルとの調整を慎重に行っている．実際，シスコ社は新規顧客に対し，オンラインで購買する前にディストリビューターないしはディーラーと接触することを勧める．その結果，シスコ社はチャネル・メンバーと良好な関係を維持している．

■レベル3：顧客関係管理基盤　eチャネル開発でもっとも高度なこの段階は顧客との継続的対話を実現し，そこから顧客細分化の改善，ターゲットを絞った販売促進の強化，より個別的な顧客対応が生まれる．重要なのは，会社がすでに採用している従来チャネルをサポートするようにeチャネル戦略を設計することである．例えばナショナルセミコンダクター社は，同社の売上の60％を占める最大の得意先には自社の営業組織で対応し，その他の顧客にはディストリビューターのネットワークを利用している．写真14.2は，工具その他の産業器材の大手ディストリビューターであるW・W・グレインガー社のウェブサイトである．コードレス・ドリルなどを簡単に購入でき，情報もふんだんに提供されていることを確認してほしい．同社のドリルの豊

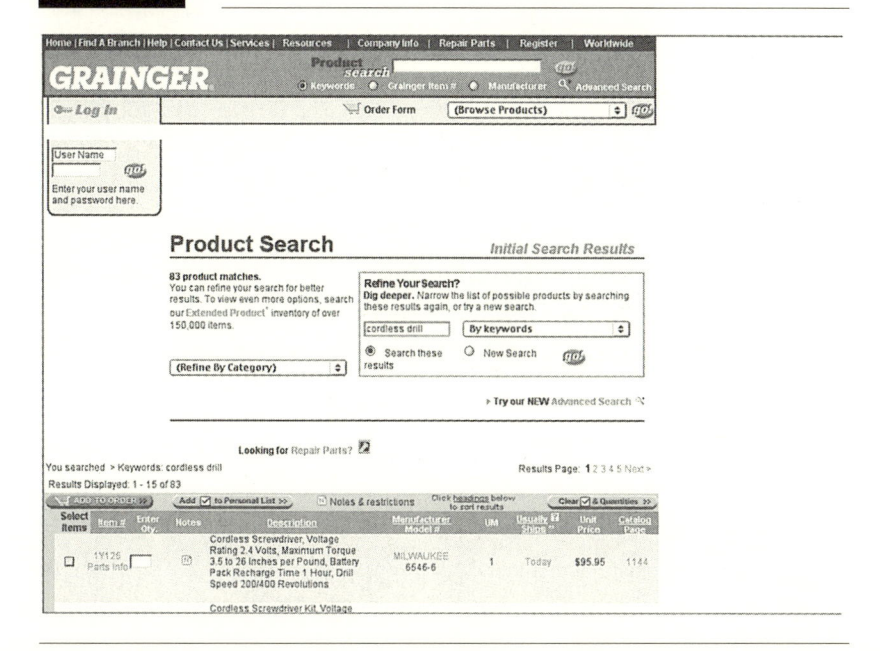

図14.2　W・W・グレインガー社は豊富な選択肢を顧客に提供する

出所：2002年10月27日アクセス．W. W. Grainger 社の好意により掲載．

富な品揃えは目を見張るほどで，「コードレス・ドリル」で検索すると，何と1,396種類もの製品がヒットする．

　eチャネル戦略には，販売プロセスを合理化し，あらゆるタイプの顧客と継続的対話を構築するねらいがある[12]．営業担当は，個々の大口顧客向けに情報をカスタマイズして提供する，専用のエクストラネット・サイトを構築する．オンライン発注システムを利用することで，彼らは取引管理よりも関係管理に専念することができる．またウェブサイトは，ディストリビューターから購入する顧客が製品について調べたり，技術情報を入手したり，ディストリビューターのサイトにアクセスしてオンラインで直接注文することも可能にする．

　問題は，eコマースと従来のチャネルと組み合わせたチャネル戦略をどうやって構築するかである．Chad Kaydo によれば，それは，外勤営業担当

第14章　産業財流通におけるチャネル管理　　533

者，内勤営業スタッフおよびその他のチャネル・メンバー ―顧客と接触する者すべて― と協力して，「顧客が自分のニーズにもっとも合ったチャネルを選択できる，シームレスな購入経験を創造する」ことに他ならないという[13]．

2．産業財流通チャネルの構成員

　間接流通チャネルは，多様な産業財において幅広く利用されている．流通業者の質およびパフォーマンスは，産業財のマーケターが自社の目標を達成できるかどうかに大きく影響する．チャネル管理戦略の第一歩は，産業財流通チャネルで利用される可能性のある各種流通業者について理解することである．

　産業財マーケティングの流通業者には，ディストリビューター（小口分散卸売商），マニュファクチャラーズ・レプリゼンタティブズ，省してレップ（製造企業販売代理商），ジョバー（単発的卸売商），ブローカー（単発的仲立人），コミッション・マーチャント（手数料商人）などがある．ディストリビューターとマニュファクチャラーズ・レップは，流通業者を通して行われる企業間販売の大部分を占める．このセクションでは，産業財の流通チャネルにおける各流通業者の役割とそれぞれの業務活動の特徴に注目する．

◎産業財マーケティングの内側◎
eチャネル：成功への指針

　eチャネルが企業業績に及ぼす影響を調べた最近の調査で，産業財マーケティング・マネージャーがオンライン・チャネルへの移行を検討する際にできるだけ考慮すべき指針がいくつか浮かび上がった．その中で，とくに重要なものを以下に列挙する．

　1．既存チャネル体系をeチャネルで補完しようとする際，力のある企業のほう

がはるかに多くの自由がある．オンライン・チャネルの導入により既存のチャネル・メンバーとの関係が幾分悪化することは覚悟しておく必要があるが，力のある企業はその市場への影響力により，ディストリビューターをチャネル内に踏みとどまらせることができる．
2．直接チャネルをすでに数多く擁する企業にとっては，その確立したチャネル体系にeチャネルを追加するのは財務的に得策ではない．eチャネルの追加が大量の需要を新たにもたらす可能性は低く，むしろチャネル間の共食いやブランドを傷つけ合うコンフリクトを誘発する恐れが大きいからである．
3．企業規模は，eチャネルの成功に不可欠な要因ではない．小さな会社だからといって，既存チャネル体系へのオンライン・チャネルの追加を尻込みする必要はない．需要の地理的拡大の可能性が小企業に偏って多く見られ，この傾向は大企業が享受するプレミアム価格を埋め合わせる．
4．オンライン・チャネルの導入は，他社に先駆けて行うべきだろうか．結果を見る限り，一番乗りということよりも迅速であることが重要である．むしろ，少数の企業を先行させる手もある．種々の需要サイドのメリットにありつける内にとり込んでしまう必要はあるが，他社にいろいろな技術的手法や設計を実験させ，その結果を見てから新しいチャネル戦略を立てるわけである．要するに，インターネットへの進出は，先駆者となるよりも初期追随者である方がよい．
5．eチャネルの追加を成功させるのに，パブリシティは非常に有効である．この結果は，パブリシティが市場拡大，ブランド・スイッチング，利ざやに対して及ぼす強力かつ好ましい効果を示している．

出所：Inge Geyskens, Katrijn Gielens, and Marnik G. Dekimpe, "The Market Valuation of Internet Channel Additions," *Journal of Marketing* 66(spring 2002)：p.102.

2−1．ディストリビューター

　ディストリビューターは産業財流通チャネルでもっとも数が多く，かつ重要な機能を担っている．米国のディストリビューターは10,000社以上を数

え，その売上高は500億ドルを超える．ディストリビューターは「MRO」（maintenance：保守，repair：修理，operations：運用）の購買に多用されており，多くの企業顧客はMROの約75％をディストリビューターから調達するという報告もある．総じて，産業財のマーケターの75％ほどが，この種の業者を通じて何らかの製品を販売している．産業財市場においてディストリビューターが圧倒的地位を占めているのはなぜだろうか．また，ディストリビューターは産業財の流通プロセスにおいて，どのような役割を果たしているだろうか．

ディストリビューターは小規模な企業が多く，それぞれが地理的に狭い市場をカバーし，売上げの平均は200万ドル程度である（中には30億ドルを上回るところもあるが）．純利益率は比較的低く売上げの4％，投資収益率は平均11％である．1件当たりの受注額は一般に少なく，さまざまな業界の多数の顧客に販売する．ディストリビューターは通常，製造企業200～300社の製品を在庫として抱えている関係上，コストは相当数の仕入先に配賦することができる．注文は外勤及び内勤の営業担当から成るチームで獲得する．外勤営業担当者は顧客を定期的に訪問し，標準的な顧客サービスや技術支援を行う．一方，内勤の営業スタッフは，受注処理や納入スケジュールの作成など外勤活動を補助するが，主要な職務は電話で注文を受けることである．ディストリビューターは単一の拠点で営業するのが一般的だが，中には130もの部門を擁し，「スーパーマーケット」的な存在になりつつあるところもある．

大手のディストリビューターは小さなところに比べ，かなり優位性があるように思われる．小規模では，大手のような業務効率を実現しにくいからである[14]．大企業は業務の多くを自動化できるため，販売一般管理費の大幅削減が可能であり，売上げの10％以下に抑えられるケースも珍しくない．

◎産業財マーケティングの内側◎
チャネルを統合するソフトウェア・ソリューション

オンライン・マーケティングは低成長経済の中にあっても拡大傾向にあり，製造企業とその指定ディストリビューターは，インターネットでの購買経験を効果的かつ効率的にする方法を模索している．そんな企業の一つが，製造企業向けのチャネル管理サービスを開発しているチャネル・インテリジェンス社である．この会社の「Channel Buy Links」というソフトウェアは，製造企業によるオンライン・ディストリビューターへのサポートを向上させつつ，顧客満足の改善を実現する．このソフトウェアは製品別リンクを提供するもので，メーカーのウェブサイトで情報収集段階にある顧客を，その製品を扱い，在庫もある指定ディストリビューターの購入ページへ誘導する．その仕組みは，ディストリビューターのホームページのリストにリンクするだけの「購入」ボタンよりずっと効率的である．このソフトウェアは，高度にターゲット化された引き合い情報を提供し，顧客が利用し易いように購買プロセスを簡素化することにより，製造企業やディストリビューターの売上増加に貢献する．メーカーにとってインストールが容易であり，ディストリビューター側も，参加してメリットを享受するのにとくに何もする必要はない．

　この「Channel Buy Links」を高く評価しているインターネット・ディストリビューターがある．20万種類以上に及ぶブランドのコンピュータ，ハードウェアおよびソフトウェアを全世界の企業に供給している大手直販会社，インサイト・エンタープライズ社である．主要仕入先の一つである，あるメーカーが「Channel Buy Links」を使用し始めて以来，インサイト社はその会社のウェブサイトから送られてくる引き合い情報によって売上げを倍増させ，閲覧者から購買者への転換率を向上させた．各パートナーが自らのコア・コンピタンスに注力することによって，eコマースはもっとも威力を発揮することは明らかである．製造企業は素晴らしい製品を設計・製造し，インサイト社が顧客サービスを主導し，チャネル・インテリジェンス社がチャネルを統合する．「Channel Buy Links」サービスは，顧客，チャネル・パートナー，メーカーを結び付け，それぞれが望ましい成果を達成できるように設計されている．インサイト社のCEOは次のように述べている．「先進的な製造企業

> がその商才を電子商取引オペレーションに応用し，チャネルの売上増とコンフリクトの解消を実現するようなソリューションを選択しようとするのは素晴らしいことです」
>
> 出所："3Com Closes Direct Online Store, Engages Channel Intelligence, Inc. for Channel Management Service," *PR Newswire.com*． 2002年6月12日アクセス．

■ディストリビューターの機能　産業財ディストリビューターの主要な機能を表14.1にまとめた．切断工具，研磨剤，電子部品，ボール・ベアリング，ハンドリング装置，パイプ，保守装置など，ディストリビューターが扱う製品は，生産中断を回避すべく顧客がすぐにでも必要とするものが多い．つまり，ディストリビューターの機能で重要なのは，こうした製品の供給を確保し，製造企業の販売部門としての役目を果たすことである．

ディストリビューターは取り扱う製品に対する所有権を取得するだけにとどまらず，マーケティング機能をすべて遂行する，いわゆるフルサービスの流通業者である．重要な機能としては，与信，幅広い品揃え，製品の納入，技術的アドバイスの提供，緊急な要求への対応などがある．ディストリビューターは製造企業（サプライヤー）にとって重要であるばかりか，顧客にとっても有益である．サービスや技術的アドバイスを提供したり，製品用途に関する提言を行ったりするため，顧客の購買担当者から「購買部門」の延長と見なされることもある．

大手ディストリビューターの多くは，顧客のためにより多くの価値を創造すべく，提供サービスの範囲を拡大している．顧客への価値の提供は，自動在庫補充，製品組立て，工場内倉庫，設計サービスなど，種々のサプライチェーンや在庫管理サービスを通じてなされる[15]．とくに人気の高いサービスは，顧客の設計や建設，場合によっては供給ネットワークのオペレーションを支援するものである．その他の付加価値活動としては，フィールドアプリケーション・エンジニアを顧客のところに派遣し，新製品の設計のためのコンポーネント選定を手伝うパートナーシップなどがある．これらの重要なサービスから利益を得るため，今では多くのディストリビューターが，独自

表14.1　ディストリビューターの主要機能

機能	内容
接触	顧客を訪問する外勤営業担当者，または電話で注文を受ける内勤営業スタッフを通じてテリトリー内の全顧客に接触する
製品の供給確保	現地在庫を確保し，与信，ジャスト・イン・タイム納品，受注処理，アドバイスなどのサポート活動を行う
修理	（遠隔地の製造企業は利用できない）地元の修理施設への容易なアクセスを提供する
組立と簡単な製造	資材を大量に仕入れ，ユーザーの要求に合わせて組み立てる

サービスそれぞれに個別の料金を設定するようになっている．

■ディストリビューターの分類　個々のチャネルに最適なディストリビューターを選定するには，マーケティング・マネージャーはディストリビューターの多様な業務活動を理解する必要がある．産業財ディストリビューターは，取り扱う製品ラインや対応するユーザー市場によって分類される．超専門化された業者（市の水道局にのみ販売するなど）もあれば，汎用的産業財を広く扱う業者もある．主要なタイプとしては，以下の三つが一般的である．

　一般（商品ライン）ディストリビューター：一般ディストリビューターとは，幅広い産業財ニーズを満たす業者である．広範な製品を在庫として抱えるため，消費財市場で言えば，スーパーマーケットに相当する．

　専門（商品ライン）ディストリビューター：単一の製品ラインまたは少数の関連し合うラインだけを扱う業者で，例えば，ベルト，滑車，ベアリングなどのトランスミッション装置のみを取り扱ったりする．もっとも一般的な品目はファスナーであるが，切断工具，トランスミッション装置，パイプ，バルブ，備品などでも見られる．製品がますます技術的に複雑化し，より緻密な精度や品質管理が求められるようになった結果，専門化の傾向が拡大しつつある．

　複合ディストリビューター：産業財市場と消費者市場の両方で活動する

第14章　産業財流通におけるチャネル管理　539

ディストリビューターである．例えば，企業顧客向けに電気発動機を扱い，小売業者を介して最終消費者に機器類や自動車部品を販売したりする．

ディストリビューターの選定は，製造企業側が何を求めるかによる．一般ディストリビューターは，製造企業の潜在顧客にワンストップ購買のメリットを提供する．高度なサービスや専門知識を必要としない場合は，この種の業者が適している．それに対して専門ディストリビューターは，高度な技術的能力を備え，ユーザーの複雑な要求事項も十分理解している．例えば，ユーザーが厳格な品質管理基準を適用するファスナーは，専門ディストリビューターが扱う．

製造企業とそのディストリビューターは，インターネットが協働を刺激する主要な触媒となることに気づきつつある．最近の世論調査で，将来，ディストリビューターにもっとも影響を及ぼすのはどのビジネス戦略かと質問したところ，サプライチェーン・パートナーとの協働と新しい情報技術という回答がもっとも多かった[16]．インターネット・コラボレーションには，販売およびサービス，注文と請求，技術トレーニングおよびエンジニアリング，インターネット会議，オークション，情報交換などが含まれる．こうした調査結果から，インターネット・コラボレーションは企業間市場で重要な戦略的な力であることがわかる．

■**貴重な資産としてのディストリビューター**　マーケティング戦略の成否は，企業が取引するディストリビューターの質によって決まる場合が少なくない．すぐれたディストリビューターは顧客から高い評価を受ける．そのために市場の如何を問わず最良のものを保証すべく，絶えず努力することがますます重要になる．包括的な市場カバレッジを確保する手段として経済的に実現可能なのは，ディストリビューター以外にないという場合も少なくない．

以上を要約すると，産業財ディストリビューターはフルサービスの流通業者で，取り扱う製品に対する所有権を取得し，在庫を維持し，与信，納入，幅広い品揃え，技術支援を提供し，簡単な組立や製造までこなす場合もある．ディストリビューターの主要機能は現顧客に対する接触や商品供給であ

るが，とくに産業財ディストリビューターの場合は，新規顧客の獲得や市場の拡大にも努力する．産業財ディストリビューターが扱う製品は，製造オペレーション，修理や保守で使用され，広範かつ大量の需要があるような，広く定評のある製品である．

産業財ディストリビューターは産業財流通チャネルで強力な力となり，その役割の拡大を示唆する兆しは随所に見られる．産業財流通チャネルでもう一つ重要な要素として，マニュファクチャラーズ・レプリゼンタティブズ（いわゆるレップ）がある．

2－2．マニュファクチャラーズ・レップ

製品が技術的に複雑で，強力な売り込みを必要とする場合は，「製造企業販売代理商」，いわゆるレップが唯一費用対効果の高い手法である．レップとは，同じ地域内の複数の製造企業の，関連するが競合せず補完的な関係にある製品を，その企業の代理として営業する独立した契約者である．レップ会社に所属して活動する場合もある．

■レップの機能　レップは，取り扱う製品を買い受けたり，つまり所有権を取得したり，在庫を持ったりすることはない（ただし，中には少量の修理・保守部品を在庫として維持するケースもある）．レップの強みは，専門的な製品知識と，市場や顧客ニーズに対する深い理解にある．その活動は通常，規定された地域に限定されるため，全国的な流通網を求める製造企業は複数のレップ会社と取引するのが一般的である．

■レップと顧客の関係　レップは製造企業の販売部門の役目を果たし，顧客との接触，発注書の作成，注文のフォロー・アップなどを通じて，製造企業と産業財の最終ユーザーとを結び付ける．レップは製造企業から報酬を得るが，顧客にとっても重要な存在である．顧客の緊急事態（設備が故障した場合など）に対するレップの対応如何で，生産の中断を回避できるかどうかが決まることも珍しくない．レップは業界での経験が豊富で，技術的アドバイスを提供する他，部品，修理や配送の確保に関してサプライヤーに対する顧

客の影響力を強化する．また，設備のイノベーションやトレンド，さらには業界全体に関する情報を継続的に顧客に提供する．

■歩合方式　レップは売上げに対して歩合の支払いを受ける．歩合の率は業界によって，また販売活動の内容によって異なるが，製品価格の2％から18％が一般的水準である．この歩合による報酬制度は，販売固定費がほとんどかからないため，製造企業にとっては魅力的である．レップへの報酬は注文が発生してはじめて支払えばよいため，業界の状況を見て歩合を調整することもできる．2002年にエレクトロニクス業界が深刻な不況に陥ったとき，多くの企業はレップの手数料率を売上額の平均2.5～3.0％にまで引き下げた[17]．レップの場合，歩合制が販売活動の動機付けとして作用し，これが製造企業にとってもう一つの利点となる．

■経験　レップは高度な製品知識を持ち，自分の活動する市場において幅広い経験もある．レップの多くは，製造企業の販売を担う過程で実地経験を積んでいく．レップという職種の魅力は，組織に縛られることがなく，歩合によって高額報酬も夢ではない点にある．

2－3．レップを利用するメリット

- 大企業および中小企業：レップをもっとも必要とするのは中小規模の企業である（もっとも，ダウ・ケミカル社やモトローラ社など，大企業でも利用しているところは多々ある）．これは主に経済的理由によるもので，小規模な会社は自前の営業組織を持つだけの資金力がないからである．その点，売上発生時以外コストがかからないレップは，市場全体をカバーする手段として効率的である．レップはその経験と市場知識を活かして，非常に良質な販売活動を行う者が多い．
- 低い市場ポテンシャル：レップは，製造企業の市場ポテンシャルが低い場合も重要な役割を果たす．製造企業は，コストをカバーできるだけの需要のある，高度に凝縮された産業財市場では自前の営業組織を用い，凝縮度がさほどでもない市場はレップで対応することが考えられる．レップは複数の製品

ラインを扱うため，はるかに大きな売上高に対してコストを配賦することが可能である．
- ●ディストリビューター対応：ディストリビューターを通じて販売している企業も，レップを雇う場合がある．製造企業が米国全土に展開する数百ものディストリビューターを介して販売するとき，そうした業者にレップが販売したり，サービスを提供したりする．
- ●間接費の削減：レップに支払う手数料が自前の営業組織にかかるコストを上回っても，レップの利用を続けることがある．これは一見不合理に見えるが，実際はそうではない．例えば，自前の営業組織を維持費が売上高の約8％，レップに支払う手数料率が11％だとする．しかし，営業組織に付随する隠れたコストまで考慮すると，レップを利用するほうが得策である．まず，レップには付加給付や固定給を支払う必要がない．さらに，レップに対する教育コストは通常，製品情報の提供に必要なものに限られる．つまり，レップを利用すれば莫大な間接費を節約できるわけである．

3．チャネル設計

　チャネル設計とは，何もないところに新しいチャネルを開発したり，既存のチャネルを修正したりするダイナミックなプロセスである．産業財のマーケターは概して既存チャネルを修正したがるが，新しい製品や顧客セグメントにはまったく新しいチャネルが必要な場合もある．もっとも，新しいチャネルを構築するか，既存チャネルの修正ですませるかに関係なく，チャネル設計は受身的ではなく，能動的な作業である．効果的な流通チャネルというのは単純に進化して形成されるものではなく，経営する側がマーケティングの全体的目標を反映すべく十分に計画を練り，その計画に基づいて行動することによって実現していくものである．

　チャネル設計に携わる産業財マーケティング・マネージャーは，その一連の段階で重要なチャネル要素がもれなく検討されたことを確認する必要がある（図14.3参照）．チャネル設計プロセスのねらいは，企業の目標がもっとも実現されそうな構造を示すことにある．その際，チャネルの参加者よりも

図14.3　チャネル設計プロセス

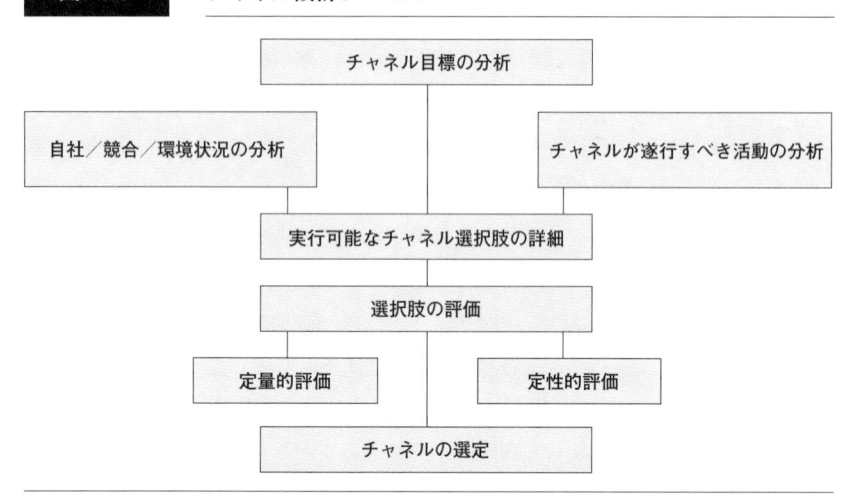

```
           ┌──────────────────┐
           │ チャネル目標の分析 │
           └──────────────────┘
                    │
   ┌────────────────┼────────────────┐
┌──┴──────────────┐ │ ┌──────────────┴──────────┐
│自社/競合/環境状況│ │ │チャネルが遂行すべき活動の│
│     の分析      │ │ │        分析           │
└──────────────┬──┘ │ └──┬──────────────────────┘
               └────┼────┘
                    │
        ┌──────────────────────────┐
        │ 実行可能なチャネル選択肢の詳細 │
        └──────────────────────────┘
                    │
             ┌──────────────┐
             │  選択肢の評価  │
             └──────────────┘
                    │
          ┌─────────┴─────────┐
     ┌────┴────┐         ┌────┴────┐
     │ 定量的評価 │         │ 定性的評価 │
     └─────────┘         └─────────┘
          └─────────┬─────────┘
                    │
             ┌──────────────┐
             │ チャネルの選定 │
             └──────────────┘
```

出所：Michael D. Hutt and Thomas W. Speh, "Realigning Industrial Marketing Channels," *Industrial Marketing Management* 12 (July 1983) : pp.171-177.

構造を重視すべきである．チャネル構造とはチャネルの土台となる枠組みのことで，チャネル階層の数，流通業者の数とタイプ，チャネル・メンバー間のつながりなどが含まれる．もちろん，個々の流通業者の選定も重要であるが，これについてはこの章の後のほうで触れることにする．

3－1．段階1：チャネル目標

　産業財企業は，ターゲット市場セグメントへのアピール，目標とする利益水準の達成，売上げや市場シェアの成長率の維持または加速を目的とし，しかもそれを明確になった資源制約の中で実現できるようにマーケティング戦略を策定する．マーケティング戦略の要素一つひとつに具体的なねらいがある．つまり，まったく新しいチャネルを設計するか，既存のチャネルを変更するかにかかわらず，チャネル設計の第一段階は，マーケティング目標をしっかり把握し，それに対応するチャネル目標を策定することである．

■**利益を考慮した構造と戦略統合**　利益に関する考慮事項と資産の活用は，

チャネルの目標および設計に反映されなければならない．例えば，外勤営業担当者の維持費は，宿泊費，食事代，自動車レンタル料なども含めると相当な額にのぼり，訪問1件当たりの総コストは200ドルを超える[18]．製造企業にとって，これらのコストは短期的にはある程度固定される．自前の営業組織を廃止し，手数料率の変更が可能なレップに切り替えれば，これらのコストは削減される可能性がある．ただし，販売活動の質など，検討しなければならない要素は他にも数多く存在することは言うまでもない．つまり，チャネル構造はマーケティング戦略のすべての要素と適合させる必要がある．

■**マーケティング目標を反映させたチャネル目標**　流通の具体的目標は，広範なマーケティング目標をもとに設定される．流通目標が存在することで，マネージャーはチャネル設計の決定を，より大きなマーケティング目標と関連付けて行うようになる．例えば，産業用洗浄剤を製造する企業は，市場ポテンシャルが500万ドルを上回る米国中西部のすべての郡への製品供給を確保するといった流通目標を掲げるかもしれない．また，空調設備のサプライヤーであれば，工場設計者たちと月に1度，建設業者と2カ月に1度接触することを流通の目標とするかもしれない．

　マーケティングおよび流通の目標はチャネル設計プロセスの指針となり，実現可能なチャネル構造の範囲を限定する．チャネル構造は，戦略的目標（市場シェアの実現など）と効率の目標（管理費の削減など）の両方を反映させる形で構築されなければならない．経営意思決定モデルは概して効果の基準（戦略的問題）を重視し，一定の機能を実現する能力をベースにチャネル構成を評価してきた[19]．チャネル構成の選択肢を検討するときは，効率と効果の両方の基準を評価する必要がある．チャネル構造についてあれこれ検討するためには，先にチャネル構造の選択に伴う他の制約について考えなければならない．

3－2．段階2：チャネル設計の制約

　マネージャーは取引，競争，社内事情，環境などの制約のために，それ程自由にチャネル構造を選択することができない．そして，チャネル設計に関

表14.4　産業財チャネルの選択を制約する要因

1. **良質な流通業者の獲得可能性**
   競合相手が優秀な流通業者を「囲い込む」ことが多い．
   定評ある流通業者が新製品に積極的とは限らない．

2. **既製のチャネル・パターン**
   パターンの確立された流通は壊しにくい．
   大口顧客が直接販売を要求する可能性がある．

3. **製品特性**
   技術的に複雑な製品で，直接流通が要求される．
   大規模な修理が必要になり，地元のディストリビューターがその製品ラインに対応しなければならないかもしれない．

4. **会社の財源**
   資金面の事情により，直接流通はしばしば不可能になる．

5. **競争戦略**
   競合相手が顧客に直接対応しているため，どの会社も直接販売を強いられる可能性がある．

6. **顧客の地理的分散**
   小口顧客が広く分散している市場では，流通業者による低コストの販売代理がしばしば必要になる．

して下された決定がマネージャーに押し付けられるということは実際にあり得ることである[20]．制約要因は数限りなく存在する．産業財のマーケターにとくに関係する制約を表14.4にまとめた．

3－3．段階3：一般的なチャネル活動

　必要なチャネル活動を効果的かつ効率的に遂行できるかという観点でチャネル構造をそれぞれ評価する．チャネル設計では，チャネルを一組の制度というよりも，遂行すべき一連の活動ととらえることが肝要である．産業財マーケティングのマネージャーは，既存のチャネル構造や従来の流通パターンをただ受け入れるのではなく，顧客の要求事項や会社の目標を達成するのに必要な活動を創造的に組み立てなければならない．メーカーの力が強くなり，より多くのチャネル活動を担うようになると，チャネル内におけるディ

ストリビューターの役割が減少し，それに伴ってディストリビューターの利益や売上シェアも低下する可能性がある．

　レップは一般に，サプライヤーの製品を在庫として抱えることはない．半導体およびマイクロ回路の製造企業は，求められるチャネル活動を慎重に分析した後，レップによって必要な水準の販売サービスが提供され得るが，ある大口顧客はマイクロ回路を緊急時用在庫として近隣にある程度確保することを望んでいると判断したとする．この場合の解決策は，適切なチャネルであるレップを放棄することではなく，レップに非常時用に小数の回路を在庫として確保してもらう．そのかわりに，レップに対する代償を考えることである．求められる活動を分析するとともに，チャネルを一連の活動ととらえると，在庫問題の創造的解決が可能になる．

　チャネル設計の骨格は，目標，制約，チャネル活動を分析することである．これらが理解されれば，チャネル選択肢について検討することが可能になる．

3－4．段階4：チャネル選択肢

　チャネル選択肢の詳細については，以下の四つの要素が重要である．

1．チャネルを構成する階層の数（すなわち「直接性」の程度）
2．採用する流通業者のタイプ
3．チャネルの各階層における流通業者の数
4．採用するチャネルの数

　上の各要素についての決定は，すでに分析した目標，制約および活動に基づいてなされる．

■**直接性の程度**　直接性とは，製品が顧客に直接販売されるか，それとも流通業者が間にはさまるかということである．この決定の重要な要素については，この章の前のほうで述べた．

第14章　産業財流通におけるチャネル管理　547

■**製品／市場要因の評価**　チャネル階層をいくつにするかは，会社，製品，市場に関する数々の要因で決まる．産業財流通チャネルの長さは，有能な流通業者の獲得可能性，市場要因，顧客の特徴によって影響を受ける．市場要因には，顧客の数，顧客の地理的集中，産業集中などがある．顧客の特徴とは，顧客が認識する購買の重要性や予想される顧客の取引額などである．チャネルの長さは，有能な流通業者の獲得可能性や顧客の数に比例して増加し，購買の重要性，顧客のポテンシャル，市場や産業の集中度が増すと減少する．

　顧客への直接販売に向けた動きは，消費財マーケティングより産業財マーケティングにおいて顕著である．だが，工具，研磨剤，ファスナー，パイプ，バルブ，資材運搬装置，ワイヤロープなどの製品では直接販売は難しく，年間取引量の実に97％がディストリビューターを介する間接チャネル経由である．これらの製品は，少量ずつ頻繁かつ反復的に購買されるものである（単純再購買）．即時に入手できることが重要であり，ディストリビューターはそうした製品を効率的に扱う．

■**流通業者のタイプ**　流通業者の選択にはさまざまな要因が影響するが，業者の遂行する業務活動が何より重要である．この業務活動に関しては，レップとディストリビューターの両方についてこの章の前のほうで詳しく述べた．製品や市場に関するいろいろな状況も，流通業者のタイプの選択に関係するように思われる．一般に製造企業からレップというチャネルが利用されるのは，次のような場合である．

- ●標準化された製品ではなく，オーダーメイドに近い．
- ●製品が技術的に複雑になりがちである．
- ●粗利益が大きくない．
- ●地理的および業種的に集中した比較的少数の顧客で市場が構成されている．
- ●これらの顧客の発注頻度が比較的少なく，リードタイムをかなり長くとれる．

　上とは逆の状況であれば，ディストリビューターが利用される．レップと

ディストリビューターの間で選択する際は，市場と製品の置かれた状況について検討すべきである．

　もう一つ考えるべきこととして，すべてのターゲット市場のニーズを満たすには複数のタイプの流通業者を併用する必要があるかという点が挙げられる．同じ製品について複数のタイプの流通業者を利用する主な理由は，市場セグメントによって必要なチャネル構造が異なるということである．企業によっては，大口顧客は会社の自前の営業チーム，小口の再注文はディストリビューター，中堅企業市場はレップ，といった具合に三種類の手法を用いているところもある[21]．

　顧客の規模だけでなく購買行動の違いによっても，複数のタイプの流通業者を併用しなければならない場合がある．幅広い品揃えで産業財を生産している企業の場合，単一の顧客企業内に，購買に影響力を持つ人物がたくさん存在するケースも少なくない．影響力のある人達に対し，高度な販売を展開する必要があるかもしれない．その場合，自前の営業組織が複雑な購買状態に専念し，ディストリビューターは標準品を現地在庫から販売する．

■**流通業者の数**　特定市場を効果的にカバーするには，どれ位の数の流通業者がタイプごとに必要だろうか．その答えは時に非常に簡単で，レップを用いる場合などがその例である．レップが会社の営業組織の役割を果たすわけであり，同じ顧客を複数のレップが訪問しても意味がない（もっとも，それぞれのレップが製品ラインの特定部分を専門に担当する場合は別である）．産業財のマーケターは，カバーする地域それぞれでもっとも優れたレップを1社ずつ選択することになろう．

　ディストリビューターを介した流通の場合，十分な市場カバレッジを確保するためには，各地域の市場で2〜3，またはそれ以上の業者を選定したほうがよい場合もある．一つの地域でチャネル・メンバーを注意深く選ぶ方式を，「選択的流通」と呼ぶ．製品の性質や購買プロセスによってはこの選択的流通が必要になる．資材運搬装置，電気発動機，トランスミッション装置器，工具は一般に，単純再購買や修正再購買の購買タイプに分類される．顧客はこの種の製品の仕入先を評価するのにあまり時間をかけないが，それで

も購買は必ずしも単純で反復的というわけではない．そのため，用途，保守や修理についてアドバイスを必要とし，迅速な納品，修理および点検を求めるのが普通である．メーカーとしては，顧客のこうした要求を満たすことのできるディストリビューターを利用したいと考える．ディストリビューターが求められている業務を遂行し，自社の製品ラインに力を入れるように，特定市場における業者数は少なく抑えることになる．

　一般に，製品が標準化されていればいる程，顧客の購買頻度が多ければ多い程，単価が低ければ低い程，特定市場におけるディストリビューターの数は増える．最大1,000社の一般ディストリビューターを必要とする研磨剤メーカーは，選択的流通よりも「集中的流通」方式を採用する．集中的流通方式は，とくに製品供給の確保が求められる場合に適している．顧客からすれば，仕入先が自社工場の近くに位置することが絶対条件となるからである．

■**チャネルの数**　さまざまな市場セグメントに対応するときや，セグメントの特徴から根本的に異なる流通手法が求められる場合，複数のチャネルが必要になる．

　チャネルは，製品のライフサイクルのポジションに合わせて入れ替える必要がある．例えば，小規模オフィス向けコピー機は当初，メーカー自前の営業組織によって販売されていた．その後，日本企業が事務機器のディーラーを介してコピー機を販売し始め，今では直販，ディーラー，大型小売店，通信販売など，多様なチャネルを通じて供給されるようになっている．製品が成熟段階に到達したら，最小限のサービスと広範な市場到達力を提供する低コストのディストリビューターを見つける必要がある[22]．さらに衰退期に入った製品については，チャネルを縮小してオンライン注文方式やテレマーケティングによる販売に絞るとよい．成熟段階および衰退段階のねらいはしばしば，費用効果の高い市場カバレッジをもたらすチャネルを構築することにおかれる．

■**法的な問題**　企業が複数のチャネルを維持する場合，一部の顧客に対する

カバーが重なったり，チャネル・メンバー間で顧客の奪い合いが起きたりする恐れがある．そこで産業財のマーケターは，大口顧客を自社の営業組織用に確保したり，一定のテリトリーを「選ばれた」ディストリビューター限定にしたりしようとする．こうした規制的手法には，複雑な法律上の問題が絡む．チャネルの専門家，Corey，CespedesおよびRanganは，次のような法的問題の存在を指摘している．

チャネル・メンバー間で取り決める取引条件により，流通業者は以下を義務付けられる．

- 生産者の全製品ラインを扱う．
- 競合ブランドをストックしないか，もしくは補助的なラインとして扱う戦略をとる．
- 一定の「留保」された顧客すなわち特定種類の取引先，または流通業者が販売権を与えられていないテリトリーに対して営業活動を行わない．
- 生産者の設定する再販価格を順守する．
- 指定された在庫水準を維持する．
- 指定された販売ノルマを達成する．

これらの条件を厳守させるには，サプライヤーは違反したディストリビューターに対するサポートを停止し，順守している業者に見返りを与えるとよいが，こうした管理手法は流通業者の反発を買い，法的措置で対抗されることもある．

一般に，上で述べた類の取引条件およびその実施それ自体は，「取引や商行為の抑制」とみなされない限り非合法ではない．フランチャイズの条件がシャーマン独占禁止法で定義する独占力を構築・保持するのに寄与するか，またはフランチャイズが陰謀的な取り決めに基づいて実施される場合，順守を義務付ける条件や措置は非合法と判断される可能性が高い[23]．

チャネル設計の最後の段階は，実行可能な選択肢の中からもっとも効果的なチャネル構造を選び出すことである．

3−5．段階5：チャネルの選定

　チャネル設計に関する決定は，市場の変化，地理的カバレッジの拡大，新規顧客の要求事項，新製品などに対応してチャネル構造をわずかに手直しするだけのものが大部分である．チャネル構造に対する適切な修正を選ぶのは，かなり簡単かもしれない．実際は選択肢の範囲が非常に限られているからである．

■チャネル選択肢の検討　チャネル選択肢を検討する際に有効な手法が，Louis W. Stern および Frederick Sturdivant によって提案されている[24]．この手法は，表14.2に示したように，チャネル設計プロセスのすべての要素のほか，重要な顧客要求事項を考慮に入れたものである．彼らの手法が目指すのは，顧客ニーズに完全に対応した「理想的」なチャネル体系の構築であり，そうしたシステムが明確になったら，経営の目標や制約に基づいて構築された「現実的」なチャネル体系と比べる．重要な点は，顧客サービスの成果，構造およびコストに関して両方の体系を比較することである．

　チャネルの選定は，既存／理想的／現実的体系の間に存在する可能性のある「ギャップ」を調べることで容易になる．以下の三つの中のいずれかが，結論として浮上する可能性がある．

1. 三つの体系がすべて類似している
   この場合，既存体系は理想的であり，とくに問題はない．顧客満足が低ければ，チャネル設計よりもその管理に問題がある．
2. 既存体系と現実的体系が類似し，理想的体系だけ異なる
   経営の制約と目標がギャップを生じさせている可能性がある．表14.2の手順6に従い，念入りな検討が求められる．
3. 三つの体系すべてが異なる
   現実的体系が理想的体系と既存体系の間に位置する場合，経営の目標を犠牲にすることなく既存体系を変更することができる．経営の制約を緩和すると，効用はさらに拡大する可能性がある．

表14.2　チャネル選択肢の評価手順

プロセス	主要な分析活動
手順1：顧客要求事項の見きわめ	販売支援，立地の利便性，ワンストップ購買，品揃えの深さ，あらゆる種類の可能なサービスに対する欲求を評価する．
手順2：流通業者候補の評価	直接販売も含め，どのタイプの流通業者が可能か評価する．
手順3：コストの分析	以下の三つの要素を含めて考える：(1)自社がすべての顧客要求事項を満たすことは可能か，(2)どのようなサプライヤー・サポートを求められるか，(3)各チャネル選択肢のサポート・システムのコストはどれ程か．
手順4：制約の明示─「縛りのある」システムの構築	主要な制約および自社の長期目標に関する経営の考えを明確にする．これらの制約に基づいてチャネル体系を明確にする．
手順5：選択肢の比較	顧客が規定する「理想的」体系を，制約や目標に基づいて決まる「現実的」体系と比較する．既存チャネルを検討している場合は，それを理想的体系および現実的体系の両方と比較する．
手順6：制約と前提の評価	コンサルタント，弁護士，会計士など専門家を活用して前提を評価する．
手順7：ギャップの評価	既存／理想的／現実的体系の間にギャップが存在する場合は，その根底にある理由を分析する．
手順8：実行	目標および制約に従って理想的体系を修正する．

出所：Louis W. Stern and Frederick Sturdivant, "Customer-Driven Distribution Systems," *Harvard Business Review* 65 (July/August 1987)：pp.34-41．

■**質的要素**　チャネルに関する意思決定では，質的な要素と量的な要素を考慮する必要がある．二つのチャネルの経済的成果がほぼ同じだとすると，重要な要素は，産業財のマーケターがチャネルに対して行使できるコントロールの程度であるかもしれない．レップを活用したチャネルの場合，製品・サービスに対する所有権はメーカーが持つため，ディストリビューター・チャネルの場合よりも製造企業側のコントロールがきくのが普通である．製造企業は，チャネル活動を長期的に支配するねらいから，目先の経済的メリットは潔くあきらめる可能性がある．チャネル・メンバーによる適応も，中期的に重要かもしれない．資金力に欠ける小規模なディストリビューターは，新たな競合相手の挑戦や景気の下降に起因する問題に効果的に対処できない

恐れがある．

4．チャネルの管理

産業財チャネル構造が選択されたら，チャネルの参加者を選定し，取り決めをしてすべての業務を割り当てる．次に，チャネル目標の達成に必要な活動の遂行に関して，メンバーの動機付けを行う．そして，チャネル内でコンフリクトが発生したら，適切にコントロールしなければならない．さらに，成果の管理および評価も必要である．

4－1．チャネル・メンバーの選定

チャネル・メンバーの選定（チャネル設計プロセスで詳細に述べたタイプではなく，具体的会社の特定）を，チャネルの設計ではなく管理に含めるのはなぜだろうか．それは，流通業者の選定は継続的に行うことになるからである．流通業者がチャネルから離脱することを選択することもあれば，サプライヤーが契約を打ち切ることもある．つまり，流通業者の選定は基本的にずっと続くのである．個々のメンバーのパフォーマンスは，絶えず評価していく必要がある．製造企業は，成果のあがらない業者を入れ替えるなど，迅速な対応が求められる．選定プロセスを継続的なチャネル管理に含めることにより，このプロセスを適切な視点からとらえることが可能になる．

■優良な流通業者を獲得する　有望なチャネル・メンバーを捜すときは，産業財のマーケターは自社の営業スタッフ，既存顧客や潜在顧客と協議したり，また『インダストリアル・ディストリビューション誌』や『Verified Directory of Manufacturers' Representatives』などの業界誌を利用するとよい．候補が少数に絞られたら，メーカーは選定基準を用いてそれらを評価する．例えば，マグローエジソン社は詳細なチェック・リストをもとにメンバー候補を比較する．同社が重要視する基準は，市場カバレッジ，製品ライン，スタッフ，成長性，財務状況である．

チャネルの形成は，決して一方通行で行われるものではない．製造企業側

から流通業者にチャネルへの参加を求めるが，逆に流通業者も製造企業と同様に，基準を設定してサプライヤーとしての製造企業評価を行うケースもある．製造企業は，自社製品の売上げや潜在的利益を実証してみせたり，業者に独占テリトリーを認めたりすることが必要になる．

独立したレップを顧客と考えることで効果を上げている企業もある．レップの場合，関係をコントロールしようとしても，うまく行かないのが普通だからである[25]．産業財マーケティング・マネージャーは，レップを従業員という意識で見てはいけない．レップはむしろ，数社と契約を結び，何人かのマネージャーに対して責任を負う自立した存在なのである．ある市場でとくに優れた実績を有するレップに特定製造企業の製品の販売代理を要請するには，その会社をパートナーとして扱い，製造企業がサポートすることを示すなど，特別な取組みが必要である．

4−2．チャネル・メンバーの動機付け

ディストリビューターやレップは，独立して行動し，利益を追求する．顧客指向で，産業財製品やサービスに関して顧客のニーズを満たすべく，あらゆる努力を惜しまない．彼らの認識や見通しは，彼らが代理する仕入先の製造企業のそれと大きく異なる場合もある．そのため，製造企業側のマネージャーは，流通業者の能力や方針に合わせてプログラムをカスタマイズすることが重要で，さもないとマーケティング戦略は失敗に終わる恐れがある．産業財流通チャネルを効果的に管理するためには，産業財のマーケターである製造企業は流通業者の視点を理解するとともに，製造企業の長期的成功に資する行動をとるよう，そうした業者の動機付けを行う方法を考案しなければならない．製造企業はつねに流通業者からサポートを得る必要があり，そうしたサポートの質は，どのような動機付け手法を用いるかで変わってくる．

チャネル・メンバーが製造企業の指示にどの程度従うかは，製造企業への流通業者の依存度によって異なるように思われる[26]．メンバーの意思決定や行動に対する影響力を強めたいと考える製造企業は，自身に対する依存度を高める戦略を考えるとよい．手数料の増額，全製品ラインの代理販売，新製品の投入，販売促進策の強化といった措置を講じると，ある製造企業から得

る収益の比率が高まり，その結果，製造企業への依存度が増すことになる[27]．

■パートナーシップ　チャネル・メンバーに対する動機付けは，チャネル関係はパートナーシップであるという認識を持つことから始まる．製造企業と流通業者はパートナーとして活動するのであり，製造企業が流通業者に専門知識や支援を提供することができれば，それがチャネル全体の有効性を高めることになる．チャネル関係について調べたある調査によれば，製造企業は，レップとの信頼関係の構築，表彰制度・製品トレーニング・レップとのコンサルティングを通じたコミュニケーションの改善のほか，レップに計画を知らせ，目標を明確に説明し，建設的なフィードバックを提供することで，自社製品に投入されるレップ内での資源レベルを引き上げることができる[28]．ディストリビューターと製造企業の取引関係に関する別の調査でも，同様の手法が有効であることが確認されている．製造企業とそのディストリビューターが，それぞれの目標に到達するために相手方に求める協調的努力を明示した共同の年次計画を作成し，その到達度を定期的に評価していくことも有効な手段となるということをその調査は示唆している[29]．協力関係が成果目標の達成へと結び付いていく限り，最終的に提携関係に対する信頼と満足が生まれるものと思われる．

■ディーラー会議　すべてのチャネル・メンバーの成果を強化する方法の一つは，メンバー間における情報共有を促進することである．製造企業は，自社の管理スタッフとディストリビューターやレップが定期的に会合を持ち，流通方針のチェックや，マーケティング戦略に関するアドバイスや業界情報の提供を行うようにするとよい[30]．そうすると，流通業者は方針に関して自分の意見を述べる機会が得られ，チャネル運営の意思決定プロセスに直接関与することができる[31]．ダイコ社は，ディーラー会議を通じてディストリビューターのニーズの変化をつねに把握するようにしている．出席者には会議の1カ月後，自分たちが行った提案と，それに基づいて実行されるプログラムをまとめた報告書が届けられる．同社は通常，ディストリビューターの提

案の75%を実行に移す．ディーラー会議を有効に機能させるためには，メンバーの意見をチャネル政策決定に採り入れることが必要である．

■マージンと歩合　やる気を引き出す最高の手段は，何と言っても報酬である．業界平均や競合相手の水準より低い報酬では，流通業者たちのサポートを失うことは目に見えている．レップやディストリビューターが，歩合やマージンに関して裏切られたと感じれば，マージンがより大きい製品の販売に力を入れるだろう．製造企業の支払う手数料は業界標準を考慮したものでなければならず，状況が変われれば，それに応じて料率を調整する必要がある．

流通業者に支払う報酬は，マーケティング活動の実績を反映したものでなければならない．製造企業が新しい産業財製品にとくに力を入れてもらいたければ，レップは歩合のアップを要求する場合が多い．この章の前のほうで述べたとおり，産業財ディストリビューターは大概，自分たちが提供する付加価値サービスに別個の料金を設定している．この手法が有効に機能するためには，割高な料金と引き換えに提供される価値を顧客に理解してもらうことが不可欠である．

4－3．コンフリクト：関係性管理の必要性

メンバー同士が協力し合うことで成功を勝ち取るという流通チャネルの特質は，メンバー間にコンフリクトを生む原因にもなる．各メンバーは，協力の必要性を認識する一方で，自身の自立性と，ひいては収益性を最大化しようとする．コンフリクトが起きるのは，例えば，あるメンバーが重要目標を達成しようとしているときに，別のメンバーから妨害されたと感じたときなどである[32]．各地域の顧客に直接販売している製造企業に腹を立てたディストリビューターが，こんなことを言うのを聞いたことがある．「自分たちで直販していながら，ディストリビューターに全製品ラインを扱わせ，在庫させようなんて，あまりに虫が良すぎる．それでは我々は持たない．在庫として持たせたかったら，それなりに保障されないと」[33]

産業財流通チャネルでコンフリクトが発生する機会は，レップの歩合アッ

プの要求を製造企業が拒否したり，必要な在庫水準の維持にディストリビューターが応じなかったり，さらには製造企業がディストリビューターを迂回してeコマースを利用したりといった具合に，無限に存在する．つまり，チャネル参加者の目標，チャネル内での役割認識，影響分野に対する評価はそれぞれ異なるため，それが緊張関係を生み出し，チャネルの成果を低下させる行動を誘発するわけである[34]．産業財のマーケターはこうしたコンフリクトを，関係性管理の手法によって解決する必要がある[35]．チャネルを構成するメンバー間の関係性を調整し，長期的かつ相互に有益な相互作用の構築に努めれば，チャネルの成果を全体的に向上させることができる．

■**信頼関係の構築** コンフリクトをコントロールする手段としては，チャネル全体で構成される審議会の設置，共同目標の設定，数多くのマーケティング戦略要素を含む協力プログラムの策定など，多数存在する．産業財のマーケターが競争力を維持するためには，組織のネットワーク，すなわちチャネル内での協力関係を有効に機能させなければならない．例えば1981年，IBM社で同社のパソコン一号機の開発チームを率いたある経営幹部は，最初ディーラーを通じて販売し，その後チャネルに流すという決定を主導した．この製品を市場投入して間もなく，アメリカン・エクスプレス・トラベル・リレイテド・サービシズ社のある幹部がこのIBM社幹部に，アメリカン・エクスプレス社のカード会員に直接パソコンを販売するというアイデアを持ちかけた．だが，IBM社幹部はこの提案に乗らなかった．彼はチャネルに売上げを得させたかったのである．これにより，IBM社はチャネル・パートナーたちの参加意識と信頼を獲得し，他の多くの戦略イニシアチブの道を開く結果につながった[36]．

　チャネル運営の成功は，チャネルのメンバーそれぞれがコミュニケーションと信頼関係に対して強い意識を持つことが前提となる．Robert M. MorganおよびShelby D. Huntによれば，次のような状況が存在するとき，強い参加意識と信頼関係が生まれるという：(1)他のパートナー企業を上回る効用や資源を提供する，(2)類似した企業理念を持つ企業と提携する，(3)期待，市場および業績に関する有益な情報をメンバーと共有する，(4)チャネルのパート

ナー企業を利用しようとするような行動をとらない[37]．産業財のマーケターとそのチャネル・ネットワークはこうした点に留意すれば，ライバル会社やそのネットワークに対して持続的な競争優位を享受することができるはずである．

5．国際的な産業財流通チャネル

外国の B to B 市場でマーケティングを行う企業にとっては多様なチャネル選択肢が存在するが，米国の産業財のマーケターは通常，次の三種類のチャネル（または，それらの組み合わせ）を通じて国際市場に製品を供給している[38]．

1．米国を拠点とする輸出仲介業者
　米国内の輸出仲介業者は，外国での販売経験が乏しい小規模な企業や，国際マーケティングをあまり展開していない企業によって利用される．
2．在外流通業者
　国外販売に本格的に進出している企業は，在外流通業者を利用することが多い．この決定は，良質な流通業者の獲得可能性，財務状況，現地の習慣，求められる管理，製品の性質に依存する．
3．売り手が自ら管理・組織する営業組織
　この方式は，国際販売を大量に手がけている企業によって採用される．これを有効に機能させるためには，アフター・サービスの提供，納品の信頼性の維持，スペア部品の供給，その他多くのサポート・サービスの提供に関して，その企業が優れた能力を備えている必要がある．

国際的流通チャネルというのは思いのほか，明確あるいは正確な定義が難しいものである[39]．国際的チャネルの開発で欠かせないのは，流通業者の機能を理解することである．国際的な流通業者は，わかりづらい名称で呼ばれるものが少なくない．この種の流通業者とその役割については，この章の最後のセクションで触れる．

国際的な産業財のマーケターが成功するためには，真にグローバルな統合的チャネル戦略を開発し，必要な資源を積極的に投入する必要がある．James Bolt は，グローバル競争に勝ち抜くのはとりわけ，「統合的かつ革新的戦略を開発し，それを果敢に実行し，大規模な投資でバックアップする」[40]企業であると述べている．チャネルの領域では，良質な流通業者を取り込み，財源の手当ても十分な，よく練られた流通構造は，競合相手に対する参入障壁として不可欠なものと言える．

5－1．政府がグローバル・チャネルに及ぼす影響[41]

　連邦政府や州政府が多国籍企業に助成金として提供する正のインセンティブ，および関税やあるいは管理上の貿易障壁の形での負のインセンティブは，ターゲットとする国における製品の物理的流れや，チャネル構造の形成に影響を及ぼす．こうした刺激策が導入されるのは，経済成長や地元企業の繁栄によって得られる社会的メリットのほうが，インセンティブのコストを上回ると規制機関が判断したときである．例えば米国農務省は，外国市場での米国製品の販売を促進するねらいから，製造企業や協同組合，業界団体に助成金17億ドル（期間10年）を支給し，それによって外国におけるチャネル計画に影響を及ぼした．特定の助成金が個別の組織に支給されることもあるが，法制化されて多数の組織に提供されることも少なくない．中国の沿岸地域に設けられている数々の経済特別区（SEZ）は，外国の潜在的投資家向けに税金の優遇，外国為替規制の緩和，規制圧力の軽減などの策を積極的に展開している．これによりいろいろな企業が，中国の子会社やジョイント・ベンチャーを足場にして潜在的に大きな中国の地方市場に進出したり，SEZを低コストの製造拠点として先進諸国に製品を輸出したりしてきた．

5－2．国内流通業者

　国内流通業者はその名が示すように，生産者と同じ国に位置している．この種の流通業者は利用し易いが，大きな難点は外国市場に遠いということである．国内流通業者による販売代理の質，および市場情報へのアクセスは限られたものになる．

国内流通業者は取り扱う商品に対する所有権を取得するか否かで，さらに大きく2種類に分かれる．まずは，所有せず，販売を代理するだけの流通業者が存在し，具体的には「輸出代行会社（EMC）」，「製造企業の輸出代理店（MEA）」，販売業務や国外顧客との接触および売買交渉を主に手がける「ブローカー」などがある．輸出代行会社は，広告，与信，商品取り扱いを含め，外国市場に到達するのに必要なマーケティング活動の多くを肩代わりし，多数の小企業のために重要な役割を担う．こうした代理業者は歩合報酬を得る．

　もう一つの種類は，販売する商品を買い受けた上で各種のマーケティング機能を遂行する国内流通業者で，卸売業者に類似した性格を有する．その一つ「輸出商」は，国外市場で営業する卸売業者である．国外市場でかさばる商品を扱う「輸出代理店」と呼ばれる業者もある．また「商社」は，多くの国から輸入した商品を蓄積・輸送し，販売する[42]．米国では，立法措置によって米国商社（ATC）発展の道が開かれた[43]．米国商社の初期の成功は限定的だったが，ゆくゆくは効果的なワンストップ輸出サービスを提供するものと期待される．

5-3．在外流通業者

　在外流通業者は，ターゲット市場に近く，それと絶えず接触しているというメリットがあり，一般に顧客に対するより直接的なチャネルとなる．こうした外国の流通業者も国内流通業者と同様，商品に対する所有権を取得するか否かで分類される．

　商品に対する所有権を取得する流通業者には，ディストリビューター，ディーラー，輸入ジョバーなどがある．この種の流通業者が遂行する業務は，国内市場における同名の業者と似通っている．一方，所有権を取得しない在外流通業者には，ブローカー，レップ，問屋などがある．問屋はブローカーと似ているが，外国取引における複雑で厄介な部分である資金手当まで手がける．要するに，売り手と買い手双方の信用リスクを排除するわけである．

　在外流通業者のタイプの選択は，製品，マージン，市場の状況によって変わってくる[44]．例えば，ブローカーは在庫を保有せず，リスクをとらない

第14章　産業財流通におけるチャネル管理　561

が，輸入業者は商品を買い取り，リスクを負い，販売を請け合うことになる．従って，こうしたリスクや追加的業務をカバーする必要性から，輸入業者のマージンは高くならざるを得ず，輸入業者を介した製品の販売は陸揚げ渡し価格が高くなる．どちらの種類の在外流通業者を利用するにしても，最初の契約をいかに創造的に組むかがポイントになる．例えば，ある輸入業者が90日間の独占販売契約を締結し，商品を5,000個だけ仕入れるとする．この初回の発注分で，輸入業者は市場をテストすることができる．そして，期待通りの売れ行きを示せば，長期契約に切り替えて，大量の注文を盛り込めばよい．

■**有能な在外ディストリビューターの選定**　有能な在外ディストリビューターを見つけるのは困難で，かなりの準備と努力が必要である．不適当なディストリビューターを選択すると，多額の解約金を支払う必要が生じたり，市場機会を逃したりと，重大な損害を被る恐れがあり，産業財マーケティング・マネージャーは選定プロセスを体系的に進めなければならない．在外ディストリビューターの評価には，情報をどこで入手するか，どのような情報を求めるかという二つの側面がある[45]．米国商務省は，「Agent/Distributor Service（代理店／ディストリビューター・サービス）」および「World Traders Data Report（世界貿易業者データ・リポート）」という情報サービスを提供している．また，ダン＆ブラッドストリート社など民間の調査会社からも，外国の販売代理人を地域別および製品別に列挙した業者名簿が公表されている．さらに，銀行や輸送会社も，ディストリビューターの情報源として役立つ場合がある．

　S. Tamer Cavusgil，Poh-lin Yeoh および Michel Mitri は，各国の経営幹部多数にインタビューし，在外ディストリビューターを評価する際の決定的基準について調べた[46]．彼らの基準は35項目にのぼり，それらは以下の5つのグループに分類されている．

1．財務力および企業力（経営品質，時価総額など）
2．製品要素（補完的ライン，新ラインへの精通など）

3．マーケティング・スキル（ターゲット顧客に関する経験，物流能力など）
 4．資源投入（営業研修への投資，利用可能な広告予算など）
 5．促進要素（「政治的」コネ，言語スキルなど）

　彼らは，基準に重み付けをした上でディストリビューター候補を体系的に評価するエキスパート・モデル（DISTEVAL）を考案した．これらの要素についてディストリビューターを慎重に調査してから，候補業者の現場訪問やマーケティング計画のレビュー，地元の競争状況に対する業者自身による評価などを検討して足りない部分を補うとよいという．

5-4．自前の営業組織

　国外販売に流通業者を使うか，自前の営業組織でやるかによって複雑な違いが生じる．だが，グローバル市場における売り手と買い手の関係性のマネジメントによって国外市場での企業の成否が分かれることも珍しくないため，この決定は非常に重要である[47]．グローバルな競争の激化，製品ライフサイクルの短縮，品質基準の上昇，技術革新の加速といった現象が進むにつれ，より深く，効果的な顧客関係が不可欠になる．自前の営業組織を利用すれば，企業にとって国際マーケティングのプロセス管理が容易になる反面，外国の環境に起因する課題やリスクも増える．Erin Anderson および Anne Coughlan によれば，以下の状況が存在するとき，自前の営業組織を用いる可能性が高いという．

 1．高いサービスレベルが求められる製品である．
 2．競合製品が差別化されている．
 3．対外直接投資に対する法的制約が少ない．
 4．会社の中核製品と密接に関連する製品である．
 5．相手国の文化が米国文化に類似している．
 6．競合他社が自前の営業組織を用いている[48]．

　Anderson および Coughlan はまた，国際的チャネルにおける意思決定プロ

セスは体系的でなく，わずかな情報をベースにしている場合が多いと指摘する．その一つの理由は，不慣れな国外市場の場合，マネージャーが頼りにできる指針がほとんど存在しないことである．

外国市場によっては，工場，流通施設，R&D施設，現地企業とのジョイント・ベンチャーなど，現地に拠点を設けることで，不利な条件（輸入関税）での参入を回避できる場合がある．米国の製造企業の間では，欧州連合（EU）市場は加盟国の保護貿易主義的な動きが予想され，参入が難しいのでは，という懸念が広がっている．EU圏外の企業がこうした障害の回避策をとることで，EU内における製造，チャネル，物通への投資が有効となる可能性がある．

従って，EUの既存仲介業者とのジョイント・ベンチャーやライセンス契約を用いるチャネル戦略により，EU内での競争力が強化されるかもしれない．現地企業とのこうしたパートナーシップが好意的な反応を引き出すことができれば，EU圏外からの輸入品に課される関税を回避することも夢ではないだろう．

国際的な舞台におけるチャネル意思決定は，状況に対する不慣れさゆえにいっそう困難である．だが，グローバル競争と世界的マーケティングが今日のビジネス環境における現実であり，産業財マーケティング・マネージャーには，十分な情報に基づき慎重に選択を行うことの困難に敢えて挑戦する気概が求められる．

6．まとめ

チャネル戦略は産業財マーケティングにおいて，エキサイティングであると同時に，困難な部分でもある．難しさを感じさせる原因は，産業財製品の流通に関して，製造企業が利用できる選択肢の多様さにある．エキサイティングな要素は，市場，ユーザーのニーズ，競合相手が絶えず変わることによるものである．

チャネル戦略は，全体的構造の設計およびチャネルの運営管理という，二つの主要な活動を伴う．チャネル設計には，流通目標，活動および流通業者

候補の評価が含まれる．チャネル構造は，チャネルで利用する流通業者の数，タイプ，階層が関係する．とくに困難なのは，eコマースを従来チャネルと効果的に組み合わせるチャネル戦略をどうやって構築するかという判断である．eチャネルは，情報基盤，取引基盤，さらにもっとも高度な段階として顧客関係管理基盤として機能する．産業財流通チャネルの主要な参加者は，ディストリビューターとレップである．ディストリビューターはそのサプライヤーにあらゆるマーケティング・サービスを提供するが，中核となる機能は顧客との接触と製品供給の確保である．レップは売り手側に精通し，市場で良質な販売代理活動を遂行するとともに，製品や市場について広範な知識を備える．ただ，物流には関与せず，その機能負担はメーカーが担う．

チャネル管理は，流通目標の達成を目的としてチャネル構造を運営する継続的な活動である．適切なサプライチェーン管理手法を通じて効果的な関係を維持することは，チャネル管理を成功させる鍵となる．流通業者の選定と動機付けは，チャネルの成功に欠かせない経営トップの仕事である．産業財マーケティング・マネージャーは，チャネル・コンフリクトを解決するために組織間管理の手法が必要になることもある．外国市場で競争する産業財のマーケターの場合，チャネルの選択肢は幅広く複雑であり，国内の流通業者，在外仲介業者，自前の営業組織の中から選択することになる．

6－1．討論課題

1．インターネットにより，産業財マーケティングを行なう企業のチャネル戦略はどのように再構築されつつあるか．
2．「営業担当は単なる取引だけでなく，関係性の構築や維持にも注力することが求められている．BtoB市場では，それがインターネットによって可能になる」というeコマースの専門家の発言をどう思うか．
3．直接流通チャネルは，同じ業界内でも産業財のマーケターによってコストが低く抑えられたり，逆に高くついたりすることがあるのはなぜか．
4．(a)直接流通チャネルと(b)間接流通チャネル，それぞれに適する製品，市場および競争状況は具体的にどのようなものか．
5．ディストリビューターとレップが遂行する機能にはどのような違いがあ

るか．
6．レップを利用すると効果的な製品／市場要因とはどのようなものか．
7．チャネル階層の数に関しては，産業財のマーケターの選択肢は限られているとよく言われるが，これはどういうことか．
8．細分化の方針変更（すなわち，他の市場への参入）が産業財流通チャネルを根本的に変革する必要性を誘発するとしたら，どのようにそれが生じると考えられるか．
9．産業財のマーケターである製造企業とディストリビューターはともに，利益目標の達成を望んでいる．では，製造企業とディストリビューターの関係にコンフリクトが特徴的に見られるのはなぜか．コンフリクトを緩和し，チャネル・パフォーマンスを向上させるには，産業財のマーケターはどのような策を講じるとよいか．
10．批評家たちは何年も前から，米国経済における物価の上昇は仲介業者の存在に大きな原因があると批判してきた．産業財のマーケターがチャネル内のディストリビューターの階層数をできるだけ少なくすれば，チャネルの効率と効果は改善すると思われるか．理由を添えて説明せよ．

6－2．インターネット演習

　シスコ社は，食品および食品関連製品をフードサービス業界に供給する大手ディストリビューターである．同社が取引する顧客は，レストラン，医療施設，教育機関，宿泊施設，その他のフードサービス会社など，約415,000社にのぼる．経済紙にはシスコシステムズ社の名前が頻繁に登場するが，シスコ社も年間230億ドル余を売上げ，45,000名以上の社員を擁する大企業である．シスコ社のウェブサイト（http : //www.sysco.com）にアクセスし，同社が顧客にどのようなサービスを提供しているか調べてみよう．

◎ビジネス事例　ヒューレット・パッカード社：
　　　　　　　　チャネル戦略のジレンマ[49]

　ヒューレット・パッカード（HP）社とコンパック・コンピュータ社は合併前，それぞれ別のディーラーやディストリビューターと長年にわたって関係を構築していた．例えばある大都市圏において，コンパック社はあるディストリビューターと緊密な取引関係にあり，HP社はまた別のディストリビューターと提携関係を結んでいた．片やHP社の，片やコンパック社の代理を務めるこのディストリビューター2社は，中小規模の企業顧客をめぐって日常的に対立することになる．コンパック社がヒューレット・パッカード社に完全に吸収されるとき，こうした重要なチャネル関係はどのように管理されることになるだろうか．

　その一方で，電話とインターネットを駆使する直販方式のリーダーであるデル社は，パソコン事業での市場シェアを拡大し続けている．実際，HP社がデル社に匹敵する対費用効率性を実現しようと思えば，ディストリビューターへの依存度を下げ，直販モデルに力を入れる必要がある，と指摘する声も一部に存在する．だが，こうした戦略はチャネル関係に重大なダメージを与えることが予想される．HP社のある主要ディストリビューターも，次のように述べている．「もしHP社がディストリビューターを排除すれば，IBM社などの他の売り手がいい思いをすることは間違いないでしょう．．．うちのような再販業者が，IBM社製品にもっと力を入れるようになりますからね」

評論課題

1. HP社とコンパック社がそれぞれ別のディストリビューターと取引関係を築いてきた歴史を踏まえ，合併後に統合的なチャネル戦略を開発する際，HP社はどのような手順を踏むべきか．

2．一部の地域では重複する可能性もあることを考えると，HP 社はどのような基準に基づいてディストリビューターを選定するのがよいか．
3．HP 社はディストリビューターを排除し，デル社のような直販モデルを採用すべきだろうか．その際，どのようなメリットとリスクが予想されるか．

―― 注 ――

1　Steven Wheeler and Evan Hirsh, *Channel Champions : How Leading companies Build New Strategies to Serve Customers* (San Francisco : Jossey-Bass Publishers, 1999), p.xxii.
2　Louis P.Bucklin, Venkatram Ramaswamy, and Sumit K.Majumdar, "Analyzing Channel Structures of Business Markets via the Structure-Output Paradigm," *International Journal of Research in Marketing* 13, no. 1 (1996) : p.84.
3　Lawrence G.Friedman and Timothy R.Furey, *The Channel Advantage* (Boston : Butterworth-Heinemann, 1999), p.84.
4　The Gartner Group, "Partnerware Reports, 'Top 10 Tips for Managing Indirect Sale Channels'," http : //www.businesswire.com, 18 June 2002.
5　E.Raymond Corey, Frank V.Cespedes, and V.Kasturi Rangan, *Going to Market : Distribution Systems for Industrial Products* (Boston : Harvard University Press, 1989), p.26.
6　Mitch Wagner, "IT Vendors Embrace Channel Partners," *B to B* 87 (September 2002) : p.1.
7　Chad Kaydo, "Web Masters : You've Got Sales," *Sales & Marketing Management* 151 (October 1999) : pp.36-37.
8　Jozef Konings and Filip Roodhooft, "The Effect of E-Business on Corporate Performance : Firm Level Evidence for Belgium," working paper, Department of Applied Economics, Catholic University of Leuven (2000).
9　NUA Internet Surveys, http : //www.nua.com/surveys, and Advisory Commisson on Electronic Commerce, http : //www.ecommercecommission.org, accessed 15 October 2002.
10　"Small Business Developing Online Presence : Study," *Washington Post*, 6 February 2001, p.B3.
11　Wheeler and Hirsh, *Channel Champions*, pp.192-195.
12　Kaydo, "Web Masters," pp.34-35.
13　Ibid., p.30.
14　Heidi Elliott, "Distributors, Make Way for the Little Guys," *Electronic Business Today* 22 (September 1996) : p.19.
15　Jim Carbone, "Distributors See Slow Growth Ahead ; Expect Electronics Distributors to Offer More Supply Chain and Inventory Services, But Be Prepared to Pay for Them," *Purchasing* 130 (May 16, 2002) : p.27.
16　Al Tuttle, "E-Collaboration : Build Trust and Success," *Industrial Distribution* 92 (June 2002) : p.59.

17　Laurie Sullivan, "Outsourcing Trend Tests Survival Skills of Manufacturers' Reps," *Electronic Buyer's News*, 29 July 2002, p.1.
18　"The Cost of Doing Business," *Sales & Marketing Management* 151 (September 1999) : p.56.
19　Jan B.Heide, "Interorganizational Governance in Marketing Channels," *Journal of Marketing* 58 (January 1994) : p.83.
20　For example, see Louis W.Stern and Frederick D.Sturdivant, "Customer-Driven Distribution Systems," *Harvard Business Review* 65 (July/August 1987) : pp.34-41 ; and Louis stern and Adel I.EL-Ansary, *Marketing Channels*, 4 th ed.(Englewood Cliffs, NJ : Prentice-Hall, 1992), pp.202-223.
21　Daniel H.McQuiston, "A Conceptual Model for Building and Maintaining Relationships between Manufacturers' Reps and Their Principals," *Industrial Marketing Management* 30 (February 2001) : pp.165-181.
22　"Distribution and the Product Life Cycle," *Sales & Marketing Management* 148 (July 1996) : p.36.
23　Corey, Cespedes, and Rangan, *Going to Market*, p.146.
24　Stern and Sturdivant, "Customer-Driven Distribution Systems," pp.34-41.
25　Sally J.Silberman, "Best Supporting Role," *Sales & Marketing Management* 147 (December 1995) : p.22.
26　Janet E.Keith, Donald W.Jackson, and Lawrence A.Crosby, "Effects of Alternative Types of Influence Strategies Under Different Channel Dependence Structures," *Journal of Marketing* 54 (July 1990) : p.37.
27　Ibid., p.38.
28　Erin Anderson, Leonard M.Lodish, and Barton A.Weitz, "Resource Allocation in Conventional Channels," *Journal of Marketing Research* 24 (February 1987) : p.95.See also McQuiston, "A Conceptual Model," pp.165-181.
29　James C.Anderson and James A.Narus, "A Model of Distribution Firm and Manufacturing Firm Working Partnerships," *Journal of Marketing* 54 (January 1990) : p.56.
30　Doug Harper, "Councils Launch Sales Ammo," *Industrial Distribution* 80 (September 1990) : pp.27-30.
31　James A.Narus and James C.Anderson, "Turn Your Distributors into Partners," *Harvard Business Review* 64 (March/April 1986) : p.68.
32　Stern and El-Ansary, *Marketing Channels*, pp.202-223, 283.
33　Al Tuttle, "Meeting on Middle Ground : Most Small Distributors Report Good or Excellent Relationships with Their Suppliers," *Industrial Distribution* 92 (July 2002) : p.41.
34　Louis W.Stern and James L.Heskett, "Conflict Management in Interorganizational Relations : A Conceptual Framework," in *Distribution Channels : Behavioral Dimen-*

sions, ed.Louis Stern (Boston : Houghton-Mifflin, 1969), pp.293-294.
35 For example, see Larriane Segil, *Intelligent Business Alliances* (New York : Random House, 1996) ; and James C.Anderson and James A.Narus, "A Model of Distributor Firm and Manufacturing Firm Working Partnerships," *Journal of Marketing* 54 (January 1990) : pp.42-58.
36 Jeff O'Heir, "The Advocates : They Raised Their Voices to Legitimize the Channel," *Computer Reseller News*, 17 June 2002, p.51.
37 Robert M.Morgan and Shelby D.Hunt, "The Commitment-Trust Theory of Relationship Marketing," *Journal of Marketing* 58 (July 1994) : pp.20-38.
38 Phillip R.Cateora, *International Marketing*, 5 th ed.(Homewood, I11. : Richard D.Irwin, 1983), p.442.
39 Ibid., p.581.
40 James F.Bolt, "Global Competitors : Some Criteria for Success," *Business Horizons* (January-February 1988) : pp.35, 36.
41 This section is based on Rajdeep Grewal and Ravi Dharwadkar, "The Role of the Institutional Environment in Marketing Channels," *Journal of Marketing* 66 (summer 2002) : p.82.
42 Cateora, *International Marketing*, p.590.
43 Daniel C.Bello and Nicholas C.Williamson, "The American Export Trading Company : Designing a New International Marketing Institution," *Journal of Marketing* 49 (fall 1985) : p.60.
44 Jack Nadel, "Distribution, the Key to Success Overseas," *Management Review* 24 (September 1987) : p.41.
45 S.Tamer Cavusgil, Poh-Lin Yeoh, and Michel Mitri, "Selecting Foreign Distributors," *Industrial Marketing Management* 24 (August 1995) : p.299.
46 Ibid., p.300.
47 John S.Hill and Arthur W.Allaway, "How US-Based Companies Manage Sales in Foreign Countries," *Industrial Marketing Management* 22 (February 1993) : p.7.
48 Erin Anderson and Anne T.Coughlan, "International Market Entry and Expansion via Independent or Integrated Channels of Distribution," *Journal of Marketing* 51 (January 1987) : p.74.
49 Craig Zarley, "Stay Tuned-Relaunched Hewlett-Packard Sets Its Product Course but Stalls on Finalizing Its Postmerger Channel Strategy," *computer Reseller New*, 13 May 2002, p.14.

第15章

産業財市場の価格設定戦略

顧客が価値をどのように定義するかを理解することが，価格設定プロセスの本質である．価格決定は，企業のマーケティング戦略全体を補完する．産業財市場の多様性は，価格戦略担当者に対し，他に類のない課題や機会を提供する．この章では以下の項目がテーマとなる．

1．組織購買者のコスト／効用計算における価格の役割
2．産業財価格設定プロセスの中心的要素
3．新製品の価格を効果的に設定するにはどうしたらよいか，および既存製品の定期的価格調整の必要性
4．攻撃的な競合他社による価格攻勢への対処方法
5．競争入札に関する戦略的アプローチ

ある上級の役員は言った．「価格だけで売り込みをするなんて，どこに面白みがある？」と．このマーケターは，競争圧力にさらされる中で，企業が顧客に何か独自のものを ―何か優越的な価値を提供するものを― 提示しなければならないことを知っている[1]．

　Richard D'Aveni によると，「平均的競合他社が一般的な価格価値比率でニッチ市場をめぐって争うのに対し（「値段に見合ったものが手に入る」），革新的企業は，より高い価値を顧客に提供することで市場に参入することができる（「値段以上のものが手に入る」）．これらの企業は，より低いコストとより高い品質を提供する．この価値の転換は，あたかもリンボウ・ダンスの最中にバーの高さを下げるようなものである．すべての競合企業が，コストと品質両方についてのより厳しい制約の下で，同じダンスを踊らなければならない」[2]．産業財マーケターは，この一元的な戦略上の原理を忘れてはならない．すなわち，顧客への価値提供において，最高の競合他社をしのぐことがポイントである[3]．

　産業財のマーケティング・マネージャーは，マーケティング・ミックスのさまざまな構成要素をブレンドして，市場のニーズに対応すると同時に，自社の目的と整合性が取れた見返りをもたらすことのできる総合的な提案を作り上げなければならない．価格は，自社の製品，流通，およびコミュニケーションの各戦略とかみ合ったものになるよう，注意深く設定しなければならない．Thomas Nagle は次のように指摘する．「効果的な製品開発，プロモーションおよび流通がビジネスの成功の種蒔きならば，効果的な価格設定は収穫である．前者の三要素が貧弱であれば効果的な価格設定によってそれを補うことはできない一方で，効果の低い価格設定は，明らかに，三要素における努力が財務的成功に結実することを阻害する可能性がある．残念ながら，これはよくある現象である」[4]．

　この章は 5 節に分かれる．最初に，産業財マーケティングの文脈における価格の特別な意義を定義する．第二に，産業財価格設定プロセスの主要決定因を分析し，価格決定に至る運用アプローチを提供する．第三に，新製品および既存製品についての価格政策を，製品のライフサイクル全体を通して積極的に管理する必要性を強調しつつ考察する．第四に，競合他社が価格を引

き下げた場合の戦略を導出するための枠組みを提供する．最後に，産業財マーケターにとって特に重要な分野である，競争入札について考察する．

1. 産業財市場における価格の意義

　購買センターのメンバーが特定の製品を選定する際，彼らが購入するのは，所定のレベルの製品品質，技術サービスおよび納品の信頼性である．供給者の評判，安心感，友好関係，その他買い手と売り手の関係から生じる個人的利益など，その他の要素が重要な場合もある．図15.1のとおり，購買センターが求める属性の束は3つのカテゴリーに分けられる．すなわち，製品固有の属性（製品品質等），企業に関係する属性（技術が優秀であるという評判等），および営業担当に関係する属性（信頼性等）である[5]．
　このように，製品の総体（第11章参照）は，その物理的属性よりはるかに

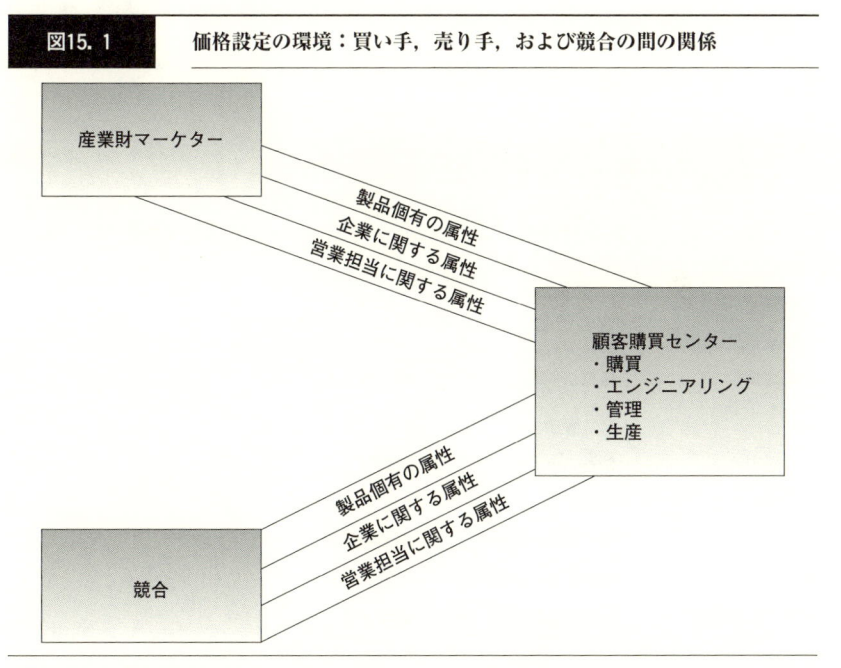

図15.1　　価格設定の環境：買い手，売り手，および競合の間の関係

出典：Adapted with modifications from David T. Wilson, "Pricing Industrial Products and Services," Report #9-1986, Institute for the Study of Business Markets, Pennsylvania State University.

第15章　産業財市場の価格設定戦略　　575

大きなものである．同様に，産業財の「コスト」には売り手の「価格」よりはるかに多くのものが含まれる．価格決定と製品政策の決定は不可分であり，企業の市場細分化計画の中で均衡を図らなければならない[6]．

1−1．効　用

それぞれ固有のニーズを持つさまざまなセグメント顧客は，各セグメントにとっての特定の価値軸に基づいて製品を評価する．特定の製品の効用は，機能上の効用であったり，操作上，財務上，または個人的な効用であったりする[7]．これらの効用は，市場セグメントによっても，また購買センター内の個人一人ひとりによっても，重要度が異なる．機能上の効用は，技術者にとって魅力的な設計特性かもしれない．操作上の効用は耐久性や信頼性で，生産マネージャーにとって望ましい資質である．財務上の効用は，購買マネージャーや会計責任者にとって好ましい契約条件やコスト節減の機会であり，重要な要素なのである．組織内での地位，リスクの低減，および個人的満足は，特定のサプライヤーの選定によって個人に生じるかもしれない個人的効用の一種である．

1−2．コスト

同様に，特定の案を採用した場合に買い手にかかるコストの検討に，幅広

表15.1　顧客の製品利用に伴なう総コストの構成要素

取得コスト	保有コスト	使用コスト	利用に伴なう総コスト
価格	利払費用	設置コスト	
事務処理費	保管コスト	訓練コスト	
輸送費	品質管理	ユーザー人件費	
発注コスト	税金および保険料	製品耐用寿命	
発注ミスのコスト	減損および陳腐化	取替原価	
購入前製品評価コスト	一般内部取扱コスト	処分コスト	

出典：Adapted from Frank V. Cespedes, "Industrial Marketing : Managing New Requirements," *Sloan Management Review* 35 (spring 1994) : p.46.

い視野が必要である．製品またはサービスを購入する際，産業財顧客は常に，実際の購入価格を超えるさまざまなコストを想定する．多くの企業体は，事務作業を減らし，取引コストと探索コストを引き下げるために，製品をオンラインで購入する[8]．組織購買者は価格のみに基づいて意思決定を行うのではなく，特定の製品またはサービスの total cost in use（利用に伴なう総コスト）を重視する[9]．表15.1 のとおり，組織購買者の利用に伴なう総コストの計算では，タイプの異なる次の3つのコストが考慮される．

1．取得コストには，販売価格と輸送コストのみならず，サプライヤーを評価し，迅速に発注処理を行い，出荷または配送のミスを修正する管理コストも含まれる．
2．保有コストには，融資，保管，検査，関係する税金および保険料，ならびにその他の内部取扱コストが含まれる．
3．使用コストは，設置，訓練，ユーザー人件費，現場修理，ならびに製品の取替および処分のコストなどの，購入した製品の継続的利用に関わるコストを含む．

■**価値ベースの戦略**[10]　洗練されたサプライヤー評価システム（第2章参照）の支援を受けて，買い手は代替サプライヤーとの取引の総コスト／総価値を測定し，追跡することができる．明敏な産業財マーケターも，やはり利用に伴なう総コストのより低いソリューションを顧客に提供する，価値ベースの戦略を追求することができる．たとえば保健医療の供給に関連する物流経費は，通常，病院運営費用の10〜15％を占める．ベクトン・ディッキンソン社のような医療品会社は，利用総コストの方程式の各構成要素に対応する革新的な製品／サービスパッケージを開発する．このような企業は，病院にかかる取得コストを電子注文システムの提供によって引き下げる．また，ジャスト・イン・タイムのサービスを重視することによって保有コストを，そして使用済み医療用品の効率的処分システムを開発することによって使用コストを，いずれも引き下げることができる．

価値ベースの戦略は，売り込み提案を，現行価格での個別取引から，価値

および，より低い利用総コストをめぐって構築される長期的な関係へと変更することを求める．価値ベースの戦略の実現に成功するには，企業内の製造，販売，およびサービスの各部門間の緊密な協力を必要とする（第11章参照）．各部門は，顧客の利用に伴なう総コストを最終的に決定する活動を行う．

> ◎産業財マーケティングの内側◎
> **価格ベース販売ツールの創出**
>
> 革新的な産業財マーケティングを行なう企業は，自社の提案を見込み客に鮮明に伝えるために，既存顧客で実現されたコスト節減状況の事歴を作成する．たとえば，ソノコ・プロダクツ社の保護包装部門は，その包装システムを使用したことで顧客が手にしたコスト節減状況を追跡記録する．同社は，これらの包装システムが普通の市販ダンボール包装材より強く，軽量で，しかも小さいと主張する．顧客のコスト節減内容には，包装コスト，製品損傷，運賃，および保管コストの低減が含まれる．ソノコ社は，顧客がこの包装システムを1年間使用した後，その顧客のコスト節減状況を記した事歴文書を作成する．営業担当は，別の顧客宛ての提案書を作成する際に，これらの記録を利用することができる．これらのケーススタディーは，見込み客がソノコ社の包装ソリューションを使用して実現できると思われるコスト節減を，説得力のある形で示す．
>
> 出典：James C. Anderson and James A. Narus, "Business Marketing : Understand What Customers Value," *Harvard Business Review* 76 (November / December 1998) : 59-60.

2．産業財価格設定プロセス

産業財またはサービスの価格設定に簡単な公式はない．価格決定は多次元的なプロセスである．マーケターは価格が企業のマーケティング戦略において果たす役割を定式化するが，需要，コスト，競争，利益連動性，および顧

| 図15.2 | 産業財価格決定プロセスの主要構成要素 |

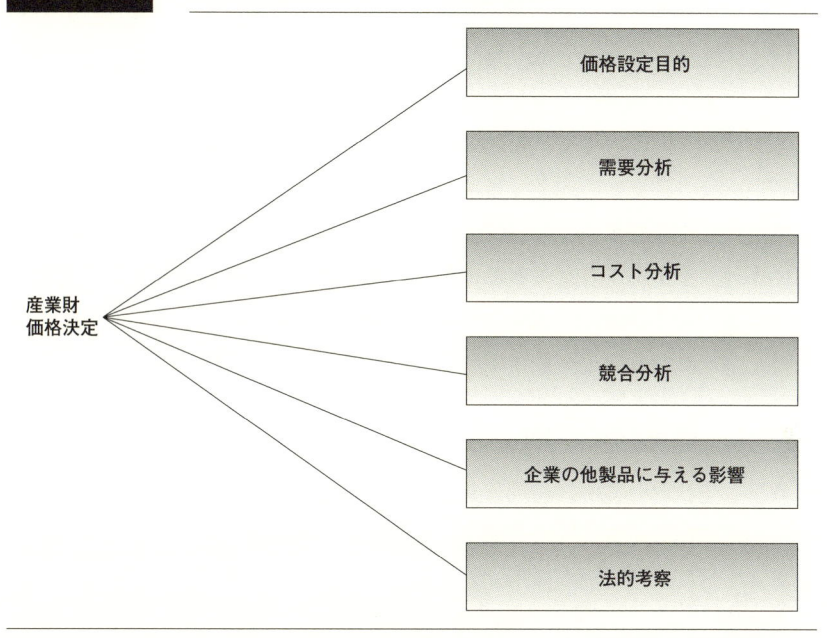

```
                          ┌─────────────────┐
                      ────│   価格設定目的    │
                     /    └─────────────────┘
                    /     ┌─────────────────┐
                   /  ────│    需要分析      │
                  /  /    └─────────────────┘
                 /  /     ┌─────────────────┐
  ┌─────────┐   /  / ─────│   コスト分析     │
  │ 産業財   │──┼──┼─     └─────────────────┘
  │価格決定 │   \  \      ┌─────────────────┐
  └─────────┘    \  \ ────│    競合分析      │
                  \  \    └─────────────────┘
                   \  \   ┌─────────────────────┐
                    \  ───│企業の他製品に与える影響│
                     \    └─────────────────────┘
                      \   ┌─────────────────┐
                       ───│    法的考察      │
                          └─────────────────┘
```

出典：Adapted with modifications from David T. Wilson, "Pricing Industrial Products and Services," Report #9-1986, Institute for the Study of Business Markets, Pennsylvania State University.

客の使用パターンという相互作用的な変数が重要である．図15.2に示すように，関連の考慮事項としては，(1)価格設定の目的，(2)需要の決定因，(3)コストの決定因，および(4)競争がある．図中のその他の考慮事項，すなわち特定の価格決定の製品ラインへの影響および法的意義は，この章内で後述する．

2－1．価格設定の目的

　価格決定は，マーケティングおよび企業全体の目的に合致する目的に基づいたものでなければならない．マーケターは，主要目的から開始し，これに対応する価格設定目標を付加する．すなわち，(1)投資利益率目標の達成，(2)市場占有率目標の達成，または(3)競争への対処である．他にも，競争，チャネル関係，および製品ラインの検討材料を考慮すると，利益および市場

占有率の目標の外側に多数の潜在的価格設定目的がある．

　それらの影響力は広範にわたるため，価格設定目的は慎重に策定されなければならない．各企業は他に類のない内外の環境的影響力にさらされている．デュポン社とダウ・ケミカル社の戦略を対比して見ると，統一された企業としての方向性の重要性が浮かび上がる．ダウ社の戦略は，薄利の汎用品の価格を低く抑えて支配的な市場占有率を達成し，その後その支配的占有率を維持することを第一とする．これに対してデュポン社の戦略は，利幅の大きい専門品を重視する．最初はこれらの製品の価格を高いレベルに設定し，市場が拡大して競争が激化するにつれて価格を引き下げる．どの企業も，自社の企業ミッションと一致する明白な価格設定目的を必要とする．

2－2．需要の決定因

　価格設定においては，確固とした市場見通しが基礎になる．産業財市場は多様かつ複雑である．一つの産業財の使われ方は多様である．同じ製品でもセグメントによって固有の用途と別個の活用レベルがあるかもしれない．買い手の最終製品における当該産業財の重要度も，さらに，潜在的需要，価格感応度，および潜在的収益性も，セグメントによって著しく異なる可能性がある．効果的な価格設定方針を確立するには，マーケターは，まず顧客が製

表15.2　製品が提供する内容全体の属性：いくつかのトレードオフ

属　性	高レベル	低レベル
品　質	不純物1 ppm 未満	不純物10ppm
納　期	1週間以内	2週間以内
システム	総合的なシステムの供給	化学物質のみの供給
技術革新	高レベルの研究開発支援	研究開発支援がほとんどない
再教育	要求に応じた再教育	最初の購入時の教育
サービス	各地域内で利用可能	本店を通じて

出典：Irwin Gross, "Insights from Pricing Research," in *Pricing Practices and Strategies*, ed. Earl L. Bailey (New York : The Conference Board, 1978), p.37. Reprinted by permission of The Conference Board.

品またはサービスにおく価値を重視するべきである．これにより，製品原価と望ましい利幅ばかりを気にする通常のプロセスが逆転する[11]．

■**価値の評価**[12]　製品が提供する内容全体についてのコスト／効用のトレード・オフを組織購買者がどのように評価するかが，特定の産業財価格設定戦略の妥当性を決定する．類似の製品を持った競合する2社であっても，その提供されるものの内容全体は，購買者には固有なものと理解されるため，両社が異なる価格を設定するかもしれない．組織購買者の目から見ると，一方の企業が他方より大きな価値を提供しているということかもしれない．

コア価格設定の問題は，提供されるものの中のどの属性が知覚価値に最も大きく寄与するかにかかわる．表15.2は，購買者にとって価値があり，競合他社間で異なる，製品によって提供される内容全体の属性を明らかにしたものである．各属性について，2つのパフォーマンス・レベルが提示される．単独または複数の属性について高いパフォーマンスを出すには高いコストがかかるので，戦略担当者は，セグメントごとの各属性の相対的重要性と，各重要属性に関する自社製品の対競合優位性の評価を行うべきである．

図15.3の方程式は，2つの競合する製品に関して知覚された相対的価値がどのように比較されるかを浮き彫りにする．Irwin Grossは，製品Bに対する製品Aの相対的知覚価値は，「購買者が選択肢と比べても違和感のない価格差と考えることができる」との主張を展開する[13]．図15.3にあるように，プレミアム価格差，すなわち知覚された相対的価値は，各重要属性に基

図15.3　2つの製品の提供する内容に関して知覚された相対的価値

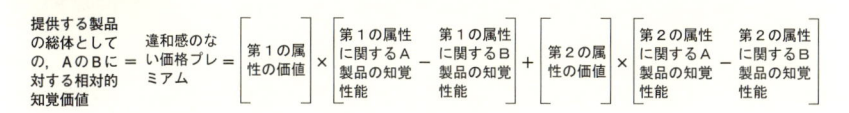

提供する製品の総体としての，AのBに対する相対的知覚価値 ＝ 違和感のない価格プレミアム ＝ [第1の属性の価値] × ([第1の属性に関するA製品の知覚性能] − [第1の属性に関するB製品の知覚性能]) ＋ [第2の属性の価値] × ([第2の属性に関するA製品の知覚性能] − [第2の属性に関するB製品の知覚性能])

出典：Irwin Gross, "Insights from Pricing Research," in *Pricing Practices and Strategies*, ed. Earl L. Bailey (New York：The Conference Board, 1978), p.38. Reprinted by permission of The Conference Board.

づく構成要素に分解できる．(1)購買者にとってのその属性の価値，および(2)その属性において，競合製品の性能がどうであるかの認識である．すべての構成要素の価値を合算することによって，提供されるものの，全体としての相対的な知覚価値を求めることができる．したがって，製品Aの提供する内容全体は，単位あたり24ドルの知覚価値合計を有するのに対し，Bは単位あたり20ドルである．購買者が高レベルの製品品質，対応の良い納品システム，そしてこれらの属性について製品Aが他の製品よりすぐれていると知覚し，認めた価値を基に，4ドルというプレミアムが導かれる．

■コスト効用分析の戦略的意義　産業財マーケターにとって，組織購買者のコスト／効用計算に関係する重要な属性とその属性に対する購買者の認識を分離することが，価格を定め，マーケティング戦略の他の要素を方向付けるための準備となる．第一に，高い価値のおかれている製品属性に関する自社の性能が競合他社の提供するものより実際に高いにもかかわらず市場がその差を認識していない場合，認識を現実に合わせるためにマーケティング・コミュニケーションを開発するとよい．第二に，マーケティング・コミュニケーションは，組織購買者が特定の属性に対して持っている価値を変更することもできる．顧客教育などの属性の重要性は，その教育によって効率や安全性の向上を見込み組織購買者にもたらすことができることを強調するマーケティング・コミュニケーションを通じて引き上げることができる．

　第三に，製品の提供する内容全体に関する知覚価値は，組織購買者が特に重要性を認める属性に関する自社の性能レベルを引き上げることで変えることができる．第四に，見込み客のコスト／効用の知覚は，市場細分化の参考になる．たとえば，良い戦略は，自社が明らかに競争優位にある特定の製品属性に価値をおく市場セグメントを標的にするものである．

■弾力性は市場セグメントによって異なる　需要の価格弾力性は，顧客の価格変化感応性の尺度である．具体的には，需要の価格弾力性は，価格の変化率に対する需要量の変化率の比を指す．需要の価格弾力性は，すべての価格で一定ではない．価格政策の変更を検討中の産業財マーケターは，需要の弾

力性を理解しなければならない．たとえば，価格が下げられ需要が価格弾力的な場合には総売上（価格×数量）は増加するが，価格が下げられても需要が非価格弾力的であれば売上は減少する．需要の価格弾力性には，顧客が選択肢どうしを比較し，サプライヤーを切り替えるのがどの程度容易であるか，顧客製品のコスト構造におけるその財の重要性，およびその製品が顧客に提示する価値などの多くの要素が影響する．

■探索行動とスイッチ・コスト　購買者の価格感応性は，次の程度まで上昇し，また企業の価格自由裁量度は次の程度まで低下する[14]．
- 組織購買者が気軽に代替物を物色し，その相対的性能や価格を評価することができる程度——多くの企業では，購買マネジャーは情報技術を利用して，世界中のサプライヤーの価格を追跡調査する．
- 製品が価格比較をしやすいものである程度——たとえば，専門的製造設備のオプションを比較するよりも，複写機の選択肢を比較するほうが容易である．
- 購買者が追加のコストを負担せずに別のサプライヤーへ切替できる程度——第3章で明確にしたとおり，スイッチ・コストが低いと購買者が特定の取引のコスト最小化に注力することができる．

■最終用途　産業財マーケターの製品は，最終製品の総コストへのインプットとしてどれほど重要か？この問に答えることで，重要なことがわかる．産業財マーケターの製品がコストにあまり影響しない場合，需要はおそらく弾力性を持たない．次の例で考えよう．

> 精密電子部品コンポーネントの製造者が，売上拡大のために一律の価格引き下げを検討していた．しかし，製品ラインの項目分析により，一部の少量コンポーネントが変わった用途を有することが明らかになった．ある技術専門の顧客が，売価1台8,000ドルの超音波試験機器にそのコンポーネントを使用していたのである．この事実に触発されて，この電子メーカーはその品目の価格を引き上げた．皮肉なことに，購買代理店が将来の価格引き上げを予想して在庫を積み増したため，同社はそのとき，その品目の一時的な需要急増

を経験した[15].

　もちろんマーケターは，コスト，入手可能性，代替品の適合性の分析をしてこの見積を調整しなければならない．一般に，産業財が最終製品において，重要だが低コストの投入物である場合，価格は品質および納期信頼性に比べて重要性が低い．
　産業財が最終製品の総コストのうち比較的大きな割合を占める場合，価格の変化は，最終製品とその投入産業財の両方の需要に大きな影響を及ぼすかもしれない．最終消費市場における需要が価格弾力的である場合，産業財（たとえばマイクロプロセッサ）の価格低下によって起きる最終製品（たとえばパーソナルコンピュータ）の価格低下は，最終製品（パーソナルコンピュータ）の，続いて産業財（マイクロプロセッサ）の需要増を引き起こす．

■**最終市場の重視**　多くの産業財の需要は，それが部品として使われる製品の需要に由来するため，エンドユーザーを重視する姿勢が必要である．マーケターは，重要な最終消費市場の傾向や浮沈を調べることによって，強みを得ることができる．市場セクターが違えば，成長速度も違い，取り組むべき競争のレベルも違い，また短期的にも長期的にも違う課題に向き合うことになる．経済の沈滞は，すべてのセクターに均等に影響するのではない．価格決定には2つのレベルの市場への注目が要求される．組織顧客への注目と，最終製品顧客への注目である．Reed Moyer と Robert Boewadt はこう評する．「他のすべての条件が同じなら，産業財のサプライヤーは，苦境にある顧客よりも繁盛している顧客に対してのほうが，うまく価格引き上げを伝えることができるだろう．」[16]

■**価値に基づくセグメンテーション**　ある産業財が多様な顧客に異なる目的で使用されることは少なくない．顧客が企業の提供するものに見い出す価値は，セグメントごとに異なることがある．この事実は，きちんと利益が得られる価格戦略の開発における市場細分化の重要な役割を際立たせる．気泡入り保護包装材の革新的サプライヤーであるシールドエアー社の例を見よ

う[17]．同社は，製品のいくつかの用途については，購買者が利用できる有効な代替物がすでにあることを認識した．しかし，その他の用途についてはシールドエアー社が大きくリードしていた．たとえば，同社の包装資材は，輸送サイクルの長い重量物にすぐれたクッション性を提供する．同社が明確な強みを持つ用途を特定し，それぞれの状況において差別化を図ることのできる固有の価値を理解することによって，マーケティング・マネージャーが製品ラインの拡大と価格決定に取り組み，シールドエアー社がここ20年間に経験した目覚ましい収益増加に点火するための，理想的な準備を整えることができたのである．

2−3．コストの決定因

　産業財マーケターは，しばしば強力な社内志向性を発揮する．そこでは，価格の基礎を自社の原価におき，単位原価を計算し，利益率を上乗せして販売価格を算出する．価格設定における厳密な原価積み上げ主義は，顧客の価値認識，競争，および数量と利益の相互作用を見過ごす．キヤノン社，トヨタ社，ヒューレット・パッカード社といった多くの進歩的企業は，市場において顕著な競争優位に立つために，目標原価計算を採用している．

■目標原価計算[18]　目標原価計算は，市場状況の考察から始まるデザイン・トゥ・コスト，コストに基づく設計の理念を特色とする．企業はもっとも魅力的な市場セグメントを特定し，ターゲットとする（図15.4参照）．次に企業は，所定の目標価格および数量レベルにおいて，各セグメントで成功するためにはどんなレベルの品質，どんなタイプの製品属性が要求されるかを判断する．Robin CooperとRegine Slagmulderによると，目標価格を設定するには，産業財マーケターが顧客の価値認識を理解していることが求められる．すなわち，「企業は，新製品の知覚価値が，先行品の価値のみならず競合品の価値をも超える場合に限って，販売価格を引き上げることができる．」[19]

　目標販売価格と目標利益幅が決まったら，企業は許容原価を計算する．戦略的コスト削減課題は，製品設計者が許容原価を達成できなかった場合に生

じる利益不足を明らかにすることである．許容原価を目標原価と区別する価値は，それが製品開発チームおよびそのサプライヤーに与える圧力にある．企業が直面する競争上のコスト圧力をサプライヤーへ伝達するために，企業はそこで，新製品の目標価格を，各構成要素または機能ごとの目標原価のカスケード，つまり段階に分解する．自動車の主な機能にエンジン，変速機，冷却システム，およびオーディオ・システムが含まれることなどは，そのよい例である．

■利益管理ツール　トヨタ社は，最近モデルチェンジしたカムリの価格引下げに目標原価計算を活用し，一方で，旧モデルでは高級オプションだった一定の機構を標準装備とした．同様にキヤノン社は，複写機業界を変容させた画期的な個人用コピー機の開発に，目標原価計算を利用した[20]．このアプローチを開拓した日本の経営者たちは，目標原価計算を，原価管理方法としてよりもむしろ利益管理ツールとして見ている．Robin Cooper と W. Bruce

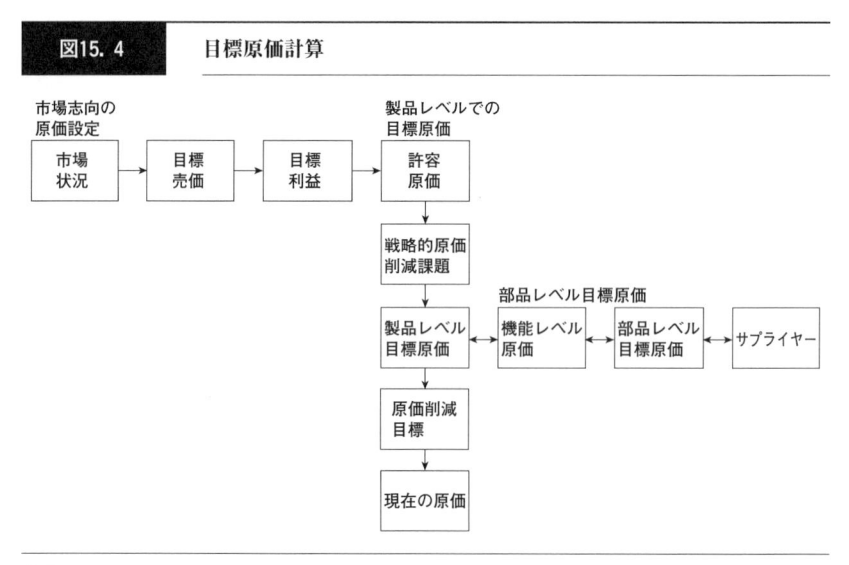

図15.4　目標原価計算

出典：Reprinted from "Develop Profitable New Products with Target Costing" by Robin Cooper and Regine Slagmulder, *MIT Sloan Management Review* 40 (summer 1999)・pp 23-32, by permission of publisher, Copyright © 1999 by Massachusetts Institute of Technology. All rights reserved.

Chewが主張するように,「この作業は,特定の売れ筋価格における特定の製品の許容粗利益を保証したい場合に超えてはいけない原価を算出することである.[21]」

■原価の分類[22]　目標原価計算のアプローチは,価格の決定にどの原価が関係するか,また,これらの原価が数量によって,また時間の経過によってどのように変動するかをマーケターが知っておくべき理由を強調する.これらの要素は,需要,競争および価格目標と関連付けて検討されなければならない.製品原価は,個々の製品の収益性ならびに製品ライン全体の収益性を予測する上で,極めて重要である.原価を適切に分類することが欠かせない.

　原価分類システムの最終目標は,(1)原価データを固定費部分と変動費部分に適切に区分すること,および(2)原価データをそれを発生させる活動に適切にリンクさせることである.その結果,マネージャーは数量効果を分析し,もっと重要な点である収益源を特定することができる.次の原価概念は,そのための分析ツールである.
 1. 直接的に追跡または帰属可能な原価:固定費と変動費とを問わず,特定の製品,顧客,または販売地域ごとに発生する専用の原価(たとえば原料).
 2. 間接的に追跡可能な原価:固定費と変動費とを問わず,製品,顧客,または販売地域とのつながりを追跡できる原価(たとえば,通常の工場間接費は,製品に間接配賦することができる).
 3. 一般原価:直接の物理的関係に基づいて客観的に製品へ配賦できない数々の活動を支える原価(たとえば営業地区の管理コスト).

　一般原価は,1品目が追加されたり製品ラインから外されたからといって,まず変わることはない.マーケティング,製造および流通のコストはすべて分類しておく必要がある.新規にラインを開発する場合,または既存ラインの品目を削除したり追加したりする場合は,それによる原価上の影響をマーケターは把握しなければならない.
 ● 製品原価のうちどの程度の割合がサプライヤーからの原料およびコンポーネントの購入で占められているか?
 ● 生産レベルが変わった場合に原価がどのように変化するか?

- 予想需要水準に基づいて，規模の経済は期待できるか？
- 自社は競合他社に対してコスト優位に立っているか？
- 経験効果は原価予測にどのように影響するか？

■経験効果　マーケティング戦略担当者は，時間の経過に伴う原価の動きも考慮しなければならない．経験効果は，原価とその先の価格予測において戦略的に重要な概念である．経験曲線は，原価（不変ドル標準）は累積生産経験（量）が２倍に増えるごとに予測可能な一定の割合で低下する，という理論を示すものである．こうして，多くの製品は，累積生産量が２倍に増えるごとに単位原価がおよそ20〜30％低下する[23]．経験曲線効果は，製造，マーケティング，流通，および管理のコストという広範囲に及ぶ．

　経験効果の３大発生源は，(1)経験による習熟，(2)技術の向上，(3)規模の経済によるものである[24]．図15.5は，蒸気タービン発電機の原価実績の経過を記したものである．原価は，蒸気タービン発電機の出力メガワットあたり70％勾配に沿っていた（つまり，生産量が２倍に増えるごとに原価が30％低減したことになる）．原価低下の主要な原因は，(1)各サイズのユニットの製造に習熟したことで87％勾配に相当し，(2)より大きい（200メガワットから600メガワットへ）ユニットを製造することによる規模の経済を促し，(3)ベアリングならびに高張力鋼などの分野における技術が向上したことで，これがより大きなユニットの設計を可能にしたと考えられる[25]．

■経験の戦略関連性　残念ながら，経験を積みさえすれば原価が自動的に低下するわけではない．実際は，原価は慎重に管理されていなければ必然的に上昇する．経験は，経営陣に原価低減と効率向上を追求する機会を与えてくれるに過ぎないのである．経験の利益を活用するには全面的な努力が必要である．製品の標準化，新しい生産工程，労働効率，そして仕事の分業化など，経験効果を利用するために検討するべき分野はまだまだたくさんある．

　産業財マーケターにとって，経験効果が戦略上のジレンマをもたらすことがある．厳しい競争下では，コストを最小化しようと積極的に追究する戦略は，しばしば，革新的な製品変革の能力を低下させる[26]．明確な効率化戦略

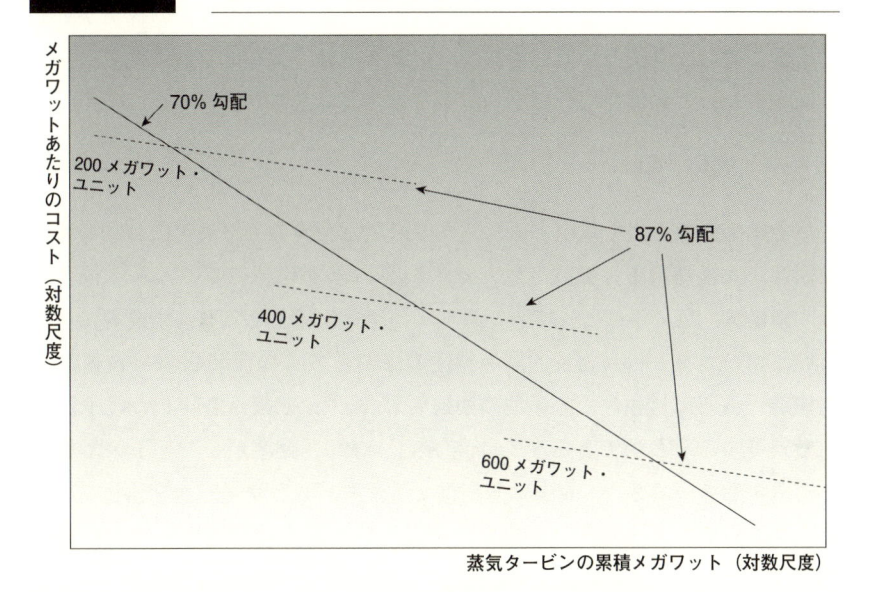

図15.5　蒸気タービン発電機の原価実績

（図：縦軸＝メガワットあたりのコスト（対数尺度）、横軸＝蒸気タービンの累積メガワット（対数尺度）。70％勾配の線上に200メガワット・ユニット、87％勾配の線上に400メガワット・ユニットと600メガワット・ユニットがプロットされている。）

出典：George S. Day and David B. Montgomery, "Diagnosing the Experience Curve," *Journal of Marketing* 47（spring 1983）: p.47. Reprinted by permission of the American Marketing Association.

を推進する企業は，製品が市場のニーズに沿ったものであり続けるよう配慮しなければならない．効率的に製造され，安く値づけされた製品が生き残るには，その市場セグメントが「低価格」を購買決定の最重要要因として重視する場合に限られる．

　経験効果は，原価と価格の予測に活用できる．製品ラインの変更が検討されている場合にも，この概念を適用できる．一企業のラインの中で複数の製品が資源を共有したり，同じ生産・流通活動を伴う場合が多々ある．そのような経験の共有によって，製品ラインの品目の一つは，それ以外のライン品目の経験の蓄積と活用によって，より一層引き下げられることになる．たとえば，石油探査用の高トルクモーターとコンベヤーベルト用の低トルクモーターの製造に同一の生産作業が行われるかもしれない[27]．その場合，慎重にコストを分類することで，マーケターは，それまでに培った共通経験を生か

す機会とするための準備を整えることができる．

経験曲線の分析は，その環境の中で習熟，技術，そして規模の経済が重要な場合に適切な手法となる．産業財マーケターは，潜在的な原価低減機会を予測するために経験曲線分析を利用することができる．

2－4．競　争

競争は価格の上限を規定する．個々の産業財企業の価格決定における許容範囲は，組織購買者に知覚されたその製品の差別化レベルに大きく依存する．価格は，買い手にとってのコスト／効用を均衡させる一構成要素に過ぎない．マーケターは，物理的製品特性のほかに多くの面 ―評判，技術的専門知識，納期の信頼性，その他の関連要素など― で競合他社との競争優位性を獲得することができる．Regis McKenna は，「企業がコモディティ製品を製造する場合でさえ，企業は，提供するサービスとサポートを通じて，あるいはターゲット・マーケティングを通じて製品を差別化することができる．コモディティ的思考は工場に残し，思考の多様性を市場へ持ち込むことは可能である」と主張する[28]．産業財マーケターは，さまざまな市場セグメントにおける製品の差別化の度合いを評価することに加え，特定の価格決定に競合他社がどのように対応するかを問わなければならない．

■**超過度の競争的対立関係**　一部の戦略エキスパートは，安定した環境における伝統的な競争のパターンが，急速に変化する環境においては超過度の競争的対立関係に取って代わられつつあると強調する[29]．安定した環境下では，企業は長期的条件に対応する設計で，かなり固定的な戦略を立てることができた．企業の戦略は，自己の戦略的優位性の維持と，業界内の支配力の低い企業が二流の地位に甘んじる平衡状態の実現に重点を置いていた．

超過度の競争的環境では，成功企業は一時的に優位な状態を作り出し，市場の平衡状態を絶え間なく揺さぶってライバルの優位性を破壊する戦略を追求する．たとえば，インテル社はマイクロプロセッサ産業の平衡状態を継続的に揺さぶり，ヒューレット・パッカード社は売れ筋商品の価格を引き下げ続けることでコンピュータ用プリンタ事業をかき回す．さらに，インターネ

ットを介して顧客にリアルタイムで豊富な情報を提供し，多くの製品価格を引き下げさせる．超過度の競争環境におけるリーダー企業は，競争をより激化させ，超過度の競争に貢献しながらも，常に新たな優位性の源を探す．

ハイテク市場における超過度の競合状況について考えよう．品質を維持し，真っ先にもう一段安い戦略的売れ筋価格をつける企業は，爆発的な売上げと市場占有率の増大を享受することができる．しかし，次の Geoffrey A. Moore の言葉どおり，一部の企業は収益性を維持するために価格引下げへの同調を回避する．

大幅な利鞘は根深い悪習である．IBM 社は，コンパック社が自社を下回る価格をつけたときにこれを回避することができなかったし，コンパック社も，デル社が自社を下回る価格をつけたときにこれを避けられなかった．どちらの会社もそれ以後指針を変えたが，この永遠のライバル企業はこれを機に以降の自社のコアビジネスに地歩を築いた．とくにヒューレット・パッカード社は，自社の売上げや利鞘を浸食するような場合でも容赦なく，もう一段低い売れ筋価格を追求した[30]．

■**競合他社の反応を推測**　競合他社の対応を予測するためには，まず，直接の競合他社および代替品となり得る製品の製造業者の両方について，コスト構造と戦略を考察することが有益である．マーケターは，公表された二次情

表15.3　コスト比較問題の一部抜粋：追従者対先駆者

技術／規模の利益	追従者は先駆者と比較して，より新しい生産技術を使ったり，より大きな大規模な工場を建設することにより，利益を得ることができる
製品／市場の知識	追従者は，競合他社の製品を分析し，人材を雇い，または市場調査を通じて問題点や，顧客やチャネル・メンバーの充足されていない期待を特定することによって，先駆者の失敗から学ぶことができる．
経験の共有	先駆者と比較して，追従者は会社の他の部門と作業を共有することによって，一定の原価要素について優位に立つことができる場合がある．
サプライヤーの経験	追従者は，先駆者とともに，外部のコンポーネントまたは生産設備のサプライヤーが達成したコスト削減の恩恵を得ることができる．

出典：Adapted from George S. Day and David B. Montgomery, "Diagnosing the Experience Curve," *Journal of Marketing* 47 (spring 1983) : pp.48-49.

報やアニュアル・リポートなどを使って大まかな試算をすることができる．競合他社のコスト構造を算定するには，経験曲線を使うこともできる．経験曲線の階段を移動してきた競合他社は，業界に参入したばかりの者より原価が低いかもしれない．コスト構造の試算は，競合がどれくらいうまく価格低下に対応できるかを評価する際や，将来の価格傾向を予測する際にも有効である．

　しかし，一定の条件下では，あとから市場参入する者は先駆者より初期コストが低い．なぜだろうか．その理由のいくつかを表15.3に掲げる．後発参入による潜在的コスト優位性の認識を怠ると，産業財マーケターは原価の差を過度に誇張することになりかねない．

　ここでは，競合する売り手が採用する市場戦略も重要になる．競合他社もまた，自分たちが重要視する市場セグメントを脅かす価下げに対して神経をとがらせる．彼らは，自分たちとのセグメントが重複する場合には，値下げをより早く知ることになる．もしとりわけその製品が差別化されたポジションにある場合には，もちろん競合他社も値下げに同調しない選択をする場合もありうる．ある成功した鉄鋼会社は，競合他社の値下げに合わせるのではなく，顧客に対してオーダーメイド製品と技術支援を提供することで，競争的挑戦に対応している[31]．競合他社からの価格攻撃に，あなたはどのように対応するべきだろうか？　この問題については，この章の後段で別途取り上げる．

　マネージャーは，多元的価格決定へのアプローチとして，対象，需要，原価，競争，および法律的要素（後述）を把握しておくことを求める．このように価格設定は，行為ではなく継続的プロセスである．

3．製品のライフサイクル全体を通じた価格設定

　まったく新しい工業製品またはサービスに，どのような価格をつけるべきだろうか？また，既存の製品ラインに品目を追加する場合，すでにライン中にある製品との関係から，どんな価格をつけるべきだろうか？

3－1．新製品の価格設定

　新製品の価格設定に関する戦略的決定は，価格連続体—上澄み吸収価格（高い初期価格）から市場浸透価格（低い初期価格）まで—の境界における方針を考察することで，整理できる．デュポン社とダウ・ケミカル社の価格設定戦略をもう一度見てみよう．デュポン社が早い時期の利益確保または研究開発支出回収のために新製品に高い初期価格をつけるのに対し，ダウ・ケミカル社は市場占有率の獲得を目的として低価格戦略を採用している．

　市場浸透と比べた上澄み吸収のメリットを評価する際に，マーケターは，ここでも買い手の視点から価格を考察しなければならない．Joel Dean は，このアプローチは「ボリューム・ゾーンとなる見込み客にとって許容できるであろう，最低投資利益率となる購入価格が売価の上限である，という認識に基づいている」と主張する[32]．たとえば新しい工作機械の買い手に生じる潜在的利益は市場セグメントによって異なり，これらの市場セグメントごとにその工作機械への投資を促す最低利益率が異なる可能性があるため，買い手の視点は新製品の価格設定において特に重要である．

■上澄み吸収　まったくの新製品に適した上澄み吸収アプローチは，高い初期価格を気にしない市場セグメントに，収益性の高い方法で参入する機会を企業に提供する．発売後の時間が経過するにつれ，競合他社が市場に参入するにつれ，また組織購買者がその製品の評価と購買に慣れるにつれて，需要の価格弾力性は増してくる．まず，導入期の段階で上澄み吸収を活用し，続いて製品の成熟につれて市場浸透に移る政策は，Joel Dean によって time segmentation（時間に基づく市場細分化）と名づけられている[33]．上澄み吸収政策は，マーケターが早期に利益を確保し，その後価格を下げて価格感応性の高いセグメントへ到達することを可能にする．また，これはイノベーターが投じた多額の開発費をより短期間で回収することも可能にする．

　Robert Dolan と Abel Jeuland は，革新的企業の独占期間において，需要曲線が長期にわたり安定的で（拡散したり分散したりせず），製造費が生産量の累積に伴って低下する場合には，上澄み吸収政策が最適であり，一方，非

耐久財で反復購入率が比較的高いか，または耐久財でも需要が分散・拡散する特徴をもつ場合には，市場浸透政策が最適であることを実証している[34]．

> ◎倫理的産業財マーケティング◎
> ## レイセオン社における倫理と価格設定
>
> 　価格交渉は，不公正で，倫理に反し，違法な行動となる可能性があることから，ほとんどの企業は一連の企業行動指針を策定している．以下に挙げるレイセオン社の購買についての行動基準の抜粋は，取引関係における公正性の大切さを強調している．
> - レイセオン社は，当社の購買担当者が公正であり，利益供与をせず，また利益供与を受けないことを期待する．リベートの受領は，道徳上も法律上も，犯罪である．これに抵触した場合，購買担当者はただちに免職となり，売り手はただちに当社との取引を停止される．
> - この規則は，購買プロセスに影響をもつレイセオン社の全従業員に適用される．
> - ペーパーウェイト，キーチェーン，またはコーヒーカップなどの広告用ノベルティー以外の贈答品，サービス，または対価は，サプライヤーへ返還される．
> - サプライヤーとの昼食会は推奨されない．昼食会は，それを行う正当なビジネス上の目的がある場合，状況によっては必要であるが，それを習慣にするべきではない．可能な限り，会社の施設を使用するべきである．
> - レイセオン社の最終目標は，最高水準の倫理的行動をとり，市場での名声を確立することである．レイセオン社と当社へのサプライヤーの両方のために，この名声を守ることを希望する．
>
> 出典：Robert L. Janson, Linda A. Grass, Arnold J. Lovering, and Robert C. Parker, "Ethics and Responsibility," in *The Purchasing Handbook*, ed. Harold E. Fearon, Donald W. Dobler, and Kenneth H. Killen（New York：McGraw-Hill, 1993）, pp.360-361.

■**市場浸透**　市場浸透政策は，(1)需要の価格弾力性が高い，(2)切迫した競争の脅威が大きい，(3)量の拡大に応じて相当に製造費低下の余地がある，という条件が揃った場合には適している．短期間にかなりの市場占有率と経験を獲得できる企業は，経験効果を利用し，競合他社を上回る戦略優位性を獲得できる．この戦略の実行可能性は，将来市場の潜在的規模に応じて増加する．市場の成長率が大きい場合，新規売上高の大きなシェアをとることで，企業も経験を積むことができる．もちろん，追加の市場占有率の価値は産業によって，またしばしば特定の産業内でも製品，市場および競合他社によって，大きく異なる[35]．追加の市場占有率の価値を判断する際に考慮されるべき要素には，投資要件，経験の潜在的利益，予想される市場動向，起こりそうな競合反応，および短期・長期の利益見込みなどが含まれる．

■**製品ラインの考慮**　長大な製品ラインをもつ今日の産業財企業は，価格設定におけるプロダクト・ミックスのバランスをとるにあたって複雑な問題に直面する．企業は，多様な製品への需要が相互依存的であるのに加え，それらの品目の製造コストやマーケティング・コストのいずれか，または両方が相互依存的であることから，製品ラインを拡大する[36]．企業は，特定の市場セグメントのニーズに対し，よりきめ細かく対応するために，製品ラインの追加や製品ラインの新規開発さえ行う．個々の製品ライン・アイテムに対する需要とコストが互いに影響し合っているため，1つの製品ライン・アイテムにおける生産とマーケティングの決定が，必然的に他のアイテムの売上とコストの両方に影響する．

　特定の製品ライン・アイテムは代替または補完になるだろうか？　あるアイテムの価格の変化は，主要市場セグメントにおけるこの製品または他の製品の使用率を増やしたり抑制したりするだろうか？　新製品には，他の製品ライン・アイテム（たとえば潜在的代替品）を保護し，自社がライン上の他品目を刷新する時間を与えるために，高い初期価格をつけるべきか？　こうした決定には，需要，コスト，競争，および戦略的なターゲット・マーケティング目的に関する広い知識が要求される．

■法的考察　産業財マーケターはさまざまな種類の顧客や流通業者，そしてさまざまなタイプの値引き（たとえば大口割引）を取扱うので，価格管理における法律的配慮が欠かせない．ロビンソン・パットマン法は，「競争を大きく損ない，または独占を形成したり，もしくは競争を破壊し，阻害する傾向を持つ可能性がある場合に…同等の等級および品質の製品にもかかわらず，異なる購買者間で価格の点で差別を行なうこと」を違法としている．価格差は許容されるが，それはコストの差または「競争に対応する」ための必要性に基づくものでなければならない[37]．買い手の間でコストに差が生じることを正当化することは難しいため，価格管理においては明確に定義された方針と手続を要する．このようなコスト正当化の指針は，価格決定をする場合に限らず，価格差別課徴金に対抗する法的防衛策としても有用である．

4．競合他社からの価格攻撃への対応[38]

　ほとんどの産業財マーケターは，最低価格を強調するよりも，顧客により良い価値を提供する点での競争を好む．しかし，どの業界でも，マーケティング・マネージャーは，価格譲歩を手段に用いて市場占有率を増やしたり，収益性の高い市場セグメントへ参入することに意欲的な競合他社からの，不断の圧力にさらされている．アグレッシブな競合他社から挑戦を受けた場合，多くのマネージャーの脳裏にまず浮かぶプランは，挑戦を受けて立ち，対抗して値下げすることである．しかし価格戦争の最終的なコストは非常に高くつくおそれがあるため，専門家は，価格決定による短期的利益のみならず，長期的な戦略の成果を考慮した，より体系的なプロセスをたどることを推奨する．マネージャーは，単に目の前の売上目標などを達成するために価格を設定するべきではなく，価格決定の照準を長期プロジェクトの最終目標を高めることに向けるべきである．ストラテジック・プライシング・グループ社のコンサルタントである George E. Cressman Jr. と Thomas T. Nagle は，「価格設定はチェスのゲームのようなもので，数手先を読むことを怠ったプレーヤーは，正しく先を読んだプレーヤーに必ずといってよいほど負ける」と述べている[39]．

図15.6 競争の脅威を評価する

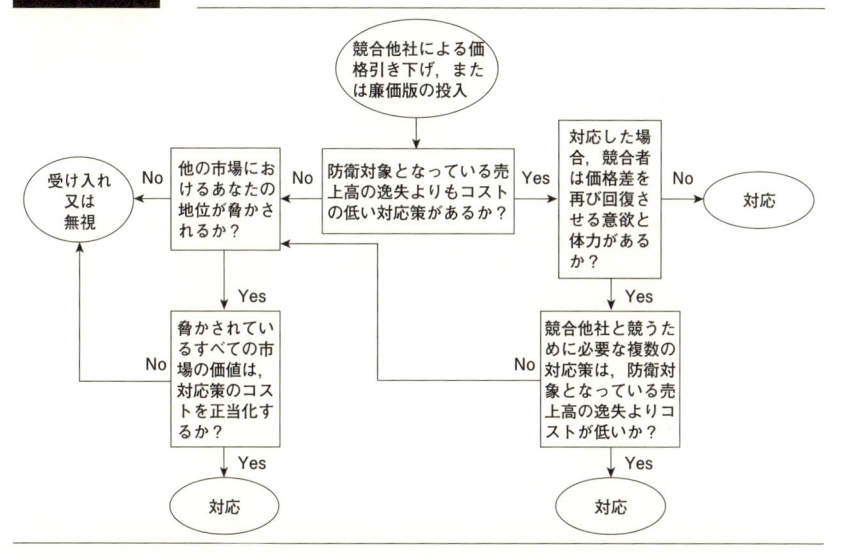

```
                    ┌──────────────┐
                    │競合他社による価│
                    │格引き下げ，ま│
                    │は廉価版の投入 │
                    └──────┬───────┘
                           ↓
        ┌─────────┐  No  ┌──────────┐       ┌──────────┐  No
        │他の市場にお├────┤防衛対象とな├─Yes──┤対応した場 ├──→ 対応
┌─────┐ │けるあなたの│    │っている売 │       │合，競合者 │
│受け入れ│←│地位が脅かさ│    │上高の逸失 │       │は価格差を │
│又は無視│ │れるか？   │    │よりもコスト│       │再び回復さ │
└─────┘ └────┬────┘    │の低い対応策│       │せる意欲と │
             ↓Yes        │があるか？ │       │体力があ   │
        ┌─────────┐      └──────────┘       │るか？     │
        │脅かされてい│                        └─────┬────┘
        │るすべての市│                              ↓Yes
        │場の価値は，│                        ┌──────────┐
   No   │対応策のコス│  No                    │競合他社と競う│
  ←────┤トを正当化す├←───────────────────────┤ために必要な複│
        │るか？     │                        │数の対応策は，│
        └────┬────┘                        │防衛対象とな │
             ↓Yes                            │っている売上 │
          ┌────┐                            │高の逸失より │
          │対応│                            │コストが低い │
          └────┘                            │か？         │
                                             └─────┬────┘
                                                   ↓Yes
                                                ┌────┐
                                                │対応│
                                                └────┘
```

出典：George E. Cressman Jr. and Thomas T. Nagle, "How to Manage an Aggressive Competitor," *Business Horizons* 45 (March-April 2002) : p.25. Reprinted with permission from *Business Horizons* (45/2),pp.23-30. Copyright 2002 by the Trustees at Indiana University, Kelley School of Business.

4－1．競争の脅威を評価する

　図15.6は，1社または複数の競合他社が値下げを発表した場合，または自社の顧客のうち少なくとも数件に，より高い価値を提供する新製品を発表した場合の，戦略開発のための体系的な枠組みを提供するものである．競合他社の挑戦に合わせた価格引下げが適切な対応かどうかを判断するために，次の4つの重要な質問に答えてみよう．

1．防衛対象となっている売上高の逸失よりコストの低い対応策があるか？
　　（図15.6中央部参照）競合他社の価格引下げに対応する前に，マーケティング戦略の担当者は，費すべきコストがその便益によって正当化されるかどうかを確認するべきである．価格変更への対応が売上げの逸失よりコストが低いならば，価格変更は適切な判断かもしれない．他方，競合他社

第15章　産業財市場の価格設定戦略　　597

の脅威が見込み売上高のごく一部にしか及ばないなら，その脅威を無視することによる収入減は，報復に関わるコストよりはるかに低いとも考えられるだろう．もし，実質的な脅威が顧客の一部分にしか及ばないならば，一部のわずかな損失を防ぐために全ての顧客に対して値下げを行えば，そのコストは法外に高くつくはずだ．

価格対応が必要だと判断した場合，戦略担当者は，競合対策を自社にとって最もコスト効果の高い活動に絞るべきである．脅威的な価格競争に対する場合のコストは，次に挙げる一つ，またはいくつかの要素を価格設定活動に組み入れることで削減することができる．

- 対抗値下げの中心を，競合他社のオファーに誘引されそうな顧客のみにおく（たとえばインテル社は，旗艦であるPentiumチップの価格は下げず，コスト意識の強い市場セグメント向けに低価格のCerrusチップを提供した）．
- 対抗値下げの中心を，競合他社にとって値下げによる損失が最も大きい特定の地域，流通チャネル，または製品ラインにおく（たとえばコダック社は，富士フイルム社からの挑戦に，富士フイルム社が魅力的な利ざやと大きな市場占有率を誇る日本で価格プロモーションをもって対抗するなど）．
- 価格競争による値下げの代替策として，自社の提供価値を増大させるために，あらゆる競争優位性を利用する（たとえばより高品質の製品を持つ企業は，より長い保証期間を顧客に提供することで対応できる）．

2．自社が対抗して価格引下げを行った場合，競合他社は価格差を回復させる意欲と体力があるか？ 競合他社が再度値下げによる差別化を図るとしたら，価格競争は効果の低い戦略になる．CressmanとNagleによると，適切な方向性を判断するには，戦略担当者は，競合他社がそもそもなぜ価格競争を選ぶにいたったのかを理解するべきだと説く．「競合のシェアアップの可能性が，価格優位性の手段以外は非常に少なく，かつ他に顧客をひきつける方法を持っていない場合，売上げを獲得するために必要なレベルまで価格を下げたとしても，こちらとしては失うものはほとんどな

い」[40]．特に，競合他社がＲ＆Ｄ部門などへ，回収困難なレベルでの多額の投資をしている場合がこれに該当する．このような場合，順応 ―市場占有率の喪失― するほうが，価格戦争に打って出るよりコストが低い．

3．競合他社と競うために必要な複数の対応策は，防衛対象となっている売上高の逸失よりコストが低いか？ 市場に一定の地位を築こうと苦闘している競合他社による価格変更を抑止するには，１つの対応策で十分ということはめったにない．価格競争は，固定的な生産能力に対する多額の投資を必要とする産業で特に生じやすい．競合他社は，生産能力を遊休させておくよりは，固定費をカバーするのにいくらかでも寄与する売上げを，積極的に追求しようとするだろう．競合他社が値下げを追求し続けそうな場合，それを防衛する側にとっての最高の戦略は次の通りである．
- 価格感応性が高く利幅の小さい顧客セグメントのような（たとえば政府契約），収益性への損害が最も少ない領域で競合他社に勝たせる．
- 競合他社が価格感応性の低い，より収益性の高い顧客セグメントへ到達することをより難しくするような障壁を築く（たとえば最も重要な顧客向けに独自のソリューションを開発することによって，切替コストを設けるなど）．

4．競合他社が市場占有率を高めると，他の市場（製品または地理上の）におけるあなたの地位が脅かされるか？ 脅威を受けるすべての市場の価値は，戦略に投じたコストを正当化するか？ 価下げに対応する前に，産業財マーケターは，長期の戦略的利益ならびに特定の戦略対応のリスクを明確に定義しなければならない．利益には，将来の特定市場における売上げの追加，当面の補完製品（コンピュータの販売に関連するソフトウェア，周辺機器およびサービスなど）の売上増，または数量増による将来の売上原価の低下を含めることができる．たとえばＡＴ＆Ｔ社は，総合的な電気通信サービス（長距離，市内電話，ケーブルおよびインターネット・アクセス）に関する「ワンストップ」サプライヤーになるために，長距離価格を引下げ，その事業単独においてはＡＴ＆Ｔ社の利益が最大化されないと

しても価格競争を自発的に選んだ．長距離サービスはこのサービスの束を顧客へ販売するための基礎となるものである．そのため，AT&T 社は，その地位を守るための莫大なコストをすすんで負担した．

4－2．競争戦略のルールを理解する

攻撃的競合他社に効果的に対処するには，戦闘への意欲以上のものが必要である．そこでは，競争戦略とともに，競合他社による値下げへの適切な対応策として，どのような場合には動きを無視し，あるいは受け入れ，報復が適切になるのかについての理解を求められる．Cressman と Nagle は，競争戦略開発のために次のような指針を提言する．

- 「勝てない競争に参加しないこと．自分に競争上の強みがある領域でのみ戦いをし，明らかに不利な戦いは避ける……」
- 「常に有利な位置から競争に参加すること．競合相手のルール（彼ら自身に有利になるように選択したもの）で戦わない．こちら側に有利なものを利用する」[41].

5．競争入札

産業財市場では，かなりの量の商取引が競争入札によって行われる．産業財マーケターは，特定の定価に頼るよりも，顧客の特定の製品またはサービスについての要求事項に適合する価格または入札で対応しなければならない．

政府はじめその他の公的機関による購買は，ほぼ競争入札のみで行われる．民間産業界の競争入札は，2種類の購買形態に限定される．第一に，競争入札の適応対象は，規格外の材料，設計や製造方法が多様で複雑な加工製品，および購買者の仕様に基づいて作られる製品の購買である．ここで調達される品目は，一般的な市価水準が存在しないタイプのものである．競争入札によって，購買者が価格の妥当性を評価することが可能になる[42]．第二に，多くの企業は，単一の購買者からの注文を得るために多数の売り手が入札するリバース・オークションを利用している（第5章参照）．たとえばGE

社は，直接材料（規格コンポーネント部品など）と間接材料（メンテナンス用品，事務用品など）の両方の購入にリバース・オークションを利用し，その支出額は同社の購買支出総額の約3分の1になっている．リバース・オークションは通常，コモディティと見なされる製品カテゴリーに最適である[43]．競争入札には，非公開と公開の二つがある．

5-1．非公開入札

　企業および政府の購買者がよく利用する非公開入札で，見込みサプライヤーに対して正式に入札の案内がなされる．見込みサプライヤーは特定の事業機会について書面による封緘入札書を提出することを求められる．すべての入札書は同時に開封，審査され，一般的には契約は望ましい仕様を満たしているサプライヤーの中から最低額入札者が獲得する．低額入札者の契約が保証されるわけではない．買い手は信頼できる最低額入札者と契約することが多いが，買い手が複数存在するような場合，購買者の契約履行能力が入札プロセスの最後のポイントになる．

■オンライン封緘入札方式　オンライン競売に使用される封緘入札方式もある．封緘という用語は，一サプライヤーと買い手のみが入札の詳細を閲覧できることを意味する．Sandy Jap は次のように説明する．

　　この入札プロセスは，買い手とサプライヤーが交代で入札を閲覧するという意味で，非同期式である．買い手はRFP（request for purchase／購買希望）を電子的に掲示し，サプライヤーが入札書を提出し，買い手が提出された入札書を閲覧する．全部の入札閲覧後，購買者は決定を下し，または複数ラウンドの入札が予定される場合はサプライヤーに返答をし，これに応じてサプライヤーが新たな入札書を提出する[44]．

5-2．公開入札

　公開入札はより略式で，サプライヤーは（口頭または書面で）一定の日ま

でにオファーを行うことができる．買い手は，入札プロセス全体を通じて数名のサプライヤーについてくわしく検討することができる．公開入札は，具体的な要求事項を厳格に定義することが困難な場合，または競合するサプライヤーの製品とサービスが大きく異なる場合に特に適切かもしれない．

1回選抜をして購買する局面では，価格協議方式が採用されることもある．技術的要求事項が複雑な場合，または製品仕様が不確実な場合は，購買組織がまず競合企業の能力を評価し，その後，価格および製品・サービスの提供形態を協議する．価格協議方式は，産業財市場における民間セクターと公共セクターの両方の調達決定に適している（第2章参照）．

■オンライン公開入札方式　オンラインで実施する公開入札は，方式が異なる．ここでは，サプライヤーが指定期間中に同時にその契約についての入札を行う．封緘入札方式とは対照的に，全サプライヤーと買い手が同時に入札を閲覧する．当然，最終目標は価格を押し下げることである．リバース・オークションに関する広範な調査を実施したJapは，公開入札形式を常態的に使用すると買い手とサプライヤーの関係が破壊される可能性があると論じる．

この損害は，公開入札方式が競争中の価格情報を明らかにし，それがサプライヤーの交渉力を損なうために生じる．公開入札方式はまた，通常は協働的な交換よりも取引的交換で重視される，短期的変数としての価格に注目する．協働的交換が重視される文脈の中で公開入札方式をとると，サプライヤーに対して整合性のないメッセージを発することになり，不信感を醸成することになるかもしれない[45]．

5－3．競争入札のための戦略

入札書の作成は費用も時間もかかるので，可能性のある入札機会は慎重に選択するべきである．契約によって提示される収益レベルは，入札企業の技術的専門性，過去の経験，目的に応じて異なってくる．そのため，最も有望な契約を抽出するには慎重なスクリーニングが求められる[46]．1つのプロジェクト機会を抽出したら，マーケターは，今度はさまざまな価格によるその

契約の獲得可能性を推定しなければならない．契約が最低額入札者と結ばれるものと想定すると，その企業が契約を獲得するチャンスは，入札価格を高くするにつれて少なくなる．競合他社はどのような入札をするだろうか？

多くの産業において，産業財マーケターは，最初の契約を獲得したサプライヤーが長期的なフォローアップ取引を確保する上で有利だという状況に出くわす．たとえば，世界中のオフィス備品需要を満たすという3M社の契約に入札するサプライヤーは，集中購買部門との最初の取引関係を確保するために，しばしば魅力的な入札をする[47]．多少の目先の利益は犠牲になるかもしれないが，低価格入札は，利益になる継続的フォローアップ取引につながる投資と見なされる．

産業財マーケターは，この種の入札戦略の追求において，最初の契約とフォローアップ取引機会との関係の強さを慎重に評価しなければならない．たとえば，オフィスオートメーション・システムの購入は買い手を特定の売り手と結び付け，将来の取引可能性を提供する．買い手は，機器自体のみならず従業員の研修や新しい業務手順にも投資をするので，別のサプライヤーへ切り替えるコストは高い[48]．このような投資は，変化に対する硬直性を誘発する．これに対して，より標準的な購買では，買い手が別のサプライヤーへ切り替えるコストは非常に低いので，このようなつながりは発生しない．産業財マーケターは，最初の入札戦略を決定する際に，買い手と売り手との関係性の強度，追加の取引を確保できる可能性，およびその取引から期待される収益を検討するべきである．

6．まとめ

産業財マーケターは，最初に，価格設定が自社全体のマーケティング戦略においてどのような役割を担うのかを定義しなければならない．特定の産業財またはサービスに「誤った」価格をつけると，その企業の市場での地位，チャネル関係，ならびに製品戦略および人的販売戦略を損なう一連の事態の引き金になり得る．価格は，買い手が購買プロセスの中で検討するコストの一部にすぎない．したがってマーケターは，さまざまな製品に関して，エン

ドユーザー重視の姿勢をとり，買い手にとってのコストと効用のトレードオフを考慮することで，利益を上げることができる．顧客にとって製品利用に伴なう総コストを理解することで反応のよい価格戦略を策定できる．価値ベースの戦略は，特定の産業財セグメントに合わせて設計することができる．

　価格設定は多元的決定である．価格を定めるには，マネージャーは自社の目的を特定し，需要，コストおよび競争の動きを分析しなければならない．超過度の競争による対立関係は多くのハイテク産業セクターにおける競争の質を特徴付けている．産業財の価格決定には不確実性が付きまとうが，このタスクには受動的にではなく能動的にアプローチしなければならない．たとえば，産業財マーケティングを行なう多くの企業は，産業財市場において競争優位を確保するために，目標原価計算を使用する．同様に，需要，コストまたは競争パターンを分離することによって，マネージャーはこれまで無視されてきた市場の動きと機会についての洞察を得ることができる．攻撃的競合他社に効果的に対処するには，戦闘への意欲以上のものが必要である．そこでは，競争戦略とともに，どのような場合に価格攻撃を無視するべきなのか，これに対応するべきなのか，または報復するべきなのかについての理解が要求される．

　産業財市場に固有の特徴である競争入札は，独自の戦略を必要とする．ここでも，慎重に定義された目的が戦略の土台である．これらの目的が細心の注意を払ったスクリーニング手続とあいまって，企業が自社能力と合致したプロジェクトを特定するのに役立つ．

6－1．討論課題

1．Pac-10の1大学の図書館が，最近，60台のパーソナルコンピュータをデル・コンピュータ社から購入した．大学の購買スペシャリストがデル社の提供する価値をそのライバルが提供する価値との関係で評価する際に，利用に伴なう総コストアプローチをどのように活用することができるだろうか．
2．産業財マーケターがさまざまな市場セグメントについて個別の需要曲線

を作成することが必要な場合が多い理由を説明せよ．産業財の価格決定に対して1本の総合需要曲線のほうがよい場合はあるだろうか．
3．この記述を評価せよ：コモディティ意識から抜け出すために，会社は自社の製品を顧客ソリューションとみなし，この考え方に基づいて製品を販売しなければならない．
4．ホームオフィス用ファクス機を開発するにあたって，目標原価計算を用いた場合に企業がたどるプロセスを示してみよう．
5．XYZ Manufacturing Corporation社はコンポーネント部品について，かなり大きな売上減少を経験した．マーケティング担当バイスプレジデントのMary Vantageは，価格を10％引き下げれば再び事態が動き出すかもしれないと考えている．そのコンポーネントの価格を下げる前にMaryが考慮するべき要因は何か？
6．経験効果（原価の動き）を定義し，これが生じる理由を説明せよ．経験効果は戦略的価格決定にどのように関係するか？
7．産業財のマーケティング・マネージャーは，ある製品を最適価格レベルへ到達させるのに，しばしば大きな困難に見舞われる．最初に，価格決定を複雑にする要素を記述せよ．次に，産業財に関する価格設定にあたってあなたが取るアプローチの概要を述べよ．できるだけ具体的に述べること．
8．インテル社は新チップの製品開発サイクルを，製品化に要する時間ではなく，「資金化に要する時間（time to money）」と呼ぶ．インテル社の伝説的リーダー，Andrew Groveは，「スピードは我々が持つ唯一の武器だ」と言っている．迅速な製品開発プロセスから生まれる価格設定上の利点とは何か？
9．競合他社の値下げによって生ずる脅威によって影響を受ける部分が予想売上のうちのごくわずかな領域だった場合，その脅威を無視することによって生じる売上減は，報復することによって生じるコストよりおそらくははるかに小さい．これに同意するか否か？　その理由を説明してみよう．
10．あなたが超過度に競争的な業界と考える具体的な産業 —ソフトウェア等— を特定せよ．その業界における主要競合者は誰か？　その変化の早

さにはどんな力が影響しているか？

6－2．インターネット演習

事業者間オンライン取引の取組みで失敗したものは数多くあるが，独創的なオンラインオークション・サイトの1つで，ウェブを使ったFreeMarketsは，明らかに勝ち残り組である．http://www.freemarkets.com のサイトへ行き，「Solutions」をクリックし，ユナイテッド・テクノロジーズ社などの買い手が具体的なオークション事例で実現したコスト節減の詳細を記したケーススタディを探すこと．品目，その注文を争った入札者（サプライヤー）の数，および従来の購買方法を上回ったとして報告されている節約額を記載せよ．

6－3．リバース・オークションの挑戦に応えて[49]

リバース・オークション（1購買者と多数の売り手）の利用拡大は，産業財市場における一連の多様な製品およびサービスを扱っているマーケターに深刻な問題を突きつける．リバース・オークションは，効率的な電子機能の出現によって一般化したものであり，インターネットによって電子的に使用する場合に限って実施可能な場合が多い．リバース・オークションでは「ダイナミック・プラシニング」を行うが，これは，電子的形式ゆえに競売にかけられる品目の価格が瞬時に変化することを意味する．売り手が価格変化（通常は下落）をリアルタイムで観察するため，価格は合理的な市場価格が形成されるまで下がり続ける，と想定される．

GE社，クエーカーオーツ社，ユナイテッド・テクノロジーズ社，GM社など多数の企業各社が，従来の購買法に代えてリバース・オークションを用いたことによる何百万ドルものコスト節減効果を報告している．言うまでもないが，これらの組織へのサプライヤーである産業財マーケティング企業は，リバース・オークションが自社の製品やサービスをコモディティに変容させ，利益幅を引き下げ，相互に利益のもたらされる関係を開発する機会を大きく損なうことを恐れている．

討論課題

　GE 社へコンポーネント部品を供給する産業財マーケティング企業に対するコンサルタントとして，マーケティング・マネージャーがリバース・オークションをめぐる課題に取り組む際に従うべき具体的な戦略指針または活動計画を提案せよ．回答の中で，産業財マーケティング企業の地位強化において価値ベースの販売ツールが担うであろう役割を考察せよ．

─ 注 ─

1 James C. Anderson and James A. Narus, "Business Marketing : Understand What Customers Value," *Harvard Business Review* 76（November / December 1998）: p.65.
2 Richard A. D'Aveni, *Hypercompetitive Rivalries*(New York : The Free Press, 1995), p. 27.
3 Bradley T. Gale, *Managing Customer Value : Creating Quality and Service that Customers Can See*(New York : The Free Press, 1994), pp.73-75.
4 Thomas T. Nagle, *The Strategy and Tactics of Pricing : A Guide to Profitable Decision Making*（Englewood Cliffs, NJ : Prentice-Hall, 1987), p.1.
5 David T. Wilson, "Pricing Industrial Products and Services," Report # 9 -1986, Institute for the Study of Business Markets, College of Business Administration, Pennsylvania State University.
6 Benson P. Shapiro and Barbara B. Jackson, "Industrial Pricing to Meet Customer Needs," *Harvard Business Review* 56（November/December 1978）: p.125.
7 Ibid., pp.119-127.
8 Walter Baker, Mike Marn, and Craig Zawada, "Price Smarter on the Net," *Harvard Business Review* 79（February 2001）: pp.122-127.
9 Frank V. Cespedes, "Industrial Marketing : Managing New Requirements," *Sloan Management Review* 35（spring 1994）: pp.45-60.
10 Frank V. Cespedes, *Concurrent Marketing : Integrating Product, Sales, and Service*（Boston : Harvard Business School Press, 1995), pp.152-160.
11 Rovert J. Dolan, "How Do You Know When the Price Is Right?" *Harvard Business Review* 73（September / October 1995）: pp.174-183.
12 Irwin Gross, "Insights from Pricing Research," in *Pricing Practices and Strategies*, ed. Earl L. Bailey（New York : The Conference Board, 1978), pp.34-39. See also Valerie Kijewski and Eunsang Yoon, "Market-Based Pricing : Beyond Price-Performance Curves," *Industrial Marketing Management* 19（February 1990）: pp.11-19 ; and G. Dean Kortge and Patrick A. Okonkwo, "Perceived Value Approach to Pricing," *Industrial Marketing Management* 22（May 1993）: pp.133-140.
13 Gross, "Insights," p.35.
14 Dolan, "How Do You Know When the Price Is Right?" pp.178-179.
15 Reed Moyer and Robert J. Boewadt, "The Pricing of Industrial Goods," *Business Horizons* 14（June 1971）: pp.27-34 ; see also George Rostky, "Unveiling Market Segments with Technical Focus Research," *Business Marketing* 71（October 1986）: pp.66-69.
16 Moyer and Boewadt, "The Pricing of Industrial Goods," p.30.
17 Dolan, "How Do You Know When the Price Is Right?" pp.176-177.

18 This section is based on Robin Cooper and Regine Slagmulder, "Develop Profitable New Products with Target Costing," *Sloan Management Review* 40 (summer 1999): pp.23-33.
19 Ibid., p.26.
20 Jean-Phillippe Deschamps and P. Ranganath Nayak, *Product Juggernauts: How Companies Mobilize to Generate a Stream of Market Winners* (Boston: Harvard Business School Press, 1995), pp.119-149.
21 Robin Cooper and W. Bruce Chew, "Control Tomorrow's Costs through Today's Designs," *Harvard Business Review* 74 (January/February 1996): pp.88-97.
22 Kent B. Monroe, *Pricing: Making Profitable Decisions* (New York: McGraw-Hill, 1979), pp.52-57. See also Nagle, *The Strategy and Tactics of Pricing*, pp.14-43.
23 William J. Abernathy and Kenneth Wayne, "Limits of the Learning Curve," Harvard Business Review 52 (September/October 1974): pp.109-119. See also Staff of the Boston Consulting Group, Perspectives on Experience (Boston: Boston Consulting Group, 1972).
24 George S. Day and David B. Montgomery, "Diagnosing the Experience Curve," *Journal of Marketing* 47 (spring 1983): pp.44-58. See also George S. Day, *Analysis for Strategic Market Decisions* (St. Paul, Minn.: West Publishing Company, 1986), pp.25-56.
25 Ralph Sultan, *Pricing in the Electrical Oligopoly*, vols. I and II (Cambridge, Mass.: Harvard Graduate School of Business Administration, 1974), cited in Day and Montgomery, "Diagnosing the Experience Curve."
26 Abernathy and Wayne, "Limits of the Learning Curve," pp.109-119.
27 Day and Montgomery, "Diagnosing the Experience Curve," p.54.
28 Regis McKenna, *Relationship Marketing* (Reading, Mass.: Addison-Wesley, 1991), pp.178-179.
29 D'Aveni, *Hypercompetitive Rivalries*, pp.149-170.
30 Geoffrey A. Moore, *Inside the Tornado: Marketing Strategies from Silicon Valley's Cutting Edge* (New York: Harper Collins, 1995), pp.84-85.
31 Arun Sharma, R. Krishan, and Dhruv Grewal, "Value Creation in Markets: A Critical Area of Focus for Business-to-Business Markets," *Industrial Marketing Management* 30 (June 2001), pp.397-398.
32 Joel Dean, "Pricing Policies for New Products," *Harvard Business Review* 54 (November/December 1976): p.151.
33 Ibid., p.152.
34 Robert J. Dolan and Abel P. Jeuland, "Experience Curves and Dynamic Demand Models: Implications for Optimal Pricing Strategies," *Journal of Marketing* 45 (winter 1981): pp.52-62.
35 Robert Jacobsen and David A. Aaker, "Is Market Share All that It's Cracked Up to Be?" *Journal of Marketing* 49 (fall 1985): pp.11-22; and Yoram Wind and Vijay Mahajan,

"Market Share : Concepts, Findings, and Directions for Future Research," in *Review of Marketing 1981*, ed. Ben M. Enis and Kenneth J. Roering (Chicago : American Marketing Association, 1981), pp.31-42.
36 Monroe, *Pricing*, p.143 ; see also Robert J. Dolan, "The Same Make, Many Models Problem : Managing the Product Line," in *A Strategic Approach to Business Marketing*, ed. Robert E. Spekman and David T. Wilson (Chicago : American Marketing Association, 1985), pp.151-159.
37 For a comprehensive discussion of the Robinson-Patman Act, see Monroe, *Pricing*, pp.249-267 ; see also James J. Ritterskamp Jr. and William A. Hancock, "Legal Aspects of Purchasing," in *The Purchasing Handbook*, ed. Harold E. Fearon, Donald W. Dobler, and Kenneth H. Killen (New York : McGraw-Hill, 1993), pp.529-544.
38 This section is based on George E. Cressman Jr. and Thomas T. Nagle, "How to Manage an Aggressive Competitor," *Business Horizons* 45 (March-April 2002) : pp.23-30.
39 Ibid., p.24.
40 Ibid., p.27.
41 Ibid., p.30.
42 Stuart St. P. Slatter, "Strategic Marketing Variables under Conditions of Competitive Bidding," *Strategic Management Journal* 11 (May-June 1990) : pp.309-317 ; see also Arthur H. Mendel and Roger Poueymirou, "Pricing," in *The Purchasing Handbook*, ed. Harold E. Fearon, Donald W. Dobler, and Kenneth H. Killen (New York : McGraw-Hill, 1993), pp.201-227.
43 See, for example, C. M. Sashi and Bay O'Leary, "The Role of Internet Auctions in the Expansion of B 2 B Markets," *Industrial Marketing Management* 31 (February 2002) : pp.103-110.
44 Sandy D. Jap, "Online Reverse Auctions : Issues, Themes, and Prospects for the Future," *Journal of the Academy of Marketing Science* 30 (fall 2002) : p.507.
45 Ibid., p.514.
46 For example, see Paul D. Boughton, "The Competitive Bidding Process : Beyond Probability Models," *Industrial Marketing Management* 16 (May 1987) : pp.87-94.
47 Margaret Nelson, " 3 M Centralizes Its Office Buy," Purchasing 101 (June 25, 1987) : pp.62-65.
48 Barbara Bund Jackson, "Build Customer Relationships that Last," *Harvard Business Review* 63 (November/December 1985) : pp.120-128.
49 Larry R. Smeltzer and Amelia Carr, "Reverse Auctions in Industrial Marketing and Buying," *Business Horizons* 45 (March-April 2002) : pp.47-52.

第16章

産業財のマーケティング・コミュニケーション：広告と販売促進

　広告は人的販売としての営業をサポートし，補完する．マーケティング予算の中で広告に充てられる割合は，産業財マーケティングの場合，消費財のマーケティングにくらべ少額である．よく統合された事業者間マーケティング・コミュニケーション・プログラムは，マーケティング戦略全体の効率と効果の向上に貢献できる．この章を読むことによって，次のことが理解できる．

1．産業財マーケティング戦略における広告の具体的な役割
2．産業財広告プログラムを作成する際に決めておかなければならない事項
3．インターネット・マーケティングが担うとされる大きな役割も含めたビジネス媒体のオプション
4．産業財広告の有効性の測定方法
5．産業財コミュニケーション・ミックスにおける展示会の役割と展示会の効果の測定方法

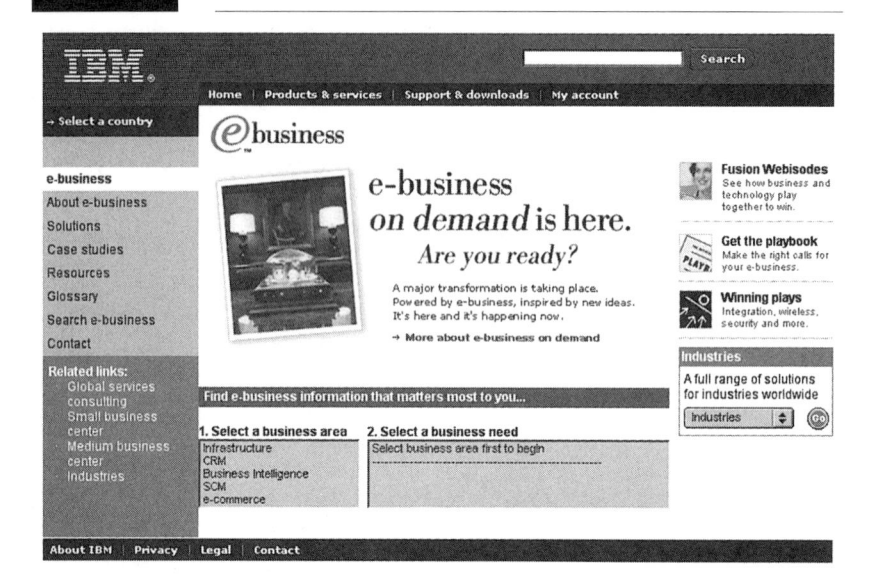

図16.1　大きな企業メッセージを中心に発するIBM社のウェブサイト：Eビジネス

　既存顧客および見込み客とのコミュニケーションは，産業財マーケティングの成功に不可欠である．マーケティング・マネージャーの経験では，製品は，最高のものでさえ，ひとりで勝手に売れはしない．それらの製品の効用，問題解決ソリューション，および費用効率が，購買決定に影響力を持つ者すべてに効果的に伝わらなければならない．産業財は技術的に複雑で，潜在的顧客が比較的少数であり，交渉プロセスが長期間にわたるため，事業者間マーケティングの第一のコミュニケーション媒体は営業である．しかし，広告，カタログ，インターネットおよび展示会などの非人的コミュニケーション方法も，コミュニケーション・プロセスにおいて独自の，そしてしばしば決定的な役割を果たす．

　IBM社の企業戦略において広告が負う重要な役割を考察しよう．IBM社は，印刷物，テレビ，オンライン媒体，ダイレクトメール，電話マーケティング，およびラジオといった手段を繰り広げながら，1つの大きな企業メッセージに重点を置いてきた．eビジネスである[1]（図16.1参照）．このメッセージは，最高経営責任者（CEO），最高執行責任者（COO），および最高

財務責任者（CFO）などの事業戦略家に向けられたものである．IBM社の全世界における統合マーケティング・コミュニケーション担当バイスプレジデントであるMaureen McGuireは，そのキャンペーンの成功を次のように語った．

> 間違いありません．われわれはeビジネスというカテゴリーを作り出しました．どれだけの人がeビジネスを知っており，そのうちどのくらいの人がそれをIBM社とつなげて考えているかを測定してみると，eビジネスとの当社のつながりは，すぐ次位の競合他社と比べても4～5倍強いのです[2]．

この章は4部構成となっており，以下に焦点をあてる．(1)産業財マーケティング戦略における広告の役割を明確にすること，(2)広告に関する決定を構造化するための枠組み—目的，予算，メッセージ，媒体および評価に関わる決定を統合する枠組み—を提示すること，(3)事業者間広告に関する決定領域のそれぞれについて理解を深めること，そして(4)インターネットと展示会が産業財マーケターのプロモーション・ミックスの中で担うことのできる重要な役割を評価すること．

1．広告の役割

1－1．統合コミュニケーション・プログラム

　広告と販売促進は，事業者間の場面では単独で使われることはめったになく，トータルなコミュニケーション戦略，とりわけ営業と絡めて採用される．人的および非人的形態のコミュニケーションは，購買決定に影響する主たる要素を伝達する際に相互に作用する．産業財マーケターにとっての難題は，販売目標および利益目標を達成するために，営業の努力と効果的に調和する広告および販売促進戦略を創出することである．その上で，広告，オンライン媒体，および販売促進ツールを統合しなければならない．望ましい結果を達成するために，媒体と販売促進手法を調和させた包括的プログラムを

作成しなければならないのである．

1－2．販売効果を高める

　効果的な広告は，営業の生産性を高めることができる．John Morrill は，事業者間広告が営業の有効性に及ぼす影響を研究するために，26の製品ラインについて，30,000箇所の購入場所で100,000件近くのインタビューを実施した[3]．彼は，営業担当の訪問一回当たりの売上金額は，顧客が広告に接する環境にあった場合に著しく高いと結論付けている．広告には，会社および製品の知名度の向上に加え，その他の注目すべき効果がある――研究は，売り手企業の広告に接する環境にあった購買者は，その売り手の営業担当を，製品知識，サービスおよび熱心さに関してかなり高く評価することを示している[4]．事業者間広告の第1の役割は，サプライヤーの名声を高めることである．

　事業者間広告は，販売効率の向上にも貢献する．広告への支出を増やすことは産業財のブランドの知名度を大きく高め，それが市場占有率の拡大と利益の向上という成果につながる[5]．ある研究では，事業者間広告が売上げおよび利益に及ぼす影響を測定するために，厳密に管理された実験計画法が用いられた．その研究のうちある製品では，広告をしなかった予備テスト期間に比べ，広告をした場合に売上高，粗利益および純利益が著しく向上した[6]．事実，粗利益は，広告なしに比べ，広告ありでは4倍から6倍という結果であった．

1－3．販売効率の上昇

　広告が産業財マーケティング・プログラム全体の効率性に与える影響は，2通りの形で表れる．第一に，産業財のマーケターが現実の購買者および潜在的購買者に自社製品を頻繁に思い出させること，またはその購買者らに新しい製品またはサービスを認知させることが必要である．これらの目的は部分的には営業を通じて達成できるだろうが，膨大な購買者群に知ってもらうためのコストはきわめて高くなるだろう．慎重にターゲットを絞った広告は，営業担当の活動が及ぶ範囲を超えて購買意思決定に影響を及ぼす未知

の人々にまで達する．適切に掲出される広告は，1人当たりわずか数セントで数百人の購買意思決定に影響を及ぼす人々をカバーすることができる．これに対して，産業財の営業担当が顧客訪問をすると，現在，平均で1回200ドルを超える[7]．顧客訪問のコストは，営業担当の賃金，旅費および交際費，ならびに付加的給付の費用によって左右される．これらの費用が1日当たり合計800ドルで，営業担当が1日に4件訪問できるとすると，1回の訪問の費用は200ドルになる．第二に，広告にはすべての販売活動をより効率的にする作用があると考えられる．広告は，すべてのコミュニケーションおよび販売活動と効果的に相互作用を発揮し，マーケティング支出全体の効率を高めることができる．

1－4．知名度を高める

コミュニケーションの観点からは，購買プロセスは，潜在的購買者を，製品またはサプライヤーを知らない状態から，認知して，ブランド選好して，特定の購買が自分たちの要求事項を満たすという確信をして，そして究極的に現実に購買するというところまで順番に進めていくこととみなすことができる．産業財広告は，しばしば，サプライヤーおよびそのサプライヤーの製品についての認知度を高める．雑誌広告の引合カードを返送してきた設計技師の61％は，広告された企業について，その広告を見る前は知らなかったとしている[8]．産業財広告は，製品の選好を醸成するのにも多少貢献するかもしれない――どの場合も，非常に費用対効果が高い．これに加えて広告は，コーポレート・アイデンティティ，あるいは企業イメージを作り出すこともできる．ヒューレット・パッカード社，デル・コンピュータ社，IBM社，その他の会社は，ビジネスウィーク誌などの一般ビジネス出版物，さらにはテレビにまで広告を出して，自社のブランドの価値を宣伝し，幅広い視聴者の中に望ましい知覚を構築する[9]．

2．相互作用型マーケティング・コミュニケーション

インターネットはマーケティング・コミュニケーションを，一方的なもの

から，マーケターと消費者とがより手軽に情報を交換できる双方向のプロセスに変える．消費者は，ウェブサイトを操作し，自分の好みを特定し，産業財マーケターとコミュニケーションすることによって情報のやり取りができる[10]．さらに，マーケターはこのようなコミュニケーションを，個人別のEメールや情報，カスタマイズされたサービスソリューション，または補完的製品およびサービスの提供者へのリンクなどの，より良いサービスを消費者に提供するために利用できる．たとえば，オフィス用家具メーカーのハーマンミラー社は，ウェブサイト来場者が既存のオフィス・レイアウトに，新しい家具のオプションをさまざまに組み合わせて試すことができる，「ルームプランナー」を設けている．同様に，大手産業財ディストリビューターのW. W. Grainger 社は，メンテナンス用資材の購買によって実現できたコスト節減の成果をたどる記録に法人顧客が簡単にアクセスできるようにすることで，顧客ロイヤルティを強化する[11]．インターネットは，単なる広告媒体を越えて，個別のメッセージの作成と送付，特定製品に関する顧客検索支援，ならびに将来の製品およびサービスの改善のための顧客の選好についての情報収集などを通して，産業財マーケターが価値の創造していくことを可能にする．

2－1．事業者間広告にできないこと

　効果的なコミュニケーション・プログラムを作成するために，産業財マーケティング・マネージャーは，すべてのコミュニケーション・ツールをブレンドし，各ツールを最も効果的な局面で活用する統合的なプログラムを作らなければならない．きわめて明確なことであるが，産業財広告には制約がある．広告は効果的な営業に取ってかわるものではない．広告は，その営業の努力を補充，サポートおよび補完するものでなければならない．同様に，営業はそのコストによる制約があり，認知度の向上または情報の普及に使用するには適さない．この作業は広告が得意とするところである．

　一般に，広告単独では製品選好を醸成できない．これには，デモンストレーション，説明，および機能テストが必要である．同様に，確信を形成したりおよび実際の購入を確かなものにするためには，営業が必要である．広

図16.2	事業者間広告プログラム策定のための決定段階

広告目的を設定し，標的市場を明確にする
広告予算を決める
メッセージを作成する
媒体を選択する
広告の有効性を評価する

告は，認知度の向上，情報提供，および営業担当にとっての重要なセールス・リード，つまり引き合いの発見を支援する等の役割を負う．マーケティング・マネージャーはこのように広告を使うことによって，効果をあげることができる．

2−2．事業者間広告の管理

　図16.2の広告に関する決定段階のモデルは，事業者間広告の管理における構造的要素を示したものである．第一に，広告はマーケティング戦略全体の一局面に過ぎず，戦略目標を達成するには他の構成要素と統合されなければならない．広告に関する決定のプロセスは，マーケティング目標から導き出される広告目的の設定から始まる．これを設定した後，必要な支出額の決定に進む．次に，広告目的ごとに指定される市場行動を実現すべく，具体的なコミュニケーション・メッセージが作成される．同様に重要なのが，望ましいオーディエンスに伝えるための，使用媒体の評価と選択である．その成果が，ターゲット・グループの具体的な態度または行動を引き出すことを目指した統合広告キャンペーンである．最後の，そしてもっとも重要なステップは，キャンペーンの有効性の評価である．

2−3．広告目的の定義

　広告が何を成し遂げなければならないかを知ることにより，マネージャーは広告予算をより正確に判断できるようになり，また広告を評価するためのものさしを手にすることができる．広告の最終目標を設定するに際し，マーケティング・マネージャーは次のことを自覚しなければならない．すなわ

ち，(1)広告ミッションはマーケティング戦略全体から直接導かれるのであって，広告はマーケティング戦略の目ざすところを実現するものでなければならず，広告について設定された最終目標は全体戦略に共通する狙いと意図を反映したものでなければならないこと，また，(2)広告プログラムの目的は，広告に適した役割，すなわち認知度の向上，情報の提供，購買態度への影響，および会社と製品の存在を購買者に想起させること等に応じたものでなければならないこと．

2－4．目的の文書化

　広告目的は，何を，いつ達成するべきかを特定しなければならず，測定可能でなければならず，また現実的でなければならない[12]．この目的は，具体的な成果がはっきりした言葉で述べられたものでなければならない．その意図は，広告プログラムの制作，調整および評価に携わる者全員にとって，ひとつの作業の方向性を確立するものである．正確に考えられた目的は，広告活動を評価する際の基準になる．具体的な目的は，「『注油不要』の特徴で当社ブランドの油圧ポンプを連想する設計技師の比率を，15％（2003年6月測定値）から30％（2004年6月までに）に引き上げること」のようになるだろう．マネージャーはこの目的に沿って，設計技師に伝わる媒体を用いて主な製品の効用に関係するメッセージを作成する必要がある．また，この目的は成果を測定する方法も提供する（ターゲット・オーディエンスの認知率30％）．

　産業財広告の目的は，具体的な売上金額目標との直接的な関連を持たないことがよくある．売上金額の業績は広告の成果についての「ハードな」ものさしになるが，広告を直接売上げに結び付けられない場合が多い．売上げレベルに対しては，営業，価格，製品性能，および競合作用がより直接的な関係を持っており，広告の影響を峻別することはほぼ不可能である．このため通常，広告の目標は，ブランドの認知度，再認度，および購買者の態度といった，コミュニケーション目標の観点から記述される．これらの目標は測定が可能であり，その達成は売上高を刺激するものと推測される．

表16.1 事業者間広告主上位企業

企業名	広告費総額（百万ドル）
AT&T	385.7
IBM	303.4
マイクロソフト	218.9
スプリント	209.7
ベリゾン・コミュニケーションズ	180.2
アメリカン・エクスプレス	175.6
ヒューレット・パッカード	168.4
ファースト・ユニオン	161.4
オールテル	127.9

出典："B-to-B," *Marketing News*, 2 July 2001, p.16.

■ターゲット・オーディエンス　重要な作業は，ターゲット・オーディエンスの明確化である．広告の第一の役割は，営業担当が接近できないような購買意思決定に影響を及ぼす人の集合体に知ってもらうことであるため，産業財マーケティング・マネージャーは，カバーすべき購買の意思決定に影響を与える者のグループを明確にしなければならない．一般に，こうした立場の人々は，グループごとに，独特な製品やサービスの属性および基準に関心があり，広告はこれらに焦点をあてなければならない．したがって，目的は，対象とするオーディエンスおよびそれに関係する判断基準を特定しなければならない．

■クリエイティブ戦略ステートメント　最後の考慮事項は，クリエイティブ戦略ステートメントの明確化である．ひとたび目的とターゲットが定まれば，その製品を市場でどのようにポジショニングするかに関し，クリエイティブ戦略ステートメントが自社と広告代理店のスタッフにとっての指針になる．製品ポジショニングは，標的市場がその製品をどのように知覚するかに関係する．

　たとえば，前述の油圧ポンプが潤滑油に関して現在は不利な位置づけにある場合，企業は次のようなクリエイティブ戦略ステートメントを用いるかも

しれない．すなわち，「当社の基本クリエイティブ戦略は，高信頼性ポンプから高性能高信頼性自動注油ポンプへの，製品ポジショニングの変更をサポートすることである．」

すべてのクリエイティブに関する取組み―宣伝コピー，テーマ，カラーなど―ならびに媒体および戦術は，クリエイティブ戦略ステートメントをサポートするために策定されるべきである．効果的な広告キャンペーンの企画には，媒体に関する決定をし，成果を測定する際の基礎となる目的が必要である．

2－5．広告費の決定

産業財マーケターは媒体広告に年間合計50億ドル以上を支出する．大手広告主を表16.1に示す．上位10社中の多数をハイテク企業が占めることは注目に値する．通常，産業財マーケターは，直観，判断，経験，そしてごくまれにもっと高度な決定指向テクニックを融合させて，広告予算を決めている．産業財マーケターが最も広く利用するテクニックに，経験則法（過去数年間の売上高の一定比率など）と目的―タスク法がある．

■**経験則法** 広告は産業財企業のマーケティング予算総額の中では比較的小さな部分であるため，高度な広告予算手法を利用する価値はあまり大きくないことが多い．このような場合，マネージャーは単純な**経験則**に従う傾向がある（売上げの1％を広告に充てるとか，競争相手の支出に合わせるなど）．残念ながら，売上高百分率法は，広告が重要な要素である場合を含め，産業財マーケティング全般に広がる傾向にある．

売上高百分率法の根本的問題点は，これが間接的に，広告を売上げや利益の決定因ではなくその結果としていることにより機能不全の政策を誘発しやすいことである．売上高百分率法は，売上高が減少した場合に，広告の増加のほうが適切かもしれないのに，企業広告主が広告を削減することを示唆する．にもかかわらず，それが経営陣にとって使いやすくなじみがあるという理由で，単純な経験則が予算決定に使われ続けている．

■**目的—タスク法**　広告費予算化のためのタスク法は，広告費用を広告が達成する目的に関連付けようとするものである．広告の売上金額における成果は測定がほぼ不可能なので，タスク法は，広告の売上高での効果ではなくコミュニケーション上の効果に注目する．

　目的—タスク法は，広告が遂行するべきタスクを評価し，各タスクに関わるコストを分析し，総コストを合計して最終的な予算とする形で利用される．このプロセスは，次の4つのステップに分けられる．

1. その製品の具体的なマーケティング目標を，売上高，市場占有率，利益貢献度，および市場セグメントの観点から定める．
2. マーケティング目標を実現するために遂行しなければならないコミュニケーション機能を見極め，これらの機能を遂行する際のコミュニケーション・ミックスの中で広告およびその他の要素の役割を決定する．
3. 広告の具体的目標を，マーケティング目標の達成に必要な，測定可能なコミュニケーション上の反応という形で定義する．
4. 広告の目標達成に必要な予算を見積もる．

　タスク法は，経験則法の大きな問題点を扱っている—資金は具体的最終目標の達成に充てられ，広告はそれらの結果ではなく，それらの成果の決定因と位置づけられる．タスク法のアプローチを利用して，マネジャーは，売上高に対する恣意的な比率を割り当てるのではなく，具体的目標を達成するために必要な資金を全額割り当てる．この方法で最も難しいのは，経営陣に，支出レベルとコミュニケーション上の反応の間の適切な関係についての一定の直観がなければならないことである．どうすれば産業財マーケティングの購買意思決定に影響を与える者の間で一定レベルの認知度が得られるかということを知ることは難しい．向こう6カ月間，Purchasing誌に12本の見開き広告を入れれば望ましいレベルの再認レベルが得られるだろうか，それとも24本を1年間入れる必要があるだろうか？

　広告の予算化にあたっては，そのプロセスの政治的側面および行動的側面を無視してはならない．Nigel Piercyの調査は，組織がしばしば実際に政治的な機構やプロセスを通じて運営されていることを理由に，予算作成テクニ

ックへの注意が足りないことを示唆している[13]．Piercyは，実際に広告予算を決めるのは，社内の強力な「利害関係」と，予算プロセスにおけるさまざまな当事者の政治的行動であることを示している．この調査は，マネージャーはテクニック指向のみならず，政治的側面としての予算プロセスに注力することでより大きい成果を得ることができることをうかがわせる．

■閾値を超える　購買者の注意を引くには複数のコミュニケーションが必要なことが多く，これが予算に関する決定を複雑にしている．調査によれば，ブランド選好のシェアに関して有意義な予算拡大を行うには，まず市場における認知の閾値レベルを越えなければならない．広告予算額が少なくては，マーケターがその企業のブランド認知，ひいてはブランド選好の閾値レベルを超えさせることは難しい．Eunsang YoonとValerie Kijewskiは，「マーケティング資源に制約のあるコミュニケーション・マネージャーは，プログラムを認知度の閾値レベルを超えさせようとするよりも，機が熟する前に中断してしまうことで，結果的にそれまでの投資を無駄にする失敗を冒す危険がある」と警告する[14]．

　予算プロセスは広告効果にとって大変重要であり，マネージャーは盲目的に経験則にしたがってはならない．逆に，必要なタスクおよびそれに関連するコストを業界の規範に照らして評価するべきである．明確な目的設定と適切な予算配分ができたら，次のステップは効果的な広告メッセージの設計である．

2－6．広告メッセージの作成

　メッセージの作成は，産業広告では複雑で重要なタスクである．特定の購買グループにとって重要でない製品特性を強調することは，広告費の無駄であるばかりか機会の逸失でもある．アピール内容とアピール伝達方法の両方が，コミュニケーションの成功には不可欠である．このため，事業者間広告のメッセージ作成には，広告目的の決定，ターゲット・オーディエンスの購買基準の評価，およびそのメッセージを提示するための最適な言語，形式およびスタイルが含まれる．

■**知覚** 広告メッセージが成功するには，まず人がその広告に触れることができて（露出），それに注意を払わなければならない（注意）．つまり，産業財広告は意思決定者の注意を引かなければならないのである．人は，ひとたびメッセージに気づけば，広告主の意図に沿って解釈せざるを得ない（解釈）．知覚上の障壁があると，多くの場合そのメッセージは本来意図された内容の通りに受けとられ，知覚されなくなってしまう．人が広告を目にしたとしても，そのメッセージが正しく処理（解釈）されるという保証はない．実際に，産業財購買者は宣伝コピーの文句をすべて読み，広告主が意図したのと反対の意味をそこに見出すかもしれない．

このため，産業財広告主は，二つの重要な知覚要素に取り組まなければならない．すなわち，注意と解釈である．購買者は，自分の態度，ニーズおよび信念と合致しないメッセージをそれと意識せずにふるい落とす傾向があり（選択的注意），また，情報を自分の信念に引きよせて解釈する傾向がある（選択的解釈）（第3章参照）．広告メッセージの設計および対象設定が慎重に行われないと，無視され，あるいは不適切に解釈される可能性がある（知覚的歪曲）．広告主は，そのメッセージが受け取り手にどのように見えるかを評価するためには，自らをその立場に置かなければならない．

広告が専門用語を使っているかどうかは，その産業財および広告の両方についての読者の知覚に多少影響するようだ[15]．専門的な広告は，「操作がより難しい」ことを言外に漂わせるので，わかりやすい情報を求める一部の読者には望まれないことがわかっている．したがって，専門の読者（エンジニア，建築家など）は専門的広告に対してより好意的に反応し，一般の読者は平明な広告に対してより好意的に反応することを覚えておくことが大切である．メッセージ作成の視点では，産業財広告主は，販売促進メッセージの専門的な部分を，適切なオーディエンスに応じて慎重に作り込まなければならない．

■**効力への注目** 産業財購買者は効用—何かのタスクを達成するより良い方法，最終製品を製造するより安価な方法，問題解決ソリューション，あるいはより早期の納品—を購入する．広告メッセージは，ターゲット・ユーザー

が求める効用に重点を置き，広告主が効用を提供できると読者を説得する必要がある．行動につながる直接的アピールまたは喚起力を有するメッセージは，拡散的で間接的な行動アピールを持つメッセージより「強力」である．

　広告コンサルタントの Robert Lamons は次のように述べる．「適切な行動喚起は実際の販売プロセスの契機になる．試験報告書を約束する，製品デモンストレーションを申し出る，会社ウェブサイトの特別セクションへ案内する，などなど．現場で自社の製品がどのように扱われているか，他のものと比べてみるとよい．最近は誰もがとても忙しいから，探索の進捗や範囲の絞り込みに役立つものを提供できれば，自由時間をもたらす効率というおカネで買えないものを提供していることになる．[16]」

■購買者の動機づけを理解する　購買意思決定への影響者のグループそれぞれにとって，どの製品効用が重要だろうか？産業財広告主は，標準的な一連の「古典的購買動機」がすべての購買状況に当てはまると想定することはできない．産業財広告主は，重要な市場セグメントの購買動機を理解していないことが多い．効果的な広告メッセージの開発が広範なマーケティング・リサーチを必要とするのはよくあることである．それは，その企業のさまざまな標的市場の購買意思決定への影響者1人1人について主要購買基準を明確にしなければならないからである．

2－7．産業財市場のための広告媒体の選定

　広告の成功にはメッセージが不可欠だが，これと同等に重要な要素は，そのメッセージを提示する媒体である．事業者間媒体は，ターゲット・オーディエンス，すなわちコンタクトすべき特定の購買意思決定参加者に合わせて選定される．一般に，業界出版物を用いるか，ダイレクトメールか，あるいはその両方を使うかが最初の決定事項である．特定の媒体の選定には，予算的考慮も関係する．すなわち，顧客との望ましい接触を生み出すには，どこに費用を投下するのが最も良いのか？という点である．

■ビジネス出版物　2,700誌以上のビジネス出版物が，総額10億ドル以上の

事業者間広告を掲載している．Inbound Logistics, Distribution, Logistics Management, Modern Materials Handling の各誌は，流通専門誌の一例である．ビジネス出版物は，水平型（horizontal）か垂直型（vertical）のいずれかである．水平型出版物は，業界を問わず，具体的なタスク，テクノロジーまたは機能を志向する．Advertising Age, Purchasing, Materials Handling Engineering の各誌は水平型である．他方，垂直型出版物は，特定の業界内で現場監督から社長まで全員が読むようなものである．垂直型出版物の典型例は，Glass Industry, Manufacturing Confectioner の各誌である．

　ある産業財マーケターの製品の用途がいくつかの業界内に限られたものならば，垂直型出版物は理に適った媒体選択である．多数の業界がユーザーとして見込まれ，明確に定義された機能が購買意思決定に影響する中核要素である場合は，水平型出版物が効果的である．

　業界紙の多くはいわゆる，リクエスター・パブリケーション（requester publications）で，選ばれた読者に対して無料で購読に供されるものである．出版者は，購買意思決定に影響する地位にある読者を選別し，役職，職務，および購買上の責任等の情報と交換に，無料で購読してもらうことができる．このようにして，広告主は各出版物が望ましいオーディエンスに到達したかどうかを判断することができる．

　購買意思決定プロセスの参加者の範囲について，およびその製品が使用される業界について，十分に理解した上で出版物の選択をすることが大事である．こうした場合に限り，ターゲット・オーディエンスと発行されているビジネス出版物を選択肢としてマッチさせることができる．

■**効果的な印刷広告の特徴**　効果的な事業者間印刷広告の研究は，マーケティング戦略立案者としては，印刷広告における「合理的アプローチ」を強調し，製品とそれが顧客に提供する効用についての明確な説明を提供するべきであるということに関しての強力な証拠を提示している[17]．広告の効果は，製品品質および性能の情報を具体的かつ論理的な方法で詳しく述べることによっても高められる．

■**広告費** 発行部数は出版物の選定に当たっての重要な基準であるが，発行部数はコストとの兼ね合いで考えなければならない．第一に，広告予算総額は，ビジネス出版物，販売促進，ダイレクト・マーケティング（郵便およびeメール），およびインターネット広告などのさまざまな広告ツールに配分されなければならない．もちろん，多様な媒体オプションへの配分は，会社の状況および広告ミッションによって異なる．さまざまな雑誌類へのビジネス出版物予算の割当はその相対的な効果および効率に依存し，通常，次の公式を使ってコスト・パー・サウザンド（1,000部当たりコスト）で測定される．（式）

$$1,000部当たりコスト = \frac{ページ当たりコスト}{発行部数（1,000部区切りで）}$$

通常，発行部数の少ない出版物のほうが価格は安いため，二つの出版物をページあたり実価格で比較すると誤った方向へ導くおそれがある．1,000部当たりコストの計算は，全オーディエンスではなくターゲット・オーディエンスへの発行部数を基準にして行うべきである．出版物によっては，1,000部当たりコストで見ると高価でも，実は費用対効果が高く，無駄な発行部数があまりないかもしれない．人気の高いウェブサイトも持っていて，広告主がこれを利用して統合的なマーケティング・コミュニケーションを行えるような出版物もある．たとえばAT&T社はインターネット広告に年間1,000万ドル以上を支出する．雑誌やテレビネットワークと交渉する際に，AT&T社は広告パッケージの一部としてウェブの存在を要求する[18]．

■**頻度およびスケジューリング** ビジネス出版物の広告では，最も成功した広告であっても当該雑誌の読者のうち，わずかな割合の人が見るだけである．したがって，1回限りの広告は一般に効果が薄い．メッセージが「十分に理解される」には何回もの露出，つまり読者が何回もそのメッセージに触れる必要があること，および読者は毎月異なることから，広告掲載のスケジュール化が必要になる．継続性と繰り返し効果を構築するために，月刊誌なら少なくとも年間6回，週刊誌なら年間26〜52回（最低13回）の掲載が必要

だろう[19].

2－8．ダイレクト・マーケティング用ツール

　ダイレクトメールとEメールは，産業財マーケターが利用できるダイレクト・マーケティング用ツールである．ダイレクトメールは，選ばれた人に広告メッセージを直接届ける．送付物としては，新製品を紹介する売り込み状から長大なパンフレット，あるいは製品サンプルまで考えられる．ダイレクトメールは，主な広告機能のすべてを完遂することができるが，その本来的な貢献は，正しいメッセージを正しい見込み顧客へ届ける点にある．インターネット・マーケティング・コンサルタントのBarry Silversteinは，ダイレクトEメールもそれらと同様，いくつかの重要なルールを厳守すれば，引き合いを増やし，確かなものにする上で大きな影響を与えうると述べる．重要なルールとは，「常にEメール送信の許可を求めること（opt-in）」，そして「常に受信者に『自ら購読解除（opt-out）』する手段を提供すること」である[20]．予め配慮することがダイレクトメール広告の基本である．

　ダイレクトメールは，企業イメージのプロモーション，製品およびサービスのプロモーション，営業チームのサポート，流通チャネルのコミュニケーション，ならびに特別なマーケティング上の問題によく利用される．企業イメージのプロモーションに関しては，ダイレクトメールは企業の技術的リーダーシップについての名声を確立する役に立つかもしれない．他方，ダイレクトメールによる商品広告は，具体的な製品情報を購買意思決定影響者の手元に届けるために利用可能である．カイザーアルミナム社のブックレットは，購買および仕様担当者に対して，アルミニウムの長所を説明するものである．それに対して，アルミニウムの扱い方に関するメッセージや数量／重量の計算書は，機器のオペレーターや現場監督へ送付される．

■**ダイレクトメール：効用および要件**　ダイレクトメールは，返送された問い合わせカードから引き合いを導き出し，初回の営業訪問に至る道筋をつけるなどの営業サポートもする．ダイレクトメールは，見込み客に対して地元のディストリビューターの場所を通知することなどにも効果的に使用でき

る．ジョンディア社は，自社ブランドを一度も購入したことのない20,000軒の農家へ名指しで3回のメールを送り，ともかくジョンディア社のディーラーへ来てみてくださいと説得した．すると，その後3カ月間に5,800軒以上の農家がディーラーを訪れ，同社製の機具を3,500万ドル相当以上購入した[21]．反応成績で言えば，通常のダイレクトメール・パッケージ1通は，印刷広告または放送広告でのおよそ10～50回の露出に相当する[22]．最後に，ダイレクトメールは，新規の顧客や市場を特定する場合，競合者の宣伝文句に対応する場合，および十分な営業支援を受けられない品目の販売促進など，特別なケースの主役にもなる．

　コストの点でも，ダイレクトメールは他の媒体と比較して効率的である．しかし，見込み客リストが実際のところ一般的過ぎて見込み客間の共通属性が見つけにくい，あるいは見つけられない場合には，ダイレクトメールの効用も無駄になりうる．見込み客が明確に特定でき，メールでの連絡が容易な場合には，これは有効な広告媒体である．購買センターのメンバーが特定されている場合，ダイレクトメールは，その購買センターのメンバーに接触するための手段としては費用対効果の高いものである．電話マーケティングによるフォローアップと組み合わせると，「アクセスできない」購買センターのメンバーに対しても販売促進活動に触れさせることができる[23]．

　ダイレクトメール広告は，通常，読者の全面的関心を呼ぶことができ，それゆえ業界出版物の広告より大きな影響を及ぼす．産業財購買者は，自分宛てに送付されたダイレクトメール販促物に少なくとも軽くは目を通す．しかし，ダイレクトメールで経営幹部に連絡をつけることは，おそらく非常に難しいだろう．フォーチュン500企業の経営幹部の事務スタッフに調査したところ，平均的幹部役員は毎週，頼みもしない郵便物を175通も受け取り，このうち10％弱が役員本人へ渡され[24]，役員がこの17通程度の郵便物に目を通す時間は，1日5分間だけである．そのダイレクトメールには明らかに，事務スタッフと役員両方の注意を引くだけの，十分に効果的な宣伝コピーと見出しがなければならない．

　ダイレクトメール広告はタイミングも柔軟である．新しい価格表や新サービスの導入を，必要に応じて買い手へ連絡することができる．最後に，ダイ

レクトメールは買い手にとっても反応がしやすいものである――通常，返信用はがきが添えられ，または現地販売員もしくはディストリビューターの名称，住所および電話番号が記載されている．

■ダイレクトEメール・マーケティング　IBM社の顧客関係プログラム，Focusing on You は，シンプルだが強力なアイディア，すなわち顧客に何が欲しいかを尋ね，それを提供することに基づいている[25]．顧客に選択を委ねることで，IBM社はその顧客に固有の選好を知り，その顧客の具体的ニーズに合わせる形で製品およびサービスの情報を提供する能力が高まる．このプログラムはEメール・マーケティングによるもので，ダイレクトメールよりはるかにコストが低い．事実，IBM社は，顧客宛ての従来の印刷物の郵送がEメールでのコミュニケーションに比べて10倍もコスト高であることに気づいた．そのうえ，Eメール・キャンペーンは時としてダイレクトメールのキャンペーンより多くの反応を得られ，その成果はより迅速に現われる．たとえば，IBM社のあるEメール・キャンペーンに対する全反応の3分の1は，最初の24時間内に得られたものである．

　ダイレクトEメールを自社のマーケティング・コミュニケーション戦略に全面的に取り入れることを計画中の企業は，自社独自のEメールリストの作成に特別な努力を払うべきである．往々にして，このような情報はすでにその企業の顧客関係性管理（CRM）システム中に存在しているのである．第4章にあるとおり，CRMシステムの目標は，営業，マーケティング，および顧客サービスなどのすべての部署の顧客記録を統合することであったことを思い出してほしい．その結果，顧客がEメール（またはダイレクトメール）キャンペーンに反応した場合，CRMシステムはその情報を顧客情報集中データベースで把握し，すべての担当者（営業担当，コールセンタースタッフ，マーケティング・マネージャー）が検索できるようにする．

　ほかにも，Eメール・アラートのサービスやEメール版ニュースレターの提供，ダイレクトメール・キャンペーンでのEメールアドレス記載依頼，および展示会でのEメールアドレス収集など，Eメールリストを作る方法はたくさんある[26]．産業財マーケターは，Eメール・キャンペーンの反

応が早いことも肝に銘じ，Eメール・キャンペーンを始める前に，受領通知，処理および注文実行を準備しておかなければならない．

> ◎産業財マーケティングの内側◎
> **インターネット・マーケティングの役割の拡大**
>
> 　インターネット・マーケティングの専門家は，将来を見越して，マーケティング組織全体が情報伝達の新しい方法を学習する必要があると提案する．データベース・マーケティング戦略はインターネットを中心に展開するし，Eメールは対外的マーケティング・コミュニケーションの方式として承認されていくだろう．Barry Silverstein によると，将来は対面営業訪問がインターネット会議によって一層充実され，あるいは場合によってはこれに取って代わられるだろう．
>
> 　広告，ダイレクトメール，および電話マーケティングという媒体がインターネットやウェブを補助する役割を担い始めるにつれ，これらの利用は大きくシフトする可能性がある．可能性としては，従来の媒体は消えはしないものの，その主導的立場を手放し，インターネットの後に従うようになるだろう．ダイレクトメールやダイレクト・レスポンス広告の役割は，まもなく，見込み客をウェブ上のレスポンス・フォーム，インターネット・イベント，または企業ウェブサイトに誘導するものが中心になるだろう．
>
> 出典：Barry Silverstein, *Business-to-Business Internet Marketing : Five Proven Strategies for Increasing Profits through Internet Direct Marketing* (Gulf Breeze, FL : MAXIMUM Press, 1999), p. 328.

3．インターネット・マーケティング・コミュニケーションの力[27]

　インターネットは，既存顧客および見込み客とのコミュニケーション改善のための強力な媒体を提供する（第5章参照）．広告，ダイレクトメール，

および電話マーケティングの利用は，これらの媒体が統合マーケティング・コミュニケーション・プログラムにまとめられるにつれ，変化し始める．たとえば，ダイレクトメールまたはダイレクト・レスポンス広告の主たる役割は，まもなく，見込み客を企業ウェブサイト，または新製品のデモンストレーションを行うライブ・セミナーなどのオンライン・イベントに誘導するものになるだろう．インターネット・マーケティングは，いくつかの重要な効用があるため，産業財マーケティング企業の戦略の中でますます重要な役割を担いつつある．

3－1．インターネットを媒体計画中に組み入れる

　成功しているインターネット・マーケターを見ると，ウェブを他の媒体と統合して活用している．ここでの目標は，ターゲット・オーディエンスへの到達に適したメディア・ミックスを使用することである．印刷広告は，製品の知名度を高めるために使用される可能性があり，ダイレクトメールは顧客からの引き合いを継続的に作り出すかもしれない．しかし，産業財マーケターは，可能な限りいつでも，ダイレクトメールおよび媒体広告を利用して，見込み客を自社のウェブサイトへ誘導するべきである．また，見込み客および顧客に，Eメールアドレスを教えてくれるよう―そしてEメール経由での連絡の許可を―求めるべきである．

3－2．インターネットの経済性を理解する

　インターネット・マーケティングのコストはダイレクトメール・マーケティングよりはるかに低い．電子媒体を使うと，リストを印刷したり，郵送したりすることも，広告資料を作ることも，電話マーケティングもしなくてよい．ウェブサイトは，ひとたび構築すれば，潜在顧客が一人でも何万人でも，ほぼ同じコストで連絡をとることができる．産業財マーケターは，従来の広告キャンペーン（たとえば媒体広告とダイレクトメール）のコストとパフォーマンスをインターネット利用のキャンペーンと対比してみるべきである．

3－3．リアルタイムで変化に対応する

　媒体，ダイレクトメール，および電話マーケティングによるキャンペーンは企画から実行までに数週間かかるが，インターネット・マーケティングに関わる時間枠は著しく短い．たとえば，Eメールによる宣伝コピーは非常に短時間で書き，配信することができるし，ウェブページとバナー広告は，市場の要求の変化に合わせて一晩で変更できる．

3－4．製品用の「無限大の棚スペース」を作る

　Silverstein は次のように指摘する．「インターネットだけが，あなたの在庫を増やし，無限の数の製品をいつでも顧客および潜在顧客へ送れるように事前に仕分け，仮想の倉庫として機能することができる．[28]」たとえば Insight Enterprises 社は自社のウェブサイト上で，45,000件以上のコンピュータ関連製品について，製品のリスト，説明，仕様，およびリアルタイムの価格を提供する．

3－5．グローバルなスケールで顧客に接触する

　Silverstein は，規模の大小を問わず，どんな会社であっても，メッセージと製品とサービスによって世界中の顧客に接触することができる低コストの媒体を，インターネットが提供すると言う．

> 電子ビジネスは，時間帯や会議の手順に関係なく，1日24時間，週7日，世界のどこの街角でも実施できる―そして，インターネット・マーケターは全く自分のオフィスを離れる必要がない[29]．

3－6．顧客との1対1の関係を構築する

　顧客と1対1の関係性を構築するには，産業財マーケターは，個々の顧客を，販売，マーケティング，サービス，またはその他のスタッフがその顧客について知り得た情報に基づき，個別に扱わなければならない[30]．関係性

マーケティングを成功させるためには，産業財のマーケターは顧客から受け取るフィードバックに沿ってその行動を継続的に補正し更新することを求められる．これまで見てきたとおり，企業はインターネットを利用して，個人別の内容をEメールまたはウェブサイトを通じて顧客へ届けることができる．たとえば，デル社は自社の最も大口の顧客らを対象とするPremier Webというページを設けた．これらのカスタム化された電子店舗／情報ポータルは，デル社が自社のオファーを各顧客の要求事項に合わせて作成するだけでなく，重要顧客の要求の変化に合わせて一度作成したオファーを継続的に調整することを可能にする．

4．広告の有効性の測定

産業財広告主は，広告からただちに注文が来るとは期待していない．広告は知名度を高め，その会社に対するロイヤルティを刺激し，あるいは製品に対する好意的な態度を作り出すために設計されるものだからだ．広告は直接に購買の決定につながることはないかもしれないが，広告プログラムは説明責任を果せるものにしなければならない．したがって，産業財広告主は将来の広告を改善するために現行の広告について成果測定できなければならず，また広告費の効果を他のマーケティング戦略要素に対する支出と対比して評価できなければならない．

4－1．購買決定への影響を測定する

広告効果の測定とは，刺激（広告）と結果的行動（購買決定）の間に「介在する」ものに対して広告がどの程度影響を与えたかを評価することである．理論的に広告は，認知度，知識およびより測定可能なその他の次元に影響を及ぼし得る．要するに，広告主は，購買決定プロセスを通じて人を動かすことに関する広告の能力の測定をすることになる．このアプローチは，正誤はともかく，決定プロセスのいずれかの段階の改善，またはひとつのステップから次段への移動が，究極的に購買の可能性を高めるものと仮定する．

ロックウェル・インターナショナル社が仕上げた研究は，産業財マーケ

図16.3	広告評価の主要分野
分野	測定の焦点
標的市場のカバー率	指定の標的市場に広告が到達できた度合い
主要購買動機	購買決定の誘因となった要素
メッセージの有効性	メッセージが指定の市場セグメントにおける主要購買意思決定影響者の印象に刻まれた度合い
媒体の有効性	さまざまな媒体が指定の標的市場にメッセージ送達できた度合い
全体的成果	広告が指定の目的を達成した度合い

ターは広告の間接的コミュニケーション効果も測定するべきであると示唆している[31]．この研究は，広告が口コミに影響を与え（間接的効果），またこのようなコミュニケーションが購買者の意思決定に重要な役割を果たすことを明らかにした．同様に，広告は，会社全体の評判への影響，また広告が営業の仕事を助けるという営業チームの信念を支え，購買者に間接的に作用することも示された．この研究は，間接的コミュニケーション効果に関する広告の影響を追跡し，測定手順も広告の効果測定に含まれていることを示唆している．

まとめると，広告の有効性は，購買者の意思決定プロセス，およびいくつかの間接的コミュニケーション効果の見地から形成される目的を基準に評価されるものである．最終分析において，広告効果は，達成レベル当たりのコストに応じた判断もなされる（たとえば，一定の認知度または再認度を達成するためになされた支出）．

4－2．測定プログラム

優良な測定プログラムは，必然的にしっかりした事前計画を伴う．図16.3は，広告評価の基本領域を示す．広告戦略担当者は，何を，どのように，どんな順番で測定するかを，あらかじめ決定しなければならない．新規の広告キャンペーンのベンチマークを設定するには，事前評価の段階が必要である．たとえば，ある企業の製品が指定の標的市場において有するその時点での知名度レベルを把握するために，事前調査が実施される．広告キャン

ペーン後，事後調査が実施され，ベンチマークと比較した認知度の変化が吟味される．広告評価の主要分野は，(1)市場，(2)動機，(3)メッセージ，(4)媒体，および(5)成果の5つである．

事業者間広告の評価は求められるものが多く複雑だが，絶対に必要である．予算のしめつけは一般的に制約要因である．しかし，実地調査の展開は専門の調査会社に依頼することができる．意思決定参加者をその製品または会社の認知から購買受け入れへと動かすに当たって，広告の影響を判断する場合，評価では通常，知識，再認，再生，認知，選好，および動機を測定する．残念ながら，実際の売上げへの効果の測定はできないことが多い．

5．展示会戦略の管理

媒体広告およびダイレクトメール広告は，事業者間で行なわれる営業以外の各種販売促進プログラムのベースとなる．産業財広告資金は主として業界誌およびダイレクトメール用に用意されているが，製品陳列ならびに展示会，カタログ，および業者向けプロモーションなどのその他の販売促進活動によって補強されている．ここでは特に，産業財市場にとっての重要な販売促進手段の一つである，展示会について見ていく．

◎産業財マーケティングの内側◎
IBM社ゴールドサービス・カスタマー

IBM社はゴールドサービス・プログラムを作成し，上位法人顧客300社をこれに認定した．これらの顧客には，それぞれその組織特有のニーズに合わせて特別なIBM社ウェブサイトが作成された．このサイトを作る際，IBM社は，顧客社内の役員および情報技術担当社員全員にウェルカム・パッケージを送付し，各人にこの新サイトの利用を促した．このパッケージには，IBM社のマーケティング・マネージャーが今後組織メンバーと個別にコミュニケーションをとるために役立つ，個人プロフィール調査が含まれていた．従

業員のほぼ全員が，好ましい連絡手段としてEメールを選択した．Eメールで送付したオファーへの回答率はIBM社の予想を上回った．同社は，ゴールドサービス・プログラムに加入した顧客組織についての平均売上が年率30%以上で増加していると報告している．

出典：Barry Silverstein, *Internet Marketing for Information Technology Companies* (Gulf Breeze, FL: MAXIMUM Press, 2001), pp. 226-227.

5-1. 展示会：戦略としての効用

　ほとんどの業界では，毎年，業界内の新たな進歩や技術発展を展示するためのビジネス・ショーや展示会という舞台を設けている．Center for Exhibition Industry Research社は，米国およびカナダの企業約1,500,000社が毎年展示会に出品展示していること，および展示会来場者の83%が「購買意思決定に影響を与える者」に分類されることを示す[32]．北米では，展示会場フロア使用料として，出展企業は毎年100億ドル以上を支出する[33]．一般に，売り手は自社の製品やサービスをブース内に展示し，関心を持った業界メンバーがそこを訪れる．標準的な出展者は，展示会フロアの場で1時間当たり4～5件の見込み購買者と接触する．

　展示会での展示は，技術への大きな貢献を公表したり，または新旧の製品デモンストレーションを行うための，他に類のない機会を提供する．Thomas Bonomaによると，「多くの会社にとって，展示会の支出は，営業チームやディストリビューターの取り組み以外では，主要な―かなりの数の会社にとっては唯一の―組織的マーケティング・コミュニケーション形態である．[34]」展示会を通じて，

- 効果的な売り込みメッセージを比較的多数の関心あるオーディエンスへ一度に届けることができる（たとえば，年次のプラントエンジニアリング・ショーには30,000人以上が参加する）．
- 多数のオーディエンスに対して新製品を紹介できる．
- 1対1の販売環境で顧客が製品を直接手にとって体験できる．

- 潜在顧客を特定することにより，営業担当に質の高い引き合い情報を提供できる．
- 一般的な営業上の信用を高めることができる．
- 会社についての無料のパブリシティが展開されることも多い．

　展示会で1人の潜在顧客に接触するための費用は約230ドルで，多数の企業にとって，営業訪問を行う費用よりはるかに安い[35]．さらに，展示会は製品を新たな外国市場へ紹介するための，すぐれた，費用対効果の高い，短期的な手段を提供する[36]．国際的な展示会は，メーカーが購買者と直接会い，競合状況を観察し，市場調査データを収集することを可能にする．外国の展示会に参加することで，輸出参入にかかる時間を6年から6カ月へと容易に短縮することができる．

5-2．展示会の投資収益

　ある研究で，新型研究室用試験装置の売上および利益率における展示会の影響を評価した[37]．展示会に訪れた顧客と訪れなかった顧客の両方について新製品の売上げがトレースできるようにコントロール・グループを用いた実験を行なったところ，売上水準は展示会を訪れた顧客のほうが高かった．同様に，その製品を購入した割合も，展示会の期間中にブースを訪れた顧客のほうが高かった．展示会の費用に関連する増分利益で見ると，展示会への投資にはプラスの収益（23%）があったことは重要である．この研究は，展示会投資に対する収益が本当に測定できることを示す初の研究のひとつである．展示会は販売の有効性を劇的に高めるものの，その費用は非常に高くなりがちであり，慎重な企画が欠かせない．

5-3．展示会戦略の企画

　効果的な展示会コミュニケーション戦略を開発するには，マネージャーは次の四つの問いに答えなければならない．
1. 統合的マーケティング・コミュニケーション・プログラムにおいて展示会が果たすべき機能は何か？

2．展示会の際のマーケティング努力はだれに向けて行うべきか？
3．会社にとっての適切な展示構成は何か？
4．展示会投資の監査基準はどのようなものであるべきか？監査はどのように実施されるべきか？[38]

　これらの問に答えることは，ターゲット・オーディエンスそのものや，予想される結果，および資金をどう配分するかについて，マネージャーが自己の考えを具体化するために役立つ．

5－4．展示会の目的

　売上げを増やす上で展示会が果たす機能には，意思決定影響者の特定，見込み顧客の特定，製品・サービスおよび会社情報の提供，アプリケーションにおいて見込まれる問題の学習，実際に販売すること，および現有顧客の問題の処理などがある．展示会は，これらの販売関連機能に加え，企業イメージの構築，競合状況に関する情報収集，および営業チームの士気向上のための貴重な活動にもなりうる．展示会戦略の展開をガイドし，社員がそこにいる間の活動を決めるには，具体的な目的が必要である．ひとたび具体的目的が決まれば，出展者は標的市場に照らして選択肢となる展示会を評価しなければならない．

5－5．展示会の選定

　難しいのは，どの展示会に参加するか，またどのくらいの販売促進予算を支出するかを決めることである[39]．企業が，自社の最重要顧客セグメントがよく出入りする展示会に出展を希望するのは明らかである．そこで役立つサービスが，Business Publication Audit of Circulation が提供する Exposition Audit である．この調査は，展示会の登録参加者数と各登録者の事業，役職および職務についての完全なプロフィールを報告している．Trade Show Central（http：//www.broadcast.com/business/tscentral）は，検索可能なデータベースの形で8,000件の展示会へのアクセスを提供する．各展示会に関する豊富な情報が提供され，出展者はそのサイト上で自社の出展を宣伝でき

る．

　展示会のオーディエンスを調査する会社，Exhibit Surveys 社発行の報告書を利用する企業もある．Exhibit Surveys 社が開発した二つの重要手法が，**Net Buying Influences** と **Total Buying Plans** である．前者は，展示されるタイプの製品について意思決定権を有する展示会オーディエンスの比率を測定する．後者は，展示される製品を向こう12カ月間に購入することを計画しているオーディエンスの比率を測定する．これらの測定値は，産業財マーケティング・マネージャーが，参加すべき最も効果的な展示会を選定する際に，非常に有用である．

　多くの企業は，どの展示会に参加し，参加によって何を得られるかを知るために，その標的潜在顧客について，事前調査を行う．このようにして，出展者は展示会戦略が自社の見込み客のニーズに合うよう，準備することができる．

　他の意見として，予想収益性に基づいてさまざまな展示会をランク付けするよう，企業に提案する人もいる[40]．予想収益性は，その企業の過去の引き合い件数，引き合いが売上げに結びついた割合，粗利益データ，および過去の展示会における参加者総数を統合調査する「lead efficiency」モデルを用いて算出する．**Lead efficiency** は，その展示会で獲得した引き合いの数を，その出展者の製品または類似品を購入する確固とした計画を持った来場者総数で除したものと定義される．

5－6．展示会を管理する

　展示会に関心をもってもらうための努力として，産業財のマーケターはビジネス関連の出版物に，展示会に出展する新製品の概要広告を出す．展示会戦略は，インターネットを用いたマーケティング・コミュニケーション活動ともリンクさせるべきである．そうすることで，多くの出展者が展示会の期間中に見込み客および既存顧客とのアポイントメントの日程を組むことができる．

　営業担当は，展示会の環境におけるふるまいについて訓練を受けなければならない．この営業の仕事は，わずか5～10分間のプレゼンテーションをす

図16.4　展示会における段階別トラフィックモデル

```
フロー                          戦術的活動

[展示会参加者]
    ↓
[ターゲット・オーディエンス]
    ↓                          [展示会の開催前
[ブースへの誘引]    ←────────── および開催中の
    ↓                          非人的販売促進
[営業担当との接触]  ←──────┐   活動]
    ↓                      │
[引き合い]         ←──────[人的販売
                            促進活動]
```

出典：Srinath Gopalakrishna and Gary L. Lilien, "A Three-Stage Model of Industrial Trade Show Performance," working paper #20-1992, Institute for the Study of Business Markets, Pennsylvania State University.

る通常の営業訪問とは異なる．通常の営業訪問では，営業担当は普通，まず自分を売り込み，次に会社を，そして最後に製品を売る．展示会では，このプロセスが逆転する．

展示会で受けた問い合わせに効果的に対応するためのシステムがなければならない．展示会でラップトップ・パソコンを使用して情報を電子的に本社へ送信すると効果的であると考える産業財マーケターもいる．これを受けた本社スタッフがレターを作成し，必要な情報を郵便またはEメールで送付する．資料は，潜在顧客が展示会後に自社のオフィスへ戻ったときに，すぐに手に入る状態になっている．

5－7．展示会の成果を評価する

展示会の成果の測定は，企業の展示会戦略の成功度を評価するにあたって非常に重要である．Srinath Gopalakrishna と Gary Lilien は，企業ブースを通過するトラフィック（交通量）を3段階の流れとして見ることによって，成果を測定する有益な枠組みを提示する[41]．図16.4は，その3つの段階に

関して，誘引効率，接触効率および転換効率という3つの異なる成果指標を用いてプロセスとその展開を示している．

この枠組みがもたらした重要な貢献は，成果指標とその企業がコントロールできる主な決定変数との間のリンクである．誘引効率は，そのブースが誘引できる関心のある来場者の比率である．その企業のターゲット・オーディエンスは，その企業の製品に関心をもった展示会来場者群であって，通常，その展示会の参加者総数より少ない．そのブースの誘引力は，ブース面積（平方フィート），宣伝力，関心を引く技法の利用などの関数である．同様に，接触および転換の効率は，ブース担当者の人数とその訓練レベルの関数としてモデル化される．

各企業にとって，展示会の支出は，適切な投資収益を確保するために，具体的なマーケティング・コミュニケーションの目標と結び付けられるべきである．そのためには，産業財マーケティング・マネージャーは各展示会とその関連経費を，売上げ，利益，および企業イメージについて見込まれる影響の観点から慎重に評価しなければならない．その他すべての販売促進手段と同様に，展示会の企画および予算化は具体的な目的を重視して行わなければならない．これらの目的を決定したら，合理的なアプローチによって，達成されなければならないタスクと必要な支出レベルを特定する．

6．まとめ

事業者間購買プロセスの性質上，営業は売上げを上げるための第一のテクニックである．広告は，営業をサポートし，補完する．さらに広告は，営業ができないいくつかのタスクを遂行する．広告は，営業担当が近づけないことが多い，購買意思決定に影響力のある人々に対してアクセスすることを可能にする．

広告は，会社と製品を潜在購買者に知らしめることで営業をサポートする．その結果，販売の成功率が高まる．すぐれた広告は，マーケティング戦略全体をより効率的にし，マーケティングおよび販売のコスト総額を引き下げることにつながる．最後に，広告は営業より効率的に情報を提供し，会社

または製品の知名度を高める．インターネットは単なる広告媒体を越えて，マーケティング・コミュニケーションを一方的なものから双方向のプロセスに変え，マーケターがより容易に顧客と情報交換ができるようにする．

　広告プログラムの管理は広告目的の決定から始まる．広告目的は，文書化すべきで，また，特定のオーディエンスを対象とするものでなければならない．目的が具体化したら，広告活動に資金を配分しなければならない．経験則に基づくことは，ありがちだが，広告予算の具体化には理想的な方法ではない．タスク法のほうがより効果的である．

　広告メッセージは，見込み購買者の知覚プロセスがメッセージの受容性に影響することを理解したうえで作成される．最も効果的なアピールは，標的とする購買意思決定影響者が求める製品効用を投影するものである．

　広告媒体は，その発行部数に基づき，そのオーディエンスが，望ましい購買意思決定影響者にどれくらい一致するかを考慮して選定される．インターネットは，標的顧客とコミュニケーションをとるための強力な媒体を提供する．明敏な産業財マーケターはウェブを他の媒体と統合して活用している．インターネット・マーケティング・キャンペーンは変更が容易で，製品に無限大の棚スペースを提供し，世界中の顧客との直接のつながりを提供し，リレーションマーケティングを現実のものにする．

　最後に，広告の効果は，その広告キャンペーンについて定めたコミュニケーション目的に照らして評価されなければならない．事業者間広告の成果の尺度の典型としては，読者数，再認度，認知度，態度，および購入意図がある．

　展示会の来場者は購買意思決定に影響力のある人々であるという傾向があり，展示会で見込み顧客に接触するコストは営業手段によるよりもはるかに低い．展示会に関する高い投資利益を確保するには，戦略を慎重に計画し，実行することが必要である．展示会は，1回のプレゼンテーションで多数のオーディエンスに接触するには有効であるが，資金は慎重に配分しなければならない．

6－1．討論課題

1. 産業財のマーケターの販売促進予算の大半は営業に配分されるが，広告は産業財マーケティング戦略において重要な役割を果たすことができる．説明せよ．

2. 次の説明を評価せよ：「インターネットはマーケティング・コミュニケーションの形態を，一方的なプロセスから，マーケターと消費者がもっと容易に情報交換できる双方向のプロセスに変える．」

3. Breck Machine Tool 社が新しい産業財のための一連の広告の作成をあなたに依頼した．Breck 社のマーケティング・リサーチ部は，要請すれば，新製品および市場に関係して彼らが保有するあらゆるデータを提供してくれる．このキャンペーン用の媒体の選定およびメッセージの開発においてあなたがとろうとするアプローチの概要を述べよ．また，より質の高い決定をするために，どのようなデータを利用するかを述べよ．

4. 事業会社の広告機能の有効性および効率性を，あなたがどのように評価するかということについて概要を述べよ．予算作成の実務と成果に重点を置くこと．

5. ウォールストリート・ジャーナル紙の事業者間広告に提示されるメッセージは，どのような場合に製造部長に好意的に評価されるか，どのような場合に購買部長に好ましくない評価をされるか，さらには，どのような場合に品質管理のエンジニアの注意を引くことにすら失敗するか，について説明せよ．

6. 営業訪問のコストが急上昇したと仮定して，産業財マーケターは，可能ならいつでも，営業の代替手段としてダイレクトメール広告またはEメール・コミュニケーションを試みるべきか？あなたの立場を裏付ける主張をせよ．

7. 産業財マーケターのプロモーション・ミックスにおいてインターネット戦略が果たす可能性のある役割を記述せよ．産業財マーケターは，顧客と緊密な関係を形成するにあたってウェブをどのように利用することができるか．

8．産業財広告は直接的な販売促進効果は期待されないと言われる．産業財広告が，ブランドBではなくブランドAを買うように組織購買者を説得しないとすれば，広告は一体何をするのか，またその影響は，他のマーケティング戦略要素への支出と対比して，どのようにして測定できるか？

6－2．インターネット演習

展示会イベントの総合情報源である http : //www.tsnn.com のサイトにアクセスし，来月中に開催される医薬品業界の展示会2件を特定せよ．

◎事例　SafePlace Corporation[42]

　2002年2月に，ニュージャージー州チェリーヒルのヒルトンホテルに滞在していた客が，会議出席中に亡くなった．その他数名の客が，レジオネラ菌による症状の発生または炭疽菌攻撃の恐怖の真っ只中で病院へ搬送された．後日，その客はホテルに無関係の肺炎と血液感染症で死亡したものと断定された．この事件は，ホテル事業にとって安全がいかに重要になったかを示す警鐘となった．

　このニーズに応え，防火および企業セキュリティの専門家である John C. Fannin III が，SafePlace Corporation 社を設立した．同社は，宿泊施設，保健医療施設，教育機関，商業ビル，およびその他の人の安全が問題になる居住用建物に関する独立の安全性認証プロバイダーである．「Good Housekeeping Seal of Approval」と同様，SafePlace®認証には，一定の全国的に認められた法規，規格およびベストプラクティスの規定に基づいて，セキュリティ，防火性，および健康と生命の安全に関する要件が設定されている．

　デラウェア州ウィルミントンのホテル・デュポンは，米国でSafePlace®認証シールを取得した初の宿泊施設であった．この認証プロセスは，施設についての厳格な検査を伴い，ホテルが採用するべきベストプラクティスを特定する．すなわち，キー・カードの利用（鍵の廃止），自動閉鎖ドア，客室内の煙検知器およびスプリンクラー，ドアのボルト式ロック，優れた水質，ならびにホテルスタッフの作業および食品取扱い実務の安全である．この検査とコンサルティング・サービスに45,000ドルを支払ったホテル・デュポンは，SafePlace®のシールをロビーに掲出し，またホテルのマーケティング資料すべてにこの認証マークを記載する計画である．

　2002年3月にこのプログラムを開始して以来，SafePlace 社には，毎週25件以上のホテルから問い合わせが来ている．同社社長の John Fannin は，次は教育市場，とりわけ大学に巨大なチャンスがあると感じている（寮の認証など）．

討論課題

1．SafePlace 社が，一流ホテルを自社のサービスの当初のターゲットにすることを希望していると仮定する．SafePlace 社がとるべき広告戦略の中心的要素を記述せよ．
2．SafePlace®のシールがホテルとその客に提供する中核的効用を記述せよ．あなたはこれらの効用を広告本体の中にどのように記述するか？

注

1　Barry Silverstein, *Internet Marketing for Information Technology Companies*, 2 d ed. (Gulf Breeze, FL : MAXIMUM Press, 2001), pp.330-331.
2　John Evan Frook, "Big Blue Boosts Ad Spending 21 Percent to Spread E-Business Message to the Web-Challenged," *Business Marketing* 145 (December 1999) : p.30.
3　John E. Morrill, "Industrial Advertising Pays Off," *Harvard Business Review* 48 (March/April 1970) : pp. 4-14.
4　Ibid., p. 6. For a comprehensive study of the relationship between brand awareness and brand preference, see Eunsang Yoon and Valerie Kijewski, "The Brand Awareness-to-Preference Link in Business Markets : A Study of the Semiconductor Manufacturing Industry," *Journal of Business-to- Business Marketing* 2, no. 4 (1995) : pp. 7-36.
5　"New Proof of Industrial Ad Values," *Marketing and Media Decisions*, February 1981, p.64.
6　"ARF/ABP Release Final Study Findings," *Business Marketing* 72 (May 1987) : p.55.
7　"The Cost of Doing Business," *Sales & Marketing Management* 151 (September 1999) : p.56.
8　Raymond E. Herzog, "How Design Engineering Activity Affects Supplies," *Business Marketing* 70 (November 1985) : p.143.
9　David A. Aaker and Erich Joachimsthaler, "The Lure of Global Branding," *Harvard Business Review* 77 (November/December 1999) : pp.137-144.
10　David W. Stewart, "From Consumer Response to Active Consumer : Measuring the Effectiveness of Interactive Media," *Journal of the Academy of Marketing Science* 30 (fall 2002) : pp.376-396.
11　David Feeny, "Making Sense of the E-Opportunity," *MIT Sloan Management Review* 42 (winter 2001) : pp.41-51.
12　Jack Edmonston, "Practical Tips to Measure Advertising's Performance," *Business Marketing* 81 (April 1996) : p.26.
13　Nigel Piercy, "Advertising Budgeting : Process and Structure as Explanatory Variables," *Journal of Advertising* 16, no. 2 (1987) : p.34.
14　Eunsang Yoon and Valerie Kijewski, "The Brand Awareness-to-Preferences Link," p. 32.
15　Joseph A. Bellizzi and Jacqueline J. Mohr, "Technical Versus Nontechnical Wording in Industrial Print Advertising," in *AMA Educators' Proceedings*, ed. Russell W. Belk et al. (Chicago : American Marketing Association, 1984), p.174.
16　Robert Lamons, "Tips for Distinguishing Your Ads from Bad Ads," *Marketing News*, 19 November 2001, p.10.

17　Ritu Lohtia, Wesley J. Johnston, and Linda Rab, "Business-to-Business Advertising : What Are the Dimensions of an Effective Print Ad?" *Industrial Marketing Management* 24（October 1995）: pp.369-378.
18　John Evan Frook, "AT&T Levels Off Spending, Shifts Business Ads' Focus to Products, Services with 'net. working'," *Business Marketing* 145（December 1999）: p.30.
19　See Stanton G. Cort, David R. Lambert, and Paula L. Garrett, "Effective Business-to-Business Frequency : New Management Perspectives from the Research Literature," *Advertising Research Foundation Literature Review*（October 1983）.
20　Barry Silverstein, *Business-to-Business Internet Marketing*, 3 rd ed.（Gulf Breeze, FL : MAXIMUM Press, 2001）, p.171.
21　John D. Yeck, "Direct Marketing Means Accountability," *Business Marketing* 78（July 1993）: p.A4.
22　Shell R. Alpert, "Testing the 'TOO-Frequent' Assumption," *Business Marketing* 73（March 1988）: p.14.
23　Robert D. McWilliams, Earl Naumann, and Stan Scott, "Determining Buyer Center Size," *Industrial Marketing Management* 21（February 1992）: p.48.
24　Tom Eisenhart, "Breakthrough Direct Marketing," *Business Marketing* 75（August 1990）: p.20.
25　Barry Silverstein, *Business-to-Business Internet Marketing*, p.226.
26　Barry Silverstein, *Internet Marketing for Information Technology Companies*, p. 107.
27　This section is based on Barry Silverstein, *Business-to-Business Internet Marketing*, pp.76-85.
28　Ibid., p.77.
29　Ibid., p.79.
30　Don Peppers, Martha Rogers, and Bob Dorf, "Is Your Company Ready for One-to-One Marketing," *Harvard Business Review* 77（January/February 1999）: pp.151-160.
31　C. Whan Park, Martin S. Roth, and Philip F. Jacques, "Evaluating the Effects of Advertising and Sales Promotion Campaigns," *Industrial Marketing Management* 17（May 1988）: p.130.
32　Douglas Ducante, "The Future of the United States Exhibition Industry-Flourish or Flounder" at http : //www.ceir.org, October, 2002.
33　Barbara Axelson, "How to Choose the Right Trade Show," *Business Marketing* 84（April 1999）: p.14.
34　Thomas V. Bonoma, "Get More Out of Your Trade Shows," *Harvard Business Review* 61（January/February 1983）: p.76.
35　Douglas Ducante, "The Future of the United States Exhibition Industry."
36　Brad O'Hara, Fred Palumbo, and Paul Herbig, "Industrial Trade Shows Abroad," *Indus-*

trial Marketing Management 22 (August 1993): p.235.
37 Srinath Gopalakrishna, Gary L. Lilien, Jerome D. Williams, and Ian K. Sequeira, "Do Trade Shows Pay Off?" *Journal of Marketing* 59 (July 1995): pp.75-83.
38 Thomas V. Bonoma, "Get More Out of Your Trade Shows," p.79.
39 See Aviv Shoham, "Selecting and Evaluating Trade Shows," *Industrial Marketing Management* 21 (November 1992): pp.335-341.
40 Srinath Gopalakrishna and Jerome D. Williams, "Planning and Performance Assessment of Industrial Trade Shows: An Exploratory Study," *Industrial Journal of Research in Marketing* 9 (September 1992): pp.207-224.
41 Srinath Gopalakrishna and Gary L. Lilien, "A Three-Stage Model of Industrial Trade Show Performance," *Marketing Science* 14 (winter 1995): pp.22-42.
42 Maureen Milford, "Hotel Safety Rises to a New Standard," *The News Journal* 13 May 2002, p. i, accessed 27 September 2002 at http://safeplace.com.

第17章

産業財のマーケティング・コミュニケーション：営業機能の管理

産業財のマーケティング・コミュニケーションには広告，販売促進および人的販売としての営業が含まれる．第16章で説明したように，広告と関連する販売促進ツールは営業を補完し，強化する．産業財マーケターの販促手段ミックスの中で，営業は需要喚起力としてもっとも重要である．営業を通して，マーケターは会社が提供する全製品とサービスを組織顧客のニーズに結び合わせる．この章を読むことにより，次のことが理解できる．

1．産業財のマーケティング戦略における人的販売／営業の役割
2．より多くの顧客に，より多くの市場で対応し，より多くの利益を上げるためには，いかに複数の販売チャネル（インターネットを含む）を統合して一貫した戦略とするか
3．営業管理機能の性質
4．営業に関する主要な意思決定に適用できる，厳選された管理ツール

シスコシステムズ社の社長兼 CEO である John Chambers は「顧客が戦略である」[1]と語っている．彼は1970年代に IBM 社の営業担当として働き始めた．今日もなお彼は時間の40%を顧客との直接業務に費やしており，シスコ社の成功の鍵は顧客からの絶え間ないフィードバックであると信じている．実際，彼は1年365日を通じて毎晩，10〜15の最重要大手顧客に関する最新情報をボイスメールで受け取っている．最先端技術を開発し，かつ顧客との密接な関係を保つことで，シスコ社はネットワーク装置市場のリーダーとしての位置を維持し続けている．

典型的な産業財のマーケターのマーケティング業務の中で，販売は主要な構成要素であり，企業として成功するための主要な決定因である[2]．産業財市場の中で人的販売としての営業は主要な位置にあるが，それは消費者市場にくらべて潜在的顧客の数が少なく，個々の購買金額が大きいからである．マーケティング・ミックスの中での営業の重要性は，市場の性質と構成，製品の特性，企業の目的と資金力などの要素によって異なる．産業財マーケターは市場との多くの潜在的なつながりを持っている．マニュファクチャラーズ・レプリゼンタティブ（通称レップ）やディストリビューターを活用することもできるし，直販の営業チームだけを利用することもある．同様に，各企業は販促手段ミックス（すなわち広告，販売促進と営業）の様々な要素の相対的な重要性を判断しなければならない．

すべての産業を通じて，1回あたりの産業財の営業訪問の費用は200ドル以上である[3]．コンピュータ会社はこれよりかなり高い費用を報告しているが，化学製品製造会社の費用はこれよりかなり低い．もちろんこれらの数字は，様々な会社，製品および市場に関する条件に応じて変化する．しかしそれらは産業財市場でかなりの経営資源が営業に投資されていることを示している．効果と効率を最大化するためには，営業機能を入念に管理し，企業のマーケティング・ミックスに統合しなければならない．生産性を高め，激しい競争に対応するために，営業戦略担当者はさまざまな新しい手法と技術を使用している．

企業が営業戦略をどのように実行するかに関わりなく，営業担当は市場や個々の顧客との最初の連結点となる．営業担当の課題は複雑であり，かつチ

ャレンジングである．すべての顧客の期待を満たすためには，営業担当は自社製品にとどまらない広い知識を持つ必要がある[4]．競合他社の製品，および顧客の業界の動向についても知的に語る能力がなければならない．顧客の業務のみならず顧客の顧客の業務についても知らなければならない．本章ではまず，関係性マーケティング戦略を実行する上で営業担当が果たす主導的な役割，および収益性の高い方法で顧客に対応するために産業財のマーケティング戦略担当者が使うことができる複数の販売チャネルを考察する．次いで，営業部門の管理，つまり営業組織を編成し，重要顧客を識別して対応し，営業スタッフを配置し，評価・統制する必要性を論ずる．

◎産業財マーケティングの内側◎
職歴プロフィール：IBM 社での関係性管理

Brad Bochart はカリフォルニア州南部で IBM 社の顧客担当役員を務めており，金融サービス産業（たとえば銀行，投資会社など）分野の19の大口顧客を担当している．彼はアリゾナ州立大学でマーケティングの学士号を取得した後，1997年1月に IBM 社に入社した．IBM 社で Brad が受けた研修は2つの要素から構成されていた．(1)ビジネス上のエチケット，営業領域管理，企業財務および交渉・営業スキルなどの題目に関する6カ月コース．(2)担当する産業，すなわち金融サービス業界に関する知識を深めるための6カ月研修．

顧客担当役員としての私の仕事は，この産業での市場占有率を高めること，顧客企業の CEO とその配下の主要なマネージャーらとの重要な戦略的関係を形成すること，そして彼らの事業と業界について学び続けることです．最終的な目標は，各顧客との長期的パートナーシップ関係を作り出すことです．私は各顧客に対する IBM 社の代表者です．そして私の仕事は，顧客の事業戦略及びその戦略を支援するために用いている顧客の情報技術（IT）戦略を理解することです．この理解が達成できれば，私は顧客の IT 戦略と事業戦略を直接支援できる IBM 社のリソースを統合します．これと並行して，様々

なIBM社コンサルタント，製品スペシャリストや業務上のパートナーなどのキーとなるメンバーと社内関係を形成しなければなりません．その目的は，これらの関係を用いて顧客にソリューションを提供し，各顧客に対するIBM社の位置づけを強化することです．

　仕事に関しては責任と権限の両方が私にはありますが，担当する企業組織を指揮する様々なCEOを訪問し，彼らと話す機会を楽しみにしています．現在までに，私は5人の異なるCEOとゴルフをする機会がありました．彼らのビジネスやそれがいかに経営されているかを理解することは大きな楽しみです．彼らがどのように考えているか，どのように日常のスケジュールを管理しているか，どのように重大な問題に対処しているか，どのように仕事とプライベートのバランスを取っているかなどです．最後に，IBM社の私の同僚とのつきあい，そしてIBM社を代表することも私の楽しみです．

出典：Brad Bochart, interview by author (telephone and email), Tempe, Arizona, 5 October 1998.

1. 営業の基礎：組織顧客の重視

　営業は産業財のマーケティング戦略を実行する手段である．組織全体の特徴（マクロレベル）または（組織内の）意思決定単位の特徴（ミクロレベル）に基づいてマーケターが標的セグメントを決定した後で，これらのセグメントのニーズに対応するために営業スタッフが配置される．営業担当は製品が提供する価値の総体を充実させ，売り手と買い手双方の代表者となる．売り手企業のイメージ，評判とニーズを満たす能力を伝える上で営業は重要である．購買意思決定者が要件を定義し，および会社の製品またはサービスと要件との調整をすることを助けることによって，営業担当は製品そのものだけでなく，アイデア，助言，技術的支援，経験，自信および友情をも提供する．たとえばある大手玩具製造会社が供給業者を評価する基準は，製品の品質，納期の信頼性，価格，および営業担当によって提供されるアイデアと

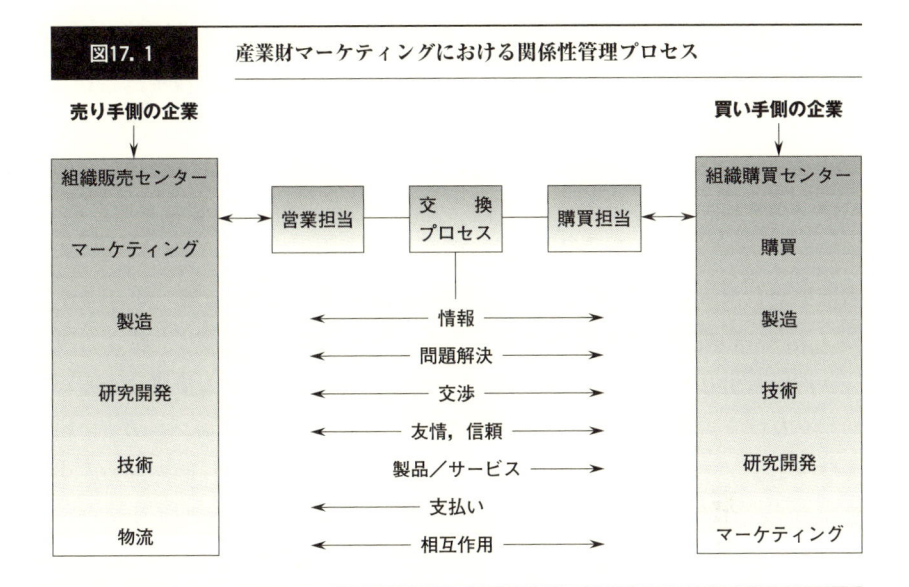

| 図17.1 | 産業財マーケティングにおける関係性管理プロセス |

売り手側の企業

組織販売センター
- マーケティング
- 製造
- 研究開発
- 技術
- 物流

営業担当 ⇔ 交換プロセス ⇔ 購買担当

- 情報
- 問題解決
- 交渉
- 友情，信頼
- 製品／サービス
- 支払い
- 相互作用

買い手側の企業

組織購買センター
- 購買
- 製造
- 技術
- 研究開発
- マーケティング

　提案の価値である．実際この購買組織はアイデアを求めているということを公言し，助言の数と品質によってサプライヤーを正式に評価している．

　買い手を代表する立場で，営業担当は顧客の特定のニーズを産業財企業内の研究開発または生産スタッフに明確に伝える．製品仕様，納期および技術サービスはしばしば営業担当を通じて交渉される．営業担当は不確定性を取り除く役目を担い，買い手と売り手の間の摩擦を減少させる．ヒューレット・パッカード社の地域営業マネジャーである John Knopp は，高成績をあげる営業担当にこの特徴があることを認識している．「彼らは，企業の内外のしくみを使って，顧客のために特定の事柄をいかに成し遂げるかを知っています．成し遂げねばならないことが通常の方針とやり方から外れている場合には，彼らはそれをスムーズに成就する方法を見つけ出すのです」[5]．

1－1．関係性マーケティング

　製造企業とそのサプライヤーとの間において緊密な関係性を志向するという傾向は，戦略的提携も含めて，産業財市場の多くの部門において加速している．このテキストを通じて強調されるいくつかの圧力が，これまで疎遠で

あったり敵対的でさえあった売り手と買い手の関係をより緊密なものにする動きを促進している．そのような力としては激しさを増す国際競争，品質改善への努力，急速に変化する技術，および拡大しつつある「ジャスト・イン・タイム」オペレーション哲学[6]の採用がある．営業担当者は，会社の関係性マーケティング・プログラム（第4章参照）において主要な役割を演じる．

■販売センター　組織顧客との交換関係の開始と維持に関与する売り手企業のメンバーの集合体が組織販売センター[7]である（図17.1参照）．特定の販売状況から生じるニーズ，特に情報上の要件が販売センターの構成に重要な影響を及ぼす．販売センターの主要目的は，適切なマーケティング関連情報の収集と加工，および営業戦略の実行である．多くの産業で，販売上の成功を収めるためにはチームワークが必要な前提条件であることが明らかになっている．そのために，販売センター内の営業担当が緩やかにつながるのではなく，構造的に組織された正式な営業チームによるアプローチが求められることが多い[8]．ゼロックス社，ヒューレット・パッカード社，デュポン社などの会社では主要顧客ごとに正式な管理チームを採用している．

　購買決定に参加し，かつその決定から生じる目標とリスクを共有する人々の集合体が組織購買センターである．特定の購買状況に関するニーズに応じて，購買センターの構成が決定される（第3章参照）．一例として，新規の複雑な購買状況には，異なる機能分野を代表する参加者が数名含まれることがある．

　この交換プロセスで表立った役割を務めるのは営業担当（販売センターの代表者）と購買担当（購買センターの代表者）である．営業担当と購買担当はいずれも特定の計画，目標と意図を持って相互作用を開始する．営業担当は購買問題の解決において情報と援助を提供し，その対価として購買担当または購買センターのメンバーから販売を獲得する．

　購買センターのメンバーとの外部交渉に加えて，産業財の営業担当は潜在顧客の代弁者として，販売センターの他のメンバー（製造や研究開発など）との内部交渉を行うことも少なくないが，その目的は特定の顧客との交換関係を成功させることである．内部交渉は購買センター内でも生じる．それは

図17.2	典型的な販売サイクル：販売プロセスを通して遂行される作業
引き合いの発生	営業訪問，ダイレクトメールに対する顧客の反応，またはウェッブ・サイトを通じての情報請求によって引き起こされ，見込み客との最初の接触が行われる．
引き合いの審査	潜在的顧客が審査される．見込み客の製品またはサービスに対するニーズ，購買上の関心，資金，および購買の時間軸．
値付けと提案	顧客の要件を満たすための値付けと提案書の作成（大規模な技術プロジェクトでは複雑な作業）．
交渉および契約締結	価格と条件に関する交渉，続いて拘束的契約に関する合意．
履行	標準化された製品またはサービスについては，顧客への提供物の引渡し．より複雑な販売については，設計，カスタマイゼーションと設置．
顧客のケアおよびサポート	販売後の問題解決，顧客の指導，および顧客の維持，愛顧と成長を確実にするための継続的な接触．

出典：Adapted from Lawrence G. Friedman, *Go To Market Strategy : Advanced Techniques and Tools for Selling More Products, To More Customers, More Profitably*（Boston : Butterworth-Heinemann, 2002), pp. 234-236.

さまざまなメンバーがサプライヤーの選択においてそれぞれの機能分野の利益を代表するからである．産業財市場での売り手と買い手の相互作用は複雑な影響の流れによって特徴づけられる[9]．最大限の顧客満足と望ましい市場からの反応を確保するために，産業財マーケターは買い手と売り手の関係性において交錯する影響の複雑な網を効果的に管理しなければならない[10]．

1－2．関係性の品質

　顧客に近い位置を占め，かつ組織としての力を統合することができるため，産業財の営業担当は「リレーション・マネージャー」の役割を演じるのに最適である．複雑な購買決定の際には，組織購買者はかなりの不確実性に直面する．顧客の見地からは，関係性の質はこの不確実性を減少させる営業担当の能力によって高められる．関係性の質は少なくとも(1)営業担当への信頼と(2)営業担当に対する満足という二つの次元を含んでいる[11]．企業間の複雑な交換の場面でしばしば不確実性に直面するが，その場合，関係性の質は永続的な絆を結ぶことに貢献する．それは，営業担当が顧客の期待（満足）

を満たし続けてくれて，故意に情報を歪曲したりその他の仕方で顧客の利益を損なわない（信頼）という保証が与えられるからである[12]．Lawrence Crosby，Kenneth Evans および Deborah Cowles は「関係性の質が提供する相互作用の連続性は，満たされていない顧客のニーズを識別して新しいビジネスを提案するための継続的な機会を売り手に与える」と結論している[13]．

2．統合されたマルチチャネル・モデル[14]

　主要な産業財のマーケターは，特定市場の顧客に対応するために複数の販売チャネルを使用している．マルチチャネル・モデルの目的は，多くのチャネル（現場の営業，チャネル・パートナー，コールセンター，インターネットなど）の活動を調整して，全体的な顧客の経験と収益性を高めることである．引き合いの発生から審査，交渉と契約締結，履行，および顧客のケアやサポート（図17.2参照）という作業を含む典型的な販売サイクルを考えてみよう．マルチチャネル・システムでは，顧客との単一の販売取引の中で多様な作業を多様なチャネルによって行うことができる．たとえば，産業財のマーケターはコールセンターとダイレクトメールを活用して引き合いを促し，現場の営業担当を通して契約を締結し，ビジネス・パートナーを用いて履行（すなわち製品の引渡しまたは設置）を行い，ホームページを用いて販売後のサポートを行うことができるだろう．

2－1．顧客との接点の管理

　図17.3は，オラクル社などの多くの主要企業が，多数の中小企業から成る大きなミドル市場に対応するために使用している特別なマルチチャネル戦略を示している．まず，売上に対する相対的コスト（直接販売で最も高く，インターネットで最も低い）に基づいて，チャネルが上から降順に配置されていることに注目してほしい．産業財マーケターは，販売作業をより低コストのチャネルに移すことによってより大きな利幅を達成し，より多くの顧客を，より多くの市場で，より効率的に扱うことができる．図17.3に戻って，販売サイクルのさまざまな段階でチャネル・パートナーが演じる中心的

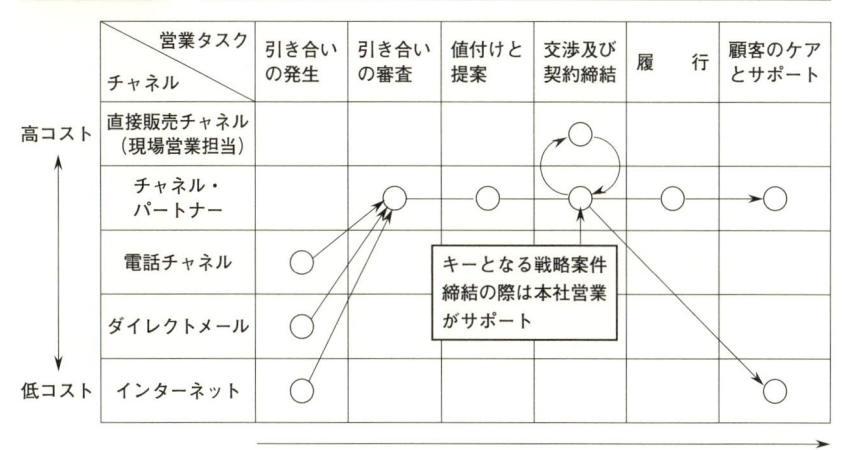

図17.3　マルチチャネル統合マップ：単純な広範囲提携モデルの例

チャネル ＼ 営業タスク	引き合いの発生	引き合いの審査	値付けと提案	交渉及び契約締結	履行	顧客のケアとサポート
直接販売チャネル（現場営業担当）				○↻		
チャネル・パートナー		○	○	○	○	○
電話チャネル	○					
ダイレクトメール	○					
インターネット	○					

高コスト ↕ 低コスト

営業サイクル →

キーとなる戦略案件締結の際は本社営業がサポート

出典：Lawrence G. Friedman, *Go To Market Strategy : Advanced Techniques and Tools for Selling More Products, To More Customers, More Profitably*（Boston : Butterworth–Heinemann, 2002）, p. 243. Copyright 2002 ; Reprinted with permission from Elsevier Science.

な役割に注目してほしい．インターネットのような低コストの顧客に対するチャネルは，引き合いを発生させるために用いられる．その後引き合いはチャネル・パートナーに引きつがれる．これらのパートナーは販売サイクルを完結するものと期待されるが，契約締結までの間にオラクル社の営業担当から（必要な場合には）指導とサポートを得ることができる．ミドル市場の顧客に対しては，チャネル・パートナーを重視することによって，オラクル社はより大きな利幅を確保し販売コストを低減する一方で，市場カバー率と浸透度を大きく向上させることができるのである．さらに，この方法を取れば営業部門は，より多くの注意を大口企業顧客への対応に当てることができる．

　これは，特定市場に対して統合された戦略を策定するために，さまざまな販売チャネルに横断的に販売サイクル作業を調整し，配置する方法の一例にすぎない．多様性の高い市場に対応する会社は，それらの市場の企業顧客のニーズに応えるために明確に異なるマルチチャネル・モデルを必要とするだろう．たとえば，主要な企業顧客に対応するために営業担当を用いる一方で，ミドル市場を対象にチャネル・パートナー，コールセンターとインター

ネットを用いることがありうる．

2－2．顧客関係性管理（CRM）システム

　多くの産業財のマーケターは非常に複雑な市場カバー戦略を実行している．たとえばヒューレット・パッカード社は，大企業に対しては現場営業組織を通じて直接販売し，政府や教育市場，および中堅企業市場に対してはチャネル・パートナーと流通業者を通じて販売し，小規模零細企業市場と家庭市場に対しては小売店を通じて販売している．一流の営業戦略コンサルタントである Lawrence Friedman は「顧客支援チャネルとインターネット上の展開を加えれば，ヒューレット・パッカード（HP）社はさまざまな市場部門に対して販売，サービスおよびサポートを提供しうるきわめて多数のチャネルを展開していることになる」と述べている[15]．このマルチチャネル・ミックスの特徴は，顧客との接点が多数あるということである．それは，HP社が各チャネルを通じて「比類のない」顧客経験を確実にするために管理・調整しなければならないものである．CRM システムは，販売チャネル活動を調整し，それらの間の重要な接続と連係を管理するための価値ある手段を提供する（第4章を参照）．Friedman は次のように述べている．

> これまでのチャネルの調整は難しい，やっかいな問題であった．そこでは手書きメモ，ボイスメール，引き合いの書面リストやページの隅が折られた顧客履歴ファイルを見つけ出さねばならず，またそれらは紛失することも少なくなかった．CRM は IT によるチャネル調整の新しい時代を開いた．それは情報を失ったり販売情報をどこかに紛失してしまうことなしに，引き合いおよび顧客履歴の情報を一つのチャネルから他のチャネルへ電子的に伝送することを可能にした[16]．

　多くの CRM 導入計画は予想通りの成果を挙げていないものの，うまく統合されたプロジェクトは目立った成果を挙げている．CRM 統合計画の初年度に，HP 社は IT コストを2000万ドル削減し，営業部門の生産性を10パーセント増やし，一定の製品の売上原価を25％削減し，マーケティング・キャン

ペーンへの投資利益率を30%改善した．CRMシステムの実施と管理は難しいものの，産業財のマーケターはそれを用いることによってすべての販売チャネルの活動の調整が容易になり，「シームレス」な顧客経験を与えることが可能になるのである．

3．営業部門の管理

　産業財の営業部門の効果的な管理は，会社が成功するための基本である．営業管理とは人的販売活動の計画，組織，指揮および統制を意味している[17]．営業部門に関する決定は全体的なマーケティングの目的によって調整されるものであり，マーケティング・ミックスの他の要素と統合されなければならない．期待される売上面での反応の予測に従って会社は必要となる全体的な営業活動（営業部門の規模）を決定し，組織化し（おそらくは各販売地域に）配置する．市場の潜在力を見積り，売上げを予測する技術（第3部「市場機会の評価」で論じた）は販売計画作成において特に有効である．営業管理にはまた営業担当を採用し，訓練し，配置し，監督し，動機づけるための継続的活動が含まれる．最後に，問題領域を確認し，各営業部門の効率，効果および収益性を評価するために営業業務を監視しなければならない．

　本節では営業部門管理に関する次の4つの戦略要素を考察する．(1)営業部門を組織する方法，(2)主要顧客の管理，(3)営業部門の管理を成功させるための要件，および(4)産業財の営業部門配置において適用できるモデル．

3－1．営業活動の組織化

　営業部門をどのように組織化すべきだろうか．適切な形態は，製品の性質と品目の多さ，マーケティング計画における流通業者の役割，対象とする市場セグメントの多様さ，各市場セグメントにおける購買行動の性質，競争販売の構造などの多くの要因によって決まってくる．特定の組織形態が機能するかどうかということに関しては，製造企業の規模と資金力がしばしば重要な決定要因となる．産業財マーケターは，営業部門を地域，製品または市場

に従って組織することができる．様々な製品ラインを扱う大規模な産業財の
マーケターは，組織構造の中の種々の点においてこの3つの要素のすべてを
使用することができる．

■**地域による組織**　産業財のマーケティングにおける営業組織の最も一般的
な形態が地域による編成である．各営業担当は会社のすべての製品を指定さ
れた地域内で販売する．この方法では一般的に，顧客への移動距離と時間を
短縮することによってコストを最小化する．さらに，営業担当はどの顧客及
び見込み客が彼らの責任範囲となるかを正確に知っている．

　地域別営業組織の大きな短所は，各営業担当が自社のすべての製品と特定
テリトリー内のすべての顧客に関して，すべての営業業務を行う能力がなけ
ればならないことである．製品に多様な用途があれば，これは非常に難しい
場合がある．第二の短所は，力を入れるべき製品と顧客の選択に関して，営
業担当にかなりの裁量がゆだねられることである．営業担当は，自分が最も
精通している製品と最終用途に偏向してしまうかもしれない．もちろん，こ
の問題は研修と現場での行き届いた監督によって解消できる．会社としての
市場セグメンテーション戦略を推進するに際して営業担当はきわめて重要で
あるため，営業活動とマーケティングの目的を調和させるべく，注意深い調
整と管理が必要となる．

■**製品による組織**　製品指向の営業組織とは，営業担当が全製品の中の比較
的限られた構成要素を専門としている組織である．製品ラインが多く，技術
的に複雑である場合や，顧客のニーズを満たすために営業担当が用途に関す
る高度の知識を必要とする場合に，この組織は特に適している．さらに，多
様な製品はしばしば多様な購買行動パターンを発生させる．特定の製品に集
中している営業担当は，購買センターのメンバーを識別し，コミュニケー
ションを行うことに関してより熟達することになる．

　このアプローチの主要な利点は，顧客に対して会社が提供するものの全体
の価値を高めるようなレベルにまで営業担当が製品知識を高められることで
ある．また製品指向の営業組織によって，新しい市場セグメンテーションの

切り口が見えてくるかもしれない．

　不利な点としては，専門化した営業部門を開発し展開するためのコストである．製品は，個別の営業上の配慮を行うに足る一定水準の売上げと利益を生み出す潜在力を持たなければならない．したがって，コストを相殺するための「必要最小限」の需要が必要になる．また単一の顧客の場合でも，製品に関する多岐にわたる要件を満たすために数人の営業担当が必要になるかもしれない．営業費用を削減し生産性を向上させるために，製品スペシャリストを製品ライン全体のスペシャリストに変える計画に着手した会社もある．製品ライン全体のスペシャリストとは，会社のすべての製品と顧客戦略について精通している人々である．顧客の技術使用に関する知見が増すにつれて，顧客がもはや製品スペシャリストを必要としなくなり，すべての製品を扱える一人の営業担当だけを相手に仕事をすることを好むようになることがしばしばある．

■**市場中心の組織**　産業財マーケターは，営業活動を顧客タイプをベースに組織化しようと目論む場合がある．オーウェンス・コーニング社は最近，地域による営業構造を顧客のタイプによる構造に転換した．同様に，HP社は小売，金融サービスおよび石油・ガス開発市場におけるポジションを強化するためにこの構造を用いて成功している[18]．フォーチュン500社の営業担当重役は，顧客を確保し業績を改善する能力を，顧客重視型の営業構造を採用することによって強化することができると考えている[19]．

　特定の業界や顧客の特種の要件を知ることで，営業担当は購買への影響要因を識別し，それに対応できるようになる．また重要な市場セグメントにアクセスしやすくなるにつれ，差別化された営業戦略を実行する機会も生まれる．もちろん，市場セグメントは特別な取扱いをするに足る十分な大きさを持っていなければならない．

3－2．主要顧客管理[20]

　多くの産業財のマーケターは，少ない割合（たとえば20％）の顧客が事業

の大半（たとえば80％）を占めていることを認識する．これらの顧客は規模が大きいために莫大な購買力を持っている．また彼らは，サプライヤーの能力を活用して，自分自身の顧客への提供価値を高めるための手段を捜し求めている（第2章を参照）．またこれらの大口の買い手企業の多くは購買機能を統合する一方で，全国または全世界規模で組織を分散させている．この組織ユニットに対して，売り手によって統合された均一水準のサービスが提供されることを期待している．これらの顧客は長期的な大量購買の約束と引き換えに，産業財のマーケターに対して追加的な付加価値サービス（たとえば新製品開発における支援）とサポート（たとえばジャスト・イン・タイム納品）の提供を期待している．そのようなサービスとサポートは他の顧客には与えられないものであったとしても．

■**主要顧客と通常顧客**　産業財市場でのこれらの大口顧客の重要性を考慮して，会社は最も重要な顧客を管理する方法，およびこれらの主要顧客の複雑なニーズを満たすための社内業務の組織化の方法を再検討している．この目的で多くの会社は主要顧客担当マネジャーを任命し，また販売，マーケティング，財務，ロジスティクスおよびその他の機能グループのスタッフから成る顧客チームを創設している．HP社，ゼロックス社，3Ｍ社，IBM社，ダウ・ケミカル社，AT&T社などの企業は主要顧客管理プログラムを策定している．主要顧客担当マネージャーは重要顧客数社を担当し，組織の重役に対して報告責任を持つのが一般的である．主要顧客担当マネジャーが直接顧客の施設内で働く場合も少なくない．たとえばIBM社のある主要顧客チームはボーイング社のオフィスに常駐し，この顧客のみを対象として働いている．

主要顧客とは次のような顧客である．

- 売り手の売上高全体のかなりの割合を購買する．
- 購買プロセスに数人の組織メンバーが関与する．
- 地域に分散したユニットを持つ組織のために購買を行う．

表17.1　伝統的な営業と主要顧客営業

	伝統的な営業における重点	主要顧客営業における重点
販売量	まちまち	顧客による大量購買，マーケターの複数の業務ユニットにまたがることも多い
提供する製品／サービスの性質	コア製品／サービス	コア製品／サービスに加え，オーダーメイドの適用と付加価値サービス
時間範囲	短期	長期
顧客に対する効用	より低い価格とより高い品質	より低い総コスト より広い範囲の戦略的効用
情報の共有	限定的：価格と製品特徴という狭い範囲を重視	広範囲：企業同士で戦略目標を共有しているため，重視する範囲が広い
営業部門の目的	収益の最大化 顧客満足	好まれるサプライヤーとなること 顧客企業にとっての総コストがより低くなること 関係性における学習の強化
販売センターの構造	営業個人が顧客組織との主要な接点となる	売り手側の複数の機能領域に属する多くの個人が，顧客組織内の相当する相手と相互作用する
購買センターの構造	購買マネージャーとその他数人の個人が購買意思決定に関わる	決定を行い関係を評価する際に，顧客組織内の多くの個人が相互作用する

出典：Adapted with modifications from Joseph P. Cannon and Narakesari Narayandas, "Relationship Marketing and Key Account Management," in *Handbook of Relationship Marketing*, ed. Jagdish N. Sheth and Atul Parvatiyar (Thousand Oaks, CA : Sage Publications, Inc., 2000): p. 409 ; and Frank V. Cespedes, *Concurrent Marketing : Integrating Products, Sales, and Service* (Boston : Harvard Business School Press, 1995), pp. 186–202.

- ロジスティクス支援，在庫管理，値引きやオーダーメイド的な適応化などの入念に調整された対応と専門化されたサービスを期待する[21]．

このような顧客を，主要顧客（key account）ではなく戦略顧客（strategic account）またはナショナル・アカウント（national account）と呼んでいる会社もある．

異なる種類の関係　表17.1では，伝統的な営業パラダイムを主要顧客営業パラダイムと比較・対比している．主要顧客の購買量は非常に大きく，交

換の重点はコア製品を越えて広がっている．それはマーケターが付加価値サービスとサポートを通じて提供物を拡張するからである．たとえば，シスコシステムズ社の代理として FedEx 社はシスコ社の地域的に分散した拠点からの各種設備部品の配送を調整しており，その目的は顧客組織におけるシームレスな設置を確実に行うことである．伝統的な営業管理においては収益の最大化が重要な目的となることが一般的だが，主要顧客との関係には複数の目標が関わっている．たとえば，提携する会社双方にとってのコストを削減する目的で，より緊密かつ長期的な関係を結ぶことがある．コスト削減は，売り手のマーケティングとロジスティックスのコスト，および買い手の調達および生産のコストを下げることによって行う．

　重要な顧客に対してより高水準の価値を効果的に提供するためには，売り手企業と買い手企業の間の人的関係は営業・購買マネジャー間の関係を超えて拡大されなければならない．主要顧客との関係には，双方の組織の機能エキスパート・チーム間の頻繁な相互作用が含まれる．販売センターの活動を調整し機能エキスパートによる会社間のコミュニケーションを促進する役割を担うのが主要顧客担当マネージャーである．この人的関係を築くことによって，専門スタッフがコスト節減または業績増進のための新しいソリューションを協力して見出せる雰囲気が生まれる．

■**主要顧客の選択**[22]　産業財のマーケターが比較的少数の顧客と緊密で重要な関係を結べる可能性があり，それぞれの関係について多額の投資が必要であるとき，主要顧客の選択はきわめて重要になる．主要顧客は購買力を持ち，特別なサービスを要求し，対応するためのコストが一般的にみてより大きいので，顧客選択プロセスでは売上げと利益に関する可能性，および関係において要求される長期的な経営資源投入上のコミットメントを検討しなければならない．

　Frank V. Cespedes は，主要顧客選択における 3 段階のアプローチを推奨している．選択されるためには，見込み客は 3 段階すべてにおいて審査要件を満たさなければならない．

段階1：(a) 売上増加の可能性として測定される顧客の利益面での潜在力，および (b) 顧客がどの程度会社のサポートサービスを評価し，そのサービスに対して割増価格を払おうとする意思があるかということを中心に選択する（たとえば，製品が顧客の業務にとって決定的に重要であれば，サポートサービスの価値は高まる）．

段階2：段階1の顧客の中で，収益性の高い組織学習の機会につながるようなサポートに関する特種な要求事項を持つ顧客を識別する（たとえば，ここでの目的は複数の顧客によって価値を見い出されているサポート能力に対して投資することである）．

段階3：見込み客との取引が売り手の事業の経済的側面を補完する程度を考慮する（たとえば，他の顧客にくらべてより利幅の大きい製品を購買する顧客や，会社の製造能力により適している顧客が存在する）．

 Cespedes は次のように述べている．「顧客に関連する収益ポテンシャル，学習利益およびコスト発生要因を判断するための明確な基準がある場合は，会社は効果的な主要顧客関係のために必要となる実質的コミットメントをどのような場合に負担すべきか（また，どのような場合に負担すべきでないか）を知ることができる」[23]．

3－3．ナショナル・アカウントにおける成功

 研究結果によれば，うまくいっているナショナル・アカウント対応ユニットは，上級管理職からのサポートを受け，明確に定義された目的，任務と実行手順を持ち，そのスタッフは全社の経営資源と能力を確実に把握している経験豊かな人々である[24]．主要顧客管理プログラムは収益性を高めるものであろうか？その答えはイエスである．米国とドイツの企業を対象に行われた最近の包括的研究では，積極的な主要顧客管理プログラムを持つ会社がそのようなプログラムを活用していない会社にくらべて業績上明らかに優位であることが証明されている．また，主要顧客担当マネージャーが機能領域を横断的にいつでも経営資源とサポートを利用できることもプログラムの成功に必要であることを上記研究は明らかにしている[25]．さらに，うまくいってい

るナショナル・アカウントプログラムでは，関係性マーケティングの考え方が強く反映されており，顧客の現在または将来のニーズを満たすために，そのプログラムの機能が常に発揮されている．Barbara Bund Jackson は次のように断言している．「長期的にコミットしようとする顧客は長期的な事項に関心を払う．それは売り手の技術能力と方向性全般，会社を維持するための財務能力，特定の技術において市場で生き残る力などである」[26].

3－4．営業管理

　営業部門を管理して成果を出すためには，営業担当の募集と採用，および営業部門に対する研修，動機づけ，監督，評価と統制を含めて考える．産業財企業は，成果の出せる営業部門の開発を促進する組織風土を醸成するべきである．

■営業担当の募集と採用　募集プロセスにおいて，産業財マーケターは多くのパラドックスに直面することになる．経験が豊かな営業担当を求めるべきだろうか，それとも経験のない人を雇って会社で研修させるべきか？ それに対する答えは状況に依存する．会社の規模，営業業務の性質，会社の研修能力，および会社の市場での経験によって異なるのである．規模が小さい会社はしばしば経験が豊かで給料の高い営業担当を雇って研修費用を削減する．それに対して，より完全な研修機能を持つ大きな組織は，あまり経験がない人員でも雇用して彼らに対して，入念に開発された研修プログラムを提供することにより支援することができる．

　第二のパラドックスは，量と質の問題である[27]．営業マネージャーはしばしば，新しい営業担当を採用する際にできるだけ多くの応募者を審査しようとする．しかしそれによって採用プロセスの負担があまりにも重くなり，質の高い候補者を識別する会社の能力が発揮されなくなる場合がある．営業と同じく募集も二者間の交換プロセスである．志望者に対して，自社でのキャリアが提供することのできる個人の成長と職業上の機会を示す必要があることを営業マネージャーは理解し始めている[28]．締まりのない，組み立ての拙劣な募集活動は志望者に悪い印象を与える．うまく組み立てられた募集活動

においては，審査プロセスにおいて役割上の要件に適する候補者が見つかれば，彼らに対してきちんと適切なレベルの注意が払われることになる．不適当な候補者を早めに不採用にして，候補者数を対応可能な規模に減らすことができる手順を確立しなければならない[29]．

営業担当の募集と採用に対する責任は，現場監督者（しばしば直属の上司からの支援を受ける），人事部や本社レベルの他の重役が負うことになる．営業部門が将来のマーケティング・マネージャーまたは一般管理職にとっての研修の場と見なされる場合は，後者のグループの関与が大きくなる傾向がある．

■研修　新しい産業財の営業担当に十分な準備をさせるためには，研修プログラムを入念に設計しなければならない．経験豊かな営業担当の技能に磨きをかけるためにも，定期的な研修が必要になるが，これは特に，会社の環境が急速に変化している場合にあてはまる．産業財のマーケティング戦略における変化（たとえば新製品や新しい市場セグメントなど）によって，それに応じた営業スタイルの変化が必要になる．成功する営業担当の重要な特徴の一つは適応性である．ある研究によれば，適応力のある営業担当は多様な顧客グループの購買行動における違いを示す手掛かりを効果的に識別する[30]．

営業担当は会社，製品ライン，顧客セグメント，競合，組織購買行動，および効果的なコミュニケーション・スキルに関する豊富な知識を必要とする．これらすべてを取り込んで産業財の営業研修プログラムの一部としなければならない．他の営業組織と比較して，最高位の業績を挙げている営業組織はより広い分野（市場に関する知識，コミュニケーション・スキル，傾聴テクニック，苦情対応スキル，および業界に関する知識）で新しい営業スタッフを教育している[31]．

グローバル・マーケティングの拡大に伴い，会社にとっては異なった文化に属する顧客にアプローチし，対応する方法を検討する営業研修モジュールを含めることが必要になっている．そのような研修の重点はグローバルな売り手と買い手の間の関係性を発展させる際の異文化間コミュニケーションの

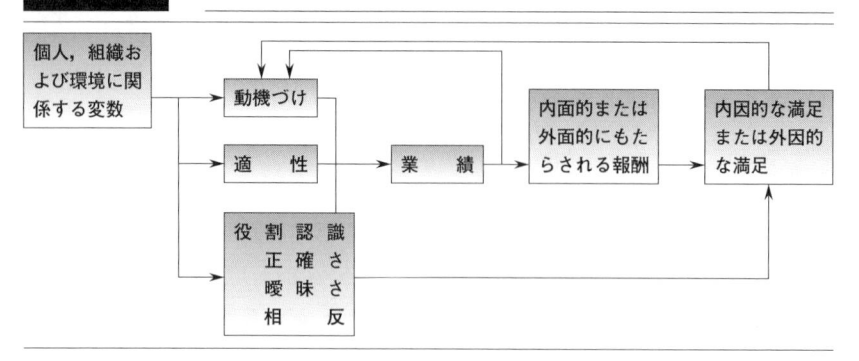

図17.4　営業担当の業績の決定因

| 個人, 組織および環境に関係する変数 | → | 動機づけ
適　性
役　割　認　識
　正　確　さ
　曖　昧　さ
　相　反 | → | 業　績 | → | 内面的または外面的にもたらされる報酬 | → | 内因的な満足または外因的な満足 |

出典：Orville C. Walker Jr., Gilbert A. Churchill Jr., and Neil M. Ford, "Motivation and Performance in Industrial Selling: Present Knowledge and Needed Research," *Journal of Marketing Research* 14 (May 1977): p. 158. Reprinted by permission of the American Marketing Association.

役割に置かれるかもしれない[32]．効果的な研修は営業担当の自信と動機を構築し，業務上の成功確率を高める．また研修では営業の方針をマーケティング計画の目的と調和させるので，産業財マーケターにも役立つ．研修活動が成功すれば，募集コストを節減できる．多くの産業財企業は，研修が向上すれば営業担当の配置転換が減ることを認識している．明らかに，営業上の要求に対応するための十分な準備ができていない営業担当は気概を失ったり，フラストレーションを感じたり，他の職業を選択した友人を妬んだりしがちであろう．このような不安（特にキャリア生活の初期においてはそう珍しくない）の多くは，効果的な研修と適切な現場での監督によって緩和することができる[33]．

■**監督と動機づけ**　営業部門は，会社の方針とマーケティングの目的に合致した方法で方向づけされる必要がある．決定的に重要な監督業務としては，継続的な研修，カウンセリング，支援（たとえば時間管理），および業務の計画と実行に際して営業担当を援助するための活動がある．また営業業績基準の設定，会社方針の達成，および営業部門をより高いレベルの組織と統合することも監督の範疇に含まれる．

　Orville Walker Jr., Gilbert Churchill Jr.および Neil Ford は，動機づけを，営

業担当が「新しい見込み客の訪問，営業プレゼンテーションの計画，および報告書の作成などの，自分の仕事に関連する各活動または各作業に費やすことを欲する」努力の量として定義している[34]．図17.4に示されているモデルでは，仮説が提示されている．営業担当の業績は，(1)動機づけの水準，(2)適性または能力，および(3)いかに自分の役割を果すべきかについての認識という3つの関数であるという仮説である．各要因は個人に関係する変数（たとえば性格），組織に関係する変数（たとえば研修計画），および環境に関係する変数（たとえば経済的条件）によって影響される．営業マネージャーは選抜，研修と監督によって個人と組織に関係する変数の一部に対して影響を及ぼすことができる．

業績達成に対する動機づけは，(1)仕事上の業績から生じる報酬の種類と量に関する各人の認識，および(2)営業担当がこれらの報酬に置く価値に強く関係していると考えられる．ある水準の業績に対して，次の2種類の報酬が与えられるだろう．

1. 内面的にもたらされる報酬：達成感や自分に価値があるという感情のように，営業担当は報酬を個人として獲得する．
2. 外面的にもたらされる報酬：報奨金，給与および功績の認知のように，報酬はマネージャーまたは顧客によって管理され与えられる．

報酬は仕事と業務環境に対する営業担当の満足に強い影響を及ぼすが，その満足は各人の役割認識によっても影響される．営業担当が以下のような役割認識を持つ場合，仕事に対する満足は理論的には低下する．(1)上司が何を期待しているか正確にわからない場合．(2)役割上のパートナー（会社と顧客）の間に相反する要求があり，それを営業担当が解決できないという特徴を持つ場合．(3)上司や顧客の期待と評価基準に関する情報が欠如しているために，不確実性が伴っている場合．

産業財マーケターは，特定の顧客サービス，売上げおよび利益上の成果を達成するためにしばしば公式のインセンティブ・プログラムを用いる．インセンティブ・プログラムは，特定の時間枠の中で明確に定義された目標が達

成された場合に報酬を与えるのが普通である．そのようなプログラムの中で用いられる報酬については，営業担当が価値を見出すものが何であるかに基づいて十分に考慮されなければならず，また望ましい行動の達成に結び付けられなければならない．さらに，個人およびチームの両面での行動が評価されなければならない[35]．営業インセンティブ・プログラムにおいて評価はしばしば主要な要素となる．そうしたものには，HP社で，見込み客の抵抗を受注へと変えることに特に巧みな営業担当に与えられる四半期ごとの賞から，IBM社でのきめ細かな販売関係賞の授与まで多彩である．

■組織風土と仕事上の満足[36]　図17.4に示されているモデルを提案したChurchill, FordおよびWalkerは，このモデルから導かれるいくつかの命題に対する実証的な研究も行っている．あらゆる分野の産業財営業における仕事上の満足を検討する中で，著者たちは役割の曖昧さと役割の相反が仕事上の満足に対してマイナスの影響を及ぼすことを見出した．役割上のパートナーが何を期待しているかについて確信を持てていない場合，または役割上のパートナー（たとえば顧客，上司）が相反する要求を行い，それを満たすのが不可能である場合には，営業担当は不安と不満を感じることが多い．

　新しい営業担当に対して役割の曖昧さを軽減するための効果的な手法は，役割上の期待に対して十分な情報を与え，業績要件に関して生ずるかもしれない混乱を最小化するような研修と共同化のプログラムである．役割の曖昧さを減らす戦略は，販売業績と仕事上の満足に関して良い効果をもたらすことが多い[37]．さらに，新規雇用された営業担当に対して現実的な仕事のイメージを与える共同化のプログラムは，彼らの組織への関わりを強めるだろう[38]．

■仕事上の満足：管理上の意味　営業担当は次のような場合により大きな仕事上の満足を感じることが多い．(1)現場の上司が自分たちの活動を密接に指揮し，監督していると感じる場合．(2)通常業務では発生しない異例の問題に対応するためにマネジメントが支援してくれる場合．(3)自分たちに関係する会社の方針と基準を決定する過程において，自分たちが積極的な役割を演じ

ていると感じる場合．また仕事上の満足は，営業マネージャーと営業担当の接触の回数よりもその実質的内容に関係しているようである．さらに，営業担当は組織内の多くの部署から指示を受けていても，仕事上の満足に対しては大きなマイナスの影響を受けないようである．統一された指揮系統は，高い意欲をもたせるのための必要条件ではないらしい．

■**離職率** 業績に加えて，達成の動機づけ，自尊心および言語能力における個人的な相違も仕事上の満足に影響する．Richard Bagozzi は次のように述べている．

> 営業担当は業績が向上すればより大きな満足を感じることが多い．しかしこの関係は動機づけのレベルと，本人の肯定的な自己イメージに特に敏感に影響される．マネジメントは営業担当によって達成される業績を直接管理することはできないかもしれないが，効果的なインセンティブ・プログラムおよび敏感な監督−従業員プログラムによって動機づけと自尊心のレベルに影響を与え，それによって業績と仕事上の満足に間接的に影響を及ぼすことは可能である[39]．

研究によれば，営業マネージャーの指導者としての行動が直接・間接に営業スタッフの仕事上の満足に影響を与え，それによって営業部門の離職率が変化することが示されている[40]．さらに他の研究によれば，「高成績」の販売マネージャーによって管理されている営業担当は役割上のストレスが少なく，他の同僚よりも満足の程度が高いことが示されている[41]．もちろん，仕事上の満足と業績に影響する要因の中には営業マネージャーが管理できないものもあるが，この種の研究では対応性のある研修や支援を与えるような方法による監督，および営業部門のニーズに一致し，かつ明確に定義された会社方針が重要であることが指摘されている．

■**評価と統制** すべてのレベル（国，地域および地区）での産業財の営業部門を監視・統制することは営業マネージャーの継続的な責任である．そのね

らいは，営業目的が達成されつつあるかを確認し，問題を識別し，是正処置を勧告し，変化する競争と市場の条件に営業組織を適応させることである．

■**業績の尺度**[42] 営業マネージャーは営業担当の業績を測定するために，行動に基づく尺度と，成果に基づく尺度を用いる．営業部門を管理する制度が行動に重きを置くものである場合は，営業マネージャーは営業担当の活動を監視・指揮し，業績を評価するために営業担当の行動に対して主観的尺度を使用し，大きな固定部分を持つ報酬制度を重視する．行動に基づく販売尺度には製品用途に関する営業担当の知識，会社の技術に関する知識，および顧客に対する営業担当の説明の明確さが含まれる．それに対して，成果に基づく営業部門管理制度では営業担当の活動の現場での直接的な監督はあまり行われず，業績評価のための客観的尺度と大きなインセンティブ部分を持つ報酬制度を使用する．営業部門の成果の尺度には販売結果，市場占有率の増加，新製品の売上，および利益に対する貢献度が含まれる．

■**業績基準の設定** 営業スタッフの評価基準は，様々な営業担当や営業ユニット（たとえば地区）の業績を比較する手段として，また営業組織の全体的な生産性を測定するための手段として役立つ．適切な基準を開発する際に，管理上の経験と判断は重要である．重要な点は，基準がマーケティングの全体目的に関連づけられなければならず，かつ，営業地域の差を考慮に入れなければならないということである．競合者の数と積極性，市場ポテンシャルのレベル，および仕事量は地域によって著しく変化するのである．

　成果尺度とインセンティブに基づく報酬制度に完全に依存しても，営業やマーケティングの業績上，必ずしも望ましい結果が得られるわけではないということを示す証拠がある．「インセンティブ給与制度は自動的に監督を強める効果があると主張されているが，そのような主張のために一部の営業担当重役は，報酬に関係しない分野でそれほど管理を強化しなくても成果が達成できるはずだという考えに陥っている」[43]．よりバランスの取れた手法を採用し，現場の営業マネージャーにより大きな役割を与え，行動に基づく尺度を重視することがより効果的である場合がしばしばある[44]．

また行動に基づく尺度は，産業財市場における重要な戦略である関係性営業販売にも適合している．関係性営業は，チームの方向性に通じていて，営業計画・営業支援などの活動や顧客満足などの目標に焦点を絞ることができる営業担当を必要とする．

4．産業財の営業部門の管理モデル

これまでの議論は(1)募集と採用，(2)研修，(3)動機づけと監督，および(4)評価と統制に関わるものであった．ある分野での決定が不適切であれば他の分野で悪影響が生じる可能性がある．決定的に重要な営業管理上の課題はもう一つある．営業部門の配置がそれである．その目的は最も収益性の高い営業の領域を形成し，それらの領域内の潜在顧客に対応するために営業担当を配置し，彼らの持ち時間を各顧客に対して効果的に配分することである．

◎倫理的な産業財マーケティング◎
営業における倫理

ここでは営業担当が直面するいくつかの典型的なシナリオを紹介する．読者はどのように各シナリオに対処すべきかを考えてほしい．

シナリオ1：交渉で最善の価格を実現しようとして，営業担当のビル・スミスは購買担当者に対して，この製品の人気が高いために生産設備は非常に高い稼動レベルにあると告げようとしている．しかし実際には稼動レベルは低い．

シナリオ2：ビル・スミスの顧客は時々，どの製品をうちの会社に推薦できるかと聞く．顧客の実際のニーズに関係なく，ビルは製品ラインの中で最も高価な品目を推薦する．

シナリオ3：産業財の営業担当であるメアリー・ジョンソンは，年間販売ノルマ50万ドルを達成する必要がある．ある年の最後月時点で，メアリーの成績はノルマに1万ドル満たない状態．月末頃にもなおノルマを約5,000ドル下回っている．その時彼女は3,000ドルの注文を受ける．ノルマを達成するため，メアリーは顧客に告げずに注文額を倍にする．そして6,000ドルの受注を報告しノルマを達成する．メアリーは，顧客に対して受注処理部署が間違ったと告げることに決める．顧客は，わざわざ商品を返却せず倍の注文額を受け入れる見込みが高いと彼女は考えている．

　自分の組織と顧客との結接点として，営業担当は倫理的葛藤につながりかねない状況に直面する．各挿話の背景となっている個人的，組織的および社会的な利害関係を考えてほしい．

出典：Joseph A. Bellizzi and Robert E. Hite, "Supervising Unethical Salesforce Behavior," *Journal of Marketing* 53 (April 1989): pp. 36–47; see also Shelby D. Hunt and Arturo Z. Vasquez-Parraga, "Organizational Consequences, Marketing Ethics, and Salesforce Supervision," *Journal of Marketing Research* 30 (February 1993): pp. 78–90.

4－1．配置の分析：戦略的アプローチ

　営業部門の規模によって，産業財マーケターが展開できる営業活動のレベルは決まる．次いで，営業地区やら営業領域を指定することによって営業活動が組織化される．配分の決定とは営業活動をどのように顧客，見込み客および製品に配分するかを決めることである．これらは表17.2に示されている．

　適切な配置のためには，多段階のアプローチが必要である．それは，会社が対応するすべての計画立案・統制単位／planning and control units（PCU．たとえば見込み客，顧客，領域，地区，製品など）にわたって営業資源（たとえば営業訪問，営業担当の数，営業担当の持ち時間の割合）を割り当てるための最も効果的かつ効率的な手段を見出すための手法である[45]．効果的な

表17.2　営業組織が直面する配置上の決定

決定の種類	個々の配置上の決定
営業活動の全体レベルの設定	営業部隊の規模の決定
営業活動の組織化	営業地区の設計
	営業領域の設計
営業活動の配分	取引分野に対する活動の配分
	顧客に対する営業訪問回数の配分
	見込み客に対する営業訪問回数の配分
	製品に対する営業訪問時間の配分
	営業訪問の距離の決定

出典：Reprinted by permission of the publisher from "Steps in Selling Effort Deployment," by Raymond LaForge and David W. Cravens, *Industrial Marketing Management* 11（July 1982）: p. 184. Copyright ⓒ 1982 by Elsevier Science Publishing Co., Inc.

表17.3　領域における営業反応の決定要因（抜粋）

1. 環境要因（たとえば経済状況）
2. 競争（たとえば競争会社の営業担当の数）
3. 会社のマーケティング戦略と戦術
4. 営業部隊の組織，方針と手順
5. 現場営業管理者の特徴
6. 営業担当の特徴
7. 領域の特徴（たとえば潜在市場）
8. 顧客ごとの要因

出典：Adapted from Adrian B. Ryans and Charles B. Weinberg, "Territory Sales Response," *Journal of Marketing Research* 16（November 1979）: pp. 453–465.

展開とは，領域などの特定の PCU における営業に影響する要因を理解することを意味する．

■**領域における営業への反応**　営業担当が特定の領域において達成する売上水準に影響するものは何だろうか？　表17.3には8つの種類の変数の概略が示されている．このリストは，営業反応機能を推測することの複雑性を示し

ている．しかし，有意義な営業配分を行うためには，このような推測が必要である．

　領域に関する3つの特色，すなわち潜在市場，顧客の集中，および地理的分散は，営業反応調査において特別な注意を払うに価する[46]．潜在市場（第8章で議論した）とは，特定市場内のすべての売り手にとってビジネスチャンス全体を測定する尺度である．集中とは，潜在市場が領域内の少数の比較的大きな顧客に限られている度合いである．潜在市場が集中していれば，営業担当は少ない訪問回数によって潜在市場の大きな部分をカバーできる．最後に，領域が地理的に分散していれば，移動に割かれる時間のために売上げはおそらくより低くなるだろう．過去の研究は，領域内の仕事量，すなわち顧客の数に重点を置くことが多かった．しかし Adrian Ryans と Charles Weinberg は，営業反応を推定するという観点では，顧客数には疑問があると報告している．「マネジメントの立場からは，潜在市場と営業結果の間に相関関係が見出されるという事実は，営業部門に関する決定を行う場合には，営業マネージャーは領域内の潜在市場に重点を置くべきだということを示唆している」[47]．

■**営業資源機会グリッド**　配置分析は，営業資源を市場機会に対応させるものである．営業領域や営業地区などの計画・統制ユニットは全体ポートフォリオの一部であり，様々なユニットが様々なレベルの機会を与え，様々なレベルの営業資源を必要とする．営業資源機会グリッドを用いて，産業財企業のPCUポートフォリオを分類することができる[48]．図17.5では，各PCUがPCUの機会と営業組織の強さに基づいて分類されている．
　PCU機会とは，PCUがすべての売り手に対して持っている全体的な潜在市場である．それに対して，営業組織の強さには，そのPCUにおいて自社が持ってる競争上の優位性または独特の能力が含まれる．すべてのPCUをグリッド上に配置すれば，営業管理者は機会が最も大きく，かつ営業組織が持つ特定の強さを活用できるようなPCUに営業資源を割り当てることができる．

| 図17.5 | 営業資源機会グリッド |

	営業組織の強さ 高い	営業組織の強さ 低い
PCU機会 高い	**機会の分析** PCUは高い潜在市場を持ち，かつ営業組織の競争力が強いので，良い機会を提供する **営業資源の割り当て** 機会を最大限利用するための，高レベルでの営業資源投下	**機会の分析** 営業組織が競争力を強くすることができれば，PCUは良い機会を提供するかもしれない **営業資源の割り当て** 競争力を改善して機会を最大限利用するために高レベルの販売資源を向けるか，資源を他のPCUに移す
PCU機会 低い	**機会の分析** 営業組織の競争力が強いので，PCUは安定した機会を提供する **営業資源の割り当て** 現在の強い競争力を維持するための，中レベルでの営業資源投下	**機会の分析** PCUにはほとんど機会がない **営業資源の割り当て** 最小レベルの営業資源，資源充当を選択的に廃止，PCUの廃止もありうる

出典：Reprinted by permission of the publisher from "Steps in Selling Effort Deployment," by Raymond LaForge and David W. Cravens, *Industrial Marketing Management* 11 (July 1982): p. 187. Copyright © 1982 by Elsevier Science Publishing Co., Inc.

営業資源機会グリッドは，営業部門の規模，領域の設計および顧客セグメントへの営業訪問の配分を吟味する上で重要である．この方法によって，営業マネージャーらが注意すべき展開上の問題または機会を識別し，データの分析を促進することができる．

4－2．インターネット：営業プロセスの変革

豊富な情報へのアクセスを容易にすることによって，インターネットは顧客に自らが強く求めるセルフサービス能力を与えてくれる．顧客は広範な製品・サービス情報を獲得し，価格を比較し，技術的問題に対するソリューションを見出し，オンライン・セミナーや製品デモンストレーションを閲覧し，注文の処理状況をチェックし，顧客サービス・サポートを受け，特殊な

問題を処理することができるのである．注文処理活動のベースがインターネットに移れば，営業担当は取引の細かい点よりも関係性の構築により集中することができる．

　国際的規模で顧客とのコミュニケーションを行うための効率的で効果的な道具であるインターネットを使うことによって営業の生産性を向上させることもできる．たとえば，産業財マーケターは顧客への新製品のデモンストレーションを行うために，オンライン・セミナーを開催することができる．ここでは資料のプレゼンテーションをテキストと視聴覚媒体によって行うことができ，質問をＥメールによって受け付けることもできる．費用のかかる対人型製品デモンストレーション・セミナーではなくオンライン・プレゼンテーションを採用することによって，マーケターは大幅な費用削減を実現できる．たとえば，オラクル社はこれまで対人型デモンストレーション・セミナーに頼っていたが，それを開催するためには特別な招待，ホテルのスペース，技術サポートなどを含めて参加者１人当たり350ドルの費用を要した[49]．これらのセミナーは100カ国以上で開催されていた．現在では，オラクル社は世界中の顧客のためにただ１回のオンライン・セミナーを開くだけである．その費用は参加者一人当たりわずか1.98ドルにすぎない．

　インターネット・マーケティング専門家 Barry Silverstein は，インターネットが販売プロセスに及ぼす影響について次のように述べている．

　　将来の営業担当は，見込み客とのインターネット上のバーチャル会議をアレンジするかもしれないし，それにはライブのビデオ会議が含まれるかもしれない．もちろん見込み客は世界のどこにいても構わない．このバーチャル会議では，営業担当は見込み客と目を見交わして，生の声でウェブ上のビデオ・プレゼンテーションを見せることができるだろう．営業担当はどの時点でも中止して質問を受けられるだろう．また，見込み客に顧客の証言と成功ケースのビデオ・クリップを見せることができるし，その場でリアルタイムの製品デモンストレーションの視聴や双方向操作を見込み客に行わせることもあるだろう[50]．

対面して会議を行う必要があれば，営業担当はプレゼンテーションとデモンストレーションを収めたノートパソコンを使用するだろう．また営業担当はインターネットに接続して，ネット上のオンライン・プレゼンテーション，セミナーまたはデモンストレーションによって見込み客にガイダンスを行うかもしれない．

5. まとめ

　営業は，産業財市場で需要を喚起する重要な力である．営業訪問の費用が急速に増大していること，また営業には多大の資源が投資されることを考慮して，産業財マーケターはこの機能を入念に管理し，使用できる技術をフルに活用して営業部門の生産性を高めなければならない．営業プロセスを効率化し，顧客ごとに個別の情報を提供し，顧客と1対1の関係を築き上げるために，産業財マーケターはインターネットを援用した戦略を展開している．産業財顧客のニーズと組織購買行動の基本原理を認識することは，効果的な営業にとって基本である．交換プロセスにはしばしば，購買側と販売側，すなわち購買センターと営業センターの双方で複数の当事者が関与する．同様に，産業財の営業担当をリレーション・マネジャーと考えると，重要な洞察が得られる．消費者の見地からすれば，関係性の質は営業担当に対する信頼と満足から構成される．有益な長期にわたる顧客との関係性を構築し維持することは，産業財のマーケターにとって中心的な目標である．

　産業財のマーケターは，特定の市場セグメントで顧客に対応するために複数の営業チャネルを用いる．そのようなチャネルとしては営業担当，チャネル・パートナー，コールセンター，ダイレクトメールおよびインターネットがある．マルチチャネル戦略の目標はこれらのチャネル間で活動を調整し，顧客の経験を高めつつ，会社の業績を増進させることである．

　営業部門の管理は複数の側面を持つ作業である．第一に，マーケターはマーケティング戦略全体における営業の役割を明確に規定しなければならない．第二に，営業組織の構造を地域，製品，市場またはこの3要素すべての組合せによって適切に設計しなければならない．産業財のマーケターの中に

は，営業部門の組織編成原理が何であれ，主要顧客担当の営業部門を置くところが増えている．その目的は，複雑な購買上の要件を持つ大規模顧客に有益な対応を行うことである．第三に，営業部門の管理という継続的プロセスには募集，採用，研修，監督および動機づけ，ならびに評価と統制が含まれる．

　製品，顧客の種類および地域間での営業活動の展開は，特に困難な営業管理上の課題である．営業資源機会グリッドは，営業展開上の意思決定のための枠組みである．同様に，産業財マーケターはCRMシステムの実施によって恩恵を得ることができる．これらのツールは，営業管理者が魅力的な顧客を識別し，営業活動を展開し，複数の営業チャネルの間で活動を調整し，顧客ロイヤルティを築き上げる際に役立つ．世界的規模で顧客とコミュニケーションを行い，販売後のさまざまな付加価値サービスを提供するための，効率的で効果的な手段であるインターネットを用いて，営業の生産性を高めることができる．

5−1．討論課題

1. 産業財市場での関係に関わるのは，営業担当と購買担当の代表者1名ずつとは限らない．売り手側と買い手側の両方がチームどうしで関わることがしばしばある．売り手側において，他のチームメンバーが担う役割を述べよ．
2. 産業財市場の特定顧客への営業訪問を計画している場合に，あなたは購買センター，購買上の要件および競争会社に関してどのような情報を必要とするだろうか？
3. 産業財マーケターの中には，営業部門を製品によって組織する人もあれば，市場を中心に考える人もいる．営業部門に関して最も適切な体制を選択する際に，どのような要因を考慮しなければならないだろうか？
4. Christine Lojaconoは数年前ゼロックス社の営業担当として仕事を始め，現在は主要顧客担当マネージャーとして，主要顧客5社に関する活動を指揮している．主要顧客担当マネージャーの仕事や営業タスクの性質を，現場営業担当のものと比較せよ．

5．良い研修プログラムによって募集に関連するコストがどのように削減できるかを説明せよ．

6．現在行われている研究によると，役割の曖昧さと役割の相反が，産業財の営業担当の仕事上の満足に対してマイナスの影響を及ぼす．これらの問題に対処するために，営業マネージャーはどのような措置を講じることができるだろうか？また，その中で，目標管理システムはどのような役割を演じるだろうか？

7．営業部門の配分上の効果的かつ効率的な決定を行うために，営業マネージャーは営業領域を分析しなければならない．領域ごとの (a) 潜在市場，(b) 顧客の集中および (c) 地理的分散を検討することによって営業マネージャーがどのような利益を得られるかを述べよ．

8．HP 社はその2,000人の営業担当全員に携帯用パソコンを使用させている．同様に，同社は CRM システムも実施している．新しいプログラムの初期の結果によれば，営業スタッフの生産性は向上しており，かなり大幅に向上している場合もある．まず，特定の顧客への営業訪問の後に HP 社の営業担当がどのような種類の情報を入手し，記録しようとするかを述べよ．第二に，営業担当は CRM システムによって，特定の顧客に関するどのような他の情報を獲得できるだろうか？

5－2．インターネット演習

ピープルソフト社は大規模および中規模組織で使用するための一連の企業アプリケーション・ソフトウェアの設計・開発・販売およびサポートを行っている．そのうちの一例が同社は顧客関係管理（CRM）用の企業アプリケーションソフトウェアの提供である．ホームページ（http://www.peoplesoft.com）で「Products」の中の「Customer Relationship Management」をクリックし，ピープルソフト社の CRM 製品を購入した顧客の事例を見ること．これらの顧客のいずれか1社を選んで，CRM システムが与える便益について述べよ．

◎事例　IBM社におけるダイレクトマーケティング・キャンペーン[51]

　IBM社は，中小企業向けに，多くの異なる販売チャネルを使用している．たとえば同社のAS／400コンピュータ用に特化されたソフトウェア・アプリケーションが開発された時に，IBM社はコミュニティ・バンキング市場を目標に選んだ．キャンペーン展開時に，IBM社のダイレクトマーケティング部門は見込み客となる銀行のリストを入念に作成し，そのリストを用いてパンフレット（フリーダイヤル番号を掲載している）を送付した．見込み客がフリーダイヤルに電話をかけるとIBM社のコールセンターにつながり，そこで引き合いの審査と選定が行われる．選定された引き合いは，契約をまとめる提携者（チャネル・メンバー）に送られる．契約がまとまれば，IBM社は製品を顧客の所在地に出荷する．次いで，提携者が現場でインストール作業とサポートを行う．

討論課題

　この市場対応戦略がIBM社にもたらす便益について述べよ．次に，この戦略によってIBM社に生ずるかもしれないリスク，およびこの戦略を上手く機能させるためにIBM社がとることのできる手段を考慮せよ．

---- 注 ----

1 Michele Marchetti, "America's Best Sales Forces : Sales to CEO," *Sales & Marketing Management* 151 (July 1999) : p.63.
2 James Cross, Steven W. Hartley, and William Rudelius, "Sales Force Activities and Marketing Strategies in Industrial Firms : Relationships and Implications," *Journal of Personal Selling & Sales Management* 21 (summer 2001) : pp.199-206.
3 "The Cost of Doing Business," *Sales & Marketing Management* 151 (September 1999) : p.56.
4 Martin Fojt, "Becoming a Customer-Driven Organization," *Journal of Services Marketing* 9, no. 3 (1995) : pp. 7-8.
5 Thayer C. Taylor, "Anatomy of a Star Salesperson," *Sales & Marketing Management* 136 (May 1986) : pp.49-51.
6 See, for example, Charles O'Neal, "Concurrent Engineering with Early Supplier Involvement : A Cross Functional Approach," *International Journal of Purchasing & Materials Management* 29 (winter 1993) : pp. 3-9.
7 Michael D. Hutt, Wesley J. Johnston, and John R. Ronchetto Jr., "Selling Centers and Buying Centers : Formulating Strategic Exchange Patterns," *Journal of Personal Selling & Sales Management* 5 (May 1985) : pp.33-40 ; see also J. Brock Smith and Donald W. Barclay, "Team Selling Effectiveness : A Small Group Perspective," *Journal of Business-to-Business Marketing* 1, no. 2 (1993) : pp. 3-32.
8 Dawn R. Deeter-Schmelz and Rosemary Ramsey, "A Conceptualization of the Functions and Roles of Formalized Selling and Buying Teams," *Journal of Personal Selling & Sales Management* 15 (spring 1995) : pp.47-60.
9 Thomas V. Bonoma and Wesley J. Johnston, "The Social Psychology of Industrial Buying and Selling," *Industrial Marketing Management* 7 (July 1978) : pp.213-224 ; see also Nigel C. G. Campbell, John L. Graham, Alain Jolibert, and Hans Gunther Meissner, "Marketing Negotiations in France, Germany, the United Kingdom, and the United States," *Journal of Marketing* 52 (April 1988) : pp.49-62.
10 John F. Tanner Jr., "Buyer Perspectives of the Purchase Process and Its Effect on Customer Satisfaction," *Industrial Marketing Management* 25 (March 1996) : pp.125-133.
11 Lawrence A. Crosby, Kenneth R. Evans, and Deborah Cowles, "Relationship Quality in Services Selling : An Interpersonal Influence Perspective," *Journal of Marketing* 54 (July 1990) : pp.68-81. See also Jon M. Hawes, Kenneth E. Mast, and John E. Swan, "Trust Earning Perceptions of Sellers and Buyers," *Journal of Personal Selling & Sales Management* 9 (September 1989) : pp. 1-8.
12 Jon M. Hawes, James T. Strong, and Bernard S. Winick, "Do Closing Techniques Diminish Prospect Trust?" *Industrial Marketing Management* 25 (September 1996) : pp.349-

360. See also Richard E. Plank, David A. Reid, and Ellen Bolman Pollins, "Perceived Trust in Business-to-Business Sales: A New Measure," *Journal of Personal Selling & Sales Management* 19 (summer 1999): pp.61-71.

13 Crosby, Evans, and Cowles, "Relationship Quality in Services Selling," p. 76. For a discussion of specific strategies, see James C. Anderson and James A. Narus, "Partnering as a Focused Market Strategy," *California Management Review* 33 (spring 1991): pp.91-99.

14 This section is based on Lawrence G. Friedman, Go-To-Market: *Advanced Techniques and Tools for Selling More Products, To More Customers, More Profitably* (Boston: Butterworth-Heinemann, 2002): pp.229-257.

15 Ibid., p.254.

16 Ibid., p.253.

17 A comprehensive treatment of all aspects of sales management is beyond the scope of this volume. For more extensive discussion, see Gilbert A. Churchill Jr., Neil M. Ford, Orville C. Walker Jr., Mark W. Johnston, and John F. Tanner, *Sales Force Management*, 6 th ed. (Boston: McGraw-Hill Companies, 2000).

18 Thayer C. Taylor, "Hewlett-Packard," *Sales & Marketing Management* 145 (January 1993): p.59.

19 Vincent Alonzo, "Selling Changes," *Incentive* 170 (September 1996): p. 46.

20 This section is based on Joseph P. Cannon and Narakesari Narayandas, "Relationship Marketing and Key Account Management," in *Handbook of Relationship Marketing*, ed. Jagdish N. Sheth and Atul Parvatiyar (Thousand Oaks, CA: Sage Publications, Inc., 2000): pp.407-429.

21 Frank V. Cespedes, *Concurrent Marketing: Integrating Products, Sales, and Service* (Boston: Harvard Business School Press, 1995), p.187.

22 This section is based on Cespedes, *Concurrent Marketing,* pp.193-198.

23 Ibid., p.197.

24 Linda Cardillo Platzer, *Managing National Accounts* (New York: The Conference Board, 1984), pp.13-19; see also Thomas R. Wotruba and Stephen B. Castleberry, "Job Analysis and Hiring Practices for National Account Marketing Positions," *Journal of Personal Selling & Sales Management* 13 (summer 1993): pp.49-65; and Andy Cohen, "A National Footing," *Sales & Marketing Management* 148 (April 1996): pp.76-80.

25 Christian Homburg, John P. Workman Jr., and Ove Jensen, "A Configurational Perspective of Key Account Management," *Journal of Marketing* 66 (April 2002): pp.38-60. See also, Robert J. Schultz and Kenneth R. Evans, "Strategic Collaborative Communication by Key Account Representatives," *Journal of Personal Selling & Sales Management* 22 (winter 2002), pp.23-32.

26 Barbara Bund Jackson, *Winning and Keeping Industrial Customers* (Lexington,

Mass.: Lexington Books, 1985), p.105.
27 Benson P. Shapiro, *Sales Management : Formulation and Implementation* (New York : McGraw-Hill, 1977), p.457.
28 Charles Butler, "Why the Bad Rap?" *Sales & Marketing Management* 148 (June 1996) : pp.58-66.
29 Wesley J. Johnston and Martha C. Cooper, "Industrial Sales Force Selection : Current Knowledge and Needed Research," *Journal of Personal Selling & Sales Management* 1 (spring/summer 1981) : pp.49-53.
30 John J. Withey and Eric Panitz, "Face-to-Face Selling : Marking It More Effective," *Industrial Marketing Management* 24 (August 1995) : pp.239-246.
31 Adel I. El-Ansary, "Selling and Sales Management in Action : Sales Force Effectiveness Research Reveals New Insights and Reward-Penalty Patterns in Sales Force Training," *Journal of Personal Selling & Sales Management* 13 (spring 1993) : pp.83-90.
32 Victoria D. Bush and Thomas Ingram, "Adapting to Diverse Customers : A Training Matrix for International Markets," *Industrial Marketing Management* 25 (September 1996) : pp.373-383.
33 For a discussion of salesperson turnover, see George H. Lucas Jr., A. Parasuraman, Robert A. Davis, and Ben M. Enis, "An Empirical Study of Salesforce Turnover," *Journal of Marketing* 51 (July 1987) : pp.34-59. ; and Charles M. Futrell and A. Parasuraman, "The Relationship of Satisfaction and Performance to Salesforce Turnover," *Journal of Marketing* 48 (fall 1984) : pp.33-40.
34 Orville C. Walker Jr., Gilbert A. Churchill Jr., and Neil M. Ford, "Motivation and Performance in Industrial Selling : Present Knowledge and Needed Research," *Journal of Marketing Research* 14 (May 1977) : pp.156-168 ; see also Steven P. Brown, William L. Cron, and Thomas W. Leigh, "Do Feelings of Success Mediate Sales Performance-Work Attitude Relationships?" *Journal of the Academy of Marketing Science* 21 (spring 1993) : pp.91-100.
35 Katherine Morrall, "Motivating Sales Staff with Rewards," *Bank Marketing* 28 (July 1996) : pp.32-38.
36 This section is based on Gilbert A. Churchill Jr., Neil M. Ford, and Orville C. Walker Jr., "Organizational Climate and Job Satisfaction in the Salesforce," *Journal of Marketing Research* 13 (November 1976) : pp.323-332. For related discussions, see. R. Kenneth Teas and James C. McElroy, "Causal Attributions and Expectancy Estimates : A Framework for Understanding the Dynamics of Salesforce Motivation," *Journal of Marketing* 50 (January 1986) : pp.75-86 ; William L. Cron, Alan J. Dubinsky, and Ronald E. Michaels, "The Influence of Career Stages on Components of Salesperson Motivation," *Journal of Marketing* 52 (January 1988) : pp.78-92 ; and Jeffrey K. Sager, Charles M. Futrell, and Rajan Varadarajan, "Exploring Salesperson Turnover : A Causal Model,"

Journal of Business Research 18 (June 1989) : pp.303-326.

37　Steven P. Brown and Robert A. Peterson, "Antecedents and Consequences of Salesperson Job Satisfaction : Meta-Analysis and Assessment of Causal Effects," *Journal of Marketing Research* 30 (February 1993) : pp.63-77.

38　Mark W. Johnston, A. Parasuraman, Charles M. Futrell, and William C. Black, "A Longitudinal Assessment of the Impact of Selected Organizational Influences on Salespeople's Organizational Commitment during Early Employment," *Journal of Marketing Research* 27 (August 1990) : pp.333-343.

39　Richard P. Bagozzi, "Performance and Satisfaction in an Industrial Sales Force : A Causal Modeling Approach," in *Sales Management : New Developments from Behavioral and Decision Model Research,* (Cambridge, Mass. : Marketing Science Institute, 1979), pp.70-91 ; see also Bagozzi, "Performance and Satisfaction in an Industrial Sales Force : An Examination of Their Antecedents and Simultaneity," *Journal of Marketing* 44 (spring 1980) : pp.65-77.

40　Eli Jones, "Leader Behavior, Work Attitudes, and Turnover of Salespeople : An Integrative Study," *Journal of Personal Selling & Sales Management* 16 (spring 1996) : pp.13-23.

41　Frederick A. Russ, Kevin M. McNeilly, and James M. Comer, "Leadership, Decision-Making, and Performance of Sales Managers," *Journal of Personal Selling & Sales Management* 16 (summer 1996) : pp. 1 -15.

42　This section is based on David W. Cravens, Thomas N. Ingram, Raymond W. LaForge, and Clifford E. Young, "Behavior-Based and Outcome-Based Salesforce Control Systems," *Journal of Marketing* 57 (October 1993) : pp.47-59.

43　Ibid., p. 56.

44　Richard L. Oliver, "Behavior-and Outcome-Based Sales Control Systems : Evidence and Consequences of Price-Form and Hybrid Governance," *Journal of Personal Selling & Sales Management* 15 (fall 1995) : pp. 1 -15.

45　David W. Cravens and Raymond W. LaForge, "Sales Force Deployment," in *Advances in Business Marketing,* vol. 1, ed. Arch G. Woodside (Greenwich, Conn. : JAI Press, 1986), pp.67-112 ; and LaForge and Cravens, "Steps in Selling Effort Deployment," *Industrial Marketing Management* 11 (July 1982) : pp.183-194.

46　Adrian B. Ryans and Charles B. Weinberg, "Territory Sales Response," *Journal of Marketing Research* 16 (November 1979) : pp.453-465 ; see also Ryans and Weinberg, "Territory Sales Response Models : Stability over Time," *Journal of Marketing Research* 24 (May 1987) : pp.229-233.

47　Ryans and Weinberg, "Territory Sales Response," p.464.

48　LaForge and Cravens, "Steps in Selling Effort Deployment," pp.183-194.

49　Matt Richtel, "The Next Waves of Electronic Commerce," *New York Times,* 20 Decem-

ber 1999, p.C36.
50 Barry Silverstein, *Business-to-Business Internet Marketing : Five Proven Strategies for Increasing Profits Through Internet Direct Marketing*（Gulf Breeze, FL ; MAXIMUM Press, 1999), p.331.
51 Lawrence G. Friedman and Timothy R. Furey, *The Channel Advantage*（Boston : Butterworth-Heinemann, 1999), pp.182-183.

索引

A

ABC ……………………………………233
ATC ……………………………………561

B

Business Service Center ……………70

C

causal purchase ……………………94
CRM ……………………………147, 660

D

DOD ……………………………………68

E

Education and Institutional Purchasing Cooperative ……………74
EMC ……………………………………561
Entering Goods ………………………26
ESM ……………………………………192
ERP ……………………………………223
extensive problem solving …………92
e コマース …………………………173

F

Facilitating Goods ……………………26

FBO ……………………………………70
FedBizOpps …………………………70
Foundation Goods …………………26

H

horizontal …………………………625

I

IRS ……………………………………70

J

JIT ……………………………………242
judgemental New-task ………………92

K

Key account ………………………665

L

Lead efficiency ……………………639

M

MEA …………………………………561

N

NAICS ……………………………49, 50
NAICS コード ………………………49

691

national account ………………………665
Net Buying Influences ……………639

O

OEM ……………………………………25

P

planning and control units（PCU）…676

Q

QFD ……………………………………470

R

requester publications ……………625
RFP（request for purchase）……601
routine problem solving ……………93
routine low priority ……………………94

S

SBU ……………………………………343
SCM ……………………………213, 214
SEZ ……………………………………560
SIC ………………………………………49
SQA ……………………………………62
strategic New-task……………………92
strategic account ……………………665

T

TCO ……………………………………233
tier ………………………………52, 216
Total Buying Plans …………………639
Total Satisfaction Guarantee ………509

TQM ……………………………242, 415

V

vertical ………………………………625
VPM …………………………………177

あ

アイデアの市場 ……………………454
アウトソーシング ……………………30
アーリー・アダプター（初期採用者）
　……………………………………432, 465
アーリー・マジョリティー ………432
閾値 ……………………………………622
一元化 …………………………………106
一元的購買 ……………………………106
イノベーター ………………………432
インセンティブ契約 …………………67
インターネット ………………………175
インターネット・マーケティング　630
インテグレーティッド・セル …56, 57
イントラネット ………………………175
インフルエンサー（影響者）……112
売上ポテンシャル …………………299
売上予測 ………………………………308
売り手による適応 …………………139
上澄み吸収アプローチ ……………593
上澄み吸収価格 ……………………593
営業資源機会グリッド ……………678
営利企業 ……………………25, 34, 49
エクストラネット ……………………175
エンタープライズ・スペンド・マネジ
　メント ……………………………192
オンライン公開入札方式 …………602
オンライン市場調査 ………………294
オンライン封緘入札方式 …………601

692　索引

か

回帰分析法 …………………314, 318
解釈 ………………………………623
階層 ………………………………345
買い手による適応 ………………139
外面的にもたらされる報酬 ………671
価格弾力性 …………………582, 595
各種機関 …………………………25, 34
革新的採用者／技術的熱狂者 …432
拡張的問題解決 ……………………92
加工材料および部品 ………………26
加工材料と部品 …………………28, 31
加重評価法 …………………………62
カスタマイズ ………………………31
カスタマー・リレーティング能力 158
カスタムデザイン製品 ……………419
カスタムビルド製品 ………………419
仮想プライベートネットワーク …177
カタログ製品 ………………………418
価値 …………………………149, 415
価値の約束 …………………………428
価値分析 ……………………………55
活動基準原価計算 …………………233
カニバリズム ………………………351
関係性スペクトル …………………136
関係性の諸段階（スペクトル）…136
関係性マーケティング ……………655
関係特定的適応 ……………………140
慣習反復的問題解決 ………………93
完成品メーカー ……………………25
間接流通 ……………………………530
監督 ……………………………670, 675
規格化 ………………………………31
機関市場 ……………………………72
企業資源計画 ………………………223
企業戦略 ……………………………342

技術ライフサイクル ………………436
基礎財 ……………………………26, 27, 28
機能横断的関係 ……………………354
基盤プロジェクト …………………456
規模の経済 …………………………588
キャズム ……………………………433
教育・機関購買共同組合 …………74
供給品 ……………………………26, 29, 32
業績の尺度 …………………………674
競争入札 ……………………………600
協働規範 ……………………………139
共同購買 ……………………………74
協働的交換 …………………135, 136, 143
協働的戦略 …………………………500
業務サービス ……………………26, 29
業務上の連携 …………………138, 139
許容原価 ……………………585, 586
口コミ ………………………………508
クリエイティブ戦略ステイトメント
　　…………………………………619
グローバル・チャネル ……………560
グローバル戦略 ……………………387
経営判断予測法 ……………………311
計画立案・統制単位 ………………676
経験曲線効果 ………………………588
経験効果 ……………………………588
経験則法 ……………………………620
経済特別区 …………………………560
契約締結 ……………………………380
決定者 ………………………………112
ゲートキーパー ……………………112
原価管理方法 ………………………586
原価積み上げ主義 …………………585
原材料 ……………………………26, 28
研修 …………………………………675
限定的問題解決 ……………………98
コア・コンピタンス ………340, 409
コア・コンピテンシー（中核能力）141

索引　693

公開入札 …………………………601
後期多数採用者／保守主義者 ……432
コーザル購買 ……………………94
コーザル（誘発的）購買…………94
構成（コンフィギュレーション）…160
購買希望 …………………………601
購買状況 …………………………267
購買センター ………………113, 656
購買の発展段階……………………54
購買品の細分化 ………………57, 58
購買プロセス………………………89
顧客インタフェース ………337, 338
顧客関係性管理 ……147, 150, 660
顧客関係づけ（カスタマー・リレーティング）能力 …………………158
顧客結合力 …………………6, 334
顧客効用コンセプト ……………502
顧客組織の特徴 …………………264
顧客の集中 ………………………678
顧客満足 …………………………498
国際的流通チャネル ……………559
小口分散卸売商 …………………534
国内流通業者 ……………………560
国防総省……………………………68
コスト効用分析 …………………582
固定費 ……………………………587
固定費部分 ………………………587
古典的購買動機 …………………624
コネクター ………………………138
コミッション・マーチャント …534
コンカレント・エンジニアリング 470
コンカレント・マーケティング……24
混合バンドル ……………………506
コントロール・グループ ………637
コンプライアンス制度……………66

さ

在外流通業者 ……………………561
最終製品 …………………………412
再生 ………………………………635
最適追求者 ………………………272
再認 ………………………………635
再認度 ……………………………618
才能の市場 ………………………455
細分化基準 ………………………262
財務責任コネクション …………344
採用 ………………………………675
採用遅滞者／懐疑論者 …………432
サード・パーティ・ロジスティックス
　……………………………………244
サービス提供コネクション ……344
サービスのバンドル化 …………506
サービス品質 ……………………496
サプライチェーン管理 ……213, 214
サプライヤー選定…………………90
産業財サービス …………………419
産業財市場 ………………………4, 6
産業財市場細分化 ………………277
産業財マーケティング・マネジメント
　………………………………………33
事業戦略 …………………………343
事業ミッション …………………339
資金の市場 ………………………454
時系列法 ……………………314, 315
市場感知能力 ……………………334
市場細分化 ………………………257
市場浸透価格 ……………………593
市場浸透政策 ……………………594
市場創造 …………………………352
市場調査法 ………………………305
市場ポテンシャル ………………298
事前承認……………………………33

実現性のある候補の集合（考慮集合）	120	製品コネクション	344
実費償還契約	67	製品サポート・サービス	488
指定業者	96	製品ポジショニング	425
ジャスト・イン・タイム管理方式	242	政府	65
ジャスト・イン・タイム納品システム	22, 230	政府契約	66
		政府購買	66
集学的チーム	470	政府組織	25, 34
修正再購買	98, 110	接触効率	641
受注生産方式	21	セットアサイド制度	66
主要顧客	665	選好	635
主要設備	26, 29, 32	潜在市場	678
純粋サービス	489	潜在的利益	341
純粋バンドル	506	選択的解釈	623
ジョイント・ベンチャー	384	選択的注意	116, 623
使用価値	266	選択的保持	116
商社	561	選択的理解	116
消費者市場	6	選択的露出	116
情報交換	138, 139	戦略顧客	665
消滅性	494, 505	戦略事業単位	343
初期少数採用者／先見性のある人	432	戦略の購買	53
初期多数採用者／実利主義者	432	戦略的資源	337, 340
ジョバー	534	戦略的新規購買	93
自律的戦略行動	449	戦略的提携	383
新規購買	92	戦略の階層	342
随意契約	70, 71	想起される候補の集合（想起集合）	119
垂直型	625	総合的品質	416
垂直市場サイト	192	総合的品質管理	415
垂直ハブ	192	総合的品質管理手法	242
スイッチ・コスト	583	総合満足保証	509
水平型	625	相互作用型マーケティング・コミュニケーション	615
正式公告	70	総コスト	584
製造委託契約	381	総コスト法	232
製造企業の輸出代理店	561	総所有コスト	233
製造企業販売代理商	534	相対的知覚価値	581
製品／サービス用途	265	即応性	258
製品／市場単位	343	即応的マーケティング戦略	115
製品／市場範囲	339	促進財	26, 27, 29

測定可能性 ……………………257
組織間eコマース ……………176
組織購買センター ……………655
組織内eコマース ……………176
組織の購買行動に影響する要因 …100
組織の購買プロセス …………90, 118
組織販売センター ……………655
組織風土 ………………………672

た

大規模性 ………………………257
態度 ……………………………618
タイム・ペーシング …………460
ダイレクト・マーケティング …627
ダイレクトメール ……………627
妥協者 …………………………272
ターゲット・オーディエンス …619
多元的価格決定 ………………592
タスク法 ………………………621
単一系列法 ……………………301
段階別トラフィックモデル …640
単純再購買 ……………………110
単純な修正再購買 ………………98
単発的卸売商 …………………534
単発的仲立人 …………………534
弾力性 …………………………582
知覚 ……………………………623
知覚的歪曲 ……………………623
知覚偏向 ………………………115
知識 ……………………………635
チャネル設計 …………………543
チャネルの管理 ………………554
チャネル・メンバー …………554
注意 ……………………………623
中核の戦略 ……………337, 339
中核部品 ………………………412
中間業者排除 …………………197, 530

調達局 …………………………70
直接流通 ………………………527
地理的集中 ………………………48
地理的分散 ……………………678
ティア（階層） ………………216
定額契約 …………………………67
ディストリビューター ……17, 534, 535
定性的予測法 …………………310
低プライオリティ慣習反復購買 …94
定量的予測法 …………………314
適応化 ……………………………31
適合性 …………………………257
デルファイ法 …………………312
転換効率 ………………………641
電子調達 …………………………59
動機 ……………………………635
動機づけ ………………670, 675
統計系列法 ……………………300
統計的品質監査 …………………62
同時性 …………………………494
統制 ……………………………673
到達可能性 ……………………257
投入財 ………………………26, 27, 28
突破（ブレークスルー）型プロジェクト ……………………………456
共食い …………………………351
取引的交換 ……………………135, 143
取引的戦略 ……………………501
トルネード ……………………437
トルネード戦略 ………………437

な

内国歳入庁 ………………………70
内面的にもたらされる報酬 ……671
ナショナル・アカウント …665, 667
認知 ……………………………635
認知度 …………………………618

認知率 …………………………618
ネーキッド・ソリューション（裸のソ
　リューション）……………………153

は

ハイテク・ブランド ……………428
バイヤー ……………………………112
派生的プロジェクト ……………456
80対20の法則 ……………………243
パフォーマンス評価………………90
パフォーマンス評価法……………60
バリュー・ネットワーク ……337, 341
バリュー・バイ …………………55, 56
ハーレーダビッドソン社…………61
判断を要する新規購買 ……………92
販売センター ………………………656
販売部門合成法 ……………………312
非均一性 ……………………………494
非公開入札 …………………………601
非所有性 ……………………………495
ビッグ Q ……………………………416
評価 …………………………………673
標準化 ………………………………31
標準産業分類 ………………………49
標準製品 ……………………………418
非連続的イノベーション戦略 ……349
品質機能展開 ………………………470
フォース・パーティ・ロジスティック
　ス（4 PL） ……………………244
付加価値交換 ………………………136
複雑性の管理 ………………………55
複雑な修正再購買 …………………98
付帯設備 …………………………26, 29
フランチャイズ契約 ……………381
ブランド・エクイティ …………429
ブローカー ……………………534, 561
プロダクト・チャンピオン ……450

分散化 ………………………………106
分散的購買 …………………………106
米国商社 ……………………………561
変動費 ………………………………587
変動費部分 …………………………587
法的結合 …………………………138, 139
ボウリングレーン ………………435
北米産業分類システム …………49, 50
募集 …………………………………675
ポテンシャル ………………………296

ま

マイノリティ企業向け下請契約発注制
　度 …………………………………66
マクロ・セグメント ……………263
マクロ・レベルの細分化 262, 264, 267
マニュファクチャラーズ・レップ 541
マニュファクチャーラーズ・レプリゼ
　ンタティブズ（通称レップ） 17, 534
マネジメント契約 ………………382
マルチチャネル・モデル ………658
マルチドメスティック戦略 ……387
ミクロ・セグメント ……………263
ミクロ・レベルの細分化 263, 268, 275
メインストリート ………………438
目的―タスク法 …………………621
目標原価 ……………………………586
目標原価計算 ……………………585, 586
目標販売価格 ………………………585
目標利益幅 …………………………585

や

誘引効率 ……………………………641
誘導的戦略行動 …………………449
ユーザー …………………………25, 112
輸出 …………………………………379

索引　697

輸出商	561	リード・ユーザー法	465
輸出代行会社	561	リバース・オークション	160, 193
輸出代理店	561	流通業者	25, 26
輸入ジョバー	561	リレーション・マネージャー	657
要因分析法	318	リンクト・バイ	55, 56
		レイト・マジョリティー	432

ら

		レップ	534, 541
ライセンス契約	380	レバレッジド・バイ	54, 56
ライフサイクル・ポテンシャル	297	ロイヤルティ	498
ラガード	432	ロジスティックス	226
利益管理ツール	586	露出	623
リクエスター・パブリケーション	625		

わ

離職率	673		
リード・ユーザー	465	ワールド・ワイド・ウェブ	175

訳者紹介

笠原 英一（かさはら えいいち）

立教大学大学院ビジネスデザイン研究科客員教授，アジア太平洋マーケティング研究所所長．博士（Ph. D. in International Studies），早稲田大学大学院後期博士課程国際関係学専攻（国際経営研究）修了，アリゾナ州立大学サンダーバード国際経営大学院（Thunderbird School of Global Management, Arizona State University）修了，ウォートン・スクール（CDP）修了．
専門は，産業財マーケティング，戦略的マーケティング，消費者行動論，グローバル・マーケティング，ベンチャー・マネジメントなど．著書・訳書としては，笠原訳［2017］『グローバル戦略市場経営』白桃書房（Alon & Jaffe 著），Kasahara, E.［2015］*Practical Strategic Management*. World Scientific, 笠原［2013］『強い会社が実行している「経営戦略」の教科書』Kadokawa, 笠原解説・訳［2009］『産業財マーケティング・マネジメント［ケース編］』白桃書房（Hutt & Speh 著），笠原［2005］「米国マニュファクチャラーズ・レップの関係性マネジメント」『現代マーケティングの革新と課題』柏木編，東海大学出版会，福田・笠原・寺石［2000］『ベンチャー創造のダイナミクス—経営・評価・育成の視点』文眞堂（中小企業研究奨励賞受賞），笠原［2000］"North American Biotech Companies：Strategy and Management System" 研究・技術計画学会，他多数．

日米の機関投資家にファンド・マネジャーとして勤務．その後1989年に㈱富士総合研究所（現みずほ総合研究所㈱）マーケティング戦略 笠原クラスターにてコンサルティングを実施．現在，大学院にて研究と教育に携わるかたわら，アジア太平洋地域で活動している上場企業をはじめ，ベンチャー，成長中堅企業のクライアントに対して，研究開発，事業開発からマーケティング，販売，財務（IPO，M&A）、企業コミュニケーション（CI，IR），エグゼクティブ・トレーニング等に関する機能横断的な問題解決支援を行うコンサルティングを推進中．

産業財マーケティング・マネジメント［理論編］
組織購買顧客から構成されるビジネス市場に関する戦略的考察

発行日──2009年10月16日　初版発行　〈検印省略〉
　　　　 2018年11月26日　第6刷発行

訳　者──笠原英一

発行者──大矢栄一郎

発行所──株式会社　白桃書房
　　　　〒101-0021　東京都千代田区外神田5-1-15
　　　　☎03-3836-4781　📠03-3836-9370　振替00100-4-20192
　　　　http://www.hakutou.co.jp/

印刷・製本──藤原印刷

©Eiichi Kasahara 2009　Printed in Japan
ISBN 978-4-561-66186-3 C3063

本書のコピー，スキャン，デジタル化等の無断複製は著作権法上での例外を除き禁じられています。本書を代行業者等の第三者に依頼してスキャンやデジタル化することは，たとえ個人や家庭内の利用であっても著作権法上認められておりません。

落丁本・乱丁本はおとりかえいたします．

好 評 書

M.D.ハット・T.W.スペイ【著】笠原英一【解説・訳】
産業財マーケティング・マネジメント［ケース編］ 　　本体 3800 円

I.アーロン・E.D.ジャッフ【著】笠原英一【訳】
グローバル戦略市場経営 　　本体 6500 円
──グローバル展開とマーケティング・マネジメントの統合

小川　進【著】
競争的共創論 　　本体 2500 円
──革新参加社会の到来

進藤美希【著】
インターネットマーケティング 　　本体 3600 円

小見志郎【著】
プラットフォーム・モデルの競争戦略 　　本体 3000 円
──事業創造のマネジメント

森永泰史【著】
デザイン重視の製品開発マネジメント 　　本体 3800 円
──製品開発とブランド構築のインタセクション

岩谷昌樹・徳田昭雄【編著】
ケースブック戦略的マネジメント 　　本体 2800 円

片野浩一【著】
マーケティング論と問題解決授業 　　本体 1905 円

D.A.アーカー・G.S.デイ【著】石井淳蔵・野中郁次郎【訳】
マーケティング・リサーチ 　　本体 4960 円
──企業と公組織の意思決定

───── 東京　**白桃書房**　神田 ─────

本広告の価格は本体価格です。別途消費税が加算されます。